신정판

조직행동론

박 내 회 저

博 英 社

어머님 영전에 드립니다

新訂版 序文

본서를 처음 출판한 지 벌써 10여 년 이상이 지났다. 그 동안 한국 경제의 규모는 엄청나게 커지고 기업의 세계화는 급속하게 진행되어 왔다. 오늘날의 조직관리 방법이나 조직문화의 형태는 과거와는 완연히 상이하며, 조직구성원들의 욕구수준과 기대감 역시 크게 달라졌다. 특히 지식기반사회조직에서는 변화에 잘 적응할 수 있는 학습조직의 역량이 중요하다. 그리고 이러한 조직을 효과적으로 관리할 수 있는 새로운 리더십의 형태와 스타일이 요구되고 있다.

본 신정판에서는 그 동안 변화되고 있는 한국 기업의 조직관리와 인적자원관리에 적용할 수 있는 학문적 이론과 실제적인 방법을 체계화하고자 노력하였다.

본서의 개정에 있어서 수고해 주신 협성대학교의 김원석 박사 그리고 이준호 박사, 박양규 박사, 권상술 박사, 서강대학교의 이인석 박사 및 양동훈 박사님께 감사드리며, 또한 신정판에 많은 수고를 해 주신 박영사 편집부의 박규태 편집위원님께 깊은 사의를 드립니다.

2002. 1

저 자

머 리 말

과거 4半世紀에 걸쳐 꾸준히 성장하여 온 우리나라의 산업의 근본적인 요인은 무엇보다도 우리가 가지고 있었던 良質의 저렴한 人的資源이었다는 것은 누구도 부인할 수 없다. 그러나 오늘날 우리나라의 기업환경이 엄청나게 변화하면서 과거에 우리가 가지고 있었던 전통적인 人的資源의 管理方法을 그대로 오늘날 적용할 수 없게 된 것이다. 오늘날 우리나라의 정치 · 경제 · 사회발전에 힘입어 일반대중들의 價値觀, 信念, 態度 및 期待水準이 과거와는 현격하게 달라졌다.

이러한 즈음에 효율적인 人的資源管理와 組織內에서 조직구성원들이 직무수행을 통하여 보람된 삶을 느끼게 할 수 있는 방안의 모색이 더욱더 깊이 연구되고 있다. 이러한 상황에서 本書는 인간의 행동을 이해하고 더 나아가 예측할 수 있는 理論과 方法을 체계적으로 전개해보고자 하는 것이 근본적인 목적이다.

조직행동론은 원래 두 가지 특성을 가지고 있다. 즉 첫째는 多學的 學問(multidisciplinary approach)이며, 둘째는 인간의 행동을 실험이나 경험에 의하여 규명하는 학문이다. 그렇기 때문에 인간의 행동을 이해하기 위해서는 심리학 · 사회학 · 인류학 · 사회심리학 · 정치학 등 諸學問의 영역을 함께 분석하여 예측하여야 한다. 이러한 목적을 달성하기 위하여 本書에서는 각 部門의 理論을 多學的인 接近方法으로 이해한 다음 그 내용에 대하여 실제로 분석하고 결론에 도달할 수 있게 각 部門의 끝에 관련된 事例, 연습문제 또는 추가적인 읽을거리를 첨부하였다. 이러한 학습과정을 통하여 개인적으로는 자기가 가지고 있는 지식과 경험을 기반으로 자기자신과 상대방을 이해할 수 있으며 集團의 성격을 규명할 수 있는 것이다.

끝으로 本書를 출간하면서 느끼는 것은 처음 의욕보다 그 내용에 있어서 아직도 미흡하다고 생각하지만 앞으로 계속 수정 · 보완하여 나아갈 것을 약속하면서 그 동안 이 책이 나올 수 있도록 격려해 주신 동료 교수들과 산업계의 실무진에게 감사드립니다. 本書의 刊行에 있어서 처음부터 원고정리에 힘써 준 西江大學校 大學院에 在學中인 權祥述 君, 李基銀 君, 鄭鍾民 君, 그리고 특히 博士課程의 金元石 君과 國防大學院의 金世榮 敎授님에게 깊은 감사를 드립니다. 또한 이 책을 출판하는 데 최대한 誠意를 베풀어 주신 博英社의 安鍾萬 社長님과 영업부의 林勸圭 次長님을 비롯한 관계 任職員께 깊은 謝意를 드립니다.

1989. 1.

著 者 識

차 례

제 1 부 조직행동의 이해

제 1 장 초우량기업의 조건

제 2 장 인간행동의 이해

제2부 개인행동의 이해

제3장 학습태도

제 4 장 성격과 지각

제5장 동기유발의 이론

제 2 부 이론의 적용

제 3 부 집단행동의 관리

제 6 장 집단행동과 집단역학

제 7 장 집단간의 갈등

제 8 장 리더십(Ⅰ) : 전통적 리더십 이론

제 9 장 리더십(Ⅱ) : 신조류 리더십 이론

제10장 권력과 정치

제 4 부 조직구조와 직무설계

제11장 조직구조

제12장 직무설계

제13장 조직문화

제 5 부 조직과정의 연구

제14장 의 사 결 정

제15장 커뮤니케이션

제16장 조직개발

제17장 지식경영과 학습조직

Organizational Behavior

제 1 부
조직행동의 이해

조직행동은 궁극적으로 조직 내의 인간행동을 이해함으로써 초우량기업 창조를 위한 관리자 양성에 깊은 관심을 두고 있다. 따라서 조직행동은 인간행동을 개인수준, 집단수준 그리고 조직체수준의 행동관계로 구분할 수 있다. 제1부에서는 먼저 초우량기업 연구에 대한 개관을 한 다음, 초우량기업과 조직행동과의 연계성을 설명한 후, 인간행동의 이해에 대한 개관을 다루게 된다.

제1장 초우량기업의 조건

제1절 초우량기업의 특징

우수기업, 다시 말해서 초일류기업 혹은 초우량기업(excellent company)이란 무엇을 기준으로 할 것인가? 초일류기업을 간단히 말해서, 일단 타의 추종을 불허할 정도로 탁월한 성과를 달성한 기업들이라고 정의하고 넘어간다면, 초우량기업들이 공통적으로 지니고 있는 특징은 무엇이며, 그것은 어떻게 이루어지는 것인가를 살펴보아야 할 것이다.

이에 대한 해답은 피터스와 워터만(T. Peters and R. Waterman)이 1981년 맥킨지 컨설팅 회사에 근무할 당시 조사한 연구결과를 중심으로 설명하는 것이 좋을 것 같다. 피터스와 워터만은 당시 면접과 설문조사, 그리고 사례연구 등을 통해 미국의 초우량기업들을 살펴본 결과 업종과 규모가 다름에도 불구하고 기업의 운영방법과 관리행동 등 유사한 공통점을 발견하게 되었다.

1. 피터스와 워터만의 견해

피터스와 워터만이 조사한 우수기업의 특징을 요약하면, 유동적 조직체 행동, 간소한 조직구조, 전통가치, 이상적 인물, 인간위주의 경영행동, 신축성 있는 경영스타일로 구분하여 정리할 수 있다. 여기서 피터스와 워터만의 초우량기업의 구체적 특징을 살펴보면 다음과 같다.[1)]

1) T. Peters and R. Waterman, *In Search of Excellence* (NewYork, NY: Warner Books, 1982) : 이학종(1986)에서 재인용.

(1) 유동적 조직체 행동

조직체 행동에서의 우수기업의 특징은 유동적인 조직구조와 신속한 관리 행동을 통하여 항상 변화하는 환경에 적절히 적응해 나갈 수 있는 능력을 갖고 있다는 점이다. 이러한 적응능력은 기업의 문화적 특성에 의해 발달되고 있는데, 그 특성 속에서는 종업원들간의 격의 없는 의사소통과 실험적이고 모험적인 행동을 찾아볼 수 있다. 우수기업들은 '실행' 또는 '시도'라는 말을 선호하며, "멍청하게 서 있지 말고 무엇이든 하라"고 독려한다.

따라서 테스크 포스 팀(task force team)과 같은 임시변통적인 수단이 동원되기도 하고, 신속한 실험이 오히려 조장되기도 한다. 새로운 아이디어나 전략을 구상하여 실천하는 데는 시간이 많이 걸리기 때문에 대략적인 정보를 토대로 우선 적절한 행동을 취하거나 실험을 통해 환경에 신속하게 대응하고 있다.

또한 우수기업의 종업원들은 상황에 따라 자유스럽고 개방적인 적절한 대상자들과 격의 없는 의사소통을 하고 있으며, 또한 자기 사무실에 틀어박혀 있지 않고 자연스럽게 다른 부서를 다니면서 비공식적인 접촉을 항상 유지하고 있어 배회관리(徘徊管理, Management By Wandering Around)라고 말할 수 있을 정도로 상호간에 접촉이 잦다. 물론 비공식적인 접촉 때문에 공식적인 절차를 무시하는 일은 없다. 이처럼 우수기업들은 자유롭고 개방적인 분위기 속에서 형식이나 권위적인 직위에 제약받지 않고 종업원 간의 원활한 의사소통과 소집단의 팀워크를 통해 창의적인 아이디어를 최대한 활용하면서 당면한 상황에 신속히 적응해 나가고 있다.

(2) 간소한 조직구조

일반적으로 대부분의 대기업들은 복잡한 체계 및 구조들을 구상함으로써 문제를 해결하려는 경향이 있다. 그러나 단순히 조직구조를 확대한다고 해서 문제가 해결되는 것은 아니다. 오히려 적절한 규모를 유지하면서 종업원들이 스스로 최선의 노력을 할 수 있도록 하는 기업풍토가 더 중요하다.

기업의 운영에서 지역-상품-고객 등의 사업단위를 중심으로 자율적으로 운영을 유인할 수 있는 계기를 만들 필요가 있다. 이를테면, 조직의 확대로 인한 관료적 성격을 막기 위하여 사업단위별로 간단한 분권적 경영체제를 만들어 책임경영제를 실시할 수 있다. 또한 전문관리 스태프도 가능한 한 최소한으로 제한하여 기능적 통제를 억제함으로써 사업단위 중심의 자율적 책임경영을 강화할 수 있다. 이러한 간소한 조직구조에서는 독특한 공동적 가치관이 형성되며, 각 부서간-계층간 상호작용이 원활하여 상호지원-협동체계가 형성된다.

(3) 전통가치

전통가치는 기업이 자체의 목적을 달성하기 위해 경영이념과 전략-방침을 설정하고 이를 적용하는 과정을 통해 오랜 기간에 걸쳐 형성되며, 경영층의 모범적인 표준행동과 조직구성원의 규범화된 행동에 의해 토착화되고 보존된다.

이러한 가치 이념으로는 우선 '진보야말로 우리 회사의 가장 중요한 상품'이라고 하는 넓은 시야에서 본 경영이념을 비롯하여 '고객 서비스', '기술개발', '원가관리' 등 어떤 단순한 문제에 초점을 맞춘 것도 있고, '매 분기 15%의 매출-이익신장'처럼 선동적인 것 등 각 기업이 처한 환경에 따라 가지각색이다.

이들 전통가치는 기업의 중점경영의 핵심을 구성하고 있으며, 그 회사가 다른 회사보다 높은 경쟁적 위치를 차지할 수 있도록 비교 우위적인 전략기반을 조성하고 있다.

예를 들면 IBM사의 고객 서비스는 이 회사의 최우선 방침으로서 생산-영업뿐만 아니라, 재무-회계-인사 등 모든 분야를 통한 전체 종업원들의 가장 중요한 책무가 되고 있다. 따라서 IBM은 분야와 계층을 막론하고 조직구성원 모두가 고객 중심적인 사고방식과 행동을 가장 중요하게 여기고 있다.

(4) 이상적인 인물

우수기업들은 기업 내에서 선망의 대상이 되는 이상적인 영웅적 인물을 보유하고 있다는 것이다. 즉 모든 종업원이 믿고 따르면서 그와 같은 인물처럼 되고 싶어하는 대상이 있게 마련이다. 예를 들어 토마스 왓슨(Thomas Watson)은 IBM사의 창업자로서 그의 업적은 그가 사라진 지금도 전설적인 신화로 전해 내려오고 있다. 그는 미국이 1930년대에 심각한 불황에 빠져 실업자가 속출할 때 과감하게 세일즈맨을 증원하여 사세를 확장시킴으로써 자기의 신념과 비전을 관철하여 오늘날 IBM의 사업기반을 만들었고, 스스로 IBM의 기업문화를 구현시키는 데 영웅적인 인물이 됨으로써 지금도 그가 만들어낸 위대한 조직을 결속시키는 접착제 역할을 하고 있다.

이처럼 조직 내에서의 영웅적 인물의 기능은 매우 중요하므로 만일 타고난 영웅이 없으면 일부로라도 영웅적인 인물을 만들 필요가 있다. 이를테면 기업 내에서 '월간 최우수 판매왕'을 선정하여 전사원이 매진할 수 있는 방향을 제시한다면 '만들어진' 영웅은 당장 성공의 본보기로서 사원들의 행동의욕을 촉구한다. 기업의 문화는 영웅에 의해 강화되고 조직의 결속이 촉진되기 때문이다.

(5) 인간위주의 경영행동

우수한 기업문화의 공통적인 특성으로는 인적자원을 중시하고 업무에 대한 종업원들의 적극적인 참여와 자발적인 동기부여를 강조하는 인간 위주의 경영행동을 들 수 있다. 인적자원의 중요성은 이들 우수기업의 경영이념과 기본방침에서 크게 강조되고 있고, 실제 경영에 있어서도 종업원들의 능력개발은 물론 경영참여와 자율적 행동을 적극 조장함으로써 종업원들의 소속감 및 스스로 열심히 일하려는 태도를 유도하고 있다.

생산성 향상은 인재경영을 강조하는 기업이어야 가능하다는 것으로서 사원 제일주의에 입각한 사원들의 회사와의 일치감, 신뢰감 그리고 충성심에서 나온다. 인재경영을 통해 생산성은 회사나 경영진을 신뢰하는 데서 우러나온다는 'Z이론(Z Theory)'의 한 요소를 여기서 강조하고 있으며, 대조적으로 과학적 경영이 생산성 향상을 주도해 오던 종래의 접근방법에 전환점을 가져오는 신조류의 특징이며, 일본식 경영의 특징과 흡사한 것이라 하겠다. 일본에서 흔히 보는 '기업은 사람에 달렸다'는 경영의 개념을 조명해 주는 듯한 주요 특징이다.

앞으로 2000년대의 우수기업들은 '인재경영을 통한 생산성의 향상(productivity through people)'을 몸소 실천하는 기업들이 될 것이며, 조직 구성원들의 능동적인 참여와 자율적인 행동을 강조하는 MBO(Management By Objectives), QM(Quality Management), 직무 충실화 기법, 제안제도 등을 활성화시켜 직장생활의 질을 높여가는 기업이 될 것이 분명하다. 인간존중의 경영이란 바로 경영의 민주화를 의미하는 것이기 때문이다.

(6) 신축성 있는 경영스타일

마지막으로 우수기업은 관료 조직적이고 공식적인 권위와 권력에만 의지하는 것이 아니라 영향력을 겸용해 가면서 신축성, 상황에 따른 융통성을 중요시한다는 것이 특징이다. 즉 통제와 경영의 자율성은 상황에 따라 적절히 배합시켜 나가야 하는 점을 말하고 있다.

따라서 우수한 조직의 행동적-신축적 행동이 나타나고 있다. 즉 조직구조와 구성원의 상호작용에 있어서는 신축성-유동성-개방성-자율성 등 방임적 경영행동을 취하고 있는 반면, 고객 서비스, 기술개발, 품질 등 조직체의 우선 목적에 있어서는 차질 없는 전략집행과 철저한 통제행동을 강조하고 있다.

이상에서 우리는 피터스와 워터만이 제시한 우수기업의 특징을 살펴보았다. 피터스와 워터만의 우수기업에 관한 연구서인 『초우량기업의 조건(In Search of Excellence)』은 1984년 말 집계로 미국 내에서만 280만권이 팔렸고, 15개국 언어로 번역되어 출간된 바 있다. 피터스와 워터만의 우수기업 이론이 가지는 큰 의미는 대략 다음과 같은 세 가지로 요약할 수 있다.

첫째, 그들의 우수기업들은 전통적이고 합리적인 능률경영의 한계로 지적하였고, 둘째, 인본주의 경영과 가치경영이 핵심이 되는 새로운 우수기업론을 제시하며, 셋째, 전문경영자의 변신과 기업가 정신의 르네상스를 필요로 하는 새 시대, 새 리더의 요구와 그들이 주도하는 경영혁신을 주창한 데서 그 의의를 찾을 수 있다.

피터스와 워터만의 우수 기업론은 능률경영과 관리자 기능론을 핵심으로 발달해 온 경영학의 미시적 접근방법에서 새 시대에 필요한 거시적 접근방법을 제시하였고, 주요 산업별 우수기업들의 연속적인 연구를 통해 얻어진 새로운 경영이론이라는 점에서 기존의 경영이론과는 맥을 달리하고 있다고 말할 수 있다.[2]

2. 콜린즈와 포라스의 견해

앞에서 살펴보았듯이 초우량기업의 연구를 틈 피터스와 워터만(T. Peters

2) 문원택 · 김원석, 『기업가와 기업가정신』(서울 : 산업경영교육원, 1996).

and R. Waterman)이 시작하였다면, 콜린즈와 포라스(J. C. Collins and J. I. Porras)는 최근 《성공하는 기업(Built to Last)의 8가지 습관》이란 그들의 저서에서 오랜 기간에 걸쳐 지속적으로 발전하여 온 우수기업, 즉 초우량기업들의 특징에 대한 연구결과를 발표하였다. 그들은 우수기업들을 '비전에 찬 기업(visionary companies)'이라고 명명하고, 다음과 같은 기준에 적합한 18개 기업을 우수기업으로 선정하였다.[3)]

그들은 우수기업을 선정하기 위해 첫째, 소속산업 내에서 현재 수위를 차지하고 있는 기업, 둘째, 저명한 기업인들이 널리 숭상하는 기업, 셋째, 세상에 잊혀지지 않을 정도로 깊은 인상을 남긴 기업, 넷째, 다양한 수명주기를 갖는 제품 및 서비스를 제공해 온 기업, 다섯째, 1950년 이전에 설립되어 현재까지도 건재하고 있는 기업 등의 기준을 내세워 18개의 우수기업을 선정하고 그들의 특징을 상대기업(comparison companies)과 비교하여 분석하였다.

여기서 상대기업이란 우수기업들과 비슷한 시기에 비슷한 업종으로 출발하여 현재까지 건재하고 있다는 관점에서 본다면, 어느 정도 뛰어나지만 초우량기업들에 비해서는 성과가 떨어지는 기업들이다. 예컨대 1926년 1월 1일을 기준으로 1달러를 투자했을 때, 1990년 12월 31일에 예상되는 수익은 첫째, 일반 증시에 투자했을 경우 그 1달러는 현재 415달러가 되었을 것이고, 둘째, 만약 그 1달러를 상대기업들에 투자했을 경우에는 955달러가 되었을 것이며, 셋째, 우수기업에 투자했을 경우에는 6,356달러가 되었을 것이라고 추정하고 있다.

콜린즈와 포라스(J. C. Collins and J. I. Porras)가 제시하는 우수기업의 8가지 특징은 다음과 같다.

(1) 영속성 있는 조직의 구축(clock building, not time telling)

우수기업을 이끌어 온 리더들은 자기 혼자서 전권(全權)을 행사하여 기업을 성장시킨 사람들이라기보다는 자신이 없어도 잘 운영될 수 있는 기업을 구축하는 데 최선의 노력을 기울였다. 비유적으로 말하자면, 우수기업의 리더들은 부하들이 시간을 물어올 때 그에 대해 자신이 일일이 대답해 주기(time teller)보다는 자신이 없더라도 부하들이 시간을 알 수 있도록 하기 위해 시계를 만들어 준 사람들(clock builder)이었다. '나 아니면 안 된다는'는 생각을 가

3) J.C. Collins and J. I. Porras, *Built to last*(New York: Harper Business, 1997).

진 카리스마적 리더들은 창업 초기에는 성공적이었지만, 이러한 기업들은 그러한 리더가 물러난 후 쇠퇴일로에 접어든 경우가 많았다.

예를 들어 모토롤라사와 제니스사를 비교하여 보면, 모토롤라사의 창업자인 갈빈(Paul Galvin)의 경우 자신은 엔지니어 출신이 아니었으나 탁월한 엔지니어들의 확보에 심혈을 기울였고, 그들의 의견대립과 토론을 적극 장려하였으며, 사람들이 최대한의 자율성을 가지고 행동할 수 있도록 해줌으로써 실패와 실수를 통하여 배우고 성장할 수 있는 토대를 마련하였다. 또한 처음부터 자신의 죽음보다는 사후에 회사가 잘 운영될 수 있도록 자신을 승계할 후계자 양성에 엄청난 집착을 보였다. 그 결과 모토롤라사는 세계적인 초우량기업이 되었다.

한편 모토롤라사의 상대기업인 제니스사의 창업자인 맥도날드(Eugene F. Mcdonald, Jr.)는 매우 카리스마적이었고 유능한 사람이었으나 자신의 후임을 누가 이을 것인가를 전혀 고려하고 있지 않다가 그가 갑작스럽게 타계한 1958년 이후 이 회사는 방향감각을 잃고 쇠퇴의 길로 접어들었던 것이다.

또한 우수기업들은 언뜻 볼 때 상호 양립할 수 없을 것 같은 다소 모순된 내용을 동시에 추구하는 특징을 갖고 있다. 예를 들면 그들은 변화 대 안정, 보수 대 진보, 저원가 대 고품질, 자율 대 통제, 장기적 투자 대 단기적 성과, 면밀한 기획 대 기회주의적 탐색 등 양립이 거의 불가능해 보이는 내용을 양자간에 선택하기보다는 양자를 동시에 추구한다. 이와 같이 양립 불가능해 보이는 내용을 동시에 추구한다는 것은 역설같지만, 우수기업들은 이와 같은 역설관리에 능하다.

다시 말하면 우수기업들은 안정을 추구하면서 변화를 모색하고, 보수적이면서도 과감한 혁신을 추구하고, 원가절감과 동시에 품질을 향상시키며, 자율성을 부여하면서도 효과적인 통제를 가하고, 장기적인 투자를 하면서도 단기적인 성과를 추구하는 등 역설적으로 보이는 내용을 동시에 수용하는 특징을 지니고 있다.

(2) 이윤을 초월하는 핵심이념(more than profit)

우수기업들은 이윤을 초월하는 핵심이념(core ideology), 즉 기업이 추구하는 분명한 핵심적인 가치관과 기업의 존재목적을 가지고 있다. 핵심 가치관이란 기업을 이끌어가기 위한 일반적인 원칙들로서 근본적이고 지속적인 일종의 기업의 교리(tenets)를 말한다. 핵심 가치관은 시대적인 조류나 시장상황의 변화에도 전혀 흔들림이 없는 것으로서 이윤이나 단기적인 편의를 위해 포기해서는 안 되는 절대적인 가치이다.

우수기업들은 이와 같은 이윤을 초월하는 핵심이념에 매달린 반면에, 우수기업과 비교되는 상대기업들은 이윤 극대화에 사업의 초점을 맞추고 있었다. 예를 들어 제약업계의 머크사와 화이자를 비교해 보기로 하자.

머크(Merck)사는 1935년에 이미 "우리는 의학의 진보와 인류에 대한 봉사를 진심으로 추구하는 이상을 지닌 회사이다"라는 가치관을 천명하였다. 1950년 당시 회장이었던 조지 머크 2세(George Merck Jr.)는 이러한 머크사의 핵심이념을 다음과 같이 천명하였다. "우리는 약품이란 환자를 위한 것이라는 점을 항상 잊지 말아야 한다. 또한 약품은 사람들을 위한 것이라는 점도 잊지 말아야 한다. 약품은 이윤을 보기 위한 것이 아니다. 우리가 이러한 사실을 잊지만 않는다면 이윤은 자동적으로 따라오는 것이다."

한편 화이자(Pfeizer)의 경우 조지 머크 2세와 비슷한 시기에 사장을 지낸 존 맥킨(John McKeen)은 "인간적인 입장에서 볼 때 우리는 가능한 한 우리가 하는 모든 일에서 이윤을 창출하고자 한다. 돈을 가지고 있으면서 이윤을 내지 못하는 것은 죄악이다"라고 하였다. 오늘날 두 회사는 어떻게 되었는가?

(3) 핵심이념의 고수와 진보의 추구

우수기업들은 핵심이념을 지키는 데 있어서 매우 보수적인 태도를 취하지만, 동시에 끊임 없는 실험과 혁신을 통하여 여러 가지 기회를 탐색함으로써 진보적인 태도를 보이고 있다. 핵심이념은 기업의 아이덴티티를 유지시켜 주지만, 끊임 없는 진보의 추구는 핵심이념의 고수로 인해 발생할 수 있는 관성을 극복함으로써 현상을 타파하여 새로운 방향으로 진출할 수 있는 기회를 제공해 준다. 우수기업들은 핵심이념이라는 구심력과 진보의 추구라는 원심력간의 팽팽한 긴장 속에서 기업활동을 영위해 나가고 있는 것이다.

예를 들면 월드 디즈니사의 경우 디즈니 대학에서 '디즈니의 전통'이라는 세미나 과목을 이수하게 하고, 훌렛 패커트 방식을 적용하여 승진에 반영하고, 매리오트의 엄격한 직원 선발절차, 모토롤라사의 식스 시그마 수준의 품질추구 등이 유명하다. 보잉사는 말로만 항공업계의 선두유지를 외쳤던 것이 아니라 보잉 747 프로젝트처럼 실패했을 경우 회사를 망하게 할 수도 있는 프로젝트를 대담하게 추진해 왔다.

3M사는 분권화와 15%의 룰(업무시간 중 15%는 자신이 좋아하는 분야에 대한 연구를 하도록 하는 제도), 그리고 내부 벤처 캐피털 제도, 각 사업부의 연간 매출액 중 25%는 5년 이내에 개발된 제품에서 나와야 한다는 규칙의 정착 등을 통해 개인의 자발성과 혁신 의식을 고취시키고 있다.

(4) 대담하고 원대한 목표의 추구

우수기업은 진보를 추구하기 위해 간담이 서늘할 정도로 원대하고 대담한 목표를 추구한다. 대담하고 원대한 목표는 명확하고 초점이 확실하여 아무런 설명이 없어도 모든 사람들이 이해할 수 있는 목표를 의미하며, 이러한 목표는 사람들이 진정으로 헌신할 만한 가치가 있다고 느끼게 하여 모든 노력을 집중시키게 하는 수단으로 작용한다.

보잉사는 지난 1952년 민수용 대형 제트 항공기를 생산하기로 결정하였다. 당시 보잉사는 민수용 항공기를 생산해 본 경험이 전혀 없었고, 과거에 민수용 항공기를 생산하려다 실패한 경험도 여러 번 있었다. 보잉사 제품의 주된 고객은 미공군이라는 단일고객이 대부분을 차지하였고, 다른 항공기 제조업체조차도 대형 제트 항공기의 개발에는 별로 관심이 없었다. 뿐만 아니라 민수용 제트 항공기 제작을 위한 개발비가 당시 연간 수익의 3배 가량이 소요될 것으로 추정되었다. 그러나 보잉사는 과감하게 도박에 가까운 모험적인 이 프로젝트를 추진하였고, 그렇게 해서 탄생한 것이 보잉 707로서 민간항공기도 제트 여객기 시대를 맞이하게 되었다.

한편 다글라스(후에 맥도넬 다글라스사가 됨)사는 프로펠러 항공기를 고수하면서 민수용 항공기 시장의 변화추세를 관망하고 있었다. 여러 항공사들이 프로펠러 항공기를 제트 항공기로 대체하던 1957년까지도 다글라스사는 시장에 제트 항공기를 출시하지 못했으며, 1958년 DC 8기를 생산했으나 보잉 727과 보잉 747 등을 개발할 당시 무모할 정도로 모험을 감행하였다. 맥도넬 다글라스사도 계속하여 DC 9, DC 10기를 개발하였고, 보잉 747에 대응하기 위해 DC 10기를 생산하였으나 보잉사를 결코 따라잡을 수 없었다.

(5) 광신도 집단 같은 기업문화

우수기업들은 기업의 핵심이념을 철저하게 신봉하는 구성원들만 받아들이고, 핵심이념에 적응하지 못하는 구성원들은 철저하게 배제하는 광신도 집단 같은 기업문화(cult-like culture)를 갖고 있다. 컬트(cult)란 일반적으로 "어떠한 사람 또는 이념 또는 사물을 그 단적으로 신봉하고 추종하는 집단"으로 정의하고 있는 우수기업들이 이러한 컬트와도 비슷한 성격을 지니는 경우가 많다고 한다.

우수기업들의 컬트적인 성격은 첫째, 극렬할 정도로 고수하는 핵심이념이 존재하며, 둘째, 기업의 핵심이념을 교화시키는 내부 메커니즘이 존재하며, 셋째, 그 기업이 체질에 맞거나 적응할 수 있는 사람만 남게 하고 그렇지 못한 사람은 배격하며, 넷째, 구성원들이 무언가 특별하고 우월한 집단에 소속되어 있다는 강한 자부심, 즉 엘리트 의식이 팽배하다는 특징을 지니고 있다.

우수기업들은 컬트적인 기업문화를 강화시키기 위하여 다음과 같은 구체적인 조치들을 취하고 있는 경우가 많다.

첫째, 기업의 핵심이념을 주입시키기 위한 오리엔테이션 및 지속적인 훈련, 둘째, 사내 대학 및 연수원의 운영, 셋째, 동료들과 상사에 의한 OJT 과정, 넷째, 신입사원을 선발하여 조기에 기업이 요구하는 전형적인 행동양식의 '영웅적 행동'을 전설처럼 미화시키고, 여섯째, 그들의 독특한 용어와 언어를 사용하고, 일곱째, 충성심을 유도하기 위해 사가, 응원가, 구호, 선언서 등을 활용하며, 여덟째, 기업이념을 구현하기 위해 각종 포상제도, 인센티브 제도, 콘테스트, 공개행사 등이 연계되어 있으며, 기업이념에 위배되는 행위에 대해서는 가혹한 처벌 혹은 해고를 시행한다.

우수기업들은 기업의 전체적인 운영은 컬트처럼 돌아가지만 분권화와 자율성의 부여 정도가 매우 높다. 우수기업들은 핵심이념을 엄격하게 강조하고 엄격한 선발과 교화를 통하여 기업이념을 내면화시키고 적응하는 사람들에게만 막중한 책임을 맡기는 것이다.

(6) 수없이 다양한 활동의 부단한 추구

우수기업은 부단한 실험과 시행착오, 기회포착 그리고 우연한 기회에 성공을 이루어 나간다. 선견력과 철저한 기획에 의해 이루어진 일도 나중에 살펴보면 "여러 가지 일을 벌여놓고 그 중에 효과가 있는 것을 건져내는" 행동에 이루어지는 경우가 대부분이다. 우수기업은 대담하고 원대한 목표를 통해 점진적 발전을 이루어 나간다. 대담하고 원대한 목표를 통해 대담한 단절적 도약을 지향하고 동시에 애매 모호한 목표를 추구함으로써 조그마한 점진적 조치들로부터 전혀 예상치 못했던 결과를 가져오기도 한다. 수없이 다양한 활동을 추구하는 운영목적을 잘 설명해 주고 있다.

(7) 리더의 내부 양성

우수기업들은 내부승진 원칙에 의거하여 철저하게 기업의 핵심이념을 충분히 내면화시킨 사람들을 고위경영진에 유입함으로써 핵심이념을 고수해 나간다. 콜린즈와 포라스에 의하면, 1906년부터 1992년까지 18개의 우수기업 중 2개 기업만이 외부에서 CEO를 영입해 온 반면, 상대기업들은 18개 기업들 중 13개 기업이 외부에서 CEO를 영입한 것으로 나타났다.

리더를 내부에서 충원한 대표적인 사례는 GE사의 잭 웰치 회장이 좋은 예이다. 그는 1981년 GE사의 회장에 취임한 이래 15년 이상이나 기업변신을 성공적으로 이끌어옴으로써 기업변혁의 선구자로 추앙받고 있다. 웰치의 전임자였던 존스(R. H. Jones) 회장은 기업과 정부간의 관계를 크게 개선시킨 인물로써 웰치를 전격적으로 최연소 회장 자리에 발탁하였다.

기업 내부에서 치밀한 후보자 선발과정을 통해 웰치와 같은 인물이 탄생할 수 있도록 만든 GE사의 기업문화는 높이 칭송받을 만하다. 존스는 최종적으로 6명의 후보자를 한 사람씩 불러놓고 "당신과 내가 비행기 사고로 다 죽는다면, 누가 GE의 회장이 되어야 하는가?"라는 질문을 하고 답하게 했던 소위 비행기 인터뷰 방식은 전임자였던 보시로부터 존스 자신도 배운 것이라고 한다.

우수기업들은 이와 같은 관리자 개발 프로그램과 승계제도를 통해 내부에서 훌륭한 리더십을 갖춘 관리자를 양성함으로써 기업핵심 이념이 유지됨과 동시에 새로운 방향으로 진보가 이루어지는 것이다.

(8) 끝없는 자기 혁신

우수기업들은 보다 더 나은 것을 계속적으로 추구함으로써 맹렬할 정도로 자기 쇄신을 하는 것이 체질화되어 있다. 우수기업들이 선도적인 지위를 유지하는 것은 뛰어난 통찰력이나 특별한 성공비결을 갖고 있다기보다는 자기 자신에게 끊임 없이 보다 더 많은 것을 요구한다는 단순한 사실에서 실례를 찾아볼 수 있다.

우수기업들은 상대기업들에 비해 장기적인 관점에서 투자를 하고 끝없이 새로운 곳을 추구함으로써 자기 쇄신을 하고 있다는 것이 특징이다. 우수기업들이 새로운 자산 및 장비의 매입에 투자하는 매출액 대비 비율과 연구개발에 투자하는 매출액 대비 비율은 상당히 높게 나타났다. 또한 인적자원의 선발과 훈련 및 개발에 투자하는 비율도 더욱 더 높게 나타났다.

우수기업들은 상대기업에 비해 새로운 노하우, 기술, 경영기법, 관행 등을 도입하기 위해 더욱 많은 노력을 기울이는 것으로 나타났다. 예를 들면 GE사의 경우 경쟁사인 웨스팅하우스보다 앞서서 목표관리 제도, 분권화, 임파워먼트 등의 경영기법을 도입하였고, 시티 은행의 경우 상대기업인 체이스 맨하탄 은행보다 먼저 업적급, 관리자 훈련 프로그램, 대학채용 제도, 산업별 조직을 도입하였고, 현금 자동인출기, 신용카드제, 해외지점 설치 등에 앞장서서 노력해 왔다.

요약컨대 우수기업과 비교해 볼 때 상대기업들은 새로운 변신을 시도하는데 더디었고 과감하지도 못했으며, 단기적인 수익에 급급하다가 장기적인 투자를 게을리 했던 것이다.

지금까지 우리는 우수기업의 특성을 연구한 두 가지 연구결과를 살펴보았는데, 이들 특성 안에는 좋은 소식과 나쁜 소식이 함께 담겨져 있다. 좋은 소식은 우수기업이 되기 위한 방법이 매우 간단하다는 사실이다. 즉 열심히 일하고 개선을 위해 노력하고 미래를 위해 꾸준히 대비해 나가면 된다. 그러나 나쁜 소식은 우수기업이 되기 위해서는 엄청난 노력과 개선을 향한 헌신, 그리고 미래에 대한 꾸준한 대비가 있어야 한다는 것이다.

우수기업을 향한 지름길이란 존재하지 않으며, 우회도로도 없다는 것이다. 다만 우수기업을 창조하기 위해서는 끊임없이 기나긴 노력을 할 채비를 갖추어야 한다는 것이다. 성공에는 결코 끝이 없는 법이다.

제 2 절 초우량기업 관리자의 역량과 능력

앞에서 우리는 우수기업의 특징을 몇몇 연구자들의 연구결과를 중심으로 살펴보았다. 우수기업의 관리자가 갖추어야 될 요소 중의 하나가 인간행동에 대한 전반적인 이해이다. 일반적으로 훌륭한 관리자가 갖추어야 될 기술(skill)

로서,[4] 많은 학자들이 추천하기는 통합적인 개념기술(conceptual skill), 인간관계 기술(human relations skill), 전문적인 기술(technical skill) 등이다.[5]

전문 기술적 기능(conceptual skill)이란 어떤 직무를 수행하는 데 필요한 지식, 방법, 기술 및 장비 등을 다룰 줄 아는 능력으로서 경험, 교육, 훈련 등에 의해 취득된다. 일선 현장의 감독관, 과장, 대리 등의 하위 관리자들에게는 부하직원들이 질문해 올 때 즉각 응해 줄 수 있기 위해서는 반드시 요구되는 능력이다.

인간관계 기술(human relations skill)이란 다른 사람과 더불어 일하고, 또 사람을 통해서 일을 성취시켜 나가는 능력이나 판단력을 말하는 것으로서 부장, 차장 등의 중간 관리자들에게 반드시 필요한 능력이다. 왜냐하면 중간 관리자들은 부하들의 입장에서 보면, 보스 또는 윗사람의 위치에 서 있고, 윗사람들의 입장에서 보면, 부하의 입장에 서게 되는, 어떻게 보면 '샌드위치 맨'의 위치에 놓여 있다. 과거에 중간 관리자들의 역할은 매우 중요하기 때문에 리커트(R. Likert) 같은 학자는 두 개의 바퀴를 연결시켜 동력을 전달해 주는 연결핀(linking pin)과 같은 역할을 한다고 말했다. 여기에는 리더십, 동기유발, 커뮤니케이션 등에 대한 이해가 포함된다.

통합적인 개념 기술(conceptual skill)이란 조직 전체의 복잡성을 이해하고 자기 자신의 행동이 조직 전체에 어떤 영향을 미치며 어떻게 행동해야 하는지를 스스로 판단할 줄 아는 능력이다. 조직 각 계층에 따라 요구되는 능력과 기량을 요약하면 [그림 1-1]과 같다.

조직 각 계층에서 요구되는 기량은 계층에 따라 차이가 있다. 대체적으로 낮은 계층의 하위 관리자들에게는 전문 기술적 기능이 매우 중요하고 상위계층으로 올라갈수록 전문 기술적 기능의 중요성은 사라지고 오히려 통합적 개념기술이 더욱 중요하게 된다.

왜냐하면 회사의 최고경영자나 중역들에게 있어서는 작업현장의 구체적인 사안에 대한 정확한 이해보다는 전체적인 관점에서 조직목표를 수행하는

4) 여기의 기술(skill)이란 단어가 우리말로 표현하기가 곤란한 단어 중의 하나이다. 중국에서는 기능(技能)이라고 하면 거의 정확하다. 그러나 우리는 기능과 기술을 정확하게 구분하지 않을 뿐만 아니라 사용하는 사람에 따라 서로 다르다. 따라서 저자도 기량, 기능, 기술 등을 편리한대로 사용하였다. 문맥에 따라 이해해 주기 바란다.

5) Robert. L. Katz, "Skills of an Effective Administrator", *Harvard Business Review*(Jan-Feb. 1955), pp. 33~42.

그림 1-1 조직의 각 계층에서 요구되는 기술

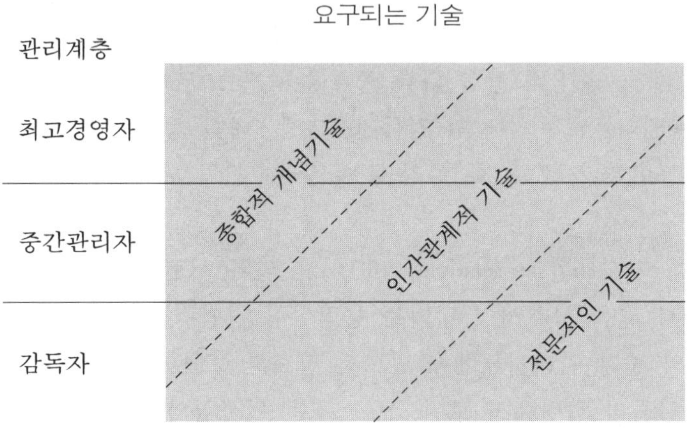

데 필요한 상호 관련성을 이해하는 것이 더욱 중요하기 때문이다. 반대로 낮은 계층의 일선 감독자들로서는 다른 계층의 관리자에 비해 그들이 직접 작업현장의 기능공이나 종업원들을 교육·훈련시키고 개발하는 일을 담당하기 때문이다.

이와 같은 전문적인 기술은 어디에서 배우는가? 여러분이 경영학을 공부한 적이 있다면, 마케팅, 회계학, 공학, 컴퓨터 관련 학문에서 주로 배우게 될 것이다. 특히 마케팅에서 다루고 있는 4P, 제품(product), 유통(place), 가격(price), 판매촉진(promotion) 등과 관련된 지식들은 매우 실무 지향적이다. 회계학에서 대차대조표, 손익계산서 등 재무제표를 작성하거나 이해하지 못한다면 담당자로서는 낙제점이라고 할 수밖에 없다. 왜냐하면 해당 부서에서는 이와 같은 기본적인 지식 없이는 전혀 업무를 파악할 수 없을 뿐 아니라 업무수행이 어렵다.

최근에는 컴퓨터 관련 지식 역시 업무수행에 필수불가결한 요소로 작용하고 있다. 그래서인지는 몰라도 각 회사마다 중역들에게 컴퓨터를 가르치기 위해 엄청난 비용을 지출하고 있는 것이다. 컴퓨터 관련 기본지식뿐만 아니라 인터넷 등 통신관련 업무는 이제는 일상화되어가는 추세에 놓여 있기 때문에 정보화 사회에 빨리 적응하기 위해서는 컴퓨터 관련 지식의 양과 깊이는 엄청나다.

수년 전 레이건이 대통령으로 있던 시절 그가 '마우스가 무어냐고 물었다' 는 일화는 동일한 용어를 사용하더라도 컴퓨터 관련 지식 없이는 기본적인 의사소통조차 불가능하다는 것을 여실히 보여주는 좋은 예이다. 실제로 컴맹인 사람에게 윈도우, 넷스케이프, 엑셀, 파워포인트, 아래아 한글 등을 설명해 주기는 그렇게 용이한 것만은 아니다.

어찌되었거나 전문기술과 관련된 지식과 기량은 여러 분야에서 접근이 가능하다. 그러나 대인관계에 필요한 인간관계 기능이나 통합 개념적 기능은 배울만한 곳이 쉽지 않다. 지금은 그래도 형편이 많이 나아졌지만, 눈에 보이지 않는 인간행동을 이해하거나 응용할 수 있는 분야에 대해서는 각 기업체들이 비용을 굳이 들여가면서 배우려고 하지 않았다. 이와 같은 관리자에게 꼭 필요한 인간행동과 관련된 지식을 얻으려면 조직행동만큼 종합적이고 체계적으로 가르쳐 주는 것은 없다.

내용요약

초우량기업에 대한 연구는 여러 학자들에 의해서 진행되었다. 피터스와 워터만은 우수기업의 특징으로서 유동적 조직체 행동, 간소한 조직 구조, 전통가치, 이상적인 인물, 인간 위주의 경영 행동, 신축성 있는 경영스타일을 들었다. 그리고 콜린스와 포라스는 영속성 있는 조직의 구축, 이윤을 초월하는 핵심이념, 핵심이념의 고수와 진보의 추구, 대담하고 원대한 목표의 추구, 광신도 집단 같은 기업문화, 수없이 다양한 활동의 부단한 추구, 리더의 내부양성, 끝 없는 자기혁신으로 특징을 열거하였다. 결국 초우량기업에 대한 연구는 조직행동에서 지향하고 있는 우수한 관리자에 대한 교육훈련과 연계하고 있다.

제 2 장 인간행동의 이해

제1절 왜 인간행동을 이해해야 하는가

조직에서 일어나는 모든 인간행동(human behavior in organizations)을 이해하기 위해서는 '어떤 학문을 공부해야 하는가?' 라는 의문은 누구나 갖게 마련이다. 인간행동에 대해 공부하는 분야라고 한다면 무엇보다도 먼저 생각이 떠오르는 것은 심리학이나 사회학 정도일 것이다. 그러나 이러한 분야는 부분적으로는 인간행동을 이해하는 데 필요한 지식과 정보를 제공해 주지만, 종합적으로 공부하기는 어렵다. 그래서 생겨난 학문분야가 조직행동(organizational behavior)이다.

조직행동은 조직구성원들의 행동이나 태도를 종합적으로 연구하는 학문이다. 다시 말해서 조직구성원들이 조직에 미치는 영향뿐만 아니라 조직이 구성원들에게 미치는 영향까지도 연구의 대상으로 삼아 폭넓게 조직 내의 인간에 대한 이해를 연구한다. 또한 조직행동은 이와 같은 지식을 이용하여 조직의 궁극적인 목표를 어떻게 달성할 것인가 하는 문제에 대해서도 깊은 관심을 갖는다. 따라서 조직행동은 심리학, 사회학뿐만 아니라 사회심리학, 문화인류학, 산업심리학 등의 학문적 성과를 수용하며, 심지어는 정치학 분야의 연구결과에도 관심을 갖고 있다. 인간행동에 대한 종합적인 연구분야를 행동과학(behavioral science)이라고 지칭한다.

따라서 조직행동은 조직의 효과성을 증대시키기 위해서 기존의 행동과학 지식을 활용하여 조직 내의 인간행동을 이해, 예측, 응용하는 학문이라고 결론을 지을 수 있다. 또 조직행동은 분석단위의 수준에 따라 개인행동, 집단행동 그리고 조직체 행동으로 다시 구분할 수 있다. 이와 같은 분류는 분석관점에 따른 분류로서 개인의 행동과 집단행동을 주로 연구하는 분야를 미시적 조직 행동(micro organizational behavior)이라고 하고, 조직효과성, 조직구조, 조직문화와 조직 커뮤니케이션 및 조직과정에 대해 연구하는 분야를 거시적 조직행동(macro organizational behavior)이라고 한다.

1. 조직행동에 영향을 미친 학문들

앞에서 잠시 언급했지만 조직행동은 행동과학 분야의 여러 학문분야로부터 영향을 받았다. 조직행동에 영향을 미친 학문분야는 심리학, 사회학, 사회심리학, 문화인류학, 정치학 등이다. 그 중에서도 심리학은 주로 개인행동 연구에 관심을 가진 분야이기 때문에 조직행동의 개인수준 연구에 영향을 미쳤으며, 사회학, 사회심리학, 문화인류학, 정치학 등은 조직행동의 거시적 수준 연구에 영향을 미쳤다.

[그림 1-2]는 조직행동 연구에 영향을 미친 학문분야로서 구체적인 영향을 도표로 나타내어 설명하고자 노력하였다.[1)]

(1) 심 리 학

심리학(psychology)은 조직행동 연구에 가장 큰 영향을 미친 분야라고 할 수 있다. 특히 초기의 조직행동 연구에 심리학적 배경을 가진 학자들이 많이 공헌하였으며 이러한 전통은 지금도 계속되고 있다. 심리학은 특히 인간의 개인행동 이해와 예측에 관심을 갖고 있으며, 이러한 연유 때문에 인간행동은 심리학 고유의 연구영역으로 생각하는 이들도 많다.

심리학은 조직행동의 지식체계에 많은 기여를 하고 있으며, 지금도 새로운 연구분야가 계속 추가되기 때문에 기여도가 크다. 추가되는 새로운 이론은 학습심리학, 성격심리학, 상담심리학 및 조직심리학 분야로서 특히 조직심리학자들의 공헌이 가장 활발하다.

초기의 조직심리학자들은 작업자의 피로, 권태감 등을 주로 연구하였으나, 최근 조직 내의 종업원 학습, 성격, 개인의사 결정, 교육훈련, 리더십 효과성, 동기유발, 직무만족, 업적평가, 태도측정 그리고 바람직한 방향으로 조직구성원의 행동변화 등 관심영역이 점차 확대되고 있는 추세이다.

---

1) S.P. Robbins, *Organizational Behavior* (Englewood Cliffs, NJ: Prentice Hall, 1983), p. 9.

그림 2-1 조직행동에 공헌한 학문분야

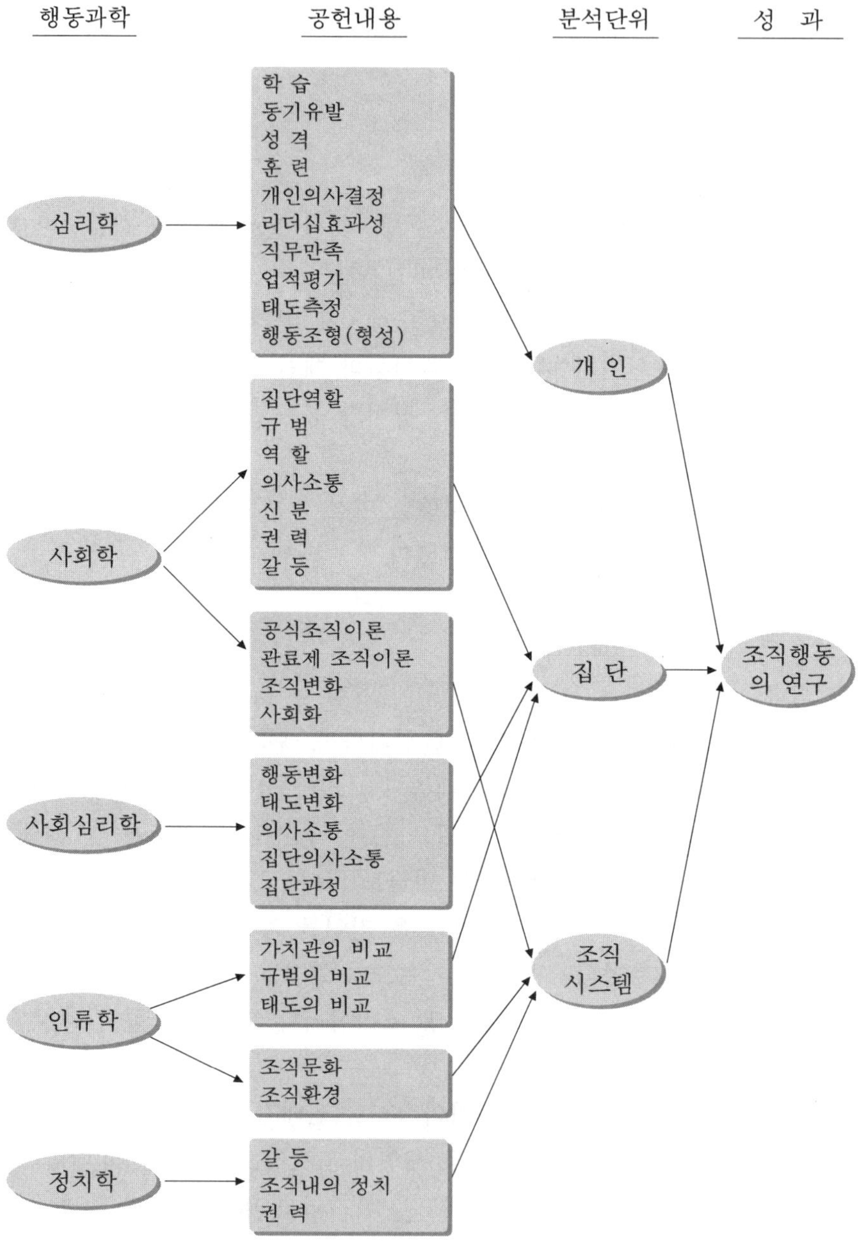

자료 : S.P. Robins, *Organizational Behavior* (Englewood Cliffs, N.J.: Prentice-Hall, 1983), p. 9.

(2) 사 회 학

사회학(sociology)은 다른 사회과학과 마찬가지로 비교적 학문역사가 짧은 분야로서, 꽁트(A. Comte)에 의해 처음 시작되었고, 뒤르켕(M. Durkheim)과 베버(M. Weber) 등에 의해 발전되었다. 특히 베버의 관료제 이론과 『프로테스탄트 윤리와 자본주의 정신』에 대한 연구는 유명하다.[2)] 사회학은 주로 사회, 제도, 조직 및 집단 내의 사회적 행동에 관심을 두고 있다.

심리학자들이 주로 인간의 개인행동 연구에 초점을 둔 반면에, 사회학자들은 조직 내에서 어떤 역할을 수행하고 있는 개인들간의 사회제도를 연구하는 데 초점을 두고 있다. 즉 사회학에서는 역시 인간행동 연구에 관심을 두되, 주로 동료 작업자들과의 관련하에서 인간행동을 연구한다고 볼 수 있다. 사회학자들은 복잡한 공식적인 조직 내의 집단행동에 많은 관심을 보이고 있으며, 특히 집단역학, 사회화 과정, 공식 조직이론 및 조직구조, 커뮤니케이션, 지위, 신분, 권력 및 갈등 등에 관한 연구에 많은 공헌을 하였다.

(3) 사회심리학

사회심리학(social psychology)은 사회환경과 관련된 개인행동에 대해 연구하는 학문분야이다. 사회환경 중에서 가장 중요한 것은 개인 또는 집단으로서 타인(other people)이다. 따라서 사회심리학은 주로 대인간의 행동(interpersonal behavior)을 연구대상으로 삼고 있으며, 사회심리학자들이 연구대상이 되고 있는 주된 분야는 변화관리, 인간태도의 측정, 이해, 변화 그리고 커뮤니케이션의 개선, 집단 의사결정 및 집단활동을 통해 개인의 욕구를 충족시킬 수 있는 방법 등에 관한 연구이다.

(4) 인 류 학

인류학(anthropology)은 문화에 따른 비교가치, 규범, 태도 등에 대해서, 그리고 거시적 조직행동론의 조직환경 등에 영향을 미치고 있다. 특히 문화인류학(cultural anthropology)은 시대와 장소에 따른 인간문화의 기원과 역사, 그들의 진화와 발전, 그리고 인간문화의 구조와 기능을 주로 다루는 학문분야이다. 따라서 문화인류학은 인간행동에서 문화의 역할을 강조함으로써 국가 내

2) S. P. Robbins, *Organizational Behavior* (Englewood Cliffs, N.J.: Prentice Hall Inc., 1983), p. 9.

지는 조직구성원들의 가치, 태도나 수용 가능한 행위, 규범의 차이를 설명해 줄 수 있다.

(5) 정 치 학

정치학(Political Science)은 정치환경 내의 개인과 집단의 행동을 연구하는 학문분야이다. 특히 갈등의 구조화, 권한의 배분, 그리고 개인이 어떻게 자기의 이익을 위해 권력을 교묘히 조작하는가 하는 것 등이 조직행동론과 관련이 깊다고 할 수 있다. 정치학 분야는 앞으로 조직행동의 발전에 많은 기여가 있을 것으로 기대되는 분야이다.

2. 조직행동의 학문적 특징

조직행동은 여러 학문분야로부터 영향을 받았기 때문에 다른 분야와는 달리 독특한 몇 가지 학문적 특징을 지니고 있다. 조직행동의 기본적인 학문 성격이나 연구방법, 그리고 연구결과가 지향하는 몇 가지 중요한 특징을 살펴보면 다음과 같다.[3)]

첫째, 조직행동은 다학문적인 성격(interdisciplinary applied science)을 지니고 있다. 다시 말해서 조직행동은 조직 내의 인간행동을 행동과학적 입장에서 연구하는 학문이기 때문에 여러 가지 인간의 행동을 연구하는 학문분야로부터 영향을 받았다. 특히 조직행동의 발달에 영향을 미친 분야는 심리학, 사회학, 그리고 문화인류학이다.

둘째, 조직행동은 성과 중심의 실천 지향적인 학문(performance oriented science)이라고 할 수 있다. 즉 조직행동은 조직체에 구체적인 성과를 가져오도록 노력하고 있기 때문에 기업조직의 경우 경제적 성과를 매우 중요하게 생각하고 있다. 실제로 조직의 효과성을 제고하기 위해서는 여러 가지 조직구성원들의 행동변화가 요구되는데, 행동과학은 이러한 변화유도에도 지대한 관심을 갖고 있기 때문이다.

셋째, 조직행동은 인본주의적인 규범적 학문(humanistic normative science)이다. 즉 조직행동은 조직의 효과성을 중시하지만, 동시에 조직 내의 인간적

3) A.D. Szilargyi, Jr. & M.J. Wallace, Jr., *Organizational Behavior and performance* (Glenview, Ill.: Scott, Foresman and Co, 1987), pp. 5~12.

측면을 중요하게 생각한다. 조직행동은 단순히 인간행동에 대한 서술적인 접근에 그치지 않고 조직의 목적달성에 필요한 성과를 중시하고, 인본주의적인 가치를 중시하기 때문에 학문이 규범적으로 흐를 가능성이 높은 학문이다.

넷째, 조직행동은 과학적인 연구조사 방법과 상황적인 접근(contingency approach)을 중요하게 생각하는 학문이다. 즉 조직행동은 여러 학문분야에서 개발한 조사방법을 최대한 활용하며 보다 정확하고 객관적인 이론과 개념을 도출하려고 노력하고 있다. 또한 조직행동은 보편적인 조직이론이나 원리를 추구하기보다는 조직행동에 영향을 미치는 여러 변수간의 상호 관계를 중시하는 상황적응적인 접근방법을 시도하고 있다.

제2절 조직행동의 연구방법론

인간의 행동이 왜 일어나는지를 밝힌다는 것은 매우 복잡하고 미묘한 과정이다. 왜냐하면 방법론적인 측면에서 볼 때 자연과학이나 응용과학처럼 행동과학은 명확한 결론이 떨어지는 것이 아니기 때문이다. 행동과학은 비판하고 있는 사람들의 말처럼 $H_2+O \rightarrow H_2O$, 즉 물이 되는 것처럼 인간의 행동은 그렇게 간단하지가 않기 때문이다.

인간이 지식을 구하는 방법은 여러 가지가 있다.[4)]

(1) 고정관념에 의한 방법(method of tenacity)

인간은 관습이나 타성에 의해 어떤 명제를 계속해서 믿으려는 경향이 있다. 예를 들면 "여성보다 남성이 관리직에 더 적합하다"라는 신념은 고정관념에 근거한 것이다. 고정관념에 의한 방법은 신념의 정확성이나 진실성에 대한 믿을만한 증거가 없음에도 불구하고 사람들은 이와 같은 의견을 고수하려고 한다.

(2) 권한에 의한 방법(method of authority)

이는 두 가지 형태가 있는데, 첫 번째 형태는 문제를 해결하는 데 필요한 시간적 여유가 없고 훈련도 되어 있지 못할 때 전문가(의사, 컨설턴트, 변호사

4) E. F. Stone, *Research in Organizational Behavior* (Santa Monica, Cal.: Goodyear Publishing Co., 1978) : 김남현 역, 『연구방법론』, (서울 : 경문사, 1983), pp. 7~17.

등)와 상담하는 것이고, 두 번째 형태는 특정한 정보원(정치가, 사상가, 종교지도자 등)으로부터 특정 문제에 대한 그들의 의견을 더 이상 의문의 여지가 없는 것으로 받아들이는 것이다.

(3) 직관에 의한 방법(method of intuition)

이는 선험적인 방법으로서 자명한 명제, 즉 그 의미가 의심할 여지 없이 올바르고 그 진실성을 확신할 수 있게 하는 명제에 호소하는 방법이다. 예를 들면 "전체는 부분의 합보다 더 크다"라든가 "개인의 사유재산권은 빼앗을 수 없는 권리이다"라는 것 등이다.

(4) 과학에 의한 방법(method of science)

앞에서 설명한 고정관념, 권위, 직관에 의한 방법은 상당한 주관성이 개입되는 데 비해 과학적인 연구방법은 어느 정도의 객관성이 보장된다.

따라서 이상의 네 가지 방법 중에서 과학적인 연구방법이 가장 정확하고 합리적인 연구방법이라고 할 수 있다. 이와 같은 과학적인 연구방법은 여러 가지 요건을 갖추어야 하며, 이들 요건을 어느 정도 갖추었느냐에 따라서 과학적 연구방법의 수준이 결정된다.

1. 과학적 연구방법 및 연구절차

조직행동은 사회과학의 한 분야이므로 그 연구의 설계나 방법에 있어서 다른 학문과 마찬가지로 일반적인 사회과학 방법론을 그대로 따르고 있다. 조직행동을 비롯한 사회과학 연구에 적용되는 연구의 절차를 보면 다음과 같다.

㈎ 문제의 설정 　　연구분야(영역)의 결정, 학문적 유행, 문제의 중요성

㈏ 문제에 대한 이론적 배경의 검토 　　이론적 틀(theoretical framework)의 설정

㈐ 가설의 설정 　　검증을 위한 가설, 독립변수, 종속변수, 측정척도

㈑ 연구의 설계(research design) 　　변수의 종류, 수, 성격, 통계방법

㈒ 자료의 모집 　　표집활동(sampling), 표본의 종류, 자료의 신뢰도, 타당도, 수집방법, 예비조사, 본조사

㈓ 자료분석 　　분석방법

(사) 분석결과의 해석　　분석결과를 다시 이론으로 환원시키는 과정(가설, 명제, 공리, 정리, 이론)

(아) 발표 및 보고서 작성　　발표할 전문지의 요청에 따른 논문 형식과 체제완비

앞에서 이미 설명한 것처럼 조직행동의 학문적 특징 중의 하나가 과학적인 연구방법을 채택한다는 점이었다. 행동과학의 이론적 전개가 과학적이 되기 위해서는 다음과 같은 요건이 필요하다.[5)]

(가) 절차의 공개성

(나) 명확한 정의

(다) 자료의 객관성

(라) 연구결과의 적용 가능성

(마) 체계적, 축적적인 접근방법

(바) 목적의 이해, 예측, 설명

2. 연구의 설계방법

연구의 설계는 좋은 연구결과를 얻기 위해서 대단히 중요한 과정이다. 따라서 구체적인 연구설계의 방법을 숙지하여 적절히 활용하면 큰 도움이 될 것이다. 이와 같은 연구의 절차를 수행하기 위한 구체적인 연구의 설계를 위한 방법은 설문조사 방법, 사례연구 방법 및 실험설계 방법 등이 있다.[6)]

(1) 설문조사 방법(survey research method)

이 방법은 설문지나 면접을 통하여 실증적 자료를 수집하는 방법으로서 비교적 쉽게 사용할 수 있는 기법(easy-to-use technique)이다. 뿐만 아니라 적절하게 설계만 되면 연구결과의 일반화가 가능하고 근본적인 원자료(original data)의 수집이 가능하다는 것이 장점이다. 또한 설문조사 방법은 다른 연구방법에 비해 시간과 경비가 적게 소요된다. 그러나 정보의 심도가 결여될 수 있다는 약점도 동시에 지니고 있다.

---

5) F. Luthans, *Organizational Behavior*(New York, NY: McGraw Hill Book co., 1985), p. 44.

6) *Ibid*., pp. 46~53.

(2) 사례연구 방법(case method)

이 방법은 일정한 기간 동안 현실 조직에서의 행동과정에 대해 깊고 세밀한 관찰-분석을 하는 연구방법으로서 문제가 되는 특정사례의 모든 측면을 발견-분석하는 데 그 목적이 있다. 연구자는 제 3자적인 관찰자가 되고 자료수집은 면접법이나 조직의 기록 및 서류철에 의존하게 된다. 이 방법의 장점으로서는 심층분석이 가능하다는 점과 문제에 대한 통찰력을 얻기에 좋고 장래의 연구를 위한 많은 제안이 나올 수 있다는 점이다. 단점은 연구의 신뢰성 · 객관성 · 일반성이 문제가 된다는 점이다. 이 방법이 성공하려면 연구자의 태도, 연구의 강도 및 연구자의 통찰력이 중요하다.

(3) 실험설계 방법(experimental design method)

이 방법은 가장 과학적인 연구방법으로서 연구대상을 문제의 변수를 중심으로 구분하여 문제요인 변수의 역할을 정확히 분석함으로써 여러 문제 변수간의 인과관계(causal relationship)를 연구할 수 있게 된다. 따라서 문제의 요인으로 전제되고 있는 독립변수(independent variable)를 조작하는 실험집단(experiment group)과 독립변수가 투입되지 않는 통제집단(control group)으로 나누어서 양 집단에서 종속변수(dependent variable)에 나타나는 변화를 비교함으로써 독립변수의 역할을 정확히 연구할 수 있다.

이 방법은 문제의 여러 변수를 독립변수, 종속변수, 매개변수 등 상호 연관관계에 의하여 정확하게 정의하고 이에 따라 실험이 진행되어야 하기 때문에 사전에 표본설정을 포함한 전반적인 연구설계가 매우 중요하다. 그리고 이 방법은 실험연구가 어디에서 전개되느냐에 따라서 현장실험(field experiment)과 실험실 실험(laboratory experiment)으로 구분한다.

3. 연구의 타당성과 신뢰성

과학적 연구방법에 있어서 가장 중요시되고 있는 것은 측정(measurement)의 문제인데, 이 때 연구의 타당성(validity)과 신뢰성(reliability)이 확보되어야 한다.[7]

---

7) E. F. Stone, 전게서, 제 3장을 참고할 것.

(1) 타 당 성

타당성(validity)이란 척도로써 측정하고자 의도한 것을 실제 측정해 내는 정도를 나타내는 것으로서 이는 척도를 평가함에 있어서 가장 중요한 기준이다.

1) 내용 타당성(content validity)

측정치를 구성하고 있는 항목이 측정하려고 하는 요인과 관련된 항목들의 정의역을 대표하는 표본일 때, 그 측정치는 내용적 타당성을 갖고 있다고 말할 수 있다. 그 측정치가 측정하려고 하는 변인의 정의역(the domain of interest) 밖의 어떤 항목을 포함하고 있으면 내용적 타당성은 손상을 입게 된다. 예를 들어 타자의 숙련도를 숫자만의 타자로 측정하는 것은 내용적 타당성이 결여된 것이다.

2) 구성개념 타당성(construct validity)

구성개념 타당성의 대표적인 예를 들면 지능(intelligence)을 들 수 있다. 우리는 지능을 직접 측정할 수는 없지만 '지능검사의 점수'에서 지능의 수준을 추론(추정)할 수 있게 된다. 이것은 곧 지능이라는 구성개념의 조작적 정의인 것이다. 측정치의 구성개념 타당성을 측정해 보려고 하는 구성개념의 조작적 정의가 적절한가의 여부를 나타내 보임으로써 그 타당성이 입증되는 것이다. 이와 같은 일은 실증적 연구를 필요로 하는 좀 시간이 걸리는 작업이다.

3) 기준관련 타당성(criterion-related validity or predictive validity)

어떤 측정치의 점수, 즉 예측변인(predictor)을 이용하여 다른 변수, 즉 기준변인(criterion)을 측정하려고 할 경우, 기준 관련 타당성의 문제가 생긴다. 이와 같은 기준변인은 행동(behavior)일 경우도 있으며, 태도(attitude)일 경우도 있다. 예를 들면 종업원의 채용시 적성검사나 흥미검사를 실시하는 이유는 미래의 직무성과(행동)나 직무만족(태도)을 추측해 보고자 함에 있다.

기준 관련 타당성에 대한 접근방법은 대략 세 가지로 요약되는데, 첫째는 멀리 예측변인을 일정시점에서 측정하고 그 뒤에 기준변인을 측정하는 방법으로서 GRE 또는 GMAT로 그 학생의 대학원 성적을 예측하는 것이다. 둘째는 예측변인과 기준변인을 동시에 측정하는 방법으로, 예를 들면 조직구성원이 현재 받고 있는 봉급수준을 중심으로 그들의 '급여에 대한 만족도'를 예측하는 경우이다. 셋째는 기준변인이 일정시점에서 먼저 측정되고 예측변인은 나중에 측정하는 방법으로, 예를 들면 시체 해부에서 얻어진 결과로 사망의 원인을 추정하는 경우이다.

(2) 신 뢰 성

신뢰성(reliability)이란 "둘 이상의 관찰자가 각기 관찰해서 동일한 결과를 얻을 수 있는 정도"라고 정의한다. 다시 말해서 측정결과에 오차가 들어 있지 않은 정도, 즉 변량에 대한 체계적 정보를 반영하고 있는 정도를 나타낸다. 신뢰성의 측정은 측정의 정확성(accuracy)과 결과의 일관성(consistency)이 중요하다. 신뢰성을 측정하는 방법에는 다음과 같은 세 가지 방법이 있다.

1) 검증 · 재검증법(test-retest method)

이 방법은 동일한 측정대상에 대하여 시간적 간격을 두고 측정하여 얻은 결과를 비교하는 방법이다. 측정방법이 하나밖에 없는 경우에 특정의 측정대상을 놓고 일정기간을 두고서 2회에 걸쳐 측정을 행한 뒤 그 결과로 얻어진 두 점수의 상관관계를 살펴서 상관계수가 높으면 신뢰성이 높고 상관계수가 낮으면 신뢰도가 낮다고 본다. 그러나 이 방법은 2회 측정간의 간격이 짧으면 피검사자의 첫 번째 검사에 대한 기억이 두 번째 검사의 응답에 영향을 미쳐 상관계수가 높아지게 할 수 있다는 단점이 있다.

2) 복수 구성법(multiple form method)

이 방법은 동일한 측정방법을 형식만 달리하여 동일한 측정대상에 적용한 후 그 결과를 비교하는 방법이다. 이 방법에 의한 신뢰성 평가는 대체로 3단계를 거치게 된다.

첫째, 어떤 구성개념의 측정을 위해 2개 또는 그 이상의 측정방법을 개발한다.

둘째, 2개의 측정방법은 동일한 측정대상에 적용되어야 하며, 측정간의 간격은 연구의 성격에 따라 달라진다.

셋째, 마지막 단계로서 2개의 측정 점수간의 상관관계 정도를 판단한다. 이 결과로 얻어진 상관계수가 바로 복수 구성법에 의한 신뢰도의 추정치이다.

3) 반분법(half-split method)

이 방법은 동일한 측정방법을 1회에 한하여 사용하고 측정된 결과를 측정 방법에 따라 이분하여 그 결과를 비교하는 방법이다. 이 측정방법을 적용하려면 우선 연구자가 어떤 속성을 다항목으로 구성된 측정도구(multi-item measure)에 의해 측정되어야 한다. 그런 다음 검사항목을 두 부분으로 나누어 양쪽의 상관관계를 검토한다. 그 결과 상관계수가 높으면 그 측정치는 내적 일관성(internal consistency)이 높은 것으로 판단된다. 이와 같이 검사항목을 반분하는데는 측정항목을 배분하는 방법이 많이 쓰인다.

이상의 세 가지 방법은 주로 설문지(questionnaire)를 사용해서 측정시 신뢰도를 알아내는 방법으로 앞의 두 방법은 시간-인력 및 비용이 많이 들고 측정효과의 지속성이 오차를 유발할 위험이 있어서 적합지 않고, 보통 3번째 방법이 널리 쓰인다. 일반적으로 내적 일관성(internal consistency)이 높으면 신뢰도가 높다고 본다. 무엇보다도 연구의 신뢰성과 타당성을 확보하는 것이 모든 연구의 선행조건이므로 신뢰성과 타당성을 제고할 수 있는 여러 방안들을 검토해 보는 것이 중요하다.

제 3 절 조직행동 연구를 위한 전문학술지

조직행동의 전문적인 이론지식을 습득하는 데 매우 중요한 자료의 원천은 국내외의 전문 학술지와 논문집을 들 수 있다. 한 나라를 알려면 그 나라의 도서관을 가보라는 말이 있듯이 도서관은 그 나라 지식축적의 정도를 가늠할 수 있게 해 준다. 현재 우리 나라에서도 대학원 중심의 대학으로 체질을 바꾸어야 한다는 소리와 함께 최근 대학원 인구가 급격히 증대되었다. 그러나 전문적인 지식을 가르칠 만한 교수가 부족한 점 등 여러 가지 여건의 결핍은 차치하고라도 자료의 빈곤현상을 지적하지 않을 수 없다. 다른 학문분야와 마찬가지로 조직행동을 연구하는 데 있어서도 많은 도서자료가 사용될수록 교육효과가 큰 것은 당연한 사실이다. 그러나 우리 나라 실정에서 각 학교마다 웬만큼 중요한 전문 학술지를 모두 갖춘다는 것은 쉬운 일이 아니다. 따라서 지역별 또는 인접 학과별로 공동대책을 마련하고 제한된 예산 내에서 자료의 분산구입 등을 고려해 보는 것이 바람직하며, 가까운 대학간의 자료의 공동이용을 통한 자료의 효율적 활용방안이 적극 모색되어야 할 것이다.

조직행동 연구에 도움이 될 만한 국내외 전문학술지와 전문잡지를 선별하여 자료의 활용에 도움이 되도록 하였다.

1. 전문학술지

[표 2-1] 전문학술지 목록

Academy of Management Journal
Academy of Management Review
Administrative Science Quaterly
American Journal of Sociology
American Political Science Review
American Sociological Review
Annual Review of Psychology
Behavioral Science
Decision Sciences
Human Organization
Human Relations
Industrial Relations
International Studies of Management and Organization
Journal of Applied Behavioral Sciences
Journal of Applied Psychology
Journal of Applied Social Psychology
Journal of Business
Journal of Business Research
Journal of Conflict Resolution
Journal of Vocational Behavior
Management Science
Occupational Psychology
Organization and Administrative Seiences
Organizational Behavior and Human Decision Processes
Personnel Management
Personnel Psychology
Psychological Bulletin
Public Administration Review

Research in Organizational Behavior
Research in Organizational change
Sociology
Sociometry

자료 : R.N. Osborn, J.G. Hunt, and L.R. Jauch, *Organization Theory: An Integrated Approach*(N.Y.: John Wiley & Sons, Inc., 1980), pp. 24~27.

2. 전문잡지

[표 2-2] 전문잡지 목록

Advanced Management Journal
American Management Association Research Reports
Business Horizons
Business Week
California Management Review
Harvard Business Review
Journal of Contemporary Business
Management Record
Management Review
MSU Business Topics
Organizational Dynamics
Personnel
Personnel Journal
Personnel Series
Public Personnel Management
Social Science Reporter
Supervisions
Training & Development Journal

자료 : R. N. Osborn, J.G. Hunt, and L. R. Jauch, *Organization Theory : An Integrated Approach*(N.Y.: John Wiley & Sons, Inc., 1980), pp. 24~27.

3. 국내 전문학술지

[표 2-3] 전문잡지 목록

경영학 연구(한국경영학회)
인사조직 연구(한국인사조직학회)
인사관리 연구(한국인사관리학회)
서강 Harvard Business(서강대학교 경영대학원)
현상과 인식(현상과 인식사)

내용요약

조직행동이란 조직 내에서 일어나는 인간행동에 관심을 갖고 연구하는 학문이다. 다시 말해서 조직의 궁극적인 목적을 달성하기 위하여 행동과학의 지식을 활용하여 인간의 개인행동, 집단행동, 그리고 조직체의 행동을 이해 · 예측 · 응용하는 학문이다. 조직행동은 분석수준에 따라 거시적 이론과 미시적 이론으로 나누는데, 거시적 이론은 주로 조직이론과 조직의 구조적 문제를 다루고, 미시적 이론은 개인과 집단의 행동에 관심을 둔다. 조직행동은 조직체의 성과와 인간가치를 중요시하고, 방법에 있어서는 과학적인 연구조사와 상황적인 접근방법을 채택하는 종합적인 응용실천 학습이다. 그러므로 조직행동은 심리학, 화학, 사회심리학 및 문화인류학 등 다양한 행동과학 연구의 바탕 위에서 구축되었다.

조직행동 역시 사회과학의 한 분야이므로 그 연구나 설계방법에 있어서 다른 학문과 마찬가지로 일반적인 사회과학 방법론을 그대로 따르고 있으며, 구체적인 연구방법으로서는 설문조사 방법, 사례연구 방법, 실험설계 방법 등이 있다. 과학적 연구방법은 측정의 신뢰성과 타당성을 확보하는 것이 중요하며, 우리 나라와 같이 도서관 시설이 미비하고 관련된 전문학술지를 제대로 갖춘 도서관이 절대적으로 부족한 곳에서는 도서자료의 공동활용을 고려해 보는 것도 매우 유용하다 하겠다.

제 1 부 Theory Application

이론의 적용

사례 연구 **case studies**

1-1 햄버거 프랜차이징 회사

릭 존슨(Rick Johnson)은 대규모의 햄버거 프랜차이징 영업회사의 인적 자원개발 담당 부장이다. 이 회사는 현재 미국과 캐나다를 중심으로 3천개 이상의 점포를 운영하고 있으며 앞으로 4년 이내에 1천개의 점포를 확장할 계획을 갖고 있다.

릭의 주요한 임무 중의 하나는 프랜차이징 가맹점의 관리자들을 위한 교육-훈련을 감독하는 일이었다. 지난 몇 년 동안 이 훈련은 버지니아주의 리치먼드에 있는 회사 본부와 연결된 별도의 교육센터에서 이루어졌다. 새로운 관리자를 위한 교육-훈련은 보통 주간에 걸쳐 실시되고 그 내용에는 예산, 스케줄링, 감독기술 및 설비유지 등의 영역이 포함되었다.

릭은 보스턴에서 지난 6주간에 걸쳐 중역개발 워크샵(executive development workshop)에 참가했다가 지금 막 돌아왔다. 그것은 새로운 종업원들을 그들의 직무에 어떻게 적응〔사회화〕시키느냐 하는 주제였다. 워크샵의 강사는 우리들이 새로운 종업원에게 조직의 가치나 규범을 어떻게 소개하느냐에 따라 종업원의 타입이 달라진다고 지적하였다. 연구결과에 의하면 만약 조직이 종업원들로 하여금 독립적이고 창조적이며 개별적이길 원한다면, 그 조직은 반드시 종업원들로 비공식적 · 개인적으로만 처리하고 멘터(mentor)를 보내지 말아야 한다고 지적하고 있다. 한편 만약 조직이 잘 순응하는 동질적인 종업원을 원한다면 모든 신입사원들에게 구조화된 공식적인 교육훈련 프로그램을 집단적으로 받게 하며, 종업원의 지도 및 감독을 잘 훈련된 고참사원들을 할당함으로써 성공할 수 있다.

릭 존슨의 사회화(socialization) 개념에 대한 첫 반응은 반발심(repulsion)이었다. 그는 말하기를 사회화란 일종의 조작(manipulation)의 낌새가 보이고 "Brave New World"라는 책에서 나온 것 같다고 말했다. 그러나 릭이 곰곰이 생각해 본 결과 경영층이 통제하든 안 하든 간에 새로운 종업원(신입사원)은 조지에 적응하는 요령을 항상 배워야만 한다는 사실을 깨닫게 되었다. 즉 기업이 관례상 어떤 행위는 수용하고 어떤 행위는 수용하지 않는지를 학습해야만 한다. 신입사원은 시행착오를 통해서 배울 수 있지만 그것은 시간과 비용이 많이 들며, 기업이 원하는 바를 제대로 습득했는지 확인하기가 어렵다. 따라서 경영층이 원하는 대로 종업원을 바꾸기 위해서는 종업원의 사회화 경험을 프로그램화하는 것이 의미 있는 일이다.

릭은 이상의 사실을 염두에 두고 프랜차이징 관리자를 위한 자기 회사의 교육훈련 프로그램을 재구성하기 시작했다. 그 프로그램은 상당히 구조화되어 있으나, 프로그램의 약 3분의 1은 훈련생들이 회사의 지역 판매점 중 한 곳에서 직무를 한 번씩 해 보는 데 4일이 소비되었다. 훈련생들은 주방에서 직접 고기를 굽고 프라이를 해서 주문에 응하고 식탁을 깨끗이 닦아야 했다. 이러한 일들은 최소한의 감독 하에 이루어졌다. 훈련생들은 주방에서 하는 일을 배우기 위해 시간제 종업원들과 상의하도록 하였다. 릭은 마침내 이와 같은 개인적인 경험들이 기업이 원하는 방향으로 종업원이 사회화되도록 도와 준다는 사실을 깨닫게 되었다. 그리하여 릭은 다른 모든 미래의 점포장들도 "이상적인 프랜차이징 관리자"의 모범이 될 수 있도록 교육훈련 내용을 재설계하겠다고 생각하였다.

[문 제]

1. 당신은 인간의 행동을 조형(mold)할 수 있다고 생각하는가? 그 이유는?
2. 종업원을 뒤에서 조정(manipulate)하려고 할 때 생기는 윤리적 문제는 무엇인가?
3. 만약 릭의 프로그램이 성공한다면 어떤 이점이 있을까? 손실은?

1-2 아버지와 아들

프랭크의 올해 나이는 56세이다. 과거에 그는 홀로 된 어머니와 세 동생들을 돌보기 위해 고등학교 2학년 때 중퇴하였다. 19살 때 그의 삼촌으로부터 200달러를 빌려 중고차를 사서 이익을 남기고 되팔았다. 그 후 파란만장한 생애를 보낸 후 오늘날 5개의 새차 판매대리점을 소유하고 있으며, 최근 Automotive News지에 의하면 텍사스에서는 가장 큰 새차 딜러(new car dealer)로서 전 미국에서 10위 안에 들고 있다. 그의 5개소의 판매대리점에서는 매월 2,500대 이상을 판매하는 것으로 추정된다.

프랭크의 아들인 존은 아버지와 함께 이 사업에 뛰어든지 1년이 채 못되었다. 존은 최근 텍사스 대학교 경영대학원을 졸업하였는데 B. S. 및 M.B.A. 과정에서 자기가 배운 지식을 자동차 사업에서 활용해 보기를 원하고 있다. 그러나 프랭크와 존은 몇 가지 문제에 대해 의견의 차이를 보이고 있다. 존은 문제의 근원에 대해 이렇게 말했다.

"내 아버지는 지나치게 독선적이다. 아버지는 확실히 성공하였음에 틀림이 없다. 아무 것도 없이 시작하여 30세에 백만장자가 된 사람을 누가 비난하겠는가? 그러나 그가 성공할 수 있었던 것은 때와 운이 따라 주었기 때문이다. 1950년대에 텍사스에서 쉐비(Chevy) 판매대리점을 차려놓은 사람치고 망한 사람이 없다. 그 후 1961년에 아버지는 폭스바겐 차를 취급하였고, 1968년에 닷산(Datsun) 차의 판매대리점은 아주 경기가 좋았었지! 확실히 아버지는 고객이 원하는 것을 미리 예측하는 시야를 갖고 있었으나 그것은 문제의 일부일 뿐이다. 그가 건드리는 것은 모두 금으로 변화되었다(그가 투자한 사업마다 성공하였다). 그는 실패할 수가 없다고 생각하였다. 어떤 문제이든 그는 해답을 갖고 있었다. 관리능력에 있어서 내가 그의 생각을 뛰어 넘어본 적이 없다."

"아시다시피 우리 회사는 약 120명의 판매원을 거느리고 있다. 우리는 판매대리점 밖에서 150명을 더 거느리고 있으며, 임원만도 35명이 넘는다. 내 말은 우리 회사는 매우 방대한 운영규모인 데 비해, 나의 아버지는 여전히 사람들에 대한 자기 생각을 근거로 혼자서 결정하고 만다."

"예를 들면, 아버지는 대졸자를 채용하지 않는다. 아버지는 말하기를 대졸자는 너무 기대가 크고 성급하다고 한다. 또한 대졸자는 인내심이 부족하고 학교 밖에서 금방 무언가를 보여 주려다가 실패하게 되면 그만 주저앉고 만다고 한다."

"우리 회사의 판매대리점 매장에 나가 보아라. 그리고 보통과 다른 점을 눈여겨 보아라. 세일즈맨들이 모두 달라스 카우보이의 후예들처럼 생기지 않았니? 이것은 또 다른 아버지의 광적인 신념의 결과였다. 아버지는 말하기를 세일즈맨은 무조건 덩치가 커야 한다고 생각한다. 그것에 대해 반박해 봤자 소용이 없다. 아버지는 덩치 큰 놈이 공격적이고 자신감이 있고 따라서 매출액도 많을 것이라고 생각하기 때문이다. 여기에 대해서는 재론의 여지가 없고 아버지는 그저 너는 나만 따라오면 된다고 할 뿐이다."

"사무실에서 아버지는 관리자들에게 눈을 똑바로 뜨고 감시하도록 하였다. 아버지는 말하기를 사람들은 근본적으로 게으름뱅이이고, 조금만 내버려 두면 일 안하고 놀려고만 한다고 한다. 그 결과 사무실은 항상 게슈타포 캠프처럼 보인다. 종업원들은 항상 감시를 받고 있다."

"아버지의 이러한 태도에 비해 매번 이야기할 때마다 아버지로부터 나는 항상 똑같은 소리를 듣게 된다. 즉 "존, 내 생각이 언제나 옳다는 것은 아니다. 그러나 대부분 내 생각은 옳았음이 판명되었다. 너는 내가 대리점을 운영하는 방식에 대해 동의하지 않을지도 모르지만 결과를 보면 너는 할 말이 없을 게다."

[문 제]

1. 프랭크의 인간행동에 대한 견해와 결부시켜 직관(intuition)적인 방법과 체계적인 방법(과학적인 방법)을 비교 · 설명하라.
2. 아버지와 아들간의 사람을 다루는 태도와 접근방법의 급격한 차이를 어떻게(무슨 요인을 들어) 설명할 수 있을까?
3. 당신은 존이 아버지의 관리스타일을 바꿀 수 있다고 생각하는가?
   그 이유는?
4. "프랭크의 생각이 옳다. 대졸자는 너무 많은 것을 기대한다. 유능한 세일즈맨은 덩치가 커야 한다. 사람은 근본적으로 게으르다! 오늘날 프랭크의 성공을 가져 온 이와 같은 생각은 옳다"는 말에 대해 어떻게 생각하는가? 서로 논의해 보자.

연 습 Exercises

1-1 교수와 학생의 처음 만남의 시간

목 적 : 어느 과목을 막론하고 처음 강의 시간에는 서로가 서먹서먹하고 어색한 분위기가 보통이다. 그러나 첫 강의시간의 분위기가 한 학기를 좌우하는 만큼 첫 강의시간을 잘 보내는 것이 유용하다. 따라서 첫 강의 시간을 위한 하나의 프로그램을 소개하고자 한다.

소요시간 : 40~60분 정도

인 원 : 제한 없음

준 비 물 : 강의 교수요목(syllabus)

진행방법 :

(1) 먼저 교수요목(syllabus)을 나누어 주고, 조직행동과목에 대한 소개와 교재(textbook), 교수방법 및 성적평가방법 등을 알려 준다.

(2) 수강생들을 대략 4~6명으로 구성된 조를 편성하여 그룹핑(grouping)한다.

(3) 각 그룹으로 하여금 교수요목을 중심으로 조직행동과목을 선택하게 된 배경, 이 과목에 대한 자기의 각오, 교수에 대한 요구사항 등을 학습목표에 근거하여 토론케 한다.

(4) 토의(discussion)가 끝나게 되면 각 그룹의 대표를 지명하여 전체가 모인 자리에서 각 그룹의 토의내용을 발표하게 한 후 공개토론을 진행한다.

(5) 마지막으로 토론의 내용을 종합정리하고, 강의진행시의 애로사항, 학생들의 조직행동교과목에 대한 오해(misunderstanding) 등을 설명해 주고, 학습목표 달성을 위한 상호협조의 기회를 모색함으로써 첫 강의를 마친다.

1-2 좋은 경영자의 조건

목 적 : 좋은 경영자의 속성을 심사숙고하도록 도와주는 데 연습의 목적이 있다. 즉 연습을 통해 다른 사람의 견해와 생각을 자신의 것과 비교 · 검토해 보며, 서로 다른 배경하에서 자라 온 다른 사람의 경험과 지식을 배울 수 있는 기회를 제공해 주는 데 목적이 있다.

소요시간 : 30~40분

인 원 : 제한 없음. 단 적어도 4명 이상의 집단

준 비 물 : 메모용지 약간.

진행방법 :

(1) 자기가 알고 있는 경영자를 생각하며, '좋은 경영자'의 속성을 리스트로 만들어보자. 알고 있는 실제의 경영자가 없다면 자기가 후일에 갖고 싶어하는 직장의 경영자를 상상해 보면서 좋은 경영자의 속성 리스트를 작성한다.

(2) 4~8명으로 구성된 각 조별로 위의 1단계에서 작성된 리스트를 모아서 다시 서로 다른 사람의 것을 나누어 갖고 서로의 관심 있는 내용, 비슷한 점, 다른 점, 이해할 수 없는 것 등을 토의한다.

(3) 조별로 제시된 '좋은 경영자'의 독특한 특성을 모두 모아서 하나의 리스트를 작성한다. 두 사람 이상이 똑같이 제시한 속성에 대해서는 체크(V)표시를 해 둔다. 전체 토의를 위해서 이 리스트를 하나씩 나누어 갖는다.

(4) 위의 3단계가 끝났으면 각 조별로 대표들이 나와 전체 클라스 앞에서 발표를 하고, 이 때 교수는 반 전체에서 논의된 '좋은 경영자'의 속성리스트를 하나로 만든다.

(5) 발표결과에 대해 자유롭게 질문하고 토의한다.

Organizational Behavior

제 2 부

개인행동의 이해

개인은 각자가 자신의 고유한 신체적인 특징을 지니고 있을 뿐 아니라 지식과 기술, 취미와 관심, 성격 등 여러 가지 면에서 서로 다르다. 또한 개인은 주어진 상황하에서 서로 다른 태도를 나타내고 서로 다른 행동을 취함으로써 개인차를 나타내고 있다. 이와 같은 개인간 차이에 대한 이해가 조직행동 연구에 있어서 중요한 이유는, 그와 같은 차이가 개인의 성과는 물론, 나아가서는 조직의 성과에 영향을 주기 때문이다. 따라서 관리자는 조직구성원들의 행동을 이해하고, 개인이 갖고 있는 차이도 인정함으로써 개인의 성과 및 조직체 성과를 개선할 수 있는 방안을 모색하여야 할 것이다.

제 3 장 학습과 태도

제1절 학　　습

학습(learning)이란 개인행동의 형성 및 반복적인 연습이나 경험을 통하여 이루어진 비교적 영구적인 행동변화를 말한다. 학습과정에 대한 근거는, 개인이 학습상황에 놓이기 이전에 가능했던 행동과 학습 후에 나타날 수 있는 행동을 비교함으로써 추론할 수 있다. 조직행동에서 학습에 의한 변화는 성과향상으로 이루어질 수 있다.

1. 학습의 개념

학습에 대한 이해는 학습과정을 구성하고 있는 다음의 구체적인 요소를 통해서 가능하다. 학습은 영구적인 행동변화를 수반하며, 연습과 경험 그리고 강화작용을 통해 형성된다.

(가) 행동변화(behavioral change)　　행동변화란 성격과 지각 그리고 동기와 태도의 변화를 말한다. 학습은 긍정적인 변화와 성과만을 포함하는 것이 아니라 나쁜 관습과 편견, 상동적 태도(stereotyping)와 후광효과 등과 같은 바람직하지 못한 행동을 습득하는 것도 포함하고 있다.[1)]

(나) 영구적 변화(permanent change)　　행동의 변화는 비교적 영구적인 성격을 지니고 있어야 한다. 따라서 개인이 일시적으로 취하는 적응행동은 행동의 변화라 할지라도 학습이라고 보기는 어렵다.

(다) 연습과 경험(practice and experience)　　학습은 신체적인 발육이나 본능적 행동과 같은 자연적인 성숙과는 구별되어야 한다. 따라서 학습은 연습과

1) 상동적 태도, 후광효과에 대한 자세한 설명은 제 4 장 제 2 절을 참조할 것.

경험에 의하여 변화가 이루어지는 것을 의미한다.

㈑ 강 화(reinforcement) 연습이나 경험이 영구적인 변화를 가져오려면 이와 같은 연습이나 경험을 되풀이시키는 강화가 필요하다. 이러한 강화가 없으면 새로운 행동은 지속되지 못하고 소거되어 버린다.

2. 학습 과정

학습과정을 설명하는 이론 가운데 대표적인 것으로서 자극-반응이론(stimulus-response theory)과 인지학습이론(cognitive learning theory) 그리고 사회학습이론(social learning theory)이 있다.

(1) 자극-반응이론

행동주의 심리학에 그 기초를 둔 자극-반응이론(stimulus-response theory)은 학습을 어떠한 자극으로부터 행동을 유도해 내는 과정으로 보고 자극과 반응을 중심으로 행동변화를 설명하고 있다. 따라서 자극-반응이론에서는 학습을 조건화 과정으로 설명하고 있다. 즉 개인의 행동을 환경자극에 대한 반응이라고 한다면, 개인의 행동변화는 환경으로부터의 자극을 조건화함으로써 이루어질 수 있다고 전제하고 있다.

자극-반응이론은 자극과 반응 사이를 매개하는 내적 상태(심리적 상태)를 무시하는 것은 아니다. 하지만 인간에 대한 연구가 과학적이기 위해서는 엄격하게 관찰 가능한 외적 행위만을 그 연구대상으로 하자는 특징을 보인다. 자극-반응이론에는 고전적 조건화와 작동적 조건화의 두 가지 모형이 있다.

1) 고전적 조건화

고전적 조건화는 심리학자 파블로프(I.Pavlov)가 주장한 이론으로서 조건자극을 무조건자극과 관련시킴으로써 조건자극으로부터 새로운 조건반응을 얻어내는 과정을 말한다.[2)]

파블로프는 개를 이용한 실험에서 개는 고기를 보고 반사적인 행동으로 침을 흘리게 된다. 이 때 고기를 보고 침을 흘리는 것은 무조건자극에 대한 무

2) Ivan Pavlov, *Lectures on Conditioned Reflexes* (New York: International, 1972): Edwin Guthrie, *The Psychology of Learning* (New York: Harper & Row, 1952).

조건반응이고, 종소리에 의해 침을 흘리게 되는 것은 학습을 통한 조건자극에 대한 무조건반응이다. 이와 같이 타액의 분비를 유도해 내는 과정을 고전적 조건화라고 부른다.

왓슨(J.Watson)은 파블로프의 연구를 계승 · 발전시켰다. 그에 따르면 인간의 행동은 경험에 의해 형성된 자극에 대한 반응체계에 의해 결정된다고 하였다.

따라서 개인에게 어떤 행동을 학습시키려면 그 사람의 자극-반응체계를 점검하여 목표로 하는 반응(행동)을 위반할 수 있는 적절한 보상으로서의 자극을 제공하면 가능하다고 주장하였다.

손다이크(E.Thorndike)는 효과의 법칙(law of effect)에서 우호적 결과가 따르는 행동은 반복되고, 비우호적 결과가 따르는 행동은 반복되지 않는다고 하였다. 이는 결과에 의한 행동통제를 강조했다는 측면에서 강화이론(reinforcement theory)으로 이어진다.

2) 작동적 조건화

스키너(B.F.Skinner)는 왓슨의 행동주의와 손다이크의 강화주의를 적절하게 결합하여 이론적으로 심화하였다. 즉 행동은 결과와 함수관계에 있으며, 행동을 주변환경에 대해 능동적으로 영향을 미치는 작동적 행동(operant behavior)과 반사적 행위로 구분하였다.[3)]

즉, 자극에 대해 반사적으로 취하는 행위를 반사적 행동이라고 한다면, 작동적 행동은 원하는 결과를 얻기 위해 의식적으로 취하는 행동을 의미한다. 다시 말해서 원하는 결과를 얻기 위해 환경과의 교류를 통해 학습되는 행동인 것이다. 이러한 작동적 행동이 조직행동에서 행동수정 및 변화를 위한 전제가 된다.

(2) 인지적 학습이론

톨만(Tolman)은 학습과정에서 인지의 역할을 중요시하는 인지적 학습이론(cognitive theory of learning)을 주장하였다. 톨만은 조건화이론의 전제를 비판하면서 학습은 환경의 인지적 단서(cognitive cues) 및 기대(expectation) 등과

3) B. F. Skinner, *Science and Human Behavior* (New York : The Macmillan Co., 1953), pp. 30~35.

의 관계에 의해 이루어진다고 했다.[4)]

톨만을 비롯한 인지심리학자들은 인간의 내부적 요인과 외부적 요인 간의 관계에 초점을 두고 자극과 반응 사이를 매개하고 과정을 연구함으로써 인간을 외부 자극에 대한 수동적인 반응체로 간주하는 행동주의에 반대하였던 것이다.

톨만은 흰쥐를 이용한 실험에서 흰쥐는 복잡한 미로 속에서도 목표(먹이)를 성취하려는 의도로 길을 정확하게 찾아낸다는 것을 밝혀냈다. 즉 T자형의 갈림길을 포함한 미로로 구성된 실험공간에서 먹이를 찾기 위해 T자형 갈림길의 오른쪽으로 돌아가도록 훈련을 시킨 뒤 미로의 반대편에서 흰쥐를 출발시켰더니 오히려 왼쪽으로 돌아가도록 훈련되어 있었기에 오른쪽으로 향해야 했다. 그러나 흰쥐가 왼쪽을 택한 것은 먹이를 찾으려는 기대 때문에, 실제로 먹이가 있는 쪽을 인지하여 행동하였다고 지적했다. 즉 흰쥐가 갈림길에 섰을 때 어떤 인지적 단서에 의해 먹이를 찾을 수 있으리라는 기대를 학습하게 된 것이다.

(3) 사회학습이론

반듀라(A. Bandura)는 환경과 인간의 인지가 상호작용을 통해 행위가 습득되는 과정을 사회적 학습(social learning theory)이라고 하였다. 스키너가 작동적 조건화에서, 환경의 자극과 행위의 결과에 의해(즉, 피드백되어서) 개인행동이 통제된다고 한 데 비해, 반듀라는 인간의 인지적 · 정신적 과정이 환경에 대한 반응형태를 결정한다고 하였다. 이러한 사회적 학습은 개인의 인지, 행동, 환경 등과 같은 관련 요소간의 상호교류에 의해서 이루어지며, 그 과정은 다음과 같다.

첫째, 대상을 관할하고 주의(attention)를 기울이는 단계

둘째, 관찰한 행동을 기억(retention)해 내는 단계

셋째, 기억으로부터 재생(reproduction)하여 자신의 행동으로 옮기는 단계

특히 사회적 학습은 관련 요소간의 상호교류 과정에서 관찰을 통한 모방이 강조되므로 관찰학습이라고도 일컬어진다.

---

4) E. C. Tolman, *Purposive Behaviors in Animals and Men* (New York : Appleton Century Crofts, 1932).

그림 3-1 종업원 학습곡선

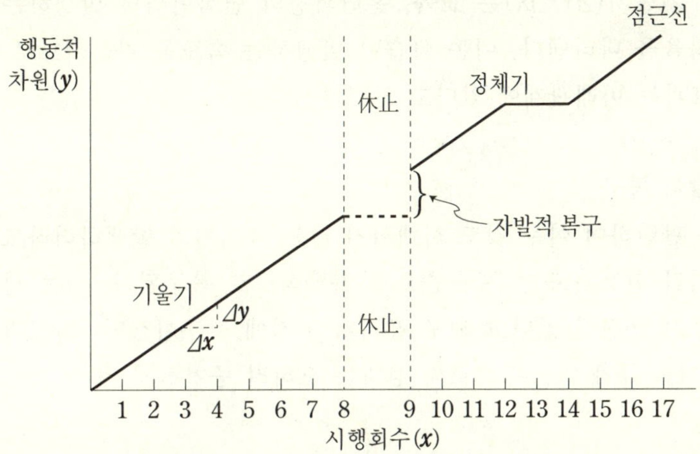

자료 : Andrew D. Szilagyi, Jr. and Marc J. Wallace, Jr., *Organizational Behavior and Performance*, 4th Ed. (Glenview, Illinois: Scott Foresman and Company, 1987), p. 69.

(4) 학습곡선

학습곡선(learning)은 조직구성원들의 직무수행 및 직무관련 교육 및 훈련과 경험을 통하여 새로운 행동이 형성되는 과정을 기술해 주는 것이다.

[그림 3-1]은 신입사원의 학습곡선을 나타내고 있다. 여기서 X축은 학습 시행의 회수를 나타내며, Y축은 종업원의 행동차원(behavioral dimensions)을 의미한다. 이 때 행동은 다음의 네 가지 요인으로 측정된다.

(가) 행동의 강도(behavior strenght) 작업행동에 투입되는 노력의 정도

(나) 행동의 확률(behavior probability) 유사한 상황에서 행동이 반복될 가능성

(다) 행동의 질(behavior quality) 과업수행의 정확성

(라) 소거에 대한 저항(resistance to extinction) 강화되지 않을 경우 행동 반복의 가능성

교육 및 훈련의 함수관계에 따라 발생하는 작업행동의 변화를 설명해 주고 있는 이러한 학습곡선의 특성은 다음과 같다.[5]

5) A. D. Szilagyi, Jr. and M. J. Wallace, Jr., *Organizational Behavior and Performance*, 4th Ed, (Glenview, Ill.: Scott Foresman and Company, 1987), p.70.

1) 곡선의 기울기

곡선의 기울기($\Delta Y/\Delta X$)는 교육, 훈련과정의 변화단위당 발생하는 작업행동상의 변화율을 나타낸다. 이는 학습이 발생하는 속도를 가리키므로 이 기울기와 학습효과는 비례관계에 있다고 하겠다.

2) 자발적 복구

학습과 관련하여 아무 것도 시행되지 않는 휴지기가 발생하더라도 작업성과는 휴지기간 전보다도 높은 수준으로 자발적으로 복구된다. 이는 시간이 흐르면서 아무런 훈련이 없다고 해도 휴지기 이전에 갖추어졌던 '피곤의 방해효과'가 휴지기를 통해 제거됨으로써 성과는 오히려 증가하게 된다.

3) 정 체 기

이는 학습과정 동안에 행동의 변화가 일어나지 않는 기간을 의미한다. 정체기의 원인은 새로운 학습을 하고자 하는 동기의 감소 혹은 이전의 학습소멸 때문에 발생한다.

4) 점 근 선

점근선은 학습경험의 결과로서 작업행동이 변화된 최대량이다. 이 점근선과 학습시행 이전의 행동차원과의 차이에 의해 학습과정 동안에 작업행동상 얼마나 많은 변화가 일어났는가를 알 수 있다.

3. 강화이론

앞에서 설명한 작동적 조건화를 통해서 원하는 결과를 얻기 위해(혹은 회피하기 위해) 의식적으로 취하는 행위가 자극-반응의 관계에서 그 반복성을 결정한다는 것을 알았다. 이 때 특정한 자극-반응의 관계가 반복되어 고착화되는 현상을 강화(reinforcement)라고 한다. 그리고 그러한 현상을 일으키도록 하는 요인을 강화요인(reinforcer)이라고 한다.

(1) 강화요인의 유형

1) 적극적 강화요인과 부정적 강화요인

적극적 강화요인(positive reinforcer)이란 자극-반응의 관계에서 반응행동의 결과가 만족스러울 때 자극-반응의 관계를 강하게 해 주는 요인을 말한다. 보상이 그 전형적인 예가 될 것이다. 부정적 강화요인이란 특정한 자극-반응의 관계를 강하게 해 줌으로써 바라는 행동이 반복되도록 하는 요인을 말한다. 예컨대 관리자의 질책(부정적 자극)을 회피하기 위해 시간을 맞춰 출퇴근하는 것을 들 수 있다.

2) 일차적 강화요인과 이차적 강화요인

일차적 강화요인(primary reinforcer)이란 과거경험과 상관 없이 무조건적인 반응행동을 유발하는 것으로서 식욕, 성욕 등과 같은 일차적인 욕구가 이에 해당한다.

이차적 강화요인(secondary reinforcer)이란 학습 또는 과거경험처럼 조건화된 반응행동의 결과로 인해 반복행동을 야기시켜 주는 요인들이다. 예를 들면 학습과 경험을 통해 만족감을 얻게 되는 인정-애정 등이다.

3) 내재적 강화요인과 외재적 강화요인

반응행동의 만족감이 자기 자신으로부터 오게 되는 요인, 즉 성취감-도전감-책임감 등을 내재적 강화요인(intrinsic reinforcer)이라고 하며, 외부환경으로부터 오는 요인, 즉 물질적인 보상이나 타인의 평가 등을 외재적 강화요인(extrinsic reinforcer)이라고 한다.

강화가 조직행동에 주는 영향에 대해 살펴보면 다음과 같다.

첫째, 강화에 의해 행동의 변화를 가져올 수 있다.

둘째, 보상은 다른 강화수단과 비교해 볼 때 효과적이다.

셋째, 학습속도와 학습효과의 유지에 따라 강화의 시기결정(timing of reinforcement)이 이루어진다.[6)]

---

6) T.W. Costello and S.S. Zalkind, *Psychology in Administration* (Englewood Cliffs: N.J.: Prentice-Hall, 1963), p.193.

(2) 강화의 계획

강화는 반응행동의 반복성을 결정해 주기 때문에 강화요인을 언제 투입하느냐에 따라 행동반복을 통해 나타나는 학습효과에 많은 영향을 주게 된다. 따라서 강화의 배열방법은 중요한 의미를 갖는다.

강화계획의 배열방법에는 크게 연속적 강화와 단속적 강화로 나눌 수 있다.

1) 연속적 강화

연속적 강화(continnous reinforcement)란 바람직한 반응행동이 나타날 때마다 강화요인을 적용시키는 방법이다. 즉 종업원이 요구되는 행동을 이루어 낼 때마다 보상을 제공하는 것이다. 그러나 이 방법은 계속적으로 보상해 줄 자원에는 한계가 있고 이 방법을 적용시키면 학습효과가 금방 나타나 요구되는 행동을 크게 증가시킬 수는 있으나, 강화요인이 중단되면 요구되는 행동이 급격히 감소될 수 있다는 단점이 있다.

2) 단속적 강화

단속적 강화(intermittent reinforcement)란 요구되는 행동이 나타날 때마다 연속해서 강화요인을 주는 것이 아니라 부분적으로 또는 불규칙적으로 제공하는 방법이다. 이 방법은 강화시기에 대한 예측가능성이 비교적 적기 때문에 학습효과는 느리다. 그러나 오히려 학습효과가 연속적 강화보다는 항구적으로 유지될 수 있다는 장점을 지닌다.

단속적 강화에는 다음과 같은 네 가지 방법이 있다.[7)]

(가) 고정간격법 고정간격법(fixed interval)이란 요구되는 행동이 아무리 많이 발생하더라도 일정한 시간적 간격을 두고 강화요인을 적용하는 방법이다. 예를 들면 일정기간 동안의 정규적인 급여제도인 월급이나 봉급이 있다. 이 방법은 보상이 끝나면 바람직한 행동이 급격히 감소하기 때문에 강화의 효과가 낮다.

(나) 변동간격법 변동간격법(variable interval)은 강화요인의 적용을 일정한 간격을 두고 주는 것이 아니라, 불규칙적인 간격으로 적용하는 것이다.

7) C.B. Forster and B.F. Skinner, *Schedules of Reinforcement* (New York : Appleton Crofts, 1957).

예를 들면 가끔씩 부하를 칭찬해 준다거나 승진 또는 승급시켜 주는 것이다. 이 방법은 강화요인의 제공시기를 예측하기 힘들게 함으로써 고정간격법보다 행동을 효과적으로 강화할 수 있다.

(다) 고정비율법 고정비율법(fixed ratio schedule)은 바람직한 반응(작동행동)이 미리 정해진 비율만큼 일어났을 때 강화요인을 적용시키는 방법으로서 생산량에 비해서 보수를 지급하는 성과급제가 좋은 예이다. 이 방법을 적용할 경우에는 요구되는 행동을 보이는 반응률이 안정적이고 지속적인 장점을 갖는다. 이는 보상과 그 다음의 보상이 주어질 때까지의 사이에 보여주어야 할 바람직한 반응(작동행동)의 비율을 달리 나타나도록 설계하는 방법이다.

(라) 변동비율법 변동비율법(variable ratio schedule)은 작동행동의 일정비율을 사용하지 않고 강화요인을 적용하는 방법이다. 급여제도의 경우 보너스를 여러 차례에 나누어서 불규칙한 비율로 성과에 따라 지급하는 것을 들 수 있다.

제2절 태 도

사회심리학의 중요한 연구주제 가운데 하나인 태도는 조직행동 연구에서 사람이나 혹은 행위를 설명하기 위해 사용된다. 예컨대 "나는 그의 태도를 좋아한다"고 할 때, 태도는 사람을 설명하고 있다. "우리 공장 작업자들이 '근무태도'가 나빠서 결국 그러한 문제가 생겼다"라고 할 때에는 행위를 설명하고 있다.

조직행동에서 태도란 어떤 대상(객체)을 향한 지속적인 감정이나 행위가 독특한 방법으로 표출되는 것을 의미한다. 예를 들어 김씨는 야간 작업조에 속해서 근무하는 것을 좋아하지 않는다고 할 때, 이 경우 그는 맡은 작업에 대해서 부정적인 태도를 갖고 있다고 할 수 있다. 이러한 태도는 복잡한 인지과정으로 세 가지 특징을 가지고 있다.

첫째, 변화를 위한 행위가 있기 이전까지는 지속적으로 나타난다. 즉, 김씨가 주간 작업조로 편입되면 그의 작업할당과 관련한 태도는 긍정적이 될 것이다. 하지만 그 이전까지는 부정적이다.

둘째, 태도는 매우 좋은 것에서부터 매우 나쁜 것에 이르기까지 일련의 선상에 위치한다. 예컨대 야간 작업조 근무(매우 나쁨), 1주일은 야간 작업조 근무, 1주일은 주간 작업조 근무(보통), 주간 작업조 근무(매우 좋음).

셋째, 태도는 감정이나 믿음과 관련되어 있는 객체(대상)를 지향하도록 이끌어 준다. 김씨의 경우 주간 작업조 근무를 위해 지향하도록 하는 기능을 한다.

1. 태도의 구성요인

태도를 이루는 요인에는 감정요인, 정보요인, 행위요인 세 가지가 있다. 그 가운데 실제로 관찰할 수 있는 것은 행위요인으로 다른 두 요인은 나타나는 행동을 통해 추론할 수 있다.

(1) 감정요인

이는 대상에 대해 개인이 갖고 있는 느낌이나 정서를 의미한다. 예컨대 긍정적이다, 부정적이다, 중립적이다 등과 같이 나타낼 수 있으며, 감정요인은 조직행동에서 직무만족과 가장 밀접한 관계를 갖고 있는 태도의 구성요인이다.

(2) 정보요인

이는 대상에 대해서 개인이 갖고 있는 신념(믿음)이나 정보를 의미하는 것으로서, 이 때 그 정보의 사실 여부와 정확성의 여부와는 무관하다. 예를 들어 어떤 작업반 주임은 특정 선반기계를 작동하기 위해서는 2주간의 훈련기간이 필요하다고 생각하고 있다. 하지만 실제로 그것을 잘 다루기 위해서 5일간의 훈련만으로도 충분하다. 이 때 작업반 주임이 갖고 있는 정보는 훈련이라고 하는 대상(객체)에 대한 태도에 있어서 사실 여부와는 무관한 중요한 요인이다.

(3) 행위요인

이는 대상을 위해서 특정행위를 하는 경향을 의미한다. 예컨대 그 작업반 주임은 새로이 공장에서 일하게 된 모든 근로자들에게 그 선반기계의 작동과 관련하여 2주간의 훈련을 실시할 것이다.

위의 세 가지 요인 가운데 실제로 우리가 관찰할 수 있는 것은 행위요인이다. 즉, 감정요인과 정보요인은 드러난 행위를 통해 추론할 뿐이다. 예컨대 2주간의 훈련기간을 할당한다는 것은(행위요인), 가능한 긴 훈련기간이 회사에게나 근로자들에나 모두 필요하다고 믿고 있기 때문(정보요소)이라고 추론할 수 있다.

2. 태도에 관한 연구

태도에 관한 연구는 두 가지 중요한 주제로 나누어서 접근할 수 있다. 첫째는 개인의 신념, 태도, 행동간의 일치에 관한 논의로서 그 이론적 근거는 인지부조화론에서 찾아볼 수 있으며, 이는 태도의 기능과 관련이 있다. 둘째는 태도를 변화시키기 위한 방법과 과정에 관한 논의이다.

(1) 인지부조화론

이는 개인의 지각, 태도, 행동간에는 일관성(consistency)이 있다는 연구결과에 근거한 것이다. 즉, 개인은 인지의 조화 혹은 일치를 추구하고자 하는 노력을 한다는 것이다. 이와 같은 인간의 태도와 행동간의 관계를 가장 잘 설명해 주고 있는 이론 중의 하나가 바로 인지부조화이론(cognitive dissonance theory)이다.

인지부조화이론은 1957년 레온 훼스틴저(Leon Festinger)가 주장하였는데, 이 이론은 태도와 행동간의 연결관계를 설명하는 데 도움을 준다. 사람들은 인지부조화를 감소시키기 위해 노력하며, 두 개 이상의 태도간의 부조화(불일치)가 있을 때, 또는 행동과 태도간에 불일치가 있을 때 불안(discomfort)을 느끼게 된다. 따라서 이 불안을 최소화시키려고 노력한다.[8)]

사람이 인지부조화를 감소시키고자 하는 욕망은 다음 세 가지 요인에 의해 영향을 받는다. (i) 그 부조화를 낳게 한 요소들의 중요성, (ii) 그 개인이 그 요소들에 대하여 미칠 수 있다고 생각하는 영향력의 정도, (iii) 부조화에 수반된 보상 등이 그것이다. 예를 들어 어떤 사람이 개인적으로는 공기나 수질오염을 시켜서는 안 된다는 신념을 가지고 있으나 직무상 회사의 수익성을

8) Leon Festinger, *A Theory of Cognitive Dissonance* (Stanford, Calif.: Stanford University Press, 1957).

생각해서는 하수를 강물에 쏟아야 할 때 인지부조화가 생기게 된다. 이 때 그가 생각할 수 있는 해결방안은 다음과 같다.

㈎ 강물을 오염시키는 행동을 중단한다(행동의 변경).

㈏ 부조화를 낳게 하는 행동이 그렇게 중요하지 않다고 결론을 내린다(개인의 사정상 사회의 유익보다 기업의 이익을 중시).

㈐ 자기의 태도를 바꾼다(오염이 그렇게 나쁜 게 아니다).

㈑ 부조화보다 더 가치 있는 조화요소를 찾는다(회사의 제품으로 인한 사회공헌도가 강물오염으로 인한 피해보다 크다).

이와 같이 인지부조화이론이 조직행동연구에서 중요한 이유는 무엇인가? 그 이유는 인지부조화이론은 태도변화 및 행동변화의 경향성 예측에 도움을 주기 때문이다. 예를 들어 직무상 자신의 태도에 반하는 행동을 강요당하면 그는 그가 행한 행동에 대한 인지와 양립시키기 위해 자기의 태도를 바꾸려고 할 것이기 때문이다.

(2) 태도의 기능

조직행동에서 태도의 기능이 중요한 것은 이것이 구성원들의 행동을 예측하는 데 도움이 되기 때문이다. 예컨대, 회사의 설문조사 결과 작업 규칙상의 어떠한 변화에 대해 작업자들의 불만이 큰 것으로 나타났으며, 실제로 그 다음 주의 작업결과에서 불량률 및 결근율이 높아졌다면 이는 새로운 작업규칙에 대해서 근로자들이 부정적인 태도를 갖고 있기 때문이라고 할 수 있다. 따라서 이 때 작업규칙상의 변화에 관한 구성원들의 태도에 관한 설문결과는 그들의 미래행동을 예측하기 위한 수단으로 활용될 수 있다.

이러한 태도의 기능에는 네 가지가 있는데 적응기능, 자아방어의 기능, 가치표현의 기능, 학습기능이 그것이다.

1) 적응기능

이는 외부세계나 작업환경에 적응을 돕는 기능을 의미하는 것으로서 이를 통해 환경에서 최대한의 보상을 이끌어낸다. 예컨대, 우리는 자신과 비슷한 태도를 갖고 있는 사람들과는 쉽게 잘 지낼 수 있다. 이는 태도가 사회적 · 외부적 작업환경 등에 적응하도록 하는 기능이 있기 때문이다.

2) 자아방어 기능

이는 스스로의 모습을 방어하는 역할을 의미하는 것으로서 개인은 특정 범주의 태도 객체(대상)에 대해서 어떠한 반응을 한다는 기제를 갖고 있다. 이것이 우리로 하여금 하고싶지 않은 의사결정을 또다시 한다거나, 싫어하는 것으로부터 회피하도록 해 줌으로써 자아를 방어하고 정당화하도록 해 준다.

3) 가치표현의 기능

태도는 개인의 가치관을 나타내는 기능이 있는데, 이는 내부적인 문제를 외적 표현을 통해서 구체화함으로써 스스로의 가치관을 드러낸다. 예컨대 자신의 내부적 갈등(복잡한 심리상태)을 정치적 독재, 사회폭력 등에 대해서 평균 이상의 증오를 드러냄으로써 스스로의 가치관을 나타내려 하는 것이 있다.

4) 학습의 기능

이는 외부 세계를 조직화하거나 이해할 수 있는 판단의 기준이나 근거를 제공하기 때문이다. 예컨대 경영진에 대한 노조간부의 부정적 태도는 반드시 사실에 근거한 것이 아닐지라도 그가 경영진을 비롯한 자신의 외부 환경을 이해하는 데 도움이 된다. 즉, 그의 태도가 정당한 것이라면 그것으로 족한 것이며, 그렇지 않은 경우라면 주위의 피드백(우리 경영진은 나쁘지 않다)을 통해 상황 및 외부 세계의 파악에 도움이 된다.

(3) 태도의 변화

조직구성원들의 태도는 변화가능한 것이며, 이는 관리자들에게 있어서 매우 중요한 일이라고 할 수 있다. 태도를 변화시키기 위한 방법에는 다음과 같은 것이 있다.

1) 새로운 정보의 제공

새로운 정보를 통해 개인의 신념, 믿음에 변화가 생기게 되면 그 과정에 태도변화가 일어난다. 사원들은 일반적으로 경영진에 대해서 부정적 시각을 갖고 있다. 하지만 관리직으로 승진함에 따라 태도상 변화가 생긴다. 즉, 관리자의 위치에 서게 됨으로써 직원들을 위해 노력해 왔던 관리자들의 고충을 이해함에 따라 관리자들에 대한 태도뿐 아니라 오히려 노조에 대한 태도 또한 변화하게 된다.

2) 두려움과 공포심의 이용

공포심이 태도를 변화시킨다는 연구결과에 근거한 것으로서, 이 때 중요한 것은 공포의 정도(크기)이다. 공포나 두려움의 정도가 미미하다면 사람들은 그것을 무시하려는 경향이 있다. 하지만 지나친 두려움은 오히려 거부반응을 일으키기 때문에 그러한 자극에 대해 회피하려 하기 때문에 적절한 수준의 공포나 두려움은 활용해야 한다.

3) 불일치의 해소 노력

이는 인지부조화론과 관련이 있다. 예컨대 여러 군데 직장을 선택할 수 있는 기회가 주어져 하나를 선택하였을 때 자신의 최종판단에 대해서 실패가 아닌가 생각할 때가 있다. 이 때 인지부화론에서 설명하고 있는 불일치의 해소 노력이 이루어진다면(스스로에 의해서, 혹은 외부의 영향력에 의해서) 선택하지 않았던 다른 회사에 대해서 부정적 감정을, 선택한 현직장에 대해서 긍정적 감정을 갖게 된다.

3. 직무만족

(1) 직무만족의 개념

직무만족은 직무에 대한 개인의 태도를 의미한다. 따라서 직무만족이 높은 사람은 그 직무에 대해 긍정적인 태도를 갖게 되고, 반면에 그 직무에 대해 불만족하고 있는 사람은 그 직무에 대해 부정적인 태도를 갖고 있다고 하겠다. 따라서 직무만족이란 종업원이 자신의 직무에 대한 평가에서 나타나는 만족스럽거나 긍정적인 감정상태라고 정의할 수 있다.

직무만족의 원천은 여러 가지가 있을 수 있으나 대체적으로 임금, 직무, 감독, 승진, 동료 등을 들 수 있다.[9)]

(가) 임 금 실제 수령하는 임금과 공평하게 지급된다고 지각되는 임금

9) P. C. Smith, L. M. Kendall, and C. L. Hulin, *The Measurement of Satisfaction in Work and Retirement* (Chicago: Rand McNally, 1969).

[표 3-1] 직무만족과 직무성과의 관계

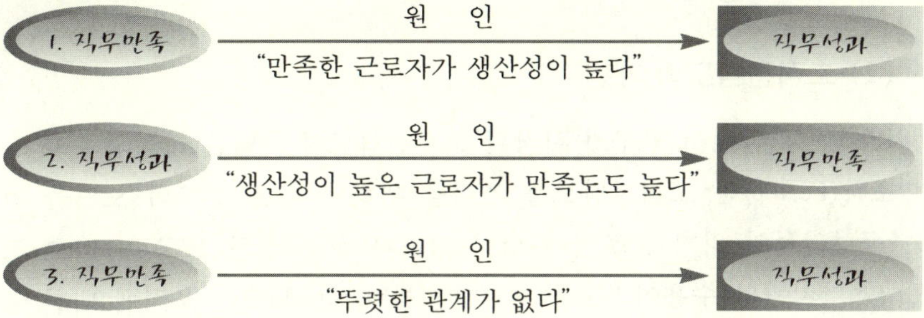

(나) 직　　무　　직무가 얼마나 흥미롭고 자기개발의 기회를 제공하는가, 권한과 책임의 정도

(다) 승　　진　　상위직에의 승진(기회)의 가능성

(라) 감　　독　　종업원에 대해 관심과 지지를 표시하는 감독과의 능력

(마) 동　　료　　동료들의 친절, 실력 및 지원의 정도

(2) 직무만족의 측정

직무만족을 측정하기 위한 방법에는 여러 가지가 있다. 많이 쓰이는 것으로서 미네소타 직무만족 측정법(Minnesota Satisfaction Questionnaire: MSQ)과 같이 직무상 만족요인과 불만족요인을 구체적으로 서술한 것에 우선순위를 부여하는 방법과, 직무기술 척도법(Job Descriptive Index: JID)처럼 직무만족의 대표적인 원천에 해당하는 다섯 가지 요인(임금, 직무, 승진, 감독, 동료)에 관해서 '예'와 '아니오'로 답하는 방법이 있다. 그 밖에 주요 사건법(critical incident)과 행동경향 측정법(action tendencies) 등이 있다.

직무만족에 대해 연구하는 중요한 이유는 관리자에게 종업원의 직무태도를 개선할 수 있는 방안을 제고하기 위해서이다.

직무만족 연구에 있어서 중요한 문제 중 하나는 직무만족과 생산성의 관계이다. 즉, 직무만족과 생산성의 관계에 대해서 일관된 연구결과가 나오지 않는다는 것이다. 연구결과를 요약하면 [표 3-1]과 같다.

4. 조직전념도

(1) 조직전념도의 개념

1980년대 들어서 연구가 시작된 조직전념도의 개념은 다음과 같다.

포터(Porter)는 조직전념도를 조직을 위하여 높은 정도의 노력을 기울이려는 구성원들의 의지와 조직에 남아 있고자 하는 강한 욕구, 그리고 조직의 목표 및 가치관의 수용이라고 하였다.[10] 쉘던(Sheldon)은 조직에 대한 긍정적인 평가 및 조직의 목표에 부합하여 일하려는 의지라고 하였다.[11] 칸터(Kanter)는 조직에 대해 열정과 충성을 바치려고 하는 사회적 행동주체들의 의지라고 하였다.

이러한 정의를 통해 공통적으로 이끌어낼 수 있는 것은, 조직전념도란 구성원들이 자신의 조직에 충성을 나타내는 태도로서 그것은 조직의 지속적인 성공과 안정을 위해 자신의 노력과 관심을 발휘하는 과정으로 나타낸다.

(2) 조직전념도의 측정

조직전념도를 측정하기 위한 대표적인 방법으로서 모우데이(Mowday) 등에 의한 조직전념도 측정법(Organizational Commitment Questionnaire: OCQ)[12]이 있다. 그 밖에 스티어즈(Steers)의 연구[13], 스티븐스(Stevens) 등의 연구[14], 모리스와 스티어즈(Morris and Steers)의 연구[15]가 있다.

스티어즈는 조직전념도에 대해서 심리학적 연구방법의 관점을 채택하고

---

10) L. W. Porter, W. J. Crampon, and F. J. Smith, "Organizational Commitment and Managerial Turnover: a Longitudinal Study," *Organizational Behavior and Human Performance*, Vol. 15 (1976), pp. 87~98.

11) M. E. Sheldon, "Investments and Involvements as Mechanisms Producing Commitment to the Organization," *Administrative Science Quarterly*, Vol. 16 (1971), pp. 555~572.

12) R. T. Mowday, L. W. Porter, and R. M. Steers, *Employee-Organization Linkages: The Psychology of Commitment, Absenteeism and Turnover* (New York: Academic Press, 1982).

13) R. M. Steers, "Antecedents and Outcomes of Organizational Commitment," *Administrative Science Quarterly*, Vol. 22 (1977), pp. 46~56.

14) J. M. Stevens, J. Beyer and H. M. Trice, "Assessing Personal Role and Organizational Preditors of Managerial Commitment," *Academy of Management Journal*, Vol. 21 (1978), pp. 380~396.

15) J. Morris, and R. M. Steers, "Structual Influences on Organizational Commitment," *Journal of Vocational Behavior*, Vol. 17 (1980), pp. 50~57.

있는데, 조직전념도의 선행변수와 결과변수와의 관계를 모형화하여 병원 종사자, 과학자, 기술자 등을 대상으로 이를 검증하였다. 스티어즈의 연구에서 채택된 조직전념도의 선행변수는 개인특성(personal characteristics), 직무특성(job characteristics), 작업경험(work experience) 등의 세 가지이다.

스티븐스 등은 구조적인 교환이론의 연구방법에 심리학적 연구방법을 가미하여 교환이론에 입각한 연구방법의 미비점을 보완하려고 노력하였다. 이들은 작업경험 대신 구조적 특성(structural characteristics)을 조직전념도의 선행변수로 채택하였으며, 모리스와 스티어즈는 구조적 변수가 조직전념도에 미치는 영향에 대해 실증적으로 연구하였다.

한편 모우데이 등은 교환이론의 입장을 기초로 이상의 연구들을 종합정리하여 조직전념도에 미치는 요인들로서 개인특성, 역할관련 특성, 조직구조적 특성, 작업경험을 들고 있다. 먼저 조직전념도와 선행변수(원인변수)와의 관계를 살펴보면 다음과 같다.

1) 개인특성

개인특성 변수에는 연령, 근무기간, 교육정도, 성별, 인종, 성격요인이 포함된다. 연령과 근무기간은 오래 될수록 조직에 투자한 것이 많아지므로 현재의 조직에 관심이 집중된다. 교육정도는 조직전념도와 역상관관계가 있는데, 교육정도가 높을수록 조직이 충족시켜 주기 어려운 높은 기대를 갖기 때문이다. 성별은 조직전념도와 상관관계가 있는 것으로, 여성이 남성에 비해 조직전념도가 높다. 성격요인 중에서 성취동기, 능력, 상위욕구 등이 조직전념도와 상관관계가 있는 것으로 나타났다.

2) 역할관련

역할관련 변수로는 직무범위(직무도전성), 역할갈등 및 역할모호성을 들 수 있다. 기본 가정은 직무범위가 증대되면 도전성이 증대되고 따라서 조직전념도가 증대된다는 것이다. 한편 역할갈등이 높아질수록 조직전념도가 낮아지며, 역할과중과 조직전념도는 강한 부적 상관관계에 있다.

3) 조직구조

조직구조와 조직전념도와의 관계를 분석하는 연구에서 공식화의 정도, 기능상 의존성, 분권화의 정도 등의 조직구조적 관련변수는 조직전념도와 상관관계가 있다. 즉, 의사결정의 분권화, 업무에 대한 상호의존성, 규칙과 절차의 공식화 등을 많이 경험한 조직구성원일수록 조직에 대해 높은 수준의 전념도를 갖게 된다.

(3) 조직전념도의 결과

조직전념도가 조직행동에서 바람직한 결과를 나타낸다는 것이 일반적인 견해이다. 지금까지의 연구결과에 나타난 결과변수들은 직무성과, 근속년수, 결근율, 지체율, 이직률 등으로 요약된다.

(가) 직무성과 조직전념도와 직무성과는 매우 큰 상관관계를 갖고 있다. 그 이유는 몇 가지 요인으로 설명할 수 있는데, 먼저 동기유발이론에 의하면 직무성과는 동기유발의 정도, 역할명확성, 능력 등에 의해 영향을 받기 때문이다. 조직전념도와 같은 직무태도는 실제의 직무성과의 전반적인 측면에 영향을 미칠 것이기 때문이다.

(나) 근속년수 [표 3-2]에서 보는 것처럼 Mowday 등의 연구와 Steers의 연구에 의하면 조직전념도와 근속년수간에 큰 상관관계를 나타내고 있다.

(다) 결 근 율 전념도가 높은 종업원이 조직의 목표달성을 용이하게 할 수 있도록 하기 위해 보다 출석을 잘할 것이라고 생각할 수 있다. 실제 연구결과도 이를 뒷받침해 주고 있지만, 그렇지 않은 경우도 나타나고 있다.

(라) 지 체 율 조직전념도와 구성원들의 지체율(tardiness)은 큰 역상관관계가 있다.[16] 조직전념도가 높은 구성원일수록 조직에 대한 그들의 태도와 일관되게 행동하기 때문이다.

(마) 이 직 률 종업원의 조직전념도가 높을수록 이직률은 낮아질 것이라는 점이 기본 가정이다. [표 3-2]에서 7개의 연구 중 5개의 연구에서 두 변수간 정의 상관관계를 보이고 있다.

Porter의 연구에 의하면 시간의 경과에 따라 조직전념도는 점점 발달되어 시간이 흐를수록 종업원의 근속은 증가됨을 보여주고 있다. 뿐만 아니라 조직전념도는 전통적인 직무만족보다 이직률에 대한 예측치로서 보다 훌륭하다는 것이 판명되었다. 이들의 후속연구에 의하면 결국 최종적으로 조직을 떠난 사

---

16) Angle, H. and J. Perry, "An Empirical Assessment of Organizational Commitment and Organizational Effectiveness," *Administrative Science Quarterly*, Vol. 26 (1981), pp. 1~14.

[표 3-2] 조직전념도의 결과변수와 관련된 실증적 연구들의 요약

표 본	연구자	직무성과	근무년수	결근율	이직률	공무원
공무원 1.	Koch and Steers(1978)					−.38***
공무원 2.	Mowday *et al.*(1979)		.23***	−.13**		−.19**
병원종사자 *a)*	Steers(1977a)	.05 .07 .11* .10*	.26**	.08		−.17**
과학자 및 기술자	Steers(1977b)			−.28**		
정신병치료 기사 *b)*	Porter *et al.*(1974)					−.02 −.32* −.43** −.43**
소매상훈련생 *c)*	Porter *et al.*(1976)	.36 .35 *d)* .33 *d)* 20				−.41* −.43*
시간제군무원	Hom, Katerberg and Hulin(1979)					−.58**
운전기사	Angle and Perry(1981)			.05	−.48*	−.48**

*유의수준 .05 **유의수준 .01 ***유의수준 .001

a) 병원 종사자 표본의 경우 한 기간에 대해 4가지의 성과가 측정되었다.

b) 여기에 제시된 결과는 종단적 연구의 4가지 시점을 나타낸다. 따라서 전념도와 이직률간의 상관관계가 시간의 경과에 따라 증가된다.

c) 여기에 제시된 이직률 분석결과는 종업원의 첫 근무일과 마지막 이직 전 2개월간에 취해진 측정방법을 나타내는 종단적 연구의 두 시점을 근거로 한 것이다.

d) 유의수준 0.05하에서의 상관관계

자료 : R. T. Mowday, L. W. Porter, & R. M. Steers, *op. cit.*, p.38.

람보다 그대로 조직에 남아 있는 사람이 조직전념도가 더 높다는 것이다. 따라서 만일 조직구성원 개인의 조직전념도가 급격히 떨어지면 이는 그가 가까운 장래에 자발적으로 조직을 떠날 가능성이 높다는 것을 의미한다.

내용요약

개인의 차이를 이해하기 위해서는 개인의 가치관, 태도 그리고 학습과정에 대한 이해가 필요하다. 인간의 태도, 신념, 가치관은 서로 매우 밀접한 관계에 있는 개념으로서, 태도란 사람 또는 사물에 대해 좋다 또는 나쁘다 하는 식의 개인적인 견해를 말하며, 신념이란 양자간에 어떤 관계가 존재한다고 생각하는 지각을 말한다. 그리고 가치관이란 우리가 최종적으로 어떤 존재나 행동양식을 평가하게 하는 기본적인 기준을 말한다.

그리고 학습과정을 설명하는 이론에는 여러 가지가 있는데, 그 중 대표적인 이론으로서 자극-반응이론(stimulus-response thory), 인지적 이론(cognitive theory), 사회학습이론(social learning theory)이 있다. 사람은 수천 가지의 태도를 가질 수 있다. 그러나 이와 같은 수천 가지의 인간의 태도를 전부 다룰 수는 없고, 조직행동론에서는 매우 한정된 몇 가지의 직무와 관련된 태도(job related attitudes)에 초점을 맞추고 있다. 직무와 관련된 태도에는 직무만족(job satisfaction), 직무몰입(job involvement), 그리고 조직전념도(organizational committment) 등이 포함된다.

특히 조직전념도(organizational commitment)는 조직문제와 관련된 개인과 조직의 상호작용을 분석함에 있어 개발된 구성개념으로서 직무만족, 직무몰입과 함께 조직구성원 개인이 조직에 대해 갖는 성향을 나타내고 이해하는 개념으로서 중시되고 있으며, 특히 미국을 중심으로 하여 조직관리자 및 조직행동연구가들 사이에 다양하게 그리고 광범위하게 규정되고 측정 및 연구되어 오고 있다. 따라서 우리 나라 조직행동연구가들도 깊은 관심을 가져야 할 분야라고 생각되어진다.

제4장 성격과 지각

제1절 성 격

조직 안으로 들어오면서 개인은 스스로의 성격을 또한 갖고 들어온다. 따라서 여러 사람이 여러 가지 성격 특성을 갖고 조직에 귀속하게 되는데, 이러한 성격상의 특징과 개인의 사회적 지각이 결합하여 개인의 가치관과 태도에 영향을 미치게 된다. 문제는 그와 같은 차이(성격 특성, 사회적 지각, 태도, 가치관)가 구성원 사이에 지나치게 두드러진다면, 조직의 생존에 있어서 위협이 될 수도 있다.

성격에 대한 이해는 조직 내의 구성원들이 공동의 목표를 향해 나아가기 위해서 앞에서 언급한 여러 가지 차이를 어느 수준까지는 줄이기 위한 노력의 일환이라고 할 수 있겠다. 그 결과 조직은 목표 지향적인 행위(예컨대 학습, 사회화 과정)를 통해 바람직한 성과를 이끌어 낼 수 있다.

1. 성격의 의의

성격(personality)이란 우리가 그 사람을 분류하기 위해 사용하는 심리적 특성의 집합을 말한다. 성격은 개인 자신이 선천적으로 타고난 성격과 후천적으로 일상생활에서 학습을 통하여 형성된 성격으로 구분할 수 있으며, 후천적 성격은 일상생활을 통해 변화한다.[1)]

이러한 관점에서 볼 때 성격은 어느 정도 안정된 개인의 특성으로서 개인으로 하여금 자기 자신이 처해 있는 환경에 독특하게 적응해 나가도록 해 주

1) 이학종, 『조직행동 : 이론과 사례연구』(서울 : 세경사, 1984), p.66~67.

는 심리-심리적 시스템이다.[2] 성격에 대해 일반적으로 의견일치가 이루어진 특징은 다음과 같다.[3]

(가) 성격은 개인의 독특한 특성을 나타내는 심리적 과정이다.

(나) 성격은 개인마다 겉으로 나타나는 일정한 유형을 형성하고 있다.

(다) 성격은 선천적 유전에 의한 생리적 기반을 바탕으로, 개인이 일상 사회문화 환경과 작용하는 과정을 통해 형성되어 나간다.

(라) 성격은 주어진 사회문화환경의 범위 내에서 일반적으로 유사한 특성과 개인마다 다른 특이한 특성으로 구성되어 있다.

(마) 성격은 개인의 일반적인 태도에서 나타나는 표면적이고 피상적인 측면과 개인의 심리 구조 속에 묻혀 있는 핵심적인 측면으로 구성되어 있다.

2. 성격특성과 성격유형

(1) 성격특성

성격특성(personality traits)에 관한 연구 결과 [표 4-1]에서 보듯이 16가지의 기본적인 성격특성이 밝혀지고 있다.[4] 이와 같은 성격특성은 고정적이고 지속적으로 행동의 원천이 되고 있으며, 특정상황에서 개인행동의 예측을 가능하게 해 준다.

(2) 성격유형

성격특성 확장으로서의 성격유형(type approach)은 특정 성격의 구체적인 특성을 살펴보기보다는 하나의 범주 안에 함께 묶을 수 있는 여러 가지 성격특성을 유형화시키려고 노력한다. 예를 들면 야심적인 것과 공격적인 것은 그 성질상 하나의 범주에 넣을 수 있다.

특성의 차를 줄이다보니 내향적-외향적인 특성과 심각성의 정도에 따라 네 가지의 유형으로 구분할 수 있게 되었다. [그림 4-1]에서 보는 것처럼, 예컨대 심각하고 외향적인 사람은 긴장되어 있고 흥분하기 쉬우며, 불안정하고 따뜻하며, 사교적이고 의존적이다.

2) Gordon W. Allport, *Personality* (New York : Holf & Company, Inc., 1937), p.48.

3) J. M. Ivancevich & M. T. Matteson, *Organizational Behavior and Management* (Plano, Texas Business Pub., Inc., 1987), pp.66~67.

4) R. B. Cattell, "personality Pinned Down," *Psychology Today*(July, 1973), pp.40~46.

[표 4-1] 16가지의 성격특성

1.	내성적이다	개방적이다
2.	비 지적이다	지적이다
3.	기분에 좌우된다	정서적으로 안정되어 있다
4.	복종적이다	지배적이다
5.	심각하다	낙천적이다
6.	수단적이다	양심적이다
7.	겁 많다	모험적이다
8.	강인하다	감수성이 강하다
9.	믿는다	의심이 많다
10.	실제적이다	상상적이다
11.	솔직하다	약삭빠르다
12.	자신감 있다	염려한다
13.	보수적이다	개척적이다
14.	집단에 의존한다	자주적이다
15.	통제되지 않는다	통제된다
16.	이완되어 있다	긴장하고 있다

칼 융(Carl Jung)은 대부분의 사람은 내향적이거나 외향적이라고 주장하였다. 내향적인 사람은 주관적인 세계(subjective world)에 대한 집착이 강하며, 자신의 내면적인 세계를 좋아하고, 사회적인 접촉이나 교류를 피하고 고독을

그림 4-1 종업원 성격 유형

	심각함	덜 심각함
외향적	긴장되어 있고 흥분하기 쉬우며, 불안정하고 따뜻하며 사교적이고 의존적이다.	침착하며 믿음직하고 신뢰성이 있으며 적응성이 높고 따뜻하며 사교적이고 의존적이다.
내향적	긴장되어 있고 흥분하기 쉬우며, 불안정하고 차가우며 부끄러움을 잘 탄다.	침착하며 믿음직하고 신뢰성이 있으며 적응성이 높고 냉정하고 차가우며 부끄러움을 잘 탄다.

자료 : S. P. Robbins, *Organizational Behavior* (Englewood Cliffs, N. J. : Prentice-Hall, 1983), p.77.

즐긴다. 반면, 외향적인 사람은 외부세계(outside world) 지향적이고 다정다감하며, 교류를 즐기고 고독을 싫어한다. 따라서 대체로 공격적이며, 자기의 감정이나 생각을 널리 표시한다고 하였다.

그러나 대체로 대부분의 사람은 외향적인 면과 내향적인 면을 공유하고 있으며, 어느 한 쪽 극단에 치우친 경우는 드물다. 결국 외향-내향성(extrovert-introvert orientation)의 문제는 주어진 상황에 대한 반응에 있어서 개인의 에너지가 외부와 내부의 어느 쪽을 더 지향하는지를 말하는 것이라고 하겠다.[5)]

최근에는 성격 유형을 분류하기 위해 가장 많이 이용되고 있는 것으로 MBTI(Myers-Briggs Type Indicator) 기법이 있다. MBTI는 100개의 질문을 통해 16가지의 성격 유형을 도출해 낸다. MBTI는 외향형-내향형(E-I), 감각형-직관형(S-N), 사고형-감정형(T-F), 판단형-인식형(J-P) 등의 8가지 요소의 조합을 통해 ESTP 유형에서 INFJ까지 16가지의 성격 유형으로 구분된다.

3. 성격의 발달

성격이 선천적으로 유전에 의해 형성되느냐 아니면 후천적인 환경에 의해 결정되느냐 하는 것이 오랜 동안 논란의 대상이 되어 왔다. 그러나 오늘날은 이러한 논의에서 벗어나 환경 모두의 영향을 받아 형성된다고 하고 있다. 최근에는 상황(situation) 요인에 대한 관심이 커지고 있는데, 이는 변화하는 작업장의 환경변화에 관련이 있다.

성격발달에 관한 연구는 두 가지 접근방법으로 나누어 볼 수 있다.

첫째, 어떤 특정 정신적 · 신체적 단계에서 사람의 성격발달이 이루어지는가를 규명해 보려는 것으로서, 이를 단계이론이라고 한다.

둘째, 성격을 결정하는 주요 요소가 무엇인가를 밝히고자 하는 것으로서, 이를 내용이론이라고 한다.

4. 성격이론-단계이론

(1) 신프로이드 학파의 단계이론

프로이드(S. Freud)는 인간의 성격발달을 구순단계(口脣段階, oral stage),

5) R. E. Silverman, *Psychology* (New York: Appleton-Centary-Crafts, 1971), p.499.

항문단계(肛門段階, anal stage), 남근단계(男根段階, phallic stage), 성기단계(性器段階, genital stage) 등 네 가지 단계를 거친다고 하였다. 프로이드는 이러한 사회심리적 발달단계가 성격발달을 위한 주요한 원동력(driving force)이 된다고 생각하였다. 그러나 프로이드가 성격의 발달연구에 있어서 몇 가지 중요한 통찰력(insight)을 제공해 주고 있으나 신프로이드 학파의 대표적인 사람인 에릭슨은 개인의 성적인 적응과정보다는 사회적인 면을 더 중요시하였다. 에릭슨은 성격발달과정을 [표 4-2]에서와 같이 8단계로 구분하였다.[6)]

에릭슨은 각 단계마다 심리적 위기가 존재하며, 정상적이고 성숙한 성격을 갖기 위해서는 각각의 위기를 적절히 해결해야 한다고 한다. 에릭슨이 제시한 위기 가운데 가장 중요한 위기로서 청년기의 정체경험(indentity experience)를 들 수 있다. 이 단계의 위기에 대한 해결방안은 과거의 목표와 현재의 목표를 통합하는 것이다. 성격관련 조직행동연구에 있어서 관심의 대상이 되는 것이 청년기와 초기성인단계이다. 왜냐하면 인생에서 가장 생산적이고 활동적인 기간이 이 시기이며, 계속 성장하느냐 정체하느냐 하는 갈림길이기 때문이다. 성격발달의 궁극적인 결과는 생산(production)에 대한 태도와 자신을 둘러싼 세계에 대한 관심이다. 따라서 이 위기를 잘 극복한, 생산적인 청년기와 초기성인기의 개인은 건강한 성격을 갖게 될 것이다. 따라서 조직은 이러

[표 4-2] 에릭슨의 성격발달 8단계

단 계	시 기	성공 대 실패 특성
1. 초기유아단계	출생 ~ 1년	신뢰 대 불신
2. 후기유아단계	1 ~ 3년	자주성 대 수치-의심
3. 초기아동단계	4 ~ 5년	주도성 대 죄책감
4. 중기아동단계	6 ~ 11년	근면 대 열등
5. 사춘기 및 청년기단계	12 ~ 20년	자아정체성 대 역할혼란
6. 초기성인단계	20 ~ 40년	친교 대 고립
7. 중기성인단계	40 ~ 65년	생산성 대 정체
8. 후기성인단계	65 ~ 이상	완전 대 실망

자료 : Stephen P. Robbins, *Organizational Behavior: Concepts and Controversies* (New Jersey: Prentice-Hall, Inc., 1979), p.71 참조.

6) Erik Erkson, *Childhood and Society*, 2nd ed. (New York: 1963).

한 생산적인 성장을 최대한 허용하고 기회를 제공할 수 있어야 한다. 에릭슨의 이러한 분석은 특히 조직에서 경력개발과 계획(career development and planning)의 이론적 근거를 제공하고 있다.

(2) 성인생애단계이론

레빈슨(D. Levinson)에 의하면 생애구조는 성인의 전생애에 걸쳐 비교적 질서 있는 연속과정으로 전개된다는 것이다. 이 이론은 결혼, 자녀출산, 은퇴 등과 같은 사건중심적이며, 연령에 근거한 이론이라는 특징이 있다. 그는 다음과 같이 네 가지의 단계를 구분하고 있다.

㈎ 성인세계의 입문단계(22～28세)
㈏ 정착단계(40～45세)
㈐ 중년기단계(45～50세)
㈑ 중년기의 최고정점(55～60세)

그 다음 네 가지 단계 사이에는 다음과 같은 과도기(transitional periods)가 존재한다.

㈎ 30대초 과도기(28～33세)
㈏ 중년의 과도기(40～45세)
㈐ 50대초 과도기(50～55세)
㈑ 후기성인 과도기(60～65세)

다른 단계이론에서처럼 레빈슨의 이론 또한 직관적이고 경험적인 이해를 얻고 있지만, 후속 연구결과에 의하면 개인마다 단계별 차이가 매우 큰 것으로 나타났다. 따라서 이 이론은 개인차를 전제로 하여 개인의 경력계획 및 개발에 또한 유용한 이론이다.

홀(Hall)은 레빈슨의 이론과 다른 단계이론들을 종합하여 경력단계를 위한 통합모델을 제시하였다([그림 4-2] 참조).

첫 번째 단계는 탐색단계(exploration)로서 스스로를 인식하고 타인과의 교류와 사회적 경험을 통하여 여러 가지를 실험해 보면서, 자기에게 적합한

그림 4-2 경력단계 모형

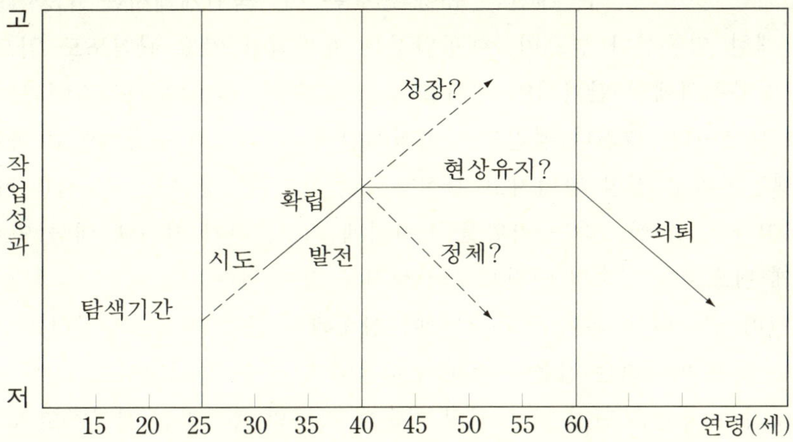

직업을 선정하려고 노력한다.

두 번째 단계는 확립단계(establishment)로서 선택한 직업분야에 정착하기 위해 노력하며, 결국 하나의 직업에 정착하는 단계이다. 또한 성과를 낳고 업적을 이룩하여 승진과 경력개발을 진행하는 단계이다.

세 번째 단계는 유지단계(maintenance)로서 자기 자신을 반성하고 경력경로의 변화를 고려하며, 경우에 따라서는 심리적 충격을 받게 되는 단계이다. 이것은 조직구성원의 신체적 노화와 능력상의 진부화로 인한 것이다. 따라서 어떤 사람은 이 단계를 적절하게 극복하고 계속 성장하며, 어떤 사람은 심리적 충격을 극복하지 못하고 정체된다. 그러나 대부분의 사람은 과거에 축적한 경력을 그대로 유지하는 것이 일반적이다.

마지막 단계는 쇠퇴단계(decline)로서 퇴직과 더불어 자기 자신의 경력에 대하여 만족스럽게 생각하고 새로운 삶으로 접어드는 단계이다.

이상의 경력단계를 거치는 동안 조직구성원은 수직적 · 수평적인 이동과 중심적 또는 주변적인 역할을 수행한다.

(3) 미성숙-성숙이론

아지리스(Argiris)는 7가지의 성숙요건을 중심으로 개인의 성격발달을 설명하고 있다.[7] 미성숙-성숙이론에 의하면 [표 4-3]에서 보듯이 개인의 성격은

7) C. Argiris, *Personality and Organization* (New York: Haper & Row, 1957), pp.51~53.

유아로부터 성인에 이르기까지 점차적으로 성숙된 인간으로서의 성격을 형성해 나간다는 것이다. 즉, 개인은 유아와 같은 미성숙단계에서는 수동적이고 타인에 대한 의존성이 높으며, 행동반경은 제한되어 있고 관심도도 얕으며, 타인의 영향력하에서 단기적인 시야를 갖고 있으며, 자아의식도 결여되어 있는 것이 보통이다. 그러나 성인으로 성장해감에 따라 점점 능동적이고 독립적이며, 행동범위도 점점 넓어지고 관심도도 높아지며, 장기적인 시각(시야)을 갖게 되고 타인을 다스리는 지위를 차지하게 되고, 자기 자신에 대한 인식도 높아지게 됨으로써 성숙한 인간으로의 성격을 갖게 된다.

아지리스는 이 이론이 모든 사람이 성숙된 수준에 이를 수 있다는 것을 의미하는 것은 아니라는 점을 지적하며 다음과 같은 점을 설명하고 있다.

(가) 7가지 차원은 단지 전체 성격 가운데 하나의 측면만을 제시하고 있다.

(나) 7가지 차원은 어린아이로부터 성인으로 성장해감에 따라 조금씩 변해간다.

(다) 이 모델은 특정의 행동을 예측해 주지 못한다. 그러나 개인의 성장을 기술하고 측정하는 수단을 제공한다.

(라) 7가지 차원은 실제 행동과는 차이를 보이는 성격의 잠재적인 특징에 근거하고 있다.

특히 아지리스는 공식조직과의 관계에 중점을 두고 이론을 설명하고 있다. 특히 그는 공식조직의 개념들이 인간본성에 대해서 인간의 성격의 성숙한 발전에 저해되는 가정들을 낳게 하였다고 생각하였다. 따라서 성숙한 개인의

[표 4-3] 7가지의 성격 차원

미성숙	성 숙
수동적	능동적
의존적	독립적
제한된 행동	다양한 행동
얕은 관심	깊은 관심
단기적 시야	장기적 시야
하위지위	상위지위
자아인식의 결여	자아인식 및 자기통제

자료 : C. Argyris, *Personality and Organization* (New York: Harper & Row, 1957), p. 50.

단계에 이르러 있는 성인으로서의 조직구성원들이 조직의 성공을 위해 일하면서 자기 자신의 욕구를 충족시킬 수 있고, 개인이 성장할 수 있는 기회를 가질 수 있도록 하는 것이 매우 중요하다는 것이다.

5. 성격관련이론-내용이론

(1) 유전적 요인

유전적 요인을 연구하는 사람들은 개인의 성격에 대한 설명을 크로모솜(chromosome)에 위치한 유전인자의 분자구조에 있다고 주장한다. 즉 유전요소는 유전인자를 통해서 전달이 되는데, 유전인자는 호르몬 균형을 결정하고 호르몬 균형은 생리적 요인을 결정하며, 이것이 성격형성에 영향을 준다는 것이다.[8)]

생명공학의 발달에 따라 인간의 성격이 부분적으로 유전의 영향을 받는다고 말할 수 있으나 유전적 요인에 대한 연구는 상당부분 관찰에 의존하는 만큼 그 한계도 분명하다고 하겠다.

(2) 문화적 요인

개인을 둘러싸고 있는 환경은 인간의 성격형성에 영향을 미친다. 즉 문화 · 가족 · 친구 · 사회 · 집단의 규범이나 영향력은 인간의 성격형성에 중요한 역할을 한다. 이러한 환경요인 중에서 가장 중요한 것이 문화라고 할 수 있다.

문화는 한 세대에서 다음 세대로 일관성 있게 전달되는 규범이나 태도, 가치관을 만든다. 북미에서는 근면 · 성공 · 경쟁 · 독립심 등이 중요한 이념이며 그리스도 윤리가 생활화되어 있다. 따라서 자유와 민주적인 풍토하에서 성격이 형성된다. 반면에 우리 나라나 일본과 같은 동양문화권은 집단주의 가부장적인 풍토와 유교적 윤리(confucious ethic)가 지배한다. 따라서 서양문화권에서 자란 사람과 동양문화권에서 자란 사람은 그 성격면에서 차이가 난다. 예를 들어 유전적인 요소는 서구의 그것이나 동양문화권에서 자랐다면 성격은 다분히 동양적이라고 한다.

문화가 성격형성에 중요한 역할을 하긴 하지만 문화와 성격간에 일반적인

8) Joe Kelly, *Organizational Behavior*, rev. ed. (Homewood, Ill. : Richard D. Irwin, 1974), p.243.

상관관계가 있다고 단언할 수는 없다. 왜냐하면 같은 서양문화권이라 하더라도 수많은 하위문화로 구성되어 있는 복잡한 사회이기 때문이다. 예를 들어 서양문화에서 기독교윤리가 지배적이라고 할 때 사회경제적 계층, 연령, 지역에 따라 가치관의 차이가 있기 때문이다.

(3) 사회적 요인

성격형성의 또 다른 중요한 요인으로서 사회적 요인을 들 수가 있는데, 어린이의 성격형성에 가장 중요한 역할을 하는 것은 가족관계이다. 특히 부모는 초기의 성격을 형성시키는 동일화과정(identification process)에서 가장 중요한 역할을 한다. 남자 아이에게는 아버지가, 여자 아이에게는 어머니가 아이들의 동일화의 모델이 되는 수가 많다. 이러한 동일화과정을 세 가지 관점에서 이해된다.

첫째, 동일화는 아이와 모델간의 행동(감정, 태도 포함)의 유사성으로 볼 수 있다.

둘째, 동일화는 모델과 같게 되려는 아이들의 동기나 욕구로 볼 수 있다.

셋째, 동일화는 아이들이 실제로 모델의 속성을 취하는 과정으로 볼 수 있다.

또한 부모 자체보다는 부모가 조성하는 전반적인 가정환경이 성격발달에 중요한 영향을 준다는 연구결과도 있다.[9)] 예를 들어 냉랭한 집안분위기 속에서 자란 아이들은 따뜻하고 사랑이 있는 가정에서 자란 아이들보다 사회적-감정적 적응이 잘 안 된다는 것이다.

가족을 비롯한 사회적 요인들은 동일화과정을 통해 개인이 성장해 가면서 사회화과정(socialization process)을 이룩하게 한다. 사회란 출생시부터 개인에게 열려 있는 모든 가능한 행동유형 가운데 자기 가족이나 사회집단의 기준에서 볼 때 수용가능한 것을 습득해 가는 과정이다. 이 과정에서 직계가족이나 사회집단이 중심적 역할을 수행한다.

(4) 상황적 요인

개인의 성격은 안정적이고 지속적이기는 하지만 상황에 따라 변화된다.

9) Fred Luthans, *Organational Behavior*, 4th ed. (New York: McGraw-Hill, Co., 1985), p.113.

상황마다의 상이한 요구는 한 개인의 상이한 측면을 드러나게 하는 것이다. 예컨대 성장과정에서 성취와 노력에 대한 욕구가 매우 큰 사람이 고도로 관료적인 작업상황에 놓이게 될 경우 그는 좌절감을 느끼고 공격적이 될지도 모른다. 그렇게 되면 다른 사람의 눈에는 천성적으로 게으르고 문제아인 것처럼 비치게 될 것이다.

그러나 사실 성장과정을 살펴볼 때 그는 근면한 일꾼이 될 수 있었다. 오늘날 혁신과 변화를 수반하는 작업장의 급격한 변화도 개인의 성격에 여러 가지 영향을 준다.

제2절 지 각

1. 지각의 의의

사람들의 개인차는 사물을 어떻게 인지하느냐 하는 과정에서 비롯된다. 인지과정에는 상상 · 사고 · 감각 · 지각이 있으며, 이러한 인지과정은 특정상황과 행위 사이에서 발생하는 것이며, 조직행동과 밀접한 관계가 있다. 그 가운데 지각은 사실세계와는 다른 독특한 세계를 설명해 주는 복잡한 인지과정이기에 사실세계와 지각의 세계 사이의 차이점을 깨닫는 일은 중요하다. 왜냐하면 서로 다른 지각의 세계를 갖고 찬동한다는 것은 조직 안에서 큰 비용을 발생시킬 수 있기 때문이다. 따라서 관리자의 입장에서 볼 때, 어떤 개념이나 관련사항에 대한 올바른 이해가 선행되어야 그것의 적용이나 기술적 운용이 가능하기 때문이다.

먼저 감각이란 우리의 오감(五感)을 의미하는 것인데, 내적-외적 자극에 의해서 대응(발생)하는 것이다. 이는 물리적 작용에 의한 기본적인 행위만을 유발하는 과정이다.

그에 비해 지각은 선택화 · 조직화 · 해독화할 수 있는 보다 복잡한 상호작용 관련 과정으로서 이 과정을 통해 우리가 감각으로 받아들인 자료(data)를 걸러내고 수정하고 해석하여 정보화(information)한다.

2. 지각선택화

(1) 외부적 요인

지각에 영향을 주는 외부요인에는 강도, 크기, 대조, 반복, 움직임, 색다름, 친숙성 등과 같은 것이 있다.

1) 강 도

이는 외부지각으로서 강도가 높을수록 잘 지각한다는 원리이다. 광고에서 소비자들의 관심을 끌기 위해 이것을 사용한다. 예를 들면 TV에서 상업광고를 할 때 정규프로그램보다 더 밝은 화면과 큰 소리를 이용한다.

2) 크 기

크기는 지각에 있어서 중요한데, 비록 작은 것이 아름답고 가격이 비싸다 할지라도, 큰 것이 눈에 띄기 쉽고 주목의 대상이 된다. 예를 들면 키가 작은 관리자보다 키 큰 관리자가 더 많은 관심의 대상이 되고, 전면광고가 몇 줄의 광고보다 더 눈에 잘 띈다.

3) 대 조

[그림 4-3]에서 보면 똑같은 크기의 검은색 동그라미가 있을 때 왼쪽의 것보다는 오른쪽의 것이 더 크게 보이는 것은 주변환경과의 대조 때문이다. 큰 방직공장에서 오랫동안 근무한 사람들은 소리만 듣고도 여러 대의 기계 가운데 어떤 부분에 문제가 있는가를 금방 지각한다.

4) 반 복

반복적인 자극이 한 번의 자극보다는 효과가 크다. 즉 반복은 자극에 대한 민감성을 증대시켜 주기 때문이다. 따라서 아주 단순한 과업에서도 사고예방을 위해서는 여러 번 반복해야 하는 이유에 대한 설명이 가능하다.

5) 동 작

정지된 물체보다는 움직이는 물체가 더 눈에 띄기 쉽다. 조립라인에서는

그림 4-3 대조(contrast)의 예

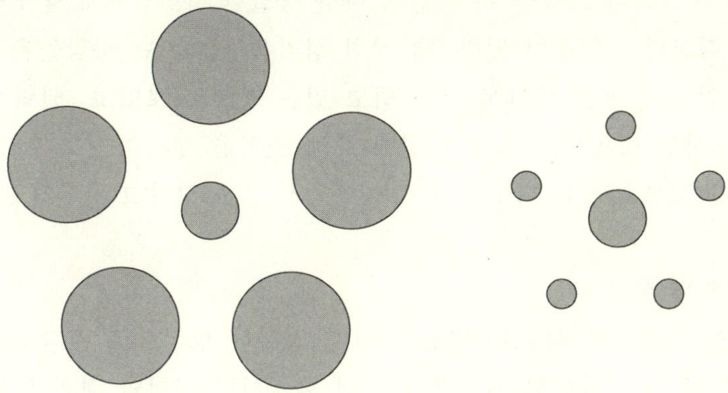

여러 가지 재료들이 컨베이어 벨트에 의해 움직이기 때문에 주목의 대상이 된다. 그렇지만 상대적으로 정지된 상태인 조명이나 소음은 잘 지각하지 못한다.

6) 새로움과 친숙성

친숙한 상황하에서 새로운 업무를 부여하거나, 새로운 상황하에서 친숙한 업무를 부여하면 지각의 효과가 크다. 직무순환(job rotation)은 일정시간마다 다른 직무를 돌아가면서 수행하도록 하여 직무에 대한 관심을 높이려는 것이다. 공장장이 근로자와 대화할 때 그들이 사용하는 은어나 용어를 사용하면 효과적일 수 있다. 그러나 새로움과 친숙함은 사회 · 문화적 차이에 대한 이해가 선행될 때 효과적이다.

(2) 내부적 요인

내부적 요인이란 개인의 복잡한 심리적 구조에 근거를 두고 발생한다. 욕구와 동기, 과거의 경험, 자아개념 및 성격 등을 들 수가 있다.[10)]

1) 욕구와 동기

우리의 욕구가 지각에 있어서 중요한 역할을 한다. 배가 고픈 사람은 먹는 음식에 대해 민감하게 반응한다. 예를 들면 가난한 집의 어린아이는 경치

10) K. H. Chung and L. C. Megginson, *Organizational Behavior: Developing Managerial Skills*(New York: Harper and Row Pub. Co., 1981), pp.120~121.

에 비해서 집을 상대적으로 크게 그린다고 한다. 다소 모호한 상황에 있는 사진을 보여 주었더니 그것을 본 사람에 따라 동일한 사진임에도 불구하고 서로 다르게 지각한다는 연구가 있다. 즉 강한 성취욕구를 지닌 사람들은 사진에서 보이는 사람들이 지금 사업상 일을 하고 있는 것으로 보았고, 권력욕구가 강한 사람은 사진 속의 사람들이 타인에 대해 권력을 행사하는 것으로, 그리고 친교욕구가 강한 사람은 그들이 서로 어울려서 놀고 있다고 지각하였다.

2) 학습과 경험

과거의 경험이나 학습은 대상을 어떤 일정한 방식으로 지각하도록 하는 효과가 있다. 즉 사물이나 타인을 과거의 학습이나 경험의 결과를 통해서 지각하려 하기 때문이다. 문제는 그것이 현재의 상황과 아무런 관련이 없다고 하더라도 지각에 영향을 미친다는 것이다.

3) 성　　격

낙천적인 사람은 사물을 긍정적으로 지각하고, 비관적인 사람은 부정적으로 지각하는 경향이 있다. 사물이나 사람을 객관적으로 지각하는 사람은 성격상 그 중간에 해당할 것이다. 따라서 스스로를 있는 그대로 지각할 수 있는 사람이 자신의 결점에 대해서도 방어적이지 않으며 효과적으로 업무를 수행할 수 있다.

그 밖에도 성격이 지각에 미치는 영향력에 대해 연구한 조사결과들을 요약해 보면 다음과 같다.[11]

(가) 심리적으로 안정적인 사람이 온정적으로 타인을 지각하는 경향이 있다.

(나) 사려 깊은 사람은 흑-백의 관점에서 타인을 지각하거나, 극단적인 평가를 할 가능성이 적다.

(다) 자신을 받아들이는 사람이 자신을 거부하는 사람보다 훨씬 다른 사람을 호의적으로 지각한다.

(라) 자신을 수용하는 사람일수록 타인이 자신을 좋아하고 원하며, 받아들

11) T. W. Wstello and S. S. Zalkind, *Psychology in Administration* (Englewood Cliffs, N. J.: Prentice-Hall, 1963), pp. 45~46; D. E. Hamackek, *Encounters with the Self* (NewYork, N.Y.: Holt, Rinehart and Winston, 1971).

이는 것으로 지각한다.

(마) 피지각자의 특성이 지각자의 특성과 비슷할 때, 더욱 정확하게 피지각자를 지각하는 경향이 있다.

3. 지각조직화

지각선택이 개인의 주의를 끌기 위한 내적 · 외적 요인에 초점을 둔 것이라면, 지각조직화는 어떤 상황에서 자료(data)를 받아들인 후에 지각과정상에 어떠한 일이 벌어지는가에 초점을 둔 것이다. 즉 선택된 지각대상은 의미 있는 정보로 바뀌기 위하여 조직화된다. 왜냐하면 일단 선택된 지각대상은 분리된 자극 또는 조각난 정보로는 존재하지 못하기 때문이다. 따라서 대상은 완전한 사물 또는 실체로 조직화된다. 이와 같은 과정을 게스탈트 과정(gestalt process)이라고 부른다.

1) 집 단 화

근접성 또는 유사성을 근거로 하여 대상을 하나로 지각하는 것을 의미한다. 예를 들면 같은 회사에 근무하는 사람들을 하나로 뭉뚱그려 하나의 집단으로 지각하는 것이다.

2) 패 쇄 화

사람들은 부족하거나 빠뜨린 자료를 채워넣는 경향이 있다. 조직에서도 불완전한 정보에 직면하게 되었을 때 흔히 부족한 부분을 채워서 이해한다. 예를 들면 회의석상에서 특정 사안에 대해 의결을 붙인 결과 몇 사람의 반대가 있었지만 통과되었다. 일단 통과되고 나면, 회식 자리에서 사람들은 구성원 전체가 완전한 합의에 이른 것으로 지각한다. 또한 나무를 보고 숲을 보지 못한다는 이야기가 있다. 전문화의 정도가 높으면 전체 조직체의 목표를 놓치기가 쉽다.

4. 사회적 지각

(1) 후광효과

후광효과(halo effect)란 대상이 갖고 있는 특질에 근거하여 그 사람을 지각하는 것을 말한다. 예를 들면 성실함으로 인해 자기가 좋아하는 사람이나, 외모로 인해 좋은 인상을 준 사람은 실제의 업무성과와는 별개로 능력 있는 사람으로 평가하는 경우이다. 후광효과는 실제로 종업원을 평가하는 데 있어서 나타나고 있다. 즉 호의적인 특성을 지닌 종업원은 그렇지 못한 종업원에 비해 높이 평가되는 경향이 있다.

후광효과가 나타난 상황적 요인에는 다음과 같은 것이 있다.

(i) 지각된 특성이 충성심, 협동심, 친절함, 학습의욕 등과 같이 행동양식으로 잘 표현되지 않을 때, (ii) 평가자가 자주 접해보지 못한 특성일 경우, (iii) 특성에 윤리적 · 도덕적 의미가 포함되어 있을 경우 등이다.

(2) 상동적 태도

후광효과가 대상의 한 가지 특성에 근거한 것이라면, 상동적 태도(stereotyping)는 객체를 그 사람이 속한 한 가지 범주에 포함시켜 지각하는 것이다. 즉 상동적 태도는 객체가 속한 집단의 특성에 근거하여 객체를 판단하기 때문에 그 효과는 더욱 크다.

상동적 태도를 일으키는 집단으로는 경영자, 감독자, 노조위원, 여성근로자, 공인회계사, 영업사원, 컴퓨터 프로그래머, 엔지니어 등에 매우 많다. 실제로 이러한 범주에 속하는 사람들이 일반적으로 갖고 있는 특성이 있을 수 있다. 그러나 실제의 특성과 사람들이 기대하는 특성에는 차이가 있다는 사실이다. 다시 말해서 모든 종업원을 행복하게 해 주는 마음씨 좋은 사람은 아니라는 것이다.

(3) 귀 인

흔히 자신이나 다른 사람의 행동에서 우리는 그러한 행동의 원인을 찾아보려고 하는 경향이 있다. 이러한 귀인(attribution)은 조직행동에서 작업 동기부여, 업적평가, 리더십 행동에 중요한 영향을 준다.

예를 들면 어떤 종업원의 생산성 향상이 새로운 기계설비의 도입(외부적 요인)으로 인해서가 아니라, 스스로의 노력(내부적 요인)에 의한 것이었다면 경영층은 그에 대해 매우 감사해야 할 것이다. 따라서 어떻게 귀인하느냐에 따라서 그 후속 조치는 상당히 달라질 것이다.

내용요약

성격이란 어느 정도 안정된 개인의 특성으로서 개인으로 하여금 자기 자신이 처해 있는 환경에 독특하게 적응해 나가도록 해 주는 동태적인 심리-생리적인 시스템을 말한다. 인간의 성격은 선천적인 유전요인과 후천적인 환경요인, 즉 문화적 요인, 사회적 요인, 상황적인 요인에 의해서 결정된다.

인간의 성격을 설명한 이론으로서 특성이론과 유형이론이 있으며, 인간의 성격발달과정을 설명해 주는 이론으로서는 에릭슨의 단계이론, 레빈슨의 성인생애단계이론, 아지리스의 미성숙-성숙이론이 있다. 조직행동연구에서 통제의 위치, 성취동기, 권위주의, 마키아벨리아니즘, 위험부담의 정도 등과 같은 성격의 속성을 잘 이해하는 것이 중요하다.

한편, 인간이 지각하는 세계와 실재하는 세계와는 차이가 있다는 점을 인식하는 것이 중요하다. 인간의 지각에 영향을 주는 요인으로는 강도, 크기, 대조, 반복 동작, 신기함과 친숙성 등과 같은 외부환경요인과 인간의 욕구와 동기, 과거의 경험, 자아개념, 성격 등과 같은 내부적 요인, 그리고 여러 가지 상황적인 요인을 들 수 있다. 지각대상은 지각메카니즘에 의해 처리되어 지각자에게 의미 있고 유용한 정보를 제공해 준다. 여기서 지각메카니즘이란 지각의 선택-조직-해석(perceptual selection-organization-interpretation)하는 과정을 말한다. 지각해석과정에 흔히 발생하는 오류로서는 후광효과, 상동적 태도 그리고 귀인이 있다.

제5장 동기유발의 이론

제1절 동기유발의 개념

인간의 행동은 일반적으로 어떤 목표를 달성하고자 하는 욕망에 의해 동기가 유발된다. 개인의 성과는 개인의 능력, 과거의 경험 등과 같은 다른 변수에 의해 영향을 받지만, 동기유발의 정도는 개인의 성과를 설명하는 중요한 변수 중의 하나이다. 먼저 동기유발의 개념정의부터 살펴보기로 한다.

1. 동기유발의 정의

동기유발은 생리적 · 심리적 불충분이나 필요에 의해 행동이나 동기유발 요인(동인)을 촉진시켜서 목적(대상)으로 향하게 하는 과정을 의미한다. 이러한 과정을 나타내면 다음 [그림 5-1]과 같다.

불충분(결핍)이나 필요(욕구)는 생리적 · 심리적 불균형시 항상 일어난다. 심리학에서는 이러한 욕구가 불충분하다는 데서 근거를 두고 출발했으나, 실제 조직행동에서 나타나는 현상은 예외적인 경우가 많다. 예컨대 돈을 벌겠다

그림 5-1 동기유발의 과정

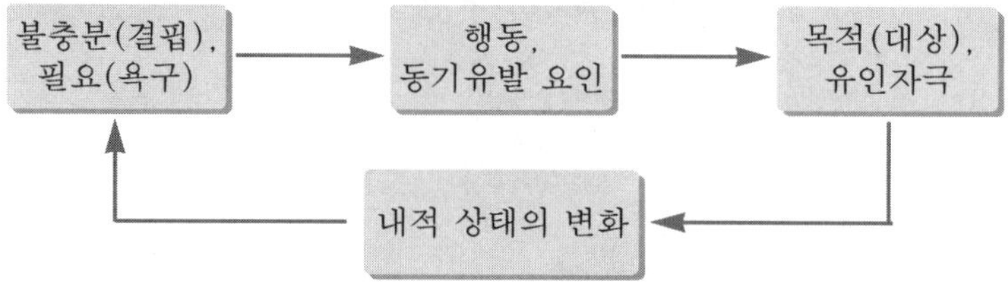

는 욕구가 강한 사람 가운데는 과거에 금전적으로 성공한 사람이 많다.

동기유발 요인, 즉 동인(motive)은 욕구를 완화시키는 역할을 하는 첫 번째 단계이다. 특히 그 가운데 생리적 욕구는 추구하는 방향이 분명하며, 곧바로 목적이나 유인자극으로 향하게 하는 힘을 제공한다. 동기유발 과정에는 동인의 이해가 중요하다.

유인자극이란 욕구를 완화시키고, 동인을 경감시킬 수 있는 그 어떤 것, 즉 목적을 의미한다. 따라서 유인자극을 획득하게 되면 생리적 · 심리적 균형을 되찾게 된다.

2. 동기유발의 특징

동기유발 과정은 다음과 같은 세 가지 속성을 가지고 있다. 따라서 이러한 속성을 갖추지 못한 행동은 동기유발된 행동이라고 하지 않는다.

첫째, 인간의 행동을 유발시킨다. 즉 행동하도록 촉진시키는 내부적인 힘이다.

둘째, 인간행동의 방향을 설정하거나 목표를 지향하도록 하는 통로의 역할을 한다. 즉 행동의 예측이 가능하다.

셋째, 인간행동을 유지 · 지속시키는 측면이 있다. 즉 목표지향적 행위가 목표를 달성하기까지 지속적으로 이루어지도록 한다는 의미이며, 이는 동기부여가 계속되는 과정으로서 내적 상태의 변화를 추구하는 과정을 설명한다.

3. 동기유발의 중요성

동기유발 과정의 이해는 조직행동 연구의 핵심일 뿐 아니라, 다음과 같은 이유에서 경영관리의 실질적인 측면에서도 중요하다.

첫째, 구성원들의 심리적 근저를 이해할 수 있도록 해 준다. 즉 동기부여의 정의에서 '목적(목표)을 지향한다' 고 하는 개념이 포함하고 있는 것은 개인 및 조직의 성과지향, 경쟁지향, 규정준수지향, 변화지향 등을 의미한다. 따라서 동기부여란 무엇인가를 지향하도록 하는 행위의 심리적 근거 및 과정을 이해할 수 있도록 한다.

둘째, 구성원들을 효율적으로 관리할 수 있는 수단의 개발을 가능하도록 해 준다. 개인의 '심리'를 '행위의 조절자'라고 할 때 행위에 대한 심리적 조절역할의 중요성이 부각된다. 따라서 구성원들의 행위를 유발, 지향, 지속시키는 심리적 내용 및 과정을 이해한 후 사용 가능한 수단(예컨대 승진, 보상, 인정, 칭찬, 인사고과, 피드백)의 개발 필요성이 제기되며, 동기부여 과정의 이해는 그것을 가능하게 해 준다.

셋째, 인력개발을 위해 활용할 수 있다. 동기부여와 관련하여 심리적 과정을 진행시키는 요인들은 이론상 본능(instinct), 욕구(needs), 인지(cognition) 등으로 나타낼 수 있다. 앞으로 살펴볼 여러 가지 동기부여 이론들은 이러한 심리적 요인 가운데 한 가지에 초점을 두고 있다. 오늘날 특히 조직구성원들에게 강조하고 있는 것은 조직에서 부여한 역할을 성실하게 수행하는 데에 그치지 않고 창조적이며 자발적으로, 혁신적인 행위를 할 수 있도록 하는 것이다. 이를 위한 수단으로 활용되고 있는 것이 교육, 훈련이며 이는 특히 개인의 인지에 초점을 둔 것이다. 따라서 교육, 훈련을 통한 인력개발 및 개발관리는 동기부여 과정의 이해에서 출발한다고 하겠다.

제 2 절 동기유발요인 : 동인(動因, motive)

개인이 갖고 있는 동기는 다양하고 복잡하다. 이를 몇 가지로 구분하면 다음과 같다.

1. 일차적 동인

일차적 동인(primary motive)란 생리적 · 생물적 동인으로서 학습되지 않은 것이다. 따라서 가장 기본적인 신체적 욕구를 충족시키려는 동기를 말한다. 예를 들면 배고픔 · 목마름 · 졸음 · 고통의 회피 · 성욕 · 모성애 등을 들 수 있다. 근본적으로 사람들의 생리적 구성이 동일하므로 일차적 필요는 같다고 할 수 있다.

2. 일반적 동인

일반적 동인(general motive)이란 일차적 동기와 이차적 동기의 중간에 위치하는 것으로서, 생리적인 동기는 아니지만 학습되지 않은 것이다. 예를 들면 능력의 동기, 호기심-조작-활동의 동기, 애정의 동기를 들 수 있다.

능력(competence)의 동기란 인간이 환경에 적응하여 생존하려는 동기로서, 개인은 자신이 처해 있는 환경을 통제하려고 노력하며 동시에 스스로의 능력을 발휘하려고 한다. 화이트(R. W. White)는 이와 같은 적응능력 개발의 적기는 6세와 9세 사이라고 주장하는데, 이 시기에 성공한 경험을 많이 가진 어린이는 자라서 환경에 잘 적응한다.[1)]

인간이 가지고 있는 호기심(curiosity), 조작(manipulation), 활동(activity)의 동인은 가장 강렬한 일반적 동인이다. 동물실험의 결과를 통해 일반적으로 인간에게 적용시킬 수 있는 동인이다.

애정(affection)의 동기는 일반적 동기 가운데 복잡한 동인이다. 애정 혹은 사랑은 일면으로는 일차적 동기인 성욕과 관계가 있으며, 또한 서로 의지하고자 하는 욕구인 귀속욕구, 즉 이차적 욕구와도 관계가 있기 때문이다.

3. 이차적 동인

이차적 동인(secondary motive)이란 학습된 동기로서 동인유발 이론의 핵심부분을 차지한다. 여기에는 권력동인, 성취동인, 안전동인, 지위동인 등이 포함된다.

권력동인(power motive)이란 타인에 대해서 영향력을 행사하려고 하는 욕구를 말한다.

성취동인(achievement motive)이란 좋은 결과를 얻기 위하여 높은 기준을 설정하고 이를 이룩하고자 하는 욕구를 말한다.

귀속동인(affiliation motive)이란 타인과 우애 있는 관계를 유지하고자 하는 욕구이다.

안전동인(safety motive)이란 위협으로부터 자기를 보호하려는 욕구이다.

---

1) R. W. White, "Motivation Reconsidered: The Concept of Competence," *Psychological Review* (Sept, 1959), p.329.

안전동인은 일면 고통이나 공포를 피하고자 하는 일차동인처럼 여겨질 수 있으나 조직 내의 개인은 스스로를 방어하기 위한 안전동인을 사회적 학습을 통해 얻게 된다.

지위동인(status motive)이란 현대사회의 두드러진 특징으로서 인간이 어떤 지위를 위해 추구하는 동인이다. 지위란 개인이 집단, 조직, 사회에서 갖고 있는 상대적인 위계로서 2인 이상이면 반드시 위계가 존재한다. 이러한 위계는 현존하는 문화적 가치와 사회적 역할에 의해 결정된다.

동기유발에 대한 이론은 그 발달과정을 중심으로 크게 내용이론(content theory)과 과정이론(process theory)으로 구분하여 설명할 수 있다. 내용이론은 주로 인간을 동기유발시키는 것이 무엇인가 하는 것에 관심을 갖고 있고, 이에 비해서 과정이론은 동기유발의 과정을 분석하고 여러 변수간의 상호관계에 관심을 두고 있다. 참고로 동기유발 이론의 발달과정을 요약하면 [그림 5-2]

그림 5-2 동기유발의 발달과정

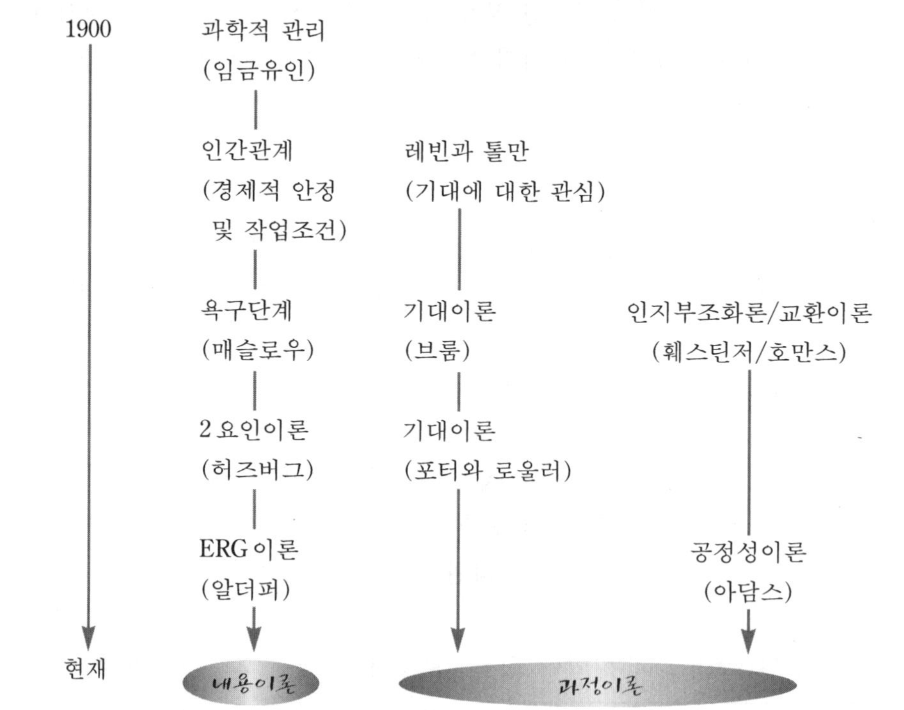

자료 : F. Luthans, *Organizational Behavior* (N.Y.: McGraw-hill, 1995), p.195.

와 같다.[2)]

제3절 동기유발이론 : 내용이론

동기유발의 내용이론은 어떠한 요인이 사람의 행동을 일으키고 유지하는가를 설명한다. 따라서 개인의 필요와 욕구에는 어떠한 것이 있으며, 그것의 우선순위는 어떻게 정해지느냐에 초점을 두고 있다. 내용이론에는 매슬로의 욕구단계, 맥클리랜드의 성취욕구이론 등이 있다.

1. 매슬로의 욕구단계

매슬로(A. Maslow)는 임상실험을 통해 인간의 욕구를 다섯 가지로 계층화하였다. 매슬로의 욕구단계의 요지는 어느 한 단계의 욕구가 충족되면 그것은 더 이상 개인을 동기부여시키는 역할을 하지 못하며, 그 윗단계의 욕구가 동기유발을 하게 된다는 것이다. 이러한 매슬로의 욕구단계이론(need hierarchy theory)은 다음과 같은 두 가지의 기본전제로 이루어져 있다.

첫째, 충족된 욕구는 동인으로서의 힘을 상실한다.

둘째, 개인의 욕구는 똑같은 강도를 갖고 있지 않고 계층적으로 되어 있다. 매슬로가 제시한 욕구를 계층화하면 [그림 5-3]과 같다.

(1) 생리적 욕구

[그림 5-3]에서 보여주듯이 생리적 욕구(physiological needs)는 모든 욕구 가운데 가장 기본이 되는 시발점으로서 이 욕구가 충족되지 못하면 가장 큰 동인이 된다. 예를 들면 목마름, 배고픔, 수면의 욕구 등이다.

현대 사회에서 생리적 욕구의 충족은 화폐와 연결된다. 그러나 실제로는 생리적 욕구를 충족시켜 주는 것은 화폐 자체가 아니라, 화폐를 통해 구득할 수 있는 그 무엇인 것이다. 따라서 연구결과에서 화폐가 생리적 욕구를 만족시켜 주는 수단이 될 수도 있고, 상위계층의 욕구를 충족시켜 주는 역할을 하

2) F. Luthans, *op. cit.*, p.195.

그림 5-3 매슬로의 욕구단계

기도 한다고 나타난다.

매슬로는 생리적인 욕구는 강하게 인간의 활동을 지배하지만, 이 욕구가 충족되면 상위의 욕구의 지배를 받게 된다고 주장한다. 마찬가지로 그 상위욕구가 충족되게 되면 차상위욕구가 나타나게 된다. 그리하여 동기부여에서 욕구의 결합이라는 개념뿐만 아니라 만족의 개념도 연구대상이 된다. 즉 만족은 인간의 하위욕구를 벗어나게 함으로써 상위에 있는 사회적 목표를 추구할 수 있도록 한다.

(2) 안전의 욕구

생리적 욕구가 충족되면 다음으로 나타나는 것이 안전의 욕구(safety needs)이다.[3] 이는 대부분의 사람들에게 공통으로 존재하는 위험, 사고, 질병, 경제적 불안 등에서 벗어나 안전을 추구하려는 욕구이다. 이를 위해 연공주의, 노조활동 등과 같은 구조적 뒷받침을 통해 안전욕구의 충족을 위해 노력한다. 이러한 안전욕구의 강조를 통해 조직구성원들의 바람직한 행동을 기대하지만, 생산성으로 이어지지 않을 수도 있다. 예컨대 창의성이 필요한 직무

3) S.W. Gellerman, *Motivation and Productivity* (NewYork : American Management Association, 1963).

에서 안전욕구의 강조는 직무성과에 부정적인 영향을 준다.

드럭커(Peter Drucker)는 안전의 욕구가 직업을 선택할 때 중요한 요인으로 작용한다고 주장한다.[4] 즉 어떤 사람은 창의성의 발휘 없이 일상적으로 잘 짜여진 업무특성을 좋아하는가 하면, 또 어떤 사람은 실패에 따른 위험부담이 있으나 창의력이나 독창력이 요구되는 도전적인 직무특성을 선호하는데, 이는 안전의 동인이 얼마만큼 작용하는가에 따라 달리 나타난다는 것이다.

이러한 안전욕구의 특성은 문화적 관점에서 볼 때 발전의 가능성이 적으며, 경제적으로 뒤떨어진 상황에서 나타나는 현상이다. 또한 안전이 중시되는 환경에서 자란 어린이는 다른 사람에게 호감을 주는 경우가 많은데, 그 이유는 경쟁적이거나 전투적인 특성을 갖고 있지 않기 때문에 타인에게 방어적이 되도록 하지 않기 때문이다. 즉 부모의 과잉보호 아래 어린이로 하여금 고뇌, 실망, 실패로부터 지나치게 보호하려 하게 된다. 그 결과 현실에 대해 왜곡된 견해를 갖게 되며, 비현실적으로 낙관하게 된다. 어려움을 당하여 문제해결을 위해 우려해야 할 상황에서도 낙관적이 되며, 상황을 수습하기엔 너무 늦었음에도 모든 일이 순조롭게 잘 진행되려니 하고 믿게 된다. 이렇게 지나친 안전지향적인 특성을 가진 사람은 좌절-긴장-불안에 대처할 능력을 개발할 기회가 없었기 때문에 쉽게 좌절하는 특성을 가진다.

(3) 사회적 욕구

생리적 욕구와 안전의 욕구가 충족되고 나면 애정, 사랑, 귀속의식 등의 사회적 욕구(social needs)가 나타난다. 인간은 본래 사회적 동물이기 때문에 소속감을 느끼면서 상호관계를 유지하고 싶어하고 다른 사람과 함께 있기를 원하게 된다.

셰크트(S. Schachter)는 무엇을 얻기 위한 수단이 아니라 친교 그 자체가 목적이라고 주장한다.[5] 즉 사람들이 친교를 지향하는 것은 그것 자체가 즐겁기 때문이며, 상호관계를 통해서 얻어지는 경제적 이득이나 보호 등과 같은 보상을 위한 것이 아니라는 것이다. 이처럼 친교를 위해 동기를 부여하는 것은 우정을 추구하는 경우에 더하여 신념을 확인하기 위하여 같은 신념을 가진 사람을 찾게 되며, 특히 자신의 신념이 손상을 받았을 때 더욱 동기부여된다.

---

4) P. Drucker, "How to be an Employee," *Psychological Today* (March 1968).

5) S. Schachter, *The Psychology of Affiliation* (Stanford, Cal.; Stanford University Press, 1959).

또한 공동의 이해에 도달하기 위해 함께 노력한다.

이러한 친교의 욕구가 갖는 의미는 사람이 흥분하거나, 혼돈에 빠지거나 불행하게 되면 어떤 특정 대상을 찾는 것이 아니라 같은 운명에 처해 있는 사람과 함께 하기를 원한다는 것이다. 조직과의 관계에서 이러한 친교의 욕구는 어떤 경우에는 생산성을 저하시키는 작용을 할 수도 있다. 예컨대 공장 근로자들이 경영자들에게 착취를 당하고 있다는 동료의식 때문에 강력한 비공식적 집단을 형성할 수 있는데, 이러한 비공식 집단은 경영진에게 동조하는 사람을 고립시키는 작용을 하기도 한다.

만약 경영진과의 의사소통 통로가 적절하게 이루어지지 못하면 이러한 현상은 두드러진다. 그러나 친교욕구에 의하여 생성되는 비공식집단이 조직의 목표달성에 부정적인 역할만 하는 것은 아니다. 경영자가 비공식집단의 내부구조를 잘 이해하고 적절히 활용할 수 있다면 조직의 공식목표와 통합할 수 있다. 예컨대 자신의 목표와 조직의 목표를 비교하여 조직의 목표달성이 스스로의 목표달성에 긍정적인 영향을 미친다고 인식할 때에는 생산성은 향상된다.

(4) 존경의 욕구

사람들은 남으로부터 자신이 높게 평가받고 스스로를 존중하며, 자존심을 유지하고자 하는 욕구를 갖고 있다. 이러한 존경의 욕구(esteem needs)는 여러 가지 형태로 나타나는데, 이것과 관련된 동인으로서 명성과 권력이 있다.

명성(prestige)이라는 동인은 현대사회의 특징적인 현상 가운데 하나이다. 이는 중산층 사회를 지향할 때 나타나는 현상으로서 동인으로서 명성은 자신의 앞에서 다른 사람이 나타내 보이기를 기대하는 행동으로 정의된다. 자신의 앞에서 어느 정도로 존경을 나타내며, 어떠한 의례적인 형식을 갖추고 있는가, 또는 속을 터놓고 이야기하는가 등을 의미한다.

명성이란 사회가 개인에게 부여한 것이며 경우에 따라서는 태어날 때부터 부모의 사회적 지위와 명성을 이어받는 수도 있다. 하지만 대부분의 경우 일생을 통하여 여러 가지 방법으로 이를 추구한다.

명성은 자체적으로 한계를 설정한다는 특징을 갖고 있다. 즉 미리 예상한 수준의 지위나 명성을 얻게 되면 욕구의 강도는 저하되어 지위나 명성을 더 향상시키는 것보다는 그것을 계속 유지하려는 경향이 있다. 조직이나 공동체에서 어느 정도 중요인물로 인정받으면 그것으로 만족하고 목표달성을 한 것으로 생각한다는 것이다.

상황요인으로 들 수 있는 것은 연령으로서 현재의 자기의 신분이나 지위에 만족하지 않는 젊은 층의 경우에는 지위 또는 명성에 관한 동인이 강하게 작용하고, 조직에서 연령이 높은 사람의 경우는 현재 만족한 수준까지 도달했거나, 그렇지 않으면 현실적으로 지위향상이 어렵기 때문에 강한 동인이 되지 못한다.

권력이란 타인의 행동에 영향을 미치게 하는 자원 혹은 힘이라고 정의된다. 이러한 권력에는 지위권력과 개인권력이 있다. 지위권력은 조직 내의 위계에 의하여 합법적으로 부여되는 것이며 권한과 같은 개념이다. 개인적 권력은 가지고 있는 개인적 자원으로부터 발생되는 것으로 지식, 혹은 동일화(identification) 대상이 됨으로 해서 나타난다. 권력에 대한 동인은 큰 권력을 얻으려 하는 것처럼 더욱 강해지는 특성이 있다.

(**5**) 자아실현욕구

자아실현욕구(self-actualization needs)는 자기완성에 대한 갈망을 의미하며, 스스로를 잠재력을 가진 존재로부터 실제로 그 잠재력을 발휘하는 존재로 나아가고자 하는 욕구이다. 이는 자신이 추구하고자 하는 바를 이룩해서 참된 자아의 모습을 발견할 수 있는 최선의 존재가 되는 것을 말한다.

2. 알더퍼의 ERG 이론

알더퍼(C. Alderfer)는 매슬로의 이론이 지니고 있는 문제점을 극복하고자 현장연구에 초점을 둔 ERG 이론을 제시하였다.[6] 알더퍼는 인간 및 동물의 동인(motive)에 관한 연구, 조직구성원의 근무태도에 관한 요인분석연구를 통해 인간의 욕구를 세 가지 범주로 나누었다. 존재욕구(existence needs), 관계욕구(relatedness needs), 성장욕구(growth needs)로서 이 세 가지의 머리글자를 따서 ERG 이론이라고 하였다.

6) Clayton P. Alderfer, *Existence, Relatedness and Growth* (NewYork : Free Press, 1972).

(1) 존재욕구

존재욕구(existence needs)는 다양한 유형의 물리적 · 생리적 욕구들이다. 의식주를 비롯하여 물리적 측면의 쾌적한 작업환경, 안전욕구 등이 이에 속한다. 이 욕구는 조직 안에서 생존을 위하여 필요한 욕구이므로 이 욕구가 충족되지 못하면 조직에서 생존이 위협받게 된다.

(2) 관계욕구

관계욕구(relatedness needs)는 타인과의 관계를 유지하려는 욕구라고 볼 수 있다. 따라서 이 욕구는 자신을 둘러싸고 있는 사회환경과 인간관계에 초점을 두고 있는, 인간관계와 관련된 욕구를 말한다. 이를 매슬로는 욕구계층과 비교한다면 안전욕구, 사회적 욕구, 존경의 욕구 등에 해당한다.

(3) 성장욕구

성장욕구(growth needs)는 창조적 · 개인적 성장을 위한 노력과 관련된 욕구이다. 이는 대인관계에 있어서 타인과 비교를 통해 얻은 자존심이 아니라, 스스로 얻게 되는 자신감 등이 이에 속한다. 매슬로의 욕구단계이론과 비교하면 자아실현욕구와 존경욕구의 일부가 포함된다.

알더퍼가 인간의 내면적인 동기를 단계로 나누어 고찰한 것은 매슬로와 비슷하지만 다음과 같은 차이가 있다.

첫째, 욕구계층에서 매슬로는 고차적인 욕구로 진전되는 과정을 강조한데 비하여 알더퍼는 낮은 욕구로의 퇴행과정도 제시하고 있다. 매슬로의 이론에 의하면 관계욕구가 충족되지 않았을 경우 행동에 가장 큰 영향을 주는 욕구가 관계욕구라고 가정한 데 비하여, 알더퍼는 관계욕구가 충족되지 않을수록 내재욕구에 대한 기대는 더 커진다는 가정을 내세우고 있다. 하나의 하위욕구가 만족될수록 상위욕구로 진행된다는 매슬로의 주장에 비하여, 알더퍼는 좌절-퇴행(frustration-regression)요소를 포함하여 설명하고 있다.

둘째, 매슬로는 다섯 개의 욕구를 제시하고 이 욕구들 중에서 우세한 욕구가 지배적으로 개인의 행동에 영향을 주며, 다른 욕구에 비해 우세한 욕구로서의 기능을 강조하였다. 그러나 알더퍼는 한 가지 이상의 욕구가 동시에 작용할 수 있다고 하였다. 이러한 가정은 매슬로의 가정보다 더욱 현실적인 가정이라고 할 수 있다.

셋째, 욕구의 인식 측면에서 볼 때, 알더퍼는 우세한 욕구는 스스로가 잘 인식할 수 있으며, 따라서 설문지나 면접을 통하여 욕구를 실증적으로 연구할 수 있도록 함으로써 후속연구를 가능하게 하였다.

3. 맥그리거의 X-Y이론

맥그리거(D. McGregor)의 X-Y이론은 조직경영자들이 인간에 대하여 지니고 있는 기본 가정을 두 가지 범주로 나누고 있다. 이 범주에 따라 조직구조의 설계, 정책수립, 리더십 형태가 된다. 이 두 가지 인간관 중에서 X이론적 인간관은 산업현장에서 전통적으로 수용되는 인간관으로서, 지시와 통제가 주된 관리수단이 되며, Y이론적 인간관은 행동과학의 지식을 바탕으로 조직구성원 개인의 목표와 조직목표의 통합을 목표로 하는 견해이다. X이론을 받아들이는 관리라는 구성원들을 구조화하고 통제하며 엄격히 감독하려고 한다. 즉 신뢰할 수 없고 무책임하며, 미숙한 사람들을 다룸에 있어서는 외부적인 통제가 적절한 관리방법이라고 생각하기 때문이다.

그러나 사회의 여러 가지 상황이 변화하고 조직구성원들의 교육수준과 자아인식이 향상됨에 따라 이와 같은 인간관이 알맞은가에 대한 의문이 제기되었다. 맥그리거는 이러한 의문에 대하여 매슬로의 욕구계층을 인용하여 다음과 같은 결론을 얻었다. X이론의 인간성에 대한 가설은 보편적으로 적용하기에는 적절하지 않으며, 이 가설로부터 도출된 관리방법은 사람들로 하여금 조직목표를 지향하도록 동기부여할 수 없으며, 명령과 통제에 의한 관리는 성공할 수 없다. 왜냐하면 이미 생리적 욕구와 안전욕구가 상당한 정도 충족되었기에 존경욕구, 자아실현의 욕구 등의 고차원의 욕구를 추구하고자 하는 구성원들을 동기부여시킬 수 없기 때문이다.

맥그리거는 인간성과 동기유발에 대한 올바른 이해를 바탕으로 리더십을 발휘하여 관리하는 것이 필요하다고 인식하여 Y이론을 제시하였다. Y이론에 의하면 인간은 게으른 존재가 아니며, 신뢰할 수 없는 존재도 아니라고 가정한다. 적절하게 동기부여가 되기만 하면 기본적으로 인간은 직무에 자율적이며 창의적일 수 있다는 것이다. 따라서 개인이 잠재능력을 발휘할 수 있도록 하는 일이야말로 관리자의 본질적인 업무이다. 적절히 동기부여된 사람은 자

[표 5-1] X-Y이론의 가설

X이론	Y이론
1. 일이란 원래 대부분의 사람에게 있어서 하기 싫은 것이다.	1. 일이란 작업조건만 잘 정비되면 놀이를 하거나 쉬는 것과 같이 극히 자연스러운 것이다.
2. 대부분의 사람들은 야망이 없고 책임지기를 싫어하고 지휘받기를 좋아한다.	2. 조직목표를 달성하는 데는 자기통제가 불가결하다.
3. 대다수의 사람들이 조직문제를 해결하는 데 창의력을 발휘하지 못한다.	3. 조직문제를 해결하기 위한 창의력은 누구나 있다.
4. 동기부여는 생리적 욕구나 안전욕구의 계층에서만 가능하다.	4. 동기부여는 생리적 안전욕구의 계층에서는 물론 사회적 존경, 자기실현의 욕구에서도 가능하다.
5. 대다수의 사람들은 엄격히 통제되어야 하고, 조직목표를 달성하기 위하여서는 강제되어야 한다.	5. 사람은 적절하게 동기가 부여되면 일에 자율적이고 창의적이다.

자료 : P. Hersey & K. Blanchard, *Management of Organizational Behavior*(Englewood Cliffs, N.J. : Prentice-Hall, Inc., 1982), p.49.

기 자신의 노력을 조직의 목표달성을 위해 기울임으로써, 스스로의 목표를 달성할 수 있다는 것이다. [표 5-1]은 인간성에 대한 두 가지 가설을 나타내고 있다.

하지만 근본적으로 이 이론은 복잡한 인간관을 간단히 양분한 것인만큼 관리자의 행동, 부하의 개인차 또는 상황요인 등을 고려하지 않고 Y이론을 적용하거나 X이론을 적용했을 때 효과적일 수 있는가의 의문이 남는다. 모든 사람들이 성숙해질 수 있는 잠재력을 가지고 있는 것은 사실이지만, 실제로 모든 사람이 성숙된 것은 아니다. 그러므로 Y이론을 적용하기 위해서는 인적 자원의 욕구와 동기를 비롯하여 직무와 관련된 과업의 특성, 조직 내의 여러 가지 상황 요인들을 고려하여 활용할 때 조직유효성을 기대할 수 있다. 이 이론은 이러한 복합적인 요인을 고려한 연구와 병행되지 못하였지만, 동기부여와 관련하여 인본주의적 견해를 도입했다는 측면에서 공헌을 하였다.

4. 허즈버그의 2요인 이론

허즈버그(F. Herzberg)는 산업현장의 경험적 연구를 토대로 자신의 가설을 실증 · 분석을 통해 뒷받침함으로써, 조직구성원들의 작업동기를 위해 활용할 수 있는 구체적인 방안을 제시하고 있다. 허즈버그는 약 200명의 기사와 회계사들에 대한 면접을 통하여 자료를 얻었다. 면접에서 직무 수행상 어떤 것이 그들을 즐겁게 하고 만족스럽게 하였으며, 어떤 것이 불유쾌하게 하고 불만족스럽게 하였는가 하는 것을 자유로이 대답하도록 하였다. 이를 통해 얻은 결과를 분석하여 다음과 같은 결론을 얻었다.

인간에게는 상호 독립된 두 종류의 서로 다른 욕구가 있는데, 이것이 인간행동에 서로 다른 방법으로 영향을 미친다는 것이다. 그리고 사람들이 자기가 하는 일에 불만을 느끼게 되면 환경에 대하여 관심을 갖게 되며, 일에 만족하는 경우에는 환경보다는 직무 그 자체에 관심을 갖는다는 것이다.

허즈버그는 첫 번째 욕구가 환경에 관한 것이고 직무불만족을 예방하는 기본적 기능을 담당하고 있기 때문에 이를 가리켜 위생요인(hygiene factors)이라 하였다. 두 번째 욕구는 사람을 보다 나은 업무수행을 위해 동기를 부여하는 데 유효하기 때문에 이를 동기요인(motivators)이라 하였다. 이 연구에서 직무에 대한 만족과 불만족을 결정짓는 요인을 제시하면 [표 5-2]와 같다.

위생요인의 특성은 그것의 충족이 불만족의 감소를 가져다 주나 만족에 이르게 하지는 못한다는 것이다. 즉 작업환경이 열악한 상황에서 직무 불만족을 경험하고 있는 종업원에게는 작업환경의 개선은 불만족요인이 제거된다. 하지만 개선된 환경이 만족요인으로 작용하지는 못한다는 것이다. 동기요인의

[표 5-2] 위생요인과 동기요인

위생요인	동기요인
정책 및 관리	성 취
감 독	성취에 대한 인정
작업조건	도전적이고 보람 있는 일
대인관계	책임의 증대
돈, 지위, 안정	성장과 발전

특성은 충족되지 않아도 불만은 없지만 충족되면 직무 만족을 위해 적극적인 영향을 줄 수 있고, 적극적인 행동과 태도를 이끌 수 있다.

5. 맥클리랜드의 세 가지 동기이론

맥클리랜드(D. McClelland)는 작업상황 관련 동기를 성취욕구(need for achievement; n-Ach), 권력욕구(need for power; n-Pow) 및 친교욕구(need for affiliation; n-Aff)로 나누어 설명하였다.[7] 맥클리랜드는 개인의 성격은 인간을 동기부여할 수 있는 여러 가지 욕구로 구성되어 있으며, 그 가운데 성취욕구의 중요성에 기초하여 연구를 실시하였다. 그는 인간의 모든 욕구는 학습된 것이며, 개인의 행동에 영향을 미칠 수 있는 잠재력을 가진 욕구의 순서는 개인마다 다르다고 주장하여 매슬로의 가정과는 차이가 있다.

(1) 성취욕구

이는 좋은 성과를 얻기 위해 높은 기준을 설정하고, 이를 달성하고자 하는 욕구이다. 성취욕구(need for achievement)가 높은 사람들의 특징을 맥클리랜드는 다음과 같이 설명하고 있다.

첫째, 우연이나 행운보다는 노력이나 능력을 통해 목표를 성취할 수 있는 상황이어야 한다는 것이다. 따라서 개인이 주도적으로 일을 수행한 후 결과에 대하여 책임을 질 수 있는 상황을 좋아한다.

둘째, 난이도와 위험이 적절한 수준인 상황을 선호한다. 따라서 부업도 중간수준의 난이도와 중간수준의 위험을 가진 상황을 좋아하게 된다.

셋째, 노력한 결과와 성공에 대하여 분명한 피드백이 주어지는 상황, 즉 성공이나 실패를 분명히 알 수 있고 이에 대한 보상을 기대할 수 있는 상황을 좋아한다.

넷째, 어떤 해결안이 있으며, 미래지향적인 상황을 선호한다.

이와 관련하여 여러 연구에서 성취욕구가 높은 관리자일수록 적은 회수의 회합을 가지는 경향이 있으며, 조직 내의 문제를 해결함에 있어서 조직구성원들의 협동에 의하여 해결할 수 있음에도 불구하고 혼자서 작업하기를 좋아하

7) D.C. McClelland, *The Achieving Society* (Princeton N.J.: Van Nostrand, 1961).

는 경향이 있는 것으로 나타났다.[8] 이러한 성취동기가 높은 사람의 특징은 성공적인 기업가들의 역할수행상황과 유사한 부분이 많다.

(2) 권력욕구

권력욕구(need for power)가 강한 사람은 타인에 대하여 영향력을 미치거나 통제하려고 하며, 논쟁에서 이기려 하고, 또한 자신의 영향력을 행사할 대상을 찾는 데 많은 시간을 보낸다. 권력욕구와 리더십에 관한 연구결과, 관리자에게는 적절한 수준의 권력욕구가 필요하다고 나타났다. 연구에 의하면 권력욕구와 성취욕구가 동시에 높은 관리자들로 구성된 회사는 성장을 하고 있는 반면, 권력욕구는 높으나 성취욕구가 낮은 경영자들로 구성되어 있는 회사는 상대적으로 침체에 빠져 있는 것으로 나타났다. 권력욕구가 높고 성취욕구가 낮은 경우 개인적인 책임이나 의사결정을 스스로 하려 하지 않고, 통제와 복종이라는 프로세스를 강조하기 때문에 나타났다.[9]

(3) 친교욕구

친교욕구(need for affiliation)가 강한 사람은 타인과 친근한 관계 유지에 관심을 가지고 있기 때문에 스스로의 의사결정이나 성취감보다는 관계를 유지하는 것을 중요하게 생각한다. 연구에 의하면 친교의 욕구가 강한 경영자는 솔직함과 대결로 인하여 관계가 파괴되는 것을 두려워하기 때문에 유능한 경영자가 될 수 없다고 한다. 그러나 이러한 경영자는 성취욕구나 권력욕구가 높은 경영자보다 더 많은 시간을 대화에 할애하고 있으며, 따뜻하고 친근한 대화는 협동과 협조체제 구축에 효과적이라고 한다. 따라서 조직목표를 설정하고 조직문화를 변화하는 데 효과적이었다는 연구결과도 있다.

맥클리랜드는 성취동기이론을 사회 전체의 경제성장과 관련시켜, 기업의 성공에서 나아가 국가경제의 성장은 구성원들, 특히 관리자의 성취동기 수준과 관련이 있다고 하였다.

맥클리랜드는 다음과 같은 두 가지 가설을 제시하고 이를 실증 · 분석하려

---

8) K. Noujaim, *Some Motivational Determinants of Effort Allocation and Performance* (Boston: M. I. T. Press, 1968).

9) John D. Andrew, "The Achievement Motive in Two Type of Organization," *Journal of Personality and Social Psychology*, Vol. 6 (1967).

고 노력하였다.

첫째, 한 국가의 경제성장률은 해당 국가의 문화가 성취동기(n-Ach)에 두고 있는 가치, 특히 기업경영자들의 성취동기와 관련이 있을 것이다.

둘째, 높은 성취동기를 가진 사람은 낮은 성취동기를 가진 사람보다 기업가나 관리자가 될 가능성이 크며, 경영자로서의 역할을 수행하는 데 보다 성공적이라는 것이다. 이러한 가정을 기초로 하여 높은 성취욕구는 높은 직무성과 및 경영자로서의 성공과 관계가 있음을 밝혀냈다.

제 4 절 동기유발이론 : 과정이론

과정이론은 동기유발을 위한 인지적 전제가 무엇이며, 그 요소들이 어떻게 상호 연관되어 있는가에 초점을 두고 분석한다. 과정이론에는 브룸의 기대이론, 포터와 로울러의 기대이론, 아담스의 공정성이론 등이 있다.

1. 브룸의 기대이론

브룸(V. Vroom)의 기대이론은 다음과 같은 가정에서 출발하였다.

첫째, 인간은 현재와 미래의 행위에 대하여 의식적인 선택을 한다.

둘째, 동기유발이란 여러 가지 자발적인 행위 가운데서 사람들의 선택을 지배하는 과정이다.

셋째, 사람들은 여러 가지 행동대안들에 대해 평가한 후 스스로에게 보상을 가장 많이 가져다 줄 것으로 판단되는 대안을 선택한다.

브룸은 이론적 기초를 설명하기 위해 다음과 같은 개념을 제시하고 있다.

1) 1차적 결과(1st-level outcome)

이는 개인이 노력을 투입함으로써 얻을 수 있는 결과를 의미한다. 예컨대 업무수행 결과 얻게 되는 성과를 들 수 있다.

2) 2차적 결과(2nd-level outcome)

이는 1차적 결과가 가져오리라고 기대하는 결과를 의미한다. 예컨대 좋은 성과를 통해 얻게 되는 보상을 들 수 있다.

3) 유의성(valence)

이는 2차적 결과에 대하여 가지는 선호의 강도를 말한다. 예컨대 보상에 대하여 그 개인이 느끼는 중요성이다. 이 중요성의 정도는 그 개인에게 충족되지 않고 있는 욕구가 고려되며 일종의 이끌림 또는 기대효과라고 말할 수 있다. 이끌림의 정도는 특정 결과를 얻기 원한다면 정(正)의 유의성(誘意性)을 갖고, 결과에 대해서 무관심할 때에는 0의 수의성, 특정 결과를 얻기 원치 않으면 부(負)의 유의성을 갖는다.

4) 수단성(instrumentality)

이는 2차적 결과를 얻기 위해서 도구로 사용되는 1차적 결과(예컨대 성과)가 얼마만큼 수단으로 작용하는가의 정도를 의미한다. 이러한 수단성은 -1에서부터 1까지의 값을 가지며, 상관관계와 유사한 의미를 가진다.

5) 기대감(expectancy)

이는 특정 행위에 대해서 특정 결과가 따르리라는 믿음으로써, 가능성에 대한 주관적인 확률과 관련된 믿음이다. 이 값은 0에서 1까지의 값을 갖는데, 0은 노력에 대하여 결과가 나오리라는 것에 대한 기대가 없음을 의미하고, 1은 완전한 신뢰를 뜻한다. 기대감은 성과와 보상간의 연결개념인 수단성과 비슷한 것 같으나, 실제로는 다른 개념이다. 즉 성과와 보상과의 관계는 결과와 결과간의 관계이나 기대는 노력과 성과의 관계이다.

브룸은 이러한 개념을 다음과 같은 공식으로 설명한다.

$$M = f(Vt \times E) \quad \cdots\cdots (1)$$

M : 동기부여된 힘

Vt : 1차적 결과에 대한 유의성

E : 주관적으로 평가한 기댓값

위의 식에서 동기부여된 힘(M)은 1차적 결과에 대한 유의성(Vt)과 1차적 결과를 가져오리라는 주관적인 기댓값(E)의 곱의 함수라는 것을 의미한다.

[표 5-3] 기대모형의 예

M	E	(Vt)	(I)		(Vr)
(A= 5.07)	0.3	A학점	+0.8	취 업	8
			+1.0	대학원 입학	10
			+0.1	자동차 구입	5
M=(B= 7.98)	0.6	B학점	+0.6	취 업	8
			+0.8	대학원 입학	10
			+0.1	자동차 구입	5
(C= 2.80)	0.8	C학점	+0.5	취 업	8
			+0	대학원 입학	10
			−0.1	자동차 구입	5
(F=−14.5)	1.0	F학점	−0.5	취 업	8
			−1.0	대학원 입학	10
			−0.1	자동차 구입	5

자료 : W.C. Hamner & D.W. Organ, *Organizational Behavior: An Applied Psychological Approach*,(Dallas, Texas: Business Pub. Inc., 1987), p. 145.

$$Vt=f(Vr\times I) \quad \cdots\cdots (2)$$

Vt : 1차적 결과에 대한 유의성

Vr : 보상(2차적 결과)에 대한 유의성

I : 1차적 결과가 보상(2차적 결과)으로 연결되리라는 기대값

한편 1차적 결과의 유의성은 모든 2차적 결과의 유의성(Vr)과 1차적 결과가 2차적 결과(보상)에 연결되리라는 기대(I)의 곱의 함수로 나타날 수 있다. 위의 관계를 [표 5-3]과 같은 대학생 김모군의 예를 통하여 설명할 수 있다.

[표 5-3]의 예에서 김 군이 택할 행동의 가능성을 살펴보면 B학점을 택하게 되리라고 예측할 수 있다. 왜냐하면 기대이론이 예측한 바로는, 개인의 행동은 여러 가지 동기 중에서 가장 높은 동기의 지배를 받기 때문이다. 김 군의 동기를 살펴보면 Vr, 즉 보상에 대한 유의성은 그 주관적인 판단에 의하여 취업 8, 대학원 진학 10, 자동차 구입 5라는 가치를 부여하고 있다. 따라서 1차적 결과에 대한 유의성(Vt)을 계산해 보면 다음과 같다.

$$(Vt)A=(0.8\times 8)+(1.0\times 10)+(0.1\times 5)=16.9$$
$$(Vt)B=(0.6\times 8)+(0.8\times 10)+(0.1\times 5)=13.3$$
$$(Vt)C=(0.5\times 8)+(0\times 10)+(-0.1\times 5)=3.5$$
$$(Vt)F=(-0.5\times 8)+(-1.0\times 10)+(-0.1\times 5)=-14.5$$

따라서 1차적 결과에 대한 유의성의 강도를 보면 A학점을 받는 것이 가장 높다고 볼 수 있다. 그러나 자신의 노력에 의해 목표로 하고 있는 학점에 도달할 수 있는 주관적인 확률은 다음과 같다.

$$MA=0.3\times 16.9=5.07$$
$$MB=0.6\times 13.3=7.98$$
$$MC=0.8\times 3.5=2.80$$
$$MF=1.0\times(-14.5)=-14.50$$

따라서 이 학생의 행동은 B학점을 획득하는 수준으로 나타날 것을 기대할 수 있는 것이다. 노력의 수준은 조직 안에서 개인이 시도하고 있는 것을 달성할 가능성에 대하여 어느 정도 믿고 있느냐에 달려 있으며, 성공을 거두었을 때 조직에 의하여 보상을 받을 수 있을 것이라는 기대가 변수가 되며, 만약 조직에 의하여 어떤 보상을 받는다면 그 보상이 개인적인 목표를 어느 정도 충족시킬 것인가에 대한 지각이 문제가 된다.

이러한 이론적 모형을 조직에 적용시키기 위해서는 다음의 요인들을 고려해야 한다.

첫째, 종업원이 직무의 수행결과를 받게 될 보상이 무엇이라고 지각하고 있는가 하는 것이다. 이 경우 지각된 직무수행의 결과 혹은 보상은 긍정적일 수도 있고 부정적일 수도 있다. 즉 긍정적인 보상은 임금, 직업안정, 동료들과의 친교, 인정, 능력이나 기술발휘의 기회 등이며, 부정적인 보상은 피로, 지루함, 좌절, 불안, 부적절한 감독행위, 해고의 위협 등이다. 이 때 중요한 것은 보상(행동의 결과)의 실체가 아니라 보상에 대하여 어떻게 지각하고 있느냐 하는 것이다.

둘째, 구성원들이 그와 같은 보상에 대해 어느 정도의 매력을 가지고 있느냐 하는 것이다. 즉 그러한 보상에 대해 협력적인 가치가 있다고 느끼는가,

그림 5-4 포터와 로울러의 기대이론 모형

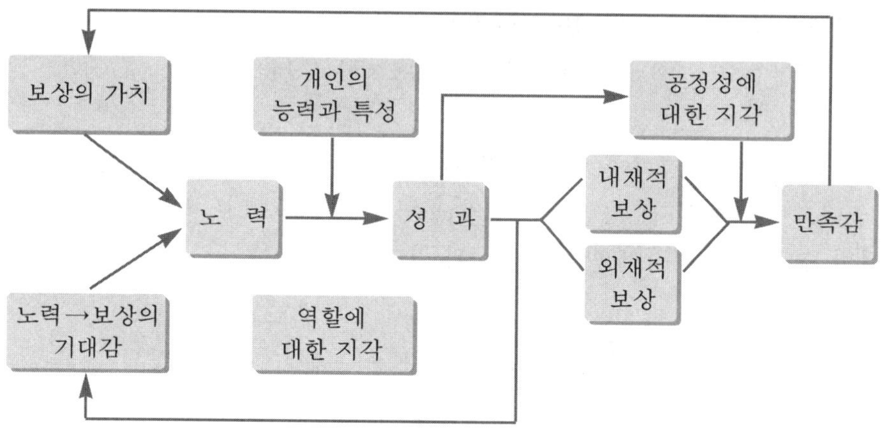

자료 : L. W. Porter and E.E. Lawler Ⅲ., *Managerial Attitude and Performance* (Homewood, Ⅲ : Richard D. Irwin, Inc., 1969).

부정적인 가치가 있다고 생각하는가, 또는 그러한 보상에 대하여 무관심한가? 이는 내부적 요인과 관련이 있으므로 개인의 성격, 태도 및 욕구가 고려되어야 한다. 따라서 특정 보상에 대해 매력적이라고 생각한 시각은 다른 보상에 대해서는 매력을 느끼지 않으므로 차라리 보상을 얻는 것보다는 얻지 않는 것을 선호할 수도 있다. 또 어떤 사람은 무관심한 태도로 나타날 수 있다.

셋째, 조직구성원들이 그러한 보상을 얻기 위해서는 어떤 종류의 행동을 하여야 하는가 하는 것이다. 만약 그와 같은 보상이 매력적이라 해도 어떤 종류의 행동을 해야 하는가를 알지 못한다면, 성과에 영향을 미치지 못하게 될 것이다. 예를 들어 좋은 성과평가를 위해 '뛰어나게 잘 한다'는 것은 어느 정도를 말하는 것인지, 또는 성과평가의 기준은 무엇인가 등에 대하여 알고 있어야 한다.

넷째, 구성원들이 스스로에게 요구되고 있는 것을 해낼 수 있는 가능성이 얼마만큼인가를 알고 있어야 한다.

2. 포터와 로울러의 기대이론

포터와 로울러(L. Porter & E. Lawler)는 브룸의 기대이론을 토대로 하여 기

그림 5-5 불공정성지각의 단계

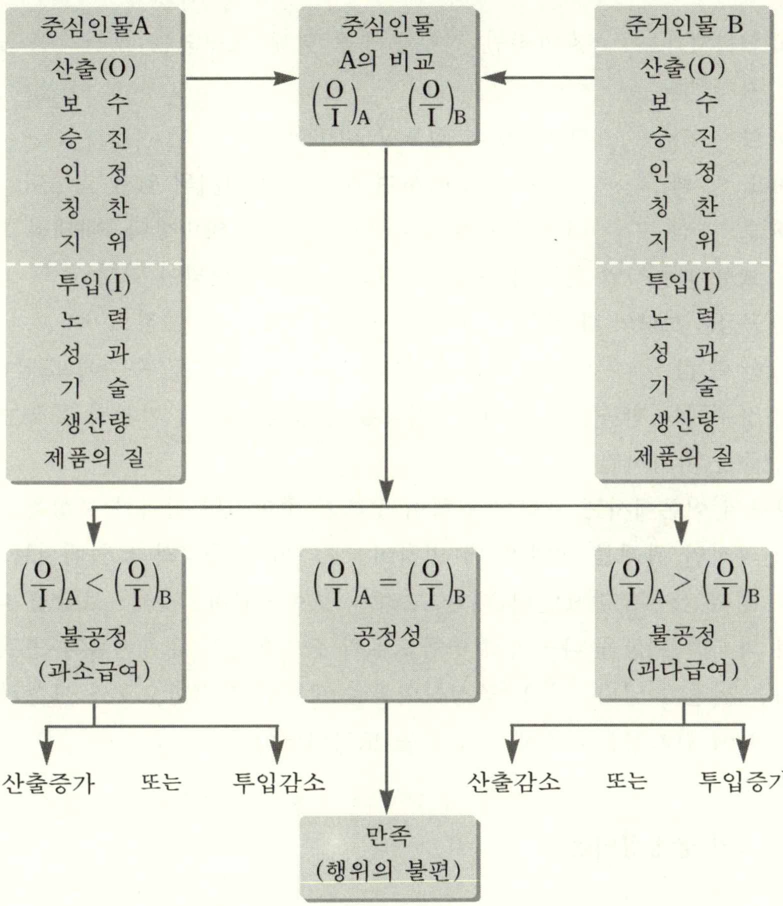

자료 : Szilagyi & Wallace, *Organizational Behavior and Performance* (Glenview, Ill.: Scott, Foresman & Co., 1983), p.100.

대이론을 발전시켰다.[10] [그림 5-4]는 이론을 모형으로 나타낸 것이다.

(가) 보상의 가치 결과가 얼마나 매력적인가 하는 유의성을 의미한다.

(나) 노력 대 보상의 확률에 대한 지각 보상과 노력 사이의 관계에 대한 지각으로서, 이는 브룸의 이론에서처럼 노력-성과(기대감), 성과-보상(수단성) 요소로 구성되어 있다.

10) L. W. Porter and E. E. Lawler Ⅲ., *Managerial Attitude and Performance* (Homewood, Ill.: Richard D. Irwin, Inc., 1969).

(다) 능력과 자질 장기적인 관점에서 개인이 갖고 있는 능력 및 특성을 말한다.

(라) 역할지각 효과적인 직무수행을 위해 요구되는 포괄적인 노력에 대하여 지각한다.

(마) 성 과 과업달성의 정도를 의미한다.

(바) 노 력 과업수행을 위하여 투입한 에너지의 양을 말한다.

(사) 보 상 내재적 보상과 외재적 보상을 의미한다. 내재적 보상은 금전적 보상이나 작업 환경의 개선 등 하위욕구와 관련되어 있다.

(아) 공정한 보상의 지각 보상이 공정하다고 느끼는 정도이다.

(자) 만 족 감 공정성 수준에 따라 주어지는 것으로 수준에 도달하거나 초과된 경우에는 만족감을 느끼며, 지각된 공정성 수준에 미치지 못하는 경우는 불만족을 야기시킨다.

브룸의 이론에서는 노력에 의하여 성과가 주어지며 성과가 보상을 가져온다는 인과적인 관계를 제안한 데 비하여, 포터와 로울러의 모형에서는 첫째, 노력과 성과간의 조절요인에 대한 고려가 포함되었다. 둘째, 보상을 내재적 보상과 외재적 보상을 나누어 설명함으로써 동기유발의 내용이론과 연결된 통합모형을 만들고 있다. 셋째, 공정성이론을 모형에 도입함으로써 보상과 만족간의 관계에 인지적으로 관련된 변수를 도입하였다.

3. 아담스의 공정성이론

인지부조화이론을 동기유발과 연관시켜서 공정성이론(equity theory)을 체계화한 대표적인 사람이 아담스(J. Adams)이다.[11] 공정성이론이 설명하는 바는, 각 개인은 자신의 투입과 산출의 비율을 자기와 관련 있는 타인(준거인물)과 비교하여 그 비율이 크거나 작다고 느낄 때 불공정성을 느끼며, 이로부터 공정성을 추구하는 과정에서 모티베이션이 작용한다는 것이다. 불공정성을 결정짓는 요인에는 투입, 산출, 투입과 산출의 비율, 준거인물 등이 있다.

(가) 투 입(input) 상대방(회사)으로부터 보상을 기대하면서 자신이 먼저 상대방에게 제공하였다고 지각하는 것으로, 투입노동, 교육, 경험, 훈련,

11) J.S. Adams, "Toward an Understanding of Inequity," *Journal of Abnormal and Social Psychology*, Vol. 67 (Nov. 1963), pp. 422~436.

건강, 충성심, 직무노력, 사회적 지위 등을 들 수 있다.

(나) 산 출(output) 투입에 대한 반대급부로서 개인이 받게 되는 수익이나 투입으로 인해 발생하는 비용을 의미하며, 급료, 칭찬, 인정, 승진, 내적인 보상, 열등한 작업조건, 단조로움, 불확실성 등이 이에 속한다.

(다) 투입과 산출의 비율 사회적으로나 규범적으로 투입과 산출의 비율이 비슷하거나 비슷해야 된다는 기대가 존재한다. 그러나 투입과 산출을 구성하는 요인들은 주관적인 가치를 가진 경우가 많기 때문에 그 중요도는 사람에 따라 다르게 느끼게 된다. 공정성과 불공정성의 지각은 일반적으로 개인의 사회화과정을 통해 학습된다.

(라) 준거인물 자신의 투입 대 성과와 비교하는 대상인물을 말한다. 이러한 준거인물은 조직 내부에서, 혹은 조직 외부에서 자신과 투입요소가 비슷하다고 지각하는 사람일 경우가 많다.

[그림 5-5]는 공정성이론을 모형으로 나타낸 것이다. 불공정을 지각하게 되면 다음과 같은 행동으로 공정성을 회복하려고 한다.

(가) 투입의 변경 투입을 증가시키거나 감소시킴으로써 타인과의 균형을 유지하려고 한다. 예를 들어 타인에 비하여 급여가 적다고 느낄 때에는 경력이나 교육은 감소시킬 수 없지만, 직무노력을 감소시키려고 할 것이다.

(나) 산출의 변경 대개의 경우 산출을 높이려는 시도가 행하여지며, 노동조합의 힘을 이용하여 보상이나 부가급부를 높이려는 시도를 하기도 한다.

(다) 투입과 산출의 인지적 왜곡 실제로 투입이나 산출을 변경시키지 않고도 인지적으로 변경시킬 수 있다. 예를 들면 투입과 산출의 중요도와 관련도를 변경시키는 방법이다.

(라) 장소 이동 극단적인 대처방안으로 불공정상황을 지각한 장소를 떠남으로써 사회적 관계를 단절시키는 방법으로 조퇴, 결근, 퇴사 등을 들 수 있다. 공정성 회복을 위한 다른 방법이 없을 때 마지막으로 사용되는 방법이다.

(마) 타인에게 영향을 미침 준거인물의 투입이나 산출을 변경하거나 관련이 있는 타인으로 하여금 장소를 이동하도록 압력을 넣을 수도 있다.

(바) 비교대상의 변경 준거인물을 바꿈으로써 불공정성을 해결하는 방법이다. 예컨대 입사동기가 먼저 승진을 했을 경우, 그 사람을 비교대상에서 제외시킴으로써 불공정성의 지각을 줄인다.

내용요약

인간의 행동이 왜 일어나는가에 대한 과제는 조직행동전문가 뿐만 아니라 모든 조직의 관리자가 알아야 할 과제 중의 하나이다. 인간의 행동은 어떤 욕구의 결핍으로부터 출발하며, 동기유발과정이란 욕구결핍의 충족과정이라 할 수 있다. 인간이 지닌 동기는 일차적 동기(primary motive)와 이차적 동기(secondary motive)로 구분할 수 있다.

인간의 동기유발에 관한 이론은 그 발달과정을 살펴볼 때 내용이론과 과정이론으로 구분되며, 내용이론이란 개인을 동기유발시키는 요인이 무엇인지에 대해 관심을 집중한 데 비해, 과정이론이란 동기유발의 과정을 분석하고 그것들이 어떻게 서로 관련되어 있는지에 관해 관심을 두고 있다. 매슬로우의 욕구계층이론, 허즈버그의 2요인이론, 알더퍼의 ERG이론, 맥클리랜드의 성취동기이론이 내용이론의 대표적인 예이고, 브룸, 포터와 로울러의 기대이론, 아담스의 공정성이론이 과정이론의 대표적인 예이다.

이들 이론은 그 내용과 관점에 있어서 서로 차이를 보이고 있으나 일면에서는 많은 유사점을 보이고 있다. 따라서 어느 한 이론만으로는 동기유발의 내용과 과정을 충분히 설명할 수 없기 때문에 경영자는 이와 같은 지식을 충분히 습득한 뒤에 이를 실무에 적용할 수 있는 능력을 배양하여야 할 것이다.

제 2 부 Theory Application

이론의 적용

사례연구(Case Studies)

2-1 세 명의 부하

2-2 연합인쇄주식회사

연습(Exercises)

2-1 학습과 문제해결

2-2 나의 직무에서 무엇이 가장 중요한가?

2-3 해드밴드법

2-4 동기유발의 연습

사례 연구 case studies

2-1 세 명의 부하

'허' 대리는 '김', '이', '박' 이라고 하는 3명의 부하를 거느리고 한 작은 부서를 책임지고 있다. 이 부서의 업무를 계속 성공적으로 운영하려면 세 사람의 부하를 가능한 한 동기유발시켜 주어야 한다.

다음은 세 사람에 대한 간단한 약력을 소개하고자 한다.

'김' 은 좀 거세게 몰아부쳐야 말을 듣는 타입이다. 그는 결근율이 남보다 높다. 그는 자기의 가족과 함께 즐기는 것을 최고의 낙으로 삼고 있으며, 가족이 모든 일에 있어서 가장 중요하다고 생각한다. '김' 을 한마디로 설명한다면 "내 인생은 나의 것"이라는 노래처럼 될대로 되라는 식으로 살아가는 타입이다. 따라서 회사에서는 그를 일하게끔 할 만한 방법이 별로 없는 듯하다. 그는 자기 가족의 의식주를 해결하기 위해 일할 뿐이며 회사가 요구하는 최소한의 기준에만 맞추려고 하고 있다.

'이' 는 여러 가지 면에서 '김' 과 대조가 된다. '이' 도 '김' 처럼 놀기를 좋아는 하지만, 그와는 달리 회사의 규칙과 봉급체계에 순응하려고 노력하며, 회사에 대한 충성심도 높다. 그러나 '이' 는 스스로 일을 알아서 하거나 창조적이지는 못하고 그저 회사에서 시키는대로만 할 뿐이다. 그리고 부서 밖의 사람들과 접촉할 때 적극적이지 못하며, 비교적 부끄럼을 타는 편이다. 그 때문에 업무수행 성적이 떨어지기도 한다.

한편 '박' 은 매우 적극적인 사람으로서 돈을 벌기 위해 열심히 일하며, 돈을 더 준다면 언제든 직장을 바꿀 생각을 갖고 있다. 그는 자기가 회사를 위해 열심히 일한 만큼 보상받기를 원한다. 그는 돈만 더 준다면 주당 60시간이라도 일할 생각이다. 비록 그는 부모님을 모시고 있고 가족이 있지만, 한 번은 그의 상사가 자기가 일한 만큼 봉급을 올려 주지 않았다고 회사를 그만둔 적이 있다.

[문 제]

1. 김, 이, 박의 동기부여 방법을 제 5 장에서 설명한 이론을 중심으로 허대리의 입장에서 설명하라.
2. 알더퍼의 ERG 이론을 사용하여 이 세 명의 부하들을 지배하고 있는 가장 중요한 욕구가 무엇인지 설명하라.

2-2 연합인쇄주식회사

연합인쇄주식회사는 조그마한 인쇄업소가 아니라 업계에서는 그래도 비교적 규모가 큰 회사이다. 지난 37년 동안 이 회사는 수표를 전문적으로 인쇄해 왔는데, 아마 당신의 지갑 속에 있는 수표도 틀림없이 이 회사에서 제작된 것일거다.

그런데 수표 인쇄업이 최근 침체기에 접어들었으나 연합인쇄주식회사는 지난 37년 동안 꾸준히 성장하여 왔다. 연합인쇄주식회사는 가족 중심의 회사이기 때문에 자산의 정확한 수치를 알기가 어렵지만 시장점유율을 70% 정도 차지하고 있는 것으로 나타났다.

연합인쇄주식회사의 김사장과 그의 자녀들은 매우 부자인 것만은 틀림 없다. 왜냐하면 그들은 어린이 심장재단과 같은 자선단체에 수천만원을 기부하고 있으며 새로운 모험업종에도 투자하고 있다.

연합인쇄주식회사는 비록 노동조합이 결성되어 있지 않지만 임금수준은 비교적 높은 편이다. 그러나 최근 이 회사는 업무가 밀려서 야근을 계속하고 있어서 평균임금도 더 올라갔다. 얼마 전 김사장은 인터뷰 기사에서 말하기를 "우리 회사는 동기부여가 잘 되어 있다. 아마도 임금수준은 지역 내에서 가장 높은 편이며, 임금은 더욱 올라갈 것이다. 앞으로 두 달 이내에 회사의 원가계산팀이 고안한 생산성 제고를 위한 새로운 인센티브 플랜을 발표할 예정이다. 연합인쇄주식회사의 앞날은 매우 밝으며, 우리는 회사의 이익을 종업원들에게 계속 나누어 줄 것이다"라고 하였다.

그러나 익명의 종업원들로부터 장문의 불평불만이 섞인 편지를 받고 사장은 쇼크를 받았다. 불평의 내용은 대충 다음과 같다.

"우리는 야근에 진력이 났다. 당신과 몇몇 임원들은 야근과 토요일 늦게까지 일하는 것을 좋아할지 모르나, 우리는 가족과 친지들을 만나며 여유 있는 생활을 하고 싶다."

"새로운 보너스 플랜이란 것도 알고 보면 아무 것도 아니다. 결국 경영층에 아첨이나 하는 작자들을 위한 것이므로 우리는 아무 것도 얻는 게 없는데 더 열심히 일할 생각이 전혀 없다."

"당신은 우리가 매우 행복한 근로자들이라고 지껄여대지만 우리들을 위해서 해준게 뭐가 있나? 회사가 다른 지역에 땅을 사 놓고 여기 있는 공장은 조만간 문을 닫고 그리로 옮겨간다는 소문이 파다하다. 언젠가는 우리를 여기에다 내팽기치고 도망갈 회사를 위해 무얼 어떻게 하란 말인가?"

[문 제]

1. 종업원의 입장에서 볼 때 무슨 일이 벌어지고 있나?
2. 동기유발 이론에 비추어볼 때 종업원들의 불만을 어떻게 설명할 수 있나?
3. 이 사례에서 기대이론으로 설명이 가능한가?
4. 회사의 입장에서 종업원들의 이와 같은 부정적인 반응을 방지하기 위한 방안이 있다면 무엇인가?

연 습 Exercises

2-1 학습과 문제해결

목 적 : 각 개인의 학습 스타일(learning style)을 식별해 내고, 문제해결에 대한 개인적 접근방법을 식별하고 분석하여 학습목표, 학습에 이용가능한 자원, 학습환경에 대한 선호 등 학습조직을 효과적으로 운용하는 데 그 목적이 있다.

소요시간 : 30~1시간 정도

인 원 : 제한 없음

준 비 물 :

(1) 학습 스타일 목록표
(2) 개인적 문제해결 분석표

진행방법 :

(1) 학습 스타일 목록표를 나누어 준 후 내용을 읽어보고 기록하게 한다.
(2) 기록이 끝나면 진행자는 목록표에서 얻은 점수를 해석하여 준다.
(3) 학습유형 목록표에서 얻은 점수의 해석방법에 대해서는 D.A.콜브 외/오세철 옮김, 『조직심리학』,(서울 : 경문사, 1980), pp. 27~52를 살펴볼 것.

목록표

학습 스타일 목록표

[설 명]

아래에 4단어로 이루어진 9개의 집합이 있다. 각 집단에서 당신의 학습유형을 가장 잘 나타내는 단어에는 4, 그 다음으로 당신의 학습유형을 반영하는 것에는 3, 다음 것에 2, 학습자로서의 당신을 가장 잘 나타내지 못한 것에는 1로 점수를 매겨서 그 단어들의 순위를 정한다.

당신은 당신의 학습유형을 가장 잘 나타내는 단어를 고르는 것이 힘들지도 모른다. 그렇지만 옳고 그른 답이 없으며, 모든 선택은 다 동등하게 받아들여진다는 것을 명심하라. 이 목록표의 목적은 당신의 학습유형을 알려는 것이지 당신의 학습능력을 평가하려는 것이 아니다.

각 집단에 있는 4개의 단어 각각에 상이한 점수를 매겨야 한다: 똑같은 점수를 매겨서는 안 된다.

1. —— 차별적	—— 잠정적	—— 몰입적	—— 실리적
2. —— 수용적	—— 관련적	—— 분석적	—— 중립적
3. —— 느 낌	—— 주 시	—— 사 고	—— 실 천
4. —— 수락적인	—— 모험적인	—— 평가적인	—— 깨닫는
5. —— 직감적인	—— 생산적인	—— 논리적인	—— 질의적인
6. —— 추상적인	—— 관찰하는	—— 구체적인	—— 능동적인
7. —— 현재지향적	—— 명상적인	—— 미래지향적	—— 실용적
8. —— 경 험	—— 관 찰	—— 개념화	—— 실 험
9. —— 강도있는	—— 유보적인	—— 합리적인	—— 책임지는

[채 점]

위 4줄의 단어는 4개의 학습유형 척도(CE, RO, AC, AE)에 해당한다. 당신의 척도점수를 계산하기 위해서 지정된 항목에 따라 아래 네모 속에 당신의 순위 숫자를 써 넣는다. 예를 들어, 3번째줄(AC) 속에 2, 3, 4, 5, 8, 9 항목에 할당한 순위숫자를 적는다. 네모 각각의 순위숫자를 더해서 당신 척도점수를 계산해 낸다.

점수항목					
2	3	4	5	7	8

CE = ____________

점수항목					
1	3	6	7	8	9

RO = ____________

점수항목					
2	3	4	5	8	9

AC = ____________

점수항목					
1	3	6	7	8	9

AE = ____________

둘의 결합 점수를 계산하기 위해서는 AC에서 CE를 빼고 AE에서 RO를 뺀다. 만약에 음부호가 나타나더라도 그대로 둔다.

AC−CE : [AC] − [CE] =

AE−RO : [AE] − [RO] =

2-2 나의 직무에서 무엇이 가장 중요한가?

목 적 : 실제 작업상황에서 동기유발의 원천에 대한 지각(perception)을 검토하고, 집단의 합의에 의한 의사결정을 경험시키는 데 그 목적이 있다.

소요시간 : 1시간~1시간 30분, 진행자가 설문조사 전에 미리 경험해 보거나 결과를 종합 정리하는 데 추가적으로 시간이 필요함.

인 원 : 4~6명의 집단

준 비 물 :

(1) 나의 직무에서 무엇이 가장 중요한가의 조사 설문지
(2) 나의 직무에서 무엇이 가장 중요한가의 문제지
(3) 나의 직무에서 무엇이 가장 중요한가의 채점표

진행방법 :

(1) 우선 각 참가자들에게 나의 직무에서 무엇이 가장 중요한가의 조사 설문지를 나누어주고 지시대로 순위를 정하게 한다. 진행자가 각 개인의 순위항목을 합산한 다음 가장 중요한 순서대로 열거한다.
(2) 진행자는 참가자들을 4~6명을 1개 조로 하는 그룹으로 나눈 다음 해야 할 일을 설명해 준다. 나의 직무에서 무엇이 가장 중요한가 하는 문제지를 나누어 준 다음 리더로서 각 개인의 종업원들이 어떤 문항을 중요하다고 생각할지 그 순위를 결정한다.(10분)
(3) 종업원 순위에 관한 리더의 개별 예측이 끝나면 문제지를 각 집단별로 한 장씩 더 나누어 준 다음 각 그룹이 합의하여 15개 문항에 대한 순위를 결정케 한다. 진행자는 합의에 의사결정 과정에 대해 간단히 설명을 덧붙여도 좋다.(30분)
(4) 진행자는 일정시간이 지난 다음 채점표를 나누어 준 다음 정확한 순위를 불러준다(정확한 순위는 조사 설문지로부터 얻은 결과를 합산하여 전체 순위를 정한 것임).
(5) 정확한 순위의 기입이 끝나면 개인별 최고점수를 집단별로 발표케 하고 그룹의 평균 에러점수(grop average error score) 및 그룹의 합의 에러점수를 상정하고 반론케 한다.

조사설문지

나의 직무에서 무엇이 가장 중요한가?

아래에는 대부분의 사람들이 자기 직무에 대해 중요하다고 생각하는 15개의 요인이 적혀 있습니다. 당신이 개인적으로 그 직무에 대해 중요하다고 생각하는 순서대로 순위를 정해 주십시오. 가장 중요하다고 생각하는 항목에 1을, 그 다음으로 중요하다고 생각하는 항목에 2를, 이런 식으로 가장 중요치 않다고 생각하는 항목에 15를 기입해 주십시오.

순위	
(　　)	1. 회사로부터의 제혜택
(　　)	2. 작업조건
(　　)	3. 직무수행에 대한 상사로부터의 인정
(　　)	4. 좋은 상사를 모시고 있는 것
(　　)	5. 함께 일하는 동료
(　　)	6. 내가 하는 직무의 내용(작업 그 자체)
(　　)	7. 적절한 보상(임금)
(　　)	8. 명확한 책임 규정
(　　)	9. 직장의 보장
(　　)	10. 승진기회
(　　)	11. 개인적인 성취감
(　　)	12. 새로운 일을 배우는 것
(　　)	13. 직무수행시의 자유재량 및 자율권
(　　)	14. 친밀한 분위기의 부서에서 일하는 것
(　　)	15. 최상의 업무를 수행한다는 긍지

문제지

나의 직무에서 무엇이 가장 중요한가?

다음 15개 항목에 대해서 개인차원에서, 당신이 생각하기에 종업원들이 어떤 문항을 중요하다고 생각하는지 그 순위를 정하고, 그 다음엔 집단차원에서 종업원들이 순위를 정하리라고 생각되는대로 순서를 정하십시오. 여기의 순위결정은 당신 자신의 것이 아니라 대체적으로 종업원의 동기부여의 중요순위에 관한 예측이어야 합니다. 당신이 믿기에 그들이 가장 중요하다고 선택할 만한 곳에 1을, 그 다음 중요한 곳에 2를, 이런 식으로 가장 덜 중요한 곳에 15를 기입해 주십시오.

	종업원 순위에 관한 나의 예측	내가 속한 작업 집단의 예측	전체집단의 순위
회사로부터의 제혜택	(　　)	(　　)	(　　)
작업조건	(　　)	(　　)	(　　)
직무수행에 대한 상사로부터의 인정	(　　)	(　　)	(　　)
좋은 상사를 모시고 있는 것	(　　)	(　　)	(　　)
함께 일하는 동료	(　　)	(　　)	(　　)
내가 하는 직무의 내용(작업 그 자체)	(　　)	(　　)	(　　)
적절한 보상(임금)	(　　)	(　　)	(　　)
명확한 책임 규정	(　　)	(　　)	(　　)
직장의 보장	(　　)	(　　)	(　　)
승진기회	(　　)	(　　)	(　　)
개인적인 성취감	(　　)	(　　)	(　　)
새로운 일을 배우는 것	(　　)	(　　)	(　　)
직무수행시의 자유재량 및 자율권	(　　)	(　　)	(　　)
친밀한 분위기의 부서에서 일하는 것	(　　)	(　　)	(　　)
최상의 업무를 수행한다는 긍지	(　　)	(　　)	(　　)

채점표

나의 직무에서 무엇이 가장 중요한가?

(1) (a)열에는 각 개별항목에 할당된 당신의 순위를 써 넣어라.
(2) 그리고 나서 당신 그룹의 각 항목에 대한 순위예측을 적어 넣어라.
(3) (c)열에는 당신 그룹의 합의된 각 항목의 순위를 써 넣어라.
(4) 진행자가 각 항목의 정확한 순위를 부르면, 이것을 (d)열에 받아 적어라.
(5) (a)열과 (d)열 사이의 차를 구해서 양의 값으로 바꾸어 (e)열에 기록하라.
(6) (b)열과 (d)열의 차를 구해서 (f)열에 기록하라(+값).
(7) (c)열과 (d)열의 차를 구해서 (g)열에 기록하라(+값).
(8) 당신 그룹의 평균 에러점수와 그룹의 합의 에러점수를 구하라.

항 목	(a) 당신의 순위	(b) 당신 종업원의 순위	(c) 당신 그룹의 합의된 순위	(d) 정확한 순위	(e) a−d (모두 +값)	(f) b−d (모두 +값)	(g) c−d (모두 +값)
1							
2							
3							
4							
5							
6							
7							
8							
9							
10							
11							
12							
13							
14							
15							
				합 계			
					당신의 에러점수	그룹의 평균 에러점수	그룹의 합의 에러점수

2-3 해드밴드법

목 적 : 사람들은 지각상의 오류를 자주 범하게 되는데, 본 연습을 통해 특정 직업에 대한 상동적 태도(stereotype)와 같은 지각상의 차이를 인식시키는 데 그 목적이 있다.

소요시간 : 1시간 정도

인 원 : 제한 없음, 단 최소한 8명 이상의 자원자가 필요함.

준 비 물: 머리띠 10장 정도(깨끗한 마분지 등으로 머리띠를 만들어 시연자들이 머리에 쓸 수 있도록 준비하되 머리띠 각각에는 복덕방영감, 바보, 대학교수, 대학생, 의사, 엔지니어, 회사사장, 연극배우 등 역할을 매직펜으로 쓰고 하나는 그냥 백지인 채로 둔다.)

진행방법 :

(1) 먼저 클라스에서 실험에 참가할 자원자들을 8~10명 정도 선정하고, 무대 위에 이들이 비교적 둥그렇게 모여 앉도록 한다.

(2) 객석에서는 이들을 관찰하도록 하고, 준비된 머리띠를 진행자가 시연자들에게 하나씩 씌어주되 본인은 자기의 역할이 무엇인지 모르게 한다(머리띠의 글씨를 본인이 못보도록 하고 씌워준다).

(3) 시연자들로 하여금 자기의 역할은 모른 채, 예를 들면 "우리 나라 노사관계의 바람직한 방향정립"과 같은 주제를 놓고 서로 토론하게 한다. 단,이 때 시연자는 상대방의 머리띠에 적힌 역할을 보고 피드백 해주도록 한다.

(4) 토론이 끝나면 머리띠를 스스로 벗게 하고 실험 도중에 느낀 지각상의 느낌 등을 발표케 한다. 이 때 교과목상에서 배운 내용과 견주어 설명하도록 한다.

2-4 동기유발(motivation)의 연습

목 적 : 우선 매슬로우의 욕구계층 이론을 명확히 이해시키고 이 기법의 활용을 통해 피드백을 주는 데 그 목적이 있다.

소요시간 : 30분~1시간 정도. 소요시간은 강의와 토의시간의 길이에 따라 좌우된다.

준 비 물 : 동기유발 측정 설문지와 채점표

진행방법 :

(1) 각 참가자들에게 동기유발 측정 설문지를 나누어 준다.

(2) 매슬로우의 욕구계층 이론을 간단히 설명해 준다(이미 앞의 강의시간에 충분히 설명이 되었다면 생략하여도 좋다).

(3) 각 참가자들의 설문지에 대한 응답이 끝나면 채점표를 가지고 점수를 계산하여 본다.

설문지

동기유발 측정

아래의 설문은 7개의 가능한 답이 있습니다. 귀하의 의견과 일치하는 답의 숫자 위에 동그라미를 쳐서 7개의 척도 중 하나에 표시하십시오. 예를 들어 만약에 아주 그렇다고 생각하시면 +3에 동그라미를 치십시오.

예

+3	+2	+1	0	−1	−2	−3
아주 그렇다	그렇다	약간 그렇다	그저 그렇다	약간 아니다	아니다	전혀 아니다

1. 특별임금의 인상은 자기의 직무를 매우 잘 수행한 종업원에게 돌아가야만 한다. +3 +2 +1 0 −1 −2 −3
2. 좋은 직무기술서는 종업원들로 하여금 그들에게 기대하는 바가 무엇인지 정확하게 알게 하는 데 도움을 줄 것이다. +3 +2 +1 0 −1 −2 −3
3. 종업원들에게 직무를 효과적으로 달성하게 하기 위해서는 전적으로 회사의 관리방법에 달려 있다는 것을 상기시킬 필요가 있다. +3 +2 +1 0 −1 −2 −3
4. 감독자들은 종업원들의 물리적인 작업조건에 대해 깊은 관심을 가져야 한다. +3 +2 +1 0 −1 −2 −3
5. 종업원들 사이에서 부드러운 작업분위기를 발전시키려면 감독자 자신이 먼저 열심히 일해야 한다. +3 +2 +1 0 −1 −2 −3
6. 만일 종업원이 기준 이상의 성과를 달성했을 때 개별적으로 인정을 해 주는 것은 종업원들에게 매우 중요한 의미를 갖는다. +3 +2 +1 0 −1 −2 −3
7. 무관심한 감독은 때로는 부하의 감정을 상하게 하는 경우가 있다. +3 +2 +1 0 −1 −2 −3
8. 종업원들은 자기의 실제 지능과 능력이 그들의 직무에 사용되어지길 원한다. +3 +2 +1 0 −1 −2 −3

9. 기업의 퇴직금제도와 종업원 지주제도는 종업원들이 직무를 효과적으로 수행하는 데 중요한 요인이 된다. +3 +2 +1 0 −1 −2 −3

10. 대부분의 직무가 보다 흥미를 자극하고 도전적 직무로 바뀔 수 있다. +3 +2 +1 0 −1 −2 −3

11. 경영자는 일과 후의 사회적 활동을 후원함으로써 종업원들에게 보다 많은 관심을 보일 수 있다. +3 +2 +1 0 −1 −2 −3

12. 많은 종업원들이 자기 일에 대해서 최선을 다하려고 한다. +3 +2 +1 0 −1 −2 −3

13. 자기의 작업에 대한 긍지는 실제로 중요한 보상이 될 수 있다. +3 +2 +1 0 −1 −2 −3

14. 종업원들이 자기 직무에 있어서는 '최고'이기를 원한다. +3 +2 +1 0 −1 −2 −3

15. 비공식 작업집단에서 보다 나은 동료 상호간의 관계는 중요하다. +3 +2 +1 0 −1 −2 −3

16. 개별적인 인센티브 제도는 종업원들의 성과를 증진시킨다. +3 +2 +1 0 −1 −2 −3

17. 최고경영자를 만날 수 있다는 것은 종업원들에게 중요한 의미를 갖는다. +3 +2 +1 0 −1 −2 −3

18. 종업원들은 일반적으로 자기 직무를 스스로 계획하기를 좋아하며 최소한의 감독하에 직무와 관련된 의사결정을 하고 싶어한다. +3 +2 +1 0 −1 −2 −3

19. 작업안전은 종업원들에게 중요하다. +3 +2 +1 0 −1 −2 −3

20. 작업장에서 좋은 기계설비를 갖고 일한다는 것은 종업원들에게 중요하다. +3 +2 +1 0 −1 −2 −3

채점표

점수계산방법

1. 설문지의 동그라미 친 부분의 점수를 해당란에 옮겨 적으시오.

번호	점수	번호	점수	번호	점수
10	( )	2	( )	6	( )
11	( )	3	( )	8	( )
13	( )	9	( )	14	( )
18	( )	19	( )	17	( )
합계	______	합계	______	합계	______
(자아실현의 욕구)		(안전의 욕구)		(존경의 욕구)	

번호	점수	번호	점수
1	( )	5	( )
4	( )	7	( )
16	( )	12	( )
20	( )	15	( )
합계	______	합계	______
(기본 욕구)		(귀속욕구)	

2. 합계점수를 아래 그림의 해당란에 "×"표 하시오.

욕구수준	−12	−10	−8	−6	−4	−2	0	+2	+4	+6	+8	+10	+12
자아실현													
존경													
귀속													
안전													
기본													

Organizational Behavior

제 3 부

집단행동의 관리

제 6 장 집단행동과 집단역학

제 2 부에서는 주로 개인행동과 관련된 내용들을 살펴보았다. 즉 개인의 학습과정과 직무태도, 개인의 성격과 지각, 그리고 개인의 동기유발이론 등을 중심으로 미시적인 측면에서 심리학적 접근을 하였다. 그러나 최근 조직행동의 학문적 관심이 조직의 거시적인 차원으로 옮겨가고 있다. 제 3 부에서는 주로 집단행동과 관련된 내용들을 살펴보고자 하며, 집단역학 · 리더십 · 갈등 · 권력 등의 주제를 다루고자 한다.

제 1 절 집단의 개념과 분류

조직은 여러 집단으로 구성되어 있고, 집단은 여러 개인들로 구성되어 있다. 전체 조직을 올바르게 이해하기 위해서는 개인과 집단에 대한 이해가 선행되어야 하며, 특히 집단에 대한 이해가 매우 중요하다. 조직행동에서 집단 연구는 주로 20명 이내의 소집단을 대상으로 하고 있다.

1. 집단의 개념

집단(group)이란 여러 가지 개념이 포함되어 있는 용어이지만, 일반적으로 집단이란 특정의 공동목표를 달성하기 위하여 상호의존적인 관계에서 상호작용하는 두 사람 이상의 집합체를 말한다.[1] 그러나 소집단이라고 하면 구성원의 수에 있어서 대략 2~20명 정도까지를 의미하고 있다. 소집단 개념에서

1) A. D. Szilagyi, Jr. and M. J. Wallace, Jr., *Organizational Behavior and Performance*, 3rd ed. (Glenview, Ill.: Scott, Foresman and Company, 1983), pp. 169~170.

수적인 개념보다 더욱 중요한 것은 구성원들간의 상호작용으로서 다음과 같은 몇 가지의 상호관계와 행동적 측면이다.

첫째, 집단이란 직접적인 대면(face to face)을 통한 상호지각에 의해 서로가 같은 구성원으로 지각하고 있다는 점이다. 같은 집단에 속해 있어도 구성원들간에 같은 구성원이라는 지각이 없으면 같은 집단의 구성원으로 인정하기가 어렵다.

둘째, 집단이란 공통의 목적을 달성하기 위하여 모인 사람들의 집합체이다. 따라서 어떤 집단이건 그 집단의 목표나 목적을 중심으로 공통된 정체성(identity)을 갖고 있어야 한다.

셋째, 집단이란 구성원들간에 공통된 가치관, 규범, 행동양식을 서로 공유해야만 한다.[2)]

2. 집단의 형성 이유

첫째, 인간은 안전(security)의 문제를 해결하기 위하여 집단을 형성한다. 인간은 사회적 동물이기 때문에 심리적으로 혼자 고립되어 있을 때 가장 불안을 느끼게 되며 이와 같은 불안은 어느 집단에 소속되어 있을 때 해결된다.

둘째, 인간은 다른 사람과의 상호작용(interaction) 때문에 집단을 형성한다. 다시 말해서 개인적으로 재산이 많아도 직장을 계속 다니는 것은 그 집단에 속해 있는 사람들과의 상호작용을 통해 사회적인 욕구를 충족시킬 수 있기 때문이다.

셋째, 인간은 어떤 집단에 소속됨으로써 사회적 명성이나 위신을 얻게 되기 때문에 집단을 형성한다. 예를 들면 특정의 골프클럽에 가입함으로써 그 클럽의 회원들이 갖고 있는 사회적인 위치와 비슷하게 된다는 것이다.

3. 집단의 분류

집단은 그 성격에 따라 여러 가지로 분류할 수 있다. 여러 가지 집단의 분류에 따라 각 집단의 특징을 살펴봄으로써 집단행동을 이해하는 데 도움을 얻

2) Schein, E. H., *Organigational Psychology*, 3rd ed. (Englewood Cliffs, New Jersey: Prentice-Hall, 1980), pp. 144~146.

을 수 있다.[3)]

(1) 1차적 집단과 2차적 집단

1차적 집단(primary group)이란 가족이나 이웃 그리고 작업집단과 같이 오랜 기간 동안 육체적 · 정서적으로 가까이 지내오는 집단을 말하며, 2차적 집단(secondary group)은 인간관계가 공식적이고 간접적이며, 합리적이고 계약적 집단으로서 직접 대화보다는 서류에 의존하고 감정과 정서가 배제된 집단이다. 종래에는 2차적 집단보다도 1차적 집단이 개인에게 더욱 중요했지만, 산업이 고도화됨에 따라 가족들간의 이동과 이거생활이 많아지고 기업조직에서 대부분의 생활을 하기 때문이다.

(2) 공식집단과 비공식집단

공식집단(formal group)은 전체조직의 목표와 관련된 과업을 수행하기 위해서 구성된 집단을 말한다. 따라서 공식집단은 비공식집단에 비해 권력 · 권한 · 책임 · 의무 등이 명확하게 규정되어 있으며, 커뮤니케이션 경로도 뚜렷하다. 뿐만 아니라 각 구성원의 직무가 명확하고 집단의 목표나 계층은 잘 규정되어 있으며, 비교적 영속적이고 계획적인 집단이다.

이에 비해서 비공식집단(informal group)이란 조직 내의 다른 조직구성원과의 관계에서 각자의 욕구를 충족시키려는 자연발생적인 집단이다. 예를 들면 낚시회, 테니스 클럽, 산악회, 바둑모임 등과 같이 공통적인 취미나 관심사를 함께 하려는 집단을 들 수 있다. 비공식집단은 공식집단과는 달리 동태적이며 유동적이고 자발적인 집단이라는 점에서 차이가 있다. 그러나 비공식집단의 상호작용이 비록 비공식적일지라도 그들의 행동이나 직무수행에 많은 영향을 준다는 점을 깊이 인식하여야 한다.

(3) 명령집단, 과업집단, 이익집단, 우호집단

명령집단과 과업집단은 공식조직에 의해 구성된 것이지만 이익집단과 우호집단은 비공식적으로 형성된 집단이다.

명령집단(command group)은 공식적인 조직도표상에 나타나는 것으로 어

3) F. Luthans, *Organizational Behavior* (New York : McGraw-Hill Book Co., 1985), pp. 361~362; 이학종, 『조직행동』(서울 : 세경사, 1987), pp. 153~155.

떤 특정한 관리자와 그 관리자에게 직접 보고를 하는 하위자들로 구성되어 있다. 예를 들면 초등학교 교장과 20명의 교사들은 명령집단을 형성한다.

과업집단(task group)은 역시 조직에 의해 공식적으로 구성된 집단으로서 직무상의 과업수행을 위해 협동적으로 작업하는 사람들로 구성된다. 그러나 이 집단의 경계는 직속 상사에 한정되는 것이 아니라 모든 명령관계를 망라하여 형성될 수 있다. 예를 들어 어느 대학생이 캠퍼스 범죄로 기소를 당했다면, 이 문제를 위해서 교무처장 · 학생처장 · 사무처장 · 대학안전담당관 · 지도교수들간에 의사소통과 조정이 필요하며 이렇게 형성된 집단이 과업집단이다.

이익집단(interest group)이란 조직구성원들이 그들의 명령관계나 과업에 관계 없이 각자가 관심을 가지고 있는 특정의 목적을 달성하기 위해 모인 집단이다. 예를 들면 해고된 동료를 지원하기 위해 단결한 종업원들, 임금인상을 요구하며 공동대처하기 위해 모인 집단을 들 수 있다.

우호집단(friendship group)이란 서로 유사한 성격을 갖는 사람들이 모여 형성하는 집단이다. 예를 들면 직장 내의 관계를 떠나 동창이라든가 동향 때문에 또는 취미나 정치적 견해가 같기 때문에 모인 집단을 말한다.

(4) 성원집단과 준거집단

성원집단(membership group)은 어느 개인이 현재 속해 있는 집단을 말하며, 준거집단(reference group)이란 어느 개인의 태도나 행동에 영향을 미치고 상호작용하는 사람들의 집단을 말한다. 예를 들면 연구원의 경우 그는 연구직업인으로서의 정체성을 유지하며, 연구사회가 연구경력자로서의 태도와 규범 그리고 표준행위를 규정한다.

(5) 세력집단과 비세력집단

세력집단(in-group)은 집단의 규범을 형성하고 이를 유지하는 데 중요한 역할을 하는 핵심구성원들의 집단을 말하며, 비세력집단(out-group)은 핵심구성원이 아닌 주변적 또는 반항적인 위치에 있는 구성원들의 집단을 말한다.

제 2 절 집단의 구조

어떤 집단이든지 일정한 기간이 경과하면 집단의 성과 등 집단의 유효성에 영향을 미치는 구성원들간에 행동패턴이 결정된다. 이처럼 형성되는 행동패턴에 영향을 주는 요인들을 집단의 구조라고 부른다. 이 집단구조를 통하여 집단의 멤버들이 조직원에 연결되고 집단의 목적에 공헌하게 된다. 본절에서는 규모 · 역할과 다양성 · 규범 · 지위 · 응집력 등 집단구조의 중요 요소[4]를 중심으로 살펴보자.

1. 역할(role)

모든 집단의 구성원들은 나름대로 제각기 할 일을 가지고 있다. 누구를 막론하고 각기 수행해야 할 역할이 있다는 뜻이다. 따라서 역할(role)이란 구성원이 조직체에서 자기의 지위를 보존하기 위하여 해야 할 일을 의미한다. 그러므로 역할은 공식적인 직무와 과업에 의해 정해질 수 있으나, 실제적인 측면에서는 일을 해나가는 과정에서 주어진 공식적인 직무나 과업을 주심으로 이에 추가시키거나 보완하여 다른 구성원들이 기대하는 실제 역할을 구체화시키게 된다.[5]

이와 같이 형성된 역할은 그 내용에 있어서 공식적인 직무나 과업과는 다른 경우가 많으며, 그 이유는 공식적인 직무배정에서 실제로 필요한 모든 업무요소를 직무설계에 사전에 체계적으로 반영시키기 어렵기 때문이다. 또한 소집단의 구성원들이 자기들의 취향과 의사에 따라 자기 능력에 가장 적합한 역할을 배분받음으로써 구성원 자신의 욕구를 충족시키려 하기 때문이다.

한편 우리들 각자가 하나의 역할만 선택하여 정규적으로 일관되게 그 역할만 수행한다면 역할행동(role behavior)에 대한 이해는 아주 간단하다. 그러나 불행하게도 많은 사람들은 직무상에서나 직무 외적으로 수많은 다양한 역할을 수행하도록 요구받고 있다. 예를 들면 주일 아침 교회에 참석할 때의 행

4) Don Hellriegel, John Slocum, Jr., and Richard W. Woodman, *Organizational Behavior* (South-Western College Publishing, 1998), p. 239.

5) S. P. Robbins, *op. cit.*, pp. 203~204.

동과 같은 날 오후 골프장에서의 행동이 다르며, 회사간부로서의 역할과 남편으로서의 역할이 다르고, 학생으로서의 역할과 연인의 애인으로서의 역할이 서로 다르다. 따라서 인간행동을 이해하기 위해서는 집단구성원들의 역할행동에 대한 이해가 매우 중요하다.

(1) 역할정체성(role identity)

어떤 역할에 상응하는 태도와 실제적인 행동이 역할정체성을 만들어낸다. 인간은 상황적인 변화요구에 민감하게 반응하여 자기의 역할을 수정할 수 있는 능력을 갖고 있다. 예를 들어 노조 간부가 감독으로 승진했을 때 그의 친노조적 태도는 어느 새 친경영자적 태도(pro-management attitudes)로 바뀌고 있는 것을 발견하게 된다.

또 하나의 예를 들면 몇 십년 후 고등학교 동창생들의 모임에서 사람들은 종전의 옛 역할정체성으로 되돌아가는 경우를 볼 수 있다.[6)] 동창회에 참석자들은 학교와 친구들과 헤어져 5년, 10년 또는 20년 이상의 세월이 경과되었어도 그 옛날의 학창시절의 역할로 되돌아가고 있다. 여당(ins) 역할을 했던 사람은 다시 여당 역할을 하고 있었고, 야당(outs) 역할을 했던 사람들은 다시 야당 역할을 하고 있었다.

(2) 역할지각(role perception)

어떤 특정상황에서 어떻게 행동해야 하는가에 대한 지각이 바로 역할지각이다. 어떻게 행동해야 할 것인가 하는 판단에 근거하여 우리는 어떤 행동을 하게 된다. 이와 같은 역할지각은 주로 친구 · 친척 등 가까이 접하는 사람들로부터 얻게 되며, 때로는 오락매체인 영화 · 서적 · TV 등으로부터 역할지각을 얻게 된다.[7)] 젊은 축구코치는 자신의 지도선생으로부터 자기의 역할을 배울 뿐 아니라 주요 시합의 대학팀 코치나 매년 가을철 일요일에 열리는 시합의 프로팀 코치들의 행동을 통해서 배우기도 한다.

대학원 과정을 마치고 또는 과정중에 조교생활을 거쳐 박사학위를 받은 후 대학의 전임 교수가 되게 되는데, 이와 같은 과정에서 지도교수로부터 또는 다른 교수들을 관찰함으로써 교수로서의 역할을 배우게 된다. 영화나 TV

6) Ralph Keyes, *Is There Life After High School?* (New York : Warner Books, 1976).
7) J. Kelly, *Organizational Behavior* (Homewood, Ill.: Irwin-Dorsey, 1974), p. 323.

를 통해 소개된 "하버드대학의 공부벌레들(Paper Chase)"에서 법학도들은 법관의 역할을 배우게 되며, 대학원생들은 교수의 역할을 지각하게 된다. 많은 직업 및 전문직종에서 견습기간을 두고 있는 기본적인 이유는 그들로 하여금 숙련노동자를 관찰하여 그들이 해야 할 행동이 무엇인가를 습득(지각)하도록 함에 있다.

(3) 역할기대(role expectation)

역할기대란 어떤 특정한 상황에서 어떻게 행동해야 하는가에 대한 다른 사람들의 생각(기대)을 말한다. 인간의 행동은 그가 처해 있는 상황에서 규정하고 있는 역할에 의해 영향을 받는다. 예를 들면 축구코치는 공격적이고 정력적이며 선수들에게 용기를 북돋워주는 사람으로 생각하며, 이웃 교회의 목사님은 신앙심이 깊고 신도들에 대해 깊은 애정을 갖고 있는 사람으로 생각한다. 따라서 이와 같은 역할기대와 어긋나는 일을 했을 때 사람들은 깜짝 놀라게 되는 것이다. 전통적으로 여자란 집에 머물러 가사를 돌보고 자녀를 양육하며 남편을 내조하는 것을 미덕으로 삼아 왔다. 따라서 현모양처를 여성의 중요한 역할로 인식해왔으나 오늘날 중 · 고등학교에 다니는 여학생의 경우 전통적으로 선호해 오던 가정주부, 간호원, 교사, 비서보다는 의사, 법률가, 과학자, 우주인이 되려고 열망하고 있다. 다시 말해서 우리들의 여성에 대한 역할기대도 변화되어 가고 있으며, 여성들도 자신의 새로운 역할지각(role perceptions)을 갖게 되었다.

(4) 역할갈등(role conflict)

구성원들간의 역할기대와 역할행동은 항상 일치하지는 않으며, 오히려 역할기대와 실제 역할행동간에 차이가 생김으로써 역할갈등이 야기되는 경우가 많다. 역할갈등은 다음과 같은 여러 가지 원인에 의해 발생하며, 집단성과나 조직체의 성과를 제고하기 위해서는 역할갈등을 줄이고 역할기대와 역할행동이 조화를 이루도록 노력하여야 할 것이다.

첫째, 수행해야 할 임무와 책임, 그리고 권한이 애매하여 수행자가 자기의 역할에 대해 역할모호성(role ambiguity)을 경험하게 될 때 발생한다. 즉 이러한 현상은 공식적인 직무기술서의 내용이 분명하지 않거나 직무내용이 명백히 전달되지 못했을 때 발생한다. 그리고 직무내용이 복잡할수록 특히 상위계

층의 직무일수록 과업자체의 복잡성과 다양성 때문에 역할모호성의 가능성이 높아지는 경향이 있다.[8)]

두 번째, 역할갈등은 다양한 역할기대(multiple role expectation) 때문에 발생하기도 한다. 앞에서 설명한 바 있는 것처럼 각 개인은 가장으로서, 남편으로서, 경영자로서, 지역사회의 구성원으로서의 역할기대가 서로 다르다. 이와 같은 여러 가지 역할기대를 조정하지 못했을 때 역할갈등이 일어나게 된다. 예를 들어 한 중견 남자의 경우, 아내와 자녀는 생활의 안정과 자기들에 대한 애정을 기대하고 있으며, 회사는 관리자로서 기업의 요구와 필요에 민감하게 반응해 주기를 기대하고 있다, 이 때 그 사람은 회사로부터 지방으로의 전근을 제의받았을 때, 이의 수락은 금전적 이익은 물론이고 승진상의 편익을 가져올 수 있는 기회를 제공하고 있다. 이러한 이야기를 들은 아내와 자녀들은 교육과제 등 여러 가지 이유를 들어 강력히 반대의 뜻을 나타냈다. 따라서 그는 가정에서의 역할기대와 사회경력상의 역할기대 중에 어느 하나를 선택해야 하는 역할갈등을 경험하게 된다.

세 번째, 역할수행자의 능력부족 또는 역할무능력(role incapacity)으로 인해 역할갈등을 초래할 수도 있다. 즉 전달된 역할기대가 수행자의 능력, 자질, 성격에 비추어 적합하지 못할 경우 기대하는 행동과 결과가 나타나지 않게 된다.

네 번째, 역할갈등은 역할마찰(role friction)에 의해 야기될 수도 있다. 역할마찰은 집단구성원들간에 각자가 서로 선호하는 역할과 실제역할과의 불일치 또는 부조화에 의해 발생하게 된다. 즉 주어진 과업역할과 집단유지역할을 중심으로 구성원들은 자신의 역할선호(role preference)가 있는데, 이 선호관계가 일치하지 않을 경우 역할 상호간에 마찰이 생기고 또 경쟁도 생기게 된다.

2. 규범(norm)

규범은 그룹의 멤버들에 의해 기대되고 수용되어지는 행동의 패턴과 룰이다.[9)] 이러한 규범은 또한 구성원들이 자신들의 목적을 달성하는 데에 필요하

8) H. P. Sims and A. D. Szilagyi, Jr., "Leader Structure and Satisfaction of Nurses: A Path Analysis Approah," *Journal of Applied Psychology* (April 1975), pp. 194~197.

9) Bettenhausen, K. L., and Murnighan, J. K., "The development of an intragroup norm and the effects of interpersonal and structural changes," *Administrative Science Quarterly* (1991), 36, pp. 20~35.

다고 믿는 행동들을 정하도록 도움을 준다. 또한 집단의 목적을 달성하고 집단구성원간의 동일성(identity)을 유지하는 데 매우 중요한 역할을 한다. 모든 집단이나 사회는 규범을 가지고 있으며, 이러한 규범은 집단마다 다르고 지역이나 사회마다 다르다.

공식화된 규범은 조직편람(organizational manual)에 기록되어 있으며, 이 같은 공식화된 규범은 종업원들이 따라야 할 규칙이나 절차를 의미한다. 그러나 조직행동에서 중요하게 생각하는 것은 공식적인 규범보다는 비공식적인 규범이다. 예를 들면 조직 내에서 긴급한 문제가 발생했을 때 구성원들이 취하는 행동특성이나 해서는 안 될 행동 또는 해도 되는 행동들을 의미한다.

때로는 규범이 집단을 보존해 줌으로써 소집단구성원들의 사회적 욕구와 자율적 욕구를 충족시켜 줄 수도 있다. 그러나 한편으로는 구성원들에게 행동의 유사화(conformity behavior)를 요구함으로써 구성원 개인의 성장과 발전에 저해요인이 되기도 한다. 동조를 요구하는 집단의 압력이 구성원 개인의 판단과 태도에 영향을 미친다는 고전적 연구를 살펴보기로 한다.[10)]

애쉬(S.E. Ash)는 [그림 6-1]과 같은 두 장의 카드를 준비하여 7~8명 정도로 구성된 집단을 대상으로 실험담당자가 들고 있는 두 개의 카드를 보여주고 X선과 길이가 같은 선이 A, B, C 중 어느 것인지 맞추어 보도록 하였다. 애쉬는 실험대상자 중 한 사람을 제외하고는 실험대상자들에게 귓속말로 이 실험이 계획적이라는 것을 미리 알리고 좌석도 미리 정하여 한 사람의 예외자가 맨 나중에 대답하도록 하였다. 첫번째 실험은 연습으로 시작되었고 모두들 정답을 이야기했다. 두 번째 실험에서 구성원이 X선과 C선이 길이가 같다고 하였다. 누가 보아도 X선은 B선과 같은데, 두번째 · 세 번째 구성원도 계속하여 X선은 C선과 같다고 대답하였다. 마지막으로 한 사람의 예외자가 대답할 차례가 되었다. 이 때 그의 행동은 어떻게 나타날 것인가? 그는 X선이 B선과 동일하다는 것을 알고 있으나 모든 사람이 X선과 C선이 일치한다고 대답하고 있다. 많은 실험을 통하여 애쉬가 얻은 결론은 약 35%의 실험대상자들이 집단압력에 동조하고 있다는 사실이었다.

그렇다면 구성원에게 이와 같은 집단의 동조성 내지는 사회적 동조성을

10) Solomon E. Ash, "Effects of Group Pressure upon the Modification and Distortion of Judgements," in *Groups, Leadership and Men*, ed. by Y. H. Guetzkow (Pittsburgh: Carnegi Press, 1951), pp. 177~190.

그림 6-1 Ash의 연구에서 사용된 카드

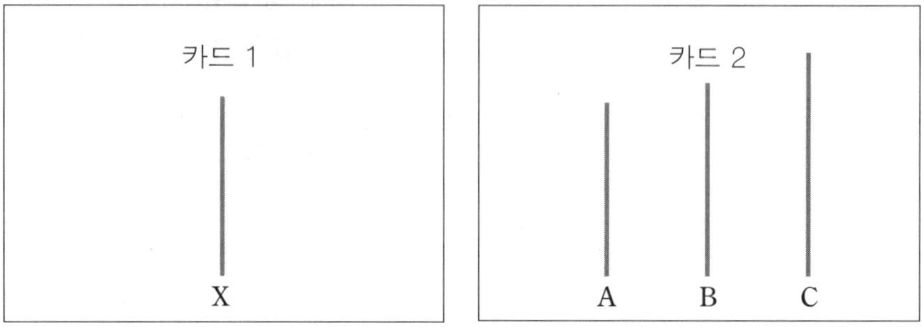

요구하는 원인은 어디에 있는가? 일반적으로 규범에 대한 개인의 동조행동은 다음과 같은 몇 가지 중요한 요소가 작용하고 있다고 한다.[11]

(가) 지능과 성격 개인의 동조적 행동은 지능수준이 낮을수록 많이 나타나고, 독재적 성격일수록 동조적 행동이 많이 나타난다.

(나) 자극의 성격 반응행동을 요구하는 자극이 애매하고 불확실할수록 동조성행동을 취하는 경향이 많다. 즉 당면한 상황에 대하여 분명한 행동대안이 없을수록 규범에 동조하는 경향이 높게 나타난다.

(다) 집단구성원과의 관계 집단구성원으로서의 동질성, 소집단 효율성 그리고 구성원으로부터의 압력에 따라서 동조적 행동의 결합이 영향을 받게 된다.

(라) 기타 상황적 요소 동조적 행동은 집단의 크기가 4~6명으로 구성되어 있을 때 강하게 나타나는 경향이 있고, 의견을 서로 교환할 수 있는 수가 증가할수록 동조적 행동이 줄어드는 경향이 있다.

이와 같이 규범에 대한 동조적 행동은 개인의 특성과 상황요소에 따라서 다르지만, 집단행동에서 중요한 것은 집단 구성원들간의 압력행동으로서, 이는 개인의 발전에 중요한 영향을 미친다. 만약 개인이 집단압력에 순응하지 않을 경우 개인은 집단으로부터 고립되거나 주변인물로 취급받게 되어 심리적 충격을 받을 수 있다. 따라서 조직행동에서는 규범의 순기능적 측면을 강화하고 역기능적 측면을 제거할 수 있는 방안에 관심을 두고 있다.

11) H. T. Reitan and M. E. Show, "Group Membership, Sex-Composition of the Group, and Conformity Behavior," *Journal of Social Psychology* (Oct. 1964), pp. 45~51.

3. 지위(status)

지위 또는 신분은 위신이나 명성의 등급, 직위 또는 집단 내의 계급 등으로 표현된다. 예를 들어 두터운 카페트가 깔린 큰 사무실, 샤워시설이 딸린 화장실, 인상적인 직함, 높은 임금과 부가적 급여, 근무일정의 우선적인 선택권 등을 생각할 때, 조직계층의 높은 지위에 있는 사람과 관련된 것임을 금방 알게 된다. 지위란 조직체에서의 개인의 위치와 개인 자신의 특성을 중심으로 개인에게 주어진 일종의 사회적 서열(social ranking)을 말한다. 다시 말해서 지위는 개인의 직위(position)와 권한 그리고 근속년수와 조직체에서 받는 대우 등 공식적인 요소와 개인의 인격과 성격, 교양과 실력, 연령과 가족배경 등 개인적인 특성을 중심으로 집단구성원들에 의하여 타인에게 부여되는 상호간의 자생적 서열관계이다. 그러므로 지위(status)는 공식적인 직위와 밀접한 관계에 있지만 자생적 서열관계가 반드시 일치하지는 않는다.

그러나 일반적으로 지위가 높은 사람이 지위가 낮은 사람에게 명령 · 지시하여 행동하도록 하면 일이 원활히 추진되어지지만, 그 반대의 경우에는 지위 · 신분상의 불일치로 인한 갈등이 유발됨을 볼 수 있다. 예를 들면 어느 식당에서 일하는 웨이트리스(waitress)가 손님의 주문을 카운터맨(counterman)에게 전달할 때 낮은 지위의 종업원들이 높은 지위의 요리사의 행동을 주도하고 있었다. 따라서 그들간에 심각한 불화와 갈등이 발생하곤 하였다. 그리하여 알루미늄으로 된 주문메모지걸이(spindle)를 만들어 주문메모지를 걸어 놓게 함으로써 요리사와 웨이트리스간의 완충장치가 만들어졌고, 카운터맨으로 하여금 주문과 관련된 행동을 주도하도록 하였다. 그리고 주문된 요리가 거의 다 준비되었다고 생각될 때 다음 주문내용을 주문메모지걸이에 걸린 순서대로 요리사에게 알려 주도록 하여 갈등을 해결하고 있었다.[12)]

지위 또는 신분이 공식적으로 개인에게 부여될 때 이것을 조직체 지위(organizational status)라고 부르며, 개인적인 특성에 의하여 부여될 때 이를 사회적 지위(social status)라고 한다. 집단에서의 사회적 서열은 이 두 가지 지위의 조합적 지각결과에 의하여 결정된다. 조직체 지위는 주로 주어진 조직체뿐만 아니라 조직체 외부에서도 유효하다. 집단에서 구성원들간의 공통된 사회

---

12) W. F. Whyte, "The Social Structure of the Restaurant," *American Journal of Sociology* (Jan. 1954), pp. 302~308.

적 서열이 형성되려면 어느 정도의 기간이 소요되어야 한다.

집단은 자체의 자생적인 내부고조를 갖고 있고, 이 내부구조를 통하여 구성원들간의 상호관계가 많은 영향을 받고 있다. 이러한 집단의 지위 · 신분구조는 소집단행동과 전체조직체행동에 있어서 중요한 측면을 차지하고 있다. 즉 개인의 행동은 구성원들 상호간의 영향관계에 따라 조성되고, 구성원들의 상호영향관계는 지위 · 신분구조와 밀접한 관계를 맺고 있다. 따라서 지위 · 신분의 결정요인을 중심으로 공식적인 권한계층과 자생적인 영향력 서열(influence ranking)과의 일치를 모색함으로써 보다 효율적인 조직구조를 설계할 수 있을 것이다.

제 3 절 집 단 역 학

지금까지 우리는 집단의 개념과 분류, 그리고 소집단의 조직구조에 대해 살펴보았다. 또 하나의 집단행동연구에 있어서 중요한 측면은 집단구성원간의 상호관계이다. 이와 같은 집단구성원간의 상호관계에 대한 분석을 집단역학(group dynamics)이라고 한다. 다시 말해서 집단역학이란 다이나믹하게 상호작용하는 집단의 특성을 연구한 것이다. 따라서 조직행동론에서는 집단의 구조와 기능을 위시하여 다이나믹하게 상호작용하는 집단의 특성과 집단구성원들간의 동태적인 관계분석 등을 주로 연구하게 된다.

1. 집단분석의 방법

집단관계의 구조를 분석하는 일은 쉬운 일이 아니다. 그러나 지금까지 집단분석의 방법으로서 소시오메트리(sociometry)연구방법과 상호작용분석이 많이 이용되고 있다.

(1) 소시오메트리 연구방법

소시오메트리(sociometry)는 구성원들간의 호 · 불호의 관계를 기초로 하여 집단을 분석하는 도구이다. 소시오메트리 구조(sociometry structure)를 알아보는 방법으로 가장 잘 알려진 것이 모레노(Moreno)의 소시오그램(sociogram)

이다.[13)]

소시오그램(sociogram)은 집단구성원들간의 전체적인 사회적 서열관계패턴은 물론 집단 내의 여러 하위집단, 특히 세력집단과 비세력집단, 정규지위, 주변지위, 고립지위 등을 한 눈에 알아보기 쉽게 나타낸 도표를 말한다. 이 방법은 집단 내의 상호작용이 구성원들간의 호 · 불호에 근거하여 이루어진다는 가정하에 개발된 것으로서 관찰 · 검사 · 면접 등의 방법에 의해 자료를 수집하여, 수집된 자료를 근거로 하여 [그림 6-2]와 같은 소시오그램으로 나타내어 집단의 구조를 분석하게 된다.

위에서 보는 것처럼 소시오그램은 집단구성원들간의 선호 · 무관심 · 거부관계를 나타낸 도표이다. [그림 6-2]를 살펴보면 A를 중심으로 하나의 세력집단이 형성되어 있고 당연히 A는 스타(star) 혹은 자생적 리더(leader)의 지위를 차지하고 있으며, *C*와 *F*는 고립되어 있음을 알 수 있다. 한편 *D*는 이 집단에 속해 있기는 하나 모든 사람으로부터 거부되고 있는 기피인물임을 알 수 있다. 소시오그램은 비교적 규모가 작은 집단에서 적용할 수 있으며, 집단의 규모가 커지면 소시오그램을 작성하기가 어려울 뿐만 아니라 이를 한눈에 파악하기가 대단히 어렵기 때문에 소시오그램에서 나타나는 관계를 수치에 의해 분석하는 소시오메트릭스(sociomatrix)를 이용하게 된다.

그림 6-2 소시오그램의 예

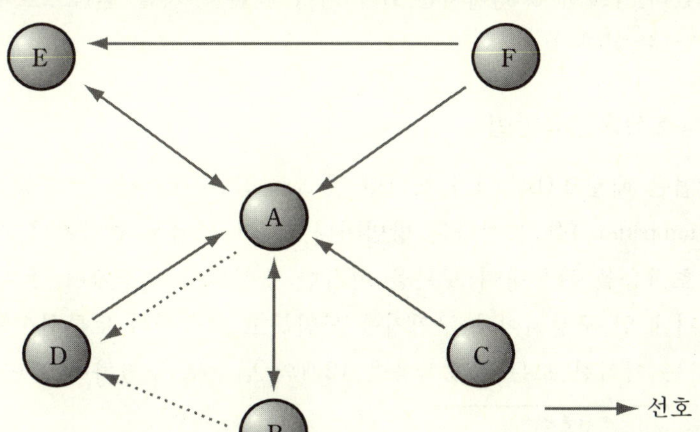

13) J. L. Moreno. *Who Shall Survive?* 2nd ed. (New York: Beacon House, 1953).

그림 6-3 소시오메트릭스의 예

구성원 \ 선호거부	A	B	C	D	E	F	G
A	×	①	①				
B	①	×	①				
C	①	①	×				−1
D	1	1		×	①		
E		1		①	×	−1	
F		1				×	−1
G		1	1			−1	×
선호총계	3	6	3	1	1	−2	−2
선호신분지수	0.50	1.00	0.50	0.17	0.17	−0.33	−0.33

신분서열(선호신분지수)
정규신분 $A(0.50)$
$B(1.00)$
$C(0.50)$
주변신분 $D(0.17)$
$E(0.17)$
고립신분 $F(-0.33)$
$G(-0.33)$
응집성지수 :
$\frac{4}{{}_7C_2}=\frac{4}{21}=0.190$
선호 : 1
거부 : 0
상호선호 : ○

소시오메트릭스에서는 구성원 각자와 다른 구성원들간의 관계에 대해 선호(1), 무관심(0), 거부(−1)의 점수를 부여하여 이를 전부 종합하면 집단 내의 자생적 서열구조와 선호인물을 계산해 낼 수 있다. 선호신분지수(choice status index)는 선호총수를 (구성원수−1)로 나누어 계산할 수 있고,[14] 가장 높은 수치를 얻은 구성원이 집단이 가장 선호하는 인물로서 집단의 자생적 리더라고 할 수 있다. [그림 6-3]에서는 B가 가장 높은 수치를 얻음으로써 집단의 리더임을 알 수 있다.

(2) 상호작용분석방법

이 방법은 베일즈(Bales)가 제안한 것으로 집단구성원들간의 상호작용 패턴(interaction pattern)을 분석하는 방법이다.[15] 이 방법은 관찰자가 개인 구성원간의 상호작용을 관찰하여 토론을 시작한 구성원이 누구이며, 토론을 집단 전체로 번지게 한 구성원이 누구인지를 확인하고 그들간의 토론회수를 기록한다. 관찰자는 이러한 모든 상호작용을 12개의 범주로 구별하여 보면 두 사람

14) 선호신분지수 = $\frac{\text{선호총수}}{\text{구성원수}-1}$

15) R. F. Bales, *Interaction-Process Analysis: A Method for the Study of small Groups* (Reading, Mass.: Addison-Wesley, 1950).

간의 행해진 역할에 있어서 상당한 차이가 있는 것을 발견하게 된다. 모든 사람들간의 상호작용을 같은 방법으로 분석해 보면 구성원들은 두 가지의 유형으로 구분된다. 첫 번째 유형은 아이디어 창출자로서 집단의 업무전문가(task specialist)의 역할을 담당하며 주로 의견·정보 등을 제안하는 사람들이다. 두 번째 유형은 인간관계전문가(human relations specialist)로서 집단에서 가장 선호되는 사람이며 항상 친절하게 격려해 주는 사람들이다. 한 사람이 이 두 가지 유형의 역할을 모두 행할 수 있지만, 각각의 역할을 서로 다른 두 사람이 행할 때 그 집단의 효율성은 증대된다고 한다.

집단분석의 방법으로서 소시오메트리방법과 상호작용분석방법을 간략히 소개하였지만, 앞에서 이미 지적한 것처럼 집단의 구조를 분석하는 일은 그렇게 용이하지 못하다. 왜냐하면 집단 내의 관계는 매우 복잡하게 얽혀 있기 때문에 사람간의 선호관계를 분석하거나 겉으로 드러나 보이는 간단한 상호작용만을 분석함으로써 정확한 분석을 할 수는 없다. 특히 소시오메트릭방법이나 상호작용방법은 집단구성원의 수가 적을 때에는 적합하지만, 구성원의 수가 증가할수록 분석이 복잡해져서 단순한 계량적인 방법만으로는 집단의 행동은 충분히 이해하기 어렵다. 따라서 집단의 응집력을 분석함으로써 소집단행동의 이해를 증대시키고자 한다.

2. 집단의 응집력(group cohesiveness)

집단응집력란 집단이 얼마만큼 잘 뭉쳐 있는가의 정도를 말한다. 다시 말해서 구성원들이 서로 매력을 느끼어 집단의 목표를 공유하고 있는 정도를 말한다. 응집력이 높은 집단은 응집력이 낮은 집단에 비해 결근율과 이직률의 차이를 보인다. 즉 응집력이 높을수록 구성원들이 함께 일하기를 원하고 또 같이 일하도록 노력을 한다. 그리고 구성원들 상호간에도 친밀감과 일체감을 갖고 집단의 목표달성을 위해 적극적이고 협조적인 태도를 보인다. 뿐만 아니라 구성원들간에도 자유스럽고 개방적인 관계에서 집단의 분위기가 조성되고 있다.

(1) 집단응집력의 결정요인

대체적으로 집단의 응집력은 구성원들이 같이 있는 시간이 길수록, 그룹에 참여하기가 어려울수록, 그룹의 규모가 작을수록, 외부로부터 위협이 있을 때, 그리고 과거에 성공한 경험이 있을수록 높은 것으로 나타났다.[16)]

사람들은 함께 보내는 시간을 많이 가질수록 더욱 친하게 되고 상호간의 이해와 매력이 증가하게 된다. 그러나 집단에서 근무위치가 어디냐에 따라 함께 시간을 보내는 사람은 달라진다. 또한 특정집단에 가입하기가 매우 어려울 때 집단의 응집력은 높아진다. 예를 들면 일류 의과대학 1학년의 경우 강한 응집력을 보인다고 한다. 구성원들이 함께 있는 시간이 많을수록 응집력이 커진다면 집단의 크기, 즉 구성원의 수가 많을수록 집단의 응집력은 작아진다. 집단의 응집력은 이러한 집단 내부적인 요소뿐만 아니라 집단의 외부환경적 요소로부터도 영향을 받는다. 즉 조직에의 다른 집단과 경쟁을 하는 경우 또는 외부세력의 위협을 받는 경우에 집단구성원들은 자신들을 보호하고 집단의 안정을 위하여 협동목표를 찾고 서로 단결함으로써 집단의 응집력을 강화시키는 경향이 있다. 또한 과거의 성공 또는 실패의 경험이 집단의 응집력에 영향을 미친다. 예를 들어 전국대회에서 우승한 경험이 있는 축구팀은 그렇지 못한 팀보다 집단응집력이 강하다.

(2) 집단응집력과 집단성과

집단의 응집력은 구성원들의 욕구충족과 관계가 있지만, 조직체의 목적을 달성하는 집단의 성과와는 일관적인 관계를 나타내고 있지 않다. 다시 말해서 응집력이 강한 집단에서는 일반적으로 규범적인 동조행동이 강하고 구성원들의 욕구만족도 높지만, 이것이 반드시 조직체의 목표달성에 기여한다고는 볼 수 없다. 그러므로 집단의 목적이 조직체의 목적과 일치되는 경우에만 집단응집력과 집단성과와의 사이에 긍정적인 관계가 성립된다.

[표 6-1]에서 보는 것처럼 구성원들의 목적과 집단응집력을 중심으로 4가지의 집단성과유형을 개념화할 수 있다. 즉 집단구성원들의 목적이 조직체의 목적과 일치되지 않는 경우에는 집단이 응집력에 관계 없이 성과가 낮게 나타나는 경향이 있다. 그러나 집단목적과 조직체의 목적이 일치되면 집단의 응집력이 낮다 하더라도 구성원들 개인별로 조직체의 목적을 달성하기 위한 노력을 하게 되므로 집단의 성과가 어느 정도 나타나게 된다. 가장 바람직한 것은 조직의 목적과 집단이 추구하는 목적이 일치되고 집단의 응집력도 높은

16) S. P. Robbins, *op. cit.*, pp. 239~242.

[표 6-1] 집단응집성과 집단 / 조직체목적에 따른 집단성과

		집단목적과 조직체목적과의 관계	
		불 일 치	일 치
집 단 응 집 성	고	집단전체적 개인목적 달성 (저수준 성과)	집단전체적 조직체목적 달성 (고수준 성과)
	저	개인별 개인목적 달성 (저수준 성과)	개인별 조직체목적 달성 (중간수준 성과)

상태로서 구성원들 자체가 집단단위로 조직체의 목적달성에 적극 노력하여 집단성과에 기여하는 것이다.[17)]

(3) 집단응집력의 증대방안

조직체의 목표달성을 중심으로 살펴볼 때 집단성과의 증대는 집단응집력 자체보다는 집단목적과 조직목적의 일치 정도가 더욱 중요함을 알 수 있다. 따라서 집단의 응집력은 구성원들의 목적과 조직체목적이 통합되는 범위 내에서 조성되는 것이 바람직할 것이다. 따라서 이와 같은 몇 가지 대안을 제시하면 다음과 같다.[18)]

1) 과업성과 강조

첫째는 집단구성원들로 하여금 그들의 관심을 상호간의 개인적 문제보다는 그들의 과업달성에 집중시키는 것이다. 그들의 직무내용을 충실화시키고 성과에 따른 보상제도를 설정하는 등 그들의 과업달성을 조장하고 조직체에 대한 그들의 전념도(commitment) 수준을 높이는 것은 집단목표와 조직체목표 사이의 조화를 증진시키고 집단의 응집력을 강화하는 데에 많은 도움을 줄 수 있다.

---

17) Fremont E, Kast and Jams E. Rosenzweig, ***Organization and Management*** (New York: McGraw Hill Book Co., 1970), p. 284 ; Gibson, Ivancevich and Donnelly, *op. cit.*, pp. 149~150.

18) Szilagyi and Wallace, *op. cit.*, pp. 195~199.

2) 참여적 관리

집단의 응집력을 조성하는 또 하나의 방법은 집단의 목표와 조직체목적 달성을 위한 과업목표를 설정하는 데 있어서 집단구성원 자신들의 적극적인 참여를 유도하는 것이다. 그리고 그들의 목표도 가능한 한 도전적인 수준에서 설정함으로써 성취적 동기행동을 조성시킬 수 있다. 집단구성원들의 참여는 현대 조직에서 생산성 제고와 품질향상을 위한 여러 가지 형태의 품질관리 분임조(quality circles)활동을 통하여 활발히 전개되고 있고, 이것이 작업집단의 응집력을 강화하는 데 크게 기여하고 있다.

3) 경쟁심 조성

집단간의 과격한 경쟁은 집단자체와 전체 조직체에 역효과를 초래하지만, 전체 조직체의 상위목적 달성을 위한 상호간의 건설적인 경쟁은 집단의 응집성을 높일 뿐 아니라 집단의 성장과 구성원들의 능력개발에도 좋은 결과를 가져올 수 있다.

4) 집단의 재구성

효율적인 집단행동을 조성하는 데 있어서 여러가지 대안이 기대하는 효과를 가져오지 않는 경우 마지막 방법으로 집단구성원을 교체하여 구성원들간에 새로운 관계와 보다 높은 수준의 집단응집성을 유도할 수도 있다.

집단의 응집력은 구성원의 욕구만족과 성장, 그리고 집단 자체의 성과와 나아가서는 조직체목적 달성에도 기여하게 된다. 그러나 집단응집력은 강제적 규범행동을 통하여 구성원의 개성발달을 방해하고 오히려 조직체목적에 역기능적인 결과를 가져올 수도 있다.

내용요약

집단(group)이란 일반적으로 특정의 목적을 달성하기 위하여 상호의존적인 관계에서 상호작용하는 두 사람의 집합체를 말한다. 그러나 보통 조직행동의 집단연구에서는 소집단을 주된 연구대상으로 삼는다. 즉 소집단이라고 하면 숫적으로 2~20명 정도로 구성된 집단을 말한다.

인간이 집단을 형성하는 데에는 몇 가지 이유가 있으며, 집단은 공식성의 정도에 따라 공식집단과 비공식집단으로 구분할 수 있다. 공식집단이란 전체조직의 목표와 관련된 과업을 수행하기 위하여 구성된 집단을 말하여, 비공식집단이란 각자의 욕구충족을 위해 자연발생적으로 생긴 자생적 집단을 말한다. 공식집단은 다시 명령집단과 과업집단, 그리고 비공식집단은 이익집단과 우호집단으로 나눌 수 있다. 조직행동에서는 공식집단보다는 비공식집단의 행동에 대해 더 많은 관심을 갖고 있으며, 집단의 자생적 구조를 이해하기 위해서는 집단연구에서 매우 중요한 개념인 역할, 규범, 지위, 신분 등을 이해하는 것이 중요하다.

역할이란 구성원이 조직체에서 자기의 지위를 보존하기 위하여 해야 할 일을 의미하며, 역할과 관련하여 역할정체성, 역할지각, 역할기대, 역할갈등의 개념을 이해해야 한다. 규범이란 집단구성원들간에 공유되고 있는 수용가능한 행동의 기준으로 집단행동에 순기능적, 역기능적 역할을 담당한다. 지위란 조직체에서 개인의 위치와 개인의 특성을 중심으로 개인에게 주어진 사회적 서열을 말한다.

집단행동 연구에서는 집단구성원간의 상호관계에 대한 분석이 중요하게 취급된다. 이 때 집단분석의 방법으로서 소시오메트리 분석방법과 상호작용분석 방법이 많이 이용되고 있다. 소시오메트리 방법은 구성원들간의 호·불호의 관계를 기초로 하여 집단을 분석하며, 상호작용분석방법은 집단구성원들간의 상호작용패턴을 관찰하여 분석한다. 그러나 이 두가지 방법은 집단구성원의 수가 적은 때에만 적합한 기법이므로, 구성원의 수가 증가하면 분석이 복잡해지므로 보다 소집단의 행동을 이해하기 위해서는 집단의 응집력을 분석하는 방법을 알아야 한다.

연구 과제

1. 조직행동에서의 집단의 중요성과 집단형성의 이유를 설명하라.
2. 역할, 규범, 지위의 개념을 예를 들어 설명하라.
3. 집단분석의 방법으로서 소시오메트리 방법, 상호작용 분석방법, 그리고 집단응집력 분석방법을 비교·설명하라.

제 7 장 집단간의 갈등

일상생활이나 조직생활 속에서 우리는 수많은 갈등을 경험하게 된다. 때로는 자기 자신의 내부에서 갈등을 겪기도 하고, 때로는 다른 사람과 갈등을 일으키기도 한다. 개인은 자신의 내부에서 발생하는 여러 가지 욕구 및 목표의 상충으로 말미암아 갈등을 느끼게 되며, 개인들 상호간에는 각자의 욕구 · 목표 · 가치관 · 신념 등의 차이로 인하여 마찰이 빚어지는 경우가 흔히 있다. 조직 내에서도 목표의 설정이나 성과평가 등에 관한 의견의 차이로 말미암은 상사와 부하간의 갈등, 서로 다른 역할로 인한 라인과 스탭간의 갈등, 목표의 차이나 자원확보를 위한 경쟁으로부터 야기되는 집단간의 갈등과 같은 여러 가지 유형의 갈등이 발생하고 있다.

제 1 절 갈등에 대한 이해

성공적으로 조직을 관리하기 위해서는 조직구성원들과 집단의 능력을 상호조정하고 통합하여 조직의 생존과 목표를 달성할 수 있도록 하는 방안을 모색해야 한다. 조직 내의 여러 구성원들과 집단들은 서로간에 정보 및 도움을 주고받는 업무관계를 맺고 있기 때문에 상호의존적이다. 이러한 상호의존성은 상호간에 협조의 분위기를 제공하기도 하지만 갈등이 발생할 소지를 안고 있다. 어느 조직의 분위기가 협조적이라면 경영자는 그러한 분위기 유지에 노력하면 될 것이지만, 조직 내에 갈등이 만연하는 경우에는 갈등의 관리를 위해 상당한 노력을 해야만 한다.

한 연구에 따르면 경영자들이 갈등의 직접적인 당사자로 갈등해결에 보내는 시간과 제 3 자로서 다른 구성원들간의 갈등을 조정하는 데 소비하는 시간은 총업무시간의 20%에 달한다고 하므로,[1] 경영자들의 갈등에 대한 이해는 필수적인 것이라 할 수 있다.

1. 갈등의 정의

갈등(conflict)이란 무엇인가? 갈등에 대한 정의는 상당히 많지만, 조직 내에서 구성원간 또는 집단간에 발생하는 갈등을 중심으로 한 정의들을 살펴볼 때 다음과 같은 어느 정도 공통된 개념을 발견할 수 있다.[2] 첫째, 갈등이란 당사자들이 그것의 존재를 인식할 때 비로소 존재한다. 즉 당사자들이 갈등을 전혀 의식하지 못할 때에는 갈등이 존재한다고 말할 수 없다. 둘째, 갈등은 대립, 희소성(scarcity), 방해 등의 개념과 관련이 있으며, 서로간의 이해나 목표가 상충하는 둘 이상의 당사자가 존재할 것을 전제하고 있다. 조직이 보유하고 있는 자원(예컨대 자금이나 권력)은 한정되어 있으므로 이러한 자원을 할당받으려는 당사자들은 서로 더 많은 자원을 차지하기 위하여 상대방을 방해하기 쉽고, 따라서 당사자들간에는 질시와 반목이 발생하게 되는데, 어느 한 쪽이 상대방의 목표달성을 방해하는 상황에서 갈등이 발생한다.

그러므로 갈등에 대한 정의는 갈등에 대한 인식, 대립, 희소성, 방해 등의 개념을 포함한다. A와 B라는 당사자가 있다고 할 때, 갈등이란 "A가 특정한 형태의 방해를 함으로써 B가 목표달성이나 이익신장을 위해 노력하는 행동을 의도적으로 좌절시키려고 힘쓰는 과정"[3]이라고 정의할 수 있다.

2. 갈등에 대한 관점

갈등에 대한 관점(perspective)은 역사적으로 볼 때 크게 세 가지 단계를 거쳐 오늘에 이르고 있다. 즉 갈등에 대한 전통적인 견해와 행동주의적 견해 그리고 상호작용주의적 견해가 그것이다.[4]

---

1) K.W. Thomas and W.H. Sumidt, "A Survey of Managerial Interests with Respect to Conflict," *Academy of Management Journal* (1976) 19, pp. 315~318.

2) S.P. Robbins, *Organizational Behavior:Concepts, Controversies, and Applications*, 3rd ed. (Englewood Cliffs, N.J.: Prentice-Hall, 1986), p.293.

3) *Ibid.*, p.294.

4) *Ibid.*, pp.337~338.

(1) 전통적인 견해

갈등에 대한 전통적인 견해(traditional view)는 상당히 부정적인 것으로서 갈등은 문제아들(problem children)에 의해 발생하며 조직에 악영향을 끼치므로 회피해야만 하는 것으로 보았다. 또한 갈등이 발생할 경우 공식적인 규정에 준하여 해결하면 되고, 그로 인하여 속죄양이 생겨나는 것은 어쩔 수 없는 일이라고 보았다. 이러한 초기적인 견해는 미국의 경우 1930년대와 1940년대에 팽배했던 집단행동(group behavior)에 대한 태도와 그 맥락을 같이 하는 것이다. 그 당시에는 호손연구와 같은 연구결과에 근거하여 갈등은 커뮤니케이션이 원활하지 못할 때나 구성원들이 서로 신뢰하지 못하는 분위기에서 발생하며, 경영자들이 종업원들의 욕구와 기대에 부응하지 못할 때 발생한다는 주장이 폭넓게 받아들여졌다. 모든 갈등은 바람직하지 못하다는 견해하에서는 조직과 집단의 성과를 개선하기 위해서 경영자들이 해야 할 일은 단지 갈등의 원인이 무엇인가를 찾아내어 부작용을 없애주기만 하면 되는 것이었다.

(2) 행동주의적 견해

그러나 1940년대 말을 기점으로 하여 1970년대 중반까지 널리 받아들여졌던 행동주의적인 견해(behavioral view)에 의하면 모든 조직과 집단에서 갈등은 필연적으로 발생한다고 보았고, 갈등을 완전히 제거할 수는 없으며 갈등이 때로는 집단의 성과를 향상시키기도 한다고 보았다. 이러한 견해는 갈등을 변화과정의 본질로 이해하고 적절한 갈등은 오히려 구성원들의 창의력를 고취시킨다고 봄으로써 갈등을 적극적으로 수용하려는 태도를 취하였다.

(3) 상호작용주의적 견해

최근에 갈등이 오히려 조직 내에서 추진력이 될 수 있을 뿐만 아니라 어떤 갈등은 조직이 업무를 효과적으로 수행하는 데 절대적으로 필요하다고 주장하기에 이르렀다. 이와 같은 견해를 상호작용주의적 견해(interactionist view)라고 하는데, 조직 구성원들이 조화를 이루어 다툼이 없고 협조를 잘 하는 평온한 집단은 정적이고 무기력한 상태에 빠져 변화와 개혁이 필요할 때 신속히 대응할 수 없다는 근거하에 오히려 갈등을 조장시켜야 할 필요가 있다는 이 견해가 가장 타당한 것으로 받아들여지고 있다. 이러한 시각을 취하는 사람들은 어느 정도 자기비판적이고 창의적인 분위기를 유지해 가면서 집단을 와해시키지 않을 정도의 범위 내에서 경영자들이 최소한도의 갈등을 계속적으로 유지해 나가야 한다고 주장하고 있다. 이들은 모든 형태의 갈등이 바람직한 것이라든가 아니면 전부 바람직하지 못한 것이라는 식의 단순한 시각을 취하지 않고, 갈등의 형태에 따라 바람직하지 못한 것과 바람직한 것을 구분하여 조직에 긍정적인 영향을 미치는 갈등은 어느 정도 조장시키고 부정적인 효과를 미치는 갈등은 제거시켜야 한다고 생각한다.

3. 갈등의 순기능과 역기능

갈등이 조직에 반드시 바람직하지 못한 것만도 아니고 그렇다고 바람직한 것만도 아니라면 그 구분을 어떻게 해야 할 것인가? 가장 일반적인 방법은 갈등이 조직의 목표달성과 성과개선에 도움을 주어 조직에 이익이 되느냐, 아니면 조직성과의 향상과 목표달성을 저해시키느냐 하는 것으로 판단하는 것이다. 그러나 양자를 명확히 구분짓기는 상당히 어려운데, 즉 모든 상황에 있어서 어느 정도까지의 갈등이 조직에 이롭다거나 혹은 해롭다거나를 확실히 규정하기는 어렵다는 말이다. 예컨대 어떤 상황에서는 구성원들의 창의력을 고취시켜 조직목표의 달성에 도움을 주는 방향으로 작용했던 갈등의 정도가 다른 상황에서는 구성원의 응집력을 와해시켜 조직의 성과에 악영향을 미칠 수도 있기 때문이다. 따라서 갈등은 그 성격과 관리의 방법에 따라 조직의 성과에 긍정적인 영향을 미칠 수도 있고 부정적인 영향을 미칠 수도 있다고 보아야 한다. 어떠한 조직에라도 갈등의 최적수준(optimal level of conflict)은 존재한다. 조직에 갈등이 거의 없다면 변화와 개혁을 추진하는 데 난점이 따르고, 조직이 환경변화에 적응하기 어려워 조직의 성과가 저하된다. 만일 조직 내에 갈등이 거의 없는 상태가 지속된다면 궁극적으로 조직의 생존 자체가 위협받게 되는 것이다. 반면 갈등의 정도가 너무 높은 경우에는 조직 내에 엄청난 혼란이 야기되어 이 역시 조직의 생존을 위협한다. 일례로 노사분규가 지속적으로 너무 빈번하게 발생하는 경우 조직의 성과에 어떠한 영향을 주는가를 보면 잘 알 수 있을 것이다. 그러므로 경영자는 자신의 조직에 어느 정도의 갈등이 적절한가를 파악해야만 할 것이다. 갈등의 정도와 조직의 성과 사이에 어떠한 관계가 있는지를 집단간의 갈등을 예로서 나타낸 것이 [그림 7-1]이다.

그림 7-1 갈등의 정도와 조직성과간의 관계

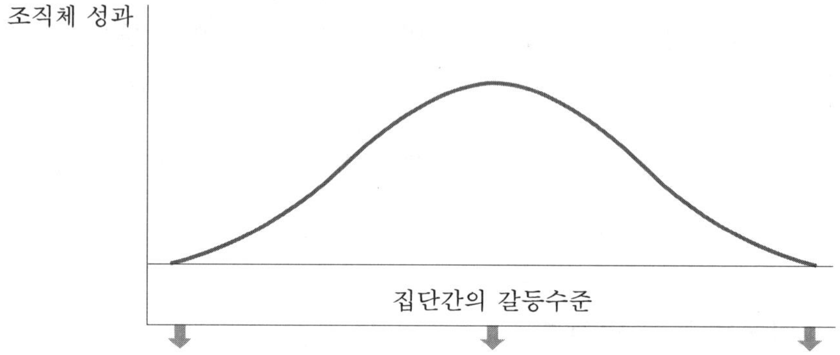

갈등수준	낮 음	이상적	높 음
영 향	역기능적	순기능적	역기능적
집단행동	환경변화에 적응력 둔화 무사안일적 침체적 의욕상실	환경변화에 신속한 적응력 창의적, 변화지향적 활발한 문제해결행동 적극적 목표달성행동	혼 란 분 열 상호조정 결여 목적의식 결여
성 과	낮 음	높 음	낮 음

자료 : J. L. Gibson, J. M. Ivancevich, and J. H. Donnelly, Jr., *Organizations: Behavior, Structure, Processes*, 6th ed.(Plano, Tex: Business Publications Inc., 1988), p. 308.

4. 갈등의 유형

조직 내에서 발생하는 갈등에는 개인이 혼자 내부적으로 겪는 개인적 갈등(intraindividual conflict), 개인과 개인간에 발생하는 대인적 갈등(interindividual conflict), 집단과 집단간에 발생하는 조직 내 갈등(organizational conflict) 등 크게 세 가지로 나눌 수 있으며, 조직에서는 이러한 세 가지 수준의 갈등이 복합적으로 발생한다. 이와 같은 갈등의 수준별 구분을 그림으로 표현하면 [그림 7-2]와 같다.

그림 7-2 갈등의 분류

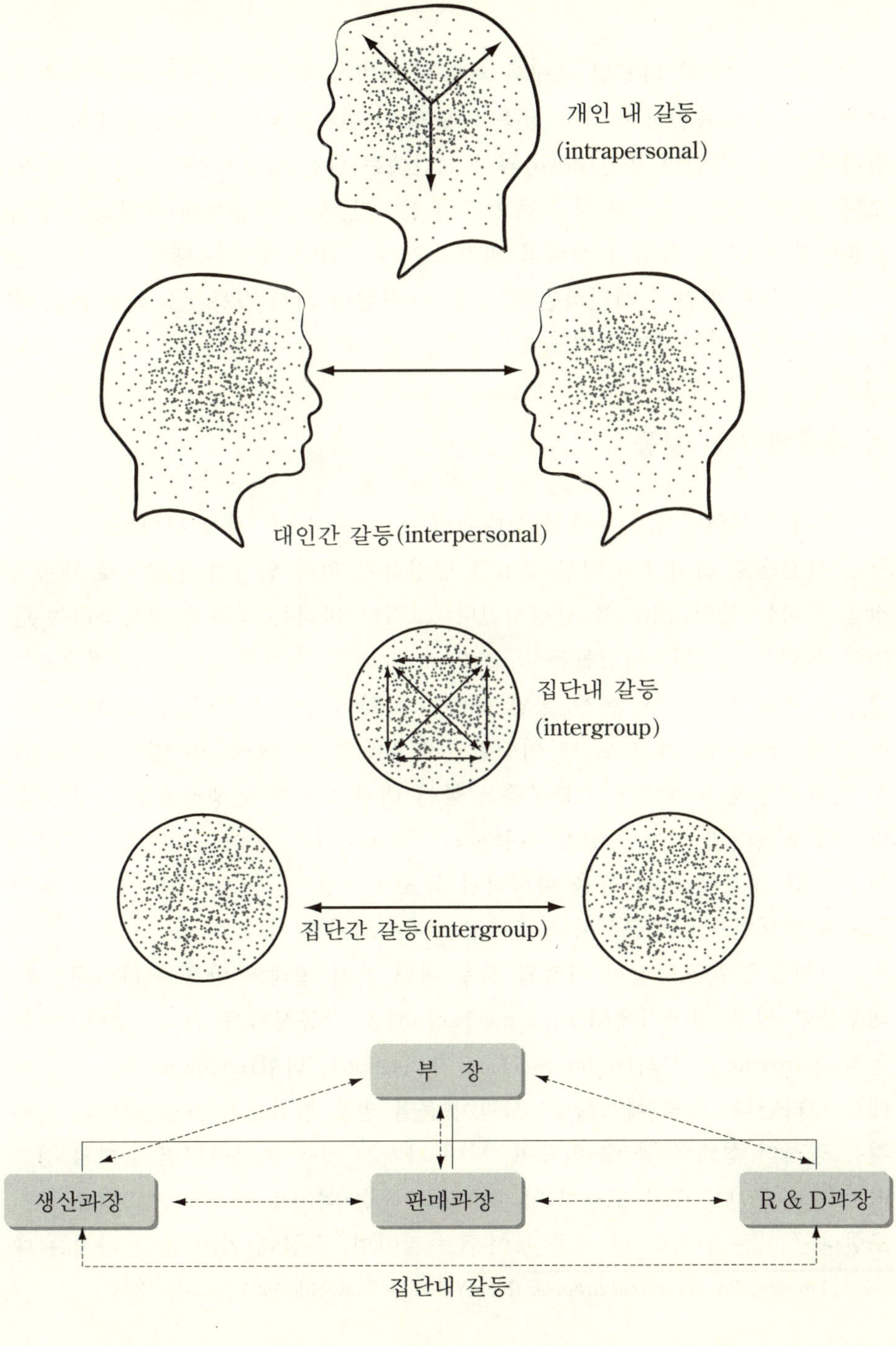
개인 내 갈등
(intrapersonal)
대인간 갈등(interpersonal)
집단내 갈등
(intergroup)
집단간 갈등(intergroup)
부 장
생산과장
판매과장
R & D과장
집단내 갈등

제 2 절 개인적 갈등

개인은 누구나 다양한 욕구와 역할을 가지고 있으며 이러한 욕구와 역할들은 서로간에 복잡하게 얽혀 상충될 뿐만 아니라 그것이 표출되는 방법도 다양하다. 또한 개인의 동인(drive)과 목표간에는 많은 장애요인이 발생할 수 있으며, 목표 자체에도 긍정적인 측면과 부정적인 측면이 동시에 존재하는 것이 보통이다. 이러한 복잡한 심리적 과정으로 말미암아 개인은 내부적으로 갈등을 겪게 된다. 따라서 개인적인 갈등은 ① 좌절에 의한 갈등, ② 목표갈등, ③ 역할갈등으로 구분하여 살펴보고자 한다.

1. 좌절에 의한 갈등

인간은 무엇인가가 부족한 상태에서 욕구(needs)를 갖게 된다. 이러한 욕구는 사람들로 하여금 어떠한 목표를 달성하기 위해 일정한 방향으로 행동을 작동케 하는 동인(drive)을 발생시킨다. 그러나 바라는 목표를 달성하려는 동인이 차단되는 경우 사람들은 좌절(frustration)을 느끼게 되고 내면적으로는 갈등을 경험하게 된다. 예를 들면 목마른 사람이 갈증을 해소하기 위해 우물에 가서 물을 마시려고 할 때 어쩐일인지 밖으로 나가는 문이 열리지 않는다고 하자. 이 경우 체내에 수분부족은 물에 대한 욕구를 발생시키고 그 사람을 밖으로 움직이게 하는 동인을 작동시킨 것이다. 또한 문이 잠겨 있기 때문에 이 사람은 우물에 가서 물을 마시려던 목표를 이룰 수 없게 되며, 이 때 닫힌 문이 장애요인으로 작용하여 목표달성을 좌절시킨 것이다.[5)]

사람들은 목표달성이 좌절될 경우 여러 가지 형태의 반응을 나타내는데, 대부분의 경우 방어기제(defence mechanism)를 작동시키게 된다. 방어기제는 공격(aggression), 철회(withdrawal), 집착(fixation), 타협(compromise) 등의 형태로 나타난다. 앞의 예에서 그 사람이 문을 발로 찬다든가 욕을 해댄다면 이것은 공격의 형태로 볼 수 있으며, 밖에 나가는 것을 포기한다면 철회의 경우라고 할 수 있다. 또한 도저히 열리지 않는 문을 억지로 열려고 계속적으로 시도한다면 이는 집착의 한 예를 보여주는 것이며, 우물에 가서 물을 마시는 대

5) F. Luthans, *Organizational Behavior* (New York : McGraw-Hill, 1985), pp.386~388.

그림 7-3 좌절과 방어기제의 예

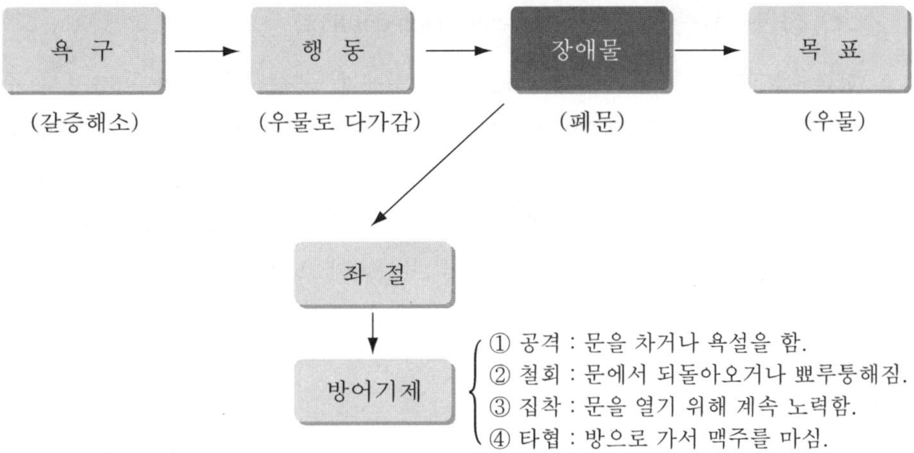

신에 방에 있던 맥주를 마신다면 타협의 예를 보여주는 것이다. 물론 이와 같은 예는 너무 단순한 것이지만, 개인이 좌절을 경험함으로써 내부적으로 갈등을 겪어 그에 따른 방어기제를 작동시키는 것을 잘 보여주고 있다(그림 7-3 참고).

여기서 분명히 기억해야 할 점은 개인이 사용하는 방어기제는 그 사람이 어떠한 방향으로 사용하느냐에 따라 개인에게 바람직한 결과를 가져다 주기도 하고 악영향을 미치기도 한다는 점이다. 목표달성의 좌절로 인해 갈등을 겪을 때 부단한 노력을 통하여 장애를 극복하거나 보다 나은 목표로 전환하여 그것을 달성한다면 개인은 보다 바람직한 결과를 얻을 수 있지만, 그로 인하여 자포자기에 빠지거나 비정상적인 행동을 한다면 그로 인하여 나타나는 결과가 바람직하지 못할 것이 분명하다. 따라서 개인은 내면적인 갈등을 보다 바람직한 목표를 달성할 수 있는 계기로 이용하는 것이 매우 중요하다.

2. 목표갈등

개인이 지닌 목표는 긍정적 속성과 부정적 속성을 동시에 지니거나 상충하는 경우가 많다. 앞에서 살펴본 좌절로 인한 갈등은 하나의 동기(motive)가 목표달성 이전에 차단됨으로써 발생하는 경우지만 목표갈등(goal conflict)은 둘 이상의 동기가 서로를 차단시켜 발생하는 경우이다. 목표갈등은 다음과 같은

세 가지로 분류할 수 있다.[6)]

(1) 접근-접근갈등(approach-approach conflict)

접근-접근갈등은 둘 이상의 목표가 개인에게 긍정적인 결과를 가져다 주기는 하지만 상호배타적일 때 발생한다. 접근-접근갈등의 예를 들면 취직 응시생이 자신이 응시했던 모든 직장에 전부 합격했을 때 이 사람은 어느 직장에 들어가야 할 것인지를 결정해야 하므로 내면적으로 갈등이 일어날 수 있다. 특히 합격한 직장이 거의 차이 없이 비슷하게 보일 때 갈등은 더욱 커진다. 하지만 일단 결정을 하고 나면 갈등은 금방 해소된다. 왜냐하면 접근-접근갈등은 인지부조화이론을 통하여 설명할 수 있기 때문이다.[7)] 사람들은 부조화상태를 경험하게 되면 그러한 부조화상태를 감소 또는 제거시키려 하고 또한 그러한 상태를 가중시킬 수 있는 상황과 정보를 회피하려고 노력한다. 앞의 예를 인지부조화이론을 통해 설명하면 자신이 원하던 직장에 전부 합격한 사람은 부조화상태를 경험할 것이고 따라서 그러한 상태를 감소시키려고 노력할 것이다. 즉 그 사람은 특정한 직장이 다른 직장보다 더 낫다고 자기 나름대로 합리화할 것이며, 일단 어떠한 선택을 한 후에는 자신이 올바른 선택을 한 것이라는 확신을 갖게 되고 그러한 확신과 반대되는 증거나 주장을 회피하려고 노력하게 된다. 그러므로 접근-접근갈등은 개인에게 일시적인 불안감을 갖게 할 뿐 별로 큰 악영향을 미치지는 않는다.

(2) 접근-회피갈등(approach-avoidance conflict)

접근-회피갈등은 어떠한 목표가 긍정적인 속성과 부정적인 속성을 동시에 지니고 있을 때 발생한다. 즉, 개인이 어떠한 목표로부터 얻어지는 결과에 끌리기도 하지만 그것을 회피하고자 하는 동기가 동시에 작용할 때 발생한다. 접근-회피갈등은 목표갈등의 가장 일반적인 형태라고 할 수 있다. 대부분의 경우 조직의 목표는 조직구성원에게 긍정적인 영향을 미칠 수 있는 동시에 부정적인 결과를 가져다 줄 수도 있다. 따라서 조직의 목표는 구성원 개인으로 하여금 많은 갈등을 느끼게 할 수도 있으며, 의사결정을 할 때에 주저하게 만드는 경우가 자주 있다. 예를 들어 장기계획을 수립하는 경영자의 경우를 살

6) *Ibid.*, pp. 391～396.

7) L. Festinger, *A Theory of Dissonance* (Cal.: Stanford Univ. Press, 1957).

펴보면 장기계획(즉, 목표)을 입안하는 단계에서 경영자는 대부분 상당한 신념을 가지고 임할 것이다. 그러나 막상 장기계획을 수립하여 이에 필요한 자원을 확보하고 실행에 옮길 단계에 들어서면 계획단계에서는 대수롭지 않게 여겨졌던 부정적인 결과들이 점점 크게 대두될 수 있다. 특히 부정적인 결과가 긍정적인 결과와 거의 같은 수준으로 지각되면 경영자는 개인적으로 상당한 갈등을 겪게 되고 심한 스트레스를 받게 되는데, 이 경우 경영자는 쉽게 의사결정을 하지 못하고 망설이게 된다. 이와 같은 갈등은 현대의 복잡한 조직에 근무하는 경영자라면 누구나 다 겪는다고 볼 수 있다. 이러한 갈등이 극심해지는 경우 신경쇠약증세나 각종 심인성질환을 발생시켜 개인을 황폐화시키기도 한다. 그러나 접근-회피갈등이 개인에게 반드시 악영향을 미치는 것은 아니다. 개인은 그러한 내부적 갈등을 통하여 보다 나은 의사결정을 할 수도 있는 것이다. 접근-회피갈등은 앞서 살펴본 인지부조화이론의 경우에서와 마찬가지로 설명할 수도 있다. 즉 개인은 어떠한 목표와 관련된 속성들의 긍정적인 측면이나 부정적인 측면 중 어느 한 쪽에 비중을 더 크게 주어 목표를 추구할 것인지 회피할 것인지의 여부를 결정할 수 있기 때문이다.

(3) 회피-회피갈등(avoidance-avoidance conflict)

회피-회피갈등은 둘 이상의 목표가 개인에게 부정적인 결과를 가져다 주기는 하지만 상호배타적일 때 발생한다. 회피-회피갈등은 접근-회피갈등만큼 개인에게 심한 스트레스를 받게 하지는 않는다. 이와 같은 갈등은 부정적인 결과를 가져오는 두 가지 목표를 모두 포기하거나 그러한 상황을 피해버리면 된다. 그러나 부정적인 결과를 초래하는 둘 이상의 목표 중 하나를 어쩔 수 없이 선택해야만 하는 경우가 있다. 예를 들면 자신의 직속상관이 마음에 들지 않아 직장을 떠나고 싶지만 달리 옮길 만한 곳이 마땅치 않은 경우 그 직장을 떠나 실업자가 되든지 아니면 꼴보기 싫은 상관 아래서 참고 일하든지 둘 중의 하나를 선택해야만 한다. 이 때 회피-회피갈등이 발생하게 된다.

지금까지 살펴본 세 가지 유형의 목표갈등은 조직에 이익을 가져다 줄 수 있다. 접근-접근갈등은 그것을 경험하는 사람에게 어느 정도 스트레스를 발생시키기는 하지만, 그러한 갈등으로부터 얻어지는 결과는 어떻든간에 최상의 결과를 가져오게 하는 것이고, 접근-회피갈등은 당사자에게 상당한 스트레스를 주기는 하지만 어떠한 목표에 대한 긍정적인 결과와 부정적인 결과를 정확히 예측하도록 노력하게 만들며, 회피-회피갈등도 당사자에게 갈등을 야기시키는 문제를 찾아내어 해결하도록 노력하는 계기를 마련해 줌으로써 궁극적으로는 조직에 도움이 될 수 있는 것이다. 그러나 접근-접근갈등을 제외한 나머지의 경우 경영자들은 목표갈등을 해소하려고 노력해야 할 것이다. 특히 경영자들은 개인의 목표와 조직의 목표간에 조화를 이루게 하는 일에 역점을 두어야 할 것이다.

3. 역할갈등

사람들은 세상을 살아가면서 여러 가지 사회적 역할을 맡게 된다. 어렸을 때는 아이로서, 자식으로서, 청소년으로서, 친구로서, 그러다가 나이가 점차 들면서부터 배우자로서, 부모로서, 조부모로서 수많은 역할을 지니며 세상을 살아간다. 또한 특정한 시점이 되면 누구나 다 여러 가지 역할을 동시에 지닌다. 가정에서는 아버지와 남편, 그리고 아들로서, 직장에서는 부하, 상사, 동료 또는 특정 부서의 경영자로서, 외부에서는 조기축구회 회원이나 낚시회 회원으로서 상황에 따라 각기 다른 역할을 수행하고 있다. 어떤 개인이 갖는 여러 가지 역할은 그 사람의 행동에 전부 영향을 준다고 볼 수 있지만 조직행동의 연구에서는 그 사람이 조직에서 수행하는 역할이 가장 중요하다고 본다. 일반 근로자, 일선 감독자, 판매직 사원, 엔지니어, 부서경영자, 부사장, 사장 등 구체적으로 어떠한 역할을 맡고 있느냐에 따라서 그 사람에 대한 요구와 기대는 달라지기 때문이다.

(1) 역할내 갈등과 역할간 갈등

인간이 조직에서 수행하는 역할의 차이로 인하여 역할갈등이 생기게 되는데, 역할갈등(role conflict)에는 역할내 갈등(intrarole conflict)과 역할간 갈등(interrole conflict)이 있다. 이러한 두 가지 유형의 역할갈등을 설명하기 위해 중간경영자를 예로 들면 모든 조직의 중간경영자는 자신의 업무를 상위관리층의 입장에서 파악해야 하는 동시에 자신의 부하직원들의 입장에 서서 업무를 처리해야만 한다. 즉 상위관리층과 부하직원들의 중간에서 중개자역할을 함으로써 전체조직의 목표나 방침과 부하직원들의 행동간에 조화를 이루어야만 하는 것이다. 이러한 과정 속에서 중간경영자가 느끼는 갈등이 역할내 갈등이다. 한편 중간경영자는 부하직원들에게는 상사로서의 역할을 수행하지만 상위경영자들에게는 부하로서의 역할을 수행한다. 즉 중간경영자들에 대해 상위자들은 상위자들대로 특정한 행동을 요구하며, 또한 부하직원들은 부하직원들대로 특정한 행동을 기대한다.

상위자들이 요구하는 역할과 부하직원들이 기대하는 역할이 다를 경우 중간경영자는 역할간갈등을 경험하게 되는 것이다. 다시 말하면 부하로서의 역할과 상사로서의 역할간에 갈등이 일어나는 것이다.

(2) 역할갈등의 관리

복잡한 현대조직에 근무하는 조직구성원들은 누구나 다 불가피하게 역할갈등을 경험한다. 따라서 중요한 문제는 역할갈등을 어떻게 해소하고 관리해야만 하느냐 하는 점이다. 역할갈등에 대한 연구를 살펴보면, 역할갈등은 의사결정참여 및 조직구조에 관한 변수(예를 들어 통제의 폭 또는 공식화 정도 등)와 유의적인 상관관계가 있음이 밝혀지고 있다.[8] 이러한 연구에서는 역할갈등을 해소하려면 의사결정에 대한 참여를 높인다든가, 규정과 절차의 공식화 정도를 높여야 한다는 등의 제안이 나오고 있다.

필리와 하우스(A. C. Filley & R. J. House)는 역할갈등에 대한 기존의 연구결과를 광범위하게 검토한 결과 일반적으로 역할갈등은 조직에 바람직하지 못한 결과를 가져다 주기는 하지만, 역할갈등을 완전히 해결하는 것만이 능사가 아니라는 사실을 밝혀냈다.[9]

역할간갈등이 발생했을 때 그것을 해결하는 가장 간단한 방법은 여러 역할 중 어느 한 쪽을 택하는 길인데, 그럴 경우에 일시적으로 문제가 해결될 수는 있겠지만, 이는 차후에 더 큰 문제를 발생시킨다. 따라서 경영자들은 역할갈등의 존재를 인식하고 그 원인과 결과를 철저히 이해하여 가능한 한 효과적으로 관리할 수 있는 방안을 모색해야 할 것이다.

---

8) J.H. Morris, R. Steers, and J.C. Koch, "Influence of Organization Structure and Role Conflict and Ambiguity for Three Occupational Groupings," *Academy of Management Journal* (March 1979), pp. 58～71.

9) A.C. Filley and R. J. House, *Managerial Process and Organizational Behavior* (Glenview, I11.:Scott, Foresman, and Company, 1969), p.315.

제 3 절 대인적 갈등과 해결방안

대인적 갈등(interpersonal conflict)이란 개인과 개인간의 인간관계에서 발생하는 갈등으로서 조직구성원들이 추구하는 목표, 가치관, 신념, 사고방식, 태도 등의 차이 때문에 구성원들간에 발생하는 갈등을 말한다. 따라서 구성원 개인간에 겪는 갈등은 구성원들의 상호작용에서 매우 중요하며, 개인간의 갈등을 분석하는 가장 보편적인 방법은 교류분석(transactional analysis)을 이용하는 방법과 조하리 창(Johari window)을 이용하는 방법이 있다.

1. 교류분석

교류분석(transactional analysis)은 에릭 번(Eric Berne)[10]이 인간의 행동을 이해하고 분석하기 위해 개발한 방법으로서 해리스(Thomas Harris)[11]가 일반화시켰다. 교류분석은 처음 정신분석(psychoanalysis)의 한 가지 방법으로 개발되었으나 최근 들어 대인관계분석이나 종업원의 반응예측 등 조직구성원의 행동연구에 널리 응용되고 있다.

교류분석은 프로이드 심리학(Freudian psychology)에서 파생되었는데, 많은 사람들이 알다시피 프로이드(S. Freud)는 인간의 성격의 내면에는 행동을 자극, 감시, 통제하는 세 가지 요소가 있음을 최초로 주장한 사람이었다.[12] 그러나 그가 개발해 놓은 개념들은 일반인들이 오랜 훈련을 거치지 않고서는 이해하고 응용하기가 어려웠다. 그러나 교류분석은 누구나 다 이해할 수 있는 평이한 용어들을 사용하여 정신분석이나 심리요법(psychotherapy)에 대한 전문지식이 없는 사람일지라도 누구나 쉽게 활용할 수 있게 하였다. 이러한 이유때문에 교류분석은 조직구성원들의 행동을 이해하는 데 널리 사용되고 있다.

사람은 누구나 다른 사람과 구분되는 특유의 행동패턴을 갖고 있는데, 이는 오랜 기간을 거치면서 이루어진 것으로서 그 사람의 성격을 형성한다. 이와 같은 행동패턴은 사람마다 정도의 차이는 있어도 세 가지 자아상태에서 우

10) E. Berne, *Games People Play* (New York: Grove Press, Inc., 1964).

11) T. Harris, *I'm OK-You're OK: A Practical Guide to Transational Analysis* (New York: Harper & Row. 1969).

12) S. Freud, *The Ego and Id* (London: Hogarth Press, 1927).

러나온 것이다. 교류분석에서는 모든 사람들은 각기 정도의 차이가 있지만 어린이 자아상태(child ego state), 어른 자아상태(adult ego state), 어버이 자아상태(parent ego state)등 세 가지 자아상태를 지니고 있다고 본다. 즉 남녀노소 구분 없이 누구나 어린이 자아상태, 어른 자아상태, 어버이 자아상태를 전부 지니고 있다고 본다. 이러한 개념들은 프로이드가 내놓은 이드(id), 자아(ego), 초자아(super ego) 등의 개념과 대응되는 개념이다.

(1) 어린이 · 어른 · 어버이 자아상태

교류분석의 기저에 깔린 논리는 자아상태를 관찰할 수는 없겠지만 행동은 관찰이 가능한 것이므로 관찰된 행동을 통하여 그 행동을 하는 순간 세 가지 자아상태 중 어느 자아상태가 작용하는가를 추론할 수 있다는 것이다.[13] 세 가지 자아상태의 특징을 간단히 살펴보면 다음과 같다.

(가) 어린이 자아상태 이는 어린애와 같이 충동적으로 행동하는 상태를 말하는 것으로서 무조건 복종하고 순응하거나 아니면 반항하고 대드는 등 감정에 치우치는 특징을 지닌다.

(나) 어른 자아상태 인격적으로 성숙한 성인처럼 행동하는 상태를 가리키는 것으로서 이 때 자신에게 당면한 문제를 냉정하고 합리적으로 처리해 나간다. 즉 문제해결과 관련된 정보를 수집하고 세밀히 분석하여 여러 가지 대안을 탐색함으로써 논리적인 행동을 하게 된다. 따라서 어른 자아상태에서는 충동적인 행동을 삼가고 어느 한 쪽에 치우친 행동을 하지 않음으로써 공정성과 객관성을 유지한다.

(다) 어버이 자아상태 이는 자식들에게 엄한 어버이와 같이 행동하는 상태를 말하는 것으로서 어버이 자아상태에 있는 사람들은 타인을 대할 때 엄격하고 비판적인 태도를 취한다. 이들은 "그렇게 하면 안 된다", "그렇게 해야 한다", "그것은 옳다", "그것은 그르다" 하는 식으로 상대방을 어린애 취급을 하여 명령을 하는 경향이 있다.

사람들은 경우에 따라 위와 같은 세 가지의 모든 자아상태에서 행동하게 된다. 이러한 세 가지 자아상태에서 균형을 이루고 있는 사람은 건전한 성격을 갖고 있는 사람이다. 그러나 사람들은 때에 따라서 하나 또는 두 가지의 자아상태에서만 행동하는 경우가 종종 있다. 이러한 경우 다른 사람의 자아상태

13) E. Berne, *Principles of Group Treatment* (New York: Oxford University Press, 1964), p. 281.

가 어디에 놓여 있느냐에 따라 갈등이 발생하게 된다.

사람들은 자기 특유의 행동패턴을 자신의 일생을 통하여 반복하는 경향이 있다. 교류분석에서 교류(transaction)란 기본적인 관찰단위를 말하며, 교류는 하나의 자극과 반응으로 이루어진 일종의 의사교환행동으로 본다. 예컨대 우리가 어떤 사람에게 칭찬의 말을 던졌을 때 그 사람이 고맙다고 말했다면 칭찬하는 것은 자극이라고 볼 수 있고 고맙다고 하는 것은 반응이라고 볼 수 있다. 교류분석의 목표는 개인이 상호작용을 할 때 어린이, 어른, 어버이 자아상태 중 어떠한 자아상태가 자극이나 반응을 일으키는지를 발견하기 위한 것이다. 이러한 분석을 통하여 상호작용을 하고 있는 사람들의 행동에서 어떤 자아상태가 가장 큰 영향을 미치고 있는가를 알 수 있다.

(2) 상호교류의 종류

사람들이 상호작용(상호교류)을 할 때 특정인의 자아상태가 무엇인지보다는 그 사람의 자아상태가 상대방의 자아상태와 조화를 이루는가 아니면 갈등을 일으키는가의 여부가 훨씬 중요한 문제로 작용한다. 사람들은 상호작용을 할 때 서로 특정한 자아상태에서 자극을 가하고 반응을 하는데, 서로 어떠한 상태에서 자극을 가하고 반응하느냐에 따라서 교류는 상호보완적 교류(com-

그림 7-4 상호보완적 교류

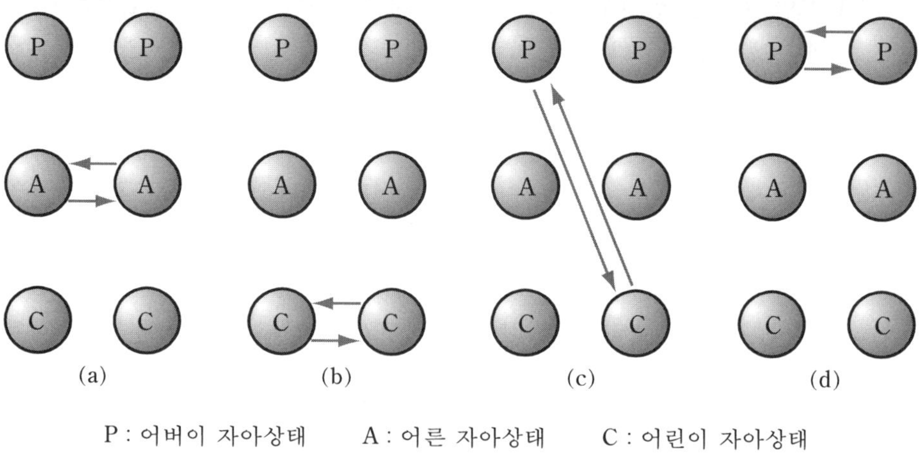

P : 어버이 자아상태 A : 어른 자아상태 C : 어린이 자아상태

plementary transactions), 상호교차적 교류(crossed transactions), 동기은폐적 교류(ulterior transactions)등 세 가지로 구분한다.[14] 이러한 교류형태를 분석하는 것이 교류분석의 핵심이다.

1) 상호보완적 교류

두 사람이 상호작용을 할 때 한 사람이 특정 자아상태에서 상대방의 특정한 반응을 기대하며 메시지를 보내거나 행동을 보였을 때(즉 자극을 가했을 때) 상대방이 예상했던 대로의 반응을 보여주는 교류형태를 말한다. 상호보완적 교류는 어른 자아와 어른 자아, 어린이 자아와 어린이 자아, 어버이 자아와 어버이 자아간의 의사교류이다. [그림 7-4(c)]의 경우의 예를 들면, 과장이 부하직원에게 "김대리, 지난번에 제출한 보고서는 너무 엉성했어요. 앞으로는 좀 꼼꼼하게 일을 처리해 주길 바래요"라고 말했을 때, 그 부하직원이 "잘 알겠습니다, 과장님. 다음부터는 주의하겠습니다"라고 대답했다면 이는 어른 자아와 어린이 자아의 상호보완적 교류이다.

2) 상호교차적 교류

이는 상호보완적 교류와는 달리 자극에 대한 반응이 적절하지 않거나 예상할 수 없으며 자극을 보내는 사람이 기대했던 바와는 상이한 반응이 나타나는 교류를 가리킨다. 즉 상호작용에서 한 사람이 특정 자아상태에서 상대방의 특정한 자아상태를 기대하고 자극을 가했을 때, 예상과는 전혀 다른 자아상태에서 상대방이 반응하는 경우를 말한다. 예컨대 '갑'이라는 사람이 동료인 '을'에게 "이번에 야유회 가는 일에 대해서 계획을 같이 세워보지 않겠나?"라고 제의했을 때, '을'이 "그 일은 자네가 맡은 일 아닌가! 자네가 알아서 할 일이지 왜 나까지 끌어들이려고 해!"라고 반응하는 경우이다. 이와 같은 경우 '갑'은 '을'이 어른 자아상태에서 반응할 것을 기대하고 자극을 보냈으나 '을'은 어버이 자아상태에서 반응한 것이다. 이와 같은 관계는 [그림 7-5]에 잘 나타나 있다.

3) 동기은폐적 교류

이는 상호작용을 할 때 어느 한 쪽이 겉으로는 특정한 메시지를 보내거나

14) M. James and D. Jongeward, *Born to Win*(Reading, Mass.: Addison-Wesley, 1971), p. 24.

그림 7-5 상호교차적 교류

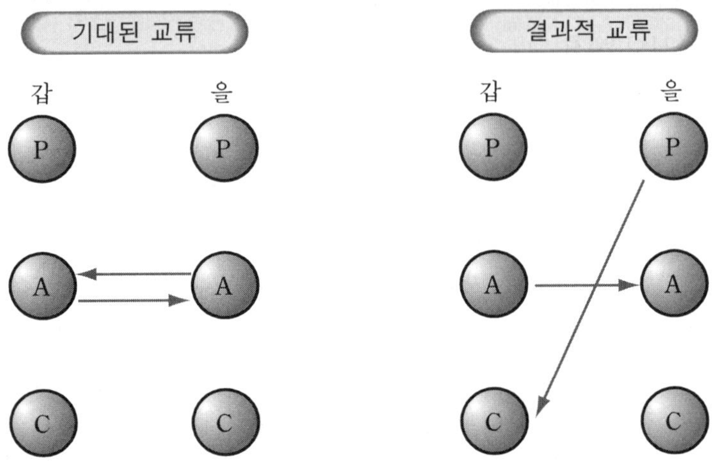

행동하는 것처럼 보이나 사실은 그와 다른 자극을 보내는 경우로서 실제로 전달하고자 하는 메시지가 은폐된 교류를 말하며, 이러한 형태의 교류는 앞의 두 가지 경우보다 훨씬 복잡하고 미묘하게 이루어진다. 예를 들어 어떤 경영자가 부하직원들에게 "문제가 있으면 언제든지 나하고 허심탄회하게 의논하여 해결책을 강구해 보도록 합시다" 라고 말하기는 하지만, 이 사람이 마음 속에 품고 있는 생각이 "문제가 있으면 자기 스스로 해결할 일이지, 왜 나한테까지 가져와서 성가시게 구는거야!"라는 식이라면, 이는 동기은폐적 교류이다. 이러한 예가 [그림 7-6]에 잘 나타나 있다. 그림에서 실선은 겉으로 들어나는 메시지이지만 점선은 실제로 전달하고자 하는 메시지를 나타낸다. 지금까지 사람들간의 상호작용에서 이루어지는 교류형태를 교류분석에 근거하여 살펴보았다. 세 가지 교류형태 중 상호작용을 하는 당사자들간에 갈등이 발생할 소지가 가장 적은 것은 상호보완적 교류이다. 특히 어른 자아상태와 어른 자아상태간에 이루어지는 교류가 가장 바람직하다. 상호보완적 교류에서는 의사소통도 비교적 원활히 이루어지고 상호간의 이해가 돈독해질 수 있다.

사람들이 상호간에 교류할 때 갈등이 발생할 소지가 많은 경우는 상호교차적 교류와 동기은폐적 교류이다. 전자의 경우 당사자들이 감정을 상하거나 좌절감을 맛보게 되어 갈등이 발생하기 쉬운데, 이로 인하여 이후의 교류가 중단되는 등 장기적으로 볼 때 역기능을 초래한다. 후자의 경우에는 상대방의

그림 7-6 동기은폐적 교류

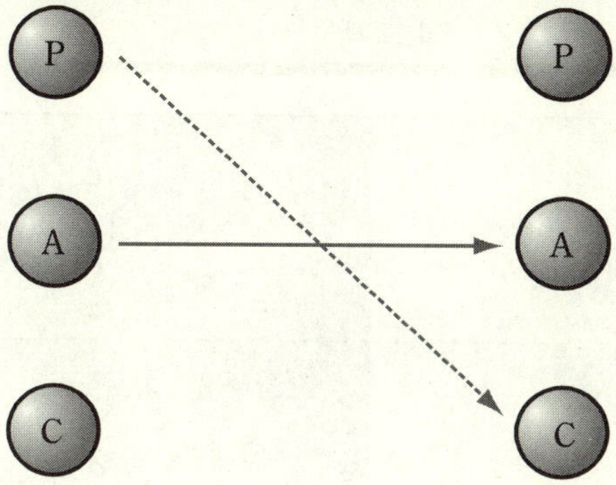

의중을 알 수 없기 때문에 그에 따른 반응이 적절하게 이루어질 수 없으며, 이로 인하여 서로간에 갈등이 심화되는 경우가 많다.

2. 조하리 창

조하리 창(Johari window)은 교류분석과 함께 대인관계분석에서 널리 활용되고 있으며, 이는 조셉 루프트(Joseph Luft)와 해리 잉검(Harry Ingham)에 의해 개발되었다. 조하리 창은 처음에는 대인관계의 유형을 설명하기 위해 개발된 것이었으나 대인관계능력의 개선방향이나 대인간갈등의 원인을 설명하는 데 자주 활용되고 있다.[15)]

세상을 살아가다 보면 우리는 '나도 내 자신을 잘 모르겠다'고 느끼는 경우가 있으며, 나도 깨닫지 못했던 내 자신의 참모습을 다른 사람들이 일깨워 주는 경우가 종종 있다. 조하리 창은 자신(self)과 타인(others)에게 투영되는 자기의 모습을 통하여 대인관계에서의 갈등원인을 설명하고, 그 해결방안을 제시함으로써 대인관계능력의 개발방향을 제시해 주고 있다. 조하리 창은 [그림 7-7]과 같이 크게 네 부분으로 구성되어 있으며, 각 부분의 특징을 간단히 살펴보면 다음과 같다.

1) 개방의 장(open area)

이는 자기 자신(즉, 나)에 대하여 자신도 알고 타인도 알고 있는 부분이

15) F. Luthans, *op, cit.*, pp. 401~404.

그림 7-7 조하리 창

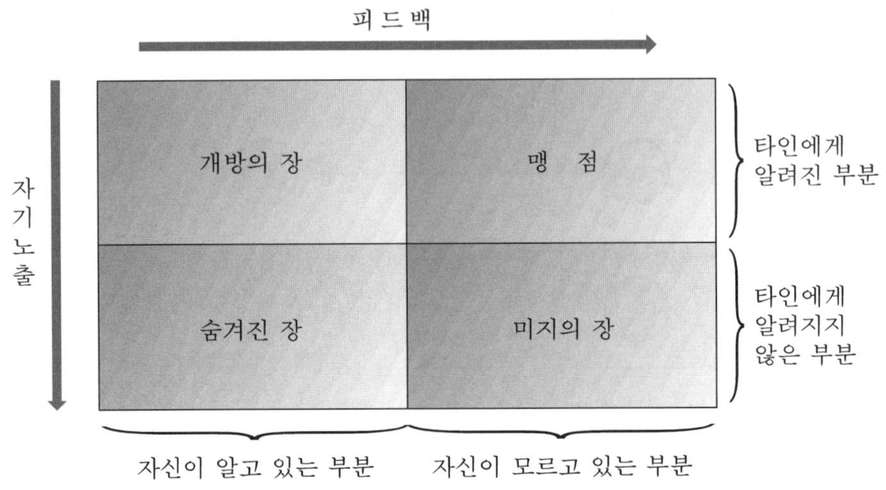

자료 : J. Luft, "The Johari Window," *Human Relations and Training News* (January 1961), pp. 6~7.

다. 이러한 상태에서는 타인에 대해 개방적이고 조화를 잘 이루기 때문에 타인과 갈등을 일으킬 소지가 거의 없다.

2) 맹 점(blind area)

이는 타인에게는 알려져 있지만 자기는 모르고 있는 부분을 말한다. 이러한 상태에서는 나의 감정이 상할까봐 상대방아 나에게 어떠한 말을 해 주길 꺼리기 때문에 의사소통이 원활하지 못하여 갈등이 발생할 가능성이 잠재해 있다.

3) 숨겨진 장(hidden area)

이는 다른 사람들은 모르고 자가 자신만이 알고 있는 자신의 은밀한 부분을 말한다. 이러한 상태에서는 자신의 숨겨진 부분이 다른 사람들에게 노출될 때 다른 사람들이 어떻게 반응할지를 두려워하여 자신의 감정과 태도를 숨기는 경우가 많으므로 맹점과 마찬가지로 갈등의 소지가 잠재해 있다.

4) 미지의 장(unknown area)

자기 자신도 모르고 다른 사람들도 모르는 부분을 말한다. 이러한 상태에서는 상호간에 오해가 발생하는 것이 거의 필연적이라고 할 수 있으므로 거의 항상 갈등이 발생한다.

이와 같은 네 부분 중 개방의 장이 차지하는 넓이가 가장 넓은 사람은 타인과 갈등을 일으킬 가능성이 가장 작다고 볼 수 있다. 반면 나머지 세 개 부분 중 어느 한 부분이 큰 경우에는 대인관계에서 갈등을 일으킬 가능성이 가장 높다고 볼 수 있다.

요컨대 조하리 창 모형에 의하면 대인관계가 원활히 이루어지지 못하고 개인간에 갈등이 발생하는 것은 자기가 자기 자신을 모르는 부분과 타인이 모르는 자신의 부분이 크기 때문이다. 그러므로 자기가 모르고 있는 자신의 부분은 다른 사람들로부터 피이드백을 받아 좁혀 나가고, 남이 모르는 자신의 부분은 자기노출을 통하여 좁혀 나감으로써 개방의 장을 넓혀 나간다면 대인관계가 원만해질 뿐만 아니라 개인간의 갈등이 발생할 가능성은 점차 줄어들 것이다.

3. 대인간 갈등의 해결방안

지금까지 교류분석과 조하리창 분석을 중심으로 대인간의 갈등을 설명하였다. 도중에 어느 정도는 대인간의 갈등에 대한 해결방안에 실마리를 얻을 수 있었으리라 생각된다. 대인간의 갈등에 대한 해결방안은 보다 구체적으로 설명하면 다음과 같은 3가지 측면에서 살펴볼 수 있다.

첫째, 양자가 모두 손해를 보는 방법(lose-lose approach)이 있다. 즉 서로 양보하거나 타협을 해서 해결하거나 제 3 자인 중재자나 법률에 의뢰하여 문제를 해결하는 방법으로서 3 가지 방법 중 가장 바람직하지 못한 방법이다.

둘째, 누가 이기거나 승자를 결정하는 방법(win-lose approach)이 있다. 즉 서로 경쟁상태에 있는 한 편이 이기게 되면 다른 편은 지게 되는 방법으로 미국을 중심으로 한 산업사회의 현장에서 흔히 볼 수 있다. 예를 들면 상사와 부하관계, 라인과 스탭관계, 노사관계 등이다. 이 방법은 서로 모두에게 이익이 되는 방법을 무시하고 어느 한 편이 져야 문제가 해결된다는 단점이 있다.

셋째, 양자가 모두 이익을 보는 방법(win-win approach)이 있다. 이 방법이 대인간의 갈등 해결을 위한 가장 바람직한 방법으로서 양자가 모두 만족할 수 있는 선에서 모든 갈등을 해결할 수만 있다면 얼마나 좋을까.

제 4 절 집단간 갈등

일반적으로 조직적 갈등(organizational conflict)이란 집단간 갈등(intergroup conflict)을 의미한다. 왜냐하면 좀더 넓은 시각에서 볼 때 집단간 갈등은 개인내 갈등과 개인간 갈등을 이미 포함하고 있기 때문이다.

1. 집단간 갈등의 결과

집단간 갈등이 발생했을 때 그 결과는 어떠한가? 집단간 갈등의 결과로 인하여 집단 내부의 변화와 집단간의 관계변화가 나타난다. 이에 대해 차례대로 설명하기로 하자.[16)]

(1) 집단 내부의 변화

집단간의 갈등은 집단 내의 다음과 같은 여러 가지 변화를 가져온다.

1) 집단응집력 증가(increased group cohesiveness)

한 집단이 다른 집단과 경쟁을 한다든가 갈등을 겪는다든가 외부적인 위협을 받을 때, 그 집단의 구성원들은 의견이 일치하게 되고 서열에 관계 없이 밀접한 관계를 갖게 되어 결속력이 강화된다. 그렇게 함으로써 자신이 속한 집단을 보다 매력적인 것이라고 생각하며 집단에 대한 충성심도 커진다.

2) 독재적 리이더의 등장(rise in autocratic leadership)

갈등이 매우 심화되어 심각한 위기가 닥치게 되면 민주적인 리더십은 인기를 잃게 된다. 이러한 상황에서 구성원들은 보다 강력한 리더십을 요구하게 되며 따라서 리더들은 독재적인 리더십을 발휘하게 되는 것이다.

3) 활동의 강화(focus on activities)

집단이 갈등을 겪게 되면 보다 과업지향적이 된다. 따라서 구성원들이 빈

16) J. L. Gibson, J. M. Ivancevich, and J. H. Donnelly, Jr., *Organizations: Behavior, Structure, Proceses*, 6th ed. (Plano, Tex.: Business Pub., Inc., 1988), pp. 314～316.

둥거리며 노는 것이 용납하지 않으며, 개인적인 만족만을 추구하는 것을 삼가고 오직 집단의 과업수행에 열중하게 된다. 집단이 같은 활동을 열심히 수행함으로써 '적'(갈등을 일으키고 있는 집단)을 물리쳐야 한다는 생각이 강조되는 것이다.

4) 충성심의 강조(emphasis on loyalty)

집단이 갈등을 겪고 있을 때는 집단의 규범에 대한 복종이 중시된다. 이때 집단의 목적이 개인의 만족보다 우선하고 집단의 구성원들은 충성심을 발휘해야 하는 것으로 기대된다.

갈등이 매우 심한 경우에는 상대방 집단의 구성원과 접촉만 해도 집단의 규범을 어긴 것으로 의심 받기도 한다.

(2) 집단간의 관계변화

집단간의 갈등은 집단상호간의 관계에 다음과 같은 변화를 가져온다.

1) 지각의 왜곡(distorted perceptions)

집단간에 갈등을 겪고 있을 때 각 집단의 지각이 왜곡될 수 있다. 각 집단은 서로 자기 집단이 다른 집단들보다 더 중요하다고 주장하여, 자기 집단이 조직의 생존에 가장 중요한 역할을 수행하고 있다고 스스로 지각하게 된다. 예컨대 마케팅부서는 "우리가 상품을 제대로 팔지 못하면 조직은 생존할 수 없으므로 우리 부서가 가장 중요하다"고 주장하나, 생산부서에서는 "우리가 물건을 만들지 않으면 팔 수조차 없지 않느냐!" 하는 주장이 나온다.

2) 상동적 태도(negative stereotyping)

집단간에 갈등이 심화되고 지각의 왜곡이 커져갈수록 이전에 존재했던 상동적 태도가 강화된다. 즉 상대집단에 대한 경직된 편견이 점점 커지게 된다. 부정적인 상동적 태도가 존재할 때에는 각 집단들은 자기 집단 내에 존재하는 구성원들간의 차이점은 실제로 존재하는 것보다 적게 존재한다고 생각하며, 다른 집단과 자기 집단과의 차이는 실제 존재하는 것보다 훨씬 크게 존재한다고 생각하는 경향이 있다.

3) 의사소통의 감소(decreased communication)

집단간에 갈등이 심화되면 의사소통은 감소하게 되고 심지어 단절되기도 한다. 의사소통의 감소는 해당 집단들의 순차적인 상호의존성이나 교호적 상호의존성을 갖고 있는 경우 조직에 상당한 악영향을 미칠 수 있다. 서로 중대한 상호의존관계의 집단들간에 의사소통이 단절되는 경우 조직 전체를 위기로 몰고갈 수도 있다.

2. 집단간 갈등의 원인

그렇다면 이와 같은 갈등을 발생시키는 원인은 무엇인가? 현대의 복잡한 조직 내에는 여러 가지 집단이 존재한다. 이러한 집단들은 공식적인 성격을 띤 것도 있고 비공식적 성격을 띤 것도 있다. 모든 개인간에 차이점이 있는 것과 마찬가지로 모든 집단들 사이에도 차이점은 존재하기 마련이다. 따라서 집단들간에도 상당히 많은 갈등이 발생하는데, 이러한 갈등의 원인은 다음과 같다.

(1) 상호의존성(interdependence)

조직 내의 집단들이 각기 과업을 효과적으로 수행하기 위하여 협조, 정보교환 및 그 밖의 협동적인 활동이 서로 의존하고 있는 상태를 상호의존성이라고 한다. 상호의존성은 다음과 같은 세 가지 범주로 구분할 수 있다.[17)]

1) 공통적 상호의존성(pooled interdependence)

각 집단이 별개로 과업을 수행하고 있기 때문에 서로간에 상호작용을 하지는 않지만, 모든 집단들의 성과가 모여져서 전체 조직의 성과를 결정짓는 경우를 말한다. 예컨대 특정 지역의 판매원들이 다른 지역의 판매원들과 상호작용을 하지는 않지만, 각 판매원들의 성과가 좋아야만 전체 조직의 성과가 향상된다. 이 경우 각 집단은 상호의존관계가 아닌 것처럼 보이지만, 모든 집단들이 과업을 성공적으로 수행해야만 조직 전체의 번영이 기대될 수 있으므로 사실상 상호의존관계에 있다고 보아야 한다. 공통적 상호의존성의 상황하에서는 갈등이 발생할 가능성이 그다지 크지 않다.

17) J. Thompson, *Organizations in Action* (New York: McGraw-Hill, 1967), pp. 54~55.

2) 순차적 상호의존성(sequential interdependence)

하나의 집단이 과업을 완전히 수행해야만 또 다른 집단의 과업이 가능한 경우를 말한다. 예컨대, 어떤 제품을 생산하는 공장에서 제품을 완전히 조립한 후에 페인트를 칠하는 작업을 한다면 조립부서가 작업을 완수해야만 도장부서에서는 페인트칠을 할 수 있다. 즉 순차적 상호의존성이란 집단의 작업결과가 다른 집단의 투입물로서 사용되는 경우를 가리킨다. 이러한 경우 갈등이 발생할 가능성은 상당히 높다. 투입물로 써야 할 재공품을 보내 주어야 할 부서에서 과업을 엉성하게 수행하면 그 물품을 받아 작업해야 하는 부서에서는 불만이 발생하므로 갈등이 발생할 가능성이 상당히 크다.

3) 교호적 상호의존성(reciprocal interdependence)

집단들이 서로간에 상대방 집단에게 투입물을 제공하기도 하고 상대방 집단의 산출물을 받아 투입물로 쓰기도 하는 경우를 말한다. 예를 들어 생산부서는 제품을 생산하여 마케팅 부서에게 넘겨줌으로써 생산부서의 산출물이 마케팅부서의 산출물이 되기도 하지만 품질에 대한 소비자들의 태도나 소비자들의 제품선호도와 같은 자료를 마케팅부서로부터 공급받으므로 생산부서와 마케팅부서는 교호적 상호의존관계를 맺고 있다.

이와 같은 세 가지 상호의존성 중 순차적 상호의존성의 경우 갈등이 발생할 가능성이 제일 높다. 앞의 집단에서 일을 완결하지 않고 남겨 놓는다면 후속집단은 과업을 수행할 수 없게 되며, 이 경우 후속집단은 앞의 집단에 대해 어떠한 보복도 할 수 없는 입장에 처하게 되므로 갈등이 심화될 공산이 크다.

집단들의 상호의존성과 갈등간의 관계는 직접적인 것은 아니다. 상호의존성은 집단간의 관계를 강화시키며 따라서 집단간에 상호작용이 강요될 때 갈등의 잠재력은 확대되는 것이다. 그렇다고 하여 상호의존성이 반드시 갈등으로 이어지는 것만은 아니며, 상호의존성은 오히려 집단간의 관계를 친밀하고 협동적인 관계로 발전시킬 수도 있다.

(**2**) 목적의 차이(goal differences)

조직 내의 집단(또는 단위부서)들이 점점 전문화되어감에 따라 각 집단들은 상이한 목적을 지니게 된다. 예컨대 생산부서의 목적은 생산비용의 절감과 불량품 감소에 있지만, 연구개발부서의 목적은 상품화가 가능한 혁신적인 신제품개발에 있으므로 두 집단은 각기 자기 집단의 구성원들에게 상이한 행동을 요구할 수 있다. 따라서 두 집단의 구성원들은 어떤 문제를 대할 때 상이한 시각을 갖고 임하기 때문에 갈등이 발생할 소지가 큰 것이다. 집단간의 목적의 차이는 자원이 한정되어 있는 경우와 평가기준과 보상시스템에 차이가 있는 경우 더욱 더 커진다.

조직 내에 존재하는 자원은 희소하므로 각 집단에 필요한 만큼씩만 할당되어야 한다. 만일 조직 내에 자원이 무한정 존재한다면 각 집단은 그 나름대로의 목적을 추구하면 되는 것이다. 그러나 대부분의 경우 둘 이상의 집단의 물리적 공간, 설비 운영자금, 스탭 서비스 등 한정된 자원을 공동으로 사용하고 있다. 따라서 각 집단은 자신의 목적추구에 필요한 자원을 될 수 있는 한 많이 확보하기 위해서 자신들의 목적이 정당하다는 점을 앞세우기 때문에 목적의 차이가 더욱 커진다.

최고경영자가 각 부서들을 통합하여 일괄적으로 평가 · 보상하지 않고 각 부서별로 그 업적을 평가 · 보상하게 되면 갈등은 심화된다. 예컨대 장기적이고 경제적인 운영에 중점을 두는 생산부서는 그에 따른 보상을 받지만, 판매부서는 많은 고객들에게 물품을 신속하게 인도하는 데 따른 보상을 받게 된다. 그러므로 각 집단은 자신들의 목적을 추구하여 보상을 받으려 한다. 즉 생산부서는 비용을 최소화해 주는 최소의 가동을 유지하는 데 따라 보상을 받는 데 비해 판매부서는 신속성에 의하여 보상을 받으므로 각 집단이 추구한 목적은 차이가 날 수밖에 없다.

(3) 지각의 차이(differences in perceptions)

각 집단들의 목적이 차이를 보인다면 각 집단의 지각도 차이가 나기 마련이다. 각 집단이 현실을 지각하는 데 있어서 차이가 크면 클수록 각 집단의 갈등을 일으킬 수 있는 잠재성은 더욱 커진다. 각 집단이 현실을 각기 다르게 지각하는 원인은 추구하는 목적의 차이에서 찾아볼 수 있다. 각 집단이 추구하는 목적이 다르다면 사물을 이해하는 기본적인 시각이 달라지기 때문에 지각의 차이가 발생할 수 있다.

또한 각 집단의 지각의 차이는 각기 다른 시야(time horizons)에서 활동하게끔 하는데, 예를 들어 연구개발부서는 수년에 걸친 장기적인 시야를 염두에 두고 활동을 하는 반면, 생산부서는 대부분 1년에 국한하여 계획을 수립하고 활동을 하게 된다.

이러한 상이한 시야의 차이 때문에 어떤 집단에게는 매우 중요한 문제가 다른 집단에게는 전혀 문제가 되지도 않는 경우가 자주 있기 때문에 갈등이 빚어질 가능성이 크다.

각 집단은 나름대로의 지위(status)를 갖고 있으며 각 집단이 정기적으로 접촉하고 있는 집단과 지위나 권력에서 차이가 있다고 지각할 때 갈등이 발생할 수 있다. 예컨대 지위가 높은 집단이 지위가 낮은 집단에게 명령을 받거나 그에 의존해야 할 경우 갈등이 발생한다. 즉 어떠한 집단이 지각하고 있는 자신의 신분이나 지위가 실제에 있어서는 다르게 나타나는 지위 · 신분상의 불일치가 있을 때 갈등이 발생하게 된다. 지위 · 신분상의 불일치가 갈등을 초래한다는 훌륭한 연구사례는 식당을 대상으로 실시하였던 화이트(W.F. Whyte)의 고전적인 연구에서 찾아볼 수 있다.[18] 화이트는 낮은 지위의 웨이트리스가 높은 지위의 주방장에게 명령을 함으로써 갈등이 초래되는 것을 발견하였다. 이 경우 주방장의 지위는 웨이트리스보다 높은 것이 분명하지만 실제에서는 웨이트리스가 주방장에게 명령을 하게 됨으로써 지위 · 신분상의 불일치가 생김으로써 갈등이 초래된 것이다.

집단간갈등의 원인이 되는 지각의 차이는 부정확한 지각에서 기인하기도 한다. 각 집단들이 다른 집단을 지각할 때 부정확하게 지각함으로써 상동적 태도(stereotypes)의 오류를 범하는 경우가 자주 있다. 즉 각 집단들간의 차이는 사실상 별로 크지 않은데도 각 집단은 그러한 차이를 과장되게 이해함으로써 다른 집단에 대하여 쓸데없는 편견을 갖게 되고 갈등이 야기되기도 한다. 예컨대 어떤 기업에서는 노조대표와 경영자간에 서로를 믿을 수 없는 사람이라고 보고, 자신은 상대를 이해하지만 상대는 자기를 이해하지 못한다는 상동적 태도를 지님으로써 갈등이 심화되는 경우이다. 또한 라인과 스탭간이나 생산부서와 마케팅부서간에 서로에 대한 상동적 태도를 가지고 서로간의 차이점만 강조함으로써 갈등이 심화되는 경우도 있다.

(4) 의사소통의 왜곡(communication distortions)

의사소통의 왜곡(communication distortions)과 의사소통의 곤란이 갈등의 중요한 원인이 된다. 의사소통이 왜곡되는 경우는 수직적 의사소통에서 빈번

18) W. F. Whyte, *Human Relations in Restaurant Industry* (New York: McGraw-Hill, 1948).

히 일어나는데 정보가 조직 내의 여러 계층을 통해 내려가거나 올라오다 보면 실제와는 전혀 다르게 왜곡되거나 모호해지는 경우가 발생한다. 이와 같은 현상은 수평적인 의사소통에서도 마찬가지이다. 서로 다른 집단들이 다른 부서의 상이한 직무에 대하여 아는 바가 적을 때 의사소통에 곤란이 발생하게 되고 때로는 실제로 전달하고자 하는 것과는 전혀 다르게 상대방이 해석하는 때도 많이 있다. 의사소통이 왜곡되면 근거 없는 불신과 적대감이 발생하여 갈등이 빚어지게 된다.

이러한 갈등은 각 집단이 서로를 잘 모르고 의사소통을 하지 않으므로 일어나는 경우가 많다. 각 집단들의 훈련과정, 사회화과정, 배경 등이 상이할 때는 각 집단이 사용하는 용어의 의미상의 난해성(semantic difficulties) 때문에 의사소통이 곤란을 받기도 한다. 집단의 성격이 상이한 경우 구성원들은 서로 다른 훈련과정에서 본격적으로 다른 어휘와 전문 용어를 익히게 되기 때문에 다른 배경에서 훈련된 집단의 구성원들과 효과적인 의사소통을 할 수 없게 된다.

의사소통으로 인한 갈등은 어떤 한 집단에서 전달되어야 할 정보를 의도적으로 전달하지 않을 때도 발생한다. 정보는 매우 중요한 권력기반 중의 하나가 될 수 있기 때문에 보다 큰 권력을 확보하기 위해서 다른 집단에게 정보를 전달하지 않고 보류할 수도 있다.[19] 중요한 정보가 의도적으로 비밀에 붙여졌을 때 그 결과로 인하여 갈등이 빚어진다는 것은 너무도 당연한 일이다.

(5) 전문가의 필요성 증대

집단간갈등 중 모든 집단에서 가장 빈번하게 발생하는 것은 아마도 라인과 스탭간의 갈등일 것이다. 조직이 접하고 있는 환경이 점점 복잡해짐에 따라 전문적 지식을 지닌 인력의 필요성이 커지고 있기 때문에 대부분의 조직에서는 스탭의 역할이 중시되고 있으며 따라서 라인과 스탭간의 갈등이 심화되고 있다. 라인과 스탭간의 갈등의 근본원인은 상이한 시각에서 찾아볼 수 있지만 다음과 같은 원인 때문에 갈등이 발생한다.

첫째, 라인 경영자들은 스탭들이 자신들의 업무를 잠식해 들어와 자신들의 권한과 권력을 축소시킬 것을 두려워한다. 따라서 라인은 스탭들에게 자신

19) P. Hersey & K. Blanchard, *Management of Organizational Behavior: Utilizing Human Resources*, 4th ed. (Englewood Cliffs, N J.: Prentice- Hill Inc., 1982), p. 179.

들의 위치를 잠식당하지 않도록 노력하게 되며, 스탭들은 라인 경영자들이 스탭들의 협조를 구하지 않고 충분한 권한도 주지 않는다고 불평하는 경우가 많다. 이로 인하여 라인과 스탭간에는 갈등이 심화된다.

둘째, 라인과 스탭간의 사회적 · 심리적 차이로 인하여 갈등이 심화되기도 한다. 라인 경영자들과 스탭전문가들은 연령, 학력, 태도, 옷차림 등에서 많은 차이점을 보이고 있다. 대부분의 경우 스탭전문가들은 라인 경영자들보다 나이는 어리지만 학력은 높고 전문분야에서 훈련을 받아 많은 전문지식을 지니고 있으므로 스탭전문가들은 라인경영자들의 구태의연한 자세를 비웃고, 라인경영자들은 그들대로 스탭 전문가들을 비웃기 때문에 갈등이 심화되기 쉽다.

셋째, 대부분의 경우 라인경영자들은 스탭전문가들보다 조직 내의 직위가 높기는 하지만 전문지식이 스탭에 비하여 부족하므로 권한과 지식 사이에 격차가 발생하게 되어 갈등이 발생한다. 스탭전문가들이 새로운 제안을 내놓아도 라인경영자가 그것을 수용하지 않아서 무용지물이 되는 경우가 많고 따라서 스탭들은 라인경영자들이 새로운 아이디어를 거부하는 때가 많다고 불평한다.

넷째, 라인경영자들과 스탭전문가들간에 중점을 두는 사항이 다르기 때문이다. 바꾸어 말하면 라인경영자들은 조직에 충성하지만 스탭전문가들은 학문에 충성하는 경향이 있다. 연구개발부서의 스탭전문가는 자신이 조직구성원이기에 앞서 과학자라는 사실을 염두에 두고 일할 수 있다. 그는 조직보다는 자신의 학문영역에 온 정열을 다하는 것이다. 반면에 라인경영자들은 조직에 대한 충성이 앞서는 경우가 많다. 스탭전문가가 조직에 대한 충성에 앞서 자신의 학문영역에 더 많은 비중을 두는 경우 라인경영자들과 갈등을 일으킬 가능성이 더욱 커진다.

제 5 절 집단간 갈등의 해결방안

집단간의 갈등은 이상과 같은 여러 가지 원인에 의해 발생한다. 조직 내에 갈등이 과도하면 역기능을 하고 또한 너무 적어도 역기능을 한다는 사실은 이미 앞에서 지적되었다. 따라서 갈등이 너무 높게 존재할 때는 조직이 수용할 수 있는 수준까지 갈등의 정도를 줄여야 할 것이며, 갈등이 거의 없을 때는 조직에 활력을 불어 넣어줄 수 있을 정도까지 촉진을 시켜야 할 것이다. 집단간갈등을 해결하기 위한 방안은 크게 2가지 측면에서 살펴보아야 할 것이다.

1. 일반적 해결방법

갈등의 일반적 해결방법은 다음과 같이 여러 가지 방법이 있다.[20] 일반적인 해결방법에는 갈등의 구조적 해별방법과 인간관계적 해결방법이 포함되어 있다.

(1) 문제의 공동해결

문제의 공동해결(mutual problem solving)은 집단간의 갈등을 해결하기 위한 가장 훌륭한 방법으로 간주되고 있다.[21] 이 방법은 갈등당사자들을 대면시켜 갈등의 원인을 정면으로 대하게 하여 해결책을 찾는 책임을 분담하게 하는 것이다. 이 방법의 목적은 상이한 견해차를 단순히 조정하려는 데 있지 않고 문제를 해결하려는 데 있다.

문제의 공동해결은 갈등을 일으키고 있는 단위부서들이 함께 노력하여 보다 나은 해결방안을 강구할 수 있는 능력을 가지고 있을 때 가능하다. 이 같은 요구조건은 매우 어려운 조건이지만, 이 같은 조건이 충족된 곳에서는 문제의 공동해결이 누가 옳고 누가 옳지 않으며, 누가 승리자이고 누가 패배자인가를 결정하는 데 의존하지 않고 기본적인 차이점을 찾는 데 의존하게 된다. 더욱이 책임분담과 의사소통을 통해 문제점이 무엇인가를 공통적으로 결정하게 된다. 또한 참여를 통하여 충분하고 광범한 대안들이 추구되고 견해의 유사점이 강조된다. 이 같은 과정을 통하여 불신의 원인과 갈등의 원인이 밖으로 명백히 드러나게 되어 갈등해결의 실마리를 찾을 수 있다.

(2) 상위목표의 설정

상위목표(superordinate goals)를 도입하는 방법은 공동목표의 설정으로부

---

20) *Ibid.*, pp. 316~319; S.P. Robbins, *Organization Theory: The Structure and Design of Organizations* (Englewood Cliffs, N.J.: Prentice-Hall, 1983), pp. 300~306.

21) J.Gibson, J.M. Ivancevich, and J.H. Donnelly, Jr., *Organizations: Behavior, Structure, Processes*, 6th ed. (Plano, Tex.: Business Publications, Inc., 1988), pp. 305~306.

터 시작하되, 그 같은 공동목표가 서로간에 갈등을 일으키고 있는 집단들의 협동적인 노력이 없이는 달성할 수 없다는 것을 인식시킨다. 즉 각 단위부서가 달성을 원하고는 있지만 어느 단일부서의 힘만으로는 달성할 수 없는 목적을 도입한다는 말이다. 따라서 상위목표는 매우 가치 있고 매력적이며 어느 한 집단만의 힘으로는 달성할 수 없고 힘을 합쳐서 추구해야만 하는 목적이다. 이와 같은 방법이 효과적이려면 그 목적이 단위부서의 목적과 대치될 수 있어야 한다. 그렇게 되면 공동적으로 추구하고 있는 목적 달성의 과정에서 갈등을 일으키고 있는 당사자들에게 협조할 것을 요구하게 됨으로써 갈등을 감소시킬 수 있다.

갈등이 상호간에 양립될 수 없는 목적으로부터 연유된 경우 상위목표를 설정하여 상호의존관계를 갖게 함으로써 협동을 증진시킬 수 있다. 각 집단의 노력의 방향이 개별적인 관심사에서 떠나게 되고, 상호 독립적인 집단들로 하여금 각 집단들이 보다 큰 집단의 일부를 형성한다는 인식을 갖게 함으로써 공동노력을 통해서 시너지효과(synergy effect)가 나타나게 되면 협동적인 환경이 조성된다.

(3) 집단간 상호의존성 감소

상호적인 의존관계나 일방적인 의존관계가 갈등을 야기시킬 때 하나의 해결책으로서 이 같은 의존관계의 감소를 고려해 볼 수 있다. 예를 들어 의존관계를 감소시키기 위해 완충물(buffer)을 도입할 수 있다. 만약 A집단의 산출물이 B집단의 투입물이 된다면 B는 A에 의존하게 된다. 따라서 A가 예정시간보다 늦는다면 B는 A를 원망할 것이다.

이와 반대로 만약 A가 B의 작업속도보다 빠르게 산출물을 만들게 되면 역시 좋지 않게 볼 것이다. 이 경우 하나의 해결책은 A의 산출물을 하나의 완충물로서 완충재고(buffer stock)를 만드는 것이다. 그렇게 되면 A와 B간의 상호의존관계는 감소하게 된다.

조정직위(coordination positions)를 설정하는 것도 단위부서들간의 상호의존성을 줄이는 데 효과적일 수 있다. 어떤 산업체 내의 단위부서들간에 갈등, 예컨대 회계부서와 기술부서간의 갈등이 있게 될 때 회계부서와 기술부서의 전직경력을 모두 가진 사람을 찾아 조정직위 또는 조정부서(position of coordinator)를 설치하여 그 직위의 책임자로 임명하면, 그는 양쪽 분야의 내용을 모두 알 수 있으므로 별개의 단위부서들을 통합하는 통합자의 기능을 수행할 수 있다.

(4) 자원의 확충

갈등이 제한된 자원에 기인하고 있을 때 갈등상태를 해결할 수 있는 가장 쉬운 방법으로서 활동자원을 확충시키는 방법(expansion of resources)이다. 그것이 갈등이 없는 다른 집단들에게는 바람직하지 못한 것이 될지라도 각 갈등당사자들 모두에게 승리를 안겨 줄 수 있다.

자원의 확충방법은 매우 성공적인 갈등의 해결방법이 될 수 있다. 왜냐하면 이 방법은 갈등당사자들을 모두 만족시킬 수 있기 때문이다. 그러나 조직의 자원이 그렇게 쉽게 확충될 수 없다는 본질적인 제한이 있기 때문에 이 같은 방법은 제약을 받게 마련이다.

(5) 청원시스템

갈등은 공식경로를 통하여 고충사항을 제출, 청문 및 조치를 취하게 함으로써 해결할 수도 있다. 만약 종업원이나 종업원집단이 감독자 및 동료들의 행동에 의해 자기들의 권리가 위태롭다고 믿게 된다면, 청원시스템(appeal system)은 공식적인 시정책을 제공하게 된다. 이 경우 청원은 차상급자 또는 최고경영층 및 제3자인 노동중재인에게 제출될 수 있다.

노조가 결성된 조직의 고충처리절차를 살펴보면 노조에서 청원시스템을 설치하여 경영자와의 갈등문제를 해결하고 있다. 만약 고충이 있는 노동조합원이 자기의 상위자와의 논의를 통해 만족스러운 해결책을 찾지 못하면 그 고충당사자는 고충내용을 조직계층을 따라 위로 계속 상신할 수 있다.

그러나 어떤 조직에서는 민원담당관 내지는 청원담당관(ombudsman)의 직위를 두고 의견 차이를 해결하는 경우도 있다. 고충담당관은 전형적으로 처음에는 문제의 공동해결기법을 사용하다가 실패하게 되면 협상을 시도하거나 상위직 경영자에게 제의하여 어느 한 해결책을 강행하여 갈등을 해결하도록 한다.

(6) 공식적인 방법

상위자는 자기의 고유권한에 근거하여 갈등을 해결할 수 있다. 예컨대 두

간호원간의 불화가 그들 스스로 해결될 수 없을 경우 그들의 감독자인 수간호원이 해결하도록 한다. 마찬가지로 제조업체에서 판매부서와 생산부서간에 갈등이 발생했을 때 그 갈등사항은 각 기능의 최고책임자이고 이견을 해소시킬 권한을 가진 생산부장과 판매부장에게 이관된다. 만약 두 기능부서의 책임자 사이에서도 합의에 도달하지 못하면 두 기능부서의 상위경영자가 최종적인 심판자의 역할을 하게 되며, 대부분의 경우 양 갈등 당사자들은 그 같은 판정에 순응하게 된다.

(7) 상호작용의 촉진

사람들간에 상호작용이 많으면 많을수록 상호협조를 촉진시킬 수 있는 공통의 관심사와 유대감이 커질 가능성은 높아진다. 물론 완전히 다른 가치관을 지닌 집단들끼리 상호작용을 강제로 시킨다면 갈등은 오히려 더 커질 수도 있다. 그러나 계속적인 상호작용은 어느 정도까지 갈등을 감소시킨다. 상호작용의 촉진은 각 집단의 구성원들을 다른 집단으로 이동시키는 직무순환(job rotation)을 통하여 달성할 수 있다. 사람들을 다른 집단으로 이동시키면 집단의 내부구조가 변화하게 되고 내부적인 유대가 와해되게 되므로 집단들간에 갈등을 초래시켰던 원인들이 없어지게 된다. 서로 적대하는 집단의 구성원들을 상대집단으로 이동시키면 서로 적대하는 구성원들간의 상호접촉을 효과적으로 강요할 수 있을 것이다.

(8) 평가기준과 보상시스템

각 집단에 대한 평가기준과 보상시스템이 달라서 갈등이 발생한다면 경영자는 집단간의 협동이 촉진되도록 각 집단을 평가 · 보상할 수 있는 기준과 체제를 마련해야 한다. 만일 품질관리부서의 평가기준을 불량품을 많이 찾는 데 둔다면 품질관리부서와 제조부서는 갈등을 일으킬 수밖에 없다. 제품의 결점을 찾아냄으로써 보상을 받는 품질관리부서를 제조부서가 좋게 볼 리가 없기 때문이다. 이 경우 품질관리 부서의 평가기준을 불량품 예방을 얼마나 잘 했느냐에 둔다면 제조부서와 갈등을 일으킬 소지가 줄어들 것이다. 그리고 보상을 할 때도 조직 전반에 걸친 이익분배제 및 상여금지급계획을 통한다면 조직이 추구하는 목적은 특정집단(또는 단위부서)의 성과에 있는 것이 아니라 전반적인 유효성의 달성에 있다는 사실을 일깨워 줄 수 있다.

(9) 갈등집단의 통합

상호 갈등을 일으키고 있는 집단을 서로 통합하는 것도 갈등해결의 한 가지 방법이 될 수 있다. 특히 상호의존성이 높은 집단들이 갈등을 일으켜 전체 조직에 계속적으로 악영향을 미칠 때 이들을 통합시킴으로써 갈등이 발생할 가능성을 없앨 수 있다.

(10) 공동경쟁대상 설정

갈등을 일으키고 있는 집단들에게 공동의 적을 설정해 주는 것도 갈등을 해결할 수 있는 방법이다. 이 방법은 상위목표의 설정과 그 맥락을 같이한다고 볼 수 있다. 왜냐하면 공동의 적이 생기게 되면 집단들은 서로 힘을 합쳐 공동의 적을 물리치는 데 전력하기 때문이다. 예컨대 경쟁업체에서 혁신적인 신제품을 출시하여 시작에서의 위치가 불안해질 때 경쟁업체를 공동의 적으로 등장시켜 집단들의 상호 협조를 유도할 수 있다.

2. 촉진적 해결방법

갈등을 촉진 내지는 조장시킬 필요도 있다는 것은 비교적 최근에 들어와 받아 들여지고 있는 생각이다. 갈등이 너무 적을 경우에 조직은 무기력한 상태에 빠지고 환경변화에 둔감하게 되어 역기능적인 결과가 초래된다는 것은 누차 강조되었다. 이제는 갈등을 촉진할 수 있는 방법에 대해 살펴보기로 하자.

(1) 의사소통에 의한 방법

경영자들은 조직 내의 의사소통경로를 유효적절하게 이용함으로써 갈등을 촉진시킬 수 있다. 정보의 내용이 모호하거나 위협적인 경우에 갈등은 촉진된다. 예컨대 어떠한 부서를 폐쇄한다든가 예산삭감이 있을 것이라는 정보는 구성원들을 잔뜩 긴장시킨다. 이러한 긴장과 갈등은 구성원들로 하여금 보다 열심히 일하게 하는 자극제로서 작용할 수도 있다.

경영자는 정보를 공식적인 경로를 통하여 전달할 수도 있지만 비공식적인 경로를 통하여 전달할 수도 있다. 특히 경영자가 비공식적인 경로를 통하여 정보를 전달할 때에는 전달할 내용과 정보전달자를 신중히 선택함으로써 갈등을 효과적으로 촉진할 수 있다. 이와 같이 신중한 선택을 통하여 경영자는 정보를 추가하거나 삭제함으로써 모호성을 증대시키는 등 자유자재로 의사소통을 조절할 수 있다. 경영자는 의사소통을 조절하여 조직구성원들의 무력감을 없애고 새로운 문제에 직면하게 함으로써 창의력을 고취시킨다.

(2) 새로운 구성원의 영입

침체된 조직이나 집단을 일깨우는 방법 중의 하나는 기존의 구성원들과 상이한 태도, 가치관, 배경 등을 지닌 구성원을 영입하는 것이다. 이질적인 구성원을 집단에 투입한 뒤 상당히 어렵고 의문스러운 과업을 할당하여 침체된 집단을 어느 정도 뒤흔들어 놓을 수 있는 분위기를 조성하게 되면, 그 동안 현상유지에만 급급하여 무사안일에 빠져 있던 집단이 혼란을 겪게 되고 이에 따라 변화가 유도될 수 있다.

(3) 경쟁의 조성

집단간의 경쟁을 조성하기 위해 경영자들이 취할 수 있는 방법은 매우 다양하다. 뛰어난 성과에 대한 포상이나 상여금 지급 등 다양한 인센티브를 통하여 경쟁을 자극할 수 있다. 이러한 인센티브를 적절히만 사용한다면 건전한 경쟁풍토가 조성될 수 있고 조직에 순기능을 미칠 수 있다. 그러나 경영자가 이러한 방법을 통하여 경쟁을 자극할 때에는 세심한 신경을 써야 한다. 왜냐하면 경쟁의 도가 너무 지나치게 되면 조직에 오히려 악영향을 미치기 때문이다.

내용요약

대부분의 학자들은 역기능적 갈등은 제거하고 순기능적인 갈등은 고무시켜야 한다고 주장해 왔다. 그러나 대부분의 경영자들이 갈등에 대해 실제 취하는 태도는 그렇지 못하다. 경영자들은 갈등이 순기능을 하든 역기능을 하든간에 모든 유형의 갈등을 제거하려고 노력한다. 그 이유는 전통적으로 우리가 갈등에 대해 지녀 온 가치관에서 기인한다고 볼 수 있다. 인간은 어려서부터 사회적인 가치관에 영향을 받으면서 성장해 나간다. 대부분의 사람들은 가정과 학교를 통하여 교육을 받으며 성장하는데, 사물을 이해할 정도의 시기에 이르게 되면 다른 사람들과 사이좋게 지내고 갈등을 빚지 않고 살아가야 한다는 것을 깨닫게 된다. 가정에서는 부모로부터 형제들이나 친구들과 다투지 말고 사이 좋게 지내야 한다는 말을 수없이 듣고, 학교에서도 남과 다툴 경우 꾸지람을 듣거나 체벌을 받지만, 급우들간에 사이가 좋아 문제가 발생하지 않는 학급은 칭찬을 듣는 등, 갈등은 그르고 조화와 평온이 옳은 것이라는 관념이 끊임 없이 주입되는 것이다. 이 때문에 대부부분의 사람들은 반갈등적 가치관(anticonflict values)이 몸에 배게 되고, 많은 사람들의 뇌리에 새겨진 갈등의 의미는 극히 부정적인 것이 된다.

매슬로우(A. Maslow)는 "우리가 살고 있는 사회에는 갈등에 대한 두려움, 의견불일치에 대한 두려움, 적대감에 대한 두려움, 반목에 대한 두려움이 존재하며, 사람들은 자신이 좋아하지 않는다고 할지라도 다른 사람들과 원만하게 지내야 한다는 점이 강조되고 있다"고 말함으로써 반갈등적 가치관이 우리 사회에 팽배되어 있다는 사실을 잘 설명해 주고 있다.[22)]

갈등에 대한 부정적인 태도는 갈등은 해악만을 가져오므로 완전히 제거해야만 한다는 관념을 경영자들에게 심어 주었다. 갈등은 긍정적인 측면이 있음에도 불구하고, 경영자들은 조직 내에서 발생하는 모든 유형의 갈등을 전부 다 제거해야만 한다고 생각하는 경우가 많다. 갈등의 긍정적인 측면을 이해하고 그것을 수용하려는 태도를 지닌 경영자는 극소수에 불과하며, 갈등을 조장시키려고 시도하는 경영자들은 거의 없다고 말해도 과언이 아니다. 이러한 반갈등적 가치관은 조직의 운영방침에도 스며들어 경영자들이 자기 부서 내에서 불협화음과 갈등이 적게 발생하는 대가로 보상받는 일은 흔히 있다. 즉 우리는 반갈등적 가치관이 조직문화로서 정착되어 있는 경우를 보게 된다. 이 때 조화와 만족은 긍정적인 것으로, 갈등과 불만족은 부정적인 것으로 이해되는 경우가 대부분이다. 이러한 상황하에서 경영자들이 갈등의 순기능과 역기능을 전혀 고려하지 않고 갈등을 무조건 제거하려고만 노력하는 것은 오히려 당연한 일이다.

갈등에 대한 이와 같은 태도는 바뀌어야 한다. 갈등은 경영자에게 불편을 안겨주고 여러 가지 문제점을 야기시키는 것은 사실이지만, 조직이 활기를 유지하고 급변하는 환경 속에서 생존해 나가려면 갈등은 필요불가

22) A. Maslow, *Eupsychian Management* (Homewood, I11.: Irwin, 1965), p.185.

결한 것이다. 갈등에 대한 태도를 개선하려면 경영자들은 자신이 조직 내에서 다른 사람들보다 더 높은 보수를 받는 이유가 갈등을 수용하고 해결하는 데 있다고 생각해야 할 것이다. 좀 우스운 비유를 하면 경영자들은 자신들이 받고 있는 보상의 상당부분이 갈등을 효과적으로 관리한 대가로 받는 일종의 전투수당(combat pay)이라고 보는 것이 바람직하다. 또한 경영자들은 자신이 해야 할 일이 무엇인지를 분명히 인식해야만 한다. 구성원들 사이에 조화와 협동을 이루는 것이 엄밀히 말하면 경영자들의 근본목표라고 말할 수 없다. 경영자들이 지녀야 할 가장 기본적인 목표는 조직의 목표를 효과적으로 달성하는 데 있다. 따라서 경영자들은 갈등을 해결하는 데 역점을 둘 것이 아니라, 조직의 목표를 효과적으로 달성하는 데 어떻게 활용할 것인가를 먼저 생각해야만 한다. 갈등이 존재하지 않는 환경에서 조화롭고 평온하게 생활할 것을 옹호하는 사람들이나 집단은 현재까지 쌓아올린 기득권을 유지하려고 노력하는 데 불과하다는 주장을 상기해볼 때, 경영자들은 갈등에 대한 단순하고 안이한 태도에서 과감히 탈피해야만 한다.[23)]

23) L. Rico, "Organizational Conflict: A Framework for Rappraisal." *Industrial Management Review* (Fall 1964), p.67.

제 8 장 리더십(Ⅰ) : 전통적 리더십 이론

리더십은 인류의 보편적인 관심사였으며, 리더십 이론은 시대 정신과 다른 학문 분야의 발전을 반영하면서 전개되어 왔다. 리더십에 대한 연구는 역사적으로 볼 때 여러 학문 분야에서 관심을 가져왔기 때문에 사회과학의 어느 분야보다도 많은 연구가 이루어졌으나, 효과적인 리더십이 무엇인가에 대해서는 확고한 결론이 형성되어 있지 못한 상태에 있다. 본 장과 제 9 장에서는 조직행동론의 기초를 제공하는 행동과학의 관점에서 리더십에 대한 연구가 어떻게 전개되어 왔는가를 중심으로 여러 가지 리더십 이론을 고찰하여 효과적인 리더십이란 무엇을 의미하는지에 대한 통찰력을 얻고자 한다.

먼저 본 장에서는 1980년대 초반까지 소개되었던 전통적 리더십에 대해 고찰하고 제 9 장에서는 주로 1980년대부터 본격적으로 연구되기 시작한 신조류 리더십 이론에 대해 살펴보기로 한다.

제 1 절 리더십의 개념과 리더십 연구의 전개과정

1. 리더십의 개념

리더십(leadership)을 한마디로 정의하기란 어렵다. 영어권에서 리더십이라는 용어가 사용되기 시작한 것은 200여년 전부터로 이해되고 있으며, 리더(leader)라는 어휘가 문헌에 등장하기 시작한 것은 서기 1,300년경부터라고 한다. 리더십이란 개념은 학술적으로 만들어진 것이 아니라, 사람들이 일상적으로 사용하던 어휘가 학문 분야로 유입된 것이기 때문에 리더십에 대한 정의는 그것을 정의하려고 시도했던 사람의 수만큼이나 많다.[1)] 이 말은 리더십이란 보는 사람의 시각에 따라 다양하게 이해되는 개념임을 의미하고 있다.

리더(leader)란 우리말로 '지도자', '지휘자', '통치자', '선도자' 등으로 옮겨질 수 있는 말이기 때문에, 리더십('leader' + 'ship')을 우리말로 옮긴다면 '지도자(지휘자, 통치자, 선도자)로서의 지위'나 '지도자(지휘자, 통치자, 선도자)로서 갖추어야 할 덕목 · 특성 · 행동' 또는 '지도자(지휘자, 통치자, 선도자)상(像)'으로 해석되거나, 간단히 '지도력', '지도성', '지휘력', '통치력', '선도력' 등으로 해석될 수 있을 것이다. 하지만 이처럼 옮길 경우 '리더십'이라는 용어에 담겨 있는 다양한 의미를 포괄하기 어려워 일상생활이나 학문연구에서 '리더십'이라는 영어단어를 그대로 받아들여 사용하는 경우가 많다. 따라서 이 책에서도 그러한 관행에 따라 리더십을 굳이 우리말로 옮기지 않고 그대로 사용하기로 한다.

리더십에 대한 정의는 사람마다 다르기는 하지만 여러 정의들을 살펴보면 어느 정도 공통점을 도출할 수 있다. 그 동안 리더십에 대해 학자들이 정의한 내용들 중 대표적인 것을 살펴보면 다음과 같다.

- 헴필과 쿤즈(Hemphill & Coons): 한 집단의 활동을 공유된 목적으로 인도하는 특정한 개인의 행동이다.[2)]
- 잰더(Janda): 리더십이란 특정한 유형의 권력관계를 말하는데, 이러한 권력관계에서는 어떤 집단 구성원이 그 집단 구성원으로서 활동을 할 때, 자신의 행동패턴을 규정해 주는 권리를 또 다른 구성원이 가지고 있다고 인식하게 된다.[3)]
- 탄넨바움, 웨쉴러, 마사릭(Tannenbaum, Weshler, & Massarik): 구체적인 목표나 목적을 달성하기 위하여, 특정한 상황 내에서 커뮤니케이션 과정을 통하여 행사되는 사람들 간의 영향력 행사 과정이다.[4)]
- 제이콥스(Jacobs): A와 B라는 사람이 상호작용을 할 때, B라는 사람의 생각에 A라는 사람이 제시하거나 바라는 바에 맞추어 행동을 할 경우 자신이 더

1) R. M. Stogdill, *Handbook of Leadership: A Survey of Theory and Research* (New York : Free Press, 1974), p. 7.

2) J. K. Hemphill & A. E. Coons, "Development of the Leader Behavior Description Questionnaire," in R. M. Stogdill & A. E. Coons(eds.), *Leader Behavior: Its Description and Measurement* (Columbus, OH: Bureau of Business Research, Ohio State University, 1957), p. 7.

3) K. F. Janda, "Towards the Explication of the Concept of Leadership in Terms of the Concept of Power," *Human Relations*, Vol. 13, p. 358.

4) R. Tannenbaum, I. R. Weschler, & F. Massarik, *Leadership and Organization* (New York, N.Y.: McGraw-Hill, 1961), p. 232.

나은 결과를 얻을 수 있을 것이라는 확신을 가질 수 있도록 A라는 사람이 정보를 제공하고 행동하는 상호작용 방식이다.[5)]

- 스토질(Stogdill): 사람들이 기대하고 상호작용을 하는 데 대해 구조를 만들어내고 유지시키는 것이다.[6)]
- 카츠와 칸(Katz & Kahn): 조직 내에서 일상적으로 이루어지는 지시에 하위자가 기계적으로 따르는 것 이상의 초과적인 영향력을 행사하는 것이다.[7)]
- 제이고(Jago): 리더십은 과정(process)인 동시에 특질(property)이다. 과정으로서의 리더십은 집단의 목표를 달성하는 방향으로 집단 구성원들의 활동을 지휘하고 조정하기 위하여 비강압적인 영향력을 행사는 것을 말한다. 특질로서의 리더십은 그러한 영향력을 성공적으로 행사한다고 지각되는 사람들이 보유하고 있다고 여겨지는 속성(qualities) 또는 특징(characteristics)의 군(群)을 말한다.[8)]
- 로취와 벨링(Rauch & Behling): 조직화된 집단의 활동에 영향을 미쳐 목표달성으로 이끄는 영향력 행사 과정이다.[9)]
- 리차즈와 잉글(Richards & Engle): 리더십은 비전을 명확하게 제시하고, 가치관을 구체화하며, 일이 완수될 수 있는 환경을 창출해내는 것이다.[10)]
- 제이콥스와 자크스(Jacobs & Jaques): 집단의 노력에 목적의식(의미 있는 방향)을 부여하고, 목적을 달성하기 위해 기꺼이 노력을 기울이게끔 유도하는 과정이다.[11)]
- 로크(Locke): 다른 사람들로 하여금 공동의 목적을 달성하기 위해 움직이도

---

5) T. O. Jacobs, *Leadership and Exchange in Formal Organizations* (Alexandria, Va.: Human Resources Research Organization, 1971), p. 232.

6) R. M. Stogdill, *Ibid.*, p. 411.

7) D. Katz, & R. L. Kahn, *The Social Psychology of Organizations*, 2nd ed. (New York, N.Y.: John Wiley & Sons, 1978), p. 528.

8) A. G. Jago, "Leadership: Perspectives in Theory and Research," *Management Science*, Vol. 28, 1982, p. 315.

9) C. F. Rauch & O. Behling, "Functionalism: Basis for an Alternate Approach to the Study of Leadership, J. G. Hunt, D. M. Hosking, C. A. Schriesheim(eds.), *Leaders and Managers: International Perspectives on Managerial Behavior and Leadership* (Elmsford, N.Y.: Pergamon Books, 1984), p. 46.

10) D. Richards & S. Engle, "After the Vision: Suggestions to Corporate Visionaries and Vision Champions," in J. D. Adams(ed.), *Transforming Leadership: From Vision to Action* (Alexandria, Va.: Miles River Press, 1986), p. 206.

11) T. O. Jacobs & E. Jaques, "Military Executive Leadership," in K. E. Clark & M. B. Clark(eds.), *Measures of Leadership* (West Orange, N.J.: Leadership Library of America, 1990), p. 281.

록 유도하는 과정이다.[12)]

- 샤인(Schein): 문화의 굴레에서 벗어나 적응성이 훨씬 강한 진화적인 변화 과정을 시작할 수 있는 능력이다.[13)]
- 로스트(Rost): 자신들이 공유하고 있는 목적이 반영된 실질적인 변화를 이끌어내려는 의도를 가지고 이루어지는 리더와 추종자들 간의 영향력 행사 관계이다.[14)]
- 로드와 마허(Lord & Maher): 리더십이란 다른 사람들에게 리더로 인식되는 과정이다.[15)]
- 드래쓰와 팰러스(Drath & Palus): 사람들이 이해하고 헌신하게 만들기 위해 사람들이 힘을 합쳐 하는 일에 의미를 부여하는 과정이다.[16)]
- 유클(Yukl): 어떠한 집단이나 조직의 한 구성원이 사건에 대한 해석, 목표와 전략의 선택, 업무활동의 조직, 목표를 달성하고자 하는 사람들의 동기유발, 협력관계의 유지, 구성원들의 기량과 자신감의 개발, 집단이나 조직 외부 사람들로부터의 지원과 협력 확보 등에 영향력을 행사하는 과정이다.[17)]

리더십에 대한 이러한 다양한 정의를 종합해 보면, 리더십은 '리더가 지닌 특성(자질과 능력 등)'과 '리더가 보이는 특정한 행동양식(영향력 행사, 의미 부여, 변화 유도 등)'에 관련이 있고, 특정한 목적이나 목표를 달성하기 위해 리더와 추종자(followers)가 상호작용을 하는 가운데 이루어지는 과정임을 알 수 있다.

그렇다면 조직행동을 공부하는 우리들은 리더십을 어떻게 이해해야 할 것인가? 일반적으로 행동과학의 입장에서는 리더십이란 리더와 추종자 그리고 상황이 서로 맞물려 있는 상호작용을 통해 나타나는 현상으로 이해되고 있다. 이러한 상호작용은 특정한 집단이나 조직의 목적 또는 목표를 달성하기 위해 리더가 추종자에게 영향력을 행사하는 과정에서 이루어진다. 따라서 이 책에

12) E. A. Locke & Associates, *The Essence of Leadership* : *The Four Keys to Leading Successfully* (New York, N.Y.: Lexington Books, 1991), p. 2.
13) E. H. Schein, *Organizational Culture and Leadership*, 2nd ed. (San Francisco, Cal.: Jossey-Bass, 1992), p. 2.
14) J. C. Rost, *Leadership for the Twenty-First Century* (Westport, Conn.: Praeger, 1993), p. 102.
15) R. G. Lord & K. J. Maher, *Leadership and Information Processing: Linking Perceptions and Performance* (London: Routledge, 1993), p. 11.
16) W. H. Drath & C. J. Palus, *Making Common Sense: Leadership as Meaning-Making in a Community of Practice* (Greensboro, N.C.: Center for Creative Leadership, 1994). p. 4.
17) G. A. Yukl, *Leadership in Organizations*, 4th ed. (Englewood Cliffs, N.J.: Prentice-Hall, 1998), p. 5.

서는 리더십이란 "특정한 집단이나 조직의 목적 또는 목표를 달성하기 위해서 리더가 추종자에게 영향력을 행사하는 과정"이라고 정의한다.

한편, 리더십 발휘 과정은 일정한 상황(situation) 또는 맥락(context) 내에서 발생을 하기 때문에 리더십이라는 개념에는 본질적으로 상황이라는 요소가 개입되어 있다. 리더가 추종자에게 영향력을 행사하는 과정은 사회적 진공(social vacuum) 상태에서 이루어지는 것이 아니라 시시각각 변화하는 환경적 요인의 영향을 받으면서 이루어진다는 것이다. 요컨대, 리더십은 다음과 같은 세 가지 요인이 복합적으로 얽혀 만들어 내는 현상이라고 할 수 있다.

㈎ 리 더 집단 또는 조직 내의 다른 구성원에게 영향을 주거나 영향을 주려고 노력하는 구성원으로서, 집단이나 조직으로부터 리더로서의 역할을 공식적으로 부여받은 공식적 리더(formal leader)일 수도 있으며, 집단 내에서 자연발생적으로 등장하여 리더 역할을 맡는 비공식적 리더(informal leader)일 수도 있다.

㈏ 추 종 자 리더로부터 영향을 받는 또는 영향의 대상이 되고 있는 구성원을 의미하는 것으로서 하위자 또는 부하라고도 한다. 리더와 추종자의 역할은 상황에 따라 바뀔 수 있다. 예컨대 특히 비공식적 리더십에 있어서는 A라는 상황에서는 추종자 역할을 하던 사람이 B라는 상황에서는 리더 역할을 할 수도 있다.

㈐ 상황 요소 리더와 추종자들 간의 영향력 행사 과정에 개입하거나 영향을 미치는 환경 요소를 말한다. 예를 들어, 상당히 안정된 경영환경에서 꾸준한 성장을 하고 있는 조직에서 발휘해야 할 리더십과 경영환경이 악화되어 조직의 존립이 위협받는 조직에서 발휘해야 할 리더십은 분명히 다를 것이다.

2. 리더십 연구의 전개과정

리더십은 인류의 보편적인 관심사였기 때문에 그에 대한 연구는 이미 오래 전부터 이루어져 왔으나, 체계적인 연구가 이루어진 것은 20세기 이후부터라고 할 수 있다.

리더십에 대한 체계적이고 과학적인 연구가 이루어지지 않았던 20세기 초반까지의 리더십 연구는 다분히 사색적이고 주관적인 것이었다.

20세기에 접어들면서 리더십은 과학적으로 연구되기 시작하였고, 지금까지 리더십에 관련된 연구와 이론은 그 수를 헤아리기 힘들 정도이다. 1990년에 발간된 리더십 핸드북[18]에 수록된 인용 저서 및 논문 건수만도 7,500여 편에 달할 만큼 다양한 연구 실적을 양산해 온 리더십 분야는, 많은 이론들이 제시되었던 만큼 그에 대한 관심도 많았고 논란도 많았다. 하지만 다양한 리더십 이론들도 어느 정도 일정한 틀 내에서 발전되어 왔다.

리더십 이론의 분류에 대해서는 학자마다 입장을 조금씩 달리하고 있기는 하지만, 20세기 초부터 1980년대 초반까지 등장한 전통적인 리더십 이론(traditional leadership theories)과 1980년대부터 소개되기 시작한 신조류 리더십 이론으로 분류해 볼 수 있다. 전통적인 리더십 이론에 대한 가장 일반적인 분류법은 특성 이론과 행동 이론 그리고 상황 이론으로 분류하는 방식이다.

(가) 특성 이론(trait theories) 이 이론은 리더에 초점을 맞추어 연구하고 있는데, 성공적인 리더와 성공적이지 못한 리더, 리더인 사람과 리더가 아닌 사람을 구분시켜 주는 특성이 무엇인지를 규명하는 데 중점을 두고 있다.

(나) 행동 이론(behavioral theories) 이 이론은 리더와 추종자들 간의 관계에 초점을 맞추면서, 추종자에게 바람직한 영향을 미치거나 집단이나 조직의 유효성(effectiveness)을 높이는 리더의 행동 스타일이 무엇인가를 규명하는 데 노력을 집중한다.

(다) 상황 이론(situational theories) 또는 상황적합 이론(contingency theories)

이 이론은 리더와 추종자들 간의 상호작용에 영향을 미치는 환경적 요인들을 규명하거나 리더가 지닌 특성이나 리더가 행하는 행동이 추종자들의 태도나 행동 또는 집단이나 조직의 유효성에 미치는 영향이 상황적인 요인에 따라 어떻게 달라지는가를 연구한다.

이러한 세 가지 이론들은 그 동안 리더십 연구의 주류를 형성해 왔기 때문에 전통적 리더십 이론이라고 불리고 있다. 따라서 전통적 리더십 이론은 리더가 지닌 비교적 고정적인 일반 특성을 집중적으로 연구했던 특성 이론에서, 관찰가능하고 변화가능한 행동 측면을 분석하는 행동 이론으로, 그리고 여기에서 다시 리더의 특성과 행동의 유효성은 주어진 상황에 따라 달라진다는 상황 이론으로 발전되어 왔다고 볼 수 있다.

리더십에 대한 연구는 경영학 및 다른 학문분야의 발전에 민감하게 반응

---

18) B. M. Bass, *Bass & Stogdill's Handbook of Leadership: Theory, Research, & Managerial Applications* (New York, N.Y.: The Free Press, 1990).

하면서 전개되어 왔다. 리더와 리더가 아닌 사람을 구분시켜 주는 어느 정도 고정적인 일반특성을 연구했던 특성 이론은 조직구성원을 대체 가능한 부속품처럼 생각했던 과학적 관리법(scientific management)의 사조와 무관하지 않다. 또한 효과적인 리더와 비효과적인 리더의 관찰 가능하고 개발 가능한 행동을 파악하고자 했던 행동 이론은 행동주의 심리학의 발전 및 인간관계 운동(human relations movement)의 전개와 그 맥을 같이한다. 그리고 리더십 유효성(leadership effectiveness)은 상황에 따라 달라진다는 명제 하에 개발된 상황 이론 또는 상황적합적 이론은 1960년대부터 시작된 경영학의 상황적합적(contingency) 연구사조의 틀 안에서 전개되어 온 것이다.

전통적인 리더십 이론에 추가적으로 1980년대 초반부터는 소위 신조류 리더십 이론이라고 불리는 리더십 이론들이 소개되었다.[19] 이들 이론은 카리스마적 리더십, 변혁적 리더십, 비전적 리더십, 문화적 리더십 등 여러 가지 명칭으로 소개되었다.

[표 8-1] 리더십 연구의 전개 과정

기 간	주요 이론	중심 주제
1940년대 후반 이전	특성 이론	리더십 능력은 타고난다.
1940년대 후반 ~ 1960년대 후반	행동 이론	리더십 유효성은 리더의 행동에 따라 달라진다. 즉, 리더십은 개발될 수 있다.
1960년대 후반 ~ 1980년대 초반	상황 이론 또는 상황적합 이론	리더십 유효성은 상황에 따라 달라진다.
1980년대 초반 이후	신조류 리더십 이론	리더는 비전을 지녀야 하며, 하위자에게 강한 정서적 반응을 이끌어내야 한다.

자료 : A. Bryman, *Charisma and Leadership in Organizations* (London: SAGE, 1992), p. 1을 수정 · 보완.

19) 1980년대 초반부터 소개된 이러한 이론들을 브라이먼(Bryman)은 "새로운 리더십 이론(new leadership theories)"라고 부르며, 하우스(House)는 "새로운 장르의 리더십 이론(new genre of leadership theories)"이라고 부르고 있으나, 이 책에서는 신조류 리더십 이론이라고 부른다. [Bryman, A., *Charisma and Leadership in Organizations* (London: SAGE, 1992)]; R. J. House, "Leadership in the Twenty-First Century: A Speculative Inquiry," in A. Howard(ed.), *The Changing Nature of Work* (San Francisco, Cal.: Jossey-Bass, 1995), pp. 411~450.

이러한 이론들은 분석수준이나 내용 면에서 조금씩 차이를 보이고는 있으나 변화를 핵심주제로 다루고 있다는 공통점을 지니고 있으며, 리더십이 하위자에게 미치는 실재적이고 현실적이며 강력한 영향을 강조하는 성격을 지니고 있다. 또한 신조류 리더십 이론은 전통적인 연구에서 리더십의 유효성에 대한 판단기준으로서 활용하지 못했던 변수들을 분석하고 있다. 이를 통해 신조류 리더십 이론은 전통적 리더십 이론 내에서는 충분히 연구되지 못했던 내용들을 다룸으로써 기존의 리더십 이론들을 보완시켜 주고 있다.

리더십 연구의 전개 과정은 [표 8-1]과 같이 요약될 수 있다. 각 이론들이 연구된 시점은 정확한 시간대로 나누어지는 것이 아니기 때문에 각 이론들이 주로 개발된 기간은 엄밀하게 구분된다기보다 중복될 수 있다.

제 2 절 리더십 특성 이론

1. 리더십 특성 이론의 개요

리더십 특성 이론(traits theories)은 초기 리더십 연구의 주류를 이루었던 접근 방법으로서 "리더는 타고난다(Leaders are born)"라는 전제에서 출발한다. 특성 이론적 관점에서 연구하는 사람들은 리더를 리더가 아닌 사람과 비교해 보았을 때 또는 효과적인 리더와 비효과적인 리더를 비교해 보았을 때, 전자는 후자가 보유하고 있지 않은 특성이나 자질을 보유하고 있다는 시각에서 연구를 수행했다.

리더십 특성 이론은 1920년경 미국에서 주류를 이루었으나, 유럽에서는 그보다 훨씬 전에 '영웅들이 가지고 있는 독특한 자질(the unique qualities of heroes)' 에 대한 연구가 이루어졌다. 초기 리더십 연구는 위대한 사람들은 태어날 때부터 위대한 사람이 될 수 있는 선천적인 자질을 보유하고 있다고 보기 때문에 '위인(偉人) 이론(great man theory)' 이라고도 부른다. '위인' 이라는 개념에는 전통적인 계급사회의식에 그 근원을 두고 있으며, 소위 윗사람은 선천적인 요인에 의해 결정되며, 특히 한 사회의 리더는 원래 태어날 때부터 잠재적 특성이나 자질을 보유하고 있다는 생각이 담겨 있다.

특성 이론은 1920년대에서 1950년대까지 활발히 이루어졌던 심리검사

(psychological testing)의 발전에 영향을 크게 받았다. 심리검사는 각종 심리학적 검사를 통하여 사람들의 성격(personality), 욕구(needs)나 동기(motives), 가치관(values) 등을 밝혀 내는 것인데, 이러한 특성은 사람들을 구분시켜 주는 비교적 안정적이고 고정적인 특징이라고 할 수 있다.

특성이란 개인이 지니고 있는 다양한 속성(attributes)을 의미하는데, 특성들 중 대표적인 것으로는 성격, 욕구, 동기, 가치관, 기량 등이 있다.

(가) 성 격 사람이 특정한 방식으로 행동하고자 하는 비교적 안정적인 성향(dispositions)으로서 자신감, 감정적 성숙, 감정적 안정, 에너지 수준, 스트레스에 대한 인내력 등이 포함된다.

(나) 욕구 또는 동기 특정한 유형의 자극 또는 경험에 대한 욕망을 의미하는 것으로서, 욕구 또는 동기는 특정한 사람이 어떠한 정보나 사건에 대해 보이는 관심에 영향을 미치며, 일정한 행동을 유도하고 활성화시키고 지속시키기 때문에 중요하다. 욕구와 동기는 생리적인 것(허기, 갈증, 졸림 등)과 사회적인 것(성취 욕구, 존경 욕구, 친교 욕구, 권력 욕구, 독립 욕구 등)으로 분류될 수 있다.

(다) 가 치 관 옳고 그름, 윤리성과 비윤리성, 도덕성과 비도덕성 등에 대해 내면화되어 있는 태도를 말하는 것으로서, 사람들의 선호경향과 포부, 상황과 문제에 대한 지각, 특정한 상황에서의 선택 행동 등에 영향을 미치기 때문에 중요하다.

(라) 기량(skills) 다양한 지적 활동 또는 행동을 효과적으로 수행해 내는 능력을 말한다. 매우 일반적인 수준의 기량(지능, 대인관계 능력, 관리 능력 등)과 구체적인 수준의 기량(기획 능력, 설득력, 경청 능력 등)으로 분류될 수 있다.

특성은 일정한 자극이나 경험에 만족을 느끼는 선천적인 속성과 후천적인 학습에 의해서 결정된다. 기질이나 생리적 욕구 등과 같은 특성은 선천적인 요인에 의해 더 많은 부분이 정해지지만, 가치관이나 사회적 욕구 등과 같은 특성은 학습에 의해 더 많은 부분이 영향을 받는다. 하지만 특성 이론적 관점에서 리더십을 연구하는 사람들은 어떤 사람이 자신의 특성을 평가받는 일정한 시점에서 지니고 있는 특성에 초점을 맞추었으며, 이러한 특성은 어느 정도 안정적이고 고정된 것이라고 보았다. 즉, 어떤 사람이 지니고 있는 특성 중 일정 부분은 후천적인 학습에 의해 형성된 것이라 할지라도 리더십을 발휘하는 시점에서 어떠한 특성을 지니고 있는가를 중시했으며, 그러한 특성은 일정하게 지속되는 것이라고 보았던 것이다. 따라서 훌륭한 리더를 원하는 조직은 훌륭한 리더십을 발휘할 수 있는 특성을 지닌 인물을 찾아내서 그 조직의 리더로 임명해야 한다고 보았다. 이러한 시각은 뛰어난 리더십은 학습될 수 있으므로 리더십 역량을 개발하는 것이 가능하다고 보았던 리더십 행동 이론과는 뚜렷한 차이를 나타낸다.

특성 이론 관점에서 리더십을 연구했던 사람들은 효과적인 리더십을 발휘함에 있어 어떠한 특성이 필수불가결한지에 대해 명확히 알지는 못했으나, 과학적인 연구를 통해 그러한 특성을 파악해 낼 수 있다는 것에 대해서는 확신을 갖고 접근하였다. 이들은 리더와 리더가 아닌 사람을 비교하거나, 효과적인 리더와 비효과적인 리더를 비교하여 양자가 신체적 특징이나 성격 또는 능력 등에 있어 어떠한 차이를 보이는가를 분석하였다. 이러한 노력을 통해 1940년대 후반까지 이루어졌던 특성 이론 초기 연구에서는 리더의 신체적 특징(신장, 외모 등)과 성격(자존심, 지배욕, 감정적 안정 등) 그리고 기량(지능, 언변, 창의성, 사회적 통찰력 등)을 구분해 냈다. 1950년대 이후 리더십 특성 이론에 대한 연구는 행동 이론의 등장으로 인해 다소 수그러들었으나, 이후에도 지속되어 리더십 역량(leadership competencies)에 대한 연구로 그 맥을 이어 나가고 있다.

2. 리더의 특성에 대한 1950년대 이전의 연구

스토질(R. M. Stogdill)은 1904년부터 1948년 사이에 이루어졌던 124가지의 연구에 대해 검토하여 각 연구마다 공통적으로 제시하고 있는 리더십 특성들을 도출해냈다.[20] 리더의 특성을 연구하는 학자들은 주로 다음과 같은 방법을 활용했다고 한다.

(가) 관 찰 법　　리더가 활동하는 모습이나 나타내는 여러 가지 특성에 대해 두 사람 이상이 관찰하여 그것을 기록한 뒤 분석하는 방법

(나) 동료들에 의한 기술방법　　특정 집단이나 조직의 구성원들에게 누가 리더인지를 지목하게 한 다음, 그러한 리더의 특성에 대해 구체적으로 기술하게 하여 그 내용을 분석하는 방법

(다) 리더의 자기평가 방법　　리더 역할을 담당하고 있는 사람들에게 자

20) R. M. Stogdill, *Ibid.*

신의 특성에 대해 자세히 기술하게 한 다음 그 내용을 분석하는 방법

(라) 리더의 경력분석 방법 리더가 어린 시절부터 어떠한 과정을 거쳐 성장해 왔으며, 어떠한 경력을 쌓아 왔는가를 분석하여 리더의 특성을 도출하는 방법

(마) 리더의 주요 특성 기술방법 조직 구성원들에게 리더로서 필요한 자질이나 특성이 무엇인지를 기술하게 한 다음 그 내용을 분석하여 리더의 특성을 도출하는 방법

스토질이 초기 연구에 대한 검토를 마친 다음, 일반적으로 리더는 지능, 타인의 욕구에 대한 민감성, 과업에 대한 이해, 문제해결에 있어서의 주도성과 집요성, 자신감, 책임을 받아들이고자 하는 의지, 지배와 통제를 할 수 있는 직위를 맡고자 하는 욕구 등의 특성을 갖는다고 정리하였다. 하지만 이러한 특성들이 모든 상황에서 리더와 리더가 아닌 사람을 구분시켜 주지는 못했다고 밝혔다. 따라서 그는 "어떠한 사람이 특정한 특성(자질)을 보유하고 있다고 해서 리더가 될 수 있는 것은 아니다. 리더의 특성은 추종자의 특성과 활동 그리고 목표 등과 부합될 때 비로소 효과를 나타낼 수 있다"는 결론을 내렸다.

스토질은 1940년대 후반까지 이루어진 리더십 연구들을 검토하여, "리더가 되기 위해 필요한 특성들 중 일부가 공통적으로 발견되기는 하였으나 그러한 특성들이 리더가 되기 위한 필요충분 조건은 되지 않는다"는 결론을 얻었던 것이다. 이러한 스토질의 결론은 "성공적인 리더가 되기 위해서는 특정한 자질(특성)을 지니고 있어야 한다"라는 특성 이론의 기본전제를 뒤흔드는 것이었다. 다시 말해, 특정한 자질(특성)을 갖춘 리더가 어떠한 상황에서는 효과적일 수 있지만 다른 상황에서는 비효과적일 수도 있으며, 상이한 특성을 지닌 리더가 동일한 상황에서 똑같이 효과적인 리더십을 발휘할 수 있다는 것이었다. 이러한 스토질의 결론은 리더가 지닌 특성 요인들이 리더십에 중요하지 않다는 비관적인 결론으로 해석되어 리더십의 연구에 대한 패러다임이 행동이론으로 넘어가는 계기가 되었다.

3. 1950년대 이후에 이루어진 리더의 특성에 대한 연구

(1) 1940년대 후반~1970년까지 특성 이론에 대한 검토

스토질은 1949년부터 1970년 사이에 이루어졌던 리더의 특성에 관한 163

편의 연구에 대해 검토한 결과, 많은 리더십 연구자들이 자신이 1948년에 내렸던 '특성 이론에 대한 비관적 비판'에 대해서 너무 지나친 반응을 보인 나머지 리더의 특성을 전적으로 부정하기에 이르는 경우도 있었다고 지적하였다. 그러나 그는 리더가 보유한 특정한 자질(특성)은 리더십 유효성을 증진시킬 수 있는 가능성을 보여주고 있으며, 물론 이러한 특성의 상대적 중요성은 상황에 따라 많이 달라질 수 있다고 보았다.

1940년대 말부터 1970년까지 이루어졌던 연구들은 1948년에 스토질이 내렸던 결론과 그 이후 주류를 형성하게 된 리더십 행동 이론과 상황 이론의 등장으로 인해 그 세력이 한 풀 꺾이기는 했지만, 관리자 선발에 관심을 갖고 있던 산업심리학자들의 연구에 힘입어 계속해서 그 명맥을 이어나갈 수 있었다. 후기의 특성 이론 연구들을 검토하여 스토질이 리더의 주요 특성요인으로 요약한 내용은 다음과 같다.

1) 신체적 특징(physical characteristics)

일반적으로 파악된 신체적 특성 요인으로서 연령, 신장, 체중 그리고 리더의 외모 등이 있었다. 신체적 특성이 리더십 유효성에 어떠한 영향을 미치는 것인가를 규명하기 위하여 1940년대 이전에는 많은 연구들이 진행되었으나, 그 결과들은 상호 상반된 내용을 보였다. 이에 따라 1948년부터 1970년대까지는 리더의 신체적 특성에 대한 연구는 그다지 많이 이루어지지 않았다.

경우에 따라서는 신장과 체중이 보통 사람보다 더 우위적인 사람이 리더십의 지위에 있어서 상대적으로 유리한 위치를 점유할 수 있다. 하지만 신장과 체중은 완력이 필요한 상황에서는 유효한 특성이 되나, 일반적으로 볼 때는 그다지 중요하지 않다.

연령은 리더십을 발휘하는 데 중요하게 작용할 수도 있는데, 연령이 경험과 엇물려 있을 때 더욱 더 그러하다. 특히 규모가 큰 기업체에서는 최고경영층에 도달하기까지 일정한 시간이 필요할 뿐만 아니라 이들이 관리능력을 효과적으로 발휘하기까지는 경력과 경험이 뒷받침해 주어야 한다.

2) 사회적 배경(social background)

과거에는 출신이나 교육수준 등의 사회적 배경 또는 지위가 리더십을 획득하는 데 유리한 조건으로 작용했으나, 오늘날에는 그 영향력이 줄어들고 있다. 상대적으로 더 나은 사회적 배경은 리더의 지위를 향상시키는 데 도움이 되기는 하지만 보다 더 중요한 것은 주어진 기회의 포착과 노력인 것이다. 오늘날에는 출신배경보다는 교육수준이 리더십에 중요한 사회적 배경이 되고 있다.

3) 지적 능력(intelligence and ability)

일반적으로 리더십과 지적 능력과의 관계는 정의 상관관계가 있다는 것이 많은 연구에서 증명되고 있다. 여러 연구 결과들을 종합해 보면, 리더는 부하들보다 판단력, 결단력, 일반상식 그리고 화술 등이 일반적으로 훨씬 높은 것으로 나타나 있다. 그러나 리더의 지식이나 기능이 부하들보다 월등하게 높을 경우, 리더가 극도의 자기 본위나 자기 우월로 흐르기 쉬워 조직 내에서 부하들과 상호작용을 하기 어렵게 된다. 즉, 리더의 목표, 관심, 사고방식, 기대감 등이 너무 높아서 부하들과 현격한 차이를 보일 경우에는 부하들이 리더와 큰 거리감을 느끼게 되므로 리더가 부하들로부터 이해를 얻지 못하거나 거부당하게 된다.

4) 성격(personality)

리더가 지닌 성격 특성들 중 적응성, 자신감, 적극성, 독립성, 객관성, 열의, 스트레스에 대한 인내력, 민감성, 독창성, 개인적 성실성 등은 효과적인 리더십에 중요한 요인으로 일관성 있게 드러나고 있다. 하지만 지배성향, 감정적 균형, 외향성 등은 상황에 따라 중요한 작용을 하기도 하고 중요하지 않은 작용을 하기도 하여 일관적인 결과를 보이지 못하고 있다. 다시 말해 일부 성격 특성은 하위자의 특성이나 리더십이 발휘되는 환경적 요인에 관계 없이 중요하게 작용하지만, 또 다른 일부 성격 특성들은 하위자의 특성이나 환경적 요인에 따라 리더십 유효성에 미치는 영향이 달라진다.

5) 과업관련 특성(task-related characteristics)

과업수행에서 필요로 하는 리더의 특성은 리더십을 발휘하는 데 중요한 요인으로 지적되고 있다. 즉, 리더가 직무수행에 대한 높은 성취감이나 책임감을 가지고 직무에 임하는 것은 리더십에 중요하다. 이러한 특성을 소유한 관리자는 대부분 과업지향적이며 목표달성에 책임감과 자율적인 행동을 취하려고 하는 경향이 많다. 이들은 또한 업무추진력과 함께 장애요인을 극복할 수 있는 인내력을 갖추고 있으며, 일반적으로 강한 동기를 갖고 있으며, 직무 완수에 대한 집요함을 보인다.

6) 사회적 특성(social characteristics)

리더는 여러 가지 다양한 활동에 적극적으로 참여하기를 즐기는 특성을 지니고 있으며, 자신과 성격과 취미가 다른 사람들과도 쉽게 어울리는 경향이 있고, 일반적으로 다른 사람들로부터 쉽게 호감을 사는 특성을 지니고 있다. 이러한 특성은 상대방으로부터 협동심을 불러일으키게 할 뿐만 아니라 그들을 통하여 목표를 좀더 효율적이고 효과적으로 달성할 수 있게 만들어 준다. 이러한 대인관계 기량은 상호작용 과정에서 상대방을 이해하게 하고 매력을 느끼게 하여 자신의 인기를 높이게 할 뿐만 아니라 상대방으로부터 충성심을 불러일으키고 집단의 응집력을 높여 주는 작용을 한다.

(2) 관리자의 동기에 대한 맥클리렌드의 연구

맥클리렌드(McClelland)는 자신의 동료들과 함께 수십 년간에 걸쳐 관리자들의 동기(motives)에 대해 광범위한 연구를 수행하였다.[21] 이러한 연구는 주제통각검사(Thematic Apperception Test: TAT)라는 투사법을 통해 욕구의 강도를 측정함으로써 이루어졌다. 맥클리렌드는 TAT를 통해 관리자들의 공상이나 환상 또는 포부를 분석함으로써 성취욕구와 권력욕구 및 친교욕구를 측정하였으며, 이러한 욕구가 리더로서의 유효성이나 승진 등과 어떠한 관계를 갖는가를 규명하였다.

성취욕구(need for achievement)란 탁월함(excellence)을 달성하고자 하는 욕구로서, 이 욕구가 강한 사람은 어려운 과업을 수행하여 성공으로 이끄는 일이나 탁월한 수준의 성과를 얻어 내는 일 또는 어떤 일을 더 잘 하는 방법을 찾아 내는 일 등으로부터 만족을 얻는다.

권력욕구(need for power)란 다른 사람에게 영향력을 행사하는 욕구로서, 이 욕구가 강한 사람은 다른 사람에게 영향을 미치고 강한 감정(공포, 두려움, 분노, 경악 등)을 유발시키는 것을 즐긴다. 권력욕구가 강한 사람은 자신이 권한을 발휘할 수 있는 지위를 추구함으로써 다른 사람들에게 영향을 미치고 그들의 활동을 지휘하기를 좋아한다. 따라서 조직 내에서 벌어지는 권력과 정치

21) D. C. McClelland, *Human Motivation* (Glenview, Ill.: Scott Foresman, 1985).

게임에 매우 민감하며, 다른 사람들과 제휴를 하고 예산 · 자원 · 정보 · 프로젝트 등에 대한 통제권을 확보함으로써 자신의 권력을 확대시키려는 시도를 자주 한다. 어떤 사람의 권력욕구가 실현되는 방식은 그 사람이 지니고 있는 활동억제력(activity inhibition)에 따라 달라진다. 활동억제력이 강한 사람은 자제심이 강하기 때문에 자신의 권력욕구를 사회적으로 용인을 받을 수 있는 방식(다른 사람들이 가치 있는 명분을 달성하도록 영향을 미치거나 다른 사람이 능력과 자신감을 개발하도록 돕는 일 등)으로 충족시킨다. 그 반면, 활동억제력이 약한 사람은 다른 사람들을 지배하고 자신의 쾌락적 욕망을 충족시키기 위한 이기적인 방식으로 권력욕구를 충족시킨다. 높은 권력욕구가 높은 활동억제력과 결합되면 '사회화된 권력지향성(socialized power orientation)'이 나타나며, 낮은 활동억제력과 결합되면 '개인화된 권력지향성(personalized power orientation)'이 나타난다.

친교욕구(need for affiliation)란 다른 사람들과 호의를 주고받고 화목한 관계를 유지하려는 욕구로서, 친교욕구가 강한 사람은 다른 사람들이 자신을 좋아해 주고 수용해 주는 데 큰 관심을 가지며, 다른 사람들이 자신에 대해 지니고 있는 거부감이나 적대감을 나타내 주는 단서(cues)에 특히 민감하고, 다른 사람들이 자신에게 우호적으로 대하고 협조를 잘 해 주는 한 다른 사람들과 팀을 이루어 일하는 것을 좋아한다.

맥클리렌드와 동료들은 리더가 지니는 이러한 세 가지 동기패턴이 리더십 유효성과 승진에 영향을 미친다는 사실을 밝혀냈는데, 그 결과를 요약하면 다음과 같다.

첫째, 대규모의 계층조직에서 근무하는 리더의 경우 권력욕구는 강하고, 성취욕구는 약간 높으며, 친교욕구는 약간 낮은 것이 바람직하다. 조직을 이끌어가려면 다른 사람들을 통해 일을 해 나가야 하기 때문에 권력욕구가 강해야 효과적인 리더십을 발휘할 수 있는데, 그러한 권력욕구는 사회화된 권력지향성으로 나타나야 한다. 성취욕구가 너무 강하면 리더가 모든 일을 혼자서 처리하려는 성향이 강해 권한위양을 꺼리게 됨으로써 하위자들로부터 책임감과 전념을 유도하기가 힘들기 때문에 성취욕구는 약간 강한 것이 바람직하다. 친교욕구가 강하면 사람들이 좋아하지 않는 의사결정을 피하게 되고 개인적인 정실에 얽매일 가능성이 커지므로, 친교욕구는 약간 낮은 것이 좋다.

둘째, 창업자들의 경우 강한 성취욕구, 약간 강한 권력욕구, 약간 낮은 친교욕구가 결합되는 것이 바람직하며, 독립욕구가 강하고 전문성이 뛰어나야 한다.

셋째, 관리자가 지닌 세 가지 욕구가 승진과 갖는 관계는 상황에 따라 다른 것으로 나타났다. 비기술직 관리자에 있어 고위 계층의 경우 권력욕구가 승진과 깊은 관계가 있는 것으로 나타났고, 하위 계층의 경우 성취욕구가 승진과 깊은 관계가 있는 것으로 밝혀졌다. 하지만 기술직의 경우 권력욕구나 성취욕구가 승진을 잘 예측해 주지 못하는 것으로 나타났으며, 욕구보다는 전문성과 언변이 승진을 잘 예측해 주는 것으로 밝혀졌다.

(3) 관리자의 동기에 대한 마이너의 연구

마이너(Miner)는 대규모 계층 조직에서 관리자가 성공하는 데 필요한 동기패턴을 연구하였는데, 다음과 같은 여섯 가지 동기패턴을 밝혀 냈다.[22)]

㈎ 권위적 인물에 대한 호의적인 태도　　상사들에 대해 호의적인 태도를 갖고 있어야 효과적인 관계를 맺을 수 있고 자원과 지원을 제공받을 수 있다.

㈏ 동료들과의 경쟁욕망　　지위, 승진, 자원, 정치적 지원 등을 획득하기 위하여 동료들과 경쟁하려는 욕망이 강해야 한다.

㈐ 적극적으로 단호함을 보이려는 의지　　책임을 지고, 의사결정을 하며, 필요한 징계조치를 취하고, 집단구성원들을 보호하는 데 있어 과단성을 보여야 한다.

㈑ 권력을 행사하고자 하는 욕망　　하위자에 대해 권력을 행사하고, 해야 할 일을 지시하며, 보상과 처벌을 제공하는 일을 즐겨야 한다.

㈒ 집단에서 두각을 나타내고자 하는 욕망　　다른 사람들의 주목을 받고, 기꺼이 칭찬과 비난의 대상이 되고자 해야 한다.

㈓ 틀에 박힌 일을 수행하고자 하는 의지　　예산수립, 보고서 작성, 회의 참가 등 틀에 박힌 일상적인 일을 기꺼이 수행하고자 해야 한다.

마이너는 관리자가 지니고 있는 위와 같은 여섯 가지 동기패턴이 그 사람이 상위직으로 승진하는 것과 어떠한 상관관계를 갖는가를 분석하여 다음과 같은 결과를 얻었다.

첫째, 가장 일관적인 상관관계를 보인 것은 권력을 행사하고자 하는 욕

22) J. B. Miner, "Twenty Years of Research on Role Motivation Theory of Managerial Effectiveness," *Personnel Psychology*, Vol. 31, 1978, pp. 739~760.

망, 동료들과의 경쟁욕망, 권위적 인물에 대한 호의적 태도였다.

둘째, 집단에서 두각을 나타내려는 욕망과 틀에 박힌 일을 수행하고자 하는 의지는 승진과 상관관계가 나타나기는 하였으나 일관적이지는 않았다.

셋째, 적극적으로 단호함을 보이려는 의지는 승진과 상관관계가 거의 없는 것으로 나타났다.

넷째, 대규모 계층 조직 이외의 조직(컨설팅 회사, 대학, 학교 등)에서는 위의 여섯 가지 동기패턴과 승진간에 상관관계가 나타나지 않았다.

(4) 관리자의 역량에 대한 연구

보얏지스(R. E. Boyatzis)는 공공조직과 기업조직의 관리자 2,000명 이상을 대상으로 관리자의 유효성과 관련이 있는 역량(competencies)을 파악하였다.[23] 역량이란 효과적인 직무성과 또는 뛰어난 직무성과를 가져오는 개인의 기본적인 특질(characteristics)을 말하는 것으로서 여기에는 동기, 기량, 지식, 자기이미지(self-image), 구체적 행동 등이 포함된다. 보얏지스가 밝혀 낸 효과적인 리더의 역량을 요약하면 다음과 같다.

1) 성격특성

- 능률지향성(efficiency orientation)이 강함 높은 성취욕구, 업무성과에 대한 높은 내면적 기준
- 사회화된 권력지향성이 강함 높은 권력욕구, 권력상징에 대한 높은 관심, 단언적 행동, 강한 영향력 행사 욕구, 조직의 제품과 서비스의 명성에 대한 높은 관심
- 자신감이 강함 자신의 생각과 능력에 대한 신념, 결단력 있는 행동, 균형 있고 단호한 제안
- 자기유능감(self-efficacy)이 강하고 내적 통제위치(internal locus of control) 보유 주도적인 일 처리, 장애를 극복하는 조치, 다양한 원천으로부터의 정보수집, 성패에 대한 책임감수

2) 대인관계 관련 역량

- 구두 발표 능력이 뛰어남 상징적 · 언어적 · 비언어적 커뮤니케이션을 통

23) R. E. Boyatzis, *The Competent Manager: A Model for Effective Performance* (New York : John Wiley, 1982).

해 다른 사람들에게 자신의 메시지를 명확하고 설득력 있게 전달함

- **사회화된 권력의 효과적 활용** 인맥과 제휴를 구축하는 능력, 타인으로부터 지원과 협조를 얻어내는 능력, 갈등을 건설적으로 해결하는 능력, 타인에게 영향을 미치기 위해 역할모형화(role modeling)를 효과적으로 활용하는 능력
- **구성원들에 대한 일체감 조성** 집단의 정체성을 나타내 주는 상징의 창조, 공동의 이해관계와 협동의 필요성 강조, 성공적인 팀웍 촉진, 구성원의 기여에 대한 공개적 인정

3) 개념화에 관련된 역량

- 정보와 사건들 속에서 일정한 패턴이나 관계를 찾아 내는 능력(귀납적 추론 능력)
- 개념이나 모델 또는 테마를 만들어 내거나 적절한 은유나 유추를 통하여 의미를 전달하는 능력
- 문제에 대해 창의적인 해결방안을 제시하고 새로운 통찰력을 불어 넣는 능력
- 개념이나 모델을 활용하여 사건을 해석하고, 상황을 분석하며, 적절한 정보와 적절치 않은 정보를 구분하고, 계획에서 빗나간 사항을 감지해 내는 능력

(5) 실패하는 리더의 특성에 관한 연구

리더십 특성 이론은 주로 효과적이거나 성공을 거둔 리더들의 특성을 규명하는 데 초점을 맞춘 경향이 있었으나, 실패하는 리더의 특성을 규명한 연구도 있었다. 미국의 유명한 리더십 연구개발 기관인 창의적 리더십 센터(Center for Creative Leadership)에서는 해고나 전보발령, 조기퇴직 권유, 승진탈락 등을 경험한 소위 실패한 리더들의 특성을 조사 · 분석하였다.[24] 그 결과, 실패하는 리더들은 다음과 같은 특성을 지니고 있는 것으로 밝혀졌다.

㈎ 감정적 안정성과 자제력 부족 실패하는 리더는 정신적인 압박을 견디지 못하고 감정에 사로잡힘으로써 우울증에 자주 빠지고, 화를 자주 내며, 일관성 없는 행동을 함으로써 대인관계에 치명적인 오점을 남기는 경우가 많다. 반면, 성공하는 리더는 침착하고 자신감을 갖고 있으며, 위기 시에도 일관성 있게 대응한다.

㈏ 방어적 태도 실패하는 리더는 자신의 실패에 대해 방어적인 태도

24) M. W. McCall Jr. & M. M. Lombardo, *Off the Track: Why and How Successful Executive Get Derailed, Technical Report No. 21* (Greensboro, N.C.: Center for Creative Leadership, 1983).

를 취하고, 자신의 잘못을 감추고 다른 사람의 탓으로 돌리는 경향이 있다. 반면, 성공하는 리더는 잘못을 했을 경우 시인을 하고 책임을 감수하며 문제해결 방안을 모색한다.

(다) 대인관계의 미숙 실패하는 리더는 처음에는 다른 사람에게 친절하고 매력적으로 보일 수 있으나, 시간이 흐름에 따라 이기적이고 무감각하며 조작적인 성향을 보인다. 이러한 성향은 조직 내의 하위계층에 있을 때(특히 뛰어난 기량을 보유하고 있을 때)에는 용인되지만 상위직으로 올라가면서 문제가 된다. 반면, 성공하는 리더는 타인에게 민감하고 재치가 있으며 사려가 깊다.

(라) 편협한 기술적 능력과 인지 능력 기술적 능력이 뛰어난 것이 하위관리자일 때는 유리하지만 상위 관리자일 때는 오히려 제약조건으로 작용할 수 있다. 왜냐하면 자신의 기술적 능력을 과신한 나머지 하위자들의 조언을 무시하고 시시콜콜 간섭만 하기 때문이며, 한 분야에만 너무 국한된 지식을 보유하고 있는 경우 조직 전체적으로 조망할 수 있는 능력이 떨어지기 때문이다. 반면 성공하는 리더는 조직 내의 여러 기능에 대해 경험을 쌓고 보다 폭넓은 시각을 적용하여 문제를 해결한다.

4. 리더십 특성 이론에 대한 평가

리더십 특성 이론에 관련된 그 동안의 연구 결과를 종합해 보면, 효과적인 리더의 특성으로 파악된 내용들은 누구라도 그러한 특성을 지니고 있다면 바람직해 보일 수 있는 매우 다양한 추상적 내용들이 나열되어 있다는 느낌을 지울 수 없으며, 특성이라는 개념 내에 행동의 결과라고 할 수 있는 내용들이 뒤섞여 있음을 알 수 있다. 또한 한 사람의 리더가 그처럼 다양한 특성을 동시에 갖추고 있을 수 있는 것인지, 상황에 관계 없이 그와 같은 특성들이 전부 필요한 것인지, 그러한 특성은 후천적으로 개발되기보다는 타고나는 것이 대부분인지 등에 대해서도 의문이 생긴다. 그럼에도 불구하고 특성 이론을 통해 파악된 요인들은 효과적 리더십을 발휘하는 기초 소재(building block)로 이해할 수 있다. 즉, 리더십 특성들이 효과적인 리더십의 필요충분 조건은 아닐지라도 충분조건으로는 받아들여질 수 있는 것이다.

돌이켜 보면, 리더십을 연구하는 많은 학자들이 특성 이론에 대해 너무 부정적인 시각에서만 보아 왔으며, 리더십의 유효성에 관련된 특성 요인들을 과도하게 경시하는 경향이 강했다. 이에 대해서 특성 이론 비판의 물꼬를 열었던 스토질(Stogdill)도 리더십은 원래 전적으로 상황에 의존하여 전개되는 것이고 개인이 지닌 특성들 중 그 어느 것도 리더십의 유효성을 예측해 내기 힘들다는 것을 주장하기 위해서 리더십의 상황적 측면을 지나치게 강조하고 리더십의 유효성에 미치는 개인적 특성의 영향을 과소평가하였다는 것을 인정하였다.

리더십 특성 이론에 대한 최근의 시각은 "리더는 타고나는 것이다"라는 전제보다는 "리더십 특성 중 일부는 타고날 수도 있지만, 일부는 후천적으로 개발될 수 있다"는 관점을 취하고 있다. 또한 효과적인 리더와 비효과적인 리더를 구분시켜 주는 보편타당한 특성을 찾기보다는 특정한 상황별로 유효하게 작용하는 특성을 밝히는 데 역점을 둠으로써, 필요충분 조건으로서의 리더십 특성보다는 상황별 필요 조건으로서의 리더십 특성을 규명하는 노력을 기울이고 있다. 다시 말해, 특정한 리더가 효과적인 리더십과 관계가 있는 일정한 특성을 보유하고 있다고 해서 반드시 효과적인 리더십을 발휘할 것이라고 보장할 수는 없지만, 효과적인 리더십을 발휘하는 데 도움은 될 것이라고 말할 수는 있다.

학문적 관점에서는 "*X*라는 상황에서는 *A*, *B*, *C*라는 특성이 리더십의 유효성을 높이는 데 도움이 되며, *Y*라는 상황에서는 *D*, *E*, *F*라는 특성이 리더십의 유효성을 높이는 데 도움이 된다"라고 말하는 것이 비난의 소지를 줄일 수 있을 것이다. 하지만 실무자들이나 일반인들은 "이러이러한 특성을 지닌 리더가 성공할 가능성이 높다"라는 간결한 답을 원하는 경우가 많다. 리더십 특성 이론은 바로 이러한 답을 해 줄 때 유용한 이론이라고 할 수 있다. 특성 이론은 조직에서 리더를 선발하거나 승진 의사결정을 할 때 효과적으로 활용될 수 있다.

제 3 절 리더십 행동 이론

1. 리더십 행동 이론의 발전 배경

1940년대 후반부터 본격적으로 소개된 리더십 행동 이론은 효과적인 리더들이 어떠한 행동 스타일 또는 행동 패턴을 보이는가를 규명하는 이론이라고 할 수 있다. 행동 이론은 특성 이론적 접근방법에서 주로 다루어졌던 관찰이 어려운 구성개념들(constructs)에 대해서는 관심을 보이지 않으며, 리더와 추종자를 구분시켜 주거나 효과적인 리더와 비효과적인 리더를 구분시켜 주는 관찰 가능한 행동을 파악하고 측정하는 데 관심을 두었다.

리더십에 대한 연구가 특성 이론에서 행동 이론으로 초점이 옮겨지게 된 이유는 다음과 같이 요약될 수 있다.

첫째, 1948년에 스토질이 특성 이론에 대해 검토한 다음, 일정한 특성이 리더로서의 성공과 연관은 있으나 그것이 리더의 성공을 보장해 주지는 못한다는 결론을 내린 것을 학자들이 비관적으로 해석하여 특성 이론에 대한 관심이 급감하였다.

둘째, 1940년대 이전까지의 심리학은 사람들의 행동을 개인차(individual difference)의 관점에서 설명하는 데 초점이 맞추어져 성격 · 지능 · 태도 · 가치관 등 추상적인 구성개념을 측정하는 데 역점을 두었는데, 특성 이론은 이에 큰 영향을 받았다. 하지만 1940년대와 1950년에 걸쳐 행동주의 심리학이 유행하여 관찰이 불가능한 구성개념을 연구하기보다는 환경 조건(보상과 처벌)이 관찰가능한 행동에 어떠한 영향을 미치는가에 초점이 맞추어짐에 따라, 리더십 분야에서도 관찰가능한 리더십 행동을 측정하는 데 초점이 맞추어졌다.

셋째, 리더의 특성에 초점을 맞출 경우 조직이 뛰어난 리더를 확보하는 방법은 뛰어난 리더십을 발휘하는 특성을 지닌 사람들을 선발하는 도리밖에 없었다. 즉, 리더를 양성하기보다는 선발하는 수밖에 없었던 것이다. 이에 따라 효과적인 리더십 행동의 본보기를 파악하여, 구성원들에게 그러한 행동을 훈련시켜 리더로 양성하는 방법이 연구되기 시작했다.

넷째, 성격 · 지능 · 태도 · 가치관 등 리더의 내면적 특성을 파악하는 것보다는 리더의 외면적 행동을 관찰하는 것이 더 수월했다.

다섯째, 사람들에게 성격 · 지능 · 태도 · 가치관 등과 같은 안정적이고 고정적인 특성을 바꾸라고 하는 것보다는 행동을 바꾸라고 요구하는 것이 사람들을 덜 방어적이게 만들었기 때문이다.

여섯째, 조직의 입장에서 볼 때에도 구성원들의 성격 · 지능 · 태도 · 가치관 등 안정적이고 고정적인 특성을 변화시키는 일보다는 행동을 변화시키는 일이 더 수월했다.

이러한 배경에서 이루어지기 시작한 행동 이론 관점의 연구들은 "리더는 (타고나는 것이 아니라) 만들어진다(Leaders are made)"라는 전제에서 출발하였으며, 리더의 행동 영역을 규정하는 여러 가지 행동 분류(behavior taxonomy)를 만들어냈다. 이렇게 얻어지는 행동 범주(behavior categories)들이 리더십 유효성과 어떠한 관계를 갖는가에 대한 연구가 진행되었다. 그 동안 행동 이론적 관점에서 수많은 리더십 연구가 이루어졌으나, 대표적인 것들만을 선별하여 살펴보기로 한다.

2. 오하이오 주립대학의 리더십 연구

현재까지 행해진 대다수의 리더십 행동에 대한 연구는 리더의 행동을 기술하는 문장을 제시하고 특정한 리더가 그러한 행동을 얼마나 자주 행하는가를 측정하는 설문지법을 사용하고 있는데, 이러한 방법은 미국의 오하이오 주립대학교(Ohio State University)에서 실시한 일련의 리더십 연구에 가장 큰 영향을 받은 것이다. 1945년부터 이루어졌던 이 연구는 집단과 조직의 목표달성에 도움을 주는 리더십 행동을 파악하는 데 중점을 두었다.

(1) 연구의 전개 및 내용

이 연구의 첫 단계는 리더의 행동을 측정하는 설문지를 개발해 낸 것이었다. 연구자들은 리더십 행동의 범례(예를 들어, "나의 리더는 업무마감을 준수하라고 요구한다.")를 1,800여 개 모아 이를 다시 리더십 행동을 잘 대표할 수 있는 150개 항목으로 축약했다. 이러한 150개 항목을 사용하여 예비 리더십 설문지를 만들어낸 뒤, 이 설문지를 민간인과 군인들에게 배포하여 그들을 감독하는 사람들의 행동을 기술하게 하였다. 그 후에 응답내용을 요인분석(factor analysis)을 통하여 어떠한 행동 항목들 간에 상관관계가 있는지를 밝혀내고 관련항목들간에 유의미한 군집(meaningful cluster)이 존재하는가를 파악하였다.

분석 결과 하위자들이 리더의 행동을 두 가지 행동범주로 구분하여 인식하고 있다는 사실이 밝혀졌다. 이러한 행동 범주(행동 차원)는 '배려(consideration)'와 '구조주도(initiating structure)'라고 각기 명명되었는데, 둘 다 폭넓게 정의된 것으로서 각 차원마다 여러 가지 구체적인 행동들이 포함되어 있었다.

배려라는 차원은 리더가 하위자들에게 친근하고 지원적으로 대해 주는 행동을 나타내는 것으로서, 여기에는 하위자를 깊이 생각해 주는 리더의 지원적·우호적 행동, 하위자들과의 상담, 하위자들의 이해관계를 대변하는 행동, 하위자들과의 개방적인 의사소통, 하위자의 공헌에 대한 인정 등이 포함되었다. 이러한 행동들은 하위자들과 원만한 관계를 맺고 유지하는 관계지향적인 relationship-oriented) 행동을 말한다.

구조주도라는 차원은 일의 구조를 잡아간다는 의미로 붙여진 명칭인데, 이는 업무목표를 달성하고 과업을 완수하는 데 관련된 행동으로서, 여기에는 하위자들에게 지시하는 행동, 하위자들의 역할을 명확히 규정해 주는 행동, 계획수립, 조정, 문제해결, 직무성과가 신통치 않은 하위자를 꾸짖고 보다 뛰어난 성과를 낼 수 있도록 독려하는 행동 등이 포함되었다. 이러한 과업지향적인(task-oriented) 행동들은 인력과 자원을 효율적으로 활용하여 조직의 목표를 달성하는 수단이 된다. 요약하면 배려와 구조주도는 하위자들의 행동과 동기부여에 리더가 영향을 행사하는 것과 관계가 있다고 할 수 있다.

이러한 초기의 연구결과를 토대로 배려와 구조주도를 측정하는 두 가지 설문지가 개발되었는데, 하나는 리더행동 기술 설문지(Leader Behavior Description Questionnaire: LBDQ)였고, 또 하나는 감독행동 기술 설문지(Supervisory Behavior Description Questionnaire: SBDQ)였다.

LBDQ에서는 구조주도 행동의 예("나의 리더는 집단 구성원에게 무엇이 기대되는지를 알려 준다")와 배려 행동의 예("나의 리더는 친근하게 행동하여 가까워지기 쉽다.")를 제시하고, 이에 대해 '항상 그렇다', '자주 그렇다', '때때로 그렇다', '거의 그렇지 않다', '전혀 그렇지 않다'로 구성된 5점 척도에 답하게 한다. 이러한 LBDQ는 군대 조직과 민간기업 구성원들에게 배포·분석되었다. SBDQ는 LBDQ와 비슷하지만 일반 기업조직 구성원들에게 사용되었다.

LBDQ와 SBDQ 외에 리더가 자기 자신의 구조주도 행동과 배려 행동에 대해 답하게 하여 측정해 내는 리더 의견조사 설문지(Leader Opinion Questionnaire: LOQ)도 개발되었다. 그 후 오하이오 주립대학 연구팀은 배려와 구조주도 이외에 10가지 척도를 첨가시킴으로써 LBDQ를 확장시킨 LBDQ-Ⅻ를 개발해냈다. LBDQ-Ⅻ에서 포함되어 있던 12가지 차원의 척도들을 간단히 살펴보면 다음과 같다.

(가) 배 려 　　하위자들의 복지와 안녕, 지위, 공헌 등에 신경을 써준다.

(나) 구조주도 　　하위자들의 역할을 명확히 정해 주고 그들에게 기대되는 바가 무엇인지를 알려 준다.

(다) 대표행동 　　집단의 대표자로서 말하고 행동한다.

(라) 상충하는 욕구의 조정 　　조직의 상충되는 욕구를 조정하고 조직 내

의 혼란을 감소시킨다.

(마) 불확실성에 대한 인내 불확실한 일과 일의 지연에 화내지 않고 참고 견딘다.

(바) 설 득 력 뚜렷한 신념을 보임으로써 효과적으로 설득하고 설복시킨다.

(사) 자유의 허용 하위자들 스스로가 발의하여 의사결정하고 행동할 수 있는 영역을 마련해 준다.

(아) 역할의 보존 리더로서의 역할을 타인에게 넘겨주기보다는 자신의 직접 적극적으로 행한다.

(자) 예견의 정확성 앞일을 정확히 예견하는 선견지명을 보인다.

(차) 생산성의 강조 생산적인 결과를 내도록 독려한다.

(카) 종 합 밀접하게 결합된 조직을 유지하고 구성원들간의 갈등을 해소시켜준다.

(타) 상위자들에 대한 영향력 상위자들과 충성스런 관계를 유지하여 그들에게 영향력을 행사하며 더 높은 지위를 얻기 위해 노력한다.

이러한 척도들 중 일부는 리더의 행동 측면을 측정하는 것이지만, 불확실성에 대한 인내, 예견의 정확성, 설득력, 상충하는 욕구의 조정 등은 리더의 행동을 측정하는 것이라기보다는 특성과 기량이 복합되어 나타내는 내용을 측정하는 것이라고 보는 게 적절할 것이다.

(2) 배려와 구조주도를 중심으로 한 연구

오하이오 주립대학 리더십 연구는 초기에 리더십 행동을 측정하는 설문지를 개발해 낸 뒤, 리더가 배려와 구조주도적 행동을 하는 것이 리더십 유효성과 어떠한 관계가 있는지를 알아보기 위한 상관관계 연구를 실시하였다. 리더의 유효성을 가름하는 기준변수(criterion variables)로는 리더가 관리하고 있는 작업장(work unit)의 업무성과가 주로 사용되었으나, 하위자의 결근율, 불평, 이직률, 리더에 대한 만족도 등도 추가적으로 사용되었다.

배려와 구조주도가 리더십 유효성과 갖는 상관관계를 분석했던 연구의 대표적 예로서 후레이쉬먼과 해리스(Fleishman & Harris)의 연구를 들 수 있다.[25]

---

25) E. A. Fleishman & E. F. Harris, "Patterns of Leadership Behavior Related to Employee Grievances and Turnover," *Personnel Psychology*, Vol. 15, 1962, pp. 43~56.

이 연구는 인터내셔널 하베스터사(International Harvester Company)의 트럭 공장에서 실행되었는데, 이 공장 근로자들에게 SBDQ를 이용하여 생산부서의 직장(production foreman) 57명에 대한 설문조사를 실시하였다. 리더십 유효성을 평가하는 기준으로는 11개월 동안 하위자들이 서면으로 보고한 고충 건수와 자발적 이직률을 사용하였는데, 이들 변수가 구조주도 및 배려와 갖는 상관관계가 분석되었다.

이 연구에서 배려 행동을 많이 하는 직장들이 관리하는 작업장이 배려 행동을 적게 하는 직장이 관리하는 작업장보다 고충 건수와 자발적 이직 건수가 낮게 나타난 것으로 밝혀졌다. 한편, 구조주도 행동은 그와는 반대의 결과를 보였다. 즉, 구조주도적 행동을 많이 하는 직장들이 관리하는 작업장에서는 고충 건수와 이직 건수가 높게 나타났던 것이다. 이러한 관계 패턴을 통계적으로 분석한 결과, 배려 및 구조주도가 고충 건수 및 이직 건수와 갖는 관계는 곡선 형태를 보인다는 결과를 얻었다. 구체적으로, 배려 행동을 많이 할수록 고충과 이직 건수가 점점 낮아지기는 하지만 일정 수준에 달하면 더 이상 낮아지지 않았고, 구조주도 행동을 많이 할수록 고충과 이직 건수는 점점 높아지지만 일정 수준에 이르면 더 이상 높아지지 않는다는 사실이 밝혀졌다. 연구자들은 이에 대해 배려적 행동을 늘리거나 구조주도적 행동을 줄인다고 해도 고충이나 이직에 더 이상 효과를 미치지 못하는 일정한 수준이 존재하는 것처럼 보인다는 결론을 내렸다.

후레이쉬먼과 해리스는 보다 나은 연구결과를 얻기 위하여 배려와 구조주도가 하위자의 고충과 이직에 각각 어떠한 복합효과(combined effect)를 나타내는 지도 연구하였다. 이들의 연구결과는 섬유회사의 직장들을 대상으로 행했던 연구[26]에 의해서 어느 정도 뒷받침되었다. 이러한 연구결과들이 실무자들에게 주는 의의는 직장들이 구조주도적이고 지시적인 행동을 해야 할 필요가 있을 때에는 이와 아울러 하위자들을 충분히 배려해 주는 행동도 해야 한다는 점이다. 만일 그렇게 하지 않는다면 하위자들에게 만족감을 줄 수 없으며, 따라서 하위자가 이직하거나 고충을 토로하는 횟수가 늘게 될 것이다. 리더가 구조주도적인 행동만을 하고 하위자들에 대한 배려를 해 주지 않는다면 구조주도적인 행동으로 인하여 얻는 성과는 단기적일 뿐 장기적으로는 이직, 불

26) E. W. Skinner, "Relationships Between Leadership Behavior Patterns and Organizational-Situational Variables, *Personnel Psychology*, Vol. 22, 1969, pp. 489~494.

평, 태업, 결근, 음주, 약물복용 등과 같은 일을 유발시켜 결국은 성과가 오히려 떨어지게 된다.

이러한 연구결과들은 상당히 의미 있는 것이지만, 그것을 생산부서에 근무하는 직장 이외의 다른 유형의 리더들에게도 일반화시킬 수 있는지 여부와 고충이나 이직 이외의 기준변수(예컨대, 하위자의 성과)에도 일반화시킬 수 있는지는 의문의 여지가 있다.

오하이오 주립대학 리더십 연구 이후로 배려와 구조주도가 리더십 유효성을 측정하는 다양한 기준변수들과 어떠한 관계를 갖는가에 대해 조사한 연구가 여러 차례 있었다. 그러나 이러한 연구를 검토한 결과를 살펴보면, 어떠한 행동 범주도 하위자의 성과와 일관성 있는 관계를 나타내지 못한 것이 밝혀졌다.

'리더의 행동'과 '리더에 대한 하위자들의 만족도' 간의 관계를 검증했던 연구들도 일관성이 없는 결과를 보였다. 특히 구조주도적 행동이 일관성 없는 결과를 보이는 경우가 많았다. 어떤 연구에서는 구조주도적 행동을 많이 하는 리더에게 하위자들의 만족도가 높은 것으로 나타났고, 다른 연구에서는 하위자들이 구조주도적 행동을 하는 리더에게 만족을 하지 않거나 아니면 아무런 반응도 보이지 않는 것으로 밝혀졌다. 하지만 리더의 배려적 행동이 리더에 대한 하위자들의 만족도와 갖는 관계는 다소 일관성 있게 나타났다. 즉, 일반적으로 하위자들에게 많은 배려를 해 주는 리더들에게 하위자들은 훨씬 더 큰 만족을 느끼는 것으로 밝혀졌다.

오하이오 리더십 연구의 틀 내에서 수행되었던 실증연구들의 가장 큰 단점은 이들 연구가 정태적인 상관관계 분석방법(static correlational research method)에만 너무 의존했다는 점이다. 대부분의 연구들은 하위자들에게 배포한 설문지를 통해서 리더십 행동을 측정하고 리더십 유효성을 측정하는 기준변수는 별도로 수집하거나 하위자들의 응답을 통해 측정한 다음, 상관관계를 분석하였다. 하지만 모든 상관관계 연구는 변수들간의 인과관계를 설명하는 데 한계를 갖는다. 배려나 구조주도 등의 '리더십 행동'과 업무성과나 만족도 등의 '리더십 유효성 기준변수' 간에 상관관계가 높다고 해서 특정한 리더십 행동이 특정한 결과를 가져왔다고 말할 수는 없는 것이다. 왜냐하면 경우에 따라서는 역의 인과관계도 성립 가능하기 때문이다. 예컨대, '리더의 배려 행동'과 '하위자의 만족도' 간에 높은 正(+)의 상관관계가 나타났다고 할 때, "리더의 배려 행동이 하위자의 높은 만족을 가져온다."라고 해석할 수도 있겠지만, "리더에게 만족하고 있는 하위자는 리더가 배려적 행동을 많이 한다고 인식한다"고 해석할 수도 있는 것이다. 따라서 상관관계 분석을 활용한 연구들은 유의한 상관관계가 발견된다 할지라도 인과관계의 방향을 알 수는 없다는 한계점을 벗어나기 힘들다.

3. 미시간 대학교의 리더십 연구

오하이오 주립대학의 리더십 연구와 거의 같은 시기에 미국 미시간 대학교(University of Michigan)의 사회조사연구소(Institute for Social Research)에서는 리더십에 관한 일련의 연구를 실시하였다. 이 연구는 리더의 행동, 집단과정, 집단의 성과들간의 관계를 중점적으로 파악하려는 것이었으나, 오하이오 주립대학의 연구와 마찬가지로 주된 목적은 어떠한 유형의 리더십 행동이 집단의 성과를 높이는가를 밝혀 내려는 것이었다.

(1) 초기 연구의 전개 및 내용

초기 연구는 일련의 현장연구(field studies)로 이루어졌는데, 각각의 연구는 유사한 조직단위를 표본으로 하여 실시되었다. 또한 효과적인 리더와 비효과적인 리더를 구분하기 위해 집단의 생산성을 객관적으로 측정할 수 있는 변수를 사용하였다. 이전의 행동 이론적 연구들은 업무상황에서 리더가 발휘할 수 있는 다양한 행동을 파악하는 데 초점을 맞추었던 반면, 미시간 대학교 연구에서는 효과적인 집단성과에 기여하는 리더의 행동이 파악되었다. 이 연구에서는 리더십 유효성은 생산성에 관련된 지표로만 측정되어서는 안 되고, 종업원과 관련된 측정치(예컨대, 만족)도 활용하여 측정되어야 한다고 보았다.

초기의 연구에서는 감독자들과 그들의 하위자들을 면접했고, 그 후의 연구에서는 설문지를 사용하였다. 이 연구에서는 효과적인 관리자와 비효과적인 관리자가 어떻게 다른가를 연구하기 위해 관리자의 행동에 관해 기술한 내용을 분석하였다.[27] 이러한 연구를 통해 몇 가지 흥미로운 연구결과를 얻을 수 있었

27) D. Katz, N. Maccoby, & N. Morse, *Productivity, Supervision, and Morale in an Office Situation* (Ann Arbor, Mich.: Survey Research Center, University of Michigan, 1950); D. Katz & R. L. Kahn, "Some Recent Findings in Human Relations Research," in E. Swanson, T. Newcomb, & E. Hartley(eds.), *Readings in Social Psychology* (New York, N.Y.: Holt, Rinehart & Winston).

다. 효과적인 리더들은 하위자들이 하는 일과 동일한 종류의 일에는 시간과 노력을 쏟지 않았으며, 그 대신 작업계획 및 일정의 수립, 하위자들의 활동내용 조정, 필요장비, 물품의 제공, 기술지원 등의 일에 시간과 노력을 투입한다는 사실이 밝혀졌다. 그렇지만 효과적인 리더들은 이러한 직무중심적(job-centered) 행동을 하면서도 하위자를 배려해 주는 종업원 중심적(employee-centered) 행동을 게을리 하지 않았다. 즉, 효과적인 리더들은 하위자들을 보다 많이 배려해 주며, 지원적 행동을 많이 해 주는 것으로 밝혀졌다. 또한 효과적인 리더들은 하위자들에게 업무목표와 지침만을 설정해 주고, 작업방법이나 업무의 진척은 하위자들이 자율적으로 조절하도록 허용해 준다는 것도 밝혀졌다.

(2) 참여적 리더십에 대한 연구

미시간 대학의 연구팀은 리더가 의사결정에 하위자를 참여시킨다면 보다 효과적일 것이라는 가설을 검증하는 현장실험을 실시하였다. 이러한 연구에서 얻어진 결과는 여러 가지로 나타났지만 특정 상황하에서 참여적 리더십(participative leadership)이 하위자들에게 훨씬 더 높은 성과를 내게 하고 만족감도 더 크게 느끼게끔 한다는 사실이 밝혀졌다.

미시간 대학의 리더십 연구에 공헌한 학자들 중에서 가장 대표적인 사람으로는 리커트(R. Likert)를 들 수 있다. 그는 두 권의 책을 통해 미시간 대학 연구결과를 집대성한 이론적인 틀을 마련하였다.[28)] 리커트는 종업원 중심적인 리더십이 높은 성과를 가져오는 과정을 인과관계 모형으로 설명하였는데, 이 모형은 원인변수와 매개변수 그리고 결과변수로 구성되어 있다.

원인변수에는 관리자의 행동과 기량뿐만 아니라 관리자가 변화시킬 수 있는 조직구조(예를 들면 보상체계와 규정, 방침) 등이 포함되어 있다. 매개변수는 조직의 내부상태와 건전도를 반영하는 것으로서, 모든 조직구성원들의 지각, 충성심, 태도, 동기부여, 성과목표 등의 변수와 상호작용이나 의사소통 및 의사결정을 효과적으로 할 수 있는 조직 전체의 능력 등이 이에 포함된다. 결과변수는 이윤, 생산성, 제품과 서비스의 질, 결근율, 이직률과 같은 집단 또는 조직의 유효성을 나타내는 지표이다. 이러한 변수들의 인과관계는 [그림 8-1]에 제시된 것과 같다.

---

28) R. Likert, *New Patterns of Management* (New York, N.Y.: McGraw-Hill, 1961); R. Likert, *The Human Organization: Its Management and Value* (New York, N.Y.: McGraw-Hill, 1967).

그림 8-1 리커트가 제시한 인과관계 모형

원인변수	→	매개변수	→	결과변수
• 지원적 행동 • 집단중심의 감독 • 높은 성과목표 설정 • 연결핀 기능 • 전문적 기량 • 리더가 변화시킬 수 있는 조직구조	➡	• 리더에 대한 호의적 태도 • 개방적이고 정확한 의사소통 • 집단의 응집성과 협동성 • 하위자의 높은 동기유발	➡	• 높은 생산성 • 높은 품질 • 낮은 결근율 • 낮은 이직률 • 낮은 고충률

원인변수들 중 리더십 행동 변수로는 다음과 같은 네 가지가 제시되었다.

1) 지원적 행동(supportive behavior)

하위자가 자신을 가치 있고 중요한 존재라고 느낄 수 있도록 리더는 하위자에게 지원적인 행동을 해 주어야 한다. 리더의 지원적인 행동에는 하위자에 대한 믿음과 신뢰, 하위자가 갖고 있는 문제점을 이해하고 해결해 주려는 노력, 하위자의 성장과 발전을 돕는 행동, 하위자에 대한 끊임 없는 정보전달, 우호적이고 사려 깊은 행동, 하위자의 의견과 기여에 대한 인정 등이 포함된다.

2) 집단중심의 감독(group method of supervision)

이는 리더가 하위자들을 개인별로 감독하는 것보다 집단 중심으로 감독해야 한다는 것을 말한다. 집단 중심으로 감독하면 하위자의 의사결정 참여를 촉진할 수 있고, 의사소통을 개선할 수 있으며, 협동심을 고취시킬 수 있고, 갈등을 원만히 해결할 수 있다. 또한 리더는 하위자들에게 집단 내의 상호작용 과정에 대해 교육하여 하위자들이 하나의 집단으로 뭉쳐 효과적으로 업무를 수행할 수 있도록 도와 주어야 한다. 리더가 하위자들에게 집단 의사결정을 하라고 요구하는 것이 의사결정에 대한 책임을 포기한다는 것을 의미하지는 않는다. 리더는 모든 의사결정과 의사결정으로 인한 결과에 대해 책임을 져야만 한다. 다만 리더와 하위자들 간에 의견차이가 있거나 의사결정의 질이 중요할 경우에는 리더는 자신의 경험을 토대로 하여 가장 최선의 대안을 선택해야 한다.

3) 높은 성과목표 설정(high-performance goal)

집단 의사결정에서 특히 중요한 것은 구체적인 성과목표와 품질표준을 설정하는 일인데, 리더는 집단구성원들이 자신들의 능력에 비추어 약간은 높지만 실현가능한 목표를 설정할 수 있도록 이끌어주어야 한다는 것이다.

4) 연결핀 기능(linking pin function)

집단의 의사결정 사항과 목표는 조직 전체의 목표나 방침과 조화를 이루어야 하므로 중간 및 하위관리자들은 자신 집단과 상위 관리층 사이에서 중개자 역할을 해야만 한다. 또한 관리자가 자기 집단의 이익을 대변하고 필요한 자원과 이익을 얻으려면 자신의 상위자들에게 상당한 영향력을 행사할 수 있어야 한다. 리커트는 조직이 중첩된 일련의 집단들로 구성되어 있다고 보았다. 모든 리더는 자신이 관리하는 집단에게는 상사가 되지만, 자신의 상사에 대해서는 부하가 되므로 가운데서 연결고리 역할을 해야 한다. 경우에 따라서는 자신과 같은 수준에 있는 집단에게 수평적인 연락을 취하는 기능을 담당하기도 해야 한다. 리더는 이러한 연결고리 역할을 효과적으로 수행해야 한다.

리커트는 위와 같은 네 가지 리더십 행동이 계획수립이나 조정과 같은 전문적 기량과 결합될 때 집단에서 높은 성과를 기대할 수 있을 것이라고 보았다.

[그림 8-1]을 살펴보면 결과변수는 매개변수에 의해 결정되고, 매개변수는 리더십 행동이 포함된 원인변수에 의해 결정된다는 것을 알 수 있다. 만일 리더가 자신의 행동에 변화를 준다면 이는 매개변수를 변화시키고, 매개변수는 다시 결과변수에 변화를 가져온다. 그런데, 이러한 변화는 즉시 이루어진다기보다 어느 정도 시간 간격을 가지고 발생한다. 원인변수의 변화가 결과변수에 영향을 미치려면 매개변수를 거쳐야 한다. 원인변수가 매개변수에 영향을 미치는 데도 시간이 소요되고, 매개변수가 결과변수에 영향을 미치는 데도 시간이 걸리기 때문에, 원인변수가 결과변수를 변화하는 것에 다소 긴 시간이 소요되는 지연효과(delayed effect)가 생긴다.

(3) 바우어즈와 시쇼어의 4요인 이론

바우어즈와 시쇼어(Bowers & Seashore)는 네 가지 범주의 리더십 행동을 통하여 관리의 유효성을 설명하는 이론을 내 놓았는데,[29] 이는 미시간 대학과

29) D. G. Bowers & S. E. Seashore, "Predicting Leadership Effectiveness with a Four-Factor Theory of Leadership," *Administrative Science Quarterly*, Vol. 11, 1966, pp. 238~263.

오하이오 주립대학의 리더십 연구에서 나온 결과들을 종합하여 재구성한 것이었다. 이 이론이 제시한 네 가지 리더십 행동범주의 내용을 간략히 살펴보면 다음과 같다.

(가) 지원(support) 하위자가 자신의 가치와 중요성을 다 크게 느낄 수 있도록 해 주는 행동

(나) 상호작용의 원활화(interaction facilitation) 집단의 구성원들이 서로 밀접하고 만족스런 관계를 맺도록 독려하는 행동

(다) 목표에 대한 강조(goal emphasis) 집단구성원들이 열의를 갖고서 집단의 목표를 달성하고 뛰어난 성과를 낼 수 있도록 자극하는 행동

(라) 작업의 촉진(work facilitation) 도구, 자재, 기술적 지식 등 필요한 자원을 공급하고 작업일정 수립, 계획 수립, 조정 등을 해 줌으로써 작업목표 달성에 도움을 주는 행동

집단 내에서 공식적으로 임명된 리더만이 리더십을 발휘하는 것이 아니라 하위자들도 리더십을 발휘해야 하는 경우도 많다. 바우어즈와 시쇼어는 관리자의 리더십 행동뿐만 아니라 하위자들의 리더십도 측정해야 할 필요가 있음을 최초로 강조했다. 그들은 하위자들이 자신들의 리더뿐만 아니라 동료(즉, 같은 작업집단에 속한 하위자)의 리더십을 기술하는 데 사용할 수 있는 표준화된 설문지를 개발하였다. '조직조사'(Survey of Organization)라고 명명된 이 설문지는 미시간 대학 리더십 연구에서 광범위하고 다양하게 사용되었다.

4요인 이론에 관련된 실증연구 중 대표적인 것으로는 생명보험 회사의 40개 지사를 대상으로 실시했던 상관관계 연구를 들 수 있다. 이 연구는 리더와 하위자가 밝힌 네 가지 리더십 행동범주가 각 지사의 유효성과 어느 정도 상관관계가 있는지를 알아보려는 것이었다. 연구결과에 따르면, 높은 매상을 올리고 있는 보험회사 지사는 목표를 강조하는 행동을 많이 하는 리더들이 이끌고 있었다고 밝혀졌다. 또한 작업을 촉진시키는 행동을 많이 하는 리더가 관장하는 지사들이 비용지출을 적게 하는 것으로 나타났다. 하지만 이러한 연구결과는 네 가지의 리더십 행동이 한 집단의 유효성을 결정하는 요인으로서 작용한다는 것을 충분히 뒷받침해 주지는 못하고 있다. 왜냐하면 상관관계 자료만을 가지고서는 리더의 행동이 집단의 유효성을 입증하기 곤란하기 때문이다.

4요인 이론에 관련된 연구는 실증연구는 배려와 구조주도에 대한 연구와 마찬가지로 연구마다 다른 결과를 나타내고 있다. 그 이유는 리더십 행동 중

어떠한 측면이 가장 중요한지 여부가 상황에 따라 달라지기 때문이다. 따라서 이러한 연구결과는 리더십의 유효성을 보다 확실히 이해하려면 상황변수를 고려해야 한다는 것을 보여주고 있다.

4. 관리격자 이론

블레이크와 모우튼(Blake & Mouton)은 오하이오 주립대학의 리더십 연구를 확장시켜 관리격자(Managerial Grid) 이론을 개발하였다.[30] 이 이론은 관리자들에게 리더십 훈련을 시키기 위한 도구로서 개발되었다. 이 이론에서는 구조주도나 배려 또는 직무 중심적인 행동이나 종업원 중심적인 행동이라는 용어 대신 생산에 대한 관심(concern for people)과 인간에 대한 관심(concern for people)이라는 용어를 사용하여 리더십 행동을 두 가지 차원으로 분류하고 있다.

생산에 대한 관심이라는 차원은 정책결정의 질, 절차와 과정, 연구의 창의성, 스탭 서비스의 질, 업무의 효율성 등에 대해 관심을 갖는 정도를 나타낸다. 사람에 대한 관심은 헌신도 제고, 자존심 유지, 신뢰에 근거한 책임부여, 양호한 작업조건 배려, 만족스러운 대인관계 유지 등에 관심을 갖는 것을 의미한다.

블레이크와 모우튼은 생산에 대한 관심과 사람에 대한 관심을 두 축으로서 하여 각 차원별로 관심 정도를 9등급으로 나누고 있다. 따라서 이러한 두 축을 결합시킬 경우 이론상으로는 81가지 유형의 리더십 스타일을 파악할 수 있다([그림 8-2] 참조). 하지만 이들은 81가지의 리더십 스타일을 전부 규정하는 대신 대표적인 다섯 가지 유형만을 제시하고 있다.

㈎ (1, 1) 무관심형(impoverished style)　　생산에 대한 관심과 사람에 대한 관심이 모두 낮아 아무런 성과도 가져오지 못하는 스타일

㈏ (1, 9) 컨트리클럽형(country club style)　　사람에 대한 관심만 높고 생산에 대한 관심은 낮은 사람으로서 일은 도외시하고 인간관계에만 관심을 갖는 스타일

㈐ (9, 1) 과업형(task style)　　생산에 대한 관심만 높고 사람에 대한 관심은 낮은 사람으로서 인간관계에는 전혀 신경을 쓰지 않고 업무에서 결과만 얻어내는 데 치중하는 스타일

---

30) R. R. Blake & J. S. Mouton, *The Managerial Grid* (Houston, Tex.: Gulf Publishing, 1964).

그림 8-2 관리격자

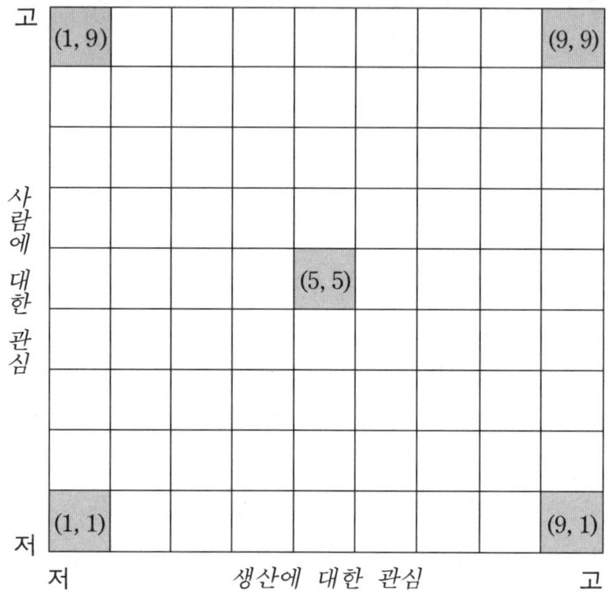

(라) (5, 5) 중도형(middle of the road)　생산에 대한 관심과 사람에 대한 관심이 중간 정도인 사람으로서, 일과 사람에 어느 정도씩은 관심을 기울이는 스타일

(마) (9, 9) 팀 리더형(team leader)　생산에 대한 관심과 사람에 대한 관심이 둘 다 매우 높은 사람으로서, 가장 바람직한 리더십 스타일

관리격자 이론에서는 생산에 대한 관심과 사람에 대한 관심이 둘 다 매우 높은 팀 리더형이 가장 효과적인 리더라고 보고 있기 때문에, 관리자들에게 리더십을 훈련시킬 때 팀 리더로 육성하는 것을 목표로 한다. 관리격자 훈련에 참여하는 사람들은 우선 자신의 리더십 스타일을 측정 받는데, 이는 자신의 부하나 동료로부터 평가받는 것이 아니라 훈련자 자신이 지각하는 리더십 스타일이다. 이렇게 측정된 리더십 스타일은 관리격자에 표시되어 훈련자에게 피드백된다. 이러한 피드백을 기초로 하여 (9, 9)형인 팀 리더로 발전하는 데 필요한 훈련이 이루어진다. 훈련받는 내용은 팀 리더의 행동하는 기량, 문제해결 및 비판 기량, 의사소통 기량 등이다. 그 동안 관리격자 이론에 근거한 리더십 개발은 광범위하게 활용되었고 어느 정도 효과가 있다고 인정받고 있

다. 하지만 그 효과에 의문을 제기하는 사람들도 있어, 생산과 사람에 대한 관심이 모두 높은 (9,9)형 리더는 신화(myth)에 불과하다는 비판을 받기도 하였다.[31)]

5. 경쟁가치 모형에 의한 리더의 역할

행동 이론 관점에서 수행된 리더십 연구들은 리더십 유효성을 제고시키는 다양한 리더십 행동의 유형을 파악하였다. 대부분의 행동 이론들이 암묵적으로 가지고 있는 가정은 각 이론들이 제시하는 리더십 행동을 많이 수행할수록 효과적인 리더십을 발휘한다고 보는 것이다. 예컨대 배려와 구조주도, 관계지향적 행동과 생산지향적 행동, 종업원 중심적 행동과 직무중심적 행동을 동시에 자주 하고, 사람에 대한 관심과 생산에 대한 관심이 모두 높은 리더가 효과적이라고 보고 있다.

따라서 리더십 행동 이론에서는 효과적인 리더는 비효과적인 리더에 비해 보다 더 광범위한 행동 레퍼토리(behavioral repertoire)를 활용한다는 암묵적인 가정을 하고 있다. 더 많은 행동반응을 보이고 주도권을 더 많이 발휘하는 것은 리더에게 복잡하고 예기치 못했던 상황적 요구에 가장 잘 대처할 수 있는 기반을 제공해 준다는 것이다.

이러한 시각을 반영한 대표적인 이론으로서 경쟁가치 모형(competing values framework)에 근거한 리더 역할 모형(leader role model)을 들 수 있다. 경쟁가치 모형은 조직의 유효성을 포괄적으로 파악하는 틀로서, 통제 아니면 자율, 내부 아니면 외부, 장기 아니면 단기, 일 아니면 사람, 변화 아니면 안정 등, 양분법적인 시각에서 탈피하여 서로 상충되어 보이는 요소들을 균형 있게 동시에 추구할 때 조직의 유효성이 높다고 보고 있는 모형이다.[32)]

경쟁가치 모형은 조직의 본질적인 역설과 모순을 반영한 모형인데, 원래는 전문가들이 조직의 유효성을 파악할 때 활용하는 인지구조를 명확히 밝히

31) L. L. Larson, J. G. Hunt, & R. N. Osborn, "The Great Hi-Hi Leader Behavior Myth: A Lesson from Occam's Razor," *Academy of Management Journal*, Vol. 19, 1976, pp. 628~641.

32) R. E. Quinn & K. Cameron, "Organizational Life Cycles and Shifting Criteria of Effectiveness: Some Preliminary Evidence," *Management Science*, Vol. 29, 1983, pp. 33-51; R. E. Quinn, *Beyond Rational Management: Mastering Paradoxes and Competing Demands of High Performance* (San Francisco, Cal.: Jossey-Bass, 1988).

려는 일련의 실증연구를 통해 개발되었다.[33] 경쟁가치 모형이라는 명칭은 여기에 포함되어 있는 조직유효성 파악 기준들이 언뜻 보기에 상충되는 메시지를 전달하는 것처럼 보이기 때문에 붙여진 이름이다.

우리는 조직이 적응력 있고 융통성 있기를 바라면서 동시에 조직이 안정적이고 잘 통제되기를 원한다. 또한 성장과 자원획득과 외부의 지원을 원하는 한편, 엄격한 정보관리와 공식적 커뮤니케이션도 원한다. 그리고 인적자원을 강조하면서도 계획수립과 목표설정도 강조하기를 원한다. 모든 조직은 이러한 요소들을 어느 정도씩 균형 있게 필요로 하는데, 경쟁가치 모형은 이러한 내용을 개념화한 것이다.

경쟁가치 모형은 양분법적인 시각에서 탈피하여 서로 상충되어 보이는 요소들을 균형 있게 동시에 추구할 때 조직의 유효성이 높다고 보고 있기 때문에, 역설과 모순을 포용하는 모형이라고 할 수 있다. 경쟁가치 모형은 다양한 확장작업을 거쳐 여러 분야에 적용되고 있다. 이 모형은 리더십 분야뿐만 아니라, 조직문화와 조직개발 및 조직변화, 교육훈련, 커뮤니케이션 등 다양한 분야에서 활발히 사용되고 있다.

이 모형에서는 리더가 다양한 역할들을 통합적이고 보완적으로 수행해 냄으로써 자신에게 주어지는 상충된 요구를 충족시켜 나갈 때 가장 효과적이라고 본다. 경쟁가치 모형은 리더의 행동을 서로 보완되기도 하고 상충되기도 하는 8가지 역할로 구분하고 있는데, 리더가 이러한 모든 역할들을 균형있게 수행할 때 리더십 유효성이 높다고 본다.[34]

[그림 8-3]에 제시된 것처럼 경쟁가치 모형은 수직축과 수평축으로 나누어진 4분면(quadrants)으로 표현되는데, 각각의 4분면은 조직운영에 관한 이론과 철학 및 시각을 나타내 주고 있다. 또한 각각의 4분면은 서로 보완되거나 대조되는 성격을 갖는다. 대칭을 이루는 4분면들은 서로 대조를 이루며 서로 인접하는 4분면들은 보완작용을 한다. 경쟁가치 모형의 네 가지 하위 모형별 특징과 그에 따른 리더의 역할을 살펴보면 다음과 같다.

---

33) R. E. Quinn & J. Rohrbaugh, "A Spatial Model of Effectiveness Criteria: Towards a Competing Values Approach to Organizational Analysis," *Management Science*, Vol. 29, 1983, pp. 363~377.

34) R. E. Quinn, S. R. Faerman, M. P. Thompson, & M. R. McGrath, *Becoming an Master Manager: A Competency Framework* , 2nd ed. (New York, N.Y.: John Wiley & Sons, 1996).

그림 8-3 경쟁가치 모형에 따른 리더의 다양한 역할

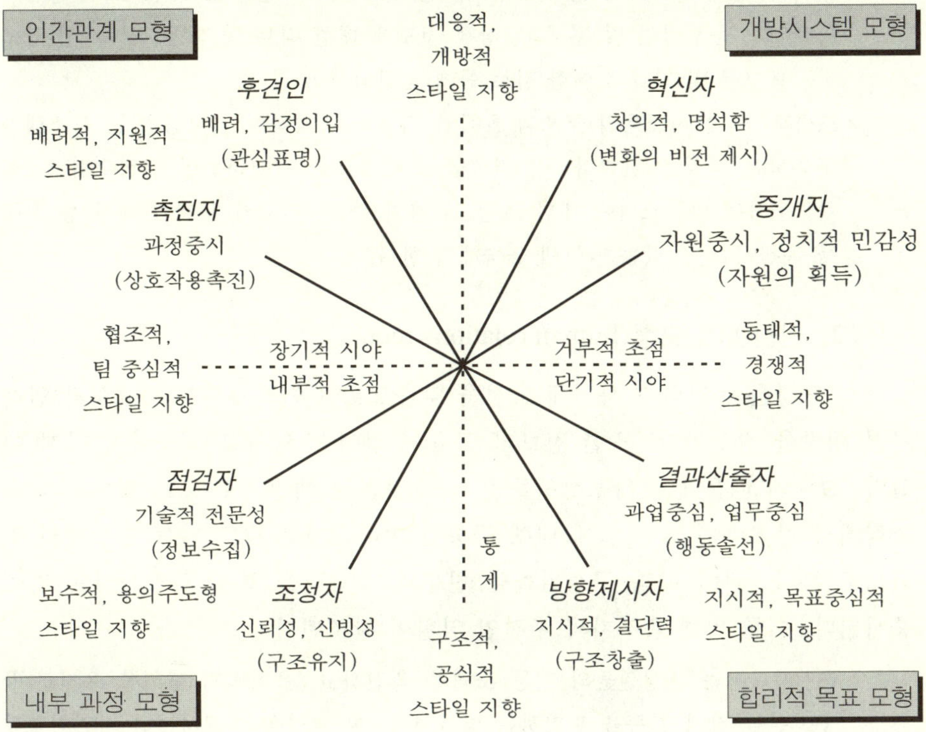

(1) 내부과정 모형(internal process model)

이 모형에서는 측정과 문서화 그리고 정보관리가 크게 강조된다. 측정과 문서화 및 정보관리 등의 과정은 조직에 안정과 통제를 제공해 준다. 안정과 통제가 확보되는 조직에서는 구성원들에게 명확히 규정된 역할이 주어지고 구성원들이 해야 할 바를 정해 놓은 규칙을 엄격히 준수하도록 기대된다. 그러한 대가로 구성원들은 안정적인 일자리를 보장받는다. 이러한 모형은 수행되어야 할 과업을 명확히 이해할 수 있으며, 시간이 중요한 요소가 아닌 상황에서 가장 적절하게 기능한다. 이 모형에서는 점검자(monitor)와 조정자(coordinator) 역할이 강조된다.

- 점검자: 이는 자신의 부서 내에서 어떠한 일이 벌어지고 있는가를 전부 알아내고, 구성원들이 규칙을 준수하고 있는가를 파악해야 하며, 부서에게 주어진 목표가 제대로 달성되었는가를 점검하는 역할이다. 점검자는 부서 내에서 이

루어지는 일에 관련된 모든 사실과 세부적인 내용에 대해 철저하게 파악할 수 있어야 하며 계량적인 분석에 능해야만 한다. 이 역할을 효과적으로 수행하기 위해서는 문서작업 및 결제, 일상적 정보에 대한 검토 및 대응, 감독 · 현장순시 · 보고서 및 자료에 대한 검토 등에 숙달되어야 한다.

- 조정자: 이는 시스템의 구조와 흐름을 적절히 유지하여 신뢰성 있는 시스템을 구축하는 역할을 말한다. 이 역할을 효과적으로 수행하려면 일정수립, 조직화, 구성원들의 노력에 대한 조정, 위기의 관리, 기술적 문제의 해결 등 직무를 촉진시킬 수 있는 활동에 능숙해야 한다.

(2) 인간관계 모형(human relations model)

이 모형은 응집력과 사기에 초점을 맞춤으로써 인적자원의 중요성과 인적자원 개발을 강조한다. 또한 정보의 공유와 참여적 의사결정을 가치 있게 여긴다. 그렇기 때문에 조직구성원들을 서로 분리된 개인으로 보는 것이 아니라 조직에서 일어나는 모든 일에 대해 공통된 이해관계를 갖고 있는 공동체의 일원으로 본다. 이에 따라 구성원들을 친분과 소속감을 통해 결집시키는 것이 중시된다. 이를 위해 촉진자와 후견인 역할이 강조된다.

- 촉진자: 이는 구성원들의 협동 노력을 촉진하고, 응집력과 팀웍을 유지하며, 구성원들 간의 갈등을 관리하는 역할이다. 이 역할을 수행하려면 과정지향적이어야 하며, 구성원들 간의 분쟁 중재, 갈등해소 기법의 활용, 응집력 제고 및 사기 진작, 구성원들의 의견수렴 및 참여유도, 집단적 문제해결 촉진 등에 능해야 한다.
- 후견인: 이는 관심과 배려 및 감정이입을 통해 구성원들을 개발시키는 역할이다. 이를 위해서는 구성원들을 잘 도와 주어야 하고, 사려 깊어야 하며, 친근감이 있어야 할 뿐만 아니라 개방적이고 공정해야 한다. 또한 구성원의 의견을 경청하고, 정당한 요구에 대해서는 충분히 도와 주어야 하며, 충분한 감사표시를 할 줄 알아야 하고, 칭찬과 인정에 인색하지 말아야 한다. 이 역할에 능한 관리자는 사람들을 개발가능한 자원으로 간주함으로써, 구성원들의 기능개발을 도와 주고, 훈련 기회를 제공하며, 구성원들이 스스로 자기계발 계획을 수립하도록 지원해 주어야 한다.

(3) 합리적 목표 모형(rational goal model)

이 모형은 인간관계 모형과 대조를 이루며 수익 또는 손익을 강조하는데,

합리적 행동에 관한 이론을 기반으로 하고 있다. 합리적 행동에 관한 이론은 계획수립과 목표 수립이 생산성과 능률을 가져다 줄 것이라고 가정하는데, 이에 따라 과업을 명확하게 규정하고, 목표를 설정하며, 목표달성을 실천하기 위한 행동이 강조된다. 이러한 조직의 구성원들은 결단력을 지닌 권위적 인물로부터 업무에 대한 명확한 지시를 받아 활동하며, 주어진 목표를 제대로 달성할 경우 금전적 보상을 받는다. 합리적 목표 모형은 과업의 내용이 명료하고 단기간 내에 수행되어야 하는 상황에서 효과적으로 기능한다. 이 모형에서는 방향제시자(director)와 결과산출자(producer) 역할을 수행하도록 기대된다.

- 방향제시자: 이는 계획수립과 목표설정을 통해 하위자에게 기대되는 바를 명료하게 제시해 주는 역할이다. 이를 위해서는 문제의 정의, 대안의 선택, 목표의 설정, 역할과 과업의 규정, 규칙과 방침의 제정, 성과의 평가, 업무지시 등을 결단력 있게 수행할 수 있어야 한다.
- 결과산출자: 이는 리더 자신에게 주어진 목표를 달성하고 하위자들이 주어진 목표를 달성하도록 동기유발시키는 역할이다. 이 역할을 효과적으로 수행하려면 과업지향적이어야 하고 업무에 초점을 맞추어야 하며, 일에 대한 강한 흥미와 동기 및 욕구를 지녀야 할 뿐만 아니라 강한 활력을 지니고 있어야 한다. 또한 일에 대한 책임감이 강해야 하며, 업무를 제 때 완수해 내고, 개인적으로 높은 생산성을 보여야 한다. 이와 아울러 구성원들이 주어진 목표를 완수하고 높은 생산성을 보이도록 동기유발시키는 데 능해야 한다.

(4) 개방시스템 모형(open Systems model)

이 모형은 내부과정 모형과 대조를 이루며 유기적 조직, 수평적 조직, 느슨하게 연결된 조직, 행렬구조, 임시적 조직 등의 개념과 관련이 있다. 유효성을 판단하는 기준은 적응성, 즉응성(readiness), 성장, 자원획득, 외부적 지원 등이다. 이러한 조직에서는 혁신과 창의성이 강조되기 때문에 이전에는 해 본 경험이 전혀 없는 새로운 일을 주로 한다. 이러한 조직의 구성원들은 통제를 받기보다는 이념적으로 고취되는데, 그들은 무언가 중요한 일을 하는 공동체의 일원이라는 사실에 고무를 받는 경우가 많다. 그렇기 때문에 이러한 조직의 구성원들에게 동기유발은 큰 문제가 아니며, 이들은 이미 자신의 일에 최대한도로 전념하고 도전감을 느끼고 있는 경우가 대부분이다. 그들이 새로운 비전을 실현하는 데 성공을 하면 외부에서 상당한 인정과 자원을 확보할 수 있다. 이러한 모형은 과업 자체가 구조화되어 있지 않고 짧은 시간 내에 과업을 완수해야 하는 경우에 가장 잘 기능한다. 이 모형에서는 혁신자(innovator)와 중개자(broker) 역할이 강조된다.

- 혁신자: 이는 변화를 효과적으로 촉진시키고 조직의 적응력을 높이는 역할이다. 이 역할을 효과적으로 수행하려면 외부 환경을 철저히 점검하여 중요한 추세를 파악해 내고, 필요한 변화를 개념화하고 구체화시킴으로써 불확실성을 흡수해야 한다. 또한 귀납적 사고 능력과 아이디어 및 직관적 통찰력을 활용하는 데 뛰어나야 하며, 미래에 대한 전망을 바탕으로 혁신적 아이디어를 구상하고 조직구성원들의 마음을 사로잡을 수 있는 방법으로 그러한 아이디어를 포장하여 비전으로 제시함으로써 구성원들이 그러한 비전이 반드시 필요하고 또한 바람직하다고 인식하게 만들 수 있어야 한다.
- 중재자: 이는 자신의 집단이나 조직 외부에 영향력을 행사하여 외부로부터 정당성을 지속적으로 확보하고 자원을 획득하는 역할이다. 조직이 외부환경에 적절히 대처해 나가려면 정치적 행동이 중요해지기 때문에, 이 역할을 효과적으로 수행하려면 권력의 역학을 잘 이해해야 하며, 정치적으로 빈틈이 없어야 하고, 인맥이 넓어야 하며, 영향력과 권력을 행사할 수 있어야 한다.

경쟁가치 모형에서는 리더가 8가지 역할을 어떻게 조합하여 수행하는가에 따라 효과적인 리더와 비효과적인 리더의 유형을 구분해 냈는데, 효과적인 리더의 유형만 살펴보면 다음과 같다.

(가) 개념화에 뛰어난 산출형(conceptual producers)　점검자 역할은 평균 이하이고, 조정자와 방향제시자 역할은 평균보다 약간 높게 수행하지만, 나머지 6가지 역할에는 상당히 강한 유형. 아이디어를 창출하고 그것을 다른 사람에게 설득시키는 데 뛰어나고, 개념적으로 잘 숙달되어 있으며, 세세한 것에는 거의 관심을 두지 않는 결과지향적인 유형.

(나) 공격적인 성취형(aggressive achievers)　점검자 · 조정자 · 방향제시자 · 결과산출자 역할에는 상당히 강하고, 나머지 역할은 평균 또는 평균보다 약간 약하며, 촉진자 역할은 좀 더 약한 유형. 기술적 전문성과 협력확보 능력을 보유하고는 있으나, 다소 무감각하고 관료적인 유형.

(다) 온화한 팀 구축형(peaceful team builders)　중개자와 결과산출자 역할은 평균 정도로 수행하지만, 나머지 6가지 역할은 상당히 능한 유형. 어떠한 어려운 상황에서도 당황하지 않으며, 갈등관리에 능숙하고, 사람들로 하여금

전체의 일원임을 느끼게 하는 데 뛰어난 유형.

㈑ 헌신적인 집중형(committed intensives)　　혁신자 · 중개자 · 결과산출 · 점검자 · 촉진자 역할은 상당히 강하고, 후견인 · 방향제시자 · 조정자 역할은 평균 정도로 수행하는 유형. 자신이나 다른 사람의 근면성에 대해 강박관념을 가질 정도로 성실하며, 자신만큼 일하지 않는 사람들은 용납하지 않는 유형.

㈒ 개방적 적응형(open adaptives)　　촉진자 · 후견자 · 혁신자 · 중개자 역할에 대해서는 상당히 강하고, 결과산출자 · 방향제시자 · 조정자 역할은 평균 정도이며, 점검자 역할만 평균 이하인 유형. 부하들을 상당히 자유방임적으로 대하며, 매우 개방되어 있고 합리적이며 느긋한 유형.

㈓ 달인형(masters)　　모든 역할에 대해 평균 이상으로 잘 수행하는 가장 효과적인 유형의 리더. 모두 완벽하다고 말할 수는 없지만 큰 약점은 존재하지 않는 유형.

요컨대, 8가지 역할을 골고루 평균 이상 수행하는 리더가 효과적이라는 것이 경쟁가치 모형의 골자이다. 한편 비효과적인 유형의 리더는 모든 리더 역할을 대부분 제대로 수행하지 못하거나 일부 역할은 강하게 수행하지만 일부는 약하게 수행함으로써 역할들간에 균형을 유지하지 못하는 리더로 파악되고 있다. 경쟁가치 모형에 근거한 리더십 행동범주들은 기존의 행동 이론에서 제시했던 행동 범주들보다 좀 더 구체화된 범주들을 제시하고 있다.

6. 리더십 행동에 대한 통합과 행동 이론에 대한 평가

(1) 리더십 행동에 대한 통합

리더십이 무엇인지에 대한 정의는 그것을 정의하는 사람의 수가 많듯이 리더의 행동 범주(behavior category)에 대한 추상화(abstraction) 수준도 학자들마다 차이를 보이고 있다. 이에 따라 리더십 행동 이론들은 수많은 행동 범주를 파악해 내긴 하였지만, 여러 행동 범주들을 비교하고 통합시키기란 매우 어려운 작업이 되고 있다.

학자들마다 사실상으로는 동일한 리더십 행동을 상이한 명칭으로 부른 경우도 있었고, 동일한 명칭의 행동을 서로 다르게 정의한 경우도 있었으며, 어떤 학자는 일반적인 범주로 분류한 행동을 다른 학자는 여러 개의 세부적 행동 목록 중 하나로 포함시킨 경우도 있었다. 동일한 행동 범주를 사용한 학자들 간에도 그 범주에 포함시키는 세부 행동 목록에는 차이를 보이는 경우도 많았다. 이러한 차이가 나타난 원인은 다음과 같은 이유 때문이다.

첫째로, 리더십 행동 범주란 현실 세계의 눈에 보이는 행동을 구체적으로 나타낸 것이라기보다는 특정한 행동 내용을 추상화시킨 것에 불과하여, 리더십 행동 범주가 객관적이고 실재하는 것이라고 볼 수 없기 때문이다. 따라서 리더십을 연구하는 사람의 시각과 목적에 따라 행동 범주 분류 내용은 차이를 보일 수밖에 없으며, 절대적으로 옳은 행동 범주란 존재할 수 없다.

둘째, 연구 시각과 목적이 일치하는 학자들 간에도 행동 범주의 분류는 달라질 수밖에 없다. 왜냐하면 추상화 수준이나 일반화 수준이 차이를 보일 수 있기 때문이다. 연구 시각과 목적이 동일하다고 할 지라도 폭넓게 정의한 소수의 행동 범주를 사용하는 학자가 있는 반면, 구체적으로 세분화시켜 정의한 다수의 행동 범주를 사용하는 학자도 있다. 리더십 행동을 범주를 어느 정도로 추상화 또는 일반화해야 하는가에 대한 정확한 답은 있을 수 없다. 그것은 리더십 행동을 분류하는 목적에 따라 판단되어야 할 사항인 것이다.

셋째, 리더십 행동 범주를 분류할 때 어떤 방법을 활용하느냐에 따라서도 행동 범주 분류에 차이가 나타날 수 있다. 리더십 행동 범주를 분류하는 방법으로는 통계적 분석법과 판단에 의한 분류법 그리고 이론적 추론법 등이 활용될 수 있다. 통계적 분석법은 설문조사 등의 측정방법을 통해 수집한 자료를 요인분석이라는 통계기법을 통해 관련성이 높은 항목끼리 묶어내어 범주화시키는 방법으로서, 가장 일반적으로 활용되고 있다. 판단에 의한 분류법은 전문가들에게 비슷한 행동 항목들을 분류하게 한 뒤 결과를 취합하는 방법이며, 이론적 추론법은 일정한 이론적 틀에 맞추어 적절한 행동 범주를 추론해 내는 방법이다. 리더십 행동을 분류하려는 목적이 일치하는 경우에도 행동 범주 분류 방법을 달리 적용하면 서로 다른 결과가 나타날 수밖에 없다.

이러한 이유로 인해 이론마다 제시하는 리더십 행동 범주는 차이를 보일 수밖에 없다. 하지만 그 동안 파악된 리더 행동을 적정 수준에서 통합화하는 노력이 이루어지기도 하였다. 그 동안 리더십 행동 이론에서 파악되었던 행동들을 중범위(middle range) 수준에서 묶어낸 것으로 14개의 행동 범주가 제시되었는데, 이는 계획수립 및 조직화, 문제해결, 역할 및 목표 명료화, 정보제공, 점검, 동기유발 및 분발고취(inspiring), 상의(consulting), 권한위양, 개발 및 멘터링, 갈등관리 및 팀 구축, 네트워크 구축, 인정(recognition), 보상 등으로 구성되어 있다.[35)]

한편, 가장 일반적 수준에서 리더십 행동 범주는 3개 차원으로 제시되고 있는데, 그것은 과업지향적 행동과 관계지향적 행동 및 변화지향적 행동이다.[36)]

과업지향적 행동에는 과업의 완수와 관련된 행동, 인원과 자원을 효율적으로 활용하는 행동, 안정성과 신뢰성 있는 운영이 이루어지도록 유지하는 행동, 품질과 생산성을 점진적으로 개선시키는 행동 등을 말한다. 중요 요소행동으로는 역할명료화, 운영에 필요한 계획수립 및 조직화, 운영에 대한 점검 등이 포함된다. 구조주도는 이러한 범주에 속한다고 볼 수 있다.

관계지향적 행동에는 사람들과의 관계를 개선시키고 사람들을 돕는 것과 관련된 행동, 협력과 팀워크를 증진시키는 행동, 부하의 직무만족을 증가시키는 행동, 조직과의 동일시를 촉진시키는 행동 등이 포함된다. 중요 요소행동으로는 지원, 개발, 인정, 상의, 갈등해소 등이 있다. 이러한 행동 범주는 배려와 비슷하기는 하지만 그보다는 좀 더 포괄적이다.

변화지향적 행동에는 전략적 의사결정을 개선시키는 행동, 환경변화에 적응하는 행동, 목표나 프로세스 또는 제품 및 서비스에 주요한 변화를 가져오는 행동, 변화에 대한 전념을 이끌어 내는 행동 등이 포함된다. 중요 요소행동으로는 외부환경에 대한 탐색과 해석, 매력 있는 비전의 표출, 혁신적 전략의 제안, 변화의 필요성에 대한 설득, 실험적 행동의 장려와 촉진, 변화를 지원하고 실행에 옮기는 제휴망 구축 등을 들 수 있다.

(2) 리더십 행동 이론에 대한 평가

리더십 행동 이론은 리더들에게 발견될 수 있는 의미 있는 행동 범주를 파악해 내어 이러한 행동이 리더십 유효성(하위자의 성과와 만족 등)과 어떠한 관계가 있는지를 규명하는 데 노력을 집중해 왔다. 리더의 행동은 배려와 구조주도, 종업원 중심적 행동과 직무 중심적 행동, 관계지향적 행동과 생산지향적 행동 등이 대표적으로 제시되었는데, 이는 주로 일과 사람에 관련된 두

---

35) G. A. Yukl, *Leadership in Organizations*, 4th ed. (Upper Saddle River, N.J.: Prentice-Hall, 1998), pp. 59~60.

36) *Ibid.*, pp. 60~61

가지 차원으로 설명되었다. 하지만 이러한 행동 범주들은 복잡한 문제에 대해 간단한 해답을 제시하는 데 그치고 있다. 따라서 리더의 행동을 현실성 있게 파악하기 위해서는 좀 더 넓은 범위의 행동을 파악하여 그 내용을 구체화시킬 필요가 있다.

예외가 있기는 하지만 리더십 행동 이론에 근거한 대부분의 연구들은 리더의 관찰가능한 행동을 추출한 다음, 이것을 설문으로 구성하여 리더 자신이나 하위자들에게 배포하고, 설문에 제시된 행동을 리더가 얼마나 자주 하는가를 묻는 방법을 사용하였다. 따라서 실제 행동자료를 활용하기보다는 기본적으로 지각 자료(perceptual data)에 의존하고 있다. 설문지를 통한 연구를 비판하는 사람들은 지각 자료에만 의존할 경우 지각자의 편파(bias)가 개입되는 한계가 있다고 지적한다. 그러나 설문지법에 대한 대안적 방법으로 구조화된 관찰방법을 활용할 경우, 관찰을 아무리 구조화시킨다고 해도 거기에서 얻어지는 자료는 관찰자의 지각을 바탕으로 파악된 것이기 때문에 지각 자료라고 할 수밖에 없다.

리더십 행동 이론들은 리더의 행동이 하위자의 성과와 만족에 미치는 영향을 설명하는 데 노력을 집중해 왔다. 리더십이 미치는 하위자의 성과와 만족에 영향은 직접적인 영향과 간접적인 영향으로 분류될 수 있다. 직접적인 영향은 리더의 행동이나 의사결정이 다른 매개변수의 영향을 받지 않고 곧바로 구성원들의 성과와 만족에 효과를 미치는 것을 말한다. 간접적인 영향은 리더의 행동이나 의사결정이 여러 매개변수들을 거쳐 효과를 미치는 것을 말한다.

행동 이론들은 하위자의 성과와 만족에 리더십이 미치는 직접적인 영향에만 치우친 연구를 했던 경향이 있다. 즉, 매개변수에 대한 고려를 하지 않은 경우가 대부분이었다.

리더가 조직의 문화를 변화시킨다든가, 하위자의 장기적인 역량을 개발시킨다든가, 업무를 처리하는 데 활용되는 기술을 변화시킨다든가, 조직의 구조를 변화시킨다든가, 조직의 전략을 변화시킨다든가 하는 방법을 통하여 장기간에 걸쳐 하위자의 성과와 만족에 미치는 영향에 대해서는 충분히 연구를 하지 못했던 것이다.

리더십 행동 이론들은 모든 상황에서 유효하게 작용할 수 있는 리더의 행동을 파악하여 보편타당한 이론(universal theories)을 제시하고자 했으나 그러한 시도는 실효를 거두지 못하였다. 즉, 행동 이론들은 모든 리더들이 상황에 관계 없이 발휘할 수 있는 유일한 최선책(one best way)을 찾고자 하였으나, 리더십의 유효성은 상황에 따라 달라진다는 결론에 도달하게 되었다. 이로 인해 리더십 연구의 패러다임은 상황 이론으로 넘어가게 되었다.

위와 같은 한계에도 불구하고 리더십 행동 이론은 다소 관찰이 어렵고 추상성이 강한 특성에만 의존하여 리더십을 설명하려던 관점에서 벗어나 관찰가능한 행동 스타일을 파악해 내고 측정할 수 있는 계기를 마련하였다. 행동 이론을 통해 개발된 리더십 행동 범주들은 오늘날에도 지속적으로 연구에 활용되고 있다. 또한 리더십 행동 이론은 효과적인 리더십 행동의 본보기를 파악하여 이를 바탕으로 구성원들을 훈련시킴으로써 리더로 양성시키는 리더십 개발이 본격화될 수 있는 계기도 마련하였다.

제 4 절 리더십 상황 이론

1. 리더십 상황 이론의 발전 배경

1960년대까지 이루어진 대다수의 리더십 특성 이론과 행동 이론들은 상황에 관계 없이 보편타당한 리더의 특성과 행동을 파악하려 했던 경우가 많았으나, 보편타당한 이론은 존재하지 않는 것으로 밝혀졌다. 즉, 여러 연구를 통해 나타난 결과는 리더의 보편타당한 특성이나 행동이 존재하기보다는, 특성과 행동이 리더십의 유효성에 미치는 영향은 상황적 요인에 따라 달라진다는 사실이었다. 이미 60년대 초에 맥그리거(McGregor)가 리더십이란 관계이기 때문에 모든 상황에서 적합한 리더십이란 있을 수 없다고 지적한 바 있듯이,[37)] 보편타당한 이론을 찾으려 했던 것 자체가 잘못된 출발이었을 수도 있다.

보편타당한 리더십 특성과 이론을 규명하려는 연구가 실효성을 잃어감에 따라 1960년대 후반부터는 "리더십 유효성은 상황에 따라 달라진다(Leadership effectiveness depends on the situation)"라는 전제하에 리더십을 연구하는 사람들의 관심의 초점이 상황으로 옮겨지게 되었다.

상황 이론은 리더십 특성이나 행동보다는 리더십 특성과 행동에 영향을

37) D. McGregor, *The Human Side of Enterprise* (New York, N.Y.: McGraw-Hill, 1960).

미치는 상황 그 자체의 특성을 분석하는 데 관심을 두는 이론과 리더 특성 또는 행동이 하위자나 조직에 미치는 영향을 조절해 주는 변수(moderating variables)를 파악하여 특성이나 행동과 상황간의 적합관계를 설명하는 이론으로 구분될 수 있다. 전자를 상황 이론이라고 부르고 후자를 상황적합 이론(contingency theories)이라고 부르는데, 이를 구분하지 않는 경우도 많다.

2. 피들러의 상황적합 리더십 이론

리더십 상황 이론 중에서 가장 먼저 널리 알려지게 된 것이라면 아마도 피들러(Fiedler)의 연구일 것이다.[38] 피들러는 1953년부터 대규모의 다양한 집단의 리더를 대상으로 연구를 시작하여 1960년대부터 자신의 연구를 발표하기 시작하였다. 그의 이론은 리더의 성격특성(personality traits)이 집단의 성과와 갖는 관계를 상황의 유리함(situational favorability)이라는 상황변수가 조절한다는 것이다.

(1) 이론의 구조

피들러가 제시하는 이론의 구조는 [그림 8-4]에 제시되어 있다. 이 모형을 보면 원인변수(causal variable)와 결과변수(end-result variable) 그리고 상황적 조절변수(situational moderator variable)로 구성되어 있다. 원인변수(독립변수)란 결과변수(종속변수)에 영향을 미치는 변수를 의미하며, 조절변수란 원인변수가 결과변수에 미치는 영향 정도를 조절해 주는 변수, 다시 말해 원인변수와 결과변수간의 관계에 크게 기여하거나 중대한 영향을 미치는 변수를 말한다. 따라서 이 모형의 골자는 원인변수인 LPC 점수가 결과변수인 집단의 성과에 영향을 미치게 되는데, 이 과정에서 상황의 유리함이라는 상황적 조절변수가 그러한 영향의 정도를 조절한다는 것이다.

(2) LPC 점수

피들러는 리더의 행동특성을 측정하는 척도(scale)로서 LPC(Least Preferred Coworker)라는 것을 사용하였다. LPC를 우리말로 옮기면 '같이 일하기

---

38) F. E. Fiedler, F. E., *A Theory of Leadership Effectiveness* (New York : McGraw-Hill, 1967).

그림 8-4 피들러의 상황적합 이론의 구조

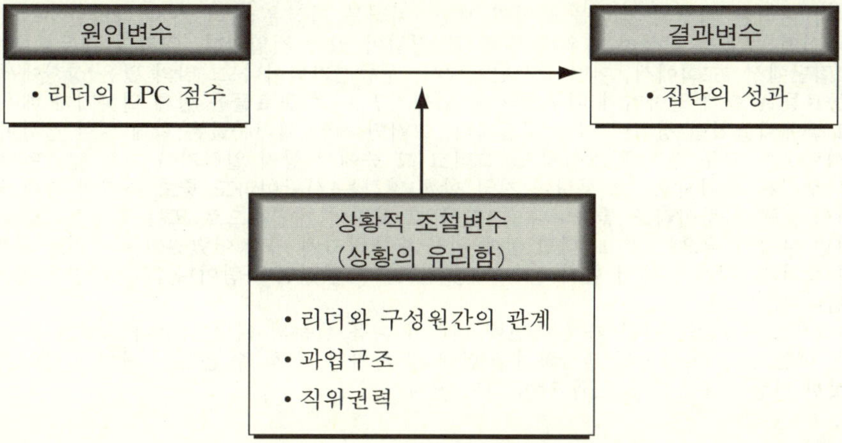

가장 싫은 동료 작업자'를 말한다. LPC 척도는 [표 8-2]에 제시되어 있다. LPC 척도에서는 리더로 하여금 먼저 과거와 현재의 동료작업자들 중에서 같이 일하기가 가장 싫은 사람 한 명을 마음 속에 떠 올리게 한 뒤, 리더에게 LPC 척도의 각 항목에 대해 그 사람을 평가토록 한다. 각 항목에는 1점에서 8점까지 점수가 부여되어 있는데, 각 항목별로 얻은 점수를 합산한 것이 리더의 LPC 점수(LPC score)가 된다.

[표 8-2]를 살펴보면 알 수 있듯이 점수가 낮을수록 '같이 일하기 가장 싫은 동료 작업자'에 대해 부정적인 평가를 하는 것이고, 점수가 높을수록 긍정적인 평가를 하는 것이다. LPC 척도를 보면 LPC 점수는 18점에서 144점까지 분포할 수 있다. 따라서 LPC 점수가 높은 리더는 같이 일하기 가장 싫은 동료에 대해 관대한 평가를 하는 사람이고, LPC 점수가 낮은 리더는 비판적인 평가를 하는 사람이 된다.

리더의 LPC 점수가 무엇을 의미하는가에 대한 해석은 피들러 자신도 몇 번씩이나 바꾸어 왔으나, 최근의 저작을 살펴보면 리더의 동기계층(motive hierarchy)을 나타낸다고 해석할 수 있다. 어떤 사람의 LPC 점수는 일을 방해하거나 제대로 못하게 만드는 다른 사람에 대해 느끼는 태도상의 반응이나 감정적인 반응이라고 볼 수 있다. 일반적으로 LPC 점수가 63점 이하인 사람은 LPC 점수가 낮다고 해석되는데, 이러한 사람들은 함께 일하기 가장 싫은 동료

[표 8-2] LPC의 척도

각자 여러분 자신의 경험을 돌이켜 보면, 여러분 자신은 여러 가지 다양한 사람들과 함께 어떤 목표를 달성하기 위해 일해 본 경험이 있을 것입니다. 직장의 직무수행에서 사교집단에서, 교회에서, 어떤 봉사단체에서, 운동경기팀이나 그 밖의 많은 상황에서 어떤 동료들은 함께 일하기가 매우 즐겁고 쉬웠지만 어떤 동료들은 함께 일하기가 매우 어렵고 불유쾌했었던 경험이 있을 것입니다. 그러면 지금 여러분들은 함께 일한 경험이 있는 사람들을 모두 생각해 보십시오. 그리고 그 중에서 함께 일하기가 가장 싫었던 사람들을 생각해 보십시오. 그 사람이 지금 함께 일하는 사람이라도 좋고 과거에 함께 일한 경험이 있는 사람이라도 좋습니다. 그러나 그 사람이 개인적으로 또는 감정적으로 가장 싫어한 사람일 필요는 없고, 다만 함께 일을 수행하기에 가장 어렸웠거나 어려운 사람이어야 합니다. 다시 말해서 함께 일을 가장 잘 할 수 없었던 사람이나 없는 사람을 생각하면 됩니다.

그래서 그 사람의 여러 가지 측면에 대하여 다음 설문의 해당된 곳에 ×표를 하면 됩니다. 예를 들어 여러분이 생각하기를 함께 일을 가장 잘 할 수 없는 사람이 상당히 단정치 못한 사람이라면 다음 표와 같이 하면 됩니다.

매우 단정하고 깔끔함.	8	7	6	5	4	3	2	1	매우 단정치 못함.
	매우 단정함	상당히 단정함	꽤 단정함	약간 단정함	약간 불단정함	꽤 불단정함	상당히 불단정함	매우 불단정함	

그리고 하나 주의할 점은 척도(scale)의 양쪽에 있는 말을 먼저 읽고 적당한 곳에 ×표를 하여야 하고, 각 문항을 하나도 빠뜨리지 말고 가능한 빠른 속도로 답해야 합니다. 각 문항에 대한 맨 처음 생각난 답이 가장 정확한 답일 가능성이 많기 때문입니다. 자 그러면 다음 LPC척도의 각 문항을 답해보기로 합시다.

LPC 척도
(LEAST PREFERRED CO-WORKER SCALE)

			점 수
쾌활한 사람	8 7 6 5 4 3 2 1	쾌활하지 못한 사람	—
친절하고 다정한 사람	8 7 6 5 4 3 2 1	불친절하고 다정하지 못한 사람	—
거부적인 사람	1 2 3 4 5 6 7 8	수용적인 사람	—
긴장하고 있는 사람	1 2 3 4 5 6 7 8	긴장을 풀고 여유 있는 사람	—
거리를 두는 사람	1 2 3 4 5 6 7 8	친근한 사람	—
냉담한 사람	1 2 3 4 5 6 7 8	다정한 사람	—
지원적인 사람	8 7 6 5 4 3 2 1	적대적인 사람	—
따분해 하는 사람	1 2 3 4 5 6 7 8	흥미가 있어 하는 사람	—
싸우기 좋아하는 사람	1 2 3 4 5 6 7 8	화목하고 잘 조화하는 사람	—
우울한 사람	1 2 3 4 5 6 7 8	늘 즐거워하는 사람	—
서슴치 않고 개방적인 사람	8 7 6 5 4 3 2 1	주저하고 폐쇄적인 사람	—
험담을 잘 하는 사람	1 2 3 4 5 6 7 8	너그럽고 관대한 사람	—
신뢰할 수 없는 사람	1 2 3 4 5 6 7 8	신뢰할 만한 사람	—
사려깊은 사람	8 7 6 5 4 3 2 1	사려깊지 못한 사람	—
심술궂고 비열한 사람	1 2 3 4 5 6 7 8	점잖고 신사적인 사람	—
마음에 맞는 사람	8 7 6 5 4 3 2 1	마음에 맞지 않은 사람	—
성실하지 않는 사람	1 2 3 4 5 6 7 8	성실한 사람	—
친절한 사람	8 7 6 5 4 3 2 1	불친절한 사람	—

총 점 [ ]

자료 : F. E. Fiedler, *Improving Leadership Effectiveness*(New York: John Wiley & Sons, Inc., 1976), pp. 6~24.

에 대해 이성적으로 평가하기보다는 감정적으로 반응하며, 매사를 일 중심적으로 생각하는 경향이 있다고 본다.[39]

리더의 LPC 점수는 다음과 같은 방식으로 그 사람의 동기계층을 나타내 준다.

LPC 점수가 낮은 리더는 일을 우선시하는 사람으로서 주로 과업을 완수하는 데서 만족을 얻는다. 이러한 리더는 직무를 훌륭히 완수하는 데 1차적인 관심이 있기 때문에 부하를 다룰 때에도 과업지향적인 행동을 강조할 것이다. 따라서 이러한 리더는 집단의 성과가 좋고 과업의 심각한 문제가 없을 때에만 부하들과 좋은 관계를 유지하는 것에 관심을 갖는다.

LPC 점수가 높은 리더는 주로 다른 사람과 밀접한 대인관계를 맺고 유지하는 데서 만족을 얻는 사람이다. 이러한 리더는 부하와의 사교를 강조하고 필요하다면 적극적이고 지원적인 태도를 취한다. 따라서 이러한 리더는 부하들과 일단 밀접한 대인관계를 맺은 다음에 과업완수에 대해 관심을 갖는다.

LPC 점수에 관련하여 25년간 이루어졌던 연구결과들을 검토했던 한 연구에서는, LPC 점수가 높은 리더의 경우 대인관계의 성공에 더 높은 가치를 부여하고 있고, LPC 점수가 낮은 리더의 경우 과업달성이나 과업성취에 대해 보다 더 가치를 부여한다는 사실이 밝혀졌다.[40] 이는 LPC 점수가 앞서 설명한 것과 같이 리더의 동기계층을 나타내준다는 주장을 뒷받침해 주는 것이다.

(3) 상황적 조절변수

피들러가 제시한 상황적합 모형에서는 리더의 LPC 점수와 리더의 유효성(집단의 성과)간의 관계는 여러 요소로 구성된 상황적 조절변수에 의해 좌우된다. 이러한 상황변수는 '상황의 유리함(situational favorability)' 또는 '상황 통제변수(situational control)' 라고도 불린다. 피들러는 상황의 유리함이란 리더가 하위자에 대해 통제력을 행사할 수 있는 정도라고 밝히고 있다. 리더가 하위자에게 더 많은 통제력을 행사할수록 상황은 리더에게 유리해진다. 상황의 유리함은 다음과 같은 세 가지 변수에 의해 결정된다.

㈎ 리더와 구성원의 관계(leader-member relations)　　하위자가 리더에 적

39) F. E. Fielder & J. E. Garcia, *New Approaches to Effective Leadership: Cognitive Resources and Organizational Performance* (New York : John Wiley & Sons, 1987).

40) R. W. Rice, "Construct Validity of the Least Preferred Coworker Score," *Psychological Bulletin*, Vol. 85, 1978, pp. 1199~1237.

대적이지 않고, 리더를 신뢰하고 좋아하며, 리더가 지시하는 바를 기꺼이 따르려고 하는 정도를 말한다. 리더를 지지하고 충성심을 갖고 있을수록 리더와 구성원의 관계는 좋다고 할 수 있으며, 리더에게 유리한 상황이 된다.

(나) 과업구조(task structure) 과업이 얼마나 구조화되어 있는 정도를 나타내 준다. 과업상의 요구사항이 표준운영절차의 형태로 제시되어 있다든지, 만들거나 제공해야 할 제품과 서비스의 내용이 구체적으로 정해져 있다든지, 과업을 수행하면서 진척사항을 점검해 볼 수 있는 기준이 존재한다든지 할 경우 과업의 구조화가 높다고 할 수 있다. 과업이 구조화된 정도가 높을 경우 리더가 부하의 과업행동을 감독하고 영향력을 행사하기가 매우 쉽다. 반면, 과업의 구조화 정도가 낮다면 리더는 업무를 수행하는 최상의 방법을 알지 못하므로 부하를 어떻게 다루어야 하는지에 대한 의사결정을 쉽게 할 수 없다. 과업이 구조화되어 있을수록 리더에게 유리하다.

(다) 직위권력(position power) 직위권력이란 리더가 하위자들을 지도 · 평가하고, 필요한 상과 벌을 제시할 수 있는 권한을 지니고 있는 정도이다. 직위권력이 큰 리더는 부하가 자신의 정책 및 통제에 순응하도록 보상과 벌을 적절히 조정할 수 있다. 반면, 직위권력이 약한 리더는 부하에 대해 다른 원천의 영향력을 행사해야만 한다.

피들러에 따르면 위의 세 가지의 상황변수들의 중요도는 리더와 구성원의 관계, 과업구조 그리고 직위권력의 순이라고 한다. 상황의 유리함은 세 가지 상황변수들이 조합되어 결정된다. 리더와 구성원간의 관계가 양호하고 과업의 구조화 정도가 매우 높으며 리더가 실질적인 직위권력을 갖고 있을 때 리더에게 가장 유리한 상황이 되며, 리더와 구성원의 관계가 불량하고 과업의 구조화 정도가 매우 낮으며 리더가 직위권력을 갖고 있지 못할 때 리더에게 가장 불리한 상황이 된다.

(4) 상황에 따른 리더십의 유효성

피들러의 상황적합 이론에 따르면 상황이 리더에게 매우 유리하거나 불리할 때 LPC 점수가 낮은 리더가 LPC 점수가 높은 리더보다 더 효과적이며, 상황이 리더에게 유리한 정도가 중간일 때에는 LPC 점수가 높은 리더가 LPC 점수가 낮은 리더보다 더 효과적이라고 한다. 이러한 내용은 [표 8-3]에 요약되어 있다.

LPC 점수가 높은 리더는 1차적인 관심을 사람에 두고 일에는 2차적인 관심을 두기 때문에 이들은 관계지향적(relation-oriented) 리더십 스타일을 구사한다. 반면, LPC 점수가 낮은 리더는 일에 1차적인 관심을 두고 사람에게는 2차적으로 관심을 두기 때문에 이들은 과업지향적(task-oriented) 리더십을 발휘한다. 따라서 상황이 리더에게 유리하거나(Ⅰ, Ⅱ, Ⅲ) 불리할 경우(Ⅷ)에는 과업지향적 리더십을 발휘하는 것이 효과적이며, 상황의 유리함이 중간 수준이면 관계지향적 리더십을 발휘하는 것이 효과적임을 알 수 있다.

이러한 결과만 본다면 "상황이 리더에게 유리하거나 불리할 경우 과업지향적 리더십을 발휘해야 하고, 중간 정도로 유리하면 관계지향적 리더십을 발휘해야 한다"라고 결론을 지을 수 있을 것 같다. 하지만 피들러는 리더가 지니고 있는 동기계층과 지배적 행동성향은 일생동안의 경험을 통해 개발되는 것이기 때문에 이를 변화시키기는 힘들다고 보고 있다. 따라서 피들러는 상황에 맞추어 리더십 스타일을 바꾸는 것보다는 상황의 특성을 파악하여 상황을 자신의 리더십 스타일에 맞도록 변화시키는 것이 더 효과적인 방법이라고 본다.

피들러의 이론에 따른다면 리더십을 변화시키거나 육성하기 위해 교육훈련을 시키기보다는 상황의 특성에 맞는 스타일의 리더를 선발하여 배치하거나 리더가 기존에 지니고 있는 리더십 스타일에 맞추어 상황특성을 바꾸는 방법이 더 효과적일 것이다. 피들러는 리더의 스타일에 맞추어 상황을 바꾸는 방법을 상황설계(situation engineering)라고 불렀으며, "리더 매치(Leader Match)"라는 리더십 훈련 프로그램을 통해 상황설계 방법을 제시하기도 하였다.[41)]

[표 8-3] 상황별로 효과적인 리더

유리 ⟵ 상황의 유리함 ⟶ 불리

리더-구성원 관계	좋 음				나 쁨			
과업구조	구 조 화		비구조화		구 조 화		비구조화	
직위권력	강함	약함	강함	약함	강함	약함	강함	약함
상 황	Ⅰ	Ⅱ	Ⅲ	Ⅳ	Ⅴ	Ⅵ	Ⅶ	Ⅷ
효과적인 리더	낮은 LPC 점수			높은 LPC 점수				낮은 LPC 점수

41) F. E. Fiedler & M. M. Chemers, *Improving Leadership Effectiveness* (New York : John Wiley & Sons, 1984).

그 동안 피들러가 제시한 모형을 검증하기 위해 상당히 많은 연구들이 이루어졌다. 이러한 연구결과들을 검토했던 학자들은 대부분의 연구가 피들러가 제시했던 내용을 전반적으로 지지해 주고는 있으나, 8가지 상황변수별로 효과적인 리더십 스타일이 정확하게 일치하지는 않았으며, 현장연구를 한 경우에는 실험실 상황에서 연구했던 것보다 이론에 대한 지지 정도가 낮은 것으로 밝혀졌다.[42]

(5) 피들러의 상황적합 이론에 대한 평가

피들러의 이론은 상황에 따라 효과적인 리더십 스타일은 달라진다는 상황이론적 리더십 연구를 본격화시키는 데 큰 기여를 하였다. 하지만 많은 학자들이 그의 이론에 대해 여러 가지 비판을 가해 왔다. 피들러의 모형에 대한 비판중 대표적인 것을 소개하면 다음과 같다.

첫째는 LPC에 관한 것으로, 피들러는 초기의 연구에서 LPC란 리더의 성격을 측정하려는 것이라고 하였으나 그 후 생각을 바꾸어 LPC가 집단 내에서의 사회적 욕구충족과 관련된 동기구조라고 하였다. 이 때문에 LPC 점수를 가지고 리더십 유형을 판정하는 문제는 아직도 불확실한 상태에 있으며, 리더의 LPC 점수는 시간의 경과에 따라 그리고 상황의 변동에 따라 가변적인 것이어서 직무상황을 리더십 유형과 적합화시키는 노력은 쓸모 없는 것이라는 비판을 받고 있다.[43]

둘째, 이 모형은 리더십 유형을 관계지향적인 것과 과업지향적인 것으로 양분하고 있지만, 리더십 유형이란 근본적으로 단일 차원의 개념으로서 동시에 과업지향적일 수도 있고 관계지향적일 수도 있으며, 상황에 따라 리더는 자기의 리더십 유형을 바꾸어 보려고 시도할 수도 있다는 것이다.

셋째, 이 모형은 아직 이론이라기에는 부족한 점이 많다. 왜냐하면 리더의 LPC 점수가 어떻게 집단성과에 대한 원인변수가 되느냐 하는 데 대한 충분

---

42) M. J. Strube & J. E. Garcia, "A Meta-Analytic Investigation of Fiedler's Contingency Model of Leadership Effectiveness," *Psychological Bulletin*, Vol. 90, 1981, pp. 307-321; L. H. Peters, D. D. Hartke, & J. T. Pohlmann, "Fiedler's Contingency Model of Leadership: An Application of the Meta-Analysis Procedures of Schmidt and Hunter," *Psychological Bulletin*, Vol. 97, 1985, pp. 274~285.

43) C. A. Schriesheim & S. Kerr, "Theories and Measures of Leadership: A Critical Appraisal," in J. G. Hunt & L. L. Larson (eds.), *Leadership: The Cutting Edge* (Carbondale, Ill.: Southern Illinois University Press, 1977), pp. 9~45.

한 설명이 결여되어 있으며, 또한 예측의 이유에 대한 아무런 설명 없이 예측을 시행하고 있는 점이다.

넷째, 상황적 통제변수의 지표를 산정하는 데 사용된 세 개의 상황변수에 대한 가중치가 임의적으로 결정되었으며, 이러한 가중치의 결정에 대한 합리적인 설명이 부족하다. 이 모형은 상황의 세 가지 측면이 어떻게 결합되어 하나의 단일한 연결체로 다루어질 수 있었는지에 대해 설명이 없다.

다섯째, 상황에 대한 측정치가 리더의 LPC 점수에 대해 완전히 독립적이지 못하다. 이 모형을 검증한 여러 연구에서 LPC 척도 측정의 리더와 구성원과의 관계에 대한 측정치 모두 리더로부터 얻은 것이기 때문에 리더의 여러 응답 경향이 결과를 왜곡시킬 수도 있다.

여섯째, 리더는 보통 부하에 대해 다소 배려적으로 행동함으로써 리더와 구성원의 관계가 변화할 수도 있기 때문에 리더와 구성원의 관계는 상황변수라기보다는 차라리 매개변수로서 보는 것이 나을 수도 있다.

피들러 자신은 그 모형에 대한 이상과 같은 비판에 대해 계속 해명을 하고 있지만 아직도 논란은 그치지 않고 있다. 하지만 이 이론은 상황 이론의 새로운 지평을 열었고, 학자들이 여전히 많은 아이디어와 가설을 얻어내고 있다는 점에서 리더십 연구에 지대한 공헌을 하였음을 부정할 수는 없을 것이다.

3. 허시와 블랜차드의 리더십 상황 이론

(1) 이론의 개요

허시와 블랜차드(Hersey & Blanchard)는 기존의 리더십 행동 이론을 통해 제시된 리더십 행동이 리더십 유효성과 일관성 있는 결과를 보여 주지 못했다는 데 착안하여 정립한 이론이다.[44] 이들은 1969년에 최초로 이론을 발표한 후 지속적으로 보완 · 수정해 나가고 있다.

허시와 블랜차드는 리더가 항시 동일한 스타일의 행동을 보이는 것은 아니며 경우에 따라 상이한 리더십 스타일을 구사할 수 있다고 본다. 이들은 리더가 상이한 스타일의 행동을 보여야 할 때 무엇을 근거로 그렇게 해야 하는가를 규명하였는데, 리더가 상이한 스타일의 리더십을 구사하는 기준이 되는

44) P. Hersey & K. H. Blanchard, *Management of Organizational Behavior*, 3rd ed. (Englewood Cliffs, N.J.: Prentice Hall, 1977).

상황적 조절변수로 하위자의 성숙도(maturity)[45]를 설정하고 있다. 이 이론은 하위자의 성숙도가 바뀌어감에 따라 리더가 상이한 리더십을 구사해야 한다고 보고 있기 때문에 리더십 생애주기 이론(life cycle theory of leadership)이라고도 불린다.

(2) 리더십 행동

허시와 블랜차드는 리더의 행동을 나타내는 용어로 기존의 행동 이론에서 소개되었던 과업지향적 행동(구조주도, 직무 중심적 행동)과 관계지향적 행동(배려, 종업원 중심적 행동)과 비슷한 개념인 과업 행동(task behavior)과 관계 행동(relationship behavior)이라는 명칭을 사용하고 있다. 이와 아울러 부하직원의 성숙도를 증가시키는 행동으로서 개발적 개입 행동(developmental intervention)을 제시하고 있다. 그 내용을 간략히 살펴보면 다음과 같다.

(가) 과업 행동 　리더가 집단 구성원(부하)들의 역할을 조직화하고 그 역할의 범위와 한계를 정해 주는 행동을 말한다. 즉, 각 구성원이 무슨 활동을 수행하여야 하고 또 그 업무를 어디서 언제 어떻게 수행하여야 하는가를 설명해 준다든지, 조직구조를 명확하게 확정시키고 의사소통 통로를 정해 준다든지, 업무를 수행하는 방법을 확립시켜 준다든지 하는 행동 등이 여기에 해당된다.

(나) 관계 행동 　리더가 의사결정에 부하를 참여시키고, 사회정서적인 지원을 제공해 주며, 심리적인 위안을 제공하고 바람직한 행동을 조장함으로써 리더 자신과 구성원간의 개인적 관계를 유지하려고 하는 행동이다.

(다) 개발적 개입 행동 　미성숙한 하위자를 성숙시키기 위한 행동으로서 부하 직원의 성숙도에 맞추어 지시를 줄이고 권한을 늘려 준다든지, 잘 한 일에 대해 칭찬과 정서적 지원을 보내 준다든지, 부하와의 합의하에 부하가 해야 할 일과 리더 자신이 해야 할 일을 결정한다든지 하는 행동이 이에 해당된다.

허시와 블랜차드는 리더의 과업 행동과 관계 행동이 어떻게 결합되는가에 따라 그 리더의 리더십 스타일이 결정된다고 본다. 즉, 과업 행동의 많고 적음과 관계 행동의 많고 적음이 결합되어 리더십 스타일이 만들어진다.

45) 허시와 블랜차드는 부하직원의 성숙도를 나타내는 말로 'maturity' 라는 단어를 사용하다가 1988년에 발간한 저서에서부터는 'readiness' 라는 단어를 사용하고 있다.

(3) 상황적 조절변수

허시와 블랜차드의 모형에서는 부하의 성숙도만을 상황적 조절변수로 채택하고 있다. 부하의 성숙도란 "높지만 달성 가능한 목표를 설정하는 능력, 기꺼이 책임을 맡으려고 하는 자발성, 그리고 교육 및 경험의 정도"라고 정의할 수 있다. 부하의 성숙도는 수행해야 할 구체적인 과업에 비추어 판단해야 한다. 말하자면 특정한 개인이나 집단은 전반적인 의미에서 성숙하거나 미숙하다고 말할 수 없고, 일정한 과업에 비추어 보았을 때 성숙한지 미숙한지를 판단할 수 있다는 것이다. 예컨대 어떤 부하직원은 매출을 올리는 일은 매우 책임감 있게 잘 하지만(즉, 성숙되어 있지만), 매출실적 집계를 위한 서류작업은 하기 싫어하고 서투를 수 있다(즉, 미숙할 수 있다). 그러므로 성숙도는 부하에 따라 다를 뿐만 아니라 부하가 수행하는 과업에 따라서도 달라진다.

허시와 블랜차드에 따르면 부하의 성숙도란 두 가지 면으로 나누어 생각할 수 있다고 한다. 즉 하나는 '직무상의 성숙도'이고 또 하나는 '심리상의 성숙도'이다. 직무상의 성숙도란 직무와 관련된 지능 및 기술적 지식을 말하며, 심리적인 성숙도란 자신감과 자기존경심을 말한다. '성숙도가 높은' 부하는 특정 과업을 수행할 수 있는 능력을 갖추고 있을 뿐만 아니라 과업수행에 대한 자신감이 넘쳐 흐른다. 반면, 특정 과업에 대한 '성숙도가 낮은' 부하는 그 과업을 수행할 능력도 자신감도 부족하다.

허시와 블랜차드에 의하면 리더와 상사의 기대, 과업의 성격 및 시간적인 압박 등은 때때로 부하의 성숙도보다 훨씬 더 중요한 상황변수일 수도 있다고 한다. 그러나 허시와 블랜차드 모형에서는 보다 단순화시키기 위해서 이와 같은 기타의 상황변수를 모형에 포함시키지 않았다.

허시와 블랜차드는 특정한 과업을 수행하는 능력과 그것을 수행하려는 의지를 결합시켜 부하의 성숙도를 네 단계로 나누고 있다. 성숙도가 가장 낮은 단계(M_1)는 능력과 의지가 낮은 상태를 말한다. 그 다음 단계(M_2)는 능력은 낮으나 의지는 강한 상태이다. 세 번째 단계(M_3)는 능력은 뛰어나나 의지가 약한 상태이다. 성숙도가 가장 높은 단계(M_4)는 능력도 뛰어나고 의지도 강한 상태이다. 허시와 블랜차드는 부하직원의 이러한 성숙단계에 맞추어 효과적인 리더십 스타일을 제시하고 있다.

(4) 상황별로 효과적인 리더십 스타일

허시와 블랜차드는 부하의 성숙도 변화에 맞추어 리더십 스타일을 달리 가져가야 한다고 보고 있다. 부하의 성숙도 수준별로 적합한 리더십 스타일은 [그림 8-5]에 제시되어 있다.

이 그림에서 보면 부하의 성숙도가 높아짐에 따라 리더의 과업 행동과 관계 행동의 양이 변화되어야 함을 알 수 있다. 관계 행동은 부하의 성숙수준이 낮은 수준에서 중간 수준에 달할 때까지 많이 취해야 하며, 그 이후에는 점점 줄여 가야 한다. 과업 행동은 부하의 성숙 수준이 높아짐에 따라 점점 줄여가야 한다.

좀 더 구체적으로 살펴보면 부하의 성숙 수준이 가장 낮은 상황(M_1)에서는 리더는 과업지향적 행동을 취하고 관계지향적인 행동은 배제하여야 한다. 즉 부하의 역할, 목표, 표준, 절차 등의 설정에 있어서 리더는 매우 지시적이어야 한다. 이러한 리더십 스타일을 지시형(telling)이라고 한다.

그림 8-5 허시와 블랜차드가 제시한 상황별 리더십 스타일

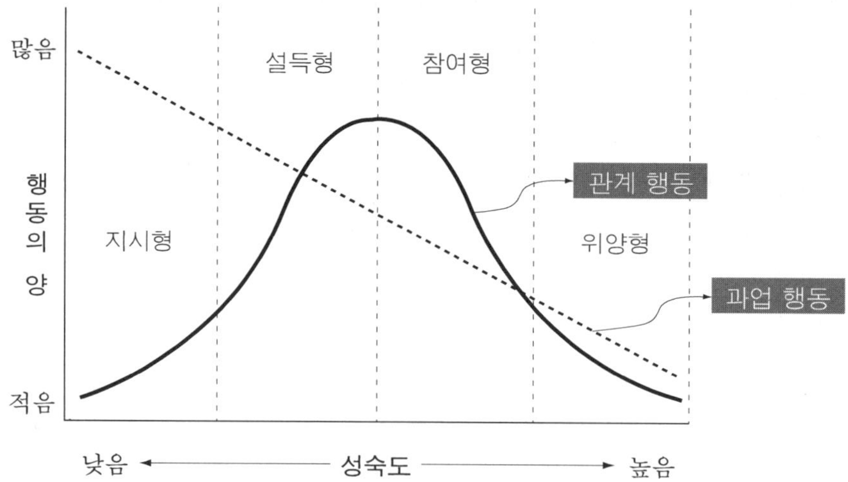

M_1	M_2	M_3	M_4
능력 : 낮음 의지 : 낮음	능력 : 낮음 의지 : 높음	능력 : 높음 의지 : 낮음	능력 : 높음 의지 : 높음

부하의 성숙수준이 중간정도인 상황(M_2 및 M_3)에서 리더는 관계지향적인 행동을 취해야만 한다. 다시 말해 리더는 부하에 대해 매우 배려적이고 지원적이어야 하며, 칭찬과 관심을 아끼지 말아야 하며, 의사소통 과정에 부하의 의견이 반영되도록 노력하여야 한다. M_2 상황에서 효과적인 리더십 스타일을 설득형(selling)이라고 한다. 또한 M_3의 상황에서는 중간정도 수준의 부하에 대한 통제와 작업의 조직화가 필요한데, 이 때 효과적인 리더십 스타일을 참여형(participating)이라고 한다.

부하의 성숙 수준이 가장 높은 상황(M_4)에서 리더는 부하들이 성취동기에 의해 스스로 동기유발이 되며, 구체적인 외부의 지시가 없어도 과업을 수행할 수 있는 능력이 있기 때문에 의사결정 권한을 부하에게 대폭 위양해야만 한다. 이러한 스타일을 위양형(delegating)이라고 한다.

한편, 허시와 블랜차드는 부하의 성숙도가 퇴행할 가능성에 대해 지적하고 있는데, 이 때 리더의 행동에 대한 적절한 조정이 요구되는 것은 물론이다. 예를 들어, 동기부여 정도가 높고 책임감도 강한 부하가 개인적인 문제(불행한 일)로 인해 자기의 업무로부터 냉정히 돌아설 수도 있다. 이 경우에 그의 성숙수준은 원래의 상태로 되돌려 놓기 위한 밀접한 감독과 리더 행동이 요구된다.

(5) 허시와 블랜차드의 이론에 대한 평가

허시와 블랜차드의 이론을 검증하기 위한 실증연구는 최근에야 이루어졌다.[46] 이러한 연구들은 하위자들의 성숙도를 측정하여 네 가지 수준으로 분류한 다음, 리더의 행동과 하위자들의 성과간의 관계가 허시와 블랜차드가 제시한 것처럼 나타나는가를 검증하였다. 일부 연구에서 리더의 지시적인 행동과 성숙도가 낮은 하위자들의 성과간에 강한 상관관계가 있는 것으로 나타났다.

46) R. K. Hambleton & R. Gumpert, "The Validity of Hersey and Blanchard's Theory of Leader Effectiveness," *Group & Organization Studies*, Vol. 7, 1982, pp. 225-276; R. P. Vecchio, "Situational Leadership Theory: An Examination of a Prescriptive Theory," *Journal of Applied Psychology*, Vol. 72, 1987, pp. 444-451; J. R. Goodson & G. W. McGee, "Situational Leadership Theory: A Test of Leadership Prescriptions," *Group & Organization Studies*, Vol. 14, 1989, pp. 446-461; W. Blank, J. R. Weitzel, & S. G. Green, "A Test of the Situational Leadership Theory," *Personnel Psychology*, Vol. 43, 1990, pp. 579-597; W. R. Norris & R. P. Vecchio, "Situational Leadership Theory: A Replication," *Group and Organization Management*, Vol. 17(3), 1992, pp. 331-342; C. F. Fernandez & R. P. Vecchio, "Situational Leadership Theory Revisited: A Test of an Across-Jobs Perspective," *Leadership Quarterly*, Vol. 8, 1997, pp. 67-84.

그러나 전체적으로 보면 허시와 블랜차드가 제시했던 것과 일치하는 결과를 보였던 경우는 매우 드물었다. 따라서 지금까지 연구된 결과만을 가지고는 허시와 블랜차드의 이론의 타당성을 입증하기가 힘든 상태다. 또한 개념적인 비판도 따르고 있는데, 이 이론에서 제시하고 있는 리더 행동의 범주가 너무 개괄적이며 부하의 성숙도 역시 개괄적으로 정의하고 있다는 점과 상황변수를 부하의 성숙도라는 하나의 변수로만 단순화시켰다는 점 등에 대한 비판이 가해졌다.

그럼에도 불구하고 허시와 블랜차드의 이론은 몇 가지 측면에서 긍정적인 공헌을 하고 있다. 이 이론의 최대의 강점이라면 융통성 있는 적응적인 리더 행동을 강조한 점이다. 즉, 특성이 서로 다른 부하는 상이한 방법으로 다루어야 하며, 같은 부하라 할지라도 상황의 변화에 따라 서로 다르게 다루어야 한다는 사실을 제시한 것에서 의의를 찾아볼 수 있다. 더 나아가 기량이 부족하고 동기유발 정도가 약한 하위자를 리더가 그저 문제아로 취급하는 것에 그치지 말고, 하위자의 기량과 자신감을 키워 줄 수 있는 기회를 지속적으로 모색해야 한다고 강조한 점도 이들의 이론이 갖는 의의라고 할 수 있다.

4. 경로-목표이론

(1) 이론의 구조

리더십에 대한 하우스(House)의 경로-목표이론(path-goal theory)은 리더의 행동이 부하의 직무만족과 동기유발에 어떠한 영향을 미치는가를 설명하기 위하여 개발된 이론이다.[47] 이 이론은 원래 에번스(Evans)에 의해 창안되었으나,[48] 나중에 하우스가 에번스의 이론에 상황변수를 추가하여 보다 정교한 이론으로 발전시켰으며, 1970년대에 많은 실증적 연구의 대상이 되었다.

이 이론은 동기유발 이론의 일종인 브룸(Vroom)의 기대이론(expectancy theory)[49]을 토대로 하고 있다. 기대이론은 어떤 사람이 특정한 행동을 하고자

47) R. J. House, "A Path-Goal Theory of Leadership," *Administrative Science Quarterly*, Vol. 16, pp. 321-339; R. J. House & T. R. Mitchell, "Path-Goal Theory of Leadership," *Journal of Contemporary Business*, Vol. 3, 1974, pp. 81~97.

48) M. G. Evans, "The Effects of Supervisory Behavior on the Path-Goal Relationship," *Organizational Behavior and Human Performance*, Vol. 5, 1970, pp. 277~298.

49) V. H. Vroom, *Work and Motivation* (New York, : John Wiley & Sons, 1964).

그림 8-6 경로-목표 이론의 구조

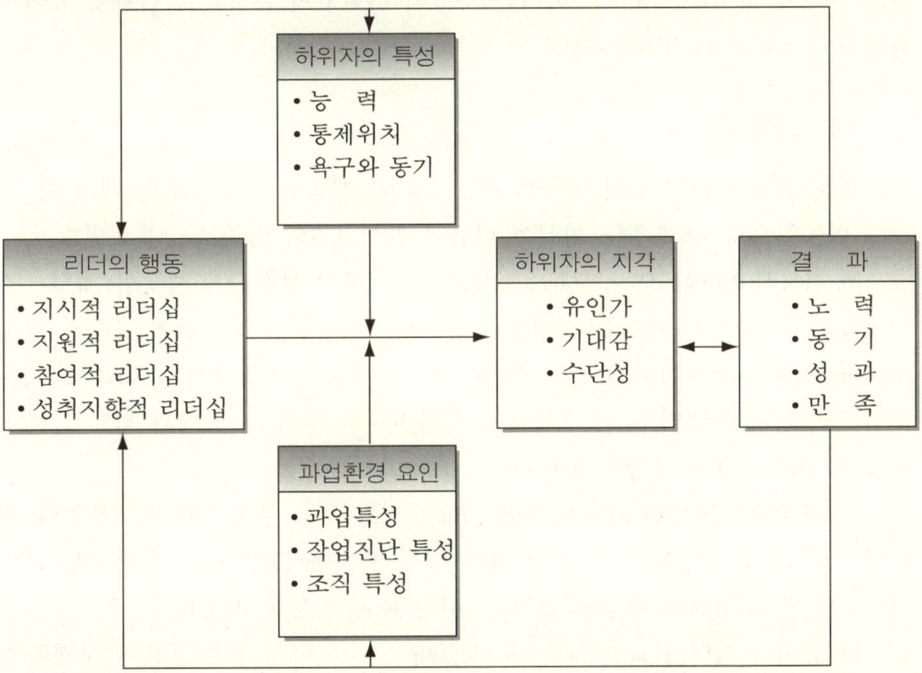

자료: A. D. Szilagyi & M. J. Wallace, Jr., *Organizational Behavior and Performance*, 5th ed. (New York, N.Y.: HarperCollins, 1990), p. 407.

하는 동기는 그 사람이 일정한 노력을 기울였을 때 특정한 성과가 나타날 것이라고 생각하는 '기대감(expectancy)'과 특정한 성과에 특정한 결과물(보상)이 따르리라고 생각하는 '수단성(instrumentality)' 그리고 보상에 대해 선호하는 정도인 '유인가(誘因價: valence)'에 의해 결정된다고 보고 있다.(기대감을 '노력→성과 기대감' 또는 '기대감 Ⅰ'이라고 하기도 하며, 수단성을 '성과→보상 기대감' 또는 '기대감 Ⅱ'라고 부르기도 한다).

이러한 이론을 토대로 하우스는 리더가 하위자의 동기를 유발시키려면, 먼저 작업목표의 달성에 대한 대가로 부하가 향유하게 될 보상을 증가시켜야 하며, 부하가 그러한 보상을 획득하는 과정상에 어려움이 없도록 장애물을 제거시켜 주어야 한다고 본다. 하우스의 이론은 부하가 목표와 보상에 이르는 경로를 다루고 있다는 점에서 '경로-목표 이론'이라고 불린다.

경로-목표 이론의 구조는 [그림 8-6]에 요약되어 있는데, 리더의 행동(원인변수)이 하위자의 행동(결과변수)에 미치는 영향을 하위자의 기대감과 유인가가 매개를 하며(매개변수), 이러한 과정에 하위자의 특성과 작업환경 요인이 상황적 조절변수로 작용을 한다.

(2) 리더의 행동

경로-목표이론의 초기 연구에서는 리더의 행동을 구조주도와 배려 등 두 개로 나누었으나, 이후 연구에서는 다음과 같이 4개의 범주로 구분하였다.

(가) 지시적 리더십(directive leadership) 이는 부하들의 활동을 계획 · 조직 · 통제 · 조정하는 행동을 말하는데, 구조주도 행동과 비슷하며 도구적 행동(instrumental behavior)이라고도 불린다. 여기에는 부하들에게 기대하고 있는 것이 무엇인가를 알려주고, 구체적인 작업지시를 행하고, 규칙과 절차를 따르도록 요구하는 등의 행동이 포함된다.

(나) 지원적 리더십(supportive leadership) 이는 부하들의 욕구충족에 대하여 생각하고, 그들의 복지와 안녕에 대해 관심을 표명하며, 우애로운 분위기와 환경을 조성하는 행동을 말한다. 이는 배려 행동과 비슷하다.

(다) 참여적 리더십(participative leadership) 이는 의사결정시 부하들과 상의하고, 정보를 교환하며, 의사결정 과정에서 부하의 의견이나 제안을 참작하는 행동을 말한다.

(라) 성취지향적 리더십(achievement-oriented leadership) 이는 부하들에게 도전적인 목표를 설정해 주고, 최고 수준의 과업성과를 기대함으로써 지속적인 향상을 도모하며, 부하들이 그러한 성과를 달성할 것으로 리더가 확신하고 있다는 점을 전달하는 행동 등을 말한다.

(3) 매개변수

경로-목표 이론에서는 하위자의 동기유발에 관련된 지각(perception)을 매개변수로 도입하고 있다. 이러한 매개변수는 기대이론에서 차용한 것으로서, 하위자가 지각하는 기대감(노력→성과 기대감 및 성과→보상 기대감)과 유인가를 말한다.

기대이론에서는 동기유발이란 특정인이 주어진 시점에서 직무에 얼마나 많은 노력을 쏟아야 하는지에 대한 합리적 선택과정이라고 보고 있으며, 이러한 동기유발 정도는 특정인이 지각하는 기대감('기대감 Ⅰ'과 '기대감 Ⅱ')과 유인가에 의해 결정된다. 하위자들의 동기유발에 관련하여 지각하는 내용은 그 사람이 직무에 쏟는 노력, 직무에 대해 만족하는 정도, 리더를 수용하는 정도, 달성하는 성과 등에 영향을 미친다.

경로-목표 이론에서는 리더의 중요한 기능은 부하가 기대감과 유인가에 대해 지각하는 내용에 영향을 미치는 것으로 보고 있다. 따라서 리더가 특정한 행동을 통하여 하위자가 지각하는 보상의 유인가를 높이고, 하위자가 노력을 기울이면 성과가 나올 것이라는 기대감을 향상시키며, 어떠한 성과를 내면 어떠한 보상이 주어질 것이라는 기대감(수단성)을 명백히 해준다면, 부하는 보다 더 큰 노력을 집중하게 되고 이는 보다 높은 직무만족과 보다 높은 과업성과를 낳게 한다고 본다.

(4) 상황적 조절변수

경로-목표이론에는 특정 스타일의 리더 행동과 하위자의 행동간의 관계를 조절해 주는 두 가지 유형의 상황적 조절변수가 개입되어 있다. 하나는 하위자의 특성과 관련된 것이고 또 하나는 작업환경의 특성과 관련된 것이다.

1) 하위자의 특성

(가) 능력(ability)　　하위자가 자신의 능력에 대해 지각하는 정도로서, 어떤 과업을 효과적으로 완성할 수 있다고 지각되는 능력이 크면 클수록 하위자는 리더의 지시적 행동을 그만큼 덜 수용하려고 한다. 왜냐하면, 자신의 능력이 뛰어나다고 생각하는 하위자는 리더의 지시적 행동을 불필요한 것으로 보기 때문이다.

(나) 통제위치(locus of control)　　이는 하위자가 자신의 신변에 일어나고 있는 일들을 자신이 통제할 수 있다고 믿는 정도를 나타낸다. 자기의 주변환경을 자신이 통제할 수 있다고 보거나 신변에 일어나고 있는 일들이 자기의 행동 때문이라고 믿는 사람은 내적 통제위치를 지니고 있으며, 그러한 일들이 자신의 통제범위 밖에 있고 행운이나 운명 때문이라고 믿는 사람들은 외적 통제위치를 지니고 있다. 일반적으로 내적 통제위치를 지닌 하위자는 상사의 참여적 리더십을 더 선호하며, 외적 통제위치를 지닌 하위자는 상사의 지시적 리더십을 더 선호한다.

(다) 욕구와 동기(needs and motives)　　하위자가 내면에 갖고 있는 지배적

인 욕구는 리더의 행동에 영향을 미친다. 예를 들면, 안전욕구가 강한 부하는 리더의 지시적인 행동을 수용할 가능성이 높지만, 자존욕구가 강한 부하는 리더의 지원적인 행동에 대하여 더 호의적으로 반응할 것이다.

2) 과업환경 요인

㈎ 하위자의 과업 특성 하위자의 과업이 구조화된 정도를 말한다. 구조화 정도가 낮고 모호성이 큰 과업(역할모호성이 큰 과업)을 수행하는 하위자는 리더의 지시적 행동을 더 잘 수용하게 될 것이다. 반면, 구조화 정도가 높고 일상적으로 반복되는 과업(역할모호성이 작은 과업 또는 역할명료성이 있는 과업)을 수행하는 하위자에게 리더가 지시적 행동을 하는 것은 부적절하다.

㈏ 작업집단 특성 작업집단의 특성도 하위자가 리더의 행동을 수용하는 데 영향을 준다. 집단이 형성 초기에 있는 경우 리더가 지시적 행동을 하는 것이 효과적이지만, 집단이 안정되어 확고한 규범이 갖추어진 상황에서는 지원적 행동과 참여적 행동이 더 효과적일 것이다.

㈐ 조직 특성(organizational factors) 조직특성이란 규칙 · 절차 등이 종업원의 작업활동을 조절하고 있는 정도(즉, 조직의 공식화 정도), 시간적 압박감이 존재하는 정도, 작업상의 스트레스가 존재하고 있는 정도, 또는 불확실성이 존재하는 정도 등을 의미한다. 공식화 정도가 높은 조직에서는 지시적 행동이 별다른 효과를 내지 못할 것이나, 시간적 압박감이 큰 상황에서는 효과를 발할 수 있을 것이다. 작업상의 스트레스가 큰 상황에서는 지원적 리더십이 바람직하며, 불확실성이 큰 상황에서는 참여적 리더 행동이 더 많이 요구될 것이다.

(5) 리더십 행동과 각 변수들 간의 관계

경로-목표 이론은 네 가지 리더십 스타일의 효과는 하위자의 특성과 과업환경 요인에 의해 달라진다고 주장하고 있다. 하지만 하위자의 특성과 과업환경 요인이 결합되어 나타나는 상황별로 어떠한 리더십 스타일이 효과적인가에 대해 구체적으로 밝히는 일은 불가능하지는 않더라도 매우 복잡한 일이 된다. 왜냐하면, 하위자 특성과 과업환경을 조합하여 만들어낼 수 있는 상황의 수는 무수히 많기 때문이다.

예를 들어, 하위자의 특성을 '높은 능력 대 낮은 능력', '내적 통제위치대 낮은 통제위치', '높은 안전욕구 대 낮은 안전욕구' 등으로 나눈다고 하자. 이를 과업특성 요인 중 역할모호성이라는 하나의 요인만을 골라 '애매모호한 과업 대 명료한 과업'이라는 과업환경 상황을 설정한 뒤에 결합시켜 보면 무려 16가지(2×2×2×2) 상황이 가능해진다. 이러한 각각의 상황별로 어떠한 리더십 스타일이 바람직한 지를 밝히는 일은 매우 복잡한 일이 된다. 따라서 모든 상황변수들이 결합되어 만들어 내는 경우의 수별로 바람직한 리더십 스타일을 제시하는 일은 불가능하지는 않더라도 매우 어려운 일이 될 것임은 분명하다.

이러한 이유 때문에 경로-목표 이론은 여러 상황변수를 결합시켜 나타나는 상황별로 바람직한 리더십 스타일을 제시하기보다는 상황변수 각각에 대해 어떠한 리더십이 바람직한가를 제시하는 데 그치고 있다. 그 내용을 간략히 정리해 보면 다음과 같다.

1) 지시적 리더십과 각 변수들 간의 관계

외적 통제위치를 갖고 있거나 과업능력이 부족한 하위자들에게 지시적 리더십을 발휘하면 하위자들의 만족도는 높아진다. 그 이유는 외적 통제위치를 갖고 있는 사람은 자신의 운명이 자기 책임이 아니라 외부에 있다고 생각하기 때문에 확실한 방향을 제시받는 것을 선호하기 때문이며, 능력이 부족한 사람들은 과업의 수행방법 등을 명확히 제시해 주는 리더를 선호하기 때문이다. 반대로, 내적 통제위치를 갖고 있거나 과업능력이 뛰어난 부하들에게 지시적 리더십을 발휘하면 만족도는 저하될 것이다.

역할모호성이 있는 상황에서는 지시적 리더십이 부하의 노력이나 만족을 증대시킬 수 있지만, 역할명료성이 있는 상황하에서는 그렇지 않다. 역할모호성은 과업이 구조화되지 않았거나, 공식화된 정도가 낮고, 하위자가 과업을 수행한 경험이 적을 경우에 발생한다. 역할모호성이 높을 때 하위자는 자신에게 기대되고 있는 것이 무엇인가를 모르기 때문에 과업을 효과적으로 수행할 수 있을 지에 대해 비관적인 생각을 하게 된다. 즉, 자신이 노력을 기울였을 때 일정한 성과를 달성할 수 있을 것이라는 기대감이 낮아지는 것이다. 이 경우 부하의 역할을 분명히 밝혀 주는 지시적 리더의 행동은 부하의 노력-성과의 기대를 높이게 되어 부하의 노력을 증대시켜 준다.

2) 지원적 리더십과 각 변수들 간의 관계

스트레스가 많고 단조롭고 위험하며 불만스러운 과업을 하위자가 수행하고 있는 상황에서 지원적 리더십은 하위자가 작업환경의 부정적인 측면을 감수하고 할 만한 일이라는 지각을 하게 만들어 그 과업을 수행하는 노력을 증가시킨다. 그 이유는 지원적 리더십이 과업의 내재적 유인가(intrinsic valence: 과업 그 자체가 주는 흥미나 보람 또는 만족감)를 높여 주기 때문이다.

지원적 리더십은 또한 과업이 매우 어렵고 부하에게 자신감이 결여되어 있으며 과업의 실패에 대한 공포가 높은 경우에 부하의 불안감을 감소시키고 부하의 자신감을 증대시켜 줌으로써 더 큰 노력을 기울이게 만든다. 다시 말해, 이러한 상황에서는 지원적 리더십이 하위자가 지니고 있는 '노력→성과 기대감'을 높여 부하의 노력 수준을 증진시키게 된다. 하위자가 과업수행에 대한 자신감이 넘쳐 있고 실패에 대한 공포가 낮은 상황에서는 지시적 리더십이 부하의 '노력→성과의 기대감'을 향상시키는 데 거의 영향을 미치지 못하게 되므로, 별다른 효과를 내지 못한다.

3) 참여적 리더십과 각 변수들 간의 관계

참여적 리더십은 과업이 구조화되어 있지 않은 상황에서 하위자의 노력을 증대시킬 수 있다. 왜냐하면 하위자는 과업목표, 계획, 절차 등과 같은 의사결정에 참여함으로써 부하는 과업과 그들에 대한 역할기대를 학습하게 되기 때문이다. 이에 따라 하위자의 역할명료성은 증대되고, 하위자의 '노력→성과 기대감'도 증진된다. 특히 하위자가 비구조화된 자신의 과업에 대해 애착을 갖고 있다면 참여적 리더십은 부하의 만족을 증대시키는 결과를 가져온다. 하위자들이 수행하는 과업의 구조화 정도가 높아 하위자가 자신의 과업에 대해 명확히 이해하고 있는 경우 참여적 리더십은 효과가 거의 없다.

내적 통제위치를 지니고 있는 부하들에게 참여적 리더십을 발휘하면 만족도를 높여 주지만, 외적 통제위치를 지니고 있는 부하들에게는 그렇지 못하다. 또한 자율성에 대한 욕구와 성취욕구가 큰 하위자들에게 참여적 리더십을 발휘하면 하위자는 의사결정 참여를 통해 만족이 높아지고 더 많은 노력을 기울이게 된다. 그러나 부하의 자율성 욕구 및 성취욕구가 낮고 부하가 오히려 참여를 불유쾌한 것으로 받아들인다면 참여적 리더십은 부하의 노력을 증대시키지 못할 뿐만 아니라 부하의 직무만족을 감소시킬 것이다.

4) 성취지향적 리더십과 각 변수들 간의 관계

성취지향적 리더십은 하위자로 하여금 자신의 목표를 달성하는 데 자신감을 갖게 해 준다. 하위자들에게 도전할 만한 목표를 제시하고 그들이 목표를 달성할 것이라는 확신을 표출해 주는 리더는 하위자들의 '노력→성과 기대감'을 증진시켜 부하들의 자신감과 동기유발을 높여 준다. 하지만 성취지향적 리더십의 이러한 효과는 하위자가 비반복적이고 애매모호한 과업, 즉 비구조화된 과업을 수행하는 상황하에서만 발생한다. 반복적으로 이루어지는 구조화 정도가 높은 과업을 수행하는 하위자에게 성취지향적 리더십은 하위자의 기대나 노력에 별다른 영향을 미치지 못한다.

(6) 경로-목표이론에 대한 평가

지금까지 경로-목표 이론을 실증적으로 검증했던 연구들은 일관된 결과를 보여 주지 못하고 있다. 다시 말해, 일부 연구들은 이 이론을 지지해 주고 있지만 다른 연구들은 지지해 주지 못했다. 이 이론의 타당성을 검증했던 연구들은 어떤 단정적 결론도 내리지 못하고 있는데, 그 이유는 이론 검증에 방법론적인 한계가 따르기 때문이다. 가장 큰 한계는 하위자의 기대(기대감과 수단성)와 유인가를 측정하기 어렵다는 점이다. 왜냐하면 이 이론을 검증하기 위한 많은 연구들의 방법론상의 결함 때문이다.

경로-목표 이론에 대해 일반적으로 지적되고 있는 문제점을 요약해 보면 다음과 같다.

첫째, 경로-목표 이론은 기대이론을 토대로 하고 있기 때문에 기대이론이 갖는 이론적 한계를 그대로 안고 있다는 점이다. 즉, 인간행동의 이성적인 측면에만 너무 집착하고 비현실적인 가정을 하고 있는 기대이론의 한계를 경로-목표 이론도 벗어나지 못하고 있다. 기대이론을 검증하려 했던 연구들이 기대감, 수단성, 유인가에 대한 측정에 어려움을 겪고 있고, 이들이 결합하여 노력과 만족을 가져오는 과정을 제대로 검증하지 못했는데, 이러한 한계가 경로-목표 이론에도 그대로 적용된다.

둘째, 경로-목표 이론에 담겨 있는 개념과 가정에 혼란과 모호성이 존재하고 있다. 일례로, 이 이론에서는 과업에 역할모호성이 존재할 경우 하위자의 '노력→성과 기대감'이 낮을 것이고, 역할을 명료화시켜 주는 리더십 행동에 의해 하위자의 '노력→성과 기대감'이 커질 것이라고 가정하고 있다.

하지만 역할을 명료화시켜 줌으로써 오히려 하위자는 "아무리 노력해도 그러한 성과는 절대로 달성하지 못할 것"이라고 생각하게 될 수도 있다. 따라서 이 이론은 변수들 간의 인과관계 망을 명확하게 규명하지 못하고 있다.

셋째, 리더의 행동을 상당히 포괄적인 네 개의 범주로만 나누어 제시하고 있는데 이러한 포괄성으로 말미암아 리더십 행동이 매개변수에 미치는 영향을 파악하기가 어렵다.

넷째, 변수들 간의 상호작용에 대해 고려하지 못하고 있다. 네 가지 리더십 행동들이 상호작용을 하여 매개변수에 미치는 복합적인 영향이라든가, 상황적 조절변수들이 상호작용하여 미치는 영향 등을 고려하지 못하고 있는 것이다.

다섯째, 리더가 하위자들에게 미치는 영향은 동기유발 이외에도 매우 다양한데도 불구하고, 리더가 하위자들의 동기유발에 미치는 영향만을 고려하고 있다. 예컨대 하위자를 교육시키고, 업무계획을 수립해 주고, 필요한 자원을 조직해 주고, 업무를 조정해 주는 등 다양한 활동에 대해 고려하지 못하고 있다.

여섯째, 이론이 너무 복잡하여 지금까지 이 이론 전체를 검증했던 실증연구가 없어, 그 타당성을 충분히 입증받지 못하고 있다.

이러한 여러 가지 비판을 받고 있음에도 불구하고 경로-목표 이론은 여러 가지 측면에서 기존의 리더십 이론을 진일보시킨 것으로 평가되고 있다.

첫째, 원인변수, 매개변수, 결과변수, 조절변수를 활용한 포괄적인 틀로 리더십 이론을 정립하였다.

둘째, 원인변수로 포함시킨 리더십 행동은 이전의 상황 이론들이 단순화된 두 개의 범주를 사용했던 것에서 비하여, 참여적 리더십과 성취지향적 리더십을 포함시켜 제시함으로써 여타 이론보다 포괄적이다.

셋째, 예외가 있기는 하지만 경로-목표 이론 이전에 소개된 이론들이 매개변수를 도입하는 경우가 별로 없었으나, 경로-목표 이론에서는 하위자의 지각(기대감과 유인가)을 매개변수로 도입함으로써 기존의 이론보다 정교한 설명력을 갖고 있다.

넷째, 기존의 상황 이론이 비교적 단순화된 상황적 조절변수만을 고려했던 것에 비해 하위자의 특성과 과업환경 요인이라는 변수들을 고려함으로써 비교적 풍부한 상황요인들을 고려하고 있다.

5. 리더십 대체요인 이론

(1) 이론의 개요

지금까지 살펴 본 리더십 상황 이론들은 리더의 특성이나 행동이 부하의 만족이나 동기부여 및 성과에 미치는 영향을 상황변수가 조절하는 구조를 설명하고 있다. 이들 이론은 어떠한 상황에서라도 리더의 행동은 하위자의 지각과 태도 및 행동에 중요한 영향을 미친다는 암묵적인 가정을 하고 있는 것이다.

커와 저미어(Kerr and Jermier)는 리더십이 부하의 만족과 동기유발 및 성과에 전혀 실질적인 영향을 미치지 못하는 상황이 존재한다는 데 착안하여 리더십 대체요인 이론을 개발하였다.[50] 이들은 리더십의 중요성을 감소시키는 상황의 측면들을 파악하는 모형을 개발하였는데, 이 모형은 리더십 대체요인(substitutes)과 약화요인(neutralizers)이라는 두 가지 종류의 상황변수를 구분하고 있다.

리더십 대체요인은 리더의 행동을 불필요하거나 중복적인 것으로 만드는 변수들을 말한다. 즉, 하위자들이 자신의 역할을 명확히 이해하고, 업무를 수행하는 방법을 잘 알며, 높은 동기가 유발되고, 자신의 직무에 만족하게 만들어 주는 하위자 특성과 과업 특성 및 조직 특성 등을 말한다.

리더십 약화요인은 리더가 특정한 방식으로 행동하는 것을 방해하거나 리더의 행동이 미치는 영향을 무력화시키는 하위자 특성과 과업 특성 및 조직 특성을 말한다. 예컨대, 하위자의 효과적인 성과를 보상해 줄 수 있는 권한이 리더에게 부족하다면 이는 약화요인으로 작용할 것이다. 또한 리더가 제공하는 인센티브에 대해 하위자가 관심이 없다면 이 또한 리더의 행동을 무의미하게 만들 것이다.

리더십 대체요인 이론에서는 매개변수를 명확히 제시하고 있지는 않지만 역할 명료성과 과업 동기유발이 매개변수로 작용함이 암시되고 있다. 리더십 대체요인들은 과업에 대한 지침과 인센티브를 리더에게 의존하지 않고서도 제공받을 수 있는지 여부에 초점을 맞추고 있다. 결국, 대체요인들은 매개변수들을 최적 수준으로 유지시키는 상황 측면들에 해당되는 것이라고 볼 수 있으

50) S. Kerr & J. M. Jermier, "Substitutes for Leadership: Their Meaning and Measurement," *Organizational Behavior and Human Performance*, Vol. 22, 1978, pp. 375~403.

며, 약화요인들은 매개변수상의 취약한 부분을 개선시키려는 리더의 시도를 방해하거나 무력화시키는 것이라고 볼 수 있다.

커와 저미어가 처음 제시했던 모형은 지원적 리더십(supportive leadership)과 수단적 리더십(instrumental leadership)에 대한 대체요인과 약화요인을 파악하는 것에만 관심을 두었다. 여기서, 지원적 리더십은 배려나 관계지향적 리더십과 유사하고, 수단적 리더십은 구조주도나 과업지향적 리더십과 유사한 내용이다. 커와 저미어는 다양한 하위자 특성과 과업 특성 및 조직 특성이 대체요인 또는 약화요인으로 작용할 수 있다고 주장했다.

(2) 상황변수의 조절작용

커와 저미어는 다양한 하위자 특성과 과업 특성 및 조직 특성이 지원적 리더십과 수단적 리더십을 대체 또는 약화시키는 내용을 [표 8-4]에 제시된 것과 같이 설명하고 있다.

1) 하위자 특성

(가) 하위자의 경험 · 능력 · 훈련 만일 하위자들이 광범위한 경험을 보유하고 있거나 충분한 훈련을 받았다면 업무지시가 거의 불필요할 것이다. 왜냐하면 하위자는 자신이 어떠한 일을 해야 하고 또한 그러한 일을 어떻게 해야 하는가를 아는 데 필요한 기량과 지식을 이미 보유하고 있기 때문이다. 예컨대 의사, 항공기 조종사, 회계사, 엔지니어 등의 전문직 종사자들은 엄격한 감독이 요구되지 않으며, 또한 감독 받기를 원하지 않을 수 있다.

(나) 전문가적 성향 이와 비슷한 맥락에서 자신의 가치관과 윤리관 또는 욕구에 의해 내면적으로 동기가 유발된 전문직 종사자들은 리더가 작업의 질을 높이라고 재촉하지 않아도 자신이 알아서 작업의 질을 유지할 것이다.

(다) 보상에 대한 무관심 조직이 제공하는 다양한 보상에 대해 하위자들이 느끼는 매력은 그들의 욕구와 성격에 따라 달라진다. 리더가 통제할 수 있는 보상에 대해 하위자들이 무관심할 경우, 이는 리더의 지원적 행동과 수단적 행동을 약화시키는 요인으로 작용할 것이다. 예컨대 자신의 가족과 더 많은 시간을 보내고 싶어하는 하위자에게 초과작업을 할 경우 더 많은 수당을 지급하겠다고 제안하는 것은 거의 동기를 유발시키지 못할 것이다.

표 8-4 리더십 대체요인과 약화요인

상황적 조절변수		리더십 행동	
대체요인 또는 약화요인		지원적 리더십	수단적 리더십
하위자 특성	하위자의 경험 · 능력 · 훈련		대체요인
	전문가적 성향	대체요인	대체요인
	보상에 대한 무관심	약화요인	약화요인
과업 특성	구조화된 일상적 업무		대체요인
	업무 자체로부터의 피드백		대체요인
	내재적 만족 제공 업무	대체요인	
조직 특성	응집력이 강한 작업집단	대체요인	대체요인
	약한 직위권력	약화요인	약화요인
	공식화		대체요인
	조직의 비융통성		약화요인
	리더와 부하간의 물리적 거리	약화요인	약화요인

2) 과업 특성

(가) 단순 반복적 업무　　단순 반복적인 업무는 수단적 리더십의 대체요인으로 작용할 수 있다. 단순 반복적 업무의 경우 하위자들은 리더의 훈련과 지시에 의존하지 않고서도 업무수행에 필요한 적절한 기량을 신속히 습득할 수 있다.

(나) 업무 자체로부터의 피드백　　업무를 제대로 수행하고 있는지 여부에 대한 피드백이 자동적으로 이루어지는 과업에 대해서는 리더가 업무결과에 대한 피드백을 해 줄 필요가 없다. 예컨대, 로울러(Lawler)는 컴퓨터 통합 생산방식(Computer Integrated Manufacturing: CIM)을 도입한 기업에서 감독이 필요 없게 된 사례를 보고하고 있다. 감독이 필요 없게 된 이유는 CIM에 의해 생산성과 품질에 관련된 피드백을 즉각적으로 받아 볼 수 있었고, 또한 문제가 발생할 경우 컴퓨터 네트워크를 통해 다른 사람들에게 문제해결 방법을 문의할 수 있었기 때문이었다.[51]

51) E. E. Lawler Ⅲ, "Substitutes for Hierarchy," *Organizational Dynamics*, Summer 1988, pp. 5~15.

(다) 내재적 만족 제공 업무 만일 업무가 흥미롭고 즐거운 것이라면 리더의 격려나 독려를 받지 않고서도 업무 그 자체에 대해 충분한 동기가 유발될 것이다. 따라서 내재적 만족을 제공하는 업무는 직무에 대한 만족을 유도하기 위해서 발휘되는 리더의 지원적 행동을 대체시킬 수 있을 것이다.

3) 조직 특성

(가) 공식화 정도 상세한 규칙과 규정 및 방침 등이 문서화되어 있는 조직에서는 하위자가 일단 규정과 방침을 습득하고 나면 리더가 지시를 해야 할 필요성이 줄어들 것이다.

(나) 조직의 비융통성 만일 리더가 하위자들의 노력을 증대시키기 위하여 업무 할당이나 작업 절차 등을 변화시키기 어려울 정도로 규정과 방침 등이 엄격하다면 이는 대체요인 또는 약화요인으로 작용할 수 있을 것이다.

(다) 리더와 하위자간의 물리적 거리 리더와 하위자가 서로 떨어져 일하는 경우가 많아서 서로 간에 접촉할 기회가 드문 경우에는 리더의 지원적 행동과 수단적 행동이 약화될 것이다.

(라) 응집력이 강한 작업집단 작업집단 구성원들 간의 응집력이 강할 경우 하위자는 필요한 사회적 지원을 동료들로부터 받을 수 있으므로 리더의 지원적 행동을 대체시킬 수 있다. 또한 집단의 성과를 위해 기여하도록 동료 작업자들로부터 받는 압력이 크기 때문에 수단적 리더십이 대체될 수 있다.

(마) 약한 직위권력 리더에게 직위권력이 부족하거나 노조가 강한 영향력을 지니고 있는 경우에는 리더가 하위자들을 동기유발시키기 위하여 보상과 처벌을 활용하거나 필요한 정서적인 지원을 할 수 있는 정도가 약화될 수 있다.

커와 저미어는 상황적 조절변수가 리더의 행동이 특정한 결과변수에 미치는 영향을 상황적 조절변수가 대체시키거나 약화시키는 것만을 제시했으나, 이후에 이루어진 연구에서는 상황적 조절변수들이 리더십을 대체시키거나 약화시키는 것에 추가적으로 리더십을 향상시키거나 보완시킬 수도 있는 것으로 밝혀졌다.[52] 다시 말해, 상황변수가 향상요인(enhancers)이나 보완요인(supplements)으로도 작용한다는 것이다.

52) J. P. Howell, P. W. Dorfman, & S. Kerr, "Moderator Variables in Leadership Research," *Academy of Management Review*, Vol. 11, 1986, pp. 88~102.

4) 향상요인

향상요인은 리더 행동이 결과변수에 미치는 영향을 증대시킨다. 상부에 대해 영향력을 행사할 수 있는 능력을 지닌 지원적인 리더는 그러한 영향력을 지니고 있지 못한 리더보다 하위자의 업무수행에 따르는 결과에 더 큰 영향을 미칠 수 있다. 상부에 대한 영향력 행사 능력은 하위자의 성과에 대한 리더십의 영향을 향상시킨다.

한편, 응집력이 강한 작업집단이 지니고 있는 규범은 리더의 영향을 약화시킬 수도 있고 향상시킬 수도 있다. 만일 응집력이 강한 집단의 규범이 리더가 제시하는 목표와 조직이 제시하는 목표에 상충된다면 집단 구성원들의 성과에 리더가 미치는 영향을 상쇄시킬 것이다. 그 반면, 응집력이 강한 집단의 규범이 리더가 제시하는 목표와 조직이 제시하는 목표와 일치한다면 집단 구성원들의 성과에 리더가 미치는 영향을 증대시킬 것이다.

5) 보완요인

보완요인은 하위자의 성과에 영향을 미치는 데 기여를 하기는 하지만 리더가 직접적으로 미치는 영향을 상쇄시키지도 않고 증대시키지도 않으면서 결과변수에 추가적인 영향을 미치는 요인을 말한다.

전산화된 의사결정 지원 시스템은 리더십에 대한 보완요인이 될 수 있다. 미리 지정된 문제를 의사결정자가 해결하는 데 활용하는 사고 및 행동 과정과 동등하게 해결하도록 프로그램화되어 있는 의사결정 지원 시스템은 리더의 판단능력을 보완시켜 줄 수 있다. 하지만 의사결정 지원 시스템은 리더를 완전히 대체시켜 주지는 못하며, 최종적으로 통합된 의사결정을 내리는 데 도움을 준다.

(3) 리더십 대체요인 이론에 대한 평가

리더십 대체요인 이론이 제시되고 난 후, 이에 대한 여러 차례의 검증이 이루어졌다.[53] 하지만 커와 저미어가 리더십 대체요인과 약화요인을 측정하기 위해 개발했던 척도가 신뢰성 및 타당성이 부족하다는 비판과 리더십 대체요인들이 리더십의 영향을 실제로 '약화' 시키기거나 '대체' 시키지 못했다는

53) J. P. Howell & P. W. Dorfman, "Substitutes for Leadership: Test of a Construct," *Academy of Management Journal*, Vol. 24, 1981, pp. 714-728; J. P. Howell & P. W. Dorfman, "Leadership

비판을 받고 있다.

리더십 대체요인 이론에 대한 이러한 비판에도 불구하고, 리더십 변수와 결과변수간의 관계에 영향을 미치는 조절변수의 집합(set)을 체계적으로 제시해 주고 있으며, 상사의 리더십이 하위자에게 반드시 영향을 미치지 만은 않는 상황을 파악해 낼 수 있는 개념적인 틀을 제시해 주고 있다는 점에서 리더십 연구에 기여한 바가 크다.

커와 저미어는 조직 내에 리더십 대체요인들을 증가시킴으로써 리더를 불필요하게 만들 수 있을 것이라는 흥미로운 제안을 하였다. 하지만 이들은 공식적인 리더에 의한 리더십 행동을 대체시킬 수 있는 요인들에 대해서만 다루고 있다는 점을 명심해야 한다. 공식적인 리더의 행동은 동료나 비공식적 리더가 발휘하는 유사한 행동에 의해 대체될 수 있다. 리더십이 공유될 수 있다는 점은 자율관리 작업집단(self-managed work groups)에 대해 최근에 이루어진 연구들을 통해 밝혀지고 있다.[54] 자율관리 작업집단에서는 구성원들이 리더십에 대한 책임을 공유하기 때문에 집단을 관리하는 사람들이 완전히 제거되거나 집단이 필요로 하는 자원을 공급해 주는 역할만을 담당하게 된다. 그러므로, 경우에 따라서는 공식적인 리더가 불필요한 상황도 존재할 수 있지만, 모

---

and Substitutes for Leadership among Professional and Non-professional Workers," *Journal of Applied Behavioral Science*, Vol. 22, 1986, pp. 29~46; T. L. Childers, A. J. Dubinsky, & E. Gencturk, "On the Psychological Properties of a Scale to Measure Leadership Substitutes," *Psychological Reports*, Vol. 59, 1986, pp. 1215~1226; J. L. Farh, P. M. Podsakoff, & B. S. Chen, "Culture-Free Leadership Effectiveness versus Moderators of Leadership Behavior: An Extension and Test of Kerr & Jermier's Substitutes for Leadership'Model in Taiwan," *Journal of International Business Studies*, Vol. 18, 1987, pp. 43~60; J. P. Howell, D. E. Bowen, P. W. Dorfman, S. Kerr, & P. M. Podsakoff, "Substitutes for Leadership: Effective Alternatives to Ineffective Leadership," *Organizational Dynamics*, Summer 1990, pp. 88~102; P. M. Podsakoff, S. B. MacKenzie, & R. Fetter, "Substitutes for Leadership and the Management of Professionals," *Leadership Quarterly*, Vol. 4, 1993, pp. 1~44; P. M. Podsakoff & S. B. MacKenzie, "An Examination of the Psychometric Properties and Nomological Validity of Some Revised and Reduced Substitutes for Leadership Scales," *Journal of Applied Psychology*, Vol. 79, 1994, pp. 702~713.

54) T. G. Cummings, T. G., "Self-Regulating Work Groups: A Socio-Technical Synthesis," *Academy of Management Review*, Vol. 3, 1978, pp. 625~634; G. B. Graen & M. Uhl-Bien, "The Transformation of Professionals into Self-Managing and Partially Self-Designing Contributors: Toward a Theory of Leadership-Making," *Journal of Management Systems*, Vol. 3(3), 1991, pp. 25~39; C. C. Manz & H. P. Sims, Jr., "Leading Workers to Lead Themselves: The External Leadership of Self-Managing Work Teams," *Administrative Science Quarterly*, Vol. 32, 1987, pp. 106~128.

든 리더십이 불필요한 집단은 생각해 보기 어려운 것이다. 이 때문에 "리더십 대체요인을 만들어 내기 위해서는 결국 리더가 필요하다"는 지적도 있는 것이다.[55]

현재까지는 리더십 대체요인 이론이 제시한 가설들을 검증하는 연구가 어느 정도 이루어지기는 하였으나, 연구들이 일관되지 않은 결과를 보이고 있기 때문에 리더십 대체요인 이론의 타당성과 유용성에 대한 정확한 평가를 내리기는 힘들다. 하지만 리더십 대체요인 이론은 리더십의 대체요인으로 작용할 수 있는 조건에 관심의 초점을 맞춤으로써 집단의 성과를 개선시킬 수 있는 접근방법을 이해하는 데 좀더 균형된 시각을 제공해 주고 있다. 기존의 리더십 이론들은 공식적 리더의 역할에만 초점을 맞추고 있지만, 리더십 대체요인 이론은 리더십의 효과를 대체시킬 수 있는 대안적인 방법들—직무충실화, 자기 관리 작업집단, 자동화 등—에 대해서도 생각해 볼 수 있는 틀을 제시해 주고 있다.

6. 상황 이론에 대한 평가

상황 이론 관점의 연구들은 저마다 다른 가정 하에 이론을 전개시키고 있으나, 소수의 리더십 행동 범주나 특성의 범주가 여러 가지 결과변수에 미치는 영향을 일정한 상황변수들이 조절하는 것을 설명하거나, 경우에 따라서는 이러한 틀 내에 매개변수를 설정하는 형식을 취하고 있다. 이에 따라 대부분의 상황적합 리더십 연구들은 기존에 개발된 리더십 행동 범주나 결과변수들을 그대로 차용한 상태에서, 새로운 상황변수를 투입하여 리더십과 결과변수간의 관계를 분석해 보는 식으로 이루어져 왔다. 그러나 상황변수로 고려되는 변수의 수가 4개 미만인 경우가 대부분이었으며, 상황변수에 대해 리더가 정확하게 판단할 수 있다는 암묵적인 가정 하에 연구가 진행되었다.

한편, 연구마다 활용될 수 있는 상황변수의 종류는 무수히 많을 수 있기 때문에 상황 이론들은 이론적 설명은 충실했을지 몰라도 실무에 있는 사람들이 그것을 어떻게 적용해야 할 것인가에 대해서는 명쾌한 답을 제시해주지 못했다. 다시 말해, "리더십의 유효성은 상황에 따라 달라진다"는 말은 직관적으로 볼 때나 실증적으로 볼 때 옳은 말이겠지만, 이는 리더십 연구에서 얻어

55) B. M. Bass, *Ibid.*, p. 686.

진 지식을 현실에 적용하는 데는 별 도움을 줄 수 없는 말인 것이다.

이론의 기능이 현상에 대한 이해 · 설명 · 예측 · 통제에 있다고 볼 때, 리더십 상황이론들은 리더십이라는 현상에 대해 이해하고 설명하는 데는 어느 정도 도움이 되었을 지는 몰라도 예측과 통제에는 명쾌한 답을 제시해 주지 못한 것 같다. 사실, 리더십에 대한 이해와 설명에 있어서도, 다양한 상황변수들을 고려한 것이 도움을 주었다기보다도 오히려 복잡성만을 더한 것 아닌가 하는 비판이 제기될 수 있을 것이다. 하지만 상황 이론의 발전은 리더십 연구 분야를 이론적으로 풍성하게 만들었고, 또한 보다 유연한 이론을 개발하는 데 많은 기여를 했다고 판단된다.

내용요약

리더십이란 학자와 관점에 따라서 여러 가지로 정의될 수 있는 개념이지만, 특정한 집단이나 조직의 목적 또는 목표를 달성하기 위해서 리더가 추종자에게 영향력을 행사하는 과정이라고 할 수 있다. 20세기에 접어들면서 과학적으로 연구되기 시작한 리더십은 특성 이론과 행동 이론 및 상황 이론을 거쳐 신조류 리더십 이론에 이르기까지 발전되어 왔다.

특성 이론은 '리더는 타고난다'라는 전제하에 리더의 비교적 고정적인 일반 특성을 연구했고, 행동 이론은 '리더는 만들어진다'라는 관점에서 관찰 가능하고 변화 가능한 행동 측면을 분석하였으나, 이들 이론이 보편 타당한 특성이나 행동을 제시하는 데 실패함에 따라 '리더십 유효성은 상황에 따라 달라진다'는 관점의 상황이론 또는 상황적합이론이 제시되었다. 이들 세 가지 이론이 리더십 연구의 주류를 이루어 왔기 때문에 전통적 리더십 이론이라고 불린다. 이러한 리더십 이론에 추가적으로 1980년대 초반부터는 소위 신조류의 리더십 이론이 소개되고 있다.

리더십 특성 이론은 리더의 신체적 특징, 사회적 배경, 지적 능력, 성격, 과업관련 특성, 사회적 특성 등을 파악하였으며, 리더에게 중요한 동기와 역량 등도 규명해 냈다. 이러한 연구결과는 조직에서 리더를 선발하거나 승진 의사결정을 할 때 효과적으로 활용되고 있다.

리더십 행동 이론 중 대표적인 것으로는 배려와 구조주도라는 행동 차원을 파악해 낸 오하이오 주립대학교 리더십 연구, 종업원 중심적 리더십의 중요성을 강조한 미시간 대학교 리더십 연구, 사람에 관련된 리더십과 과업에 관련된 리더십을 동시에 강조했던 관리격자 이론, 리더가 다양한 역할들을 통합적이고 보완적으로 수행해 낼 때 가장 효과적이라고 본 경쟁가치 모형 등을 들 수 있다. 리더십 행동 이론은 효과적인 리더십 행동의 본보기를 파악해 냈으며, 이를 바탕으로 구성원들을 훈련시킴으로써 리더로 양성시키는 리더십 개발이 본격화될 수 있는 계기도 마련하였다.

리더십 상황이론 중 대표적인 것으로는 리더가 처한 상황에 유리한지 불리한지에 따라 적합한 리더의 특성을 규명한 피들러의 상황적합 이론, 하위자의 성숙도에 따라 바람직한 리더십 스타일을 제시했던 허시와 블랜차드의 리더십 상황이론, 하위자의 특성과 과업 환경요인에 따라 리더십의 유효성이 달라지는 것을 설명한 하우스의 경로-목표 이론, 리더십 행동이 리더십 유효성에 미치는 상황적 조절변수를 파악한 리더십 대체요인 이론 등이 있다. 상황이론은 리더십 연구 분야를 이론적으로 풍성하게 만들었고, 또한 보다 유연한 이론을 개발하는 데 많은 기여를 했다.

제 9 장 리더십(Ⅱ) : 신조류 리더십 이론

제8장에서 살펴 본 전통적인 리더십 이론을 보완하는 리더십 이론들이 1980년대 초반부터 소개되기 시작하였다. 이들 이론은 카리스마적 리더십, 변혁적 리더십, 비전적 리더십, 문화적 리더십 등 여러 가지 명칭으로 소개되었는데, 이들은 신조류 리더십 이론으로 총칭되기도 한다. 본 장에서는 최근 들어 소개된 리더십 이론들에 대해 고찰하기로 한다.

제1절 신조류 리더십 이론의 등장 배경과 의의

1. 신조류 리더십 이론의 등장 배경

1980년대 초반부터 변화하는 경영 패러다임에 대한 대응과 전통적 리더십 이론에 대한 반성으로부터 소위 신조류 리더십 이론이 소개되기 시작하였다. 이들 이론은 카리스마적 리더십, 변혁적 리더십, 비전적 리더십, 문화적 리더십 등 여러 가지 명칭으로 소개되었는데, 전통적 리더십 이론을 대체하기보다는 보완시켜 주고 있다.[1] 신조류 리더십 이론이 등장한 배경은 다음과 같다.

첫째, 1980년대부터 가속화되기 시작한 기업환경의 격변으로 인해 안정적 환경을 전제로 정립되었던 과거의 전통적 리더십 이론들이 그 타당성을 잃기 시작했다. 이에 따라 현상을 유지하는 데 관련된 리더십보다는 변화를 주도하고 이끌어 나가는 데 관련된 리더십 이론의 정립이 요구되었다.

1) 신조류 리더십 이론에 대한 검토는 주로 다음 연구를 참조하여 정리하였다. 권상술, '상사의 변혁적 리더십과 거래적 리더십이 조직구성원의 태도 및 지각에 미치는 영향', 서강대학교 대학원 경영학과 박사학위 논문, 1995.

둘째, 1960년대 말부터 시작하여 1980년대 초반까지 주류를 이루었던 상황적합적 리더십 연구는 이론적으로는 풍부한 결과를 양산했을지 몰라도, 실무에는 별다른 시사점을 제공해 주지 못했다. 리더십 연구가 의미를 부여할 만한 결과를 보여 주지 못했기 때문에 많은 사람들은 전통적 리더십 연구에 대해 실망을 표시했고 '새로운' 리더십 이론을 요구했다.

셋째, 1980년대 들면서 기업관련 서적이 베스트셀러 목록에 오르고, 크라이슬러의 리 아이아코카(Lee Iacocca)나 GE의 잭 웰치(Jack Welch) 등 기업 최고경영자에 대한 일반 대중의 관심이 커졌다. 그러나 전통적 리더십 이론의 틀을 이용해서 기업 최고경영자의 리더십을 설명하기가 힘들었다. 전통적 리더십 연구는 대부분이 중간계층이나 하위계층의 리더를 대상으로 수행되었고 고위계층의 리더를 대상으로 한 연구는 부족했기 때문이었다. 이로 인해 조직 전체가 나아가야 할 방향을 설정하고 구성원을 한 방향으로 이끌어 나가는 리더십에 대한 연구와 고위 경영층의 리더십을 설명해 줄 수 있는 이론이 필요성이 대두되었다.

넷째, 쇠퇴일로에 있던 조직을 활성화시켰거나 기존의 조직을 대대적으로 변혁시킨 성공사례가 자주 보고됨에 따라, 그러한 성공을 이끈 리더가 조직의 전략과 구조 그리고 문화를 어떻게 변화시키기 위해 어떠한 리더십을 발휘했는가에 관심이 증대되었고, 그러한 리더십을 설명해 줄 수 있는 이론이 필요했다.

끝으로, 산업사회가 지식사회로 이행됨에 따라 조직구성원을 통제하는 것에서 벗어나 전념 또는 몰입을 유도하기 위한 리더십의 필요성이 강조되었다. 하지만 전통적 리더십 이론은 조직 내의 리더와 하위자의 관계를 정서가 배제된 계약의존 관계로 가정하고, 리더는 하위자를 통제하고 감독하며 하위자는 리더의 통제나 감독에 응종하는 관계로 상정하는 경향이 있었다. 이로 인해 전통적 리더십 연구는 하위자에게 신바람을 불러일으키고 강한 정서적 고양(emotional arousal)을 가져올 수 있는 리더십에 대한 논의를 충분히 하지 못했는데, 하위자의 강한 정서적 반응을 불러일으켜 전념과 몰입을 유도할 수 있는 리더십에 대한 관심이 고조되었다.

2. 신조류 리더십 이론의 의의

앞서 살펴 본 특성 이론과 행동 이론 그리고 상황 이론은 그 동안 이루어진 리더십 연구의 주류를 형성해 왔기 때문에 전통적 리더십 이론이라고 불리고 있다. 이들 이론에서 다루어지고 있는 내용을 검토 해 보면 우리가 일상생활에서 '리더십'이라고 말하는 것과는 다소 동떨어져 있다는 느낌을 지울 수 없다.

전통적 리더십 이론들이 다루고 있는 내용을 살펴보면 사람들에게 흥분과 열정을 불러일으키면서 고난과 역경을 헤치고 소기의 목적을 달성하도록 이끌어 나가는 리더의 모습을 찾아보기 힘들다. 그 이유는 리더십이 효과적이려면 하위자에게 강한 영향을 미칠 수 있어야 함에도 불구하고, 전통적인 리더십 이론은 하위자에게 심대한 영향을 미치는 리더십을 연구했다기보다는 현상을 유지하거나 통상적으로 기대되는 수준의 성과를 이끌어 내는 리더십에 치중한 연구를 했던 경향이 있었기 때문이다.

전통적 리더십 이론에서는 리더와 하위자의 관계에 있어서 서로 간에 열정과 흥분을 주고 받는 정서적인 측면이 도외시되었다. 리더와 하위자간의 관계는 하위자가 리더의 지시에 응종한다는 전제하에 리더는 하위자가 일하는 방식을 구조화시켜 주거나 지원해 주는 식의 사무적이며 정서가 배제된 관계로 상정되었던 것이다. 이로 인해 조직구성원들의 헌신을 유도하기보다는 통제에 치중하는 리더십이 강조되었고, 하위자에게 신바람을 불러일으키고 정서적 고양을 가져올 수 있는 리더십에 대한 관심이 상대적으로 부족했다.

전통적 리더십 이론은 리더십의 유효성을 판단하는 기준으로 하위자의 성과와 만족 및 인지 등과 관련된 변수에 리더십이 미치는 영향이 주로 파악하였으며, 하위자의 정서적 상태나 감정적 반응에 미치는 영향에 대한 분석이 상대적으로 취약했다.

신조류 리더십 이론은 리더십 유효성을 평가하는 변수로서 리더에 대한 충성심 · 애착 · 동일시 · 신뢰 · 수용 등 리더에 대한 강한 정서적 반응과 아울러, 하위자의 개인적 · 집단적 자기유능감(self-efficacy) 증진, 역량강화(empowerment), 비전이나 업무에 대한 몰입 및 전념 등을 도입하여 분석하고 있다. 신조류 리더십 이론은 이를 통해 전통적 리더십 이론 내에서는 충분히 연구되지 않은 내용들을 다룸으로써 기존의 리더십 이론을 보완시켜 주고 있다.

전통적인 리더십 이론은 변화를 주도하기보다는 현상유지(status quo)와 관련된 리더십에 치중해 온 경향이 있다. 리더가 변화를 효과적으로 이끌어 나가기 위해서는 집단 또는 조직이 궁극적으로 지향해야 할 바람직한 미래상

(즉, 비전)을 창출하고 그것을 구성원에게 전달하여 비전의 성취에 전념케 하는 것이 중요함에도 불구하고, 전통적 리더십 이론이라는 틀 내에서는 이에 대한 논의가 상대적으로 부족했다. 그 이유는 과거의 환경이 오늘날보다는 비교적 안정적이었기 때문일 것이다.

신조류 리더십 이론은 대부분이 환경의 격변을 전제로 하고, 또한 변화를 주도하는 데 관련된 내용을 중점적으로 다룸으로써 전통적 리더십 이론의 상대적인 취약점을 보완시켜 주고 있다.

전통적 리더십 연구에서 주로 분석 대상이 되었던 리더들은 조직의 중하위 계층에 속한 사람들이었기 때문에, 전통적 리더십 이론은 '조직 내에서 일상적으로 발휘하는 리더십(leadership in organization)'에 초점을 맞추었던 경향이 있다. 따라서 최고경영자나 고위 경영자들이 발휘하는 '조직 전체를 이끌어 가는 리더십(leadership of organization)'을 연구하는 데는 적절한 도구가 되지 못했다.

조직의 중하위 계층에 속한 리더는 하위자의 동기유발이나 기량에 영향을 미침으로써 하위자의 과업성과에 직접적인 효과를 미치며, 사회화나 밀접한 상호작용을 통하여 과업성과에 간접적인 효과를 미친다. 반면 최고경영자나 고위 계층의 리더는 조직의 기술과 인력구성 등에 대한 의사결정을 통하여 조직 전체의 성과에 직접적인 효과를 미치며, 상징적 행동을 통해 조직문화를 변화시키고 이에 따라 구성원의 인식 틀과 태도 및 정서가 바뀌게 함으로써 조직성과에 간접적인 효과를 미친다.

신조류 리더십 이론들 중 많은 부분은 조직의 중하위 계층 리더보다는 최고경영자나 고위 계층 리더를 분석 대상으로 택함으로써, 전통적 리더십 이론에서 미처 다루지 못했던 영역으로 연구범위를 확대시켰다. 이에 따라 전통적 이론들이 '리더십'을 연구한 것이라기보다는 주로 '감독(supervision)'이나 '관리(management)'를 연구한 것이라는 비판[2)]을 넘어서게 해 주었다.

지금부터는 신조류 리더십 이론을 카리스마적 리더십, 변혁적 리더십, 비전적 리더십, 문화적 리더십 등으로 나누어 각각 살펴보기로 한다.

---

2) J. G. Hunt, *Leadership: A New Synthesis* (Newbury Park, Cal.: SAGE, 1991); Bryman, *Ibid.*

제 2 절 카리스마적 리더십 이론

1. 초기의 카리스마적 리더십 이론

1980년대 이전까지 카리스마(charisma)에 대한 연구는 주로 정치학과 사회학 또는 역사학 분야에서 이루어졌으며, 분석 대상은 정치지도자나 종교지도자에 국한되었던 경우가 대부분이었다. 조직행동 분야에서 카리스마적 리더십에 대해 연구가 본격화된 것은 1980년대 초반부터라고 할 수 있다.

카리스마란 원래 '신으로부터 받은 은총의 재능(divine gift of grace)'이라는 신학적 개념이었으나, 독일의 사회학자인 막스 베버(Max Weber)에 의해 사회과학의 영역으로 들어오게 되었다. 베버는 그는 카리스마적 리더란 위기 시에 사람들을 구원할 수 있는 해결책을 지니고 출현하는 신비스럽고, 자아도취적이며, 사람을 끌어들이는 흡인력을 지닌 사람이라고 보았다. 그는 어떠한 리더가 신이 주었을 만한 특출한 능력을 실제로 가지고 있는지 여부보다는 그를 따르는 사람들이 그 사람에게 특출한 능력이 있다고 인정할 때 카리스마적 리더가 되는 것이라고 보았다.[3)]

베버 이후 카리스마적 리더십은 사회학자와 정치학자 및 역사학자 등에 의해 주로 거시적 관점에서 연구되었으나, 몇몇 학자들이 조직 내의 미시적 수준에서 카리스마적 리더십을 연구하기 시작한 것은 1960년대부터였다.[4)]

3) M. Weber, *The Theory of Social and Economic Organization*, Translated & Edited by T. Parsons (New York, N.Y.: The Free Press, 1947).

4) 이러한 연구들 중 대표적인 것으로 에찌오니(Etzioni)와 오버그(Oberg) 그리고 벌루(Berlew)의 연구를 들 수 있는데, 자세한 내용은 지면관계상 생략한다. 이러한 연구에 관심이 있는 독자는 아래 제시된 원문을 참조하기 바라며, 요약된 내용을 보려면 권상술의 전게 논문을 참조하기 바란다.

- A. Etzioni, *A Comparative Analysis of Complex Organizations* (New York, N.Y.: The Free Press, 1961).
- W. Oberg, "Charisma, Commitment, and Contemporary Organization Theory," *MSU Business Topics*, Vol. 20, 1972, pp. 18~32.
- D. E. Berlew, "Leadership and Organizational Excitement," *California Management Review*, Vol. 17(2), 1974, pp. 21~30.

2. 하우스의 카리스마적 리더십 이론

하우스(House)는 사회과학 분야의 문헌고찰을 통하여 조직 내의 리더십 현상을 설명하는 카리스마적 리더십 이론을 정립하였는데, 이 이론에는 카리스마적 리더의 특성 및 행동, 하위자에게 미치는 영향, 상황요인 등에 관련된 검증 가능한 일련의 가설이 포함되어 있다.[5)]

하우스는 카리스마적 리더십이란 하위자에게 '카리스마적 효과'(charismatic effects)를 미치는 리더십이라고 정의하고 있다. 그는 특정한 리더의 하위자가 다음과 같은 특징을 보일 때 리더가 하위자에게 '카리스마적 효과'를 미치는 것으로 보았다. 하위자에게 아래와 같은 효과가 나타나게 하는 리더십이 바로 카리스마적 리더십이라는 것이다.

(가) 리더의 신념이 옳다는 하위자의 신뢰

(나) 하위자의 신념과 리더의 신념간의 유사성

(다) 리더에 대한 무조건적 수용

(마) 리더에 대한 애착

(바) 리더에 대한 자발적 복종

(사) 리더에 대한 동일시와 모방

(아) 리더가 제시한 사명에 대한 하위자의 정서적 몰입

(자) 하위자의 목적수준의 제고

(차) 리더가 제시한 사명을 달성할 수 있다는 하위자의 생각

하우스는 카리스마적 리더가 우월성, 자신감, 자신의 신념이 도덕적으로 옳다는 확신, 강한 영향력 행사 욕구 등의 특성을 보유하고 있다고 보았다. 또한 카리스마적 리더는 카리스마적 리더의 특징적 행동으로서 역할모형화, 이미지 구축, 목표의 명확한 제시, 높은 기대감 전달 및 신뢰 표출, 선별적인 동기 자극(하위자들이 가지고 있는 동기 중에서 리더 자신이 제시한 사명을 완수하는데 관련된 동기만을 선별하여 자극) 등을 제시하였다.

끝으로, 하우스는 리더가 하위자에게 카리스마적 효과를 가져오는 상황적 필요조건으로서 하위자의 역할을 이념적 형태(ideological terms)로 규정할 수

5) R. J. House, "A 1976 Theory of Charismatic Leadership," in J. G. Hunt & L. L. Larson (eds.), *Leadership: The Cutting Edge* (Carbondale, Ill.: Southern Illinois University Press, 1977), pp. 189~207.

있는 상황을 제시하고 있다. 즉, 하위자가 자신의 역할을 수행함에 있어서 이념적 가치와 의미감을 느낄 수 있는 상황에서 카리스마적 효과가 발생한다고 보았다. 그는 위기상황이 리더가 하위자에게 카리스마적 효과를 미치는 상황적 필요조건은 아니지만, 카리스마적 효과는 긴장이 많은 상황에서 발생할 가능성이 높다고 주장하였다. 하우스가 제시한 카리스마적 리더십 이론을 도식화하면 [그림 9-1]과 같다.

그림 9-1 하우스의 카리스마적 리더십 이론

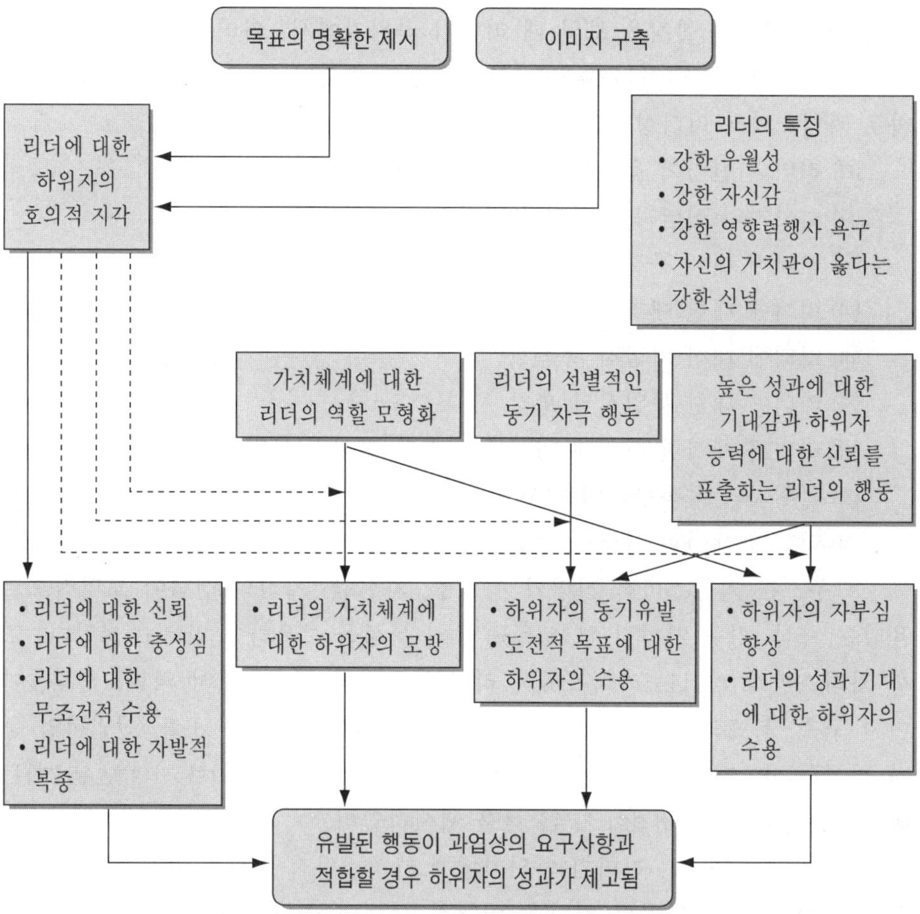

※ 점선은 리더에 대한 호의적 지각이 리더와 하위자 반응 간의 반응을 조절하는 것을 나타냄.
자료: R. J. House, "A 1976 Theory of Charismatic Leadership," in J. G. Hunt & L. L. Larson(eds.), *Leadership: The Cutting Edge* (Carbondale, Ill.: Southern Illinois University Press, 1977), p. 206.

하우스의 카리스마적 리더십 이론과 관련하여 이루어진 실증연구 결과는 이 이론을 어느 정도 지지해 주는 방향으로 나타나고 있다.

미국 역대 대통령들을 카리스마적 대통령, 카리스마적이지 않은 대통령, 카리스마적이지 않지만 효과적인 대통령으로 분류하여 분석한 결과, 효과적인 카리스마적 리더로 분류된 대통령들은 다른 유형의 대통령들보다 각료들의 정서적인 상태에 많은 영향을 미쳤으며, 하우스가 제시했던 카리스마적 리더의 행동을 더 많이 보인 것으로 밝혀졌다.[6] 또 다른 연구에서는 대통령의 권력욕구는 대통령이 카리스마적으로 인정받는 정도를 강력하게 예측해 주는 것으로 밝혀졌고, 카리스마적 행동과 성과간의 관계는 정(+)적인 방향으로 나타났으며, 위기발생시 대통령을 지낸 사람일수록 카리스마적으로 인식되는 경향이 발견되었다.[7]

카리스마적 리더십이 배려적 리더십과 구조주도적 리더십에 비하여 하위자의 과업성과와 직무에 대한 적응 및 대인관계 적응에 어떠한 영향을 미치는가를 실험을 통해 검증한 연구도 있었다.[8] 이 연구에서는 카리스마적 리더 하에서 일한 사람들은 배려적 리더나 구조주도적 리더 하에서 일했던 사람들보다 성과의 양과 질이 더 뛰어났으며, 과업만족이 높았고, 역할갈등과 역할모호성을 적게 경험한 것으로 밝혀졌다.

3. 카리스마적 리더십 귀인 이론

콩거와 카눙고(Conger & Kanungo)는 카리스마적 리더십 귀인 이론(attributional theory of charismatic leadership)을 제시했다.[9] 이 이론은 하위자가 리더의 행동에 대해 관찰한 내용을 근거로 리더에게 카리스마를 귀인(歸因)시킨다는

6) R. J. House, J. Woycke, & E. M. Fodor, "Charismatic and Noncharismatic Leaders: Differences in Behavior and Effectiveness," in J. A. Conger, R. N. Kanungo, & Associates(eds.), *Charismatic Leadership: The Elusive Factor in Organizational Effectiveness* (San Francisco, Cal.: Jossey-Bass, 1988), pp. 98~121.

7) R. J. House, W. D. Spangler, & J. Woycke, "Personality and Charisma in the U. S. Presidency: The Theory of Leader Effectiveness," *Administrative Science Quarterly*, Vol. 36, 1991, pp. 364~396.

8) J. M. Howell & P. Frost, "A Laboratory Study of Charismatic Leadership," *Organizational Behavior and Human Decision Processes*, Vol. 43, 1989, pp. 243~269.

9) J. A. Conger & R. N. Kanungo, "Toward a Behavioral Theory of Charismatic Leadership in Organizational Settings," *Academy of Management Review*, Vol. 12, 1987, pp. 637~647.

전제에 입각하고 있다. 이들은 카리스마적 리더와 카리스마적이지 않은 리더에 관련된 연구결과를 종합하여, 카리스마의 귀인을 가져오는 리더의 행동특성을 파악해 냈다. 카리스마적 리더십을 귀인 현상으로 이해할 때에는 리더가 어떠한 유형의 행동을 할 때 하위자가 그 리더에게 카리스마적 리더십을 귀인시킬 가능성이 가장 큰가에 연구초점을 맞추게 된다.

콩거와 카눙고는 카리스마가 없는 리더와 카리스마적인 리더의 특징을 구분하였는데, 그 결과는 [표 9-1]에 요약되어 있다. 또한 이들은 리더가 다음과 같은 행동을 할 때 카리스마가 귀인될 가능성이 높다고 보았다.

첫째, 현상과 큰 격차가 있기는 하지만 하위자가 수용할 만한 비전을 제시하는 리더는 카리스마적으로 지각될 가능성이 높다.

둘째, 비전을 달성하기 위해서 인습에 얽매이지 않는 전략을 구사하는 리더는 카리스마적인 리더로 인식될 가능성이 높다.

셋째, 자신이 주창하는 비전을 달성하기 위해 자기희생과 위험을 감수하며, 값비싼 대가를 치르는 행동을 마다하지 않는 리더는 카리스마적으로 지각될 가능성이 높다.

넷째, 자신이 제시하는 비전의 성취에 대해 자신감을 갖고 있는 것처럼 비추어지는 리더는 자신이 주장하는 바에 대해 확신하지 못하거나 혼란을 느끼고 있는 것처럼 보이는 리더보다 카리스마적 리더로 인식될 가능성이 높다.

다섯째, 공식적 권한의 활용이나 참여적 의사결정에 의존하여 비전을 개발하고 그에 대한 전념을 이끌어 내는 리더보다는, 개인적 권력과 설득력 있는 호소에 의존하여 비전을 개발하고 그에 대한 전념을 유도하는 리더가 카리스마적으로 인식될 가능성이 높다.

콩거와 카눙고는 카리스마적 리더가 갖추어야 할 특성으로서 환경과 하위자에 대한 민감성(sensitivity)을 제시했다. 리더가 뛰어난 비전을 제시하고 그것을 달성하기 위해 비인습적인 전략을 구사하기 위해서는 주변환경이 부여하는 제약조건과 기회를 현실적으로 평가할 수 있는 기술과 지식을 갖추고 있어야 하며, 비전의 창출 및 제시와 비전달성 전략의 타이밍을 잘 맞추어야 한다고 보았던 것이다. 또한 하위자들에게 호소력 있고 혁신적으로 비추어지는 비전을 제시하기 위해서는 리더가 하위자의 욕구와 가치관 및 포부에 대해서도 민감해야 한다고 지적했다. 카리스마의 귀인에 영향을 미치는 상황적 요인에 대해서는 대대적인 변화를 필요로 하는 위기상황이나 하위자가 현상태에 불만

표 9-1 카리스마가 없는 리더와 카리스마적 리더간의 특징 비교

특 징	카리스마가 없는 리더	카리스마적 리더
현상(現狀)에 대한 태도	현상유지에 근본적으로 동조하고 현상을 유지하려고 노력함.	현상유지에 근본적으로 반대하고 현상을 변화시키려고 노력함.
미래의 목표	현 상태와 큰 격차가 없는 목표	현상태와 큰 격차가 있는 이상적인 비전
매 력 도	하위자와 공통된 시각을 지니기 때문에 하위자가 호감을 느낌.	하위자와 공통된 시각을 지님과 동시에 이상적인 비전을 제시하기 때문에, 하위자가 호감을 가지며, 동일시하고 모방할 만한 영웅으로 존경함.
신 뢰 성	사심(私心)이 없는 행동으로 하위자를 설득시킴.	개인적인 위험과 희생을 감수하는 행동과 열정으로 신뢰를 확보함.
전 문 성	기존 질서라는 틀 내에서 활용가능한 수단을 통하여 목적을 달성하는 전문성을 지니고 있음.	기존의 질서를 초월하여 관습에 얽매이지 않는 수단을 사용하는 전문성을 지니고 있음.
행 동	기존의 규범에 순응하는 인습적인 행동을 취함.	인습에 얽매이지 않으며 규범을 타파하는 행동을 취함.
환경에 대한 민감성	환경에 대한 민감성이 낮으며, 현상태를 유지하는 데 초점을 맞춤.	환경에 대해 민감성이 높으며, 현상태를 변화시키는 데 초점을 맞춤.
표 현 력	자신의 목적과 동기를 명확하게 제시하지 못하며, 사람들을 이끌려는 동기가 약함.	미래에 대한 비전을 강력하고 감화력 있게 전달하며, 사람들을 이끌려는 동기가 강함.
권력기반	직위 권력과 개인적 권력을 활용함(보상적 권력 및 전문적 권력을 주로 활용하며, 친분을 바탕으로 호감을 확보함)	개인적 권력을 주로 활용함(전문적 권력을 주로 활용하며, 뛰어난 영웅으로 존경과 숭앙을 받음)
하위자와의 관계	평등주의자이거나, 하위자와의 합의를 중시하거나, 지시적인 관계를 맺음. 하위자에게 자신의 의견을 받아들이도록 권유하거나 명령함.	엘리트주의자이고, 기업가정신이 충만해 있으며, 하위자에게 모범을 보임. 자신이 제시하는 급진적 변화를 하위자가 수용하도록 변화시킴.

자료 : J. A. Conger, J. A. & R. N. Kanungo, "Behavioral Dimensions of Charismatic Leadership," in J. A. Conger, R. N. Kanungo, & Associates(eds.), *Charismatic Leadership: The Elusive Factor in Organizational Effectiveness* (San Francisco, Cal.: Jossey-Bass, 1988), p. 91.

을 느끼는 상황에서 카리스마의 귀인이 이루어질 가능성이 높다고 주장했다.

콩거는 이러한 이론을 보완하여 어떠한 리더가 다른 사람들에게 카리스마

그림 9-2 카리스마적 리더십의 전개단계

제 1 단계 〈비전의 창출〉	제 2 단계 〈비전의 전달〉	제 3 단계 〈신뢰감 구축〉	제 4 단계 〈비전의 달성〉
• 현상태에서 충분히 활용되지 못하고 있는 기회 및 취약점의 감지 • 여러 이해당사자의 욕구에 대한 높은 민감성 • 이상적인 전략적 비전의 개발	• 비전의 전달 • 현상태가 용납될 수 없음을 명확히 지적하고 새로운 비전이 가장 매력적인 대안이 될 것이라는 점을 인식시킴. • 하위자를 이끌고자 하는 동기를 명확히 전달	• 성공, 전문성, 개인적인 위험의 감수, 자기희생, 인습에 얽매이지 않는 행동 등을 통해 하위자에게 신뢰감을 구축	• 역할모형화, 하위자의 역량강화, 인습에 얽매이지 않는 전술의 활용 등을 통해 비전을 달성

자료: J. A. Conger, *The Charismatic Leader: Behind the Mystique of Exceptional Leadership* (San Francisco, Cal.: Jossey-Bass, 1989), p. 27.

적으로 인식되게 만드는 4단계의 행동전략을 [그림 9-2]과 같이 제시하였다.

(1) 비전의 창출

비전은 현상태에서 무언가 부족한 것을 찾아냄으로써 창출되며, 비전은 현상에 도전을 가하는 작용을 한다. 비전은 단순해야 하고, 이상화된 목표를 표출하는 것이어야 하며, 현상에 도전을 가하는 것이어야 하고, 하위자의 개인적 포부를 반영하는 것이어야 하며, 어느 정도 위험(risk)이 내포된 것이어야 한다.

(2) 비전의 전달

하위자로 하여금 비전에 대해 전념해야 한다는 확신을 갖게 만든다.

(3) 신뢰감 구축

리더에게 비전을 달성할 수 있는 능력이 있으며 또한 리더가 비전의 달성에 개인적으로 전념한다는 인상을 구축함으로써 하위자에게 신뢰감을 구축한다.

(4) 비전의 달성

하위자에 대한 역량강화(empowering)를 통하여 하위자가 비전을 달성하는 데 있어서 적극적인 역할을 하고 있다고 느끼게 만든다. 리더가 하위자의 역량을 확대시키는 데 있어 가장 중요한 것은 하위자의 자기유능감(self-efficacy)을 증진시키는 일임.

카리스마적 리더십 귀인이론에 대한 실증적 검증은 충분히 이루어져 있지 않은데, 관리자와 대학생을 대상으로 카리스마에 대한 귀인 과정을 분석한 연구를 통해 어느 정도 타당성을 입증받고 있다.[10] 이 연구에서 리더가 직관적 의사결정 스타일을 사용하는 경우와 성공적인 성과를 얻어냈을 경우에 그 리더에게 카리스마가 귀인된다는 사실이 밝혀졌는데, 이는 인습에 얽매이지 않는 전략을 구사하는 리더에게 카리스마가 귀인될 것이라고 보는 카리스마적 리더십 귀인이론을 지지해 주는 결과라고 볼 수 있다.

4. 자아개념에 근거한 카리스마적 리더십 이론

자아 개념에 근거한 카리스마적 이론(self-concept based charismatic leadership theory)은 하우스가 제시했던 '카리스마적 효과'가 발생하는 과정을 구체적으로 설명해 주는 이론이다.[11] 이 이론에서는 카리스마적 리더가 하위자들에게 그들의 하위자의 가치관, 목표, 욕구, 포부 등이 변화되는 '변혁 효과(transformational effect)'를 미친다고 본다. 변혁 효과란 하위자에게 다음과 같은 변화가 오는 것을 말한다.

(가) 하위자가 중시하는 욕구가 매슬로우가 제시했던 하위수준의 욕구에서 상위수준의 욕구로 바뀌는 효과

(나) 하위자의 도덕수준이 제고되어 보다 절조 있는 판단을 할 수 있는 상태로 변화되는 효과

---

10) S. M. Puffer, "Attributions of Charismatic Leadership: The Impact of Decision Style, Outcome, and Observer Characteristics," *Leadership Quarterly*, Vol. 1, 1990, pp. 177-192.

11) B. R. Shamir, R. J. House, & M. Arthur, "The Motivational Effects of Charismatic Leadership: A Self-Concept Based Theory," *Organization Science*, Vol. 4, 1993, pp. 577-594; R. J. House & B. Shamir, "Toward the Integration of Transformational, Charismatic, and Visionary Theories," in M. M. Chemers & R. Ayman(eds.), *Leadership Theory and Research : Perspectives and Directions* (San Diego, Cal.: Academic Press, 1993), pp. 81-107.

(다) 하위자가 자신의 이해관계를 초월하여 팀이나 조직 또는 사회 전체의 이익을 위하여 일하도록 동기가 유발되는 효과

이 이론은 카리스마적 리더십의 변혁 효과를 전통적인 동기유발 이론을 통해서는 적절히 설명하기 힘들다고 보고 있다. 전통적인 동기유발 이론은 개인을 자기중심적이고, 쾌락주의적이며, 합리적 · 경제적으로 행동하는 존재로 보고 있다. 그러나 카리스마적 리더십의 변혁 효과는 그러한 행동을 집단중심적이고, 도덕 및 가치지향적인 행동으로 변형시키는 것을 의미한다. 따라서 자아개념에 근거한 카리스마적 리더십 이론은 인간을 각기 독특한 방식으로 욕구를 충족시키는 합리적 · 경제적 존재로 가정하는 전통적 동기유발 이론을 통해서 그러한 변혁 효과를 적절히 이해할 수 없다고 본다.

(1) 인간의 동기유발에 대한 가정

이 이론은 인간의 동기유발에 대한 다음과 같은 가정으로부터 출발한다.

첫째, 인간은 실용적이고 목표지향적일 뿐만 아니라 감정과 미적(美的) 가치 및 자기지각을 표출하는 존재이다. 따라서 자기희생과 같은 자아표출적 행동을 하는 것이 가능하다.

둘째, 인간은 자부심(self-esteem)을 유지하고 향상시키기 위해 동기가 유발되는데, 자부심은 자아가치(self-worth)와 자기유능감(self-efficacy)이라는 두 가지 요소로 이루어져 있다. 자아가치는 자신이 도덕적 가치가 있는 사람이라고 느끼는 상태를 말하며, 이는 특정한 행동에 관련된 사회적 규범과 문화적 가치관에 의해 결정된다. 자기유능감은 자신에게 운명을 통제할 수 있는 능력이 있으며, 특정한 성과를 가져오는 데 필요한 과업을 자신이 처리할 수 있다는 느낌을 말한다.

셋째, 인간은 자아일관성(self-consistency)을 유지하고 향상시키기 위하여 동기가 유발된다. 자아일관성이란 자아개념을 구성하고 있는 여러 요소간의 일관성, 장기간에 걸친 자아개념의 연속성, 그리고 자아개념과 행동간의 일치 등을 의미한다.

넷째, 자아개념은 여러 가지 정체성(identities)으로 구성되어 있으며, 그 중요성에 따라 위계를 이루고 있다. 정체성의 위계는 각각의 정체성의 중요성을 결정하며 비교적 안정적이다. 하지만 자신이 매우 중요하게 생각하는 인물의 영향력을 받아 변화되기도 한다.

끝으로 인간은 성공이나 실패에 대한 합리적 계산에 의해 동기가 유발될 뿐만 아니라 신념(faith)에 의해서도 동기가 유발된다. 더 나은 미래가 올 것이라는 신념을 바탕으로 희망을 갖는 것은 그 자체가 내재적 만족을 제공해 주며 이는 동기유발 효과가 크다.

(2) 카리스마적 리더의 행동

이 이론에서는 그 동안 카리스마적 · 변혁적 · 비전적 리더십 연구에서 제시되었던 다양한 행동범주를 통합시킴으로써 카리스마적 리더의 포괄적인 행동범주를 제시하였다.

카리스마적 리더는 특정한 가치를 강조하기 위하여 하위자의 마음을 사로잡는 비전을 명확히 제시하고, 하위자가 자신의 경험을 해석하는 데 활용할 수 있는 인식 틀을 한 방향으로 통일시킨다. 리더가 제시하는 이념적 비전은 과거의 사건들과 현재의 전략을 연결시켜 하위자에게 더 나은 미래에 대한 생생한 이미지를 전달해 준다. 또한 카리스마적 리더는 하위자가 높은 성과를 낼 수 있을 것이라는 기대감과 하위자가 높은 성과를 달성할 수 있는 능력을 지니고 있다는 확신을 표출함으로써 하위자의 자부심과 자아가치 및 자기유능감을 증진시킨다.

카리스마적 리더는 상징이나 구호 및 과거에 대한 이야기 등을 활용하여 집단적 정체성을 강조함으로써 하위자의 사회적 정체성과 집단의 자기유능감을 강화시킨다. 카리스마적인 리더는 역할모형화를 통해 새로운 가치관을 상징화하고 하위자가 따라야 할 모범적 행동을 보여 준다. 이러한 과정에서 카리스마적 리더는 자기희생을 감수하며, 비인습적인 이념적 행동을 실행함으로써 자신이 제시한 비전과 전략에 대한 용기와 자신감을 표출한다. 카리스마적 리더는 환경에 대한 민감한 탐색과 융통성 있는 행동을 통하여 변화하는 상황에 효과적으로 적응하며, 하위자가 지니고 있는 기본전제에 도전을 가하고, 새로운 시각을 제공함으로써 하위자를 지적으로 자극시킨다.

(3) 카리스마적 리더의 하위자에 대한 영향력 행사 과정

자아개념에 근거한 이론에서는 카리스마적 리더가 하위자에게 효과를 미치는 사회적 영향력 행사 과정을 개인적 동일시, 사회적 동일시, 내면화, 그리고 자기유능감(self-efficacy) 등의 개념을 활용하여 설명한다.

(가) 개인적 동일시(personal identification) 하위자가 리더를 모방하는 개인적 동일시는 자부심이 낮은 하위자와 정체성이 약한 하위자 그리고 권위적 인물에 대한 복종욕구가 높은 하위자에게 발생할 가능성이 크다.

(나) 사회적 동일시(social identification) 이는 자기 자신의 정체성을 집단에 맞추어 규정하는 것을 말하는데, 어떠한 집단과 자기 자신을 동일시하는 사람들은 그 집단의 성원이 되었다는 데 긍지를 느끼며, 집단에 소속되었다는 사실을 자신의 가장 중요한 사회적 정체성으로 여긴다. 사회적 동일시가 강한 구성원은 자신의 개인적인 욕구보다도 집단의 욕구를 더 중시하며, 집단을 위하여 자기희생을 감수하려고 하게 된다. 카리스마적 리더는 자신이 이끄는 집단에게 다른 집단과는 구분되는 독특한 정체성을 제공함으로써 사회적 동일시를 증대시키는데, 과거의 성공이나 조직구성원의 영웅적 행동 또는 창업자나 과거 리더들이 취했던 상징적 조치에 관련된 이야기를 통해 조직의 역사를 강조한다.

(다) 내면화(internalization) 카리스마적 리더는 하위자가 새로운 가치관을 수용하도록 영향을 미치기도 하지만, 하위자가 이미 지니고 있던 가치관을 과업목표와 연관시킴으로써 가치관의 중요성을 부각시키는 경우가 더 많다. 이를 통해 카리스마적 리더는 하위자가 과업목표를 달성하는 것 자체가 하위자의 가치관과 사회적 정체성을 표현하는 일이 되게 만든다. 또한 카리스마적 리더는 일 그 자체의 상징적이고 의미적인 측면을 강조함으로써 하위자가 자신에게 주어진 일이 보다 의미 있고, 고상하고, 영웅적이며, 도덕적으로 옳다는 신념을 갖게 만든다.

(라) 자기유능감 개인적 자기유능감은 개인이 자신에게 능력이 있으며 어려운 과업목표를 달성할 수 있을 것이라는 신념을 갖는 것을 의미한다. 자기유능감이 강한 사람은 과업목표를 달성하기 위하여 더 많은 노력을 기울이며 장애를 극복하는 인내도 강하다. 집단적인 자기유능감은 구성원들이 힘을 합치면 뛰어난 업적을 달성할 수 있을 것이라고 지각하는 것을 말한다. 집단적인 자기유능감이 강할 때에는 구성원의 협력 정도는 강해지며 공동의 사명을 달성하기 위하여 응집된다. 카리스마적 리더는 하위자가 개인적으로 노력을 기울이고 또한 집단 전체가 노력을 기울이게 되면 성공을 거둘 수 있을 것이라는 기대감을 높여 준다.

(4) 카리스마적 리더의 동기유발 기제

카리스마적 리더가 다음과 같은 기제(mechanism)를 통해 하위자에게 동기를 유발시킨다.

(가) 노력 그 자체의 내재적 유인가 제고　노력의 내재적 유인가(intrinsic valence)를 제고시키는 것은 노력 그 자체가 중요한 가치관을 반영한다는, 노력의 상징적이고 의미적인 측면을 강조함으로써 이루어진다. 카리스마적 리더는 자신이 제시한 비전 및 사명의 달성에 노력을 기울이는 데 하위자가 참여하는 것을 하위자가 집단적 정체성을 표현하는 과정에 연결시킨다. 이를 통해 하위자가 노력을 기울이는 것 그 자체에서 의미를 찾을 수 있게 만들어줌으로써, 하위자가 노력 그 자체에 대해 갖는 유인가(valence)를 제고시킨다. 하위자가 노력을 기울이기로 결정하고 또한 노력을 기울이는 것을 통하여 특정한 가치관이나 집단 또는 리더를 동일시하기 시작하면, 그러한 노력은 장기간 유지되는 경향이 있다.

(나) 노력→성과의 기대감 제고　카리스마적 리더는 하위자의 자부심과 자아가치를 고양시킴으로써 하위자가 노력을 기울이면 일정한 성과를 달성할 수 있으리라는 기대감을 제고시킨다. 또한 하위자에게 높은 성과를 기대하고 하위자의 능력에 대한 신뢰감을 표출함으로써 하위자의 자부심을 고양시킨다. 이를 통해 하위자의 자기유능감은 증대되고, 이는 동기유발의 중요한 원천이 된다. 카리스마적 리더는 노력과 중요한 가치관간의 관계를 강조함으로써 하위자의 자아가치를 고양시킨다. 자아가치가 증대되면 자기유능감도 증대되는데, 그 이유는 자신이 도덕적으로 옳다는 느낌을 가지면 자신감과 확신이 증가하기 때문이다. 카리스마적 리더는 개인의 자기유능감을 제고시킬 뿐만 아니라 집단의 자기유능감을 증대시킴으로써 하위자들로 하여금 그들이 노력을 기울이면 특정한 성과를 달성할 수 있으리라는 기대감을 제고시키기도 한다.

지각된 집단적 자기유능감은 한 집단이 하고자 하는 일을 선택하는 데 영향을 미치고, 그러한 일에 쏟는 노력의 양에 영향을 미치며, 집단의 노력이 실효를 거두지 못했을 때에도 계속해서 노력을 투여하는 정도에도 영향을 미친다.

(다) 목표달성의 내재적 유인가 제고　이는 카리스마적 리더가 활용하는 가장 중요한 동기유발 기제이다. 카리스마적 리더가 제시하는 비전이나 사명

에는 자신이 주장하는 가치관이 담겨 있다. 이러한 비전과 사명을 달성하는 목표를 완수하는 것은 하위자의 자아개념과 일관성이 있어야 한다. 카리스마적 리더는 특정한 목표가 집단의 과거와 미래와 일관성 있다는 사실을 보여줌으로써 목표와 목표달성에 관련된 행동의 의미감을 증대시킨다. 따라서 하위자는 그러한 목표를 달성함으로써 조직이 과거에서 미래로 지속적으로 발전해 나간다는 느낌을 갖게 된다.

㈑ 더 나은 미래에 대한 신념의 주입 　　카리스마적 리더가 제공하는 '보상'은 자아표출, 자기유능감, 자아가치, 자아일관성 등에 관련된 것이며, 이는 교환의 대상이 아니다. 카리스마적 리더는 외재적 보상의 중요성을 격하시키며 노력의 내재적 보상을 강조한다. 필요한 행동에 따르게 될 외재적 보상의 중요성을 격하시킬 경우, 하위자는 자신이 특정한 행동을 하는 이유를 자신의 자아개념에 관련된 것에 귀인시킬 가능성이 높아지며, 이는 그러한 행동에 대한 전념도를 상승시킨다. 카리스마적 리더는 애매모호하고 보다 먼 장래에 관련된 목표를 강조하는 경향이 있는데, 보다 더 나은 미래에 대한 확신은 그 자체가 내재적 만족을 제공해 주기 때문이다.

(5) 카리스마적 리더의 동기유발 효과를 조절하는 상황요인

카리스마적 리더의 동기유발 효과는 리더의 비전이 하위자가 지니고 있는 가치관 및 정체성과 일관된 것일 때 커질 가능성이 높다. 하위자는 자신과 공통된 가치관과 정체성을 지닌 리더를 선별해 낼 수 있기 때문에, 카리스마적 리더는 하위자를 이해하는 능력을 지니고 있어야 하며, 하위자의 욕구와 가치관 및 정체성에 맞추어 반응해야 한다.

이 이론에서는 조직의 사명이 하위자의 가치관 및 정체성과 연결되어 있는 상황에서 카리스마적 리더십이 발휘될 가능성이 높다고 보고 있다. 카리스마적 리더십은 업무의 구조화 정도가 낮고, 성과목표가 구체적으로 제시되거나 측정되기 힘들며, 성과목표를 달성할 수 있는 적절한 전략이 명확하지 않은 상황에서 효과를 거둘 가능성 높다. 이 이론에서는 위기상황이 카리스마적 리더십의 필요조건은 아니지만, 조직이 심각한 문제에 처했을 때, 조직의 존망을 결정하기 위해 무엇을 해야 할지 모를 때, 그리고 조직구성원이 불안이나 공포를 느낄 때 카리스마적 리더십이 효과를 거둘 가능성이 높다고 보고 있다. 지금까지 살펴 본 이론의 내용을 요약하면 [그림 9-3]와 같다.

그림 9-3 자아개념에 근거한 카리스마적 리더십 이론의 구조

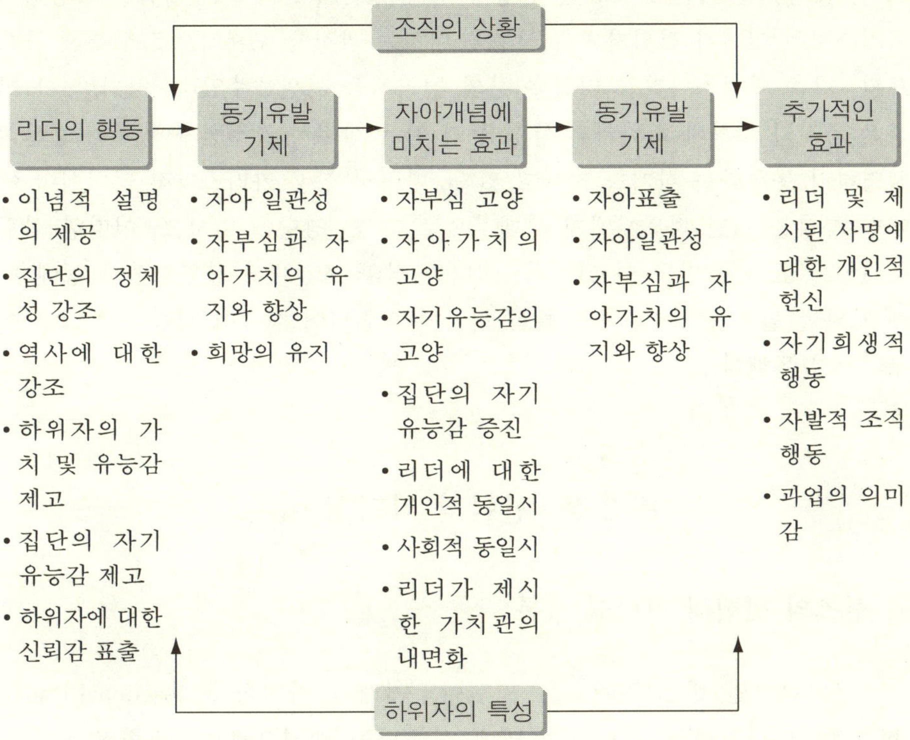

자료: B. R. Shamir, R. J. House, & M. Arthur, "The Motivational Effects of Charismatic Leadership: A Self-Concept Based Theory," *Organization Science*, Vol. 4, 1993, p. 581.

자아개념에 근거한 카리스마적 리더십 이론은 리더의 비범한 속성이나 초인적 속성을 강조했던 베버의 카리스마적 이론과는 차이를 보인다. 특히 이 이론에서는 개인적 동일시, 사회적 동일시, 내면화, 자기유능감 등에 리더가 미치는 영향에 있어서 개인적 동일시의 중요성을 가장 낮게 보았다.

이 이론에서는 카리스마적 리더가 하위자에게 영향력을 행사해서 나타나는 결과는 리더에 대한 무조건적 충성이나 복종이 아니라, 리더가 제시하는 이념에 하위자가 몰입하는 것이라고 보고 있다. 따라서 이 이론은 리더가 하위자에게 신뢰성 있는 사람으로 인식됨과 동시에 하위자가 내면화하고 있는 이념과 일관성이 있는 행동을 할 때에만 하위자가 리더에게 복종할 것이라고 보았다.

또한 이 이론은 카리스마적 리더십 행동을 보다 포괄적으로 제시하고 있으며, 동기유발 이론과 사회적 영향력 행사 이론에서 개발된 개념을 활용하여 카리스마적 리더가 하위자에게 영향을 미치는 과정을 구체적으로 설명해 줌으로써, 기존 카리스마적 리더십 이론의 취약점을 보완해주었다. 하지만 이 이론은 조직의 상황과 하위자의 특성 등과 같은 상황적 조절변수에 대해 충분히 설명하지 못한다는 한계를 지니고 있다. 따라서 향후 카리스마적 리더십이 어떠한 특성을 지닌 하위자에게 상대적으로 더 큰 영향을 미치고, 어떠한 상황 조건에서 효과를 거둘 수 있으며, 어떠한 상황 조건에서 불필요한가 등에 대해 보완할 필요가 있다. 이 이론은 최근에 정립되어 실증적 검증이 제대로 이루어지지 못했다.

제 3 절 변혁적 리더십 이론

1. 번즈의 변혁적 리더십 이론

정치학자인 번즈(Burns)는 자신이 '거래적 리더십(transactional leadership)'이라고 명명한 리더십 개념에 상대되는 개념으로서 '변혁적 리더십(transforming leadership)'[12]이라는 개념을 제시했다.[13]

거래적 리더십이란 리더와 하위자간의 교환관계에 관련된 것으로서, 하위자의 이해관계를 자극하여 영향을 미치는 리더십을 말한다. 즉, 리더가 지시하거나 기대하는 바에 하위자가 순응하는 대가로 임금 인상이나 특권을 제공하는 식의 리더십 과정을 의미한다. 리더와 하위자간에는 하위자가 자신의 공식적인 의무를 수행하기 위하여 열과 성의를 다해야 하는 범위를 규정해 주는 어느 정도 암묵적인 계약관계가 존재한다. 이러한 범위 내에서 발휘되는 리더십은 리더와 하위자가 보다 더 원대한 목표를 서로간에 끊임 없이 추진할 수 있도록 결속시켜 주지는 못한다. 거래적 리더가 중시하는 가치는 정직성, 공정성, 책임감, 호혜성 등에 국한된다. 또한 거래적 리더는 개인적 권력에

12) 변혁적 리더십에 대해 번즈는 'transforming leadership'이라는 용어를 사용하고 있지만, 그 후에 이루어진 대부분의 연구는 'transformational leadership'이라는 용어를 사용하고 있다. 그러나, 이러한 두 가지 용어의 의미에는 거의 차이가 없기 때문에 호환적으로 사용될 수 있다.

13) J. M. Burns, *Leadership* (New York, N.Y.: Harper & Row, 1978).

근거하여 영향력을 행사하기보다는 관료제적 권한에 바탕을 둔 영향력을 행사한다. 그 반면, 변혁적 리더십은 리더와 하위자가 서로의 동기유발 수준을 높여주며 보다 원대한 목표를 달성해야 한다는 의식을 고양시켜 준다. 원대한 목표에는 자유 · 평등 · 평화 · 인도주의 등 높은 이상과 도덕적 가치가 담겨 있으며, 공포 · 탐욕 · 질투 · 증오 등과 같이 순수하지 못한 동기는 담겨 있지 않다. 또한 원대한 목표는 리더와 하위자의 의지와 포부를 하나로 결집시켜 준다. 변혁적 리더십을 발휘하는 리더는 하위자를 제한된 범위의 기본적 욕구만을 지닌 존재로 대하는 것이 아니라 완전한 인격을 지닌 사람으로 대한다. 그렇기 때문에 매슬로우(Maslow)의 욕구단계설의 관점에서 본다면, 변혁적 리더십은 하위자의 상위수준 욕구를 자극하게 된다. 이러한 과정을 통해 하위자는 자신의 일상적인 모습에서 더 나은 모습으로 '변혁(transform)' 되며, 하위자뿐만 아니라 리더도 자신도 변혁을 경험하게 된다.

거래적 리더십과 변혁적 리더십에 대한 번즈의 구분은 전통적 리더십 연구가 일반적으로 초점을 맞추었던 것과는 상당히 다른 성격의 리더십에 관심을 갖게 만들었다. 그 당시까지 이루어졌던 대부분의 리더십 연구는 거래적 리더십에만 초점을 맞추었던 경향이 있었다. 번즈는 거래적 리더십이 리더와 하위자의 포부를 확대시키지 못하기 때문에 제한된 범위 내에서만 영향을 미칠 수밖에 없다고 보았다. 이에 따라 기존의 많은 리더십 연구가 실망스러운 결과를 가져다 준 원인이 바로 여기에 있었다고 그는 지적하였다. 왜냐하면 거래적 리더십에 초점을 맞춘 연구의 대부분은 조직 내의 하위자에게 상당한 차이를 가져다 주는 리더십에 대해서는 다루지 못했기 때문이었다. 이러한 번즈의 이론은 이후에 이루어진 리더십 연구에 심대한 영향을 미쳤으며, 변혁적 리더십이 본격적으로 연구되는 전기를 마련하였다.

2. 배스의 변혁적 리더십 이론

배스(Bass)는 번즈의 변혁적 리더십 이론과 하우스의 카리스마적 리더십 이론을 토대로 하여 변혁적 리더십 이론을 정립하였다.[14] 그의 이론도 번즈와 마찬가지로 전통적인 리더십 이론이 거래적 리더십에 치중되어 있다고 비판하

14) B. M. Bass, *Leadership and Performance Beyond Expectations* (New York, : The Free Press, 1985)

는 것으로부터 출발했다. 즉, 전통적인 리더십 이론은 하위자가 리더의 기대에 순응하는 데 대해 리더가 보상을 해 주는 교환관계로 보는 패러다임 내에서 논의되었다는 것이다. 배스는 거래적 리더십의 가장 큰 문제점은 하위자의 성과를 리더의 기대와 하위자 자신들이 기대하는 수준 이상으로 제고시키기 어렵다는 데 있다고 보았다. 거래적 리더십은 하위자로 하여금 평범한 성과와 비범한 성과간의 차이를 가져오는 추가적인 노력을 기울이게 만들기에는 충분치 않다고 보았던 것이다.

배스는 변혁적 리더십을 발휘하는 리더는 하위자가 자신에게 기대되는 것 이상의 성과를 달성하도록 동기를 유발시킨다고 보았다. 그는 변혁적 리더십이 다음과 같은 세 가지 방식으로 하위자가 보다 많은 노력을 기울이도록 만든다고 주장했다. 첫째, 특정한 목표와 수단의 중요성에 대한 의식수준을 제고시킨다. 둘째, 하위자로 하여금 집단이나 조직 전체의 이익을 위하여 그들의 개인적인 이해관계를 초월하도록 유도한다. 셋째, 하위자의 상위수준 욕구—예컨대, 매슬로우의 존경 욕구 및 자아실현 욕구 등—를 자극하고 충족시킨다. 이러한 세 가지 요소가 한 데 융합됨으로써 하위자가 특정한 결과(더 많은 노력, 높은 조직전념도 등)에 대해 부여하는 가치는 상승된다.

변혁적 리더십을 발휘하는 리더는 하위자의 자신감을 증대시킴으로써 더 높은 성과를 달성할 수 있다는 하위자의 기대감을 상승시킨다. 또한 변혁적 리더십을 발휘하는 리더는 조직문화를 변화시키는데, 이는 하위자가 자기 자신과 조직에 대해 사고하는 방식과 조직 내의 자신의 위치에 대해 사고하는 방식을 변화시킴으로써 이루어진다. 조직문화의 변화는 결과를 달성하고자 하는 하위자의 각오를 더욱 공고한 것으로 만들어 주고, 이에 따라 하위자는 더 많은 노력을 기울이게 되며, 이로 인해 '기대 이상의 성과(performance beyond expectations)'가 달성된다. 거래적 리더십을 발휘하는 리더도 기대되는 성과수준을 규정하고 보상에 대한 기본원칙을 확립함으로써 '기대했던 성과(expected performance)'를 얻을 수 있다. 이러한 내용은 [그림 9-4]에 요약되어 있다.

[그림 9-4]를 보면 리더가 거래적 리더십을 발휘할 경우 하위자에게 기대되는 수준만큼의 노력을 기울이게 만듦으로써 기대된 성과를 얻어낼 수 있지만, 변혁적 리더십을 발휘할 경우 하위자로부터 기대되는 것 이상의 추가적 노력을 유도할 수 있고, 이에 따라 기대 이상의 성과를 얻게 된다는 것을 보여주고 있다. 이러한 과정은 '증폭효과(augmentation effect)'라는 개념으로 설명

그림 9-4 변혁적/거래적 리더십 이론의 구조

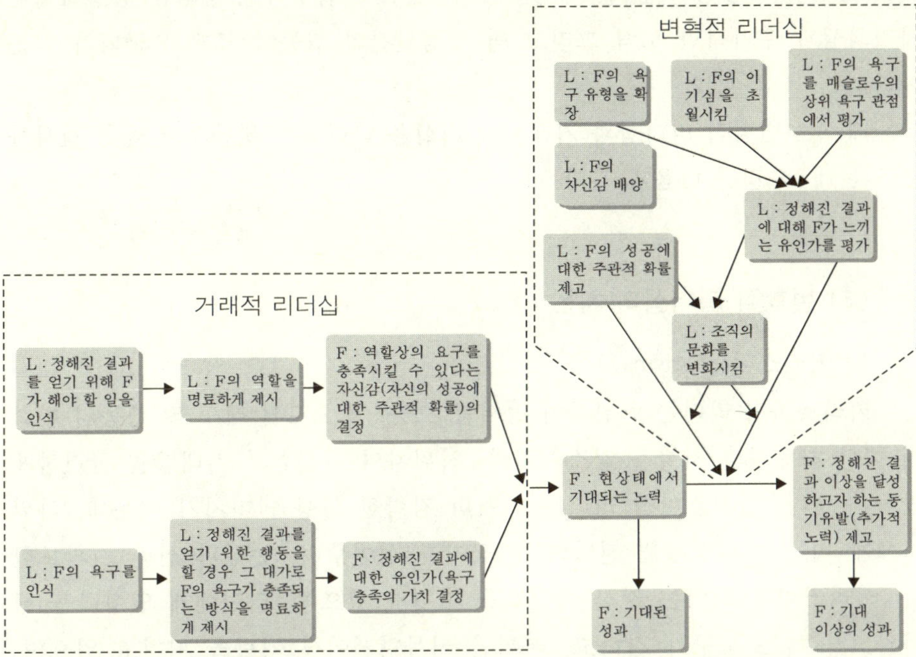

주: L : 리더 F : 하위자

자료: B. J. Avolio & B. M. Bass, "Transformational Leadership, Charisma, and Beyond," in J. G. Hunt, B. R. Baliga, H. P. Dachler, & C. A. Schriesheim(eds.), *Emerging Leadership Vistas* (Lexington, Mass.: Lexington Books, 1988), p. 31.

된다. 증폭효과란 거래적 리더십은 원래 기대되었던 수준의 성과를 얻어내는 효과적 리더십의 기반을 제공해 주고, 변혁적 리더십은 이에 추가적으로 최상의 리더십 효과를 미쳐 기대 이상의 성과를 가져오는 현상을 말한다.

한편, 배스는 변혁적 리더십이 효과를 발휘할 수 있는 상황특성에 대해서도 제시하고 있다. 변혁적 리더십은 위기상황이나 사회적 변화가 일어나고 있는 시기에 효과를 발휘할 가능성이 높다. 또한 기계적 구조보다는 유기적 구조를 지닌 조직에서 효과를 거둘 가능성이 크다. 이에 따라 명확한 규범이나 체재 또는 제도가 존재하는 구조화된 환경은 변혁적 리더십이 효과를 발휘하기 어려운 제약조건으로 작용할 수도 있다. 그럼에도 불구하고, 변혁적 리더십을 발휘하는 리더는 그러한 상황을 변화시킴으로써 효과를 발휘할 수 있다.

한편 과업의 성격도 변혁적 리더십의 효과에 영향을 미칠 수 있다. 변혁적 리더십은 팀 단위로 업무를 수행하고 통합적인 노력이 필요한 상황에서 효과를 발휘할 가능성이 높다. 왜냐하면 팀 단위로 업무가 수행되는 상황에서는 자기희생과 추가적인 노력 그리고 팀 구성원간의 협동이 크게 요구되기 때문이다.

배스는 변혁적 리더십과 거래적 리더십을 나타내는 행동 차원들을 제시하고 있는데, 그것은 다음과 같다.

(1) 변혁적 리더십의 차원

1) 카리스마(charisma)

카리스마적 리더는 하위자의 정서를 고양시킴으로써 태도 및 행동의 변화에 대한 하위자의 저항을 감소시키며, 하위자의 자신감과 기대감을 굳건하게 만들어 준다. 카리스마적 리더는 이처럼 강력한 영향을 미치기 때문에, 하위자에게 비전과 사명감을 전달하고, 긍지를 심어주며, 존경과 신뢰를 확보한다. 카리스마적 리더는 강한 자신감을 지니고 있으며, 타인에게 영향력을 행사하고자 하는 욕구가 강하고, 뛰어난 커뮤니케이션 기량을 지니고 있으며, 목표를 이념적인 형태로 전환하여 명확히 제시할 수 있고, 자신이 성공을 할 수 있는 사람이라는 이미지를 구축하며, 직접적인 행동을 중시하고, 자신이 제시한 사명을 달성하게끔 하위자의 동기와 정서를 고양시키는 능력을 지니고 있다.

2) 개별화된 배려(individualized consideration)

개별화된 배려는 리더가 하위자의 욕구에 개인적인 관심을 보이고, 하위자를 신뢰하고 존중하며, 책임감을 고취함으로써 하위자가 학습하는 것을 돕고, 하위자를 육성하고 멘터링(mentoring) 해 주는 것 등과 관련이 있다. 하위자를 개별적으로 배려해 주는 리더는 하위자 각각에 대해 개인적인 관심을 보이며, 하위자의 욕구와 가치관에 대해 깊은 통찰력을 지니고 있고, 하위자의 관점에서 사물을 바라보며, 서로 다른 하위자를 각기 다르게 대해 준다.

3) 지적인 자극(intellectual stimulation)

이는 리더가 새로운 아이디어를 유입함으로써 하위자에게 도전감을 느끼게 하고 익숙한 문제에 대해 새로운 방식으로 생각해 보게끔 자극하는 것을 말한다. 하위자를 지적으로 자극하는 리더는 현 상황의 문제점을 자신이 규정한 미래에 대한 비전의 관점에 대비시킨다. 지적인 자극을 활용하는 리더는 하위자로 하여금 당면한 문제에 대해 개념화하고 이해하는 능력을 증대시키고, 하위자로 하여금 문제에 대해 새로운 방법으로 생각해 보게 만들며, 하위자가 전혀 의심치 않고 받아들이고 있는 사항에 대해 다시 한 번 생각해 보게끔 만든다. 또한 하위자가 특정한 사항에는 관심을 보이고 다른 사항은 무시하도록 유도하며, 복잡하게 얽혀 돌아가는 사건을 단순화시켜 현실을 보다 이해하기 쉽게 만들어 준다. 즉, 해결되어야 할 문제를 재구성시켜 줌으로써 하위자가 틀에 박힌 사고방식에서 탈피하게 만들어 준다.

4) 분발고취(inspiration)

이는 카리스마와 밀접한 관련이 있기 때문에 카리스마의 하위요인(subfactor)으로 간주되기도 한다. 하지만 배스는 카리스마적 리더십은 분발고취를 가져오지만, 분발고취는 카리스마와는 독립적으로 자생적으로 일어날 수 있다고 주장하여 양자를 구분하고 있다. 카리스마적 리더십이 하위자를 일깨우고 고무함으로써 분발고취시킬 수도 있지만, 카리스마적 리더십이 발휘되지 않은 상태에서도 분발고취는 일어날 수 있다는 것이다. 분발고취는 비전을 제시하고, 하위자에게 신바람을 불러일으키며, 격려를 통하여 기운을 북돋우고, 업무에 열심히 매진하게 만드는 리더십을 의미한다.

(2) 거래적 리더십의 차원

1) 조건적 보상(contingent reward)

이는 리더 자신이 규정한 수준의 성과를 하위자가 달성했을 때 보상을 제공하는 것을 말한다. 리더가 많은 권한을 보유하고 있고, 하위자가 보상을 얻기 위해서는 리더에게 의존해야만 하며, 보상을 가져다 주는 성과가 하위자의 기량이나 노력에 의해 달성될 수 있고, 성과가 정확하게 측정될 수 있는 경우에는 리더의 조건적 보상 행동은 가장 큰 효과를 거둘 수 있다. 그러나 시간상의 압박, 긍정적 강화(positive reinforcement)의 효과에 대한 불신, 기량이나 자신감의 부족 등으로 말미암아 조건적 보상은 충분히 활용되지 못하고 있다.

2) 예외에 의한 관리(management-by-exception)

예외에 의한 관리는 하위자의 성과가 계획된 수준에 이르지 못할 것으로 판단될 때에만 리더가 개입하는 것을 의미한다. 리더의 이러한 개입이 때로는 부정적인 피드백(negative feedback)이나 처벌을 수반하는 경우도 종종 있다. 최근의 연구에서는 예외에 의한 관리가 적극적인(active) 예외에 의한 관리와 소극적인(passive) 예외에 의한 관리라는 두 가지 방식으로 파악되고 있다. 전자는 업무가 정해진 절차에서 벗어날 기미가 보일 때 개입하여 적절한 조치를 취하는 것을 말하며, 후자는 일이 정해진 절차에 벗어났을 경우에만 개입하여 조치를 취하는 것을 말한다.

배스는 변혁적 리더십과 거래적 리더십을 측정하기 위하여 다요인 리더십 설문지(Multifactor Leadership Questionnaire : MLQ)라는 측정도구를 개발했다. MLQ는 최근에 개발된 리더십 측정도구 중 LBDQ에 버금가는 측정도구로 평가받고 있다. MLQ는 최초로 개발된 이후 지속적인 수정을 거쳐 여러 버전(version)이 개발되었는데,[15] 가장 많이 활용된 버전은 MLQ Form-5이다.

MLQ에는 리더가 자신의 행동을 기술하게 하는 형식과 타인이 특정한 리더의 행동에 대해 기술하게 하는 형식 등 두 가지가 있다. MLQ에는 리더십을 측정하는 항목뿐만 추가적 노력하위자가 자신에게 요구되는 것 이상의 노력을 하고자 하는 동기유발 정도)과 리더에 대한 만족 그리고 리더십 유효성 등을 측정하는 항목도 포함되어 있다. 이러한 변수는 리더십의 효과를 갈음하는 결과변수로 활용된다.

배스의 변혁적 리더십 이론에서 변혁적 리더십과 거래적 리더십이 리더십 유효성에 영향을 미치는 과정을 요약하면 [그림 9-5]과 같다. 리더가 거래적 리더십을 발휘하면 하위자는 자신에게 기대되는 만큼만 노력을 기울이게 되어 기대했던 만큼만의 성과를 달성하게 된다. 하지만 리더가 변혁적 리더십을 발휘하면 하위자는 자신에게 기대되는 것 이상의 추가적인 노력을 기울이게 되고 이는 기대 이상의 성과를 가져오게 된다. 거래적 리더십을 통해 기대했던 성과를 얻어내고 변혁적 리더십을 통해 기대 이상의 성과를 가져오는 과정은 앞서 설명했던 변혁적 리더십의 증폭효과인 것이다.

15) 최초의 MLQ에 포함된 항목들은 70명의 남아프리카 기업 중역들로부터 수집된 중요사건(critical incidents)을 11명의 전문가가 참여하여 분류한 내용을 토대로 구성되었다. MLQ는 초기 버전(Form-1) 이래로 다양한 버전들이 개발되었다. 서로 다른 버전들은 MLQ Form-1을 축약시킨 것이거나 변혁적 리더십과 거래적 리더십의 차원을 늘린 것이다.

그림 9-5 변혁적 리더십 이론의 변수들 간의 관계

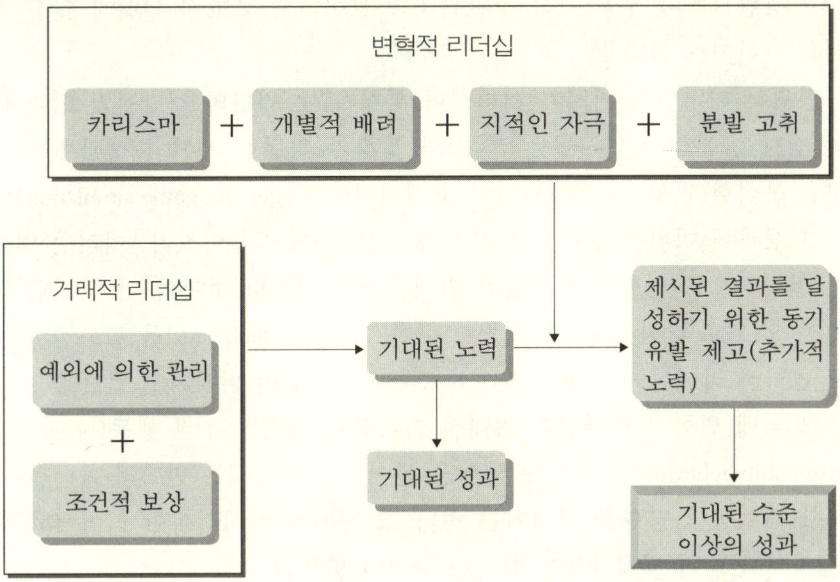

자료 : B. M. Bass & B. J. Avolio, *Transformational Leadership Development* (Palo Alto, Ca.: Consulting Psychologists Press, 1990), p. 12.

배스의 변혁적 리더십 이론에 대한 실증적 검증은 그 동안 여러 차례 이루어졌다. 이들 연구는 MLQ를 활용하여 변혁적 리더십과 거래적 리더십의 효과를 분석하거나 변혁적 리더십의 증폭효과를 검증한 연구가 주종을 이루고 있다. 전자는 변혁적 리더십과 거래적 리더십이 다양한 기준변수와 갖는 관계를 분석하고 있으며, 후자는 변혁적 리더십이 거래적 리더십보다 더 효과적이라는 점을 입증하는 데 초점을 맞추고 있다.

변혁적 리더십과 거래적 리더십의 영향을 분석한 초기 연구(1980년대 중반에서 1990년대 초반까지의 연구)에서는 각각의 리더십 행동과 하위자의 추가적 노력, 상사에 대한 만족, 상사의 유효성 지각 등의 결과변수와의 상관관계가 분석되었다. 세 가지 결과변수와 가장 높은 정(+)적 상관관계를 보이고 있는 것은 카리스마(분발고취 포함)였으며, 그 다음으로는 개별화된 배려와 지적인 자극이 높은 정적 상관관계를 보였다. 전반적으로는 개별화된 배려가 지적인 자극보다 좀 더 강한 상관관계를 보였지만, 추가적인 노력에 있어서는 오히려 지적인 자극이 좀 더 강한 상관관계를 보였다. 조건적 보상도 어느 정도 높은 상관관계를 보였다. 예외에 의한 관리는 일관되지 못한 결과를 보였는데, 정적(+) 상관관계나 부정(-)적 상관관계를 보이기도 했고 유의하지 않은 상관관계를 보이기도 했다.[16)]

변혁적 리더십과 거래적 리더십이 부서 또는 집단의 객관적인 성과에 미치는 영향을 분석한 연구들,[17)] 리더의 상사가 평정한 부서의 성과에 미치는 영향을 분석한 연구,[18)] 경영게임 시뮬레이션(management game simulation)에서 얻어진 성과에 미치는 영향을 분석한 연구[19)] 등이 이루어졌다. 이러한 연구에서는 전반적으로 변혁적 리더십이 거래적 리더십보다 성과와 더 밀접한 관계가 있는 것으로 밝혀졌다. 또한 종단적 자료(longitudinal data)를 활용한 연구에서도 변혁적 리더십이 거래적 리더십보다 효과적임이 밝혀지고 있다.[20)]

그 외에 변혁적 리더십과 거래적 리더십이 자발적 조직 행동(organizational citizenship behavior)에 미치는 영향을 분석한 연구에서는 변혁적 리더십이 자발적 조직행동에 영향을 미치기는 하나 그 영향은 간접적이며 리더에 하위자의 신뢰와 만족이 매개작용을 한다는 사실이 밝혀졌다.[21)]

국내에서도 여러 건의 연구가 이루어졌는데, 부서나 집단의 성과, 직무만

---

16) B. M. Bass & B. J. Avolio, "Transformational Leadership: A Response to Critiques," in M. M. Chemers & R. Ayman(eds.), *Leadership Theory and Research: Perspectives and Directions* (San Diego, Cal.: Academic Press, 1993), pp. 49-80.

17) W. H. Clover, "Transformational Leaders: Team Performance, Leadership Ratings, and Firsthand Impressions," in K. E. Clark & M. B. Clark(eds.), *Measures of Leadership* (West Orange, N.J.: Leadership Library of America, 1990), pp. 171-184; J. M. Howell & B. J. Avolio, "Transformational Leadership, Transactional Leadership, Locus of Control, and Support for Innovation: Key Predictors of Consolidated-Business-Unit Performance," *Journal of Applied Psychology*, Vol. 78, 1993, pp. 891-902; Howell, J. M. & C. A. Higgins, "Leadership Behaviors, Influence Tactics, and Career Experiences of Champions of Technological Innovation," *Leadership Quarterly*, Vol. 1, 1990, pp. 249-264; Keller, R. T., "Transformational Leadership and the Performance of Research and Development Project Groups," *Journal of Management*, Vol. 18, 1992, pp. 489-501.

18) J. J. Hater, & B. M. Bass, "Supervisors' Evaluations and Subordinates' Perceptions of Transformational and Transactional Leadership," *Journal of Applied Psychology*, Vol. 73, 1988, pp. 695-702.

19) B. J. Avolio, D. A. Waldman, & W. O. Einstein, "Transformational Leadership in a Management Game Simulation," *Group & Organization Studies*, Vol. 13, 1988, pp. 59-80.

20) J. M. Howell & B. J. Avolio, *Ibid.*; R. T. Keller, *Ibid.*.

21) P. M. Podsakoff, S. B. MacKenzie, R. H. Moorman, & R. Fetter, "Transformational Leader Behaviors and Their Effects on Followers' Trust in Leader, Satisfaction, and Organizational Citizenship Behaviors," *Leadership Quarterly*, Vol. 1, 1990, pp. 107-142.

족 또는 전반적 만족, 상사에 대한 만족, 상사의 유효성, 추가적 노력, 조직전념도, 조직분위기 및 문화, 이직성향, 하위자 자신이 평가한 자발적 조직행동 등에 다양한 기준변수에 대해 변혁적 리더십이 거래적 리더십보다 전반적으로 강한 관계가 있음이 밝혀졌다. 또한 상사에 대한 유대감과 상사가 자신에게 큰 기대를 하고 있다는 지각 그리고 부서원들의 정서적인 고양 정도 등에 대해서도 변혁적 리더십이 거래적 리더십보다 더 강한 관계를 갖는 것으로 나타났다.[22)]

이처럼 배스의 변혁적 리더십 이론은 번즈와 하우스의 이론을 확장시켰으며 변혁적 리더십 개념을 구체화시켰을 뿐만 아니라 거래적 리더십도 포괄하는 이론이다. 또한 변혁적 리더십의 선행조건이 될 수 있는 환경 및 상황변수를 제시함과 동시에 변혁적 리더의 특성 요인에 대해서도 논의하고 있다. 그리고 변혁적 리더십을 측정할 수 있는 도구를 개발하여 실증적 검증이 가능하게 만드는 데 기여했다. 이에 따라 대다수의 신조류 리더십 이론이 개념 수준에서 논의되고 있는 데 반해, 배스의 이론은 가장 많은 실증연구 결과를 축적해가고 있다.

제 4 절 기타의 신조류 리더십 연구

1. 효과적인 리더에 대한 베니스와 나누스의 연구

베니스와 나누스(Bennis & Nanus)는 민간기업의 CEO 60명과 공공부문에서 두각을 나타낸 30명을 대상으로 3-4시간에 걸친 비구조적 면접을 실시하고, 그 중 10명에 대해서는 5일 정도의 관찰을 실시하여 효과적인 리더가 구사하는 행동전략을 밝혀 냈다.[23)] 이들은 효과적인 리더가 비전을 통한 관심의 확보(attention through vision), 커뮤니케이션을 통한 의미의 창출(meaning through attention), 신뢰의 구축(trust through positioning), 자기관리(the deployment of self) 등의 네 가지 전략을 구사한다고 주장했다.

22) 권상술, 전게 논문.

23) W. G. Bennis & B. Nanus, *Leaders: The Strategies for Taking Charge* (New York, N.Y.: Harper & Row, 1985).

(1) 비전을 통한 관심 확보

효과적인 리더는 비전을 통하여 구성원의 관심을 확보한다. 효과적인 리더는 미래에 대한 매력적인 비전을 지니고 있으며 그러한 비전은 리더 자신과 하위자의 행동에 방향을 제시해 준다. 비전은 현실적이고 믿을 만한 매력적인 조직의 미래상을 명확히 표출하며, 현재의 상황보다 더 나은 상황을 나타내 준다. 비전은 꿈과도 같이 막연한 형태로 제시될 수도 있고 목표나 사명 등과 같이 명확한 형태로 제시될 수도 있다. 조직구성원이 비전을 공유하면 그들은 방향감각을 갖게 되며 조직이 나아가는 방향 내에서 자신이 차지하고 있는 위상을 정확히 파악할 수 있다. 미래에 대한 매력적인 비전은 구성원들에게 힘을 불어 넣어 주고 동기를 유발시키기 때문에 그들은 역량확대(empowerment)를 경험하게 된다. 비전은 리더의 과거 경험, 현재의 강점과 약점에 대한 판단, 그리고 추세에 대한 평가 등이 결합되어 도출된다. 리더가 조직의 미래에 대한 비전을 제시하지 못하면, 조직은 방향감각을 상실하게 되며 조직구성원은 자신감을 잃고 혼란에 빠지게 된다. 그렇기 때문에 비전은 조직 전체에 효과적으로 전달되어야만 한다.

(2) 커뮤니케이션을 통한 의미의 창출

효과적인 리더는 조직구성원이 비전을 이해하도록 설득하여 조직 전체에 비전이 스며들게 함으로써 조직의 전략과 문화를 비전에 맞추어 재정립시킨다. 이러한 리더는 커뮤니케이션을 통하여 의미를 창출한다. 이를 위해서 리더는 비전의 내용과 불가피성을 몇 번이고 되풀이하여 전달해야만 한다. 리더는 조직의 정체성(identity)과 조직이 나아가고 있는 방향을 조직구성원에게 이해시킴으로써 조직의 비전이 구성원에게 수용되고 실현될 수 있도록 노력을 기울여야만 한다. 조직구성원에게 새로운 비전을 이해시키고 그에 대한 지원을 확보하는 데 필요한 새로운 가치관을 내면화시키기 위해서는 훈련이 활용될 수도 있다. 또한 조직이 나아가는 방향이 바뀌었다는 사실을 인식시키기 위해서는 상징을 활용할 수도 있다. 조직을 새로운 방향으로 매진하게 하기 위해서는 조직의 구조를 비전에 맞추어 수정시켜야 하며 가치관도 변화시켜야만 하기 때문이다. 예컨대, 기업의 관료주의적 속성을 타파하지 않고서는 시장에 보다 민감하고 기업가정신이 충만한 조직을 만들고자 하는 비전은 아무런 의미를 지닐 수 없을 것이다.

(3) 신뢰의 구축

효과적인 리더는 상호신뢰의 분위기를 창출해야만 한다. 하위자가 리더를 신뢰하지 않는다면 리더가 주도하는 변화를 의심하게 되고, 이에 따라 비전이 구성원에게 힘을 불어 넣는 작용을 전혀 하지 못하게 되기 때문이다. 베니스와 나누스는 비전 그 자체가 명확하고 매력적이며 달성 가능한 것도 중요하지만, 비전을 제시한 리더가 믿을 만하며 확고한 의지를 지니고 있는 사람으로 인식되는 것도 중요하다고 지적하고 있다. 리더의 행동은 자신이 제시하는 비전 그 자체뿐만 아니라 비전에 수반되는 가치관과도 일관성이 있어야 한다.

(4) 자기관리

리더는 자기관리를 효과적으로 해야 한다. 효과적인 리더는 자신의 강점과 약점을 잘 알고 있으며, 자신의 강점을 활용하여 약점을 보완하는 데 능하다. 그들은 끊임 없이 자신의 경험에 대해 성찰하며 지속적으로 학습한다. 더 나아가 효과적인 리더는 지속적인 실험, 다른 조직과의 비교, 환경변화에 대한 점검, 교육훈련의 실시 등을 통하여 조직구성원에게도 학습을 촉진시킨다.

베니스와 나누스는 리더십에 있어서 가장 중요한 것은 비전이며, 리더십의 가장 중요한 효과는 조직구성원의 역량확대라고 주장한다. 관리(management)는 구성원의 응종(compliance)을 유도하는 데 반해 리더십은 구성원의 역량확대를 가져온다. 그들은 자신들이 연구했던 리더 중 누구도 카리스마가 리더십에 있어서 중요한 요소라고 언급하지 않았으며, 연구대상 중 극소수만이 카리스마적 리더라는 이미지에 부합되었다고 밝히고 있다. 그들은 카리스마는 효과적인 리더십의 결과이지, 카리스마가 효과적인 리더십을 가져오는 것은 아니라고 지적하였다.

베니스와 나누스의 연구는 효과적 리더십의 본질을 규명하여 체계적으로 설명해 주고 있다. 이 연구는 귀납적인 성격을 지니기 때문에 이론적 정확성이 부족하기는 하지만, 효과적인 리더 또는 변혁적 리더가 현실상황에서 어떠한 행동을 하는가를 설득력 있게 기술하고 있다.

그러나 이들의 연구는 학문적 관점에서 볼 때 몇 가지 한계를 안고 있다. 첫째, 기술자료(descriptive data)에만 의존하여 리더십을 설명한다는 한계를 지니고 있다. 그러므로, 이 연구는 엄격한 실증적 검증을 거치지 못한 탐색적 연구의 성격을 지니고 있다. 둘째, 연구대상으로 삼았던 90명의 효과적인 리더와 비교가 될만한 비효과적인 리더에 대해서는 분석하지 않고 있다. 그렇기 때문에 효과적인 리더 또는 변혁적 리더를 미화하여 설명할 뿐, 관리자 또는 거래적 리더에 대해서는 부정적 시각에서 다루고 있다. 셋째로, 이 연구는 주로 고위 경영층을 대상으로 수행되었다는 한계가 있는데, 이 때문에 이들의 연구결과를 중하위 계층의 리더에게 적용시키는 데 한계가 있을 수 있다. 끝으로, 리더 자신이 밝힌 내용과 하위자에게 미친 효과 등에만 근거하여 효과적인 리더십을 설명하고 있다는 점도 한계로 지적될 수 있다. 즉, 리더가 응답한 내용에는 자신에게 유리한 것만을 답하는 편파(self-serving bias)가 작용했을 수 있으며, 리더가 하위자에게 미친 영향이 과연 정확한 것인지 대해 의문의 여지가 있다.

2. 효과적인 리더십에 대한 쿠제즈와 포스너의 연구

쿠제즈와 포스너(Kouzes & Posner)는 조직은 리더와 관리자를 모두 필요로 하지만, 오늘날과 같이 격변하는 환경에 접한 기업들은 조직을 새로운 방향으로 이끌고 가는 역할을 담당하는 리더에 대해 관심을 가져야 한다고 주장한다.[24] 이들은 리더는 변화와 혁신을 다루는 반면 관리자는 안정과 통제를 다루기 때문에 리더는 격동기에 필요하고 관리자는 안정기에 필요하다고 본다.[25]

이들은 리더십을 연구하는 데 활용할 수 있는 측정도구로서 '최고 성과를 냈던 경험에 대한 설문조사서(Personal Best Questionnaire: PBQ) '와 ' 리더십 관행 조사목록(Leadership Practice Inventory: LPI)이라는 측정도구를 개발하였다. PBQ는 리더에게 자신이 최고로 리더십을 발휘했던 경험(리더가 최고로 훌륭한 리더십을 발휘하여 자신이 이끌던 부서나 팀에게 최고의 성과를 가져왔던 경험)에 대

24) J. M. Kouzes & B. Z. Posner, *The Leadership Challenge: How to Get Extraordinary Things Done in Organizations* (San Francisco, Cal.: Jossey-Bass, 1987).

25) 쿠제즈와 포스너는 '리더' 와 '관리자' 를 대비시켜 자신들의 이론을 전개하고 있다. 이들은 '리더' 가 하는 행동은 변혁적 리더십과 유사하고 '관리자' 가 하는 행동은 거래적 리더십과 유사하다고 보고 있다. 이들은 자신들의 이론을 변혁적 리더십 이론이라고 부르지는 않았지만, 자신들이 주장하는 내용은 배스(Bass)가 주장하는 변혁적 리더십의 내용과 거의 같다고 인정하고 있다.

해 일련의 개방형 질문을 하는 설문지이다. LPI는 PBQ를 통한 자료의 수집과 관리자와의 심층 면접을 토대로 개발한 30문항으로 구성된 설문지이다.

쿠제즈와 포스너가 PBQ와 LPI를 활용하여 비범한 성과를 얻어 내는 효과적인 리더십의 관행으로 밝혀 낸 내용은 다음과 같다.

첫째, 효과적인 리더는 조직의 현상에 도전을 가해야만 한다. 이를 위하여 현상에 맞서서 변화를 추진함으로써 끊임 없이 새로운 기회를 모색하며, 실수와 성공으로부터 배움으로써 지속적인 실험과 위험감수를 실행한다.

둘째, 리더는 조직에 공유 비전을 불어 넣어야만 한다. 이를 위해서는 조직의 이상적인 미래상에 대한 시나리오를 그려봄으로써 미래에 대한 비전을 제시할 수 있어야 하며, 조직구성원을 공동의 목표에 동참시킴으로써 전념을 유도할 수 있어야 한다. 비전은 조직에 방향감각을 제시해 주고 구성원으로 하여금 자신의 조직이 특별하다는 느낌을 갖도록 만들어 주는 미래상이다. 비전은 조직의 현재 상황에 리더의 과거 경험을 투영시킴으로써 도출되며, 구성원에게 매력적으로 비추어지는 것이어야 한다. 조직에 공유비전을 불어 넣는 과정에 있어, 비전을 표현하는 언어, 긍정적인 커뮤니케이션 스타일, 카리스마, 확신에 찬 행동 등이 매우 중요한 역할을 한다.

셋째, 리더는 구성원이 마음껏 행동을 펼칠 수 있게 만들어야 한다. 이는 구성원간의 협조와 협력을 촉진시킴으로써 비전의 실행에 동참하게 만들고, 권력과 정보를 공유함으로써 구성원의 역량확대(empowerment)를 가져오는 것을 의미한다. 구성원의 역량을 확대시키려면 상호 협력할 수 있는 목표가 설정되어야 하며 상호 간에 신뢰가 구축되어야만 한다. 또한 관료주의적인 규정 및 규칙이나 구성원의 참여를 제한하는 요소 등 그들에게 무력감을 안겨주는 요인을 제거시켜야만 한다. 구성원에게 자율성을 보장해 주고 정보를 공유할 경우 그들의 역량은 더욱 더 확대된다.

넷째, 리더는 모범을 보여야만 한다. 리더는 자신이 제시한 비전과 일관되게 행동함으로써 비전을 지탱하는 가치관을 구성원에게 주입시켜야 한다. 또한 새로운 비전을 실현하는 데 필요한 변화를 단 한 차례의 총체적인 변혁에 의해 이끌어 내려고 하기보다는 일련의 '작은 성공(small wins)'을 유도함으로써 구성원이 변화에 점진적으로 적응해 나가면서 전념하도록 만들어야 한다. 비전을 실현하기 위해 요구되는 전체적인 변화를 작은 변화로 나누어 구성원에게 제시함으로써 그들이 변화를 힘겨워 하지 않게 만들고 작은 성공을 경험하고 인정받게 만들면, 구성원은 자신감이 배양되고 변화에 전념하게 된다.

끝으로 효과적인 리더는 구성원을 정서적으로 고양시킬 수 있어야 한다. 이를 위해서는 하위자에게 높은 기대감을 표출하고 다양한 방법을 활용하여 성과와 보상을 연계시켜야만 한다. 이와 아울러 구성원이 무언가를 성취했을 때에는 언제라도 그에 대한 인정을 해 주어야만 한다.

쿠제즈와 포스너의 연구는 실무자에 대한 질적 연구를 토대로 효과적 리더십을 양적으로 측정할 수 있는 도구를 개발함으로써 실증적 검증이 가능한 이론을 정립했다는 의의를 지닌다. 또한 이들은 연구 초점을 조직의 고위계층 리더에만 국한시키지 않고, 모든 계층의 리더에 맞추었다는 강점을 지니고 있다. 하지만 이들의 이론도 '리더'와 '관리자'를 대비시킴에 있어서, 암암리에 전자는 긍정적으로 묘사하고 후자는 부정적으로 묘사하는 한계를 보이고 있다. 또한 이 이론에 대한 실증적 검증은 현재까지 충분히 이루어지지 못한 상태에 있다. 쿠제즈와 포스너는 다양한 표본을 대상으로 LPI의 타당성과 신뢰성이 검증되었으며, LPI 점수가 리더십 유효성을 상당 부분 설명해 준다고 밝혔다.[26] 그러나 이러한 결과에 대해 확신할 만한 단계에는 이르지 못하고 있다.

3. 변혁적 리더에 대한 티치와 디배나의 연구

티치와 디배나(Tichy & Devanna)는 조직 내에 상당한 변화를 가져온 것으로 판단된 12명의 CEO를 면접을 통해 연구하였는데, 오늘날의 환경이 복잡다단하게 변화하고 있기 때문에 변혁적 리더십을 발휘하는 것이 기업의 시급한 과제라고 주장하였다[27]. 이들의 주장은 오늘날의 환경은 과거 어느 때보다도 더 큰 경쟁력을 요구하고 또한 기술적인 변화와 사회적인 변화를 수반하고 있기 때문에 변화에 적응할 수 있도록 조직변혁을 유도하지 못하는 조직은 실패할 수밖에 없다는 것이다.

티치와 디배나는 거래적 리더와 구분되는 변혁적 리더의 특성을 다음과 같이 제시하고 있다. 첫째, 변혁적 리더는 자기 자신을 변화주도자(change agent)로 간주한다. 둘째, 용기를 갖고 있다. 셋째, 사람들을 믿는다. 넷째, 자

26) J. M. Kouzes & B. Z. Posner, "The Credibility Factor: What Followers Expect from Their Leaders," *Management Review*, January 1990, pp. 29-33.

27) N. Tichy & M. Devanna, *The Transformational Leader* (New York : John-Wiley & Sons, 1986).

신의 행동의 지침이 되는 핵심적인 가치관을 명확히 표출한다. 다섯째, 지속적인 학습을 한다. 여섯째, 복잡함과 애매모호성 및 불확실성을 극복해 내는 능력을 지니고 있다. 끝으로, 비전의 창출과 제시에 능하다.

또한 티치와 디배나는 변혁적 리더가 기업의 변혁을 가져오는 과정을 3막으로 구성된 연극에 비유하고 있다. 제1막은 환경이 변화를 요구함에 따라서 조직을 다시 한 번 활력을 불어 넣어야 할 필요성을 인식하는 단계이다. 제2막은 비전을 창출하는 단계이다. 제3막은 변화를 제도화(institutionalizing)시키는 단계이다.

(1) 변화의 필요성을 인식시키는 단계

일반적으로 볼 때 사람들은 변화에 저항하는 경향이 있기 때문에 리더는 현상에 대한 불만을 유도해 내야만 한다. 조직이 이미 위기상태에 놓인 경우는 조직이 잘 운영되고는 있으나 급격한 환경변화가 예상되고 있는 경우보다 현상에 대한 불만을 유도하기 상대적으로 용이하다.

조직이 위기에 처해 있지 않은 상황에서 현상에 대한 불만을 유도해 내기 위해서는 구성원이 다른 조직체를 방문하게 하여 대안적인 업무처리 방식도 있다는 사실을 깨닫게 만들거나 조직의 성과를 과거의 성과에 대비하여 판단하게 하기보다는 경쟁업체의 성과와 비교하여 측정하게 만들어야 한다. 조직구성원으로 하여금 현상에 대해 불만을 느끼도록 유도한다면 리더는 기존의 가치관과 업무처리 방식을 불식시킬 수 있다. 이와 동시에 리더는 조직구성원이 권력이나 지위를 상실할까 두려워하는 불안감을 효과적으로 일소시킴으로써 변혁에 대해 낙관적인 시각을 지니도록 만들어야만 한다.

(2) 비전을 창출하는 단계

비전은 리더 한 사람만의 힘으로 창출되기보다는 조직 내에서 다양한 의견을 수렴하고 조직 내의 다양한 요소를 융합시킴으로써 개발된다. 비전은 조직구성원에게 도전감을 불러일으키고 조직의 미래상에 대한 개념적 지도(conceptual roadmap) 또는 청사진을 제공해 주기 때문에 구성원에게 동기를 유발시키는 작용을 한다. 이에 따라 조직구성원은 조직의 현재 모습보다는 미래의 모습에 일체감을 느끼게 된다.

비전의 창출에 있어서 중심적인 역할을 하는 것은 바로 사명기술서(mission statements)이다. 사명기술서는 조직구성원에게 방향감각을 제공해 주며 가치관을 확립시키는 작용을 한다. 조직구성원이 새로운 비전과 사명을 받아들이게 하기 위해 변혁적 리더는 자신이 소중히 여기는 아이디어를 구성원에게 납득시킨다. 리더가 제시하는 아이디어를 구성원이 수용하면 새로운 가치관이 창출되어 조직문화가 새로운 비전 및 그러한 비전을 달성하는 데 관련된 전략을 촉진시키는 방향으로 작용하게 된다.

새로운 비전이 조직구성원에게 어떠한 이득을 가져다 줄 것인지를 이해시키기 위해서는 심층적인 교육이 필요할 수도 있다. 또한 새로운 비전과 일관성 있는 변화를 유도하기 위해서는 구성원에게 그러한 변화를 시행하는 데 필요한 충분한 권한과 책임을 위임해야만 한다. 조직을 변혁시키기 위해서는 CEO와 함께 일하는 고위경영층이 새로운 비전에 전념해야만 하기 때문에 기업의 핵심 중역에 대한 인사개혁을 단행해야 하는 경우도 많다. 한편, 조직의 변혁이 변화 그 자체를 위한 변화로 흐르지 않기 위해서는 조직의 역사적 요소 중 보존해야만 할 내용(예컨대, 효과적인 업무처리 관행이나 조직문화 요소 등)을 찾아 내는 것이 중요하다.

(3) 변화의 제도화 단계

이 단계에서는 새로운 비전이 용이하게 실현되도록 새로운 구조가 설계된다. 이를 위해서는 창조적인 파괴를 행하고 과거의 것과 새로운 것을 재구성해야만 한다. 성공적인 변혁적 리더는 변화에 보다 더 민감하게 반응할 수 있는 간소한 구조(lean structure)의 창출을 통해 비전의 실현을 촉진시키기 위하여 자신의 조직에서 관료주의적 요소를 일소시키는 노력을 기울인다. 이를 통해 시장의 압력에 보다 민감하게 반응할 수 있는 독립적인 사업단위를 창출해 낸다. 한편, 구조적 변화에 수반되는 조직문화의 변화를 유도하기 위해서는 조직구성원의 선발과 보상 및 평가 등에 대해서는 훨씬 더 강한 통제를 해야 할 필요가 있다.

티치와 디배나의 연구는 변혁의 시대에 적합한 리더십에 대해 흥미로운 아이디어를 제공해 주고 있으며, 실무자들에게 변혁적 리더십의 중요성을 인식시켰다는 의의를 갖는다. 앞서 살펴 본 배스의 이론은 변혁적 리더십에 대한 학문적 연구를 본격화시켰지만, 티치와 디배나의 연구는 일반 대중들이 읽는 서적을 통해 변혁적 리더십에 대한 실무자들의 관심을 이끌어 냈다는 의의를 지니고 있다.

하지만 이들의 연구는 학문적 측면에서 베니스와 나누스의 연구와 동일한 취약점을 안고 있다. 티치와 디배나도 자신들이 비교적 제한된 기간 동안의 현상만을 다루었기 때문에 그 결과를 일반화시키기가 어려우며, 주장하는 내용이 실제로는 가설에 불과하다는 점을 인정하였다. 또한 이들은 거래적 리더에 대해서는 상당히 부정적인 시각으로 언급을 하거나 냉소적인 시각을 취하고 있다. 하지만 이들의 연구에는 변혁적 리더와 대비되는 거래적 리더가 포함되지 않았기 때문에, 변혁적 리더와 거래적 리더의 진정한 차이점을 밝혀주지 못하고 있다. 끝으로 고위 계층 리더에만 초점을 맞춘 연구라는 점과 주로 리더의 응답에 의존하여 설명하고 있다는 점도 한계로 지적된다.

4. 비전적 리더십 이론

새쉬킨(Sashkin)의 비전적 리더십 이론은 기존의 리더십 이론 중 심리학자에 의해 제시된 이론은 감독(supervision)에 치우쳤고, 정치학자나 역사학자에 의해 이루어진 연구는 거시적 사회체계(예컨대, 사회전반 또는 국가 등)에만 초점을 맞춤으로써 조직을 운영하는 리더십에 대해서는 백안시했다는 비판을 토대로 정립되었다.[28] 새쉬킨은 조직이 나아가야 할 방향에 대한 자신의 비전에 맞추어 조직의 문화를 변혁시키는 데 주된 관심을 지니고 있는 리더를 비전적 리더(visionary leaders)라 칭하고 있다.

이 이론에서는 비전적 리더가 되기 위해서는 리더 개인의 역량과 능력이 뛰어나야 하지만 비전적 리더십은 개발가능하다고 본다. 비전적 리더는 유창한 언변, 책임감, 독창성, 자신감, 역량, 인지적 기량, 동기 등의 능력과 특성을 보유하고 있다. 또한 비전적 리더는 이미지를 구축하고 목표를 명확하게 제시하며, 중요한 문제에 관심의 초점을 맞추고, 계산된 위험을 감수하며, 일관성과 신뢰성 있게 행동한다.

비전적 리더가 갖추고 있는 그러한 특성과 행동은 권력을 획득하고 비전을 제시하는 데 결정적인 영향을 미친다. 향후 5년에서 10년 후의 조직의 비전

28) Sashkin, M., "The Visionary Leader," *Training & Development Journal*, Vol. 40, 1986, pp. 58~61; M. Sashkin, "The Visionary Leader," in J. A. Conger, R. N. Kanungo, & Associates(eds.), *Charismatic Leadership: The Elusive Factor in Organizational Effectiveness* (San Francisco, Cal.: Jossey-Bass, 1988), pp. 122-160.

을 제시할 수 있는 리더의 능력은 비전적 리더십 이론의 중심적인 내용이 되고 있다. 비전적 리더는 자신의 행동을 통해 조직에 대한 비전을 표출하고, 그러한 비전을 다른 사람들에게 효과적으로 설명하며, 조직 내의 다른 곳에서 자신의 비전을 확장시키고 전파시키기 위하여 노력한다. 비전은 동기유발 기제로 작용하며, 조직의 변화를 인도하고, 조직 전체에 목표를 제시해 줌으로써 조직구성원이 힘을 합쳐 일하게끔 만든다. 이러한 내용은 조직의 중하위 계층 리더가 발휘하는 리더십보다는 고위 계층 리더가 발휘하는 리더십과 보다 밀접하게 관련된 것이다.

새쉬킨은 비전적 리더십 이론이 ① 리더의 개인적 특성, ② 리더가 조직에 미치는 영향, ③ 구체적 리더십 행동 등을 통합적으로 제시하고 있기 때문에 기존의 카리스마적 리더십 이론 및 변혁적 리더십 이론과 차별화된다고 주장하였다.[29)] 리더의 개인적 특성으로는 자신이 조직에 영향을 미칠 수 있다는 신념(impact belief)과 권력욕구(power need) 그리고 장기적 사고능력(cognitive time span)이 핵심적 내용으로 제시되었다. 리더가 조직에 미치는 영향으로는 비전에 맞추어 조직의 문화를 변혁시키는 것이 강조되었다.

새쉬킨은 비전적 리더십 행동을 측정하는 데 활용될 수 있는 '리더행동 설문지(Leader Behavior Questionnaire : 이하 LBQ)'를 개발하였다. LBQ는 리더가 다음과 같은 10개 차원의 행동을 하는 정도를 측정하고 있다: ① 다른 사람들의 관심을 일정한 방향으로 집중시키는 정도 ② 효과적으로 커뮤니케이션을 하는 정도 ③ 신뢰를 확보하는 정도 ④ 존경을 받는 정도 ⑤ 위험을 감수하는 정도 ⑥ 실질적인 성과를 가져오는 정도 ⑦ 다른 사람의 역량을 강화시키는 정도 ⑧ 長期的으로 思考하는 정도 ⑨ 조직의 적응, 목표달성, 조정, 통합을 가져오는 정도 ⑩ 조직의 가치관의 개발과 전파를 통해 조직문화를 구축시키는 정도 등을 측정한다.

비전적 리더십 이론은 리더의 개인적 특성과 리더가 미치는 영향 그리고 리더 행동 등을 포괄적으로 제시하고, 측정도구의 개발을 통해 실증적 검증이 가능한 이론을 개발했다는 점에서 의의를 찾을 수 있다. 이 이론은 조직의 고위 계층 리더에 초점을 맞추고 있는데, 이는 장점인 동시에 한계점으로 작용

---

29) M. Sashkin & W. W. Burke, "Understanding and Assessing Organizational Leadership," in K. E. Clark & M. B. Clark(eds.), *Measures of Leadership* (West Orange, N.J.: Leadership Library of America, 1990), pp. 297-325.

한다. 즉, 조직 전체를 이끄는 리더십을 설명하는 데는 효과적일지 모르지만 조직 내에서 일상적으로 발휘되는 리더십을 설명하기에는 그다지 적합치 않을 수 있다.

5. 문화적 리더십 이론

트라이스와 베이어(Trice & Beyer)는 카리스마적 리더십과 변혁적 리더십 및 비전적 리더십 등 최근에 소개되고 있는 신조류의 리더십 이론이 대부분 리더가 기존의 문화를 대대적으로 변화시키거나 상이한 문화를 가진 새로운 조직을 구축하는 데 관련된 문화적 혁신(cultural innovation)을 주로 다루고 있기 때문에 이를 문화적 리더십(cultural leadership)이라고 부르고 있다.[30] 그러나 이들은 리더가 조직의 문화를 변화시키는 것뿐만 아니라 유지시키는 것도 문화적 리더십에 포함된다고 보았다. 즉, 리더가 조직문화를 변화시키고 유지시키는 활동을 하는 것을 이들은 문화적 리더십이라고 보았다. 하지만 카리스마적 · 변혁적 · 비전적 리더십 이론은 대부분 문화적 혁신에 있어서 리더의 역할만을 강조했던 경향이 있고, 기존의 문화를 유지시키는 데 관련된 리더의 역할에 대해서는 상대적으로 취약하게 다루었다고 이들은 지적하였다. 조직이 위기에 직면했을 때는 문화를 새로이 창출하거나 대대적으로 변화시키는 것이 필요하지만, 조직이 어느 정도 안정적인 환경에서 계속적으로 높은 성과를 내고 있는 경우에는 기존 문화의 유지가 필요하다는 것이 이들의 견해였다. 이러한 맥락에서 이들은 문화적 리더십에 관련된 기존문헌을 검토하여 문화의 변화와 문화의 유지에 관련된 리더십 모형을 정립했다. 이들의 이론은 리더가 조직의 이념(ideologies)에 미치는 영향을 강조함으로써 가치관 · 신념 · 규범에 미치는 영향을 중시한다.[31] 따라서 이 이론은 1980년대 초반부터 본격적으로 제시되는 비전과 이념의 성격, 리더에 대한 하위자의 인식, 리더의 행동, 리더

30) H. M. Trice, & J. M. Beyer, "Cultural Leadership in Organizations," *Organization Science*, Vol. 2, 1991, pp. 149~169; H. M. Trice & J. M. Beyer, *The Cultures of Work Organizations* (Englewood Cliffs, N.J.: Prentice-Hall, 1993).

31) 트라이스와 베이어는 이념이란 "상호 일관되게 연결되어 있는 신념과 가치관 및 규범의 집합"이고, 신념은 "특정한 행동이 특정한 결과를 가져다 줄 것이라는 인과관계에 대한 믿음"이며, 가치관은 "특정한 행동이나 결과에 대한 선호도"이고, 규범은 "어떠한 행동이 다른 사람들에게 기대되며 용인될 수 있는가를 나타내 주는 것"이라고 보았다. 이들은 이념에는 사람들의 감정이 실려 있으며, 사람들을 결속시키고 세상을 이해하는 데 도움을 준다고 보았다.

표 9-2 조직문화에 미치는 결과

문화적 리더십의 요소	조직 문화에 미치는 결과	
	변화	유지
개인적 속성	• 자신감 • 지배적 성격 • 확고한 신념 • 비전의 강력하고 광범위한 전파 • 극적인 성격	• 집단 구성원들에 대한 강한 믿음 • 촉진자 역할 • 확고한 신념 • 촉매 역할 • 설득력이 강함
인식된 상황	• 위기	• 위기가 아니거나 관리가능 상황
비전과 사명	• 급진적 이념	• 보수적 이념
리더에 대한 하위자들의 인식	• 리더가 위기에 대처할 수 있는 뛰어난 능력을 보유하고 있는 사람이라고 인식	• 리더가 기존의 가치관을 대표하며 과거에 지속적인 성공을 거둔 사람이라고 인식
리더의 행동	• 효과적인 역할 모형이 됨 • 성공적이며 능력이 있다는 인상을 창출함 • 이념을 명료하게 표현함 • 하위자들에게 높은 기대를 하고 있으며, 하위자들을 믿고 있다는 점을 명확하게 인식시킴 • 동기유발에 뛰어남	• 효과적인 역할 모형이 됨 • 이념을 명료하게 표현함 • 성공적이며 능력이 있다는 인상을 창출함 • 하위자들에게 높은 기대를 하고 있으며, 하위자들을 믿고 있다는 점을 명확하게 인식시킴 • 동기유발에 뛰어남
업적	• 위기를 성공적으로 관리해왔음	• 계속적으로 성공을 거두어왔음
관리적 조치	• 새로운 구조와 전략을 구사하거나 기존의 구조와 전략을 근본적으로 변화시킴	• 기존의 구조와 전략의 개조 및 강화 또는 구조와 전략에 대한 점진적 변화를 추구함
문화적 형식의 활동	• 새로운 문화적 이념과 가치관을 조직 전체에 전달함	• 기존의 문화적 이념과 가치관을 확인하고 찬양함
전통의 활용	• 새로운 전통을 확립함.	• 기존의 전통을 고수함

자료 : H. M. Trice, & J. M. Beyer, "Cultural Leadership in Organizations," *Organization Science*, Vol. 2, 1991, p. 153.

가 보이는 업적상의 특징, 리더가 주로 취하는 조치의 특성, 리더가 문화적 형식과 전통을 활용하는 방법 등에 따라 분류하여 제시하고 있다. 이러한 내용은 [표 9-2]에 제시되어 있다.

트라이스와 베이어는 카리스마적 리더십과 변혁적 리더십 이론을 개념적으로 구분하였다. 이들은 두 이론이 모두 본질적으로는 혁신(innovation)에 관계된 것이기 때문에 새로운 조직문화를 전개시키는 것과 관련 있다고 보았다. 하지만 카리스마적 리더십은 전혀 새로운 조직을 만들어 내는 것(전혀 없었던 새로운 문화를 창출하는 것)과 관련이 있는 반면, 변혁적 리더십은 기존의 조직과 문화를 변화시키는 것과 관련이 있다고 구분하였다. 카리스마적 리더십은 하위자를 사회운동에 끌어 들이고 공통적인 대의를 추구하기 위해 결집시키는 것과 밀접한 관련이 있으며, 변혁적 리더십은 기존의 조직문화를 변화시킴으로써 새로운 조직문화를 창출하는 것과 밀접한 관련이 있다고 보았던 것이다.

문화적 리더십이 조직문화의 변화에 관련된 리더십과 유지에 관련된 리더십을 대비시키고 있는 점은 변혁적 리더십을 변화에 관한 리더십으로 보고 거래적 리더십을 현상유지에 관련된 리더십으로 보는 배스의 변혁적 리더십 이론과 비슷한 형태를 띠고 있으며, 리더십을 변화에 연결시키고 관리(management)를 현상유지에 연결시켰던 견해와도 유사한 형태를 띠고 있다. 한편, 문화적 리더십 이론은 논의의 초점을 조직 전체의 문화를 변화 또는 유지시키는 데 맞추고 있기 때문에 중하위 계층의 리더보다는 상위 계층의 리더가 발휘하는 리더십을 주로 다루었다.

문화적 리더십 이론은 리더십을 조직문화에 미치는 영향의 관점에서 논의함으로써 거의 같은 시기에 발전되기 시작한 신조류 리더십 이론과 조직문화 연구를 연결시킬 수 있는 계기를 마련해 주었다. 또한 대다수의 신조류 리더십 이론이 변화는 바람직한 것이고 현상유지는 바람직하지 못한 것이라는 편향된 시각을 은연중에 내포하고 있는 점을 보완시켰다.

문화적 리더십 이론은 리더가 조직문화에 미치는 영향을 강조하고 있는 점과 상위 계층의 리더에 초점을 맞추고 있다는 점에서는 비전적 리더십 이론과 유사하지만, 변화와 현상유지를 동시에 강조하고 있다는 점에서는 배스의 변혁적 리더십 이론과 유사하다. 그러나 문화적 리더십 이론은 주로 문헌고찰에 의존하여 정립되었기 때문에 아직까지 개념 수준에만 머물러 있어, 실증적으로 검증할 수 있는 단계까지는 이르지 못하고 있다.

제 5 절 신조류 리더십 이론에 대한 평가

신조류 리더십 이론은 변화를 핵심 주제로 다룸과 동시에 전통적 리더십 이론에서는 상대적으로 경시되었던 리더십의 효과를 파악함으로써 리더십의 본질에 보다 가까이 다가가는 데 기여하였다. 즉, 신조류 리더십 이론은 다음과 같은 측면에서 전통적 리더십 이론을 보완해 주고 있다.

첫째, 전통적 리더십 이론은 제한된 리더십 행동 범주와 리더십 유효성 변수에만 초점을 맞추어 연구를 수행함으로써 복잡한 현상에 대해 간단한 답을 제시하는 데 그쳤지만, 신조류 리더십 이론은 전통적 이론에서 미처 다루지 못했던 다양한 리더십 행동과 리더십 유효성 변수를 활용하여 리더십 과정을 좀 더 현실감 있게 설명하고 있다.

둘째, 신조류 이론은 리더가 추종자에게 미치는 강력한 영향에 대해 분석함으로써 우리가 일상적으로 생각하는 리더십의 본질에 좀 더 다가선 설명을 해 주고 있다. 즉, 전통적 이론들이 리더와 추종자간의 합리적이고 계산적인 상호작용에만 초점을 맞추었던 반면, 신조류 이론은 그러한 합리적 측면뿐만 아니라 추종자들로부터 강력한 정서적인 반응을 이끌어 내는 과정에 대해서도 심도 있게 다루고 있다.

셋째, 전통적 이론은 리더십의 상징적 측면과 의미창출 기능에 대해 별다른 관심을 보이지 않았으나, 신조류 이론은 리더의 상징적 행동과 하위자들에 대한 의미부여 기능의 중요성을 인정하고 이를 설명하는 데 많은 노력을 기울이고 있다.

넷째, 전통적 이론은 리더와 하위자 개인간의 사이에서 이루어지는 개별적인 동기유발 과정에 대해서만 관심을 가졌던 경향이 있었으나, 신조류 카리스마적 리더십 이론은 사회적 동일시 등 집단 전체에 미치는 동기유발 효과를 분석하고 있다.

끝으로, 전통적 이론은 리더가 하위자의 성과와 만족에 미치는 직접적인 영향에만 초점을 맞추었지만, 신조류 이론에서는 직접적인 영향뿐만 아니라 하위자의 가치관 · 욕구 · 신념 · 자아개념 등의 매개변수를 거쳐 미치는 효과라든가, 조직문화 변혁, 하위자의 역량개발, 전략의 변화 등을 통해 하위자에게 미치는 간접적인 영향에 대해서도 설명을 해 주고 있다.

내용요약

주로 1980년대 초반부터 소개되기 시작한 신조류 리더십 이론은 기존의 리더십 이론에서는 미쳐 다루지 못했던 주제들을 충분히 다룸으로써 전통적 리더십 이론을 보완시켜 주고 있다. 신조류 리더십 이론은 크게 카리스마적 리더십 이론과 변혁적 리더십 이론 및 기타 이론들로 분류될 수 있다.

카리스마적 리더십 이론은 독일의 사회학자인 막스 베버(Max Weber)에 의해 사회과학의 영역으로 들어오게 된 이래 1980년대 이전까지는 주로 정치학과 사회학 또는 역사학 분야에서 정치지도자나 종교지도자에 국한하여 이루어진 경우가 대부분이었다.

조직행동 분야에서는 1970년대 중반 하우스(House)가 카리스마적 리더의 특성 및 행동, 하위자에게 미치는 영향, 상황요인 등에 관련된 검증가능한 일련의 가설로 구성한 이론을 제시한 이래, 1980년대부터 본격적으로 연구되었다. 이후로 카리스마적 리더십 귀인 이론, 자아개념에 근거한 카리스마적 리더십 이론 등으로 발전되면서, 리더십 연구에 기여하였다.

변혁적 리더십 이론은 번즈(Burns)가 개념적으로 제시한 내용을 배스(Bass)가 정교화시켰다. 정치학자였던 번즈는 하위자의 이해관계를 자극하여 영향을 미치는 거래적 리더십과 리더와 하위자가 서로의 동기유발 수준을 높여 주며 보다 원대한 목표를 달성해야 한다는 의식을 고양시켜 주는 변혁적 리더십을 구분하여 제시하였다. 이를 통해 리더십 연구에 심대한 영향을 미쳤으며, 변혁적 리더십이 본격적으로 연구되는 전기를 마련하였다.

한편, 배스는 하위자가 리더의 기대에 순응하는 데 대해 리더가 보상을 해 주는 교환관계 관점에서 리더십을 바라보는 거래적 리더십은 하위자의 성과를 리더의 기대와 하위자 자신들이 기대하는 수준 이상으로 제고시키기 어렵다는 데 문제가 있다고 보았다. 그는 변혁적 리더십이 목표와 수단의 중요성에 대한 의식수준을 제고시키고, 하위자로 하여금 집단이나 조직 전체의 이익을 위해 그들의 개인적 이해관계를 초월하도록 유도하며, 하위자의 상위수준 욕구를 자극하고 충족시킴으로써, 하위자로 하여금 자신에게 기대되는 것 이상의 성과를 달성하도록 동기를 유발시켜 기대 이상의 성과를 가져온다고 보았다.

그 외의 신조류 리더십 이론들 중 대표적인 것으로는 효과적인 리더십에 관한 이론과 비전적 리더십 이론 그리고 문화적 리더십 이론 등이 있다. 효과적인 리더십에 관한 이론으로서는 공공부문과 기업부문의 효과적인 리더들과의 면접을 통해 효과적인 리더십을 규명한 베니스와 나누스의 연구, 비범한 성과를 내는 리더들의 행동을 질적 · 양적으로 파악해 낸 쿠제즈와 포스너의 연구, 조직의 변혁을 성공적으로 이끌어 낸 CEO들을 연구하여 변혁적 리더십을 연구했던 티치와 디배나의 연구 등을 들 수 있다.

새쉬킨의 비전적 리더십 이론은 조직이 나아가야 할 방향에 대한 자신의 비전에 맞추어 조직의 문화를 변혁시키는 데 주된 관심을 지니고 있는 비전적 리더의 개인적 특성과 행동 그리고 그들이 조직에 미치는 영향 등을 통합적으로 제시하고 있다.

끝으로 트라이스와 베이어는 1980년대 초반부터 본격적으로 시작된 기업문화 연구와 신조류 리더십 이론을 연결시킴으로써 조직문화의 변화와 문화의 유지에 관련된 리더십 모형을 정립하였다.

제 10 장 권력과 정치

권력은 불과 30년 전까지만 하여도 별로 연구된 바가 없었고 경영학에서는 가장 연구하기를 꺼리는 별로 환영받지 못하는 주제였다. 왜냐하면 일반적으로 권력이라는 개념은 부패, 지배, 착취, 정치스캔들, 억압과 같은 것을 연상시킴으로써 부정적 의미를 담고 있기 때문이다. 또한 권력을 추구하는 사람은 비록 그것이 조직의 목표를 달성하는 긍정적인 수단으로 사용하더라도 그 과정에서 의심을 받아왔기 때문이다. 권력은 획득이나 사용에 있어서 보편적으로 추구하는 합리성의 차원을 뛰어넘는 경우가 많기 때문에 연구에도 많은 어려움이 있는 것이 사실이다. 그러나 조직을 설명 · 예측하고 통제함에 있어서 합리적인 내용들만 가지고는 안 되는 부분이 있고, 이러한 부분들이 권력의 연구에 의하여 밝혀지기를 기대하고 있기 때문에 최근 조직 내에서 권력관계의 연구가 점점 활발해지고 있다.

제 1 절 권력의 개념

권력은 정의하고 측정하기가 가장 어려운 개념 중의 하나이다. 각 분야의 학자들간에는 조직 내에서 상호작용하고 있는 권력을 타당성 있게 측정하는 적절한 수단을 발전시키는 데 어려움을 겪고 있으며, 따라서 권력을 정의하려는 그간의 많은 시도가 있었음에도 불구하고 합의에 도달하지 못하고 있다. 먼저 권력을 정의하고 측정하는 데 어려움이 따르는 이유를 살펴보고자 한다.

(가) 권력은 어떤 때는 사회적 행위의 잠재적인 것으로 취급되고, 어떤 때는 실재적 행위를 가리키는 하나의 지표로서 사용되기도 한다.

(나) 권력은 때로는 힘, 강제, 설득, 영향력 등과 구별되어 사용하기도 하고

때로는 이 모든 것들을 포괄하는 의미로 사용되기도 한다.

(다) 권력은 때로는 단일한 일정방향으로의 영향력(지도자로부터 추종자에로의)을 포함하는 비대칭적인 것으로 보기도 하고, 때로는 지도자와 추종자들의 두 집단 상호간에 영향력을 미치고 있음에 초점을 둔 대칭적인 개념으로 취급되기도 한다.

(라) 권력은 때로는 힘의 비합리적 사용에만 연관시키기도 하고, 때로는 옹립된 지도자에 의한 합법적 사용만을 가리키기도 한다.

(마) 권력은 어떤 사람의 권력장악을 다른 사람의 장악을 미리 배제시키는 영향적 소유물로 보기도 하고, 어떤 사람의 권력소유는 다른 사람의 소유를 방해하지 않는 공유 가능한 상품으로 취급되기도 한다.

(바) 권력은 때로는 소유물 혹은 상품으로 취급되고 때로는 유용한 자원으로 취급되기도 한다.

(사) 권력은 때로는 모든 상황에서 사용할 수 있는 일반화된 능력으로 보기도 하고 어떤 상황의 특수한 것으로 취급하기도 한다.

따라서 각 분야의 학자들이 권력의 개념을 정확하게 정의하기가 어려운 이유를 쉽게 알 수 있는 것이다. 그러나 이와 같이 권력의 정의가 어려움에도 불구하고 베버(Weber)는 "권력을 사회구성원으로서의 개인이 다른 사람이나 집단의 저항에도 불구하고, 자기 의지대로 관철시킬 수 있는 가능성"[1]이라고 정의했고, 노드(Walter Nord)는 "갈등관계에 있는 여러 목표 중 특정의 배타적 목표를 달성하기 위해 가용자원의 분배에 영향력을 행사할 수 있는 능력"[2] 이라고 정의하였다. 한편 로빈스(Robbins)는 "권력은 "A가 B에게, A가 원하는 것을 B가 하도록 영향을 미칠 수 있는 잠재적 능력"[3] 이라고 이해하기 쉽게 정의하였다. 이와 같은 제정의를 종합해 볼 때 권력이란 "다른 사람의 행동에 영향을 미칠 수 있는 능력[4]이라고 할 수 있다. 권력의 개념은 '유사개념' 인 권한, 영향력, 힘 등과 약간의 차이가 있다. 권력의 개념을 올바르게 이해하기

1) A. M. Henderson and Talcott Parsons (trans, and ed.), *Max Weber: The Theory of Social and Economic Organization* (New York: Free Press, 1947), p. 152.
2) Walter R. Nord, "Dreams of Humanization and the Realities of Power, *Academy of Management Review* (July 1978), p. 675.
3) Stephen P. Robbins, *Organizational Behavior*, 2d ed. (Englewood Cliffs, N. J.: Prentice-Hall, 1983), p. 314~315.
4) Finkelstein, S., Power in top management teams:Dimensions, measurement, and Validation. *Academy of Management Journal*, 1992, 35. p. 505.

위해 유사개념들과 구별해 본다.

(1) 권력과 영향력

앞에서 살펴본 권력의 정의 속에서도 영향력행사라는 개념이 포함되어 있었다. 그 만큼 영향력과 권력은 불가분의 관계로서 같은 의미로 사용되는 경우도 있다. 그러나 두 개념을 보다 엄밀하게 구분하여 설명한다면 다음과 같다. 요컨대, 권력과 영향력은 '잠재력'과 '그 잠재력을 실제행동에 옮기는 것'으로 구분할 수 있다. 권력은 '영향력을 행사할 수 있는 능력이나 잠재력'을 가리키며, 영향력은 "개인이나 집단에게 실제로 영향이 가해지는 과정, 즉 개인이나 집단이 의도된 방향대로 움직이도록 행위적 · 심리적 영향(behavioral and psychological effects)을 부가하는 과정"을 가리키는 것이다. 따라서 권력은 상대방을 자신이 원하는 방향으로 움직이게 할 수 있는 잠재능력이라는 관점에서 정적인 개념으로 보며, 영향력은 그러한 잠재능력을 실제로 행동에 옮긴다는 관점에서 동적인 개념으로 보는 것이다.

(2)권력과 권한

조직의 구조는 역할과 지위로 구성되는 체계로서 이와 같은 역할과 지위들을 연관짓고 인간의 행동을 규합하는 것이 권한이라고 말할 수 있다. 권력은 권한보다는 더 포괄적인 개념이며 권한은 권력의 한 부분이다. 다시 말해서 권한은 조직의 규범에 의하여 그 합법성이 인정된 권력(legitimate power)이라 할 수 있다.

[그림 10-1(a)]에서 보는 바와 같이 조직이 2차원의 계층적 배열을 이루고 있는 것은 두 개의 권한계층이 있다는 것을 의미하고, 계층에 따라 올라갈수록 의사결정권이 증가된다는 것을 가리키고 있다. 이에 비하여 권력은 3차원의 원추형의 개념을 통해 쉽게 설명할 수 있다.

어떤 개인의 권력은 원추의 수직적 지위와 원추의 중심으로부터의 거리에 달려 있다. [그림 10-1(b)]를 하나의 조직으로 생각해 보고 중심을 권력의 핵이라고 부르기로 하자. 인간은 권력의 핵에 가까우면 가까울수록 의사결정에의 영향력이 그만큼 증대된다. '권력의 핵'의 존재 여부가 권한과 권력의 유일한 차이점이다.

[그림 10-1(a)]에서 보이고 있는 수직적 계층의 차원은 원추의 외곽 테두

그림 10-1 권력과 권한관계의 차이

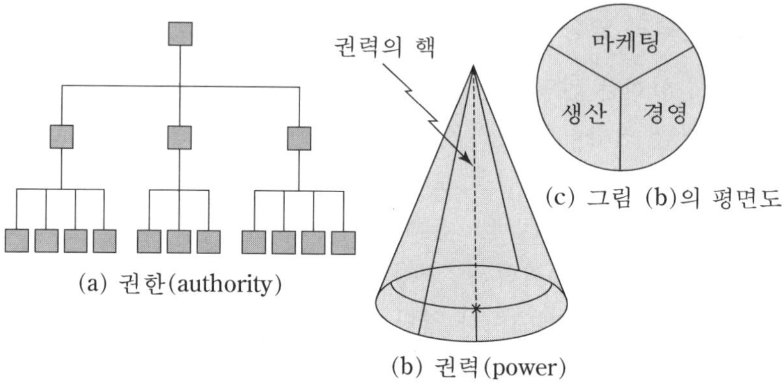

자료 : S. P. Robbins, *Organization Theory*(Englewood Cliffs, N. J.:Prentice-Hall. 1983), pp. 174~175.

리의 한 계층에 불과하다. 그리고 원추의 꼭대기는 계층의 꼭대기와 같은 것이고, 원추의 중간은 계층의 중간과 동일하다. 마찬가지로 [그림 9-1 (a)]에서 기능별 집단은 원추에 있어서 직삼각주가 된다. 이는 [그림 9-1 (c)]에서 볼 수 있는 바와 같이 그림 (b)에 있는 원추와 동일한 것을 조감도로 나타내지 않고 평면도로 표시한 것이다. 원추의 각 직삼각주는 기능별 영역을 나타낸다. 그래서 그림 (a)의 두 번째 계층이 마케팅, 생산 및 관리기능으로 분할되어 있다면 그림 (c)의 3개의 직삼각주로 동일한 권능부서를 나타낸다. 이 같은 원추를 통한 유추적 설명은 우리에게 다음과 같은 두 가지 사실을 알려 주고 있다.

㈎ 조직 내에서 보다 높이 올라가면 올라갈수록 (권한의 증가), 권력의 핵에 자동적으로 더 가까이 나아가게 된다.

㈏ 권한을 가졌다고 반드시 권력을 행사할 수 있는 것은 아니다. 왜냐하면 계층을 따라 올라가지 않고도 수평적인 이동을 통해 '권한의 핵'에 가까워질 수 있기 때문이다.

예를 들면 서열이 높은 최고경영층의 비서직이 전형적으로 많은 권력을 가지고 있으나 권한은 거의 없다는 사실에 주목할 필요가 있다. 그들은 그들의 상사를 위한 수문장(gatekeeper)으로서 누구에게는 면담을 허용하고 누구에게는 면담을 허용하지 않을 것인가에 관하여 상당한 발언권을 가지고 있는 것을 보게 된다. 더욱이 상위계층의 관리자들은 비서들을 통해 제공되는 정보에 의존하기 때문에 비서들은 그들이 취급하는 정보를 통제할 수 있고 이는 권력으로서 작용하게 된다. 사실 연봉 6만불을 받는 중간관리자들이 연봉 2만불을 받는 윗사람의 비서의 기분을 맞추기 위해 매우 조심스럽게 행동하는 것은 이치에 맞지 않는 일이지만 쉽게 찾아볼 수 있는 현상이다. 왜 그런가? 이들 비서들은 권력을 가지고 있기 때문이다. 비서직은 계층상으로는 낮은 계층에 있으나, 권력의 핵에 근접해 있기 때문이다. 비록 낮은 서열의 종업원일지라고 고위층에 친척이나 친구 및 동료가 자리하고 있는 경우에도 권력의 핵에 근접해 있다고 볼 수 있다.[5)]

어떤 회사에 20년간의 근무경력이 있는 서열이 낮은 생산기술자가 있는데 모든 낡은 생산설비에 대하여 아는 사람이 유일하게 그 한 사람밖에 없다고 하자. 그런데 그 낡은 생산설비가 고장이 났을 때 이 기술자를 제외하고는 아무도 그것을 수선할 사람이 없다면 그 사람은 수직적인 권한계층상의 지위계층에 비해 훨씬 더 많은 영향력을 행사하게 될 것이다. 따라서 조직도와는 별도로 조직 내에서 흐르는 권력작용을 이해하는 것이 조직을 설명하고 예측하고 통제하는 데 도움을 준다.

(3) 권력과 리더십

리더는 권력을 수단으로 하여 조직의 목표에 조직구성원의 노력을 통합시킬 수 있으며, 리더가 목표를 달성하기 위한 역할을 해 주는 것이 바로 권력이다. 리더십과 권력은 목표달성을 위한 수단이라는 점에서 서로 비슷한 것 같으나 다음과 같은 몇 가지 점에서 차이가 있다.

첫째, 목표지향성의 차이이다. 권력은 조직의 목표에 의존되어 있거나 또는 목표를 향하여 사용되어 있거나 또는 목표를 향하여 사용하지 않을 수도 있으나 리더십은 목표지향적이고 반드시 목표와 일치해야 한다.

둘째, 영향력을 미치는 방향의 차이이다. 리더십은 특별한 경우를 제외하고는 리더가 부하에게 영향을 미치는 하향적인 개념인 데 비해 권력은 조직 내 구성원간의 상하에 관계 없이 모든 방향으로 영향을 미친다.

셋째, 연구관점의 차이이다. 리더십 연구는 그 유형을 중심으로 하여 리더와 부하 그리고 상황 등에 의한 상호한계에 초점을 두지만, 권력에 관한 연구는 보다 넓은 차원에서 복종을 얻어낼 수 있는 전술이라든가 조직과 조직간에 작용하는 힘 등 보다 복잡하고 광범한 곳에 초점을 둔다.

5) S. P. Robbins. *op. cit.*, p.175.

(4) 권력과 정치행동

정치란 앞에서 살펴 본 바 있는 권력, 영향력, 권한의 개념과 매우 밀접한 관계를 갖고 있다. 정치(politics)란 자신의 이익이나 목표를 위해서 상대방에게 영향력을 행사하는 과정이다. 또한 정치를 합법적 권력인 권한과 연관시켜 본다면 공식적 권한에 근거한 영향력 행사는 정치적인 행위라고 볼 수 없다. 즉 공식적 권한의 범위 밖에서 이루어지는 영향력 행사과정이 정치행위와 관계 있다.[6] 따라서 정치적 행동(political behavior)이란 영향력 행사가 공식적 권한에 근거했는지의 여부에 따라 비정치적 행동(non-political behavior)과 구별된다.

요컨대 정치란 "조직 구성원이 자기 자신에게 도움이 되거나 이익이 되는 결과를 얻기 위해 상대방에게 공식적인 권한이나 역할 이외의 영향력을 행사하는 과정"이라고 정의할 수 있다. 특히 샤인(Schein)은 권력과 관련된 여러 가지 변수들을 연결시켜 정치행위가 일어나는 과정을 설명하는 모형을 제시하였는데 그것은 [그림 10-2]와 같다.

그림 10-2 권력과 정치행정 모형

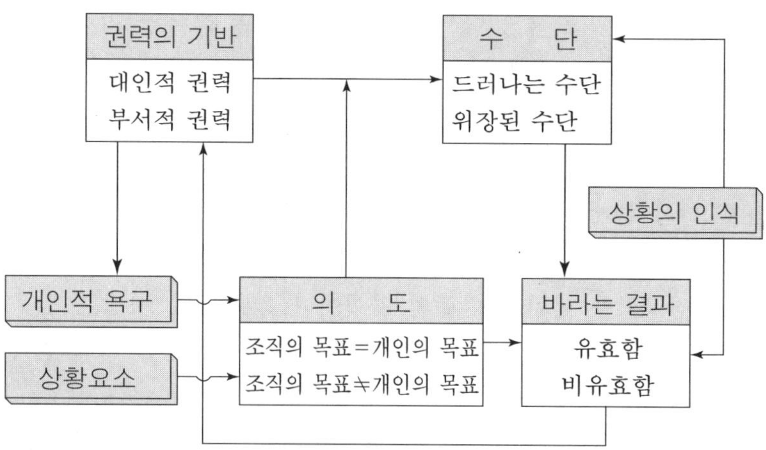

자료 : V.E. Schein, "Individual Power and Political Behaviors in Organizations: An Inadequately Explored Reality," *Academy of Management Review*, 1977, 2, p.66.

6) B. T. Mayes & R. W. Allen, " Toward a Definition of Organizational Politics," *Academy of Management Review*, 1977, 2, pp. 672~678.

샤인에 의하면 조직 구성원 개인의 목표는 조직의 목표와 다를 수 있으며, 구성원 자신의 의도가 조직에서 바라는 것과 다를 경우 그러한 사실을 감출 수 있는 의도를 내 놓고 다른 사람들이 볼 때 조직에서 추구하는 것과 동일한 목표를 추구한다고 인식할 수단을 사용한다는 것이다. 이러한 과정에서 어떤 권력기반과 어떤 수단을 선택할 것인가는 그 사람의 의도에 영향을 받는데, 이러한 수단을 어떻게 잘 선택하느냐에 따라서 정치행위의 유효성이 결정된다고 보았다.[7)]

1. 권력행사의 결과

조직 내에서 일어나는 권력작용은 매우 복잡하기 때문에 모든 국면을 논의할 수는 없다. 그러나 권력행사자가 권력수용자에게 권력을 행사하든가, 시간이 감에 따라 저절로 권력의 균등화현상이 일어나는 과정을 로레스(D. J. Lawless)는 실증적으로 연구하였다.[8)] 즉 그는 권력의 격차는 상대방의 의존도에 의하여 발생한다고 볼 수 있는데 의존도가 감소해 가는 현상을 연구주제로 삼은 것이다.

첫째 권력의 행사는 권력행사자의 비용(cost)을 수반한다. 비용이라 함은 손실을 의미하며, 예컨대 강압적인 권력에 기초한 권력을 갖고 있다면 권력을 행사하여 부하를 파면한 경우 그와의 권력관계는 파면 순간부터 없어질 뿐 아니라, 다른 조직구성원들에게 자기 행위의 정당성을 납득시켜야 하는 비용이 수반된다. 또한 전문적 지식에 의한 권력을 갖고 있는 경우, 자기 지식은 줄어들지 않겠지만 이를 사용함으로써 부하는 전문지식을 습득하여 그 지식의 격차를 줄임으로써 의존도를 줄이게 될 것이다. 따라서 권력이 행사될 때마다 권력의 격차는 감소한다고 볼 수 있다.

둘재 권력수용자는 권력행사자와의 관계를 청산하거나 청산하겠다고 위협하고 또한 제3자와의 관계를 설정함으로써 권력 우위를 약화시킬 수 있다. 권력관계의 열세에 있는 사람들이 연합하여 연합세력을 형성하는 경우도 있다. 예를 들면 노동조합을 구성하여 사용자에 대항함으로써 노사간의 권력관

7) V. E. Schein, "Individual Power and Political Behaviors in Organizations: An Inadequately Explored Reality," *Academy of Management Review*, 1977, 2, p. 69.

8) D. J. Lawless, *Effective Management: Social Psychological Approach* (New York: Prentice-Hall, 1972).

계의 격차를 줄이는 것이 그 예라 할 수 있다.

셋째, 권력 당사자들 사이에 오랫동안 관계를 유지하게 되면 상호의존성이 있는 업무가 생기게 되는데, 이것도 권력의 균등화현상을 막기 위하여 자기가 소유한 권력을 이용하여 또 다른 권력을 형성해 나간다고 한다. 예를 들면 권력관계를 권한관계로 공식화하는 현상을 들 수 있다. 즉 보수의 차등, 사무실의 크기, 대우, 사용하는 시설물의 차이 등을 통하여 심리적인 권력격차를 유지하는 것이 바로 이러한 예이다.

2. 권력행사의 효과성 연구

관리자가 조직구성원에게 영향력을 발휘하여 조직의 목표를 달성하는 데 있어 관리자가 갖는 권력의 원천이 유일무이하게 가장 좋은 것은 있을 수 없다. 조직의 성격, 상황, 조직구성원의 특성 등에 따라서 효과적일 수도 있고 그렇지 못할 수도 있다. 또한 같은 조직구성원이라고 하여도 상황에 따라서 차이가 있다. 예를 들어 과학자 집단과 철도부설 노동자 집단이 같을 수 없으며, 같은 군대조직이라도 전시하의 영향력 행사와 평화시의 영향력 행사는 만약 같은 방법을 사용한다 하더라고 효과면에서 같을 수가 없다. 따라서 모든 권력의 원천이 똑같이 효과적일 수는 없다는 것이 권력관계연구의 출발점이 된다. [표 10-1]은 권력의 원천에 따른 리더십의 효과성이나 조직구성원의 만족감 등에 관한 연구결과를 종합한 것이다. 각각의 연구들이 연구대상, 연구방법, 변수들이 서로 다르지만 어떤 것들은 연구집단이 상이함에도 불구하고 일치된 연구결과를 보여 준다. 예를 들면 직무만족, 이직률의 감소, 결근율의 감소 및 높은 직무성과 등과 관련된 능력의 원천은 리더의 개인적인 호감이나 전문성과 유의적 관련이 있는 것으로 나타났다.

강압적 권력이나 합법적 권력은 낮은 직무만족, 낮은 직무성과 등과 관련되어 있거나 상관이 없는 것으로 연구결과는 보여 주고 있다. 그러나 보상적 권력은 일관된 연구결과를 보여 주지 않는다. 이들 연구결과를 통하여 리더에게 시사하는 점은 효과적인 리더십은 개인적인 호감이나 전문성에서 비롯되는 개인적인 권력이 중요하며 지위에서 나오는 강압적 또는 합법적인 권력을 많이 사용하는 것은 조직 구성원의 직무만족이나 직무성과에 있어서 좋은 영향을 미치지 못하고 있음을 보여 주고 있다.

[표 10-1] 권력의 효과성에 관한 연구

연구자 및 연구연도	표본에 대한 기술 내용	기 본 변 수	권 력 의 원 천					
			합법적	보상적	강제적	전문적	준거적	기 타
Bachman (1966)	685명의 교수가 학장을 평가	· 만족도/학장	−.18**	−.31**	−.20**	.18**	.22**	
Bachman, Smith & Slezinger (1966)	685명의 판매원이 36명의 관리자를 평가	· 집단 성과	−.17	−.55**	−.31	.36**	.40**	
		· 집단만족도/관리자	−.57**	−.51**	−.71**	.69**	.75**	
		· 개인성과	−.08	−.12**	−.09**	.09**	.13*	
		· 개인만족감/관리자	−.24**	−.16**	−.19**	.17**	.22**	
Dunne, et al. (1978)	49명의 군 · 민 project 종사자 (인터뷰) (기타 : 작업 책임으로 인한 정당성)	· project 관리자에 대한 충성심	.18	−.04	−.15	.63**	.26	.68**
		· 직능관리자에 대한 충성심	.03	−.15	−.11	.43**	.20	.35**
		· project 관리자에 대한 의견 불일치	.00	.10	−.06	.28*	.15	.20
		· 직능관리자에 대한 의견 불일치	−.14	−.20	−.01	.20	.16	−.13
Hammer (1973)	277명의 유리공(유)과 34명의 철공(철)의 관리자에 대한 평가	· 동기부여 index (유)		.16*	−.10	.26*		
		(철)		.40*	.32*	.05		
		· 전체적인 점수 (유)		−.10	−.35**	.07		
		(철)		.02	.00	.30		
		· 직무만족/관리자 (유)		.09	−.24	.50**		
		(철)		.20	−.06	.71**		
Ivancewich (1970)	대리인이 평가한 34명의 대리점 관리자	· 직무만족/지위	−.12	.39*	−.21	.69**	.72**	
		· 집단만족/자율성	.38*	.28*	−.01	.63**	.71**	
Ivancewich & Donnelly (1970)	394명의 판매원이 평가한 31명의 지점 관리자	· 판매/잠재적 판매	−.11	−.09	.14	.21*	.25*	
		· 판매/주문수	.07	.11	.08	−.02	.19	
		· 주문수/방문수	−.16	.23*	−.12	.16	.21*	
		· 판매비용 index	.13	−.04	.19	.22*	.10	
		· 방문수/거리	.01	.12	.18	.09	.31*	
		· 이유가 있는 결근	−.16	−.19	−.04	−.29*	−.29*	
		· 이유가 없는 결근	.04	.10	.11	−.14	−.22*	
		· 이직률	.06	−.07	.02	.04	.01	
Scheridan & Vredenburgh (1978)	216명의 간호원이 수간호원을 평가	· 직무 긴장도	.11	−.09	.34	−.21	−.09	
		· 업무실적 점수	.02	.17	−.24	.12	.17	
		· 결과	.01	−.08	.12	−.40	−.08	
Slocum (1970) a. 전문성에 적응적인 부하 b. 회사에 적응적인 부하	96명의 과학자와 엔지니어가 관리자를 평가	· 업무성과 점수						
		· 직무만족도/상사	.07	−.52*	−.31*	.57**	.30*	
		· 직무성과 점수	−.37	.02	−.08	.45**	.30*	
		· 직무만족도/상사	−.12	−.41**	−.22*	.22*	.23*	
			−.32**	−.04	.01	.36**	.24**	
Student (1968)	486명의 직공이 평가한 39명의 생산직 일선감독자	· 사고율	−.20	−.03	−.16	−.28*	−.12	
		· 이유 있는 결근	−.12	−.18	.16	−.28*	−.35*	
		· 이유 없는 결근	−.08	.18	.02	.02	−.02	
		· 이직률	.01	.14	.08	−.01	.23	
		· 간접비용치	.00	.15	.22	.10	.40**	
		· 유지비용치	.10	−.20	−.30*	.18	.00	
		· 공급비용치	.08	.31*	.08	.32*	.21*	
		· 불량품 폐기량	.06	.26	.12	.13	.33*	
		· 생산품의 질	.11	.13	−.08	.31*	.32*	
Thambain & Gemmill (1974)	66명의 project 구성원이 22명의 project 관리자를 평가	· 충성심의 정도	−.10	−.20	−.45**	.15	.00	.10
		· 의견 불일치	−.20	−.10	.00	.30*	.00	.25*
		· 직무의 관여도	−.35*	−.15	.00	.05	.00	.45**
		· 업무실적 점수	−.30	−.15	−.02	.40**	.17	.25*
Warren (1968)	528명의 교사가 평가한 10명의 교장	· 전체적인 순응	−.37	.36*	.34*	.25	.75*	
		· 행동적인 복종	−.02	.34*	.66*	−.15	.14	
		· 태도에 대한 영향력	−.40*	.22	.09	.60*	.37*	

*p 〈 0.05 **p 〈 0.1

자료 : G. A. Yukl, *Leadership in Organizations* (Englewood Cliffs, N. J.: Prentice-Hall, 1981), pp. 40~41.

제 2 절 권력행사요인과 과정

권력을 활용하여 실제로 상대방에게 영향력을 미치는 과정은 크게 네 가지 특성에 의해서 결정된다. 즉, 권력행사자로서의 권력의 원천과 권력수용자의 특성, 그리고 불확실성 · 대체가능성 · 집중성 등의 상황요인, 마지막으로 권력획득을 위한 협력전략에 의해 이루어진다. 조직 내에서 권력이 권력행사자와 권력수용자들간에 어떻게 상호 작용하는가의 과정을 이해하는 데 도움을 주기 위하여 [그림 10-3]과 같은 모형을 중심으로 조직 내의 권력의 흐름을

그림 10-3 권력의 원천과 과정

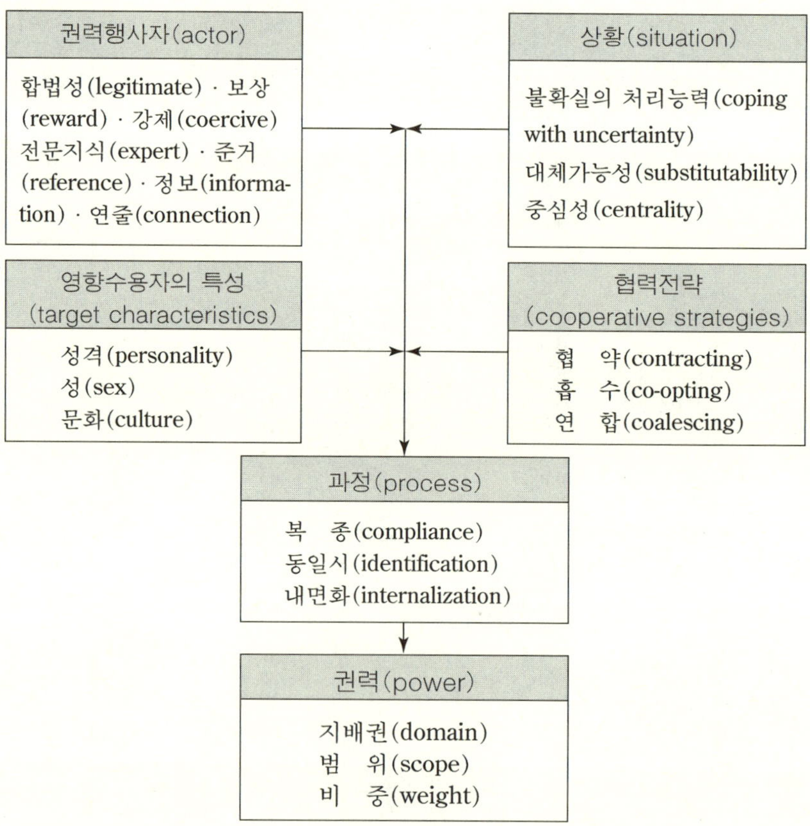

자료 : A. D. Szilagyi, Jr. & M. J. Wallace. Jr., *Organizational Behavior and Performance*(Glenview, Illinois : Scott Foresman and Company, 1983), p. 233.

살펴보고자 한다.[9)]

권력은 다음과 같은 세 가지 차원, 즉 ① 지배권(domain), ② 범위(scope), ③ 비중(weight)을 중심으로 논의하는 것이 일반적이다. 여기에서 지배권(domain)이란 권력의 영향을 받는 사람 또는 집단의 범위를 지칭한다. 지배권이 넓어진다는 것은 권력의 크기가 커진다는 것을 의미한다. 범위(scope)는 권력의 주체가 동원할 수 있는 자극의 폭과 영향을 받는 개인이나 집단이 보이는 반응의 폭을 말한다. 예를 들면 부서의 책임자가 부하직원이 수행하는 업무에 관해서만 영향을 행사할 수 있고, 사생활이나 업무와 관련된 문제 이외에 관하여는 영향을 미칠 수 없다면 권력의 범위는 업무에 관한 것으로 한정된다.

또한 비중(weight)이라 함은 권력의 강도 또는 수준을 말한다. 즉 영향을 받는 사람의 특정한 행동을 얼마나 효과적으로 지배하느냐를 나타내 주는 것이다. 권력의 비중은 크기가 0에서부터 극대화점까지의 어느 한 점에 위치한다고 볼 수가 있는데, 0일 때에는 전혀 상대방에게 영향을 미칠 수 없기 때문에 권력의 의미가 없고, 극대화점에 이르면 상대의 행동을 완전히 지배하는 통제의 상태에 이르게 된다. 권력의 크기는 상대적인 개념이지만 크기의 변동은 위의 세 가지 차원 중에 하나 또는 그 이상이 변화된 것을 의미한다.

이러한 권력의 크기에 대하여 영향을 미치는 요인들을 식별하기 위한 몇 개의 연구들이 있는데, 다음에서 설명할 불확실성의 처리능력, 대체가능성 및 업무의 집중성 이외에도 다음과 같은 요인들이 권력의 크기에 영향을 미침을 실증적으로 밝혔다. 첫째 의사결정을 위한 회의의 일원일 때, 둘째 상부관리자와의 접촉 정도가 높을수록, 셋째 소속된 부서의 권력이 클수록 구성원의 개인적 권력도 커진다고 한다. 조직 내에서 권력의 크기에 대하여 논의할 때 다음과 같은 두 가지 점을 항상 고려해야 한다. 첫째, 권력의 크기는 상황이 변화한다고 하여 급격히 변화되는 것은 아니다. 권력의 변화를 가져오는 요인은 갑작스러운 변혁의 과정을 거친다기보다 일반적으로 점진적으로 변화된다. 둘째, 어느 한 시점을 기준으로 볼 때 조직 내에서의 권력은 고정되어 있다. 즉 단기적으로 영합이론(zero-sum theroy)이 성립된다고 볼 수 있는데, 만약 한 사람(또는 한 집단)이 권력을 얻게 되면 이와 상호작용하고 있는 다른 개인

9) A. D. Szilagyi, Jr. and M. J. Wallace, Jr., *Organizational Behavior and Performance* (Glenview, Ill.: Scott Foresman and Co., 1987), p. 284.

이나 집단은 그만한 크기의 권력을 잃어서 상대적으로 약화된다. 이와 같이 권력은 어떤 일정한 크기를 갖고 그 크기를 내부에서 조직구성원들이 나누어 갖는다. 그러나 권력의 전체적 크기는 시간에 따라 변화된다.

1. 권력의 원천으로서 권력행사자

권력의 원천 혹은 권력의 기반라고 부르기도 하는 권력행사자로 하여금 권력을 사용하게 하는 원천에 대한 베버의 고전적인 분류에 의하면 합법적 권력(legitimate power), 전통적 권력(traditional power) 및 카리스마적 권력(charismatic power)으로 나누었으나 이는 엄밀한 의미에서 권력유형의 일종이다. 프렌치와 레이븐(French & Raven),[10] 크루그란스키와 레이븐(Kruglanski & Raven) 그리고 허어시와 골드스미스(Hersey & Goldsmith)에 의하면 권력행사자는 다음과 같이 타인에게 영향을 미칠 수 있는 상이한 수단을 가졌다고 한다.

(1) 합법적 권력(legitimate power)

합법적 권력은 리더가 보유하고 있는 지위에 기반을 둔 권력이다. 일반적으로 지위가 높으면 높을수록 합법적 권력은 더욱 높아지는 경향이 있다. 다른 사람의 복종을 얻어 내고 다른 사람에게 영향을 미칠 수 있는 것은 리더의 조직상의 지위 때문에 다른 사람은 그 리더에게 복종할 의무가 있다고 보는 것이다. 계장은 과장에게 당연히 업무면에서 지시를 받고 같은 과에 속한 여러 계장들이 과장의 의사결정에 따르는 것은 과정이 합법적인 권력을 갖고 있기 때문이다. 이 권력은 조직에서의 권한(authority)과 같다.

(2) 보상적 권력(reward power)

보상적 권력은 다른 사람에게 보상을 제공할 수 있는 능력에 기반을 둔 권력이다. 보상적 권력이 높은 리더는 영향을 받는 사람이 리더의 의사에 복종을 하게 되면 임금, 승진 및 인정과 같은 정적인 유인을 얻을 수 있으리라 믿기 때문에 권력을 행사할 수 있다. 특히 조직의 라인관리자들이 스탭보다

10) J. R. P. French and B. Raven, "The Base of Social Power," in D. Cartwright, *Studies in Social Power* (Ann Arbour: Institute for Social Research, University of Michigan, 1959).

더 큰 권력을 갖고 있다고 느끼는 것은 스텝보다 라인관리자가 보상적 권력을 더 많이 갖고 있기 때문이다.

(3) 강압적 권력(coercive power)

강압적 권력은 공포에 기반을 둔 권력이다. 강압적 권력을 사용하는 리더가 다른 사람들의 복종을 요구하는 것은 복종하지 않을 때 과업할당에 불리하고 징계 및 해고와 같은 처벌이 두렵기 때문이다. 강압적 권력과 보상적 권력은 서로 연관을 갖고 있으며 일면 비슷한 속성도 있다. 만약 보상을 위하여 어떤 행위를 했다면 보상적 권력이 작용한 것으로 볼 수 있고, 반면에 처벌이 두려워서 영향력이 행사되었다면 이는 강압적 권력이 작용했다고 볼 수 있다. 그러나 이 두 종류의 권력원천간의 차이는 권력 사용 후에 재정립되는 상호관계에 있다. 예를 들어 강압적 권력을 사용했을 경우 일반적으로 여러 가지 부작용이 있을 수 있다.

(4) 전문적 권력(expert power)

전문적 권력은 리더가 가지고 있는 전문적인 기술 및 지식에 기반을 둔 권력이다. 이 같은 전문성이나 기술, 지식은 존경을 통해 다른 사람에게 영향을 미친다. 전문적 권력이 높은 리더는 다른 사람의 작업수행행동을 조작하기 위해 다른 사람들이 존경할 수 있는 전문성을 가지고 있어야 한다. 그리하여 이 같은 전문성에 대한 존경이 리더가 원하는 대로의 복종으로 이어진다. 예컨대 연구개발 부서에서 비록 직급은 낮은 연구원일지라도 전문적인 지식을 많이 갖고 있으면 그 상급자에게 권력을 행사할 수 있다. 또한 많은 직무경험을 가진 관리자는 경험 면에서 전문성을 더 많이 갖고 있다는 것이 권력의 원천이 될 수 있다.

(5) 준거적 권력(reference power)

준거적 권력은 리더의 개인적인 성격특성에 기반을 둔 권력이다. 준거적 권력이 높은 리더는 그의 성격특성 때문에 다른 사람들로부터 호감을 사고 존경을 받는다. 이 같은 리더에 대한 호감, 존경 및 동일시 때문에 다른 사람들에게 영향을 미치게 되는 것이다. 예컨대 종교지도자들이 정치나 사회적인 문제에 영향을 미칠 수 있는 것은 이러한 권력이 있기 때문이다. 이 권력은 어느 면에서 포괄범위가 가장 큰 것으로 권력행사자가 직위권력을 전혀 갖고 있지 않거나 권력을 느끼지 못할 때에도 영향을 미치게 된다.

(6) 정보권력(information power)

정보권력은 리더가 다른 사람들이 가치가 있다고 지각하는 정보를 가지고 있거나 그 정보에 보다 쉽게 접근할 수 있다는 사실에 기반을 둔 권력이다. 이 같은 권력의 기반이 다른 사람에게 영향을 미칠 수 있는 것은 다른 사람들이 그 같은 정보를 필요로 하고 그 같은 정보를 자기들은 실제로 접하면서 생활하기를 원하기 때문이다. 물론 이 정보는 희소가치와 중요성이 있어야 한다. 조직 내에서 비밀이나 정보에 대한 접근제한 등의 방법으로 희소가치를 증대시킨다. 예를 들면 조직 내에서 의사결정에 사용되는 정보가 비밀에 붙여지고 의사결정 자체도 비밀에 붙여지는 경우이다. 이 때 정보를 알고 있는 사람은 정보를 권력의 원천으로 사용할 수가 있다.

(7) 연줄권력(connection power)

연줄권력은 리더가 조직 내외의 영향력 있는 사람이나 중요한 인물과의 연결, 즉 교섭력이나 연줄을 가지고 있다는 사실에 기반을 둔 권력이다. 연줄권력이 높은 리더가 다른 사람의 복종을 이끌어 낼 수 있는 것은 다른 사람들이 유력한 권력소유자와의 연결에서 오는 이익을 구하고 불이익을 피하려 하기 때문이다.

2. 권력수용자의 특성

리더가 사용하는 권력의 크기는 권력수용자의 특성에 따라서 커질 수도 있고 작아질 수도 있다. 가장 중요한 권력수용자의 특성으로는 성격(personality), 성 및 문화가 있다.[11)]

(1) 성격(personality)

성격에 따라서 영향력에 대한 민감도가 좌우된다. 예를 들면 사회적 친교욕구가 높거나 불확실성을 회피하려는 사람들은 권력행사자에 의해 쉽게 영

11) Szilagyi and Wallace, *op. cit.*, p. 287.

향을 받게 된다. 또한 자신감이 적은 사람들이나 지나치게 자신감이 강한 사람들은 모두 권력행사자의 영향을 받게 된다. 자신감이 많은 사람이 영향을 크게 받는 것은 권력을 가진 리더에 의해 영향을 받을수록 자신의 개인적 목표를 달성할 수 있으리라고 생각하기 때문이다.

(2) 성(sex)

초기연구에서 리더의 영향력을 수용하는 정도는 성별로도 차이가 있다고 지적했다. 즉 남자가 여자보다는 독립적 성향이 훨씬 더 강하다는 것이다. 그러나 성역할에 따른 상동적 태도(sex-role stereotypes)가 사라지면서부터 그러한 주장은 설득력이 줄어 들었다.

(3) 문화(culture)

권력수용자의 문화적 환경도 영향력을 결정하는 주요 요인이다. 예를 들면 프랑스의 문화는 개성, 독립성, 다양성을 중시하며 이것이 영향에 대한 수용태도를 결정하게 되므로 영향력행사에 대한 저항이 있을 것이다. 또한 일본의 경우는 협동, 순응, 일치를 중시하는 문화를 갖고 있으므로 강력한 리더의 영향을 기꺼이 받아들일 것이다.

3. 상황요인

조직 내에서 권력과 관련된 중요한 요인은 상황이다. 조직이 처한 상황에 따라서 영향력을 미칠 수 있는 요인이 변화되기 때문이다. 이 중에 가장 대표적인 것을 살펴보면 다음과 같다.[12)]

(1) 불확실성(uncertainty)

조직 내의 업무상황을 보면 항상 불확실성이 뒤따른다. 이는 비단 장래의 정보의 부족뿐만 아니라 어떤 행동이나 의사결정의 성공 여부를 확실히 알지 못하기 때문에 발생하는 경우가 많다. 사실 불확실성 자체가 어떤 권력에 영

12) D. J. Hickson, J. M. Pennings, C. R. Hinings and R. E. Schneck, "A Strategic Contingency Theory of Inter-organizational Power," *Administrative Science Quarterly* (March 1971), pp. 216~229.

향을 주는 것은 아니며, 불확실성을 어떻게 처리하고 통제할 수 있는 능력을 가졌느냐가 권력과 관련된다. 어떤 조직이든지 가장 중심이 되는 과제의 하나는 투입되는 자원을 산출로 바꾸는 데 있어서의 확실성의 유지이다. 따라서 조직 내에서 불확실성을 효과적으로 다루어 확실성을 갖도록 해 준다면 이는 가장 큰 권력을 갖게 되는 것이다. 예를 들어 비료를 생산하는 소규모 기업체의 관리자들간의 권력관계를 생각해 보자. 생산담당관리자의 입장에서는 계속하여 일정한 양을 생산하는 것이 여러 면에서 비용이 적게 들기 때문에 좋아할 것이다. 그러나 고객의 주문이 항상 일정하지 않고 어떤 때는 많고 어떤 때는 적기 때문에 생산과정의 일관된 흐름을 방해하게 된다. 한편 판매담당관리자의 입장에서 보면 고객의 요구를 항상 완전히 수용하기를 바라게 되며 이렇게 고객의 요구에 부응하기 위해서는 생산을 일정하게 하여서는 안 된다.

이러한 불확실성(고객요구의 변화 등)을 통제하기 위하여 생산계획관리자는 생산관리자와 판매관리자와의 사이에서 생산과 고객의 요구를 통합하는 일을 맡게 된다.이렇게 되면 생산계획관리자는 고객의 요청에 고객들이 받아들일 수 있는 제품인도계획과 생산관리자가 수행할 수 있는 생산계획에 대하여 관여하게 되며, 따라서 이러한 상황에서 늘 존재하게 되는 불확실성을 통제하거나 감소시키는 위치에 서게 된다. 따라서 생산계획관리자는 어느 정도의 권력을 다른 관리자들에게 행사할 수 있게 된다.

(2) 대체가능성(substitutability)

자원획득과 서비스에 요구되는 개인의 성과와 능력의 정도가 권력의 원천과 관련된 상황변수이다. 즉 대체 가능성과 권력은 역상관관계에 있다. 관리자가 타인이 필요한 자원이나 서비스를 제공할 수 있으면 있을수록 그들에 대한 관리자의 권력은 커지게 된다. 예를 들면 어떤 사무용 빌딩의 전문관리 책임자의 경우 건물에 필요한 모든 사무용품을 구입할 때 모두 건물관리 책임자를 통하게 된다고 하면 사무용품의 납품업자는 다른 방법이 없으므로 그는 납품업자에 대하여 높은 권력을 갖게 된다. 같은 회사에 근무하고 있는 총무부장도 만약에 모든 비품의 구입이 그를 통해서만 가능하다면 그가 비록 조직계층의 직위상으로 낮은 위치에 있다 하더라도 비품이 필요할 때는 건물관리책임자는 총무부장에 대하여 권력이 발생하는 것이다.

또 다른 예로 사람을 채용하고 해고시킬 수 있는 고용주는 종업원에 대하여 권력을 갖고 있으며 고용주의 권력은 종업원의 대안의 유무에 따라 효과성을 달리한다. 언제라도 다른 직장을 구할 수 있는 종업원에 대해서는 권력이 약화되고 대안이 없는 종업원에게는 권력이 강화된다. 또한 종업원 측에서 볼 때 어떤 종업원이 직장을 그만두었을 때 그 공장의 생산활동에 치명적인 타격을 줄 수 있는 능력을 갖고 있다면 그 종업원을 오히려 고용주에 대하여 권력을 갖게 되는 것이다.

(3) 중심성(centrality)

조직의 전체적인 성공과 성과를 달성하는 데 차지하는 통합능력과 중심성이 권력을 결정한다. 이 중심성의 기능은 두 가지 요소로 구성되어 있는데 관리자가 다른 분야의 활동에 자원을 연결시켜 줄 수 있는 정도와 만약 그 관리자가 없을 때 조직이 받는 영향력의 정도이다.

히닝스와 그의 동료(C.R. Hinings, *et al.*)들은 권력을 상대적으로 변화하는 동태적 과정으로 파악하고 위에 든 환경요인이 어떤 과정을 거쳐서 권력집중을 일으키는가를 연구하였다. 7개 제조업체의 4개 부서(기술, 마케팅, 생산, 회계)와 총 28개의 하위부서에 대한 실증적 연구를 토대로 하여 권력의 전략적 상황이론(strategic contingency theory)을 전개하고 있다. 즉 전력을 종속변수로 보고 이를 결정하는 요인을 불확실성의 처리능력, 업무 흐름의 집중성, 대체 가능성의 세 가지 요인이 서로 조합되어서 결정된다는 것을 실증적으로 증명하고 권력이 조직 내에서 한 개인이나 부서로 집중되고 강화되는 2개의 모형을 제시하고 있다.

[그림 10-4]의 제 1모형이 시사하는 바는 어떤 하위부서가 조직 전체의 산출물에 크게 영향을 미치게 되면 그 단위부서는 환경의 불확실성을 다루는 부서이며, 이 부서는 점점 불확실성을 처리할 수 있는 능력이 늘어나며, 따라서 타부서는 이 부서를 대체할 가능성이 줄어들게 된다. 또한 타부서의 대체가능성이 줄어짐에 따라 이 부서는 타부서들과 연결되는 범위가 확산되고, 그렇게 됨으로써 그 부서의 권력은 상대적으로 점점 더 커지게 된다.

제 2모형은 어떤 업무에 불확실성이 존재하면 이를 다루는 기회가 주어지는 부서가 생기게 되며, 그 불확실성을 다루는 기회가 조직 전체에 대하여 더 큰 영향력을 미치게 되며, 다른 부서와 연결되는 범위를 넓게 만들어 그 부서의 능력이 상대적으로 늘어난다는 것이다.

그림 10-4 조직내 권력의 집중과정

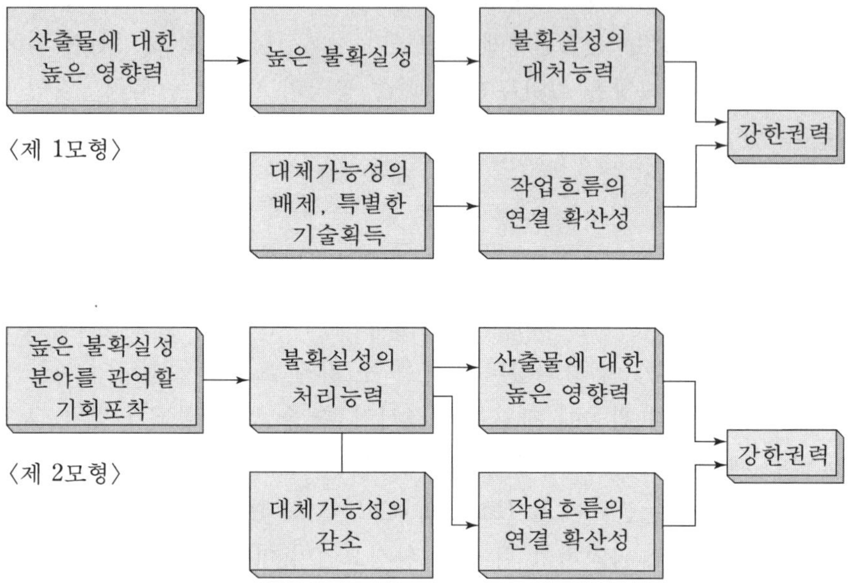

4. 권한획득을 위한 협력전략

권력관계는 앞서 살펴본 불확실성, 대체가능성, 중심성에 따라서 형성되기도 하지만, 그 외에도 개인이나 집단이 권력을 획득하기 위한 협력전략을 생각할 수 있다. 협력전략이란 2개 이상의 집단의 합의 또는 연합을 꾀하는 전략이다. 즉 집단간 합의 또는 연합을 함으로써 집단간의 상호 불확실성을 감소시키려는 전략이다. 예를 들어 병원의 엑스레이 기사 집단은 의사집단과 매우 밀접한 관련을 갖고 있기 때문에 효율적으로 권력을 획득하기 위해서는 의사집단과의 업무협정을 협약할 수 있는 능력을 배양해야 할 것이다. 즉 상호 합의 또는 연합을 통하여 두 집단이 상대집단에 대해 서로 안게 되는 불확실성을 제거 또는 통제할 수 있게 됨으로써 그 만큼 효력을 증가시킬 수 있게 된다. 권력획득을 위한 협력전략에는 다음과 같이 세 가지 기본 전략이 있다.[13]

13) Szilagyi and Wallace. *op. cit.*, pp. 289~293.

(1) 협약(contracting)

협약이란 두 개 이상의 집단이 미래의 상호작용 또는 활동을 통제하여 상호간의 불확실성을 감소시키기 위하여 협상을 통하여 협약을 맺는 것을 말한다. 가장 대표적인 예로 노동자와 사용자간의 단체교섭에 따른 협약을 들 수 있다. 노, 사 양 측은 서로에 대해 불확실한 상황에 직면하게 되는데, 왜냐하면 서로의 이익을 위해 상충되는 부분이 있기 때문이다. 다시 말해서 사용자측은 기업의 이윤을 확보하기 위해 안정적이고도 생산적인 노동력을 필요로 하지만, 노동자측에서는 기업의 이윤보다는 자기의 직접 임금수준과 직무안정(job security)을 더 원한다. 이를 해결키 위한 단체교섭이 성공적으로 이루어져 하나의 단체협약이 완성되면 일반적인 협약기간인 1년에서 3년까지는 서로간에 직면해 있던 불확실성을 제거시킬 수 있다. 결국 노사 양측은 불확실성을 통제할 뿐만 아니라 안정적인 관계를 유지할 수 있게 됨으로써 특정 수준의 권력을 획득하게 되는 것이다.

(2) 흡수(co-opting)

흡수란 한 조직체의 생존 및 유지를 위하여 그 조직체의 의사결정구조 또는 정책결정구조 안으로 외부집단이나 새로운 요소를 끌어들임으로써 상호간의 불확실성을 감소시키는 전략이다. 예를 들면 기업은 금융기관과의 안정적인 관계를 유지하기 위해서 재정지원을 받고 있는 특정 은행의 대표를 자기 회사의 이사회에 포함시키기도 하며, 중소정유회사의 경우에는 원유의 안정적 공급을 받기 위해서 원유의 채취 및 수송 전문 회사를 매입 또는 합병함으로써 그 회사를 흡수할 수 있다.

이 전략은 집단 상호간의 불확실성을 감소시켜 주기는 하지만, 앞에서 살펴본 협약보다 신중을 기해야 하는 한계가 있다. 왜냐하면 앞의 예에서 금융기관 대표가 이사의 자격으로 한 기업의 이사회에 속하게 되면 단지 재정문제와 자원배분에 관계된 사항 이외에도 신제품 개발, 배당정책 등의 전반적 의사결정권한을 갖게 됨으로써 오히려 문제를 야기하거나 기업체의 모든 영향력을 행사하는 부정적 결과를 초래할 수 있기 때문이다.

(3) 연합(coalescing)

연합이란 한 조직체 내에서 집단끼리 결합 또는 합작투자를 함으로써 불확실성을 감소하기 위한 전략이다. 이 전략은 앞서 살펴본 협약과 흡수전략이 모두 불가능하거나 집단 상호간의 의존도를 감소시킬 수 없으므로 높은 불확실성에 직면했을 때 사용한다.

전형적인 예를 복수 정당제를 채택하고 있는 나라의 정치에서 볼 수 있다. 즉 다수의석을 차지하고 있는 제 1정당이라고 하더라도 의회 내 투표에서 과반수의 찬성을 얻지 못한다면 여타 정당과의 상호작용에 관한 불확실성은 계속 남게 될 것이다. 바로 이 문제점을 통제하거나 제거시키기 위해 다수당은 소수당과의 연합을 통해서 특정 목표에 관하여 보다 강력한 정당의 역할을 할 수 있을 것이다. 그러나 이런 정치적 연합은 연합 당사자간에 의견일치를 보지 못할 때 오히려 역효과를 낼 가능성도 있다. 즉 의견의 불일치를 통제할 수 없을 때는 소수당에 의해 재투표를 요구당하는 등 불확실성이 더 커질 위험이 발생하기 때문이다.

특히 기업체의 경우 지배적 연합(dominant coalition)은 조직의 의사결정에서 특별한 역할을 수행한다. 즉 조직규모의 복잡성이 증가함에 따라 일반적으로 권력이 분산되는데, 이 때 분산된 집단 중 특정한 몇 개의 집단이 분산된 권력을 결합함으로써 조직의 유효성을 제고할 수 있다. 조직 내 권력에 대한 토론에서 잘레즈닉(Zaleznik)는 다음과 같이 말했다. "조직의 집행구조에서 권력의 결집이 이루어지지 않으면 분권화된 집단간의 공공연한 경쟁관계를 유발시킬 뿐 아니라, 결국은 의사결정이 이루어질 수 없는 결과까지도 초래할 수 있다." 즉 분권화된 조직이 분산된 권력을 통제하고 집중화시키는 지배적 연합(dominant coalition)이 이루어지지 않으면 불확실성이 증가하여 방향을 잃고 우왕좌왕하게 되며, 갈등과 낮은 성과를 야기시킨다는 것이다.

지배적 연합의 예는 모든 형태의 조직, 즉 종교조직으로서 교회나 교구회, 기업 조직에서의 집행위원회, 병원조직의 관리부서 또는 단과대학의 운영위원회 등에서 찾아볼 수 있다. 연합은 연합구성원간에 조직의 목적이나 주요 목표를 다루기 위한 노력이 이루어지지 않으면 곧 붕괴되거나 새 형태의 연합이 이루어질 것이다. 지배적 연합의 형태에는 여러 가지가 있지만 일반적으로 4가지 형태로 구분된다.

㈎ 경영자연합(executive coalition) 최고경영자와 함께 의사결정권한을 나누어 가진 소수의 라인 및 스태프 관리자들의 연합을 말한다. 이러한 분권적 연합을 최고경영진(top management team)이라고 부르기도 한다.

㈏ 전문가연합(expert coalition) 구성원의 전문적 목표가 조직목표에 우선하는 조직에서 발생한다. 예를 들어 공학, R&D 등의 기술적 기능이 중요역할을 하는 조직에서 가장 일반적으로 사용된다.

㈐ 관료적 연합(bureaucratic coalition) 최고경영자 혼자서 조직에서 발생하는 모든 사항을 처리할 수 없는 경우에 다른 단위나 부서로 권력이 위양되는데, 이를 관료적 연합이라 하며 많은 종류의 제품이나 용역을 생산하는 거대한 조직에서 흔히 발견된다. 따라서 관심의 초점이 조직 전체의 목표에서 특정 단위로 옮겨지면서 기업목표 대신에 특정단위의 목표나 개인의 이익이 중요시된다.

㈑ 정치적 연합(political coalition) 이는 연합을 이룬 구성원의 정치적 행위(political activity)에 토대를 두고 있다. 그러나 조직 전체에 정치적 행위가 만연하게 되면 오히려 지배적 연합이 불가능하게 되거나 조직 전체의 목표나 방향을 잃어버릴 수도 있다.

연합을 이루는 구성원 및 연합 그 자체는 일반적으로 연합의 발전을 위해 필요한 행위들을 하게 된다. 우리는 어떤 기업의 종업원들이 "우리 회사는 마케팅 회사입니다," "우리 회사는 창조능력을 중요시합니다", "전문기술은 우리 회사의 생명입니다" 라고 자기 회사를 소개하는 경우를 보게 된다. 이런 말은 모두 그 회사 내 집단간의 상대적인 중요도 및 권력의 차이를 의미하며, 기업의 환경지향적 태도를 보여 주는 것이다.

[표 10-2]에서 볼 수 있는 바와 같이 여러 가지 연합은 조직에서 상당히 다른 방식 및 기능으로 작용하게 될 것이다. 즉 한 기업은 전체 시장 중 특정 세분시장만을 집중함으로써 높은 수준의 능률을 사용하는 전략을 채택할 수 있다. 바로 이 것을 방어전략(defender strategy)이라고 하며 비용감소, 능률, 시장점유율 확대 등의 목표를 가지고 기존의 기업생산활동을 계속 유지 · 보호하는 데 가장 큰 역점을 두는 것이다. 연합은 일반적으로 생산, 재무부서 관리자에 의해 지배되는 경영자연합의 형태를 취한다. 예를 들면 콘테이너 산업의 대표적 회사인 미국의 크라운 콜크 앤드 실(Crown Cork & Seal)사를 들 수 있는데, 이 회사의 최고경영진은 신제품을 만들어 산업 내 선두기업을 뒤쫓기보

[표 10-2] 연합의 형태와 기능

	방어전략	개척전략	분석전략	반응전략
연합의 형태	경영자 연합	전문가 연합	관료적 연합	정치적 연합
기 능	지배권의 방어	지배권의 확대	1) 신제품에 대한 방어 2) 신제품의 확대	빈번한 변화
전형적인 구성원	생산 및 재무 부서	신제품개발부서 시장조사부서 R&D 부서	마케팅 부서 R&D 부서 공학 부서	상황에 따라 변화
목 표	1) 능 률 2) 비용감소 3) 시장지분의 확대	1) 혁 신 2) 신제품 3) 외부기회의 효과적 이용	방어전략과 개척전략의 종합	생존 또는 명시되지 않음

다는 가장 잘 알고 있는 기존 품목만을 계속 생산함으로써 성공을 거두었다.

반면에 기술혁신을 강조함과 동시에 새로운 제품 또는 용역의 개발에 초점을 맞추는 것을 개척전략(prospector strategy)이라 한다. 따라서 지배적 연합은 신제품개발부서와 시장조사 부서 및 R&D 부서의 전문가들로 구성된다. 대표적인 예는 3M으로 이 대기업은 매년 10%씩 제품라인을 증가시킨다는 목적을 가지고 이 전략을 사용했다. 애플 컴퓨터(Apple Computer)사도 마찬가지의 예라 할 수 있다.

앞서 살펴본 방어전략과 개척전략을 결합시킨 것으로 분석전략(analyzer strategy)이 있다. 이 전략은 조직을 많은 단위로 분할하여 몇몇 부서는 기존 생산품을 계속 생산하고, 다른 부서는 신제품개발에 초점을 맞추는 것이다. 관료적 연합은 R&D, 마케팅, 공학부서가 중요한 위치를 점하는 조직에서 이루어진다. 그 예로 휼레트 패커드(Hewlet-Packard)사는 과학용 계측기기라는 기존제품의 판매를 강화하면서 동시에 소형컴퓨터의 개발까지 손을 대는 전략을 사용하였다.

마지막으로 반응전략(reactor strategy)은 정치적 연합과 관련된 것으로 한 집단에서 다른 집단으로 정치적 권력이 이동될 때마다 그에 따라 반응적인 목표가 추구되는 것이다. 결국 추구할 목표가 권력이동에 따라 빈번하게 바뀌어진다면 조직은 방향감각을 잃고 생산할 제품이나 용역도 자주 변화시키는 결과를 가져올 것이다.

지금까지 살펴본 네 가지 연합전략, 즉 방어 · 개척 · 분석 · 반응전략이 확고부동한 전략적 범주는 아니다. 즉, 방어전략을 사용하는 기업이 반드시 생산, 재무관리자로 구성되는 경영자연합을 사용하지 않을 수도 있다. 위에서 분류된 범주는 단지 규범적인 것이며, 어떤 조직의 행동상태를 이해하고 설명하는데 도움을 준다.

5. 권력수용 과정

권력행사자가 권력을 행사하기 위한 권력의 원천을 다양하게 혼합하여 사용하게 될 때 권력이 권력수용자에게 영향을 미치게 되는 과정은 ① 복종(compliance), ② 동일시(identification), ③ 내면화(internalization)인데 그 내용은 다음과같다.[14)]

(1) 복종(compliance)

권력행사자의 의도대로 권력수용자가 영향을 받는 것은 보상이나 처벌을 피하기 위한 기대 때문인데 이를 복종의 과정이라고 한다. 일을 수행하는 것은 권력행사자의 직접적인 지시에 따라 수행하는 것이 원칙이며 이는 이를 수행함으로써 돌아오게 될 보상이나 처벌을 피하는 것을 기대함으로써 수행된다. 예를 들면 기술부원이 기술부장의 명령으로 다음 날 회의에 보고할 보고서를 늦게까지 남아서 작성하는 것은 이 보고서를 성공적으로 완성했을 때 받게 될 보상을 기대하기 때문이다. 이런 복종을 성공적으로 수행하려면 권력행사자에게 두 가지의 요건이 필요한다. 첫째 보상을 줄 수 있는 여러 가지 자원을 통제할 만한 충분한 능력이 있어야 하고, 둘째 권력수용자의 행위나 결과를 충분히 관찰하고 평가할 수 있어야 한다. 즉 권력수용자가 복종하는가 않는가를 관찰함으로써 수용자에게 보상을 하든가 벌을 주든가 할 수 있어야 하며, 항상 눈길이 머물고 있음을 느끼게 해야 한다.

14) *Ibid.*, pp. 293~296.

(2) 동일시(identification)

다른 사람의 지시나 영향력을 받아서 행동을 하는 것은 그 사람이나 집단과의 만족스러운 관계를 유지하든가 이러한 관계를 성립시키려고 하는 것이 원인일 때 이를 동일시(identification)라고 한다. 특히 권력행사자에게 많은 매력을 느끼고 있기 때문에 그와의 관계를 유지하는 데 높은 가치를 부여하고 스스로 영향을 받기를 원하게 된다. 이러한 과정의 영향을 받는 자신은 개인 스스로 만족하는 데 큰 관심이 없고 권력행사자와의 좋은 관계를 유지함으로써 받는 만족에 높은 가치를 부여한다.

(3) 내면화(internalization)

권력수용자는 권력행사자에 의하여 유도된 행위가 자기의 가치관과 일치됨으로써 영향력을 받아들이고 그것을 내면화하게 된다. 보상을 기대하는 것이 아니고 스스로 내재적 보상을 받음으로써 영향력을 받아들이는 것으로 권력수용자는 행위의 내용에 관심을 갖고 그 행위가 욕구를 충족시켜 주며 도덕적으로 옳고 적절하다고 지각하는 것이다. 내면화는 권력행사자가 믿을 만하고 그 행위가 적절해야 한다는 전제가 따르게 된다.

권력수용자의 권력에 대한 영향과정을 실정적으로 연구한 와렌(D. I. Warren)의 연구에 의하면 권력수용자는 권력을 수용함에 있어서 그 방법이 두 가지가 있는데, 첫째 형태가 권력을 수용함에 있어서 규범의 내면화 없이 동의하는 단순한 행동적 일치(behavioral conformity)와 둘째는 복종과 내면화 모두가 일어나는 태도상의 일치(attitudial conformity)로 나누었다. 교사들의 태도적 일치는 전문적, 합법적, 준거적 권력의 기반을 갖고 행사했을 때 밀접한 관련성을 갖고 있는 반면에, 행동적 일치는 강압적 권력이나 보상적 권력을 기반으로 했을 때 강하게 관련되어 있음을 알아냈다. 이는 강압과 보상을 내 세운 당근과 채찍(carrot and stick)식의 관리로서는 행동상의 복종을 얻을 수는 있으나 내면으로부터 나오는 태도적인 복종은 얻을 수 없음을 시사하기도 한다.

세 가지의 영향력의 과정과 권력의 원천과의 관계를 여러 학자들의 연구를 통합하여 정리하면 [표 10-3]과 같다

[표 10-3] 영향력 과정의 특징

과 정	권력의 원천	권력수용자가 영향력을 받는 원인	상황적인 욕구
복 종 (compliance)	보상적 권력 강압적 권력 정 보 권 력	보상을 얻고 처벌회피 욕구	리더는 보상과 처벌의 자원을 통제할 수 있어야 한다.
동일시 (identification)	준거적 권력	리더와 만족스러운 관계의 유지를 하기 위한 욕구	리더와 권력수용자간의 친분
내면화 (internalization)	전문적 권력 합법적 권력	가치관이 동일	리더는 믿을 만하다는 신념을 갖고 있는 상황

자료 : Szilagyi and Wallace, *op. cit.*, p. 296.

제 3 절 권력의 획득과 유지방법

대부분의 관리자들은 정도의 차이는 있지만 권력을 획득하여 목적을 달성하는 데는 비슷한 방법을 쓰고 있다. 어떤 방법은 좋은 것도 있으나 어떤 방법은 그렇지 못한 경영관리수법도 있을 수 있다. 코터(J. P. Kotter)가 정리한 관리자들의 권력획득에 대한 전술을 중심으로 요약하면 다음과 같다.[15)]

(1) 구체적인 자원의 통제능력을 획득한다

권력을 획득한다는 것은 영향력을 미칠 수 있는 잠재능력을 획득하는 것이다. 타인으로 하여금 자기가 원하는 바를 수행하게 하거나 또는 원하지 않는 바를 못하게 압력을 가할 수 있는 잠재적 능력을 얻는 것이 필요한다. 이를 위한 가장 명확한 방법은 눈에 보이는 구체적인 자원을 획득하고 통제하는 것이다. 예를 들면 예산, 근로자, 건물, 기구 등을 획득하는 것이 바로 그 방법이다. 전쟁으로 먹을 양식이 부족한 상황에서는 작전을 담당하고 있는 대령보다도 보급계의 상사가 더 권력행사를 할 수 있는 것은 식량을 비롯한 물자를 관리하고 통제하는 능력을 갖고 있기 때문이다.

15) J. P. Kotter, *Power is Management* (New York : Amacom, 1979).

(2) 정보의 유통경로를 통제한다

권력을 획득하는 방법으로 필요한 정보나 정보의 유통경로를 통제하는 방법이 있다. 현재의 복잡한 사회나 조직에서 정보를 장악하는 것은 어느 면에서는 자원을 갖고 있는 경우보다 더 강력한 권력행사를 할 수 있게 된다. 왜냐하면 합리적인 의사결정이나 문제해결에 가장 관건이 되는 것은 정확하고 유용한 정보가 필수적이기 때문이다. 유용하고 필요한 정보를 보유하고 통제할 수 있다는 것은 조직구성원들의 동기유발이나 조직목표의 달성에도 관련이 되기 때문에 남보다 더 큰 성과를 달성할 수 있는 능력을 보유하게 되는 것이다.

(3) 우호적인 관계를 유지한다

관리자가 권력을 유지하는 방법은 상호간의 인간관계에 관심을 두는 방법이 있다. 이 방법은 위의 방법보다는 덜 효과적이라고 생각할 수 있으나 장기적이며 전체적 측면을 고려할 때 매우 효과적인 방법 중의 하나이다. 인간관계를 통하여 권력을 획득하는 방법은 1차적으로 상대방에게 신뢰를 얻는 것이다. 신뢰를 얻는 방법은 여러 가지가 있을 수 있는데, 이는 어떤 주어진 범위 내에서 타인이 원하는 바에 따라 달라질 수 있는 성질의 것이나 이러한 호의적 관계는 관리자가 타인(부하나 동료, 상사)에게 의존관계를 유지해야 하는 현 조직사회를 고려할 때 매우 중요한 요인이 된다. 또 이러한 우호적인 관계의 유지는 앞서 논의한 자원의 획득이나 정보의 통제 등의 수단을 획득하는 데 도움이 된다.

(4) 의무감을 형성시킨다

관리자가 호의적인 관계를 유지하는 하나의 수단으로 어떤 방법에 의하여 그가 의무감을 느끼게 하는 것이다. 예를 들면 부하에게 어떤 호의를 베풀게 되면 부하는 이 호의에 보답하여야 하겠다는 의무감이 생기게 된다. 관리자는 과히 비용을 들이지 않고서도 부하가 굉장히 고맙게 생각하는 호의를 보일 수 있는 기회를 포착할 수 있다. 예를 들면 집안에 경사나 슬픈 일이 있을 때 함께 축하해 주거나 함께 슬픔을 나누어 준다면 관리자기 소비하는 시간은 잘 해야 1시간 이내이지만 부하는 항상 고맙게 생각하고 복종해야 하겠다는 위무감을 갖게 되는 것이다. 부하의 입장에서도 조직 내에서 강력한 영향력을 행사하는 상사와 인간관계를 갖기 원하기 때문에 이와 같은 관리자의 행동은 이에 상응하는 일을 함으로써 좋게 유지하기를 바라기 때문에 더 큰 의무감과 복종심이 발생하게 된다.

(5) 훌륭한 전문적 명성을 쌓는다

어떤 특별한 사항에 대하여 개인적 명성을 쌓는 것이다. 때때로 사람들은 관리자는 그 분야에 대한 전문적인 능력이 있다고 믿기 때문에 존경하는 경우가 있다. 이러한 형태의 권력은 보통 관리자들이 어떤 눈에 보이는 업무적인 성취를 이루었을 때 나타나게 된다. 성취된 것이 크고 눈에 보이는 것일수록 개인적인 권력은 늘어나게 되는 것이다. 가시적인 성취의 중요성을 규모가 큰 R&D 회사의 두 부사장들의 예를 들어 설명하고자 한다. 두 사람은 모두가 기술분야에 능력이 있고 탁월한 실력자이며 관리자로서의 능력도 비슷하다. 그러나 한 부사장은 회사의 모든 분야에서 더 전문가로서의 명성을 갖고 있으며, 그의 아이디어나 제안을 더 큰 비중을 갖고 취급된다. 동료의 평가에 의하면 그가 다른 부사장보다 더 강력한 조직 내에서의 권력을 갖게 된 것은 그의 가시적 성취를 이룩한 몇 개의 진술 때문이다 라는 것이다. 한 부사장은 다른 부사장에 비하여 더 많은 논문을 과학잡지에 발표하고 조직관리와 관련된 연구논문들을 계속 발표하고 있기 때문이라는 것이다. 그는 자기가 하는 일을 보다 더 신중하게 골라서 이왕이면 눈에 띄게 하며, 그 성과를 가급적 널리 전파시키기 위하여 노력을 한다. 회의석상에서 전문분야에 대한 토의에서는 강력한 주장을 하며, 자기 분야가 아닌 내용에는 침묵을 지킨다. 가치있고 눈에 보이는 성취로부터 나오는 권력은 대부분의 관리적인 업무를 성공하게 하는데 매우 중요한 역할을 하게 된다. 모든 현대조직에서 이러한 종류의 권력은 과거 30～40년 전부터 매우 중요한 위치에 있게 된다. 오늘날은 과거에 비하여 조직구성원들의 학력수준이 높아짐에 따라 더 높은 전문성에 대한 요구가 높아졌기 때문이다.

(6) 일체감을 형성한다

관리자는 그들이 견지하고 있는 의견이나 조직구성원들이 가지고 있는 무의식적인 일체감의 관계에 의하여 권력을 얻을 수 있다. 이와 같은 현상은 카리스마적 리더들과의 관계에서 명백히 나타난다. 일반적으로 관리자는 부하들이 생각할 때 의식적으로 또는 무의식적으로 이상적이라고 느낄수록 더 존경을 하게 된다. 관리자들은 조직구성원들이 자기를 이상적으로 보게 함으로써 권력을 획득하게 하는 몇 가지 방법을 사용할 수 있다. 예를 들면 타인의 존경을 받을 수 있는 방향으로 행동을 한다. 그들을 조직의 목표나 가치, 이상 등에 관하여 종업원들에게 이야기하기도 하며 만약 어떤 승진이나 채용에 관여하게 되면 이러한 종류의 권력을 증진시키기 위한 행동을 후보자들에게 한다. 예를 들면 미국에 적수공권으로 17세에 이민을 한 판매담당 부사장의 경우 그가 판매관리자가 되었을 때 자기의 본국에서 이민 온 사람이나 자녀 중에서 직원을 채용하였으며, 20년 후 그가 판매담당 부사장이 되었을 때는 판매담당부서의 약 85%에 해당하는 사람이 그의 본고향 사람으로 충원되게 되었다. 그의 가장 기본적인 권력의 기반은 그가 관리하는 조직이 그와 일체감을 갖는 사람들로 구성되었다는 것이며, 이것은 강력한 권력행사의 기반이 된다. 이제 그는 그 산업분야에서 강력한 권력을 행사할 수 있으며, 어떤 판매전략을 수립할 경우 대부분 성공을 함으로써 명성이 높아지게 된다. 비록 이러한 권력의 강도는 선거에 의하여 취임되는 공직보다는 덜 영향을 미친다 하더라도 대부분의 조직에서 이러한 종류의 권력을 갖게 되면 조직에서 핵심적인 역할을 수행하게 된다.

사람들은 일반적으로 그들이 당면한 모든 문제점에 대하여 강력하고 신뢰할 수 있게 대처할 수 있다고 느끼게 되거나 어떤 의미 있는 일을 하고 있다고 느끼게 될 때 그 관리자를 존경하게 된다. 만약에 관리자가 이러한 욕구를 충족시켜 줄 수 있다면 그는 매우 강력한 권력을 갖게 된다.

(7) 종속감을 형성한다

관리자는 조직구성원이 인정이나 도움을 받기 위하여 관리자에게 종속되어 있다는 생각을 갖도록 함으로써 권력을 얻는다. 타인에게 종속되어 있다고 느끼면 느낄수록 그런 사람을 관리자에게 더 협조적이다. 조직구성원의 종속감을 얻음으로써 강력한 영향력을 조직에 미칠 수 있었던 극단적인 사례를 들어보자.

특정한 분야에서 유능하다고 평판을 얻고 있는 40대의 전문경영인은 현재 위기에 처해 있는 회사의 사장을 맡기로 하고 회사의 상황을 진단하였다. 그의 판단으로서 회사를 회생시키는 데 상당이 큰 권력을 행사하여 모든 부서의 관리자들의 복종을 얻어내지 않으면 어렵다고 생각하였다. 이러한 판단에 따라 그는 회사의 모든 분야의 관리자들의 종속감을 높이고 그들의 절대적인 복종을 이끌어 내기 위하여 다음과 같이 강력한 권한행사를 실시하였다.

(가) 그는 두 시간의 여유를 두고 회사에 도착하겠다고 부서책임자에게 연락을 취하였다.

(나) 6명의 보좌역을 대동하고 최고급 리무진으로 회사에 도착하였다.

(다) 곧 그는 40명의 최고 관리자들이 참석한 회의를 주재하였다.

(라) 그는 자기가 평가한 현재의 상황을 간단히 이야기하고 그가 변화시키려는 바와 회사의 기본방향을 설명하였다.

(마) 그리고 자기가 지금까지 검토한 바를 기준으로 즉석에서 4명의 최고 관리자를 해고하고 두 시간 이내에 회사를 떠나도록 명령하였다.

(바) 누구라도 그가 회사를 구하기 위한 노력에 제동을 걸면 해고할 것임을 단호하게 선언했다.

(사) 그의 보좌역들이 개별적으로 만날 시간을 아침 7시부터 계획하여 통보할 것이라고 이야기하고 60분간의 회의를 마쳤다.

이렇게 함으로써 그는 가장 심각한 기간인 취임 후 6개월 동안 모든 관리자들이 정열적으로 그에게 협력하도록 하였던 것이다.

내용요약

권력이란 경영학 분야에서는 비교적 최근에 관심을 갖기 시작한 주제로서 간단히 "상대방의 행동을 자신이 의도한 방향으로 조종하고 움직이게 할 수 있는 능력(잠재능력)"이라고 정의할 수 있다. 권력은 영향력, 권한, 리더십, 정치행동 등과는 구별된다.

영향력이란 권력보다도 광의의 개념이며 권한은 권력의 일종으로서 합법적인 권력을 말하며, 리더십이란 권력을 수단으로 목표를 달성하려는 노력이며 정치란 비합법적 · 비공식적 수단을 이용하여 자신의 목표달성을 위해 상대방에게 영향력을 행사하는 과정을 말한다. 예를 들면 정치행동은 상사에게 뇌물을 준다거나 고객을 속이거나 공해 물질을 배출하는 따위의 비윤리적 행동이 포함된 개념이다.

경영자는 기업시민으로서 기업의 사회적 책임을 다하며 상도의와 관련된 기업윤리(business ethics)를 마땅히 준수해야 할 책임이 있다. 따라서 정치적 행동(political behavior)은 윤리적인 측면에서 다루어야 할 것이다.

현대의 모든 조직은 곧 하나의 정치 시스템으로서 작용한다. 그리고 각 조직 내에서는 구성원가의 권력획득투쟁이 벌어진다. 이러한 권력획득을 위한 정치적 전략(political strategies)등 대표적인 것을 들면 다음과 같다.

① **권력층과의 유대형성** : 권력획득의 기본전략은 권력 소유자에게 접근하여 친밀한 유대관계를 형성하는 것이다. 예를 들어 기업 내의 가장 중요한 부서의 장이나 고위관리층과의 관계 형성 및 유지가 중요할 뿐만 아니라, 사장의 비서나 스태프 관리자들과의 유대형성도 권력획득의 방법이 될 수 있다.

② **환영 후 장악** : 이 전략은 마키아벨리의 원칙(Machiavellian principles)에 근거한 것으로 모든 조직, 특히 기업의 경우에도 적용 가능한 권력획득전략이다. 예를 들어 기업의 인수라는 상황하에서 인수자는 피인수기업의 대표자를 따뜻하게 환영하며 용기를 주어야 한다. 왜냐하면 피인수기업의 대표자는 자기가 경시당한다는 느낌을 받으면 거부반응을 보이기 때문이다.

③ **분할 후 지배** : 이 전략은 정치 및 군사전략으로 잘 알려져 있는 전략으로 반대자들이 자신에게 불리한 연합을 형성하지 못하게 함으로써 영향력을 행사하려는 전략이다. 예를 들어 R&D 부서의 부장이 생산부장과 판매부장을 분할시킴으로써 그 만큼 자기 권력의 크기를 유지할 수 있을 것이다.

④ **점진적 영역확보** : 이 전략은 권력을 한꺼번에 획득하려는 것이 아니라 점진적으로 권력을 잠식하는 형태로 획득해 나가는 전략을 말한다. 즉 처음에는 매우 미세한 영향력만을 획득하고 있는 것처럼 보이지만 결국에는 결정적인 권력을 획득하게 된다.

⑤ **정보의 확보 및 제공** : 이 전략은 상대방에게 매우 중요한 정보를 얻어 내어 상대방에게 제공해 줌으로써 권력을 획득하는 전략이다. 왜냐하면 정보를 제공받은 상대방은 빚을 진 셈이므로 쉽게 영향력을 받게 되기 때문이다.

⑥ 종업원에 대한 제한적 문호개방 : 이 전략은 관리자가 이미 지니고 있는 권력을 유지하기 위해서 종업원을 의사결정 과정에 완전히 참여시키는 것을 지양하는 전략이다. 즉 관리자는 의사결정 과정에의 종업원 참여를 제한함으로써 권력을 획득코자 하는 것이다.

제 3 부 Theory Application

이론의 적용

사례 연구 **case studies**

3-1 관악기업의 중역들

관악기업의 인사부에서 근무하고 있는 교육 · 훈련 담당자인 김창민 부장은 자기 직속상사인 박대원 이사가 어느 날 아침 부르기에 중역실에 들어갔더니 어제 중역회의에서 논의된 의제 중 하나가 중간관리계층의 모든 관리자들에게 리더십 개발훈련 프로그램을 계획해야 하겠다는 것이었다. 김 부장은 즉석에서 본 프로그램의 정확한 목적을 확인하고자 하였으나 박 이사 역시 단순히 중역회의에서 논의된 것은 오늘날의 중간관리자들이 행하고 있는 관리행동이 과거의 중역들이 업무에 임하였던 스타일과 전혀 다르기 때문에 무엇인가 여기에 대하여 개선이 있어야 하겠다는 것이었다.

중역회의에서 나온 몇몇 이사들의 이야기는 다음과 같다:전무이사의 이야기는 오늘날 우리 사회의 중간관리자들의 태도와 행동, 그리고 그들의 사고방식이 너무 이상적이라는 것이었고, 이러한 면에 대해서 다른 중역들도 대부분 동의하는 분위기였다. 재정담당 이사는 덧붙여서 말하기를 오늘날까지 우리 회사가 그래도 산업계에서 선두의 자리를 유지할 수 있었던 것은 순전히 우리가 과거에 행하였던 리더십에 의하여 이루어진 것이었으며, 이것 자체가 회사발전에 지대한 공헌을 하였고 따라서 앞으로 젊은 사람들도 그렇게 하여야 할 것이라고 주장하였다.

총무담당 박대원 이사가 김부장에게 지시하기를 자기 역시 중역회의의 결정에 따를 수 밖에 없으며 그렇게 하기 위해서는 우선 리더십의 기본 이론을 잘 이해한 다음 사장과 부사장이 과연 어떤 리더십 스타일을 구사하고 있고, 왜 그러한 리더십 스타일이 과거에 성공하였는가를 고찰하여야 하겠다고 하였다. 그리고 나서 중간관리자에 대한 리더십 훈련 프로그램을 작성하는 데 반영할 것이라고 말하였다.

[문 제]

1. 당신은 박 이사의 교육훈련 프로그램의 설정방안에 대해 어떻게 생각하는가? 만일 당신이 김 부장이라면 프로그램 작성에 고려해야 할 중요한 이론으로 어떤 것이 있다고 생각하는가? 또한 최고경영층의 리더십 스타일을 결정하는 데 사용할 수 있는 구체적인 기법(techniques)을 제시하라.
2. 전무이사와 재정담당 이사의 말을 근거로 하여 최고경영층의 리더십 스타일을 추측해 본다면 어떠한 스타일이라고 생각하는가? 또한 중간경영층의 리더십

스타일은? 당신은 최고경영층의 리더십 스타일에 따라 교육훈련 프로그램이 달라져야 함을 어떻게 정당화할 수 있는가?

3-2 계열기업사의 관리자

매월 셋째 월요일 아침 10시에 한단그룹에서는 회장의 주제하에 계열기업사들의 인력관리위원회가 열리고 있다. 본 회의에서는 특히 앞으로 기업이 계속 성장하기 위해서는 무엇보다 인재의 발굴과 유지개발에 관하여 집중적으로 논의하게 된다.

회장의 이야기인즉 "오늘날 우리 그룹의 기업 내에서 가장 큰 문제는 엄청난 봉급과 회사로부터의 많은 편익을 제공받는 관리자들은 매우 많으나 거기에 상응하는 자질을 갖춘 리더가 거의 없다"는 것이었다. 회장의 생각은 리더란 원래부터 타고나는 것이지, 회사에서 현재 실시하고 있는 여러 가지 관리자 능력개발을 위한 교육·훈련 프로그램으로써는 타고나지 못한 자질이 개발된다고는 생각하지 않고 있다. 회장은 계속해서 "흔히 인사부서에서는 능력도 없는 사람들을 책임 있는 자리에 배치하여 놓고 어떤 성과를 기대하는데 그것은 무리이다. 따라서 앞으로는 관리자들을 채용할 때에는 무엇보다도 개인적인 능력 즉 지능, 열성, 추진력, 주도력(initiative), 정직성, 자신감, 협동심 그리고 부하들에게 확고한 신념을 불어 넣어 줄 수 있는 인물을 처음부터 선발하여야 한다"고 말하였다.

이에 대하여 인력관리팀장인 이선민 이사의 대답은 다음과 같다:즉, "우리가 각 부서의 장을 선발하는 데 있어서 개인의 자질과 특성이 중요하다는 것은 모두 인식하고 있지만, 그보다 더욱 중요한 것은 직무를 성공적으로 수행하고 부하들의 고충을 이해하면서 소속부서를 대표할 수 있는 사람이 더 필요하다. 서구의 유명한 행동과학자인 리커트, 피들러, 블레이크와 모우튼, 탄넨바움과 슈미트 등과 같은 사람들도 그들의 이론과 연구에서 이러한 점들을 확연하게 보여주고 있다."

이와 같은 이선민 이사의 주장에 대해 회장의 이야기는 "나는 상아탑의 학자들이 무어라고 얘기하든 상관하지 않는다. 그들이 실무에 대하여 무엇을 얼마 만큼 안다고 생각하는가? 우리가 처음 창업 당시에는 유능한 사람들이 많았는데 요즘에는 이러한 자질이 매우 결여되어 있는 것 같다. 어떠하든지간에 인력관리팀장은 이러한 점에 유의하여 각 사의 모든 계층에 능력 있는 사람을 선발하여 배치함으로써 향후 회사 발전에 만전을 기해주기를 바란다"고 말하였다.

[문 제]

1. 회장의 의견에 대해 당신은 어느 정도 동의하는가?
2. 만일 당신이 인력관리팀장인 이선민 이사라고 한다면 어떤 방식으로 접근하겠는가(대답하겠는가)?
3. 피들러, 리커트, 블레이크와 모우튼, 탄넨바움과 슈미트 등의 여러 학자들의 이론과 연구결과에 비추어, 본 문제를 논의하면 이 회사에서 유능한 관리자들을 개발하기 위해서는 어떤 방법으로 추진하겠는가?

연 습 Exercises

3-1 리더십 설문지

목 적 : 이 리더십 설문지를 사용하여 자신의 경력과 리더십 스타일을 판단하는 데 도움을 주기 위함.

소요시간 : 40분~1시간

인 원 : 제한 없음

준 비 물 : 인원수 만큼의 설문지 사본

진행방법 :

(1) 우선 리더십 설문지를 각 참가자들에게 나누어 준 다음 자신의 생각을 중심으로 응답케 한다.

(2) 질문 1, 2, 3, 6, 8, 10, 11, 14, 15, 18, 21, 22, 24, 28, 29, 30, 33, 35, 36에 대해서는 ○○는 4점, ○는 3점, ×는 2점, ××는 1점을 가산한다.

(3) 질문 4, 5, 7, 9, 12, 13, 16, 17, 19, 20, 23, 25, 26, 27, 31, 32, 34, 37, 38에 대해서는 ××는 4점, ×는 3점, ○는 2점, ○○는 1점을 가산한다.

(4) 질문 39, 44에 대해서는 39(1), 40(2), 41(2), 42(1), 43(2), 44(1)로서 응답이 일치하는 경우에만 5점을 가산하고, 다른 답을 쓴 경우에는 점수를 주지 않는다.

(5) 종합점수를 중심으로 리더십 스타일을 판단하면 대략 다음과 같다.

① 159 – 182점: 매우 능동적인 관리다.

② 129 – 158점: 비교적 능동적인 관리다.

③ 99 – 128점: 보통 능동적인 관리다.

④ 69 – 98점: 약간 수동적인 관리다.

⑤ 38 – 68점: 매우 수동적인 관리다.

다음 설문지는 당신의 경력과 리더십의 위치를 결정하도록 하는 데 도움을 주기 위한 것이다. 주어진 문장을 읽고 당신의 느낌, 생각, 행동과 얼마나 부합되는가를 결정하여 전적으로 찬성하면 ○○, 찬성하면 ○, 반대하면 ×, 전적으로 반대하면 ××로 표시하십시오. 응답은 첫 번째 느낌으로 되도록 빨리 해 주십시오.

1. ( ) 부하를 관리하는 데는 신상필벌제가 중요하다. 왜냐하면 작업이 제대로 수행되지 않는 경우 모든 책임은 관리자가 져야 하기 때문이다.
2. ( ) 상사는 자기의 부하들과 너무 친숙해지면 안 된다. 왜냐하면 편견을 갖게 되기 쉽기 때문이다.
3. ( ) 부하들은 자기의 직무를 잘 수행하든지 못하든지간에 상사로부터 부단한 피드백(feedback)을 받아야 한다.
4. ( ) 관리자는 부하들에게 주어진 일상업무에 대한 참견을 적게 해야 한다. 왜냐하면 관리자의 시간은 좀더 중요한 업무에 투자되어야 하기 때문이다.
5. ( ) 관리자는 부하의 강점을 최대한으로 살려 그들에게 동기부여를 하기 위해 직무성과에 대한 평가를 해야 한다. 왜냐하면 부하들에게 독자적이고 자신감에 넘치도록 용기를 주어야 하기 때문이다.
6. ( ) 부하의 실수는 방치할 수 없다. 왜냐하면 이러한 실수는 엄청난 부작용을 초래할 수 있기 때문이다.
7. ( ) 각 부서의 중요성은 그 예산규모에 의해 가장 잘 알 수 있다. 따라서 충분한 예산이 주어지지 않는 부서는 그 중요성도 적은 것으로 생각된다.
8. ( ) 관리자의 봉급수준이 부하들과 비슷해서는 안 된다. 왜냐하면 종종 봉급수준이 권한의 척도가 되기 때문이다.
9. ( ) 관리자는 부하들을 동기부여하는 데 있어서 개인적 접촉을 자주 할 필요가 있다. 왜냐하면 그렇게 함으로써 서로간에 가장 효과적으로 의사소통을 할 수 있기 때문이다.
10. ( ) 관리자가 부하의 약점을 찾아내기 위해서는 될 수 있는 대로 개인적으로 부하에 대해 많이 알고 있어야 한다.
11. ( ) 관리자는 조직의 모든 규율과 규제에 따라야 한다. 왜냐하면 규정화되고 지시된 방법으로 일을 하는 것이 효과적으로 직무를 수행하는 것이기 때문이다.
12. ( ) 예산을 세울 때 관리자는 부하의 요구를 따르도록 해야 한다. 왜냐하면 부하들이야말로 현장감각을 가장 잘 알고 있기 때문이다.
13. ( ) 관리자는 부하의 직무수행에 있어서 업무에 대한 도전과 개인적 성취기회를 강조해야 한다. 왜냐하면 이 두 가지가 없으면 직무는 아무 의미가

없기 때문이다.

14. ( ) 관리자는 부하들로부터 존경받는 동시에 엄하게 느껴야 한다. 그렇게 함으로써 관리자는 부하를 적절히 감독할 수 있기 때문이다.

15. ( ) 관리자는 그가 수행하고 있는 업무의 중요한 부분 못지 않게, 세세한 업무에도 많은 시간을 할당해야 한다. 왜냐하면 관리자는 그의 업무 전반에 걸쳐 올바르게 수행해야 하기 때문이다.

16. ( ) 부하의 자기개발은 부하 자신이 스스로 하도록 맡겨두는 것이 좋다. 왜냐하면 최선의 교육방법은 바로 시행착오를 통한 것이기 때문이다.

17. ( ) 훌륭한 관리자는 부하를 평가하는 데 있어서 그들의 성격과 행동을 고려해야 한다. 왜냐하면 그들의 성격이 직무에 대한 적합성 여부를 결정하고, 직무를 효과적으로 수행할 수 있게 하기 때문이다.

18. ( ) 직장 내에서 관리자는 종업원의 임금, 안정성, 작업조건을 강조해야 하는데 이는 사람들이 직무와 관련해서 가장 관심을 갖고 있기 때문이다.

19. ( ) 관리자는 그가 가장 기대하고 있는 사원들의 교육에 많은 시간을 투자해야 한다. 그렇게 함으로써 조직에서 그들의 가치를 높일 수 있기 때문이다.

20. ( ) 관리자는 조직변화에 대한 요구를 잘 조정할 수 있어야 한다. 관리자에게 이러한 융통성이 없다면 곤란하다.

21. ( ) 관리자가 어떤 개인을 채용할 때 그의 경력과 교육수준을 신중히 검토해야 한다. 왜냐하면 필요 이상의 경력과 지식을 가진 사람은 조직에 잘 적응하지 못하고 쉽게 직장을 떠나게 되기 때문이다.

22. ( ) 관리자는 무능한 부하를 상사에게 보고할 의무가 있다. 왜냐하면 무능부하는 회사의 효율성을 떨어뜨리기 때문이다.

23. ( ) 작업집단에게 조그마한 일들을 맡기는 것은 중요하다. 왜냐하면 종업원들이 자기들이 좋아하는 분야를 찾을 수 있기 때문이다.

24. ( ) 조직 내에 권한과 책임이 정확히 설정되어 있으면 누구나 자기 위치를 알고 있어 상호간에 서로 침해하는 일이 없게 된다.

25. ( ) 업무를 어떻게 수행할 것인가에 대하여 모두가 참여하여 결정할 때 일이 잘 이루어진다. 민주적인 분위기는 작업을 효율적이고 생산적으로 이루어지도록 한다.

26. ( ) 관리자는 부하들과 자주 모임을 갖도록 해야 한다. 왜냐하면 조직 상호간에 서로 정보를 나누고, 남들이 무엇을 하고 있는지 알고 있을 때 업무를 잘 수행할 수 있기 때문이다.

27. ( ) 관리자는 부하가 자기의 직무를 수행하는 데 압력을 가해서는 안 된다. 왜냐하면 사람들은 한 사람의 성인으로서의 자유가 최대한 보장되었을 때 작업에 최선을 다하기 때문이다.
28. ( ) 관리자는 자신의 장점을 중심으로 해서 계획을 세워야 한다. 왜냐하면 자기가 잘 알지 못하는 분야보다는 자신이 잘 알고 있는 분야의 업무를 더 잘 수행할 수 있기 때문이다.
29. ( ) 관리자는 상사의 지시나 의견에 대해 융통성 있게 받아들여야 한다. 왜냐하면 상사는 자신보다 더 넓은 시야를 갖고 있기 때문이다.
30. ( ) 관리자 또는 그가 관리하는 집단이 첫 번째 고려 대상으로 주목받기 위해서는 관리자가 상부 권력구조와 친숙해져 있는 것이 중요하다.
31. ( ) 관리자는 직무의 어떤 형태가 가장 중요한가를 결정하는 데 많은 시간을 할애해야 한다. 하찮은 업무에 시간을 낭비할 수 없기 때문이다.
32. ( ) 관리자는 가능하면 많은 전문가를 그의 작업진단에 끌어 들여야 한다. 왜냐하면 회사는 최소한의 감독으로 이들의 전문기술을 얻을 수 있기 때문이다.
33. ( ) 성과를 평가하는 데 있어서 부하의 약점을 강조하여야 한다. 왜냐하면 종업원은 자신을 과신하는 경향이 있기 때문이다.
34. ( ) 관리자는 중요한 업무에 관해서는 대리인을 임명해 두어야 한다. 그렇게 함으로써 그가 자리에 없는 경우 그 부하는 권한과 책임이 있는 자리에 있다고 느끼게 된다.
35. ( ) 관리자는 항상 업무의 계획을 감독해야 한다. 왜냐하면 부하가 잘못을 저질렀을 경우에도 책임자는 자신이기 때문이다.
36. ( ) 훌륭한 관리자는 목표달성을 위해 자기 업무에 관련된 권한을 자유로이 행사할 수 있어야 하며, 만일 관리자가 자신의 권한을 지혜롭게 사용하지 못한다면 조직은 그의 권한을 박탈할 수도 있다.
37. ( ) 훌륭한 관리자는 자신과 그의 개인적 전문기술을 일치시킨다. 즉, 자신이 최초 입사할 당시에 자신이 원했던 그런 일을 현재하고 있어야 한다.
38. ( ) 관리자는 회사의 정책에 깊이 빠져들 필요는 없다. 관리자는 생산성 향상에 관해서 신경을 쓰고 그 밖의 일은 다른 사람에게 맡겨둔다.

* 다음의 여러 예문에서 옳다고 생각되는 것에 표하시오.

39. 당신은 방금 상사에게 A라는 업무를 수행하는 것이 회사에 해로울 것으로 여겨진다고 의견을 제시했고, 상사는 그 일을 수행하라고 고집합니다. 그러나 당신

이 그 업무를 시행하기 어렵다고 생각한다면 당신은 그 업무를 맡지 않아도 됩니다. 이럴 경우 어떤 선택을 하겠습니까?

(1) 그 업무를 맡겠다. 왜냐하면 이제까지 대부분의 업무를 잘 수행해 왔으므로 이 업무 또한 잘 해 낼 수 있을 것이며, 또한 상사는 나보다 더 넓은 식견을 가지고 있으며 내가 알지 못하는 그 무엇을 알고 있을 수 있기 때문이다.

(2) 계속해서 반대하겠다. 왜냐하면 내 분야에 대한 상황은 내가 가장 잘 알고 있으며, 항상 잘 해 왔기 때문이다.

40. 당신은 지금 당신 그룹의 새 자리에 필요한 사람을 선발하기 위한 면접을 하고 있습니다. 첫 번째 지원자는 김창길로서 높은 지식과 기술을 갖고 있으며, 그의 관심사가 당신과 일치하고 있습니다. 그러나, 그는 앞으로 수년간 가장 유능한 종업원이 될 수 있겠지만 업무에 필요한 자격증을 갖고 있지는 않습니다. 반면에 홍만우는 필요한 자격증을 갖고 있으며, 비록 진취적이거나 야망 있는 사람은 아니지만 좋은 감독자 밑에서 일한다면 훌륭하게 업무를 수행할 능력이 있는 사람입니다. 그렇다면 당신은?

(1) 김창길을 채용하겠다. 이유는 그가 우리와 공동관심사를 갖고 있고 또한 그렇게 능력 있고 조직에 적합한 사람을 필요한 자격증이 없다고 해서 내버려 둔다는 것은 우스운 일이다. 능력 있는 사람을 그가 관심 있는 쪽으로 가게 한다면 회사에 크게 공헌할 것이다.

(2) 홍만우를 채용하겠다. 이유는 감독만 잘 해 준다면 업무를 잘 완수할 수 있을 것이며, 또한 김창길과는 달리 그의 능력이 넘쳐나지 않으므로 자만하지 않고 업무에 대해 관심을 보일 것이며, 자기의 위치에 불만족하거나 회사를 떠나려 하지 않을 것이기 때문이다.

41. 당신의 상사로부터 당신의 부하들이 행한 지난 2년간의 업무성과에 대한 평가보고서를 제출하라는 지시를 받았습니다. 이길만은 지난 6개월 동안 어떤 업무는 잘 수행하였지만 실수도 꽤 있었습니다. 그에 대한 평가보고를 어떻게 해야 할까요?

(1) 그의 약점에 대해 상세히 기록하여 이를 시정할 수 있도록 한다.

(2) 그의 실수, 약점을 줄여서 보고해 줌으로써 그로 하여금 자기가 업무를 잘 수행하고 있다는 자신감을 얻도록 해 준다.

42. 당신은 지금까지 수행해온 주요업무에 대해서 몇 가지 보고를 하도록 지시받았습니다. 물론 그 보고는 당신이 하는 것이 가장 적당하지만, 지금 당신은 곧 끝내야 할 새로운 일들로 해서 매우 바쁜 상태에 있습니다. 그렇다면 당신은?

(1) 시일을 조금 늦춰서라도 두 가지 일을 모두 수행한다. 왜냐하면 지금 하고

있는 일들을 부하들에게만 내맡겨 둘 수는 없기 때문이다.

(2) 보고서를 먼저 제출하겠다. 관리자가 자기의 지도 없이도 업무를 훌륭히 수행할 수 있다는 것을 믿지 못하면 어느 종업원이 그 일을 맡겠는가?

43. 지금 당신의 상사가 고되고 모호한 업무를 맡아 줄 작업집단을 찾고 있었다. 당신의 부하들은 그 업무에 대해 관심을 갖고 있으며, 당신의 집단이 그 일을 맡게 되어도 만족해 할 것으로 보입니다. 그러나 그 업무는 당신이 당신의 능력을 발휘할 기회는 별로 없어 보이며, 개인적인 입장에서 보더라도 그 업무를 수행하는 것이 좋다고는 할 수 없습니다. 그렇다면 당신은?

(1) 지원하여 부하들로 하여금 스스로 자기 업무를 택하도록 하겠다. 왜냐하면 종업원은 민주적인 분위기에서 업무를 보다 효과적으로 수행할 수 있기 때문이다.

(2) 지원하지 않겠다. 부하들은 나의 지도가 없이는 업무를 효과적으로 수행할 수 없을 것이며, 나의 장점을 발휘할 수 있는 계획에 참여하는 것이 더 낫기 때문이다.

44. 당신은 다음 회계연도를 위한 예산안을 제출했습니다. 그런데 사장은 이를 반으로 삭감하였고, 더 필요한 예산에 대해서는 합리적인 요구를 할 기회를 주었습니다. 어떻게 효과적으로 설득하겠습니까?

(1) 우리 부서는 업무를 잘 수행하기 위해 인원도 부족하고 더 많은 자원도 필요합니다. 삭감된 예산으로는 소기의 목표달성에 어려움이 많습니다. 만일 지원이 제대로 이루어진다면 업무를 보다 잘 수행할 수 있을 것입니다.

(2) 나와 내 부하들은 지금까지 회사에 많은 공헌을 했다고 생각합니다. 저희 부서와 같이 많은 일을 해내고 있는 부서에 예산을 넉넉하게 배정하는 것은 직원들의 사기진작을 위해서라도 필요하다고 생각합니다.

3-2 LEAD 설문지

목 적 : 이 설문지는 리더십 교육훈련 프로그램에서 유용하게 사용할 수 있도록 하기 위해 성공적인 리더십 방법의 객관적 태도측정을 목적으로 개발된 것이다. 원래 초기에는 모두 120개의 항목으로 되어 있으나 실용상 편리하게 하기 위해 60문항으로 줄였다.

소요시간 : 1시간 정도

인 원 : 제한 없음

준 비 물 : LEAD. 설문지 사본

진행방법 : 점수배정(scoring)을 위해서는 다음과 같은 절차를 거치게 된다.

(1) E척도(E scale)의 경우 3, 8, 9, 14, 16, 20, 21, 23, 25, 26, 28, 29, 38, 40, 52 문항에 대해 답안지의 점수란에다 첫 번째 응답을 하였을 경우 1점을 기입하고, 그리고 1, 2, 6, 13, 17, 18, 35, 39, 42, 44, 45, 47, 48, 51, 57문항에 대해서는 두 번째 응답을 하였을 때 1점을 기록한다.

(2) D 척도(D scale)의 경우에도 마찬가지로 새로운 답안지에다 5, 11, 12, 15, 19, 30, 33, 36, 41, 43, 46, 55, 56, 58, 59 문항에 대해서는 첫 번째 응답에 1점을 주고, 그리고 4, 7, 10, 22, 24, 27, 31, 32, 34, 37, 49, 50, 53, 54, 60문항에 대해서는 두 번째 응답에 1점을 준다.

(3) E 척도란의 내용을 살펴보고 ×표시된 항목의 수를 헤아려 답안지 우측상단의 네모 안에 기입한다.

(4) 마찬가지 방법이 D 척도의 경우에도 적용한다. 그리고 합계를 적어 넣는다.

(5) 그런 다음 LEAD 설문지 결과용지에 점수를 옮겨 적는다. 즉 E 척도와 D 척도의 라인에 적절한 점수에 맞는 위치에 ×표시를 한다. 진행자는 집단의 평균을 구하여 구성원(참가자)들에게 알려 준다.

참고로 어느 항공회사 관리자(Aircraft managers)와 보험회사 관리자(Insurance managers)의 평균을 제시해 두었다.

다음 설문지는 귀하의 직무태도와 리더십 형태를 측정하고자 하는 것이다. 총 60개의 설문에는 각 2개의 항목이 있는데 그 중 하나만 골라 V표 하라. 각 항목은 답의 옳고 그름에 있는 것이 아니라 귀하의 생각에 가장 적당한 리더십이라고 첫인상에 느껴지는 것을 선택하는 것이 바람직하다.

〈리이더에게 중요한 것은?〉

1. (1) 종업원들에게 구체적으로 업무를 배분한다.
   (2) 종업원들이 목표를 달성하는 한 그들이 원하는 방식으로 직무를 수행하도록 방치해 둔다.
2. (1) 모든 종업원을 규정에 의해 동등하게 취급한다.
   (2) 자기부서 종업원들의 감정을 알아준다.
3. (1) 종업원으로 하여금 스스로 알아차리게 한다.
   (2) 불평불만이 일어났을 때 규정과 정책을 제시하여 해결한다.
4. (1) 부하 직원의 업무수행시에 권위적인 태도를 취한다.
   (2) 직무의 변화와 변경이유를 설명해준다.
5. (1) 업무를 논의하기 위해 집단회의를 소집한다.
   (2) 종업원과 함께 일을 처리한다.
6. (1) 업무에 관한 의사결정을 독자적으로 한다.
   (2) 집단의 구성원과 함께 처리해 나간다.
7. (1) 부하에게 바로 지시 명령한다.
   (2) 우선 계획을 짠다.
8. (1) 의사결정시 종업원에게 많은 권한과 책임을 주어 자율권을 인정한다.
   (2) 부하가 해야 할 업무에 대해 모든 결재를 한다.
9. (1) 부하들과 개방적이고 비공식적인 관계를 갖는다.
   (2) 각 부서에 대하여 적절한 통제기구를 갖는다.
10. (1) 작업집단의 가장 노련한 전문가가 되어야 한다.
    (2) 제안된 변화에 대하여 토의하기 위해 부하들과 만난다.
11. (1) 부하들에게 새로운 것을 가르친다.
    (2) 부하들의 업무에 대한 변화를 의도적으로 조금씩 시도한다.
12. (1) 자기의 일과 중 계획 · 감독업무에 절반 이상 투입한다.
    (2) 신속하고 확고한 의사결정을 내린다.

13. (1) 전문적인 직무분야에 대해서 완벽한 지식을 갖춘다.
    (2) 가능한 한 종업원이 원하는 직무에 배치시켜 준다.
14. (1) 부하를 하나의 개인으로서 대우해 준다.
    (2) 업무수행실적기준을 고수한다.
15. (1) 각 종업원에게 책임과 권한의무를 설명해 준다.
    (2) 부하가 일할 수 있도록 자기시간을 내어 도와 준다.
16. (1) 종업원 생각에 가장 좋은 방법이라고 생각되면 내버려 둔다.
    (2) 확고하게 기준에 의해 통제한다.
17. (1) 공식적인 권한을 가지고 이야기한다.
    (2) 부하들과 격의 없이 지낸다.
18. (1) 부하들의 업무수행방법을 구체적으로 결정한다.
    (2) 부하가 능력이 있으면 자체해결토록 허용한다.
19. (1) 계획기능에 많은 시간을 투자한다.
    (2) 자기가 맡은 분야에는 가장 전문가라고 생각한다.
20. (1) 자기집단의 업적에 긍지를 느낀다.
    (2) 자기집단 내에서의 선의의 경쟁을 유발한다.
21. (1) 부하들로부터 충성심을 받는다.
    (2) 언제나 표준업적 이상을 기대한다.
22. (1) 언제나 적극적으로 일한다.
    (2) 업무가 진행되도록 일정표를 작성한다.
23. (1) 개인의 복지보다는 조직집단의 복지에 우선권을 준다.
    (2) 가능한 한 집단적으로보다는 개별적으로 업무를 배분한다.
24. (1) 집단이 하는 일에 대해 권위적으로 대한다.
    (2) 만일 집단의 성과가 예상 밖일 때는 이들에게 이야기한다.
25. (1) 기간 내에 일 처리를 할 수 있으면 부하들이 자기 페이스를 갖게 둔다.
    (2) 각 종업원에게 명확히 업무분담시켜 하게 한다.
26. (1) 집단으로 하여금 전체목표를 설정케 한다.
    (2) 일을 효율적으로 잘 하는 사람을 우선한다.
27. (1) 가능한 한 경험이 있는 사람에게 같은 업무를 맡긴다.
    (2) 가능한 한 다시 계획한다.
28. (1) 될 수 있으면 부하들을 최소한 감독한다.
    (2) 각 직무에 대해 정확하고 구체적인 지시를 준다.
29. (1) 부하가 실수했을 때 자신이 책임지려 한다.

(2) 정확히 마감시간에 보고서를 제출한다.

30. (1) 업무를 부하들과 협의한다.
(2) 직무의 변화를 의도적으로 진행시킨다.

31. (1) 자기분야에 있어서 자신이 최고의 전문가라고 언제나 자부한다.
(2) 계획과 같은 감독업무에 자기시간의 반 이상을 투입한다.

32. (1) 업무에 대해서 기술적으로 가장 잘 알고 있다.
(2) 업무의 변화이유를 설명한다.

33. (1) 부하들로 하여금 그들이 어떻게 하면 업무를 잘 수행할 수 있는가를 알게 한다.
(2) 부하가 일을 마칠 수 있도록 시간을 내어 도와 준다.

34. (1) 언제나 신속하고 확고한 의사결정을 한다.
(2) 업무계획에 많은 시간을 보낸다.

35. (1) 의사결정을 독자적으로 한다.
(2) 종업원이 집단적으로 일하도록 한다.

36. (1) 상급자로부터의 정보를 받아 부하에게 잘 전한다.
(2) 일을 끝내도록 도와 준다.

37. (1) 자기 분야에서 자신이 최고의 전문가라고 자부한다.
(2) 업무가 진행되도록 일정표를 작성한다.

38. (1) 부하들이 어떤 성과를 냈을 때 긍지를 갖도록 인정해 준다.
(2) 작업중에 종업원들끼리 이야기하는 것은 별로 좋지 않다.

39. (1) 생산적인 종업원에 보상해 준다.
(2) 작업중 상호간에 지원하도록 격려한다.

40. (1) 자신을 집단의 한 사람으로 생각한다.
(2) 자신의 지도하에 부서의 업무를 수행한다.

41. (1) 새로운 것을 부하들에게 가르친다.
(2) 일이 될 수 있게 옆에서 도와 주기만 한다.

42. (1) 중요한 일은 혼자 한다.
(2) 종업원들이 원하면 휴식기간을 허용한다.

43. (1) 새로운 절차나 방법 등을 스스로 수립한다.
(2) 집단을 대표하여 한 사람으로 하여금 대변하게 한다.

44. (1) 모든 업무를 스스로 계획한다.
(2) 일상적이고 반복적인 업무는 부하에게 맡긴다.

45. (1) 자기부서에서 필요한 기본적인 전문지식은 교육을 받는다.

(2) 종업원 등을 언제나 즐겁게만 해 준다.

46. (1) 제안된 변화를 의논하기 위해 부하들과 상의한다.
(2) 부하들에게 언제나 지시 명령한다.

47. (1) 집단 내에 너무 강한 비공식집단이 있으면 안 좋다.
(2) 일을 잘 했을 때 부하들의 긍지를 높여 사기를 올려 준다.

48. (1) 일은 제 시간에 끝내야 한다.
(2) 부하들에게 친절히 대한다.

49. (1) 말을 하지 않아도 부하가 늦장부리면 깨닫게 한다.
(2) 개개인의 종업원에게 각자의 책임과 의무의 한계를 알린다.

50. (1) 일을 열심히 함으로써 남에게 본보기를 보인다.
(2) 업무계획에 많은 시간을 보낸다.

51. (1) 업무진행에 대해서 수시로 점검할 수 있도록 부하들을 격려한다.
(2) 각기 업무수행방법을 정할 수 있게 두어 둔다.

52. (1) 종업원으로 하여금 업무에 대한 의사결정을 허용한다.
(2) 규정을 따르고 시행하는 부하를 좋아한다.

53. (1) 집단의 업무수행에 대해서 권위적 태도를 취한다.
(2) 상부에서 오는 정보를 될 수 있으면 부하에게 알려 준다.

54. (1) 시행착오에 의해 배울 수 있게 종업원들을 격려한다.
(2) 만일 변경이 있으면 부하와 상의한다.

55. (1) 각자의 권한과 의무사항을 주지한다.
(2) 종업원의 정확한 업무수행을 기대한다.

56. (1) 일일작업에 대한 구체적인 내용을 계획한다.
(2) 가능한 한 경험 있는 종업원에게 같은 업무를 맡긴다.

57. (1) 종업원간의 선의의 경쟁을 유발시킨다.
(2) 집단이 목표를 설정하도록 한다.

58. (1) 새로운 절차와 방법을 스스로 수립한다.
(2) 자신의 업무와 종업원의 업무를 같게 한다.

59. (1) 훈련에 의한 숙달이 이루어져야 한다.
(2) 열심히 일함으로써 본보기가 된다.

60. (1) 종업원과 함께 일을 처리한다.
(2) 작업집단에서 언제나 새로운 아이디어를 창출하도록 노력한다.

LEAD 설문지(답안용지)

이 름 ______________________________

E______
D______
합계______

1. ______ ______	13. ______ ______	30. ______ ______	47. ______ ______
2. ______ ______	14. ______ ______	31. ______ ______	48. ______ ______
3. ______ ______	15. ______ ______	32. ______ ______	49. ______ ______
4. ______ ______	16. ______ ______	33. ______ ______	50. ______ ______
5. ______ ______	17. ______ ______	34. ______ ______	51. ______ ______
6. ______ ______	18. ______ ______	35. ______ ______	52. ______ ______
7. ______ ______	19. ______ ______	36. ______ ______	53. ______ ______
8. ______ ______	20. ______ ______	37. ______ ______	54. ______ ______
9. ______ ______	21. ______ ______	38. ______ ______	55. ______ ______
10. ______ ______	22. ______ ______	39. ______ ______	56. ______ ______
11. ______ ______	23. ______ ______	40. ______ ______	57. ______ ______
12. ______ ______	24. ______ ______	41. ______ ______	58. ______ ______
	25. ______ ______	42. ______ ______	59. ______ ______
	26. ______ ______	43. ______ ______	60. ______ ______
	27. ______ ______	44. ______ ______	
	28. ______ ______	45. ______ ______	
	29. ______ ______	46. ______ ______	

LEAD 설문지(답안용지)

이 름 ______________________________

E(employee-oriention) ____________________
D(differentiation) ____________________
LEAD 접수 합계 ____________________

E(employee oriention)

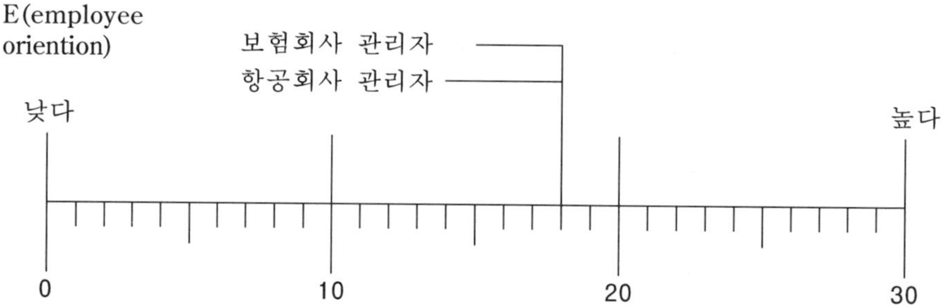

D(differentiation)

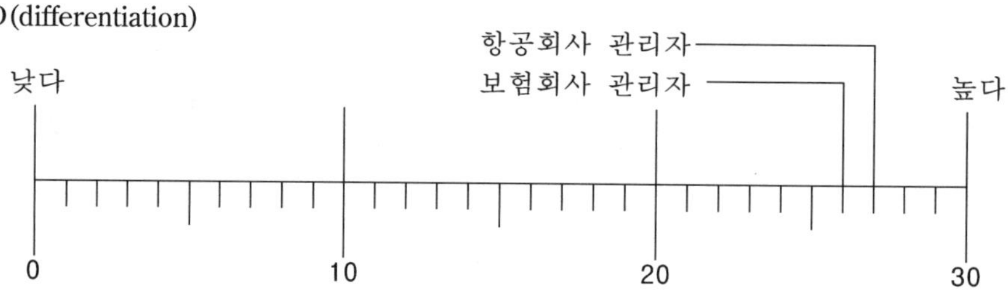

LEAD 접수 합계

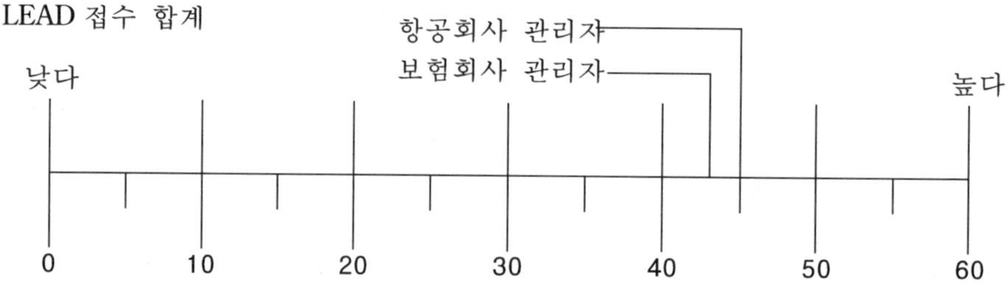

3-3 조하리창(Ⅰ):개방적 행동의 증대방안

목 적:

(1) 조하리창의 명칭하에 개방적 행동과 폐쇄적 행동을 기술하게 하고,

(2) 피드백의 교환에 영향을 미치는 여러 가지 힘(force)을 파악하기 위해

(3) 원활한 피드백을 통해 개방적 행동의 증진과정을 고무하기 위해

인 원: 8～12명 정도, 여러 집단에 동시에 활용 가능함.

소요시간: 대략 1시간 반에서 2시간 정도

준 비 물: 없 음

진행방법:

(1) 우선 전체 집단을 대상으로 조하리창의 모델을 이용하여 피드백의 교환(giving and receiving feedback)에 대해 강의하면서 자신에게 알려지지 않은 "맹점부분(Blind Spot)"과 타인에게 알려지지 않은 "Facade"부분을 어떻게 줄여나갈 수 있는가, 그리고 여러 사람에게 알려진 "Arena"영역은 어떻게 증진시킬 수 있는가에 대해 중점적으로 설명한다.

(2) 조하리창의 자기분석표를 나누어 준다.

(3) 진행자는 이전에도 인식하지 못하는 "맹점(BS)부분을 감소시키는 데" 목적이 있음을 알리고, 피드백 과정을 통해서만 목적을 달성할 수 있음을 말해 준다.

(4) 진행자는 다음 그림을 보여 주면서 "맹점"부분의 감소에 대해 설명한다.

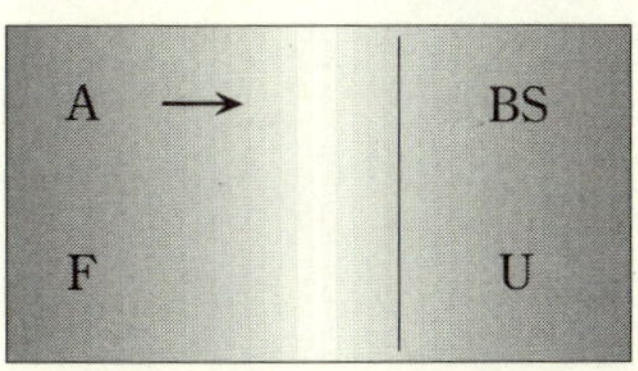

(5) 진행자는 이미 나누어 준 자기분석표를 설명해 준다.

(6) 참가자로 하여금 자기분석표의 상단에다 최근의 집단회합에서 실제로 피드백을 행한 정도를 감안하여 응답토록 한다.

(7) 진행자는 자기분석표를 통해 "Facade" 부분을 감소시키기 위한 목적이 있음을 설명하고 다음 그림을 소개한다.

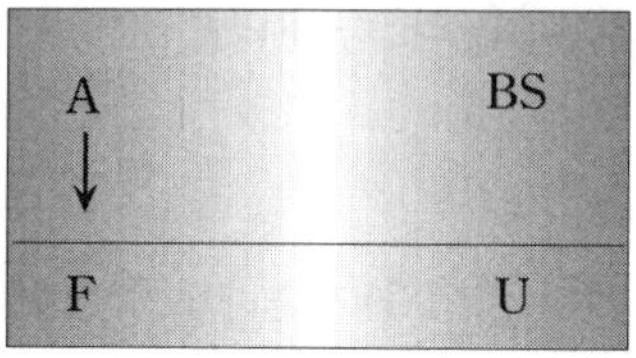

(8) 그 후 최근의 집단회합을 다시 한번 상기시킨 후, 그 회합에서 몇 번이나 피드백을 주었는지를 감안하여 자기분석표의 왼쪽에 응답토록 한다.

(9) 참가자들은 몇몇 그룹으로 집단화하여 각자의 분석결과를 논의하도록 하고 (20~30 정도), 그 후 다시 모여서 진행자가 최종적인 결언을 함으로써 마친다.

조하리의 창에 의한 자기분석표

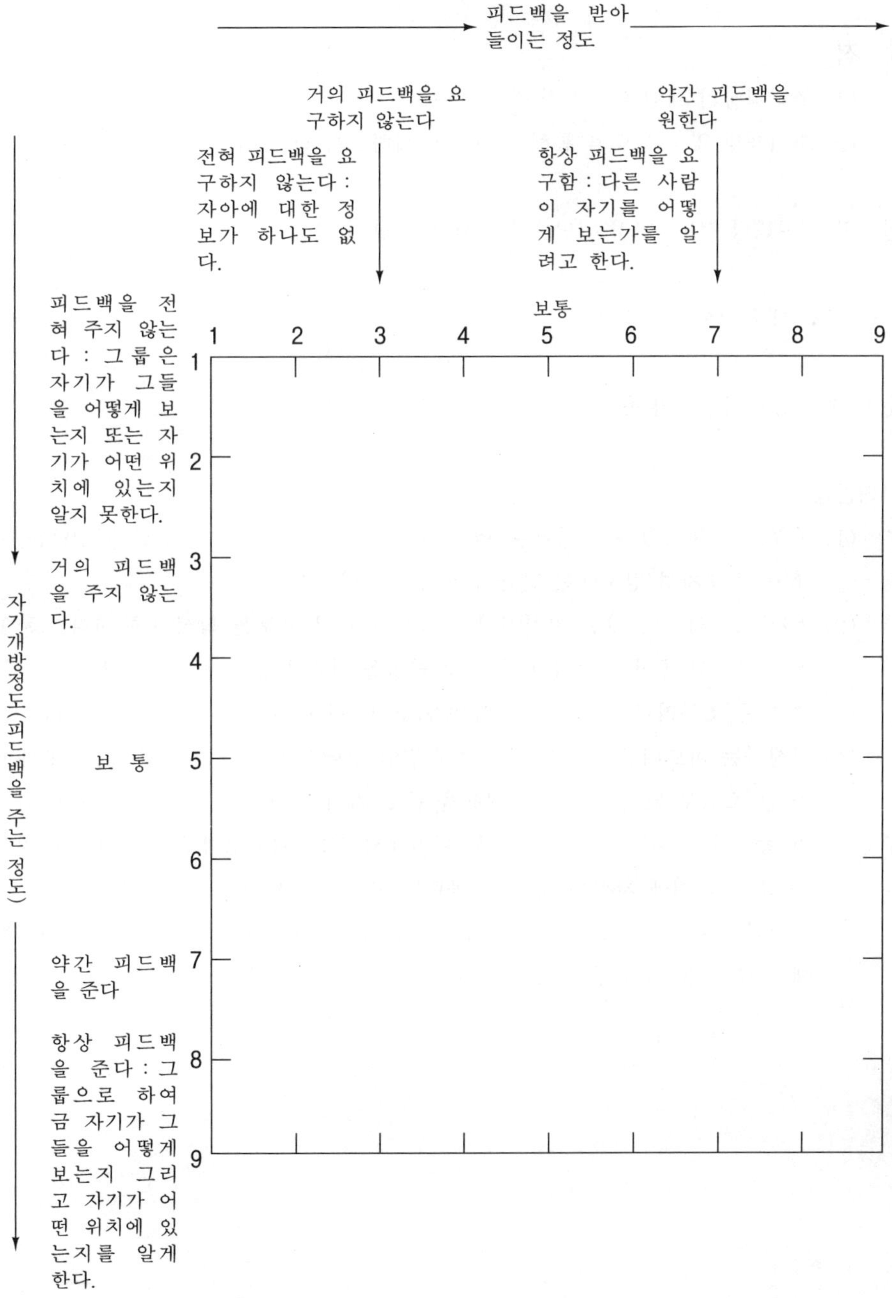

3-4 조하리창(Ⅱ):자기개방 및 피드백의 경험

목 적 :

(1) 조하리창의 개념을 소개하고

(2) 자기개방 및 피드백을 통해 자신을 이해하도록 하기 위해

인 원 : 8~12명 정도, 여러 집단에 동시에 활용할 수 있음.

소요시간 : 대략 2시간

준 비 물 : 양식 Ⅰ, Ⅱ의 용지

진행방법 :

(1) 원형으로 둘러앉아 진행자는 먼저 조하리창의 개념부터 설명한다(강의를 통해 이미 숙지한 경우에는 간단히 요약하고 넘어간다).

(2) 먼저 조하리창에 의한 자기지식 기록용지의 첫 부분을 작성토록 한다. 즉 첫 번째 양식의 종이에 자기의 강점 및 약점을 왼쪽 부분에다 기록한다.

(3) 그 다음 조하리창에 의한 피드백용지(feedback sheet)를 작성하도록 한다.

(4) 진행자는 피드배용지를 모아서 전체 집단 앞에서 이름을 밝히지 않고 그 내용을 큰 소리로 읽어 준다. 이 내용을 듣고 자기와 관련된 부분은 첫 번째 양식의 종이의 오른쪽에다 기록한다. 여기에서 참가자는 맹점부분의 정보를 얻을 수 있고, 과거에 자신에 대해 잘 몰랐던 숨겨진 부분이 드러나게 된다.

(5) 마지막으로 집단구성원들로 하여금 조하리창의 개념과 자기들이 받은 피드백에 대한 의견(생각)을 서로 논의하도록 한다.

[양 식 I]

조하리창에 의한 자기지식 기록용지

설 명 문:

(1) 먼저 자신의 성격과 강점과 약점을 아래 용지의 왼쪽 칸에 기록하고 나중에 다른 사람들의 의견과 일치하는 내용에 대해서는 체크해 둔다(다른 사람의 의견은 두 번째 양식의 결과에 근거하여 체크한다).

(2) 진행자가 두 번째 양식의 피드백용지의 내용을 여러 사람 앞에서 큰소리로 읽으면, 자신과 관련된 내용에 한해서 [양식 I]의 오른쪽 부분을 채운다.

자신이 기록한 자기의 강점과 약점	남이 기록한 자신의 강점과 약점
강 점	강 점
약 점	약 점

[양 식 Ⅱ]

조하리창에 의한 피드백용지(feedback sheet)

설명문:아래 공간에다 먼저 자신을 포함한 참가자(집단구성원)의 이름을 쓰고 각자의 장점과 단점(강점과 약점)을 기록한다. 이는 진행자에 의해 작성자의 이름은 밝히지 않고 공개적으로 읽혀질 내용이다(만약 참가자들이 내용이 공개되는 것을 꺼리는 경우에는 해당부분을 오려서 피드백용지를 나누어 준다).

이 름	장 점	단 점
1.		
2.		
3.		
4.		
5.		
6.		
7.		
8.		
9.		
10.		
11.		
12.		
13.		
14.		

Organizational Behavior

제 4 부

조직구조와 직무설계

제 11 장 조직구조

조직체에는 많은 구성원들이 종사하고 있고 조직이 그 목적을 달성하려면 이들 구성원들의 관계가 바로 정립되어 있어야 한다. 특히 조직의 규모가 점차 확대되어 가면서 구성원들간의 체계적인 관계 정립이 더욱 중요하며, 이와 같은 체계적인 관계를 맺어 나가는 과정에서 조직의 구조가 형성되고, 이 조직구조에 따라 전체 조직의 행동은 물론 성과도 영향을 받게 된다.

제1절 조직구조의 구성요소

조직은 조직의 목적달성을 위해 여러 가지 활동을 수행하게 되며, 이러한 활동이 효과적으로 수행되도록 활동을 조정하고 구성원의 행동을 통제하기 위해서는 조직의 기본적 골격을 마련해야 하는데, 이와 같은 골격이 바로 조직구조이다. 따라서 조직의 구조란 "조직의 목표를 달성하기 위해 조직구성원 및 집단의 행동에 영향을 미치는 직무와 부서의 상대적으로 인정된 프레임 워크라고 정의할 수 있다.[1)]

조직구조는 보통 복잡성(complexity), 공식화(formalization), 그리고 집권화(centralization)의 3가지 요소로 구성되며[2)], 조직에 따라 각 요소의 수준이 상이하다. 대규모 조직에서는 매우 고도로 경직되게 구조화되어 많은 부서로 분화되어 있고, 관리층과 종업원간에는 많은 수직적 계층이 존재하며, 종업원이 지켜야 할 규칙도 무수히 많고, 의사결정과정도 매우 정교화되어 있다. 또

1) John M. Ivancevich and Michael T. Matteson, *Organizational Behavior and Management* (Plano, Texas: Business Publications, Inc., 1987), p. 470.

2) Richard S. Blackbum, "Dimensions of Structure: A Review and Reappraisal," *Academy of Management Review* (January 1982), pp. 59~66.

어떤 조직은 구조화의 정도가 매우 느슨하며 분화된 부서의 수가 적고 관리계층도 오직 2~3개밖에 되지 않고, 종업원을 제한하는 규칙도 거의 없으며, 의사결정체계도 매우 단순하다. 물론 이들 양극단 사이에는 수많은 구조적인 유형이 있을 수 있다.[3)]

1. 복 잡 성

복잡성(complexity)은 조직 내에 존재하는 분화의 정도(degree of differentiation)를 의미하며 과업을 분할하고 통합시키는 정도를 말한다. 수평적 분화, 수직적 분화, 그리고 지역적 분산 중 어느 하나의 증가도 조직의 복합성을 증가시키는 원인이 된다.

(1) 수평적 분화

수평적 분화(horizontal differentiation)는 동일한 위계 수준에서 상이한 부서의 수를 의미한다.[4)] 구성원의 오리엔테이션, 과업의 성격, 그리고 구성원의 교육과 훈련에 근거를 둔 부서간의 분화의 정도를 말한다. 일반적으로 전문적인 기술과 기술을 필요로 하는 조직 내의 직종(occupation)이 다양할수록 조직은 수평적으로 더욱 복잡해진다. 왜냐하면, 직종의 다양함으로 인해 조직의 구성원간 의사소통이 점점 더 어려워질 뿐만 아니라 관리층에서 구성원들의 활동을 조정하는 것도 더욱 어려워지기 때문이다.

(2) 수직적 분화

수직적 분화(vertical differentiation)는 조직 내의 계층의 수를 의미하며, 최고경영층과 종업원 사이에 계층이 많으면 많을수록 조직은 더욱 복잡해진다. 이는 의사소통의 왜곡이 생길 수 있는 잠재적인 원인이 될 수 있으며, 관리자들의 의사결정을 조정하는 것이 점점 더 어렵게 되는 주된 요인이 된다. 또한 수직적인 계층이 많을 경우 최고 경영자가 종업원들과 행동을 세밀하게 감독하는 것이 어려워진다.

---

3) Stephen P. Robbins. *Organizational, Behavior : Concepts, Controversies, and Applications,* 3rd ed. (Englewood Cliffs. New Jersey: Prentice-Hall, 1986), p. 330.

4) Richard L. Daft and patricia J. Bradshaw, "The Press of Horizontal Differentiation: Two Models," *Administrative Science Quarterly* (Sept. 1980), pp. 441~456.

(3) 지역적 분산

지역적 분산(spatial differentiation)은 조직의 물리적인 시설과 인력이 지역적으로 분산되어 있는 정도를 말한다. 지역적 분산이 확대될수록 의사소통, 조정 및 통제가 더 어려워지기 때문에 복잡성도 증가하게 된다.

복잡성의 세 가지 측면을 종합해 보면 통제의 폭[5]이 일정하다고 할 때 수평적 분화가 클수록, 계층의 수가 많을수록, 조직의 부서가 지역적으로 분산되어 있을수록 조직은 점점 더 복합해진다.

2. 공 식 화

공식화(formalization)는 조직 내의 직무가 표준화되어 있는 정도로서 정책, 규칙 및 절차가 명문화된 형태로 존재하는 정도를 말한다. 만일 직무가 고도로 공식화되어 있다면 언제, 무엇을, 어떻게 해야 하는지를 미리 규정해 두었으므로 규정에 따라 직무를 수행하면 된다. 고도로 공식화된 조직은 수많은 조직의 규칙, 직무기술서, 그리고 분명하게 정의된 절차 등이 존재하지만, 공식화의 수준이 낮은 조직은 직무의 수행활동이 상대적으로 정형화되어 있지 못하며 종업원들도 직무수행에서 자신들의 의사대로 재량권을 행사할 수 있다. 반대로 표준화의 정도가 크면 클수록 종업원은 자신의 직무를 어떻게 수행하여야 하는가에 대한 재량권은 적어지며, 대안적 행동을 고려할 필요도 없다.

공식화의 정도는 조직마다 다르며 동일한 조직 내에서도 직무의 성격에 따라 상이하다. 일반적으로 단순·반복적인 직무일수록 공식화의 정도는 크며, 고도로 전문화된 직무일수록 공식화 수준은 낮다. 또한 조직 내의 계층이나 활동부서에 따라서도 공식화의 정도는 다르다. 조직의 상위계층에 속하는 사람일수록 비반복적이며, 특별한 결론을 필요로 하는 활동과 관련되므로 재량권이 증가한다. 이런 재량권의 확대는 공식화의 정도와 반비례하는 경향을 보인다. 뿐만 아니라 사람들이 종사하는 직무의 유형도 공식화의 정도에 영향을 미친다. 생산부서의 직무는 판매부서나 연구부서의 직무보다는 일반적으로 훨씬 더 공식화되어 있다. 그 이유는 생산부서는 안정적이고 반복적인 활동과 관련된 것이 많기 때문에 표준화되기 쉬우며, 반대로 판매부서는 고객의 욕구

5) Span of control로 한 사람이 효율적으로 통제할 수 있는 인원의 수를 의미한다.

변화에 대응하기 위해 유동적이어야 하기 때문이다. 널리 활용되고 있는 공식화의 방법으로 선발, 역할요구, 규칙 · 절차 · 방침 및 훈련방법이 있다.

(가) 선발(selection) 조직은 종업원을 무작위로 선발하는 것은 아니며 시험, 면접, 신원조회 등과 같은 일련의 평가방법을 이용하여 지원서를 통해 직무수행에 적합한 사람과 적합하지 않은 사람으로 분류하여 선발한다.

(나) 역할요구(role requirement) 모든 직무는 역할담당자가 어떻게 행동할 것이라는 요구에 따라 수행된다. 예를 들면 직무분석을 통해 조직에서 수행되어야 할 직무와 직무수행을 위해 필요한 종업원의 행동을 규정하고 있는데, 이는 바로 역할요구가 종업원의 행동을 규제하는 데 큰 역할을 한다는 것을 의미한다.

(다) 규칙, 절차, 방침(rules, procedures and policies) 규칙은 모든 종업원이 해야 할 행동과 해서는 안 될 행동을 밝힌 명문화된 문서이다. 절차는 과업의 달성을 위해 종업원이 지켜야 할 일련의 과정이다. 방침은 종업원이 행할 결정에 대하여 제약조건을 말해 주는 안내서이다.

(라) 훈련(training) 이는 종업원이 작업에 대해 개선된 행동 및 태도를 갖도록 하는 것으로 직장 내 훈련(on the job training)과 직장 외 훈련(off the job training)이 있다. 특히 직장 내 훈련방법은 신입사원들의 오리엔테이션 프로그램으로 많이 이용된다.

3. 집 권 화

집권화(centralization)란 조직 계층 내에 의사결정권이 어디에 있느냐에 관한 것으로 의사결정권이 조직 내의 한 지점에 집중되어 있는 정도를 의미한다. 최고 경영층이 조직에 관한 주요 결정을 내린다면 이 조직은 집권화되어 있으며, 반대로 하위계층의 관리자에게 의사결정의 재량권이 주어질수록 조직은 분권화되어 있는 것이다.

집권화된 조직은 분권화된 조직과는 구조적인 차이점을 보이고 있다. 분권화된 조직은 문제의 해결을 위해 필요한 조치가 신속하게 취해질 수 있으며, 보다 많은 사람들이 의사결정에 참가하여 종업원들이 자신의 직무에 영향을 미치는 결정을 내리는 사람들에 대해 소외감을 느끼지 않게 된다. 반면에 집권화된 조직에서는 다음과 같은 3가지 이유 때문에 복잡성이 발생한다.[6)]

첫째, 동일한 계층에 있는 사람들이라도 상이한 의사결정권을 가질 수 있다. 둘째, 모든 의사결정의 중요성이 조직 내에서 동일한 것은 아니다. 셋째, 사람들은 직무기술서에 자신들이 권한을 보유하는 것으로 되어 있다고 하더라도 이를 지각하지 못할 수 있다.

제2절 직무구조의 설계

직무설계란 직무와 작업집단을 연결시키는 과정을 포함한 직무와 작업집단의 체계로서 조직구조를 설계하고자 할 때 다음의 4가지 요소, 즉 분업, 권한의 위양, 부문화, 통제의 폭 등을 고려해야 한다.

1. 분 업

분업(division of labour)이란 전체 과업을 보다 작은 직무로 어떻게 분할할 것인가 하는 것이다. 즉 전체 과업을 유사한 것끼리 묶는 방법에 관한 것이다 분업에 관한 기원은 아담 스미스까지 거슬러 올라갈 수 있으며, 전문화를 통한 분업의 가장 큰 이유는 경제적 · 사회적 이유 때문이다. 사회가 점점 산업화되고 도시화됨에 따라 가내수공업 생산방식에서 거대한 공장에 의한 대량생산방식으로 변해갔다. 대량생산은 전문화에 따른 경제적 이점에 근거를 둔 것이며, 조직은 전문화된 노동력을 획득할 수 있는 가장 효과적인 수단인 것이다.

2. 권한의 위양

권한의 위양(delegation of authority)은 직무에 따라 권한을 어떻게 배분할 것인가 하는 문제이다. 권한은 합법적인 권력으로서 상급관리자의 승인 없이 결정을 내릴 수 있으며 부하로부터의 복종을 강요할 수 있는 권리이다. 모든 직무에는 사전에 정해진 범위 내에서 결정할 수 있는 권리가 수반되며, 모든

6) Jeffrey D. Ford, "Institutional versus Questionnaire Measures of Organizational Struture," *Academy of Management Journal* (Sept. 1979), pp. 601~610.

직무에 대해 부하들의 복종을 강요할 수 있는 권리가 따르는 것은 아니다.

권한의 위양을 통해 전문적인 관리자의 육성이 촉진될 수 있고, 권한의 위양이 많이 이루어질수록 조직 내에 경쟁풍토를 조성할 수 있다. 왜냐하면 권한의 위양이 되기 전에는 상급관리자의 지시에 따르기만 하면 되었지만 권한위양으로 인해 자율적으로 임무를 수행하게 됨으로써 동료들과 비교가 되기 때문이다.

그리고 권한의 위양이 많이 될 경우 관리자는 보다 많은 재량권을 행사할 수 있으며 문제해결에 참여하고자 하는 욕구를 충족시킬 수 있다. 이러한 자율성 때문에, 관리자들은 보다 창조적으로 행동하고 조직과 관리자의 적합성 및 개발에 도움이 될 것이다.

3. 부 문 화

부문화(deparmentation)는 직무를 어떻게 집단화해야 하는가에 관한 것으로 직무를 집단화하는 이유는 직무를 조정해야 할 필요성 때문이다. 즉 조직 내에서 직무의 수가 계속 증가함에 따라 한 사람의 관리자가 효과적으로 직무를 조정하는 것이 점점 어려워지게 된다. 직무의 집단화 기준에는 여러 가지가 있다. 예를 들면 직무를 생산, 재무, 인사 그리고 마케팅으로 분류하는 기능별 부분화(functional departmentation), 전체과업을 지역에 따라 분류하는 지역별 부문화(territorial departmentation), 제품을 기준으로 하는 제품별 부문화(product departmentation), 그리고 고객의 특성에 따라 분류하는 고객별 부문화(customer departmentation)가 있다.

4. 통제의 폭

조직이 보다 효과적으로 되려면 통제의 폭(span of control)이 넓어야 하는가 아니면 좁아야 하는가는 기본적으로 관리자가 효과적으로 통제할 수 있는 대인관계의 크기를 결정하는 것이다. 관리자와 부하간의 잠재적인 대인관계의 수는 다음과 같은 공식에 의해 계산될 수 있다.

$$R=n\left(\frac{2^n}{n}+n-1\right)$$

(단 R : 관계의 수, n : 관리자가 통제하는 집단에 속한 부하의 수)

공식에 의하면 부하의 수는 산술급수적으로 증가하는 데 반해 관계의 수는 기하급수적으로 증가한다. 그러나 관리자의 통제의 폭을 결정할 때 가장 중요하게 고려해야 할 점은 잠재적인 관계의 수가 아니라 실제적인 관계(actual relationship)이다. 따라서 관리자의 통제의 폭을 결정할 때 다음과 같은 3가지 요인을 살펴보아야 할 것이다.

(가) 접촉의 필요 연구개발, 의학, 생산과 같은 부문에서는 상사와 부하간에 긴밀한 접촉이 필요하다. 예를 들어, 연구개발팀의 리더는 기간 내에 프로젝트를 마칠 수 있기 위해 팀구성원들과 빈번하게 협의해야 되기 때문이다. 일반적으로 통제의 폭이 크면 클수록 상사와 부하간의 접촉은 소원하게 되며 프로젝트의 경우 완성이 지연될 수 있다.

(나) 전문화의 정도 전문화의 정도는 관리계층의 각 차원에서의 통제의 폭을 결정할 때 고려해야 할 매우 중요한 요소이다. 일반적으로 낮은 계층의 관리자는 상위계층의 관리자들보다 많은 부하들을 거느릴 수 있는데, 이는 하위 계층의 직무가 상위계층의 직무보다 훨씬 전문화되어 있으며 또한 덜 복잡하기 때문이다.

(다) 의사소통의 능력 지시, 지침, 방침은 대부분의 작업상황에서 서면이 아닌 구두로 부하에게 전달된다. 따라서 부하들과 분명하고 정확하게 의사소통할 수 있는 관리자는 그렇지 못한 관리자보다 많은 부하들을 관리할 수 있다.

종합하면 조직설계에서 고려해야 할 4가지 측면은 다음과 같은 [표 11-1]로 요약할 수 있다.

일반적으로 연속선상에서 왼쪽으로 치우면 조직구조는 고전적, 공식적, 구조적, 관료적, 시스템 1, 그리고 기계적 구조라고 하며, 오른쪽 방향으로 치우친 조직구조는 신고전적, 비공식적, 비구조적, 비관료적, 시스템 4, 그리고 유기적 구조라고 일컫는다. 구체적인 조직구조의 유형은 제4절에서 다루기로 하고 먼저 조직구조의 결정요인에 대해 살펴보기로 하자.

[표 11-1] 조직구조 설계시 고려할 요인

	전문화(specialization)
분 업	높 음 ······················ 낮 음
	위양(delegation)
권 한	높 음 ······················ 낮 음
	기준(basis)
부문화	동 질 ······················ 이 질
	수(number)
통제의 폭	좁 음 ······················ 넓 음

제3절 조직구조의 결정요인

지금까지 밝혀진 연구결과에 의하면 조직구조는 조직의 규모, 기술, 환경변수 등에 의해 결정된다고 한다. 그러나 최근 규모, 기술, 환경뿐만 아니라 권력통제의 정도, 최고경영자의 태도에 의해서도 영향을 받는다는 연구결과가 있다.

1. 조직규모

일반적으로 대기업은 수평적 · 수직적 · 지역적 분화가 많이 이루어져 있으며 수많은 규정과 절차를 사용하여 분권화된 의사결정을 행한다. 그러나 중소기업은 분권화된 의사결정의 필요성을 별로 느끼지 못하며 공식화된 규정과 절차도 많지 않다. 이로부터 규모(size)가 조직구조에 어떤 영향을 미친다고 볼 수 있는데 이는 또한 논리적 추론을 통해서도 가능하다. 조직이 생산부문에 보다 많은 종업원을 고용함에 따라 전문화를 통해 경제적 편익을 얻을 수 있다. 그 결과 수평적 분화를 이루게 될 것이다.

기능에 따라 집단화하는 것은 집단 내의 효율성은 증진시킬 수 있지만, 각 집단간 관계에 문제를 야기시킬 수 있다. 따라서 경영자는 수평적으로 분화된 부서들을 조정하기 위해 수직적 분화를 증대시킬 필요가 생기게 된다. 또한 규모의 증대는 지역적 분화를 가져오기 쉽다. 이러한 복잡성의 증가로 말미암아 최고경영자는 조직 내의 활동을 직접 감독할 수 없게 되며, 따라서 직접적인 감독을 통해서 통제하던 것이 공식적인 규정이나 규칙으로 대체되게 된다. 관리층에서 조직구성원의 광범위하고 다양한 활동을 조정하기 위해 새로운 부서를 신설하게 됨에 따라 공식화의 증가는 매우 거대한 수직적 분화를 수반하게 된다. 최고경영층은 직무와 관련된 직접적인 차원과 멀어지게 됨에 따라 작업현장에서의 신속하고 책임 있는 결정을 하는 것이 점점 어려워진다.

규모(size)는 일반적으로 종업원의 총수로 정의된다.[7] 그러나 종업원의 총수는 조직이 오로지 상근(fulltime)근로자만으로 구성된 경우에 적절한 측정치가 될 수 있지만, 비상근근로자(시간제 종업원)가 많은 경우에는 문제가 있을 수 있다. 대부분의 연구결과 종업원 총수의 기준은 다른 측정치보다 더 훌륭한 것으로 나타났다.

(1) 조직규모에 관한 연구

영국 애스톤(Aston)대학교의 학자들이 행한 연구에서 조직규모가 조직구조의 주요 결정요소라고 결론내렸다.[8] 애스톤 그룹은 46개의 기업을 대상으로 한 연구에서 규모의 증가가 전문화와 공식화 정도에 밀접하게 관련되어 있음을 발견하였다. 차일드(Child)에 이하면 조직규모가 전문화, 공식화 그리고 수직적인 폭과 정의 방향으로 관련 있으며, 집권화와는 부의 방향으로 관련된다고 하였다.[9] 이들은 자신들의 연구결과를 블라우(Blau)의 연구결과와 비교하여 조직의 규모가 클수록 보다 전문화되고 보다 많은 규칙, 문서, 계층을 포함하며, 보다 많은 분권적 의사결정을 행한다고 하였다.

블라우와 쉔네(Blau and Schoenherr)는 정부기관, 대학, 백화점 등을 대상으로 한 연구에서 규모가 조직구조에 영향을 미치는 가장 중요한 결정요인이라고 결론지었다.[10] 블라우의 연구에 의하면 규모의 증가는 구조적 분화를 촉진시키지만 분화되는 비율은 규모의 증가에 따라 감소한다. 한편 메이어

7) J. R. Kimberly, "Organizational Size and Structuralist Perspective: A Review, Critique, and Proposal," *Administrative Science Quarterly* (Dec. 1976), pp. 571~597.

8) D. S. Pugh, et al, "The Context of Organization Structure," *Administrative Science Quarterly* (Sept. 1969).

9) J. Child and R. Masnfield, "Technology, Size, and Organization Structure," *Sociology* (Sept. 1972), pp. 369~393.

10) Peter H. Blau and Richard A. Schoenherr, *The Structure of Organizaiton* (New York: Basic Books, 1971).

(Meyer)는 규모와 구조간의 관계인식이 인과관계를 의미하는 것은 아니라고 보고 인과적 추론을 가능케 하는 종단적 연구를 실시하였다.[11] 연구결과는 조직에 대한 규모의 영향력을 과소평가할 수 없으며, 규모의 효과는 어느 조직에서나 관찰될 수 있다는 사실을 제시했다.

(2) 조직규모와 조직구조와의 관계

조직규모는 복잡성에 대해 체감적으로 영향을 미치는 것으로 보인다. 즉 조직규모가 증대됨에 따라 분화의 증가는 처음에는 빠르게 진행되지만 점점 증가의 폭이 줄어든다. 그러나 분화에 있어 가장 큰 효과는 수직적 분화에서 나타난다.[12]

한 연구에 의하면 규모가 수직적 분화에 지배적인 영향을 미치는 요인으로 볼 수 있으며 변화의 50~59%의 설명력을 갖는다고 하였다. 조직이 종업원수를 증가시킴에 따라 분화의 수는 점점 증가하나 증가하는 비율은 체감한다.

규모와 공식화에 관한 증거는 뚜렷하다. 규모와 공식화간에는 명백한 논리적 관계가 가능하다. 종업원의 통제방법으로 널리 이용되는 것은 직접적인 감독과 규정의 이용인데, 이 두 방법간에는 어느 정도의 대비적인 관계가 형성될 수 있다. 즉 완전히 대체적인 관계는 아니지만 어느 하나가 증대되면 다른 방법의 필요성이 감소된다. 조직규모의 확대에 따라 직접적인 감독의 비용이 증대되기에 공식화로 대체하여 경제성을 확보할 수 있다.[13]

또한 규모와 집권화간에는 매우 밀접한 관계가 존재한다.[14] 소규모 조직에서는 관리자가 집권화된 의사결정을 할 수 있으나 규모가 커질수록 관리자는 분권화하게 된다.

---

11) Marshall W. Meyer, "Size and Structure of Organization: A Causal Analysis," *American Sociological Review* (Aug. 1972), pp. 434~441.

12) Dennis S. Mileti, David F. Gillespie, and J. Eugene Haas, "Size, and Structure in Complex Organization., *Social Forces* (Sept. 1977), pp. 208~217.

13) William A. Rushing, "Organizational Size, Rules, and Surveillance," in Joseph A. Litterer, ed., *Organizations: Structure and Behavior*, 3rd ed. (New York: John Willy, 1980), pp. 386~405.

14) P. M. Blau and R. A. Schoenherr, *The Structure of Organizations* (New York: Basic Books, 1917).

그림 11-1 기술분류의 예

일상적 ◀······+······+······+······+······+······+······▶ 비일상적

자동차 조립라인 | 건설 | 소매은행 | 병 원 응급실 | 마춤구두 | 연구조사

2. 기 술

기술(technology)이란 조직이 투입물을 산출물로 전환시키는 방법이다. 모든 조직은 재정적 · 인적 · 물적 · 자원을 제품 또는 서비스로 전환시키는 기술을 보유하고 있다. 예를 들면, 자동차회사는 조립공정라인을 이용하여 자동차를 생산하며, 대학에서는 강의방법, 사례분석방법, 경험적 학습방법, 프로그램학습방법 등을 이용하여 교육을 제공한다.

그러나 기술분류에 대해서는 일반적인 합의가 이루어진 것은 아니다.[15)]투입물을 산출물로 변형시키기 위해 조직에서 사용되는 방법을 설명하려고 시도된 분류 가운데 공통적인 요소가 바로 일상성의 정도(degree of routiness)이다. 이를 이용하여 기술이 일상적인 활동 또는 비일상적인 활동에 관련된 것인가를 파악할 수 있다. 일상적인 활동과 관련된 기술은 자동화되고 표준화된 작업에 많이 이용되며 대량생산 조립라인 또는 반복적인 사무직에 적용된다. 비일상적인 활동에 대한 기술은 고객지향적인 것으로 고객마다 사용되는 기술이 동일하지 않다. 여기에는 가구수선, 마춤구도, 우주선개발에 쏟는 NASA의 노력 등과 같은 여러 활동이 포함된다. 이는 [그림 11-1]에서 보는 바와 같이 모든 기술은 일상적-비일상적이라는 연속선 속에 어느 한 부분을 차지한다.

(1) 기술에 관한 연구

조직구조의 결정요인으로서 기술에 대한 최초의 관심은 1960년대 중반 우드워드(Joan Woodward)의 연구에서부터 비롯되었다.[16)] 우드워드는 영국 남부의 약 100여개의 제조업체를 대상으로 연구하였는데, 이들 기업의 규모는 종업

15) J. Pfeffer, *Organizational Design* (Arlington Heights, Ill.: AHM, 1978), p. 39.

16) Joan Woodward, *Industrial Organizations: Theory and Practice* (London. Oxford University Press, 1965).

원의 수가 250~1,000명 이상에 달하는 기업들이었다. 우드워드의 연구목적은 조직구조와 조직유효성간의 상관관계를 살펴보고자 하는 것이었다. 그는 기업조직들이 채택하고 있는 생산기술에 따라 효과성이 다르다는 것을 발견하였다.

우드워드는 기술을 세 가지 유형으로 분류하였는데, ① 단위(unit)생산기술은 복잡성이 가장 낮고, ② 공정(process)생산기술은 복잡성이 가장 높았고, ③ 대량(mass)생산기술의 복잡성은 중간이었다. 우드워드는 이 연구를 통하여 다음과 같은 결론을 얻었다.

첫째, 생산기술에 따른 분류와 이에 따른 조직구조 사이에는 명백한 관계가 있다. 둘째, 조직유효성은 기술과 조직구조간의 적합성과 관계가 있다. 즉 기술의 복잡성에 따라 분류한 기술의 범주에 속하는 기업들 가운데 조직구조의 각 차원(공식화, 복잡성, 집권화)의 척도에서 중간에 해당되는 기업들의 조직유효성이 가장 높았다. 대량생산기술을 사용하는 기업들은 고도로 분화되고, 공식화되어 있으며 권한 위양은 거의 없었다. 반면에 단위생산기술과 연속공정생산기술을 사용하는 기업은 보다 덜 구조화되어 있었다. 낮은 수직적 분화, 낮은 분업화, 보다 많은 집단활동, 폭넓은 역할책임, 그리고 분권적 의사결정을 행하고 있었다.

우드워드의 연구와 같은 방법으로 미국에서 행해진 연구에서도 우드워드의 연구의 타당성이 입증되었다.[17)]

한편 페로우(Perrow)는 우드워드의 연구가 주로 제조기술에 기초하고 있는 한계점에 대해 기술의 정의를 보다 일반화하여 연구하였다. 페로우는 지식기술을 "한 개인이 어떤 대상에 변화를 주기 위해 도구나 기계를 이용하여 그 대상에 대해 행하는 활동"이라고 정의하고 지식기술에는 2가지 차원이 있다고 하였다. 첫번째는 과업의 변화가능성(task variablity)으로서 작업상 예외의 수를 말한다. 예외의 수가 매우 적다면 그 직무는 고도로 일상적인 것이다. 두번째는 문제의 분석가능성(problem analyizability)으로서 이는 과업상의 예외에 대한 추론의 정도를 말한다. 이 두 가지 차원을 결합하여 보면 [그림 11-2]와 같다.

그림에서 제1영역의 일상적 기술은 예외의 수가 적고 분석하기 용이한

---

17) KaH Magnusen, "Technology and Organizational Differentiation: A Field Study of Manufacturing Corporations," Unpublished Doctoral Dissertation, University of Wisconsin, Madison, 1970.

그림 11-2 페로우의 기술분류

문제의 분석가능성 \ 과업의 변화가능성	(예외가 거의 없는 일상성)	(예외가 많은 고도의 다양성)
(문제의 내용이 분명하고 분석가능)	일상적(routine)기술	공학적(engineering)기술
(문제의 내용이 불분명하고 분석불가능)	기능적(craft)기술	비일상적(nonroutine)기술

경우에 적합하다. 제2영역의 공학적 기술은 예외의 수가 많지만 합리적이고 체계적인 방법으로 처리할 수 있는 경우에 적합하다. 제3영역의 기능적 기술은 상대적으로 처리하기 어렵지만 예외는 제한된 범위 내에 있는 경우에 적합하다. 제4영역의 비일상적 기술은 예외가 많으며 분석하기 어려운 경우에 이용된다. 즉 문제점을 논리적 · 합리적 방법을 이용하여 체계적으로 분석 · 연구할 수 있다면 제1영역, 제2영역의 기술이 적합하고, 반면에 문제점이 직관, 추측에 의해서만 처리될 수 있다면 제3영역, 제4영역의 기술이 필요하다는 것이다. 마찬가지로 새롭고 비일상적이며 생소한 문제점일 경우 제2영역 또는 제4영역의 기술이 적합하고, 문제점이 낯익은 것일 때는 제1영역 또는 제3영역의 기술이 적합하다는 것이다.

페로우는 통제와 조정방법이 기술의 유형에 따라 달라져야 한다고 주장한다. 일상적 기술일수록 조직은 보다 구조화되어야 하며, 반대로 비일상적 기술은 구조적인 융통성을 보다 더 요구한다고 주장한다. 상당히 많은 연구들이 페로우의 주장을 지지하는 것으로 나타났다. 일상적 기술을 이용하는 조직이나 조직의 부서들은 비일상적 기술을 이용하는 조직이나 부서보다 더욱 고도의 공식화와 집권화가 이루어지고 있는 경향을 보인다.[18)]

톰슨(Thompson)은 기술과 조직구조간의 관계에 관한 연구에 큰 공헌을 하였지만 우드워드나 페로우와는 대조적으로 기술결정론을 주장한 학자는 아니다. 톰슨의 공헌은 기술이 불확실성을 감소시키기 위한 전략선택의 결정요인이라는 것을 밝힌 데 의의가 있다. 또한 어떤 특정한 구조적 배열이 불확실

18) Andrew Van De Ven and Andre L. Dellbecq, "A Task Contingent Model of Work-Unit Structure." *Adminstrative Science Quarterly* (June 1974), pp. 183~197.

그림 11-3 동기유발의 과정

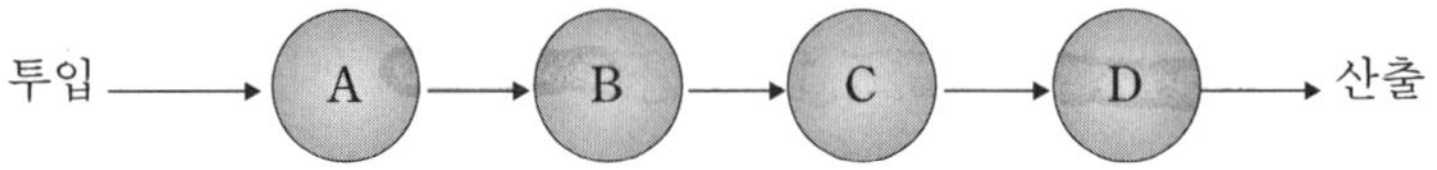

(a) 장치형 기술

(b) 매개형 기술

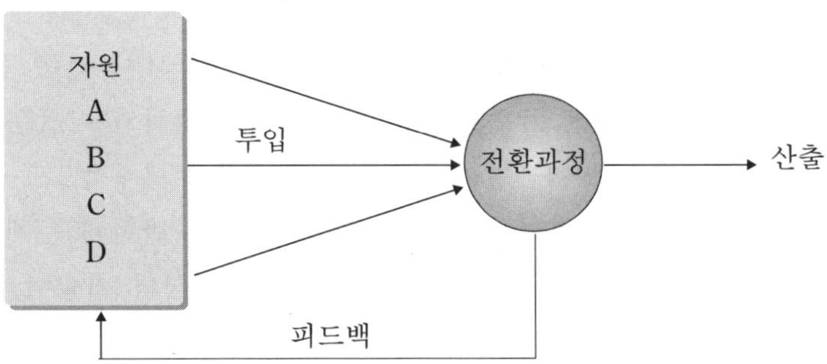

(c) 집약형 기술

성의 감소를 촉진시킨다는 점을 설명하고 있다.[19] 톰슨은 기술유형을 다음과 같이 3가지로 분류하였다.

(가) 장치형 기술(long-linked technology) 이는 과업이나 작업이 계속적으로 상호의존적인 것을 말한다. [그림 11-3]의 (a)에서 보듯이 A는 B에 앞서서 B는 C에 앞서서 행해져야 하는 것으로 반복적인 단계가 고정적으로 연속된다.

(나) 매개형 기술(mediating technology) 이는 조직의 투입면과 산출면 양쪽의 고객을 연결시키는 기술이다. 예를 들면 은행, 전화회사, 우체국 등이다. [그림 11-3]의 (b)에 나타난 것처럼 조직은 상호독립적인 조직들을 연결시키는 기능을 수행한다.

19) James D. Thompson, *Organization in Action* (New York: McGraw-Hill, 1967).

(다) 집약형 기술(intensive technology) 이는 다양한 일련의 상황에 대한 개별적인 반응이다. 정확하게 대응하기 위해 문제의 성질, 문제의 다양성에 따라 대응해야 한다. 이런 유형의 기술은 병원, 대학교, 실험실 등에서 이용된다.

톰슨의 기술유형은 각기 상이한 유형의 상호의존성을 만들어낸다. 장치형 기술은 순차적인 상호의존성(sequential interdependance)을, 매개형 기술은 공통적인 상호의존성(pooled interdependance)을, 집약형 기술은 교호적인 상호의존성(reciprocal interdependance)을 동반한다. 그런데 이 같은 상호의존성은 각각 유효성을 증대시키고 비용을 최소화하는 유형의 조정장치를 필요로 한다. 톰슨은 기술에 따라 요구되는 의사결정이나 의사소통의 정도는 매개형 기술이 가장 낮고, 장치형 기술은 중간이며, 집약형 기술이 가장 높다고 한다.

(2) 기술과 조직구조의 관계

일상성은 낮은 복잡성과 정의 상관관계를 보이고 있다. 즉 기술이 일상적인 것일수록 작업집단의 수가 적어진다. 마찬가지로 작업이 더욱 비일상적인 것일수록 관리자가 주의를 기울여야 하는 문제가 많이 발생한다. 따라서 비일상적 기술은 복잡성을 고도화시키기 쉽다.[20)]

기술과 공식화간의 관계는 보다 강력하다. 여러 연구결과에 의하면 일상성은 규칙, 직무기술서, 그리고 그 밖의 공식화된 문서들과 관련 있다고 한다. 마지막으로 기술과 집권화의 관계는 그렇게 간단하지가 않다. 일상적 기술은 집권화된 구조와 관련되고 비일상적 기술은 분권화된 의사결정과 관련된 것으로 생각되기 쉬운데, 일반적인 결론에 의하면 기술과 집권화의 관계는 공식화의 정도에 의해 조절된다.[21)]

공식규정과 집권화된 의사결정 모두 통제기구로서 관리자는 이를 대안적으로 사용할 수 있다. 규정과 규칙의 존재가 최소한이라면 일상적 기술이 집권화된 통제와 연결되어야 한다. 그러나 공식화가 고도로 되어 있다면 일상적 기술은 분권화와 병행될 수 있다. 따라서 오직 공식화가 낮을 경우에만 일상적 기술이 집권화를 야기시킬 수 있다.

20) Thamas A Mahoney and Peter J. Frost, "The Role of Technology in Model of Organizational Effectivenss," *Organizational Behavior and Human Performance* (Feb. 1974), pp. 122~138.

21) J. Hage and M. Aiken, "Relationship of Centralization to other Structural Properties," *Administrative Science Quarterly* (June 1967), pp. 72~92.

3. 환 경

조직의 환경을 한마디로 정의하기란 매우 어려운 문제이다. 그러나 가장 많이 인용되는 정의에 따르면 "환경이란 조직의 성과에 영향을 미치는 기관이나 제세력으로 구성된 것으로서 조직이 직접 통제할 수 없거나 거의 통제할 수 없는 것이다."라고 한다.[22] 여기에는 전형적으로 공급자, 고객, 정부규제기관 등이 포함된다. 그러나 어떤 구체적인 조직의 관계환경에 누구 또는 무엇이 포함되는지가 항상 명백한 것은 아니다.

지금까지 환경-구조간의 관계는 많은 관심을 받아 왔다. 이렇게 많은 관심을 받게 된 이유는 간단하다. 조직은 환경 및 환경의 변화를 파악하고 필요한 경우에는 적절하게 적응해야 하기 때문이다. 그러나 관리자가 환경이 어떠한 방향으로 변화될지 전혀 예측할 수 없을 경우 환경이 변화한다면 이는 불확실성을 낳게 된다. 그렇게 되면 관리층에서는 환경의 불확실성의 영향을 제거 또는 최소화시키고자 노력할 것이다. 조직의 구성요소의 변화는 관리자가 환경의 불확실성을 통제하는 주요수단이다. 환경결정론적인 주장에 의하면 환경의 불확실성의 정도가 조직의 결정요인이라 한다. 만일 불확실성이 높다면 조직은 빠른 변화에 적응하기 위하여 융통성 있는 유기적인 구조(organic structure)로 구성되어야 할 것이며, 불확실성이 낮은 경우에는 관리자의 통제가 가장 효과적인 기계적 구조(mechanistic structure)를 선택해야 할 것이다.

(1) 환경에 관한 연구

번즈와 스톨커(Burns and Stalker)는 영국의 20개 산업조직을 대상으로 면접방법과 관찰방법을 이용하여 연구하였다.[23] 이 연구에서 이들은 조직을 2가지로 구분하였다. 기계적인 조직은 높은 복잡성, 높은 공식화 및 집권화의 특성을 갖는 조직이며, 유기적인 조직은 상대적으로 유동적이고 적응적이며 수평적 의사소통을 강조하고 전문적 지식에 근거하여 영향력을 행사하는 조직이다. 번즈와 스톨커는 가장 효과적인 조직이란 환경의 요구에 적응하는 것이라고 보았다. 기계적 조직은 안정적이고 불확실성이 낮은 환경에 적절하며, 유기적 조직은 급격한 환경변화에 적절한 조직이다.

22) C.W. Churchman, *The Systems Approach* (New York: Dell, 1968), p. 36.
23) Tom Burns and G.M. Stalker, *The Management of Innovation* (London: Tavistock, 1961).

에머리와 트리스트(Emery and Trist)는 환경을 다음과 같이 4가지 유형으로 나누고, 환경유형은 제1유형에서 제4유형으로 갈수록 복잡성도 높아진다고 하였다.[24)]

(가) 제1유형-불변적 환경(placid-randomized) 이는 비교적 불변인 환경으로서 변화도 무작위적으로 평온하게 진행된다. 불확실성이 낮은 환경이다.

(나) 제2유형-점진적(placid-cluster) 환경 이는 변화 속도는 느리나 변화유형이 한꺼번에 발생한다. 이러한 환경하에 있는 조직은 장기계획이나 전략적인 계획의 수립을 위해 동기화되며 이 같은 조직구조는 집권화되는 경향을 보인다.

(다) 제3유형-충격적(disturbed-reactive) 환경 이는 동일목적을 추구하는 경쟁적인 조직에 많이 나타나 환경이나 다른 조직에 영향력을 행사한다. 이러한 상황에 처한 조직은 계획적으로 주도권을 잡기 위한 방법을 개발하고 이에 대한 상대방의 반응을 예측하고 저지할 수 있는 방법을 개발한다. 이런 경쟁상황은 조직의 융통성을 필요로 하며, 이 같은 조직구조는 분권화의 경향을 보인다.

(라) 제4유형-격변적(turbulent-field) 환경 이는 가장 동태적이고 불확실성이 가장 높은 환경으로서 변화가 계속되며 환경 내 요소들간의 상호관련성이 점차 증대된다.

여기에서 제1유형과 제2유형의 환경은 기계적 조직구조에 보다 적합하다고 할 수 있으며, 제3유형과 제4유형의 환경은 유기적 조직구조에 상대적으로 적합하다 하겠다. 기술의 일상성이 낮으면 낮을수록, 그리고 환경의 불확실성이 높으면 높을수록 기계적 구조의 유효성은 그만큼 낮아지고, 융통성 있는 조직구조를 활용하는 것이 보다 적합하다.

한편 로렌스와 로슈(Lawrence and Lorsch)는 플라스틱, 컨테이너, 식품 등 3개 산업의 10개 기업을 대상으로 연구하였다.[25)] 3개 산업은 각기 다양하고 상이한 환경을 대표하는 것으로 판단되어 선택한 것이다. 즉 플라스틱 산업은 고도로 경쟁적이며 제품수명도 짧고 신제품개발의 필요성이 절실한 산업이었

24) P. E. Emery and E L. Trist, "The Causal Texture of Organizational Environment," *Human Relations*, Vol. 18, No. 1 (Feb. 1965), pp. 21~32.

25) P. R. Lawrence and J.W. Lorsh, "Differentiation and Integration in Complex Organizations," *Administrative Science Quarterly*, vol. 12 (June 1967), pp. 1~47.

고, 반대로 컨테이너산업은 신제품개발이 거의 없었으며 매출액증가도 인구성장률에 비례했다. 식품산업은 중간 정도에 해당되었다.

로렌스와 로슈는 기업들의 내부환경과 외부환경과의 조화를 추구하였다. 외부환경의 측정은 시간의 경과에 따른 변화율, 환경에 대해 관리자가 파악한 정보의 정확성 그리고 조직이 취한 조치에 대한 피드백에 소요되는 시간 등의 지표를 사용하였다. 내부환경은 분화(differentiation)와 통합(integration)으로 측정하였다. 분화란 조직시스템이 하위시스템으로 세분화된 상태를 말하며, 통합은 통일된 노력을 확보하는 데 요구되는 독립된 단위부서간의 공동노력의 질을 말한다. 로렌스와 로슈는 조직이나 환경을 획일적이고 단일한 것으로 보지 않고 조직과 환경이 하위단위를 갖는 것으로 보았다. 그리하여 연구대상인 10개 기업에서 3가지 환경, 즉 시장환경, 기술-경제환경 그리고 과학적 환경 등으로 구분하였으며, 이는 기업의 마케팅부서, 생산부서, 그리고 연구개발부서와 부합된다.

이들은 조직의 외부환경이 보다 격변적이고 복잡하고 다양하면 할수록 하위부서간의 분화의 정도는 그만큼 커진다고 주장하였다. 만약 외부환경이 매우 다양하고 내부환경이 고도로 분화되어 있다면 각 단위부서들이 상이한 방향으로 나아가는 것을 피하기 위해 정교한 내부적 통제장치가 필요하게 된다고 주장하였다. 그리고 각 산업분야의 기업체를 높은 성과, 중간 성과, 낮은 성과를 기준으로 분류할 경우, 높은 성과의 기업들은 그들의 환경요구에 가장 적합한 조직구조를 갖고 있음을 발견하였다. 하위부서들은 동질적인 환경에서보다 다양한 환경에서 더 분화되어 있음을 발견하였다. 하위부서들은 동질적인 환경에서보다 다양한 환경에서 더 분화되어 있었다. 이는 곧 격변적 환경에 있는 플라스틱 산업이 다른 산업보다 높은 분화현상을 보이리라는 것을 의미하는 것이었다. 또한 컨테이너 산업이 식품산업보다 분화의 정도가 낮았다. 또한 생산부서는 마케팅부서와 연구개발부서와는 대조적으로 일상적 활동을 수행하였다. 또한 세 가지 산업에서 가장 성공적인 기업들은 그렇지 않은 기업들보다 더 높은 정도의 통합을 이룩하고 있었다.

이를 요약하면 다음과 같다. 첫째, 불확실성의 상이한 정도에 따라 다수의 특수환경이 존재한다는 사실이다. 둘째, 성공적인 조직의 하위단위부서들은 그들의 하위환경의 요구에 잘 대응해가고 있다는 사실이다.

(2) 환경과 조직구조의 관계

환경의 불확실성과 조직의 복잡성은 밀접하게 관련되어 있다.[26] 마케팅 부서 또는 연구개발부서와 같이 환경에 대해 의존적인 조직부서는 전형적으로 복잡성이 가장 낮다. 마찬가지로 공식화와 환경의 불확실성은 역상관관계에 있다. 즉 확실하고 안정적인 환경이 고도의 공식화를 가져온다. 왜냐하면 안정적인 환경에서는 변화에 대해 빠르게 반응해야 할 필요가 최소화되며 조직의 활동을 규격화시킬 때 경제성이 생기게 되기 때문이다.

또한 집권화는 환경에 의해 영향을 받는다. 환경이 거대하고 여러 부분과 관련된 경우 관리자는 환경을 주시하는 것이 어렵게 된다. 따라서 조직구조는 분권화되는 경향이 있다.[27] 이는 전형적으로 조직 내의 마케팅부서가 분권화되는 이유를 설명해 준다. 만일 기업이 수많은 고객을 확보하고 있으며 이러한 고객의 욕구가 빠르게 분화하는 경향을 보이는 경우에, 고객을 계속해서 만족시키기 위해서는 관리자는 신속하게 대응할 수 있어야 한다. 이는 주요 의사결정을 고객과 가장 가까이에 있는 지방 마케팅 관리자에게 위임함으로써 가능한 것이다. 즉 분권화를 통해서 보다 신속하게 대응할 수 있기 때문이다.

4. 권력통제

조직구조에 영향을 미치는 변수 중에서 점차 주목을 받는 접근이 정치적인 설명(political explanation)이다. 조직구조의 결정요인으로서 조직의 규모, 기술 및 환경 등은 잘 해야 조직구조의 변화가능성의 50~60%밖에 설명하지 못한다. 권력의 통제가 나머지의 대부분을 설명할 수 있다는 증거가 제시되고 있다. 좀더 구체적으로 말하면 조직구조는 자신들의 이해관계를 추구하는 내부 구성원들의 권력투쟁의 산물이라는 것이다.[28]

앞에서 설명한 장치적 변수, 즉 규모, 기술 및 환경 등은 모두 합리성을

26) H. Minzberg, *The Structuring of Organization* (Englewood Cliff, N. J.: Prentice-Hall, 1979), pp. 273~276.

27) J. Child, "Organization Structure, Environment and Performance: the Role of Strategic Choice," *Sociology* (January 1972), pp. 1~12.

28) D. S. Pugh, "The Management of Organization Structure: Does Context Determine Form?" *Organizational Dynamics* (Spring 1973), pp. 19~34.

가정하고 있다. 그러나 합리성이 조직에 효과적으로 작용하려면 조직에 단일 목표가 있든지 아니면 다수의 목표에 대한 의견일치가 있어야 한다. 그러나 대부분의 조직에서는 어느 경우도 존재하지 않는다. 따라서 조직구조에 대한 결정은 합리적인 것일 수가 없다. 그러므로 관리자가 꼭 조직의 이익을 최대로 하는 대안 가운데서 선택하는 것이 아니다. 관리자는 최소한의 요구를 충족시키고, 또한 의사결정자의 이해관계를 충족시키거나 증대시킬 수 있는 최고의 선택을 하기 위해 기준을 설정하고 가중치를 매긴다. 규모, 기술 및 환경의 불확실성은 변수를 설정하고 재량권의 범위를 한정지우는 제약조건으로 가능하다. 대부분 상황변수들 가운데서 의사결정자가 조작할 수 있는 여지는 크다. 그러므로 권력통제의 관점에 의하면 권력을 소유한 사람들은 자신들의 통제를 증대시킬 수 있는 구조를 선택하리라는 것이다.

조직구조의 변화는 매우 느리게 진행되는 것이 일반적이나 새로운 권력관계가 형성된 경우 급격한 변화가 나타나게 된다. 그러나 이와 같은 현상이 항상 발생하는 것은 아니며, 최고경영층에서 가끔 볼 수 있다.

권력통제의 관점에 기초한 예측은 기본적으로 상황적합적 모델인 앞의 세 가지 접근에 기초한 예측과는 다르다. 즉 구조는 규모, 기술 또는 환경의 불확실성에 있어서의 변화를 반영한다. 그러나 권력통제의 접근은 본질적으로 비상황적합적인 것이다. 이는 조직의 권력연합 내에서의 변화는 거의 가정하고 있지 않다. 이와 같이 구조는 시간이 지남에 따라 상대적으로 안정되어 간다. 보다 중요한 것은 권력통제 결정론적 주장에 의하면 권력을 소유한 사람들이 규모, 기술, 환경적인 요소를 고려한 후에 개인적인 이해관계에 가장 유리한 조직구조를 선택하리라고 예측한다. 그러한 구조는 어떤 유형의 것일까? 이는 분명히 공식화는 고도로 되어 있고, 복잡성은 낮고, 집권화된 형태일 것이다. 이러한 구조적 차원은 대부분 최고경영자의 영향력 내에서 통제를 극대화시킬 것이다. 이러한 특성을 지닌 구조는 조직을 편성하는 데 있어서 최고의 유일한 방법이 될 것이다. 물론 이러한 맥락에서 '최고'란 것은 조직의 성과를 향상시키기보다는 통제의 유지와 관련된 것이다. 또한 기술과 환경도 모두 선택되는 것이라는 주장이 있다. 그래서 권력을 가진 사람들은 자기들의 통제력의 유지를 촉진시켜 줄 수 있는 기술과 환경을 선택한다. 그래서 조직은 일상적 기술과 불확실성이 비교적 낮은 환경을 선택하게 된다. 그들이 통제력을 더욱더 증대시키기 위해 권력을 가진 사람들은 복잡성이 낮고 공식화와 집권화가

그림 11-4 기계적 구조와 유기적 구조

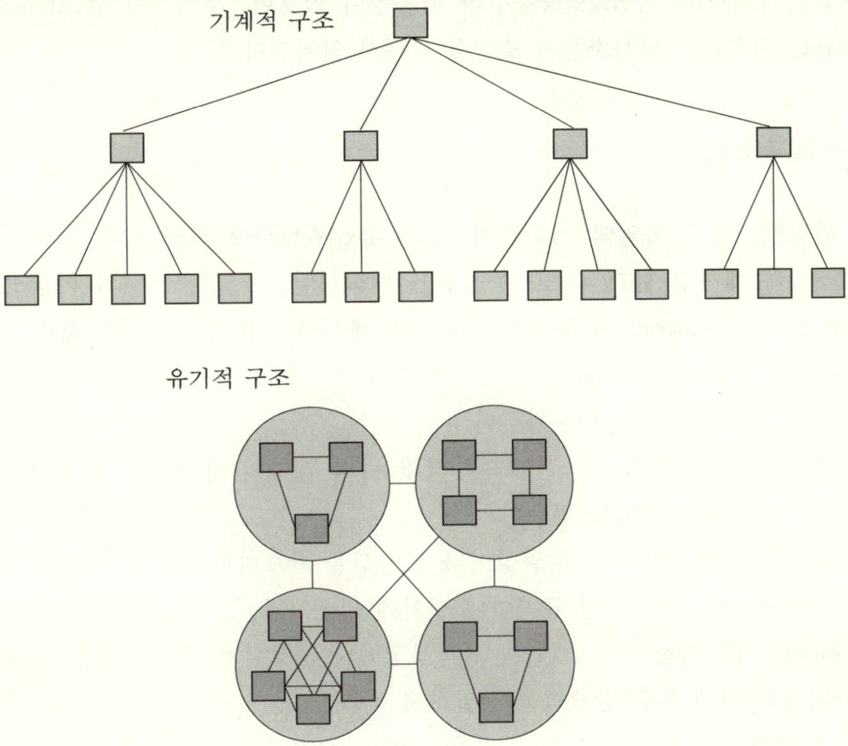

모두 높은 조직구조의 선택을 추구한다.

제4절 조직구조의 유형

조직구조는 크게 기계적 구조와 유기적 구조로 나눌 수 있다. 기계적 구조는 고도의 복잡성(특히 거대한 수평적 분화), 고도의 공식화, 그리고 제한된 정보망(대부분 하향식 의사소통), 그리고 의사결정에서 하위구성원의 낮은 참여 등을 특징으로 한다. 유기적 조직은 복잡성과 공식화가 낮으며, 광범위한 정보망(하향식 의사소통뿐만 아니라 수평적 · 상향적 의사소통도 이용), 그리고 의사결정의 높은 참여율 등을 특징으로 한다.

[그림 11-4]에서 나타나듯이 기계적 구조는 경직되고 권한에 의지하며 조

정을 촉진시키기 위한 계층이 잘 발달되었다.

반면에 유기적 구조는 융통성과 적응성이 있으며, 부서간의 협조(coordination)는 계속적인 의사소통과 조정을 통해서 얻어진다.

1. 관료제조직

관료제조직은 독일의 사회학자 베버(Max Weber)에 의해 처음 제시되었다.[29] 그가 제시한 합리적이고 능률을 극대화시킬 수 있는 조직의 이상형이 관료제모형(bureaucratic model)이다. 베버가 제시한 관료제는 다음과 같다.

(가) 분업(division of labor) 각 사람의 직무를 단순하고 일상적이며 명확하게 규정된 과업으로 세분화한다.

(나) 명확한 권한계층 직위에 의해 여러 계층이 생성되며 하위직책은 상위직책의 감독과 통제를 받는다.

(다) 고도의 공식화 획일성이나 통일성을 확보하고 직무담당자의 행동을 규제하기 위해 공식적인 규칙이나 절차에 의존한다.

(라) 비인간적 특성 개인의 성격특성이나 구성원의 개인적 선호가 개입되지 않도록 제재 혹은 강제력을 균일하게 적용한다.

(마) 성과에 근거한 채용결정 선발이나 승진결정은 기술적 자질, 능력 및 성과에 근거해야 한다.

(바) 종업원의 경력의 통로 구성원들이 조직경력의 통로를 따라가도록 하여야 한다. 직무에 전념한 대가로 종업원들은 종신재임권(tenure)을 얻게 된다.

(사) 공과 사의 명확한 구분 조직활동의 합리적 · 비개인적 수행을 방해받지 않도록 하기 위해 사적인 요구와 관심이 조직활동과 완전히 분리되어야 한다.

(1) 관료제조직의 유형

관료제모형은 표준화된 제품을 생산하는 데 적합하다. 모든 관료제조직은 상황을 예측할 수 있는 안정된 상황에서 운영되도록 설계된 것이다. 관료제조

29) Max Weber, *The Theory of Social and Economic Organization*, ed., Talcott Parsons, trans., A. M. Henderson and Talcott Parsons (New York: Free Press, 1947).

직에는 2가지 유형이 있다.[30)]

첫번째 유형은 베버가 설명했던 전통적 유형으로 기계적 관료제(machine bureaucracy)라고 한다. 이는 단순하고 안정된 환경하에서 고도로 일상적인 기술을 이용하는 대규모 조직에서 효과적이다. 이 같은 기계적 관료제는 다음과 같은 특성을 지닌다. 즉 고도로 일상적인 과업, 매우 공식화된 규칙이나 규정, 기능별 부서로 분할된 과업, 집권화된 권한, 공적인 명령의 연쇄에 의한 의사결정, 라인과 스탭의 활동이 명확히 분리되어 있다.

두번째 유형은 전문적 관료제(professional bureaucracy)이다. 이는 관료제의 특성을 가지고 있으나 고도로 숙련된 전문직 종사자들에게 효과적인 유형이다. 즉 과업활동이 표준화되고 예측가능하지만 역시 복잡한 경우 과업의 복잡성 때문에 고도로 발달된 기술이나 지식을 소유한 개인들에 의해 과업이 수행되어야 할 필요가 생기게 된다. 따라서 이 같은 조직은 자신들의 업무에 대해 상당한 통제력을 유지하고 있는 전문직 종사자로 충원된다. 이들이 수행하는 작업은 용이하게 통제될 수 없는 것이기에 전문적 관료제는 전자의 경우보다 분권화된 의사결정에 기초하고 있다.

2가지 관료제는 모두 표준화에 기초하고 있으나 표준화의 원천은 상이하다. 기계적 관료제는 표준이 조직의 내부에서 만들어진 것이다. 관리자가 생산작업자의 작업표준을 설계하고 라인관리자들에게 그같은 작업표준의 시행책임을 부여한다.

전문적 관료제는 주로 조직 외부에서 만들어진 것이 많다. 전문직 종사자가 소속해 있는 전문기관에서 전문활동의 표준을 설정하고 이에 따라 표준을 직무에 적용하게 된다. 그래서 기계적 관료제는 지위권력을, 전문적 관료제는 전문적 권력을 강조한다.[31)]

(2) 관료제조직의 장단점

관료제조직의 장점을 살펴보면 다음과 같다.[32)] 첫째, 표준화(standardiza-

---

30) Henry Minzberg, "Structure in 5's: A Synthesis of the Research on Organization Design," *Management Science* (March 1980), pp. 332~335.

31) Henry Minzberg, *The Structuring of Organizations* (Englewoood Cliffs, N. J.: Prentice-Hall, 1979), p. 351.

32) Charles Perrow. *Complex Organization: A Critical Essay* (Glenview. Ill.: Scott Foresman, 1972), pp. 8~44.

tion)에 의해 종업원의 행동이 통제되고 예측될 수 있기 때문에 조직이 능률적이다. 처음의 베버의 모형은 조직에서의 정실을 추방하고자 하는 것이다. 즉 연고주의(nepotism)나 그 밖의 다른 형태의 정실주의를 제거하고 이를 직무수행능력기준으로 대체함으로써 종업원 선발에 객관성을 부여한다. 둘째, 종신재임권(tenure)을 활용함으로써 종업원에게 직무안정을 제공한다. 이는 고용자의 전횡적 권한, 기술요구의 변화 및 능력의 저하로부터 종업원을 보호하는 것이다. 셋째, 종업원이 공정하게 대우받을 수 있는 가능성을 증대시키고 안전확보를 위한 규칙 및 규정의 설정이다. 이는 모호성을 감소시키고 활동의 통일성을 증대시킨다. 마지막으로, 명확한 권한계층을 두어 의사결정을 하게 하고 의사결정에 대한 최종책임을 지도록 하기 위한 수직적 계층의 형성이다.

관료제 조직의 단점은 다음과 같다. 첫째, 목적과 수단의 전도이다. 이는 조직목표가 하위부서의 목표나 개인의 목표에 의해 전도된다는 점이다. 즉 규칙이나 규정이 지나치게 강조되면 규칙 자체가 상징적 의미를 갖게 되어 규칙의 준수를 계획된 목표의 달성보다 중요하게 생각함으로써 목적과 수단의 도치가 발생한다는 것이다. 둘째, 규정이나 규칙의 부적절한 사용이다. 이는 상황이 변화에도 불구하고 일상적인 것처럼 반응하기 때문에 발생한다. 셋째, 종업원의 소외이다. 구성원들은 조직의 비인간성(impersonality)으로 말미암아 자신들과 작업간에 거리감을 느끼게 된다. 넷째, 권력의 집중이다. 권력이 최고경영층에게만 집중됨에 따라 민주사회의 가치체계에 반한다. 마지막으로 구성원의 불만이다. 비인간적 성격을 띤 관료제와 접하는 사람들이 갖는 불만이다.

2. 애드호크러시

애드호크러시(adhocracy)란 다양한 전문적 기술을 가진 비교적 낯선 사람들의 집단에 의해 수행되는 프로젝트를 중심으로 조직화된 신속한 변화와 적응이 가능한 일시적인 시스템이다.[33] 이를 조직상의 3가지 차원의 용어로 설명하면 애드호크러시는 고도의 전문성을 가진 전문위원으로 충원되기에 수평적 분화가 매우 크며 수직적 분화는 매우 낮다. 왜냐하면 애드호크러시는 융통성이 필요한데, 계층이 많으면 변화에 대해 적응하기가 어려우며 전문요원들도 행동규범을 내면화하고 있어 감독의 필요성이 최소화되기 때문이다. 따

33) Warren G. Bennis, "Post-Bureaucratic Leadership," *Transaction* (July-August 1969), p. 45.

라서 복잡성의 수준은 중간 정도에서 낮은 수준에 이르는 정도이다.

애드호크러시는 규정과 규칙이 거의 없는데 융통성은 규정이나 규칙의 존재를 필요로 하지 않으며, 설령 있다고 해도 명문화되어 있지 않다. 따라서 공식화의 정도는 낮다. 신속한 의사결정과 융통성을 위해서는 분권화가 필요하며, 또 최고관리층이 의사결정에 필요한 전문지식을 가지고 있기에 분권화가 필요하다. 그리고 애드호크러시의 의사결정은 민주적으로 진행되는 것이 일반적이며 영향력행사도 지위권력보다는 전문적 권력에 근거한 경우가 많다.

(1) 애드호크러시의 장단점

애드호크러시의 장점은 변화에 대해 신속한 대응이 가능한 훌륭한 관리수단이며, 기술혁신을 촉진하고 다양한 전문요원들의 조정을 위한 수단이라는 것 등을 들 수 있다. 단점으로는 갈등(conflict)의 존재이다. 이는 애드호크러시에 나타나는 현상으로서 모호성(ambiguity)이 존재하기 때문이다. 또한 작업관계의 설정 및 해체가 계속되기 때문에 구성원들에게 사회적 스트레스와 심리적인 긴장을 유발시키기 쉽다.

(2) 애드호크러시의 적용

애드호크러시로 가장 광범위하게 적용하고 있는 조직의 형태가 매트릭스(matrix)조직이다.

1) 매트릭스 조직

매트릭스 조직이란 기능별 부서와 제품 및 프로젝트별 부서를 결합한 것이다. 매트릭스 조직의 특성을 살펴보면 다음과 같다.

첫째, 매트릭스 조직은 명령일원화(unity of command)의 원칙, 즉 각 종업원은 단 한 사람에게만 보고해야 할 의무를 지닌다는 원칙을 깨뜨리고 있다. 매트릭스 조직에서는 종업원이 두 사람의 상사, 즉 기능별 부서의 관리자와 프로젝트 관리자에게 보고해야 하기 때문이다.

둘째, 매트릭스 조직은 기능별 조직과 프로젝트 조직의 장점을 이용하고 약점을 피하기 위해 설계된 조직이다.[34] 기능별 조직의 장점은 전문요원을 한

---

34) Jay Galbraith, "Matrix Organization Design: How to Combine Functional and Project Forms," *Business Horizons* (February 1971), pp. 29~40.

곳에 결집시킴으로써 얻는 효율성인 반면 약점은 전문요원간의 과업조정의 어려움이다. 프로젝트 조직의 장단점은 이와 반대이다. 적시의 프로젝트 완성을 위해 전문요원들간의 조정을 촉진할 수 있고 명확한 책임이 부여되는 장점이 있는 반면에 비용의 중복을 초래한다.

매트릭스 조직의 2가지 유형은 임시적인 매트릭스 조직(temporary matrix organization)과 영구적인 매트릭스 조직(permanent matrix organization)이다. 임시적인 매트릭스의 예는 항공기 제조회사를 들 수 있다. 새로운 항공기 제조계약이 체결되면 각 기능별 부서에서 필요한 인력을 차출하여 팀을 구성하고 팀은 프로젝트의 완성 때까지 존속한다. 영구적인 매트릭스의 예로는 미국의 규모가 큰 대학교의 경영대학을 들 수 있다. 프로젝트 구조(학부과정, 대학원과정, 연구소, 최고경영자 개발과정)를 기능별 구조(회계, 재무, 경영관리, 마케팅) 위에 첨가하여 영구적 매트릭스를 형성한다.

매트릭스 구조의 장점으로는 첫째, 조직이 다수의 복잡하고 상호 의존적인 활동을 수행할 때 여러 활동의 조정을 촉진할 수 있는 능력의 향상이다. 둘째, 전문요원들의 능률적인 배분을 촉진시켜 준다. 고도로 전문적인 기술을 가진 전문요원이 어느 한 기능부서나 프로젝트에 전속될 경우 과소활용의 문제가 생기게 되기 때문이다. 셋째, 환경변화에 대한 신속한 대응능력의 증가를 가져온다.[35)]

매트리스 조직의 약점으로는 구조 자체가 만들어 내는 혼란성(confusion), 권력투쟁을 조장하는 경향성, 종업원 개인에게 미치는 스트레스 등이 있다.[36)] 즉 명령일원화의 개념이 없을 때 모호성이 증가하게 되어 보고와 책임에 대한 혼동이 초래하게 된다. 이 같은 혼동과 모호성은 기능부서의 관리자와 프로젝트의 관리자간에 권력투쟁을 야기시키게 되며, 이는 안정을 바라고 모호성이 없는 상태를 희망하는 종업원에게 스트레스의 원인이 될 수 있다.

2) 태스크 포스

태스크 포스(task force)는 조직 내의 여러 하위단위의 결합된 노력이 필요한 구체적이고 명료하고 복잡한 과업을 수행하기 위해 형성된 임시적 조직이

35) Kenneth Knight, "Marix Organization: A Review," *Journal of Management Studies* (May 1976), pp. 111~130.

36) Stanley M. Davis and Paul R. Lawrence, "Problems of Matrix Organization," *Harvard Business Review* (May-June 1978), pp. 131~142.

다. 이는 조직 전체에 적용될 수 있는 조직 전체의 구조가 아니라 전통적인 계층구조의 부속구조이다. 테스크 포스의 구성원은 태스크 포스의 목표가 완수될 때까지 테스크 포스에서 근무하고, 과업이 달성되면 태스크 포스는 해체되며 원래의 부서로 복귀한다.

조직이 중요한 과업, 즉 그 과업의 성공 여부가 조직에 결정적인 영향을 미치게 될 중요한 과업에 직면해 있으며, 또한 그 과업이 구체적인 시간제약과 성과기준을 가지고 있으며, 독특하고 생소한 성질의 것이며 상호의존적인 기능들을 필요로 할 때 태스크 포스 조직이 바람직한 것으로 나타나고 있다.

3) 위원회

위원회조직(committee structure)은 첫째 원만한 의사결정을 위해 광범위한 경험과 배경을 가진 사람들을 한 곳에 모아 논의하는 것이 바람직할 때, 둘째 의사결정의 결과에 의해 영향받게 될 사람들의 대표자도 참석시킬 때, 셋째 부담을 분산시킬 필요가 있을 때, 넷째 어느 한 개인이 조직을 이끌어갈 준비가 되어 있지 않은 관리상의 과도기인 경우에 효과적이다. 위원회조직의 존속은 임시적일 수도 있고 영구적일 수도 있다. 임시적인 성격의 위원회는 태스크 포스와 비슷하다. 그러나 영구적인 성격의 위원회는 태스크 포스와 같은 다양한 기능을 집결시키고, 그 위에 매트릭스 조직의 안정성과 일관성의 결합을 촉진시키는 구조이다. 최고경영층에 영구적인 위원회가 설치되면 이들 복수경영자 그룹(plural executive group)이라고 하는데, 이 같은 구조는 다양한 견해와 관점을 최고경영층의 의사결정에 수렴할 수 있고, 최고경영자의 직무 가운데 이질적인 과업을 분담할 수 있게 하며, 또 그 이질적인 과업을 복수경영자단의 전문분야와 배경에 따라 분류할 수 있게 한다.

(3) 애드호크러시의 적용상황

어떤 상황에서 애드호크러시가 효과적인가를 결정짓는 요인으로는 전략, 기술, 환경 및 조직의 성장단계 등을 들 수 있다.[37] 애드호크러시는 다각화전략, 변화를 위한 전략, 위험률이 높은 전략 등과 부합되고 있다. 이들 전략은 애드호크러시의 융통성이 요구되기 때문이다. 변화전략에 대응하기 위해서는

37) Henry Minzberg, "Structure in 5's: A Synthesis of the Research on Organization Design," *Management Review* (March 1980), pp. 336~338.

비일상적 기술이 활용되어야 하며, 이질적인 기술의 조정과 통합을 위해서 애드호크러시가 필요하다.

애드호크러시에 적합한 환경은 동태적이고 복잡한 환경이다. 예측하기 어려운 환경에 대응하기 위해 융통성 있는 조직이 요구된다. 그리고 조직의 라이프 사이클(life cycle)의 초기에 선호된다. 라이프 사이클의 초기에는 조직이 시장영역을 발견 · 확인하기 위해 노력하고 목표달성을 위해 치밀하게 결정하려고 노력하기 때문이다. 이 시기에는 조직의 융통성을 필요로 하며 기술혁신이 최고조에 달하는 시기이기 때문이다.

최근 애드호크러시에 대한 많은 관심에도 불구하고 지속적인 조직은 되지 못하고 단지 일부산업에서만 이용되고 있다. 애드호크러시가 활용되는 경우 관료제조직의 부속물로 활용되고 있다. 또한 조직의 라이프 사이클을 보면 처음에는 애드호크러시로 시작한 조직들이 발전 · 성숙해가면서 관료제조직으로 변해간다.

제 5 절 기타 조직구조의 대안

앞에서 우리는 기계적 구조와 유기적 구조의 대표적인 예를 살펴보았다. 그러나 이 두 가지 조직구조 이외에도 여러 가지 유형이 있을 수 있다.

1. 단순구조

단순조직구조(simple structure)는 복잡성이 낮고 공식화가 거의 없으며 권한이 한 사람에게 집중된 조직이다. 그리고 단순조직은 평평한 조직(flat organization)으로서 유기적인 작업활동을 가지고 있으며, 모든 구성원이 의사결정권을 가진 개인 한 사람에게 보고한다.

단순구조의 장점은 조직의 단순성에 있다. 즉 신속하고 융통성이 있고 유지비용이 거의 없다. 조직상에 장애가 되는 계층이 없으며 책임이 명백하다. 약점은 규모가 증대되면 적용하기 어려우며, 권력이 한 사람에게 집중되어 있다는 점이다. 따라서 조직이 소규모이고 조직의 라이프 사이클상 초기인 경우, 환경이 단순하고 동태적인 경우, 조직이 위기에 직면한 경우, 최고경영자

그림 11-5 단순구조

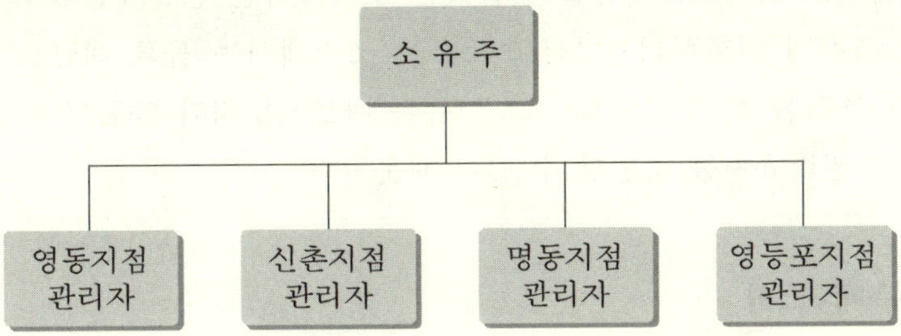

가 권력을 집권화하기를 선호하는 경우에 이 조직을 활용할 수 있다.

2. 기능별 조직

기능별조직(functional structure)은 직무상의 업무내용을 유사하고 관련성이 있는 특성별로 분류하여 결합시킨 구조이다. 기능별조직의 장점은 전문화를 근거로 유사한 업무를 묶어서 처리함으로써 경제성을 가져온다는 점이다. 약점은 하위단위들간의 갈등을 초래하며 이와 같은 갈등은 목표-수단의 도치로 이어진다. 그리고 최종제품에 대한 책임문제가 발생하며 단위부서 내의 조정은 용이하나 단위부서간의 조정은 어렵다. 또한 대규모 조직에서는 효과적인 적용이 어렵다. 왜냐하면 규모가 커져감에 따라 조정의 필요성이 급속하게 커져가기 때문이다. 마지막으로 전반적으로 업무를 통합시킬 수 있는 최고경영자의 양성이 어렵다.

그림 11-6 기능별 조직

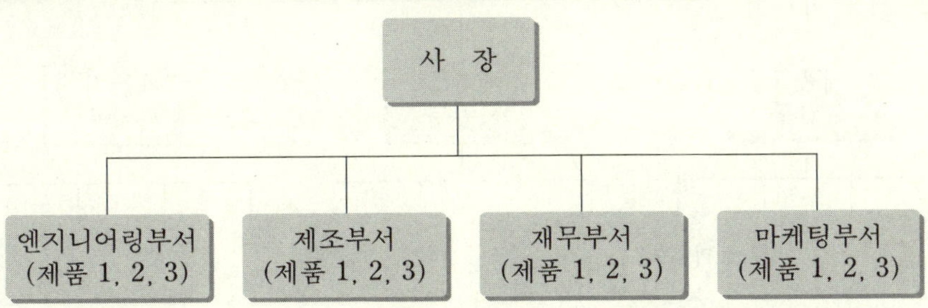

기능별구조가 적합한 상황은 조정의 문제 때문에 대규모 조직보다는 소규모 조직에, 그리고 여러 제품을 취급하는 조직보다는 단일제품을 생산하거나 판매하는 조직에 적합하다. 그러나 소규모 조직에서는 물론 대규모 조직에서도 기능별 조직을 볼 수 있는데, 그 이유는 관료제조직과 양립이 가능하고 최고경영자의 권력유지를 촉진할 수 있기 때문이다.

3. 사업부제 조직

사업부제조직(divisional structure)은 기본적으로 자체완결적 단위(self-contained unit)를 갖는 조직으로서 각 단위사업부는 일반적으로 자율적이며, 각 사업부 관리자는 성과에 대해 모든 책임을 지며, 전략 및 영업상의 완전한 의사결정권한을 보유한다.

장점으로는 첫째, 제품과 서비스의 책임을 사업부 관리자에게 부과함으로써 기능별 구조의 단점을 제거하고 최종적인 성과에 초점을 두고 있다. 둘째, 본사의 임원들은 일상적인 영업업무에서 벗어나서 장기적인 경영문제를 다룰 수 있다. 셋째, 구조의 자율성 및 자체완결적 특성은 일반관리자의 양성에 도움이 된다. 마지막으로 사업부의 운용이 자율적으로 이루어지기 때문에 한 사업부의 성과불량이 다른 사업부에 거의 영향을 미치지 않는다.

약점으로는 첫째, 활동과 자원의 중복으로서 예를 들면 각 사업부마다

그림 11-7 사업부제 조직

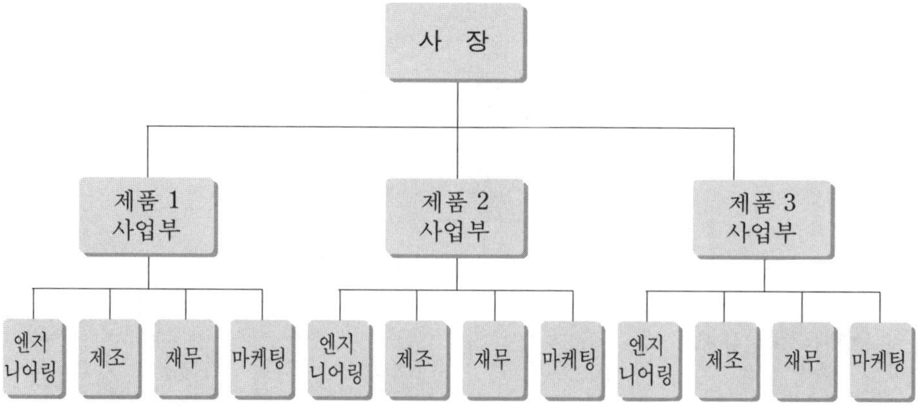

그림 11-8 부문별 조직(E사의 예)

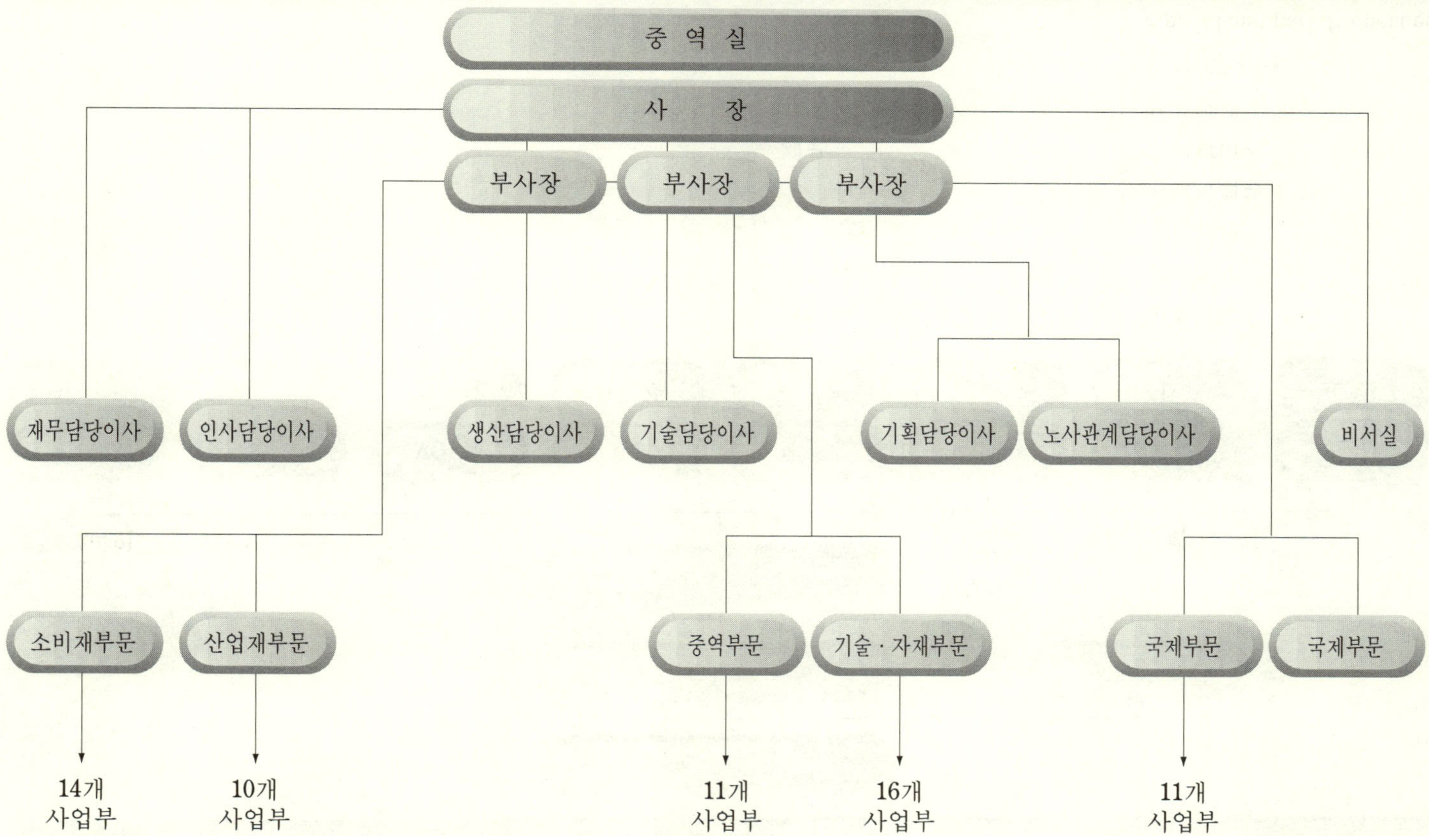

자료 : Courtesy of the General Electric Company, Feb, 1980.

그림 11-9 콩글로머리트 조직(Signal사의 예)

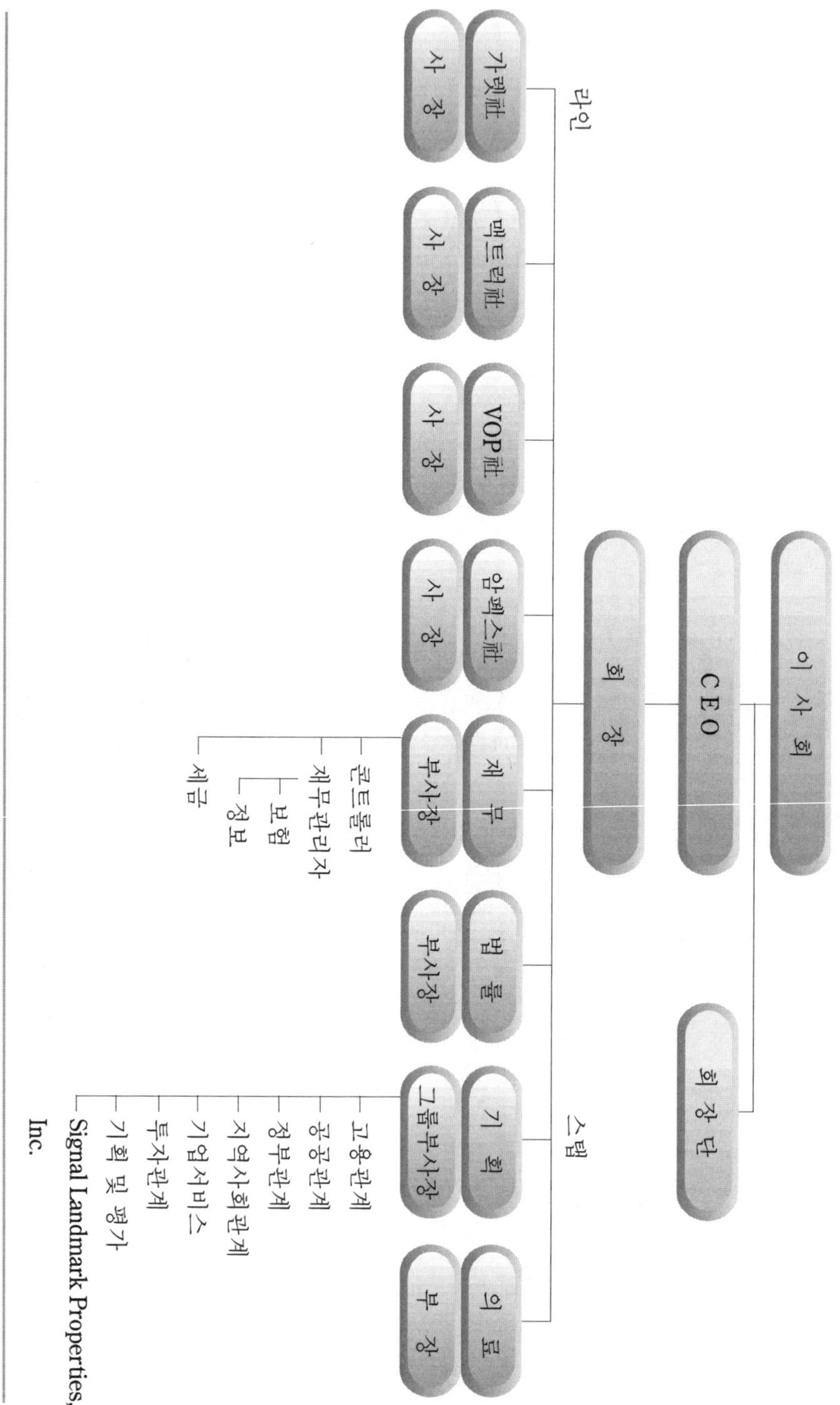

자료 : Courtesy of the Signal Companies, Jan. 1981.

마케팅 조사부가 있어 기능을 중복으로 비용의 증대와 능률저하를 가져온다. 둘째, 사업부들간의 협동이 어렵기 때문에 지원문제로 인해 사업부와 중앙본사간에 갈등이 생기기 쉽다. 셋째, 사업부의 자율성이 실제로는 제한된 범위 내에서 행해지기에 사업부관리자의 불만이 발생할 가능성이 높다. 넷째, 조직 전체의 조정이 어렵다.

사업부제 조직의 활용 여부를 결정짓는 가장 중요한 기준은 제품이나 시장의 다양성으로 조직이 다각화 전략을 사용할 때, 그리고 상황요인으로는 규모가 증대됨에 따라 기술을 능률의 원칙에 따라 사업부에 맞추어 분할할 수 있을 때, 환경이 매우 복잡하지 않고 동태적이 아닐 때 적합하다.

4. 부문별 조직

부문별조직(sector structure)은 사업부 관리자들과 중앙 본사의 경영자들 사이에 관리계층이 하나 더 추가된 것이다.[38] 이는 사업부들을 공통된 특성을 가진 것끼리 묶어서 하나의 부문관리자(sector manager) 밑으로 결합시키는 조직형태이다. 이는 모든 사업부에 걸친 통합적인 업무체계를 갖지 못한 데서 오는 사업부제조직형태의 결점을 제거하고자 설계된 것이다.

부문별조직의 장점으로는 대규모 조직에서 최고경영자가 갖는 통제의 폭에 과중한 부담을 주지 않게 한다. 그리고 하나의 계층이 생김으로써 승진기회가 많아지고 따라서 최고경영자로 양성하기 위해서는 이상적인 자리이다. 단점으로는 관리계층의 추가로 인한 의사소통의 문제점과 비용의 증가가 수반된다. 이와 같은 조직은 성장전략을 추구하는 대규모 조직이나 산업상의 공통 특성을 가진 사업부를 보유한 대규모 조직에서 사용할 수 있다.

5. 콩글로머리트 조직

콩글로머리트 조직(conglomerate structure)은 사업부제 조직과 유사하며 사업부들간에는 중요한 상호의존관계가 없어서 사업부들이 완전히 독립되어 있다.

콩글로머리트 조직은 단일한 활동영역에 있는 조직이 경기의 변화로 인한

38) Robert R. Frederick, "Sector Executives: Management Evolution," *Management Review* (October 1978), pp. 29~30.

영향을 줄이기 위해 일련의 다양한 사업부를 얻으려고 한 데서 비롯되었다. 콩글로머리트 조직의 장점은 각 회사가 어느 사업부에도 소속되어 있지 않기 때문에 완전한 자율성을 갖는다는 점이며, 단점은 완전히 자율적이기 때문에 운영에 있어 규모의 경제성을 이용할 수 없다는 점이다. 또한 통제시스템이 잘 구성되어 있어야 최고경영자가 감독할 수 있으며, 그렇지 못한 경우 권력이 사업부 관리자에게 있게 된다. 콩글로머리트 조직은 성장전략을 사용할 때 이용할 수 있다.

6. 가상 조직(Virtual Organization)

최근에 가상조직은 높은 환경적 불확실성 속에서 조직의 효율성을 높이는 중요한 조직구조의 한 대안으로 그 가치를 인정받고 있다. 정보통신기술의 발달로 정보의 흐름이 빨라지고 인터넷을 통해 생산자와 소비자 사이의 정보의 비대칭성이 사라지고 있으며, 고객의 욕구와 기호의 빠른 변화, 새로운 아이디어를 가진 벤처기업의 등장은 기업 환경을 다이나믹하고 더욱 복잡하게 만들고 있다. 이런 환경의 불확실성과 복잡성은 첨단기술분야나 생명공학분야의 기업을 중심으로 기업의 제품, 서비스, 정보의 직접적인 창출보다는 높은 투자 비용과 위험을 최소화하기 위한 구조대안으로서 가상조직에 많은 관심을 갖도록 한다. 가상조직이란 서로 다른 핵심역량을 갖춘 여러 기업들이 상호간에 협력 네트워크를 형성하고 이를 기반으로 시간과 공간을 초월하여 서비스, 제품, 정보의 개발연구, 생산, 판매하는 목적지향적인 조직을 말한다.[39)]

IBM은 혁심역량을 가진 여러 다른 기업들로부터 개인용컴퓨터의 부품이나 응용프로그램을 공급받아 제품을 생산하는 가상조직의 형태로 기업을 운영하였다. 따라서 제품을 단기간에 상대적으로 적은 투자로 시장에 출시하여 큰 성공을 거둘 수 있었다. IBM의 경우 마이크로소프트, 인텔, 다양한 컴퓨터 주변기기 공급업체들이 네트웍을 구축하고 있었다. 그러나 IBM 호환 PC등장 후 이런 가상조직의 파트너들은 다른 경쟁기업에도 자사제품을 납품하기 시작하였고 IBM의 경쟁자가 되었다. 따라서 IBM은 뒤늦게 독자적 운영시스템을

39) DeSanctis, G./Staudenmayer, N./Wong, S. S., Interdependence in virtual organizations, in: Cooper C. L./Rousseau, D. M., *Trends in Organizational Behavior*, Vol. 6, pp. 81~104. 1999, pp. 81~104.

개발하는 등 자사 컴퓨터만의 독특한 특성을 개발하기 위한 다양한 시도를 하였으나 성공을 거두지는 못하였다.[40]

1979년 영국에서 세워져 생명공학관련제품을 생산하고 있는 Celltech은 가상조직이 무엇이고 그 성공요인에 대해 잘 보여주고 있다. Celltech은 제품개발의 불확실성을 감소시키기 위해 대학연구소나 작은 연구기관들과 네트웍을 구축하고 있다. 영국의 MRC(Medical Research Council)는 Celltech에 핵심 생명공학기술을 제공하는 대표적인 Celltech의 연계연구소이다. 두 회사는 긴밀한 연계를 통해 상호진화적으로 협력하고 있다. 즉, MRC는 보유기술의 신속한 제품화를 촉구하는 상당한 외부의 압박을 받고 있었으며, Celltech은 MRC가 보유하고 있는 것과 같은 우수한 생명공학기술의 제품화를 통한 사업의 활성화를 꾀하고 있었다. 두 회사는 불확실성이 높은 새로운 생명공학기술의 사업화에 깊은 관심을 가지고 상호연계의 강도를 높였다.

두 기업은 해당기업의 과학자들을 상호 채용하여 실험실 연구단계의 제품을 신속하게 산업제품화하는 과정과 시간을 감소시키려고 노력하였다. 또한, 두 회사의 상위관리자를 서로 주요 핵심의사결정직위에 배치하는 등 높은 수준의 상호연계를 강화시키려고 시도하였다. 두 회사의 긴밀한 연계와 같은 전례를 찾을 수 없었던 당시의 상황에서 새로운 관행을 정착시키는 과정이 순탄치만은 않았다. 두 회사가 장기계약을 맺으려고 할 때, MRC의 과학자들은 더 큰 회사와 더 나은 계약을 하자고 저항하거나, 몇몇 과학자는 지나친 상업성을 원치 않거나, 혹은 제공된 기술에 대한 독점권을 주장한 과학자도 있었다. 다행스럽게도, 두 회사의 과학자들은 서로의 명성과 기술의 우수성에 대해 인지하고 있었고, 특히 Celltech의 과학자들은 기업이라는 시장의 논리가 강한 환경에서 근무하고 있었지만, 지식공유라는 학문적 문화에 익숙한 사람들이었다. 즉, 생명공학분야의 과학자들은 연구목적을 위해 서로에게 공개적으로 정보를 주고받고 하는 데 거부감이 없었다.

두 회사는 과거의 계약을 검토해 가면서 서로의 이해를 반영하면서 유기적 제휴를 위한 장기계약을 체결할 수 있었다. 장기계약체결에는 두 회사의 긴밀한 가치체계의 연계가 서로에게 이익을 가져다 줄 것이라는 서로의 기술이나 조직의 시장에서의 평판에 입각한 확신이 큰 영향을 주었다. 그 외에 두

---

40) Chesbrough, H. W./Teece, D. J., When is virtual virtuous? organizing for innovation, *Harvard Business Review* (January-February 1996), pp. 65~73.

회사가 상당한 기간 동안의 협력을 통해 형성한 상호간의 긍정적 성공경험에 입각한 상호 신뢰감과 구성원이 소유하고 있는 유사한 문화적 특성으로 대표되는 개인적 신뢰가 그 바탕에 있었다.[41)]

7. 경계 없는 조직(Boundaryless Organization)

높은 불확실성으로 표현되는 급변하는 조직환경은 경영자로 하여금 소규모의 사업부를 유지하도록 요구하고 있으며, 경쟁의 심화는 범위의 경제와 신속한 기업 내 사업부간 학습 혹은 기업간 학습을 요구하고 있다. 경계 없는 조직이란 급변하는 환경에 적응하기 위해 기업 내 특정 사업단위간에 혹은 상이한 기업간 노하우의 공유를 통한 혁신적인 제품, 정보, 서비스의 창출을 위해 적극적으로 협력관계를 형성하는 기업조직을 의미한다. 전통적 기업의 경우 사업단위들은 제조시설과 같은 물리적 자원, 브랜드와 같은 무형자원, 제품개발과 같은 조직역량을 공유한다. 그러나 이런 협력은 지속적으로 일어나지 않고 어떤 경우는 예상된 시너지를 창출하는 반면, 예기치 않은 문제를 유발하기도 한다. 그러나 경계 없는 조직에서 협력은 기업간 혹은 사업부간에 역동적인 협력망을 구축하고 시장변화에 민첩하게 대응하여 성장고 범위의 경제를 확보하며, 내부 사업부간 혹은 기업간 협력과 경쟁을 고취하여 기업의 성과 창출을 목적으로 한다. 예를 들어 GE캐피탈은 GE 그룹 내의 다른 사업단위인 소비재 사업부와 협력적 연계를 시작했다. 시간이 경과되면서 GE캐피탈은 발전소, 제트엔진과 같은 GE의 정교한 산업재 사업부에게 재정서비스를 제공하기에 충분한 규모와 지식을 획득했다. 이런 사업부의 경계를 뛰어넘는 적극적 협력을 통해 GE캐피탈과 산업재 사업부는 높은 성장을 했다.[42)]

8. 학습 조직(Learning Organization)

조직이 처한 환경의 불확실성이 높아지고 지식이나 기능이 빠르게 노후화되어가는 상황 속에서 조직의 문제를 해결하고 신제품을 도입하며 공정을 재

41) Dodgson, M., Learning, trust, and technical collaboration, *Human Relations* (January, 1993) Vol. 46, pp. 77~95.

42) Eisenhardt, K., Coevolving: At last, a way to make synergies work, HBR, (Jan.-Feb. 2000), pp. 91~101.

설계하는 것들은 모두 세상을 새로운 관점에서 조망하고 그에 따라서 행동할 것을 요구한다. 학습이 없으면 기업이나 개인 모두 예전의 관행을 단순히 반복하게 되므로 조직 차원의 학습이 요구된다. 조직학습이란 다양한 정의가 있는데, Fiol과 Lyles는 보다 나은 지식과 이해를 통하여 행동을 개선하는 과정[43]이라고 주장하였고, Argyris는 오류를 발견하여 수정하는 과정[44]이라고 정의하였다.

학습조직은 지식을 창출하고 획득하며 이전하는 데, 그리고 새로운 지식과 통찰력을 반영하도록 행동을 변화시키는 데 능숙한 조직으로 개념적으로 정의된다. 학습조직의 경우 구성원들간의 조직학습이 무엇인지에 대한 개념이 공유되며, 체계적인 문제해결, 새로운 접근방법을 활용한 실험, 스스로의 경험과 과거 자료로부터의 학습, 다른 조직의 경험과 우수한 관행으로부터의 학습(Benchmarking), 지식을 신속하고 효과적으로 조직 전체에 이전시키는 등의 활동이 활발하게 일어난다. 또한 학습의 단계적 과정에 따라 단계별 학습성과의 측정이 일어나게 되는데, 각 단계는 인지단계, 행동단계, 성과개선단계로 단계별로 구분된다. 인지단계는 여론조사, 설문조사, 면접을 통해 종업원이 새로운 개념이나 시스템에 대해 개념을 제대로 이해하고 있는지를 검사하고, 행동단계에서는 여론조사나 설문을 통해 종업원의 행동변화를 평가하게 된다. 마지막으로 성과개선단계에서는 종업원의 인지 및 행동변화가 실제로 결과를 산출했는지를 확인하기 위해 다양한 측정지표를 도출하여 학습성과를 측정한다. 따라서 어떤 조직이 조직합습이 이루어지고 있는 학습조직인지의 여부나 그 정도는 위에서 언급한 조직학습의 의미를 구성원이 제대로 이해하고 있는지, 지식에 대한 관리활동이 일어나고 있는지, 학습성과에 대한 체계적이고 구체적인 모니터링을 통한 측정이 일어나고 있는지에 따라 결정될 수 있는 것이다.[45]

43) Fiol, C. M./Lyles, M. A., Organizational Learning, Academy of Management Review, (Oct. 1985).

44) Argyris, C., Double Loop Learning in Organizations, Harvard Business review, (Sept.-Oct. 1997).

45) Garvin, D. A., Building a learning Organization HBR, (July-August, 1993) pp. 78~91.

내용요약

조직구조는 소규모조직일 경우는 별로 문제될 것이 없지만, 조직의 규모가 커지면 매우 중요한 과제가 된다. 조직구조는 복잡성 · 공식화 · 집권화 등의 요소로 구성되어 있으며, 조직구조를 설계할 때는 분업, 권한의 위양, 부문화, 통제의 폭 등 4가지 요소를 고려하여야 한다.

전통적으로 조직구조의 결정요인으로 조직규모, 기술, 환경 등을 생각해 왔다. 규모에 관한 연구로는 애스톤 그룹의 연구가 유명하며, 기술에 대해서는 우드워드, 페로우, 톰슨 등이 연구하였으며, 환경에 대해서는 번즈와 스톨커, 에머리와 트리스트, 로렌스와 로슈 등이 연구하였다. 그러나 최근 조직구조는 자신들의 내부구성원들의 권력투쟁의 산물이라고 하는 권력통제 임페러티브가 주장되고, 그 밖에 초고경영층의 성격, 정보기술 등이 조직구조에 영향을 미친다고 한다.

조직구조는 크게 유기적 구조와 기계적 구조로 구분할 수 있는데, 유기적 구조는 복잡성과 공식화가 낮으며, 광범위한 정보망, 의사결정의 높은 참여율 등을 특징으로 하며, 기계적 구조는 고도의 복잡성과 공식화, 그리고 제한된 정보망, 의사결정의 낮은 참여율 등이 특징이다. 관료제조직은 기계적 구조의 대표적인 예이며, 애드호크러시 조직은 유기적 구조의 예이다.

조직구조를 규모의 증대와 복잡성의 증대에 따라 분류하면 단순조직구조, 기능별조직구조, 부분별조직구조, 콩글로머리트 조직구조 등으로 나누어 설명할 수 있다.

연구과제

1. 조직구조의 구성요소를 중심으로 조직구조를 설명하라.
2. 조직구조의 결정요인을 열거하고 구체적인 연구결과를 예로 들어 설명하라.
3. 기계적 조직구조와 유기적 조직구조를 비교 · 설명하라.
4. 다음 조직구조의 특징을 설명하라.
   (1) 단순조직구조

(2) 기능별조직구조

(3) 부문별조직구조

(4) 콩글로머리트 조직구조

(4) 가상조직

(6) 경계 없는 조직

(7) 학습조직

제 12 장 직무설계

조직에서 직무는 개인과 조직을 연결시켜 주는 가장 기본적인 단위이다. 다시 말해서 직무설계를 통해서 종업원의 욕구와 조직의 목표를 통합시킬 수 있다는 것이다. 최근 종업원의 교육수준의 향상과 사회환경의 변화는 종업원들로 하여금 일하는 삶의 질(quality of work life)과 직무로부터의 만족을 요구하도록 한다.

이와 같은 조직구성원의 욕구수준과 사회환경의 변화에 대응하기 위하여 각 기업들은 직무설계 또는 직무의 재설계를 논의하게 된 것이다. 본 장에서는 직무설계의 방안을 역사적 발달과정을 중심으로 고찰하고자 한다.

제1절 직무설계에 대한 접근방법

직무의 내용이나 설계의 문제는 지난 수세기 동안 기술자들이나 경제학자들의 관심의 대상이 되어 왔다. 직무설계(job design)는 기본적으로 직무전문화(job specialization)와 동의어로 생각하고 있었다. 예를 들어 1776년에 아담 스미스(Adam Smith)는 그의 저서 「국부론」(*Wealth of nation*)에서 말하기를 각 작업자가 미세하고 전문화된 과업을 수행하도록 직무를 더 작은 부분으로 분할함으로써 경제적 능률이 성취될 수 있다고 하였다. 금세기에 들어와서는 과학적 관리운동을 주도하였던 테일러(Frederick Taylor)와 그의 동료들이 직무의 체계화 및 절차화의 잇점을 주장하였다.

직무설계에 대한 지배적인 견해는 전문화가 능률을 증진시킨다는 것이다. 따라서 직무는 세분되고, 단순화되며, 표준화되고 일상화되어야 한다.[1)]

1) A.C. Filley, R. J. House, and S. Kerr, *Managerial Process and Organizational Behavior*

그림 12-1 직무설계의 5가지 접근방법

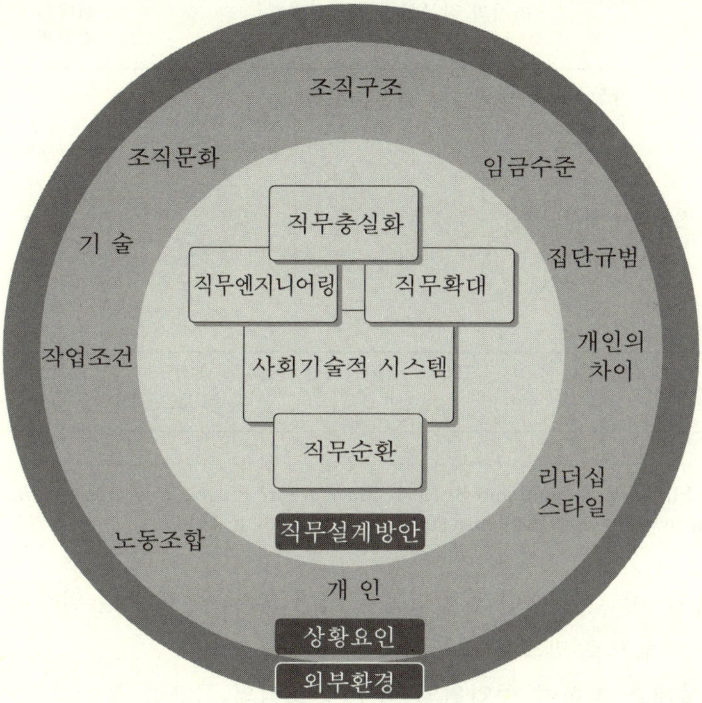

자료 : Hellriegel, Slocum and Woodman, *Organizational Behavior* (N.Y.: West Pub. Co., 1986), p. 363.

1940년대 말부터 시작하여 1950년대 초에 심리학자들, 사회학자들, 그리고 그 밖의 사회과학자들의 통찰(insight)의 결과, 종업원들의 인간적인 욕구(human needs of employees)에 대한 고려 쪽으로 관심이 옮겨지기 시작하였다. 그 이유는 과학자들이 극단적인 전문화(세분화)는 지루하고 싫증나는 과업, 비도전적인 작업, 종업원의 소외 등과 같은 많은 문제를 가지고 있다는 것을 발견했기 때문이다. 고도의 전문화는 훌륭한 경제적 편익을 가져온다. 그러나 지나친 전문화는 종업원들에게 '의미감'이 없는 작업할당을 초래한다. 전문화를 너무 지나치게 실천했을 때, 전문화에서 오는 경제성은 종업원의 불만족이라는 비경제성에 의해 상쇄되고 만다. 직무내용에 인간적 요인이 고려되어야 한다는 방향전환은 직무설계의 방법이었던 전문화에 대한 대안적 방법을 모색

(Glenview, Ill.: Scott, Foresman, 1976): F.W. Taylor, *The Principles of Scientific Management* (N.Y.: Harper & Row Pub. Co., 1947).

그림 12-2 직무설계의 역사적 발달과정

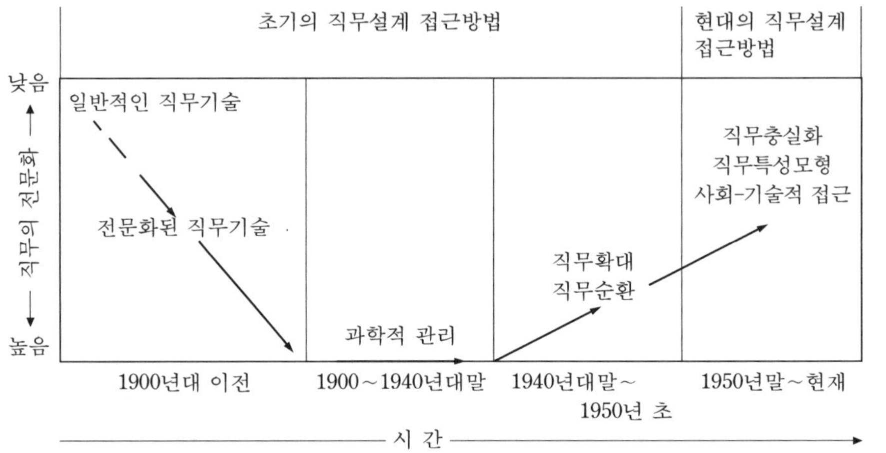

자료 : A.C. Filley, R. House, and S. Kerr, *Managerial Process and organizationl Behavior* (Glenview, Ill.: Scott, Foresman and Company, 1976), p. 33.

하게 하였고, 이 같은 대안적 방법들은 작업(직무)을 보다 덜 일상적이고 보다 의미 있는 작업으로 만드는 것을 추구하였다.[2)]

직무설계를 통하여 종업원의 욕구와 조직의 목표를 통합할 수만 있다면 그것은 가장 이상적인 직무설계방법이라 할 수 있다. [그림 12-1]에는 직무설계에 대한 일반적인 다섯 가지의 접근방법을 요약·설명하고 있다. 특히 관리스타일, 노동조합, 작업조건, 기술수준 등과 같은 직무설계에 미치는 요소들을 포함하고 있는 것이 특징이다.

그러나 직무설계에 대한 접근방법을 역사적으로 살펴볼 때 크게 세 가지로 구분되고 있다. 가장 고전적인 과학적 관리방법에 의한 직무설계와 과도기적인 직무순환과 직무확대에 의한 직무설계방법, 그리고 가장 최근의 직무충실화와 직무특성모형에 의한 직무설계방법이 있다. 본 장에서는 직무설계에 대한 역사적 발달과정을 중심으로 설명하고자 한다.[3)]

2) Edward E. Lawler III, *Motivation in Work Organizations* (Monterey, Calif.: Book-Cole, 1973).

3) A. D. Szilagyi, Jr. and M. J. Wallace, Jr., *Organizational Behavior and performance*(Glenview, Ill.: Scott, Foresman. 1987). pp. 151~168.

제 2 절 직무의 전문화 : 과학적 관리

1. 전문화의 원리

전통적으로 조직에서의 직무설계는 전문화원리에 기반을 두어 왔다. 즉 대부분의 직무설계는 고능률(high efficiency)이라는 관점에 기초를 둔 것으로서 가능한 한 직무를 세분화함으로써 짧은 훈련기간, 짧은 작업주기, 작업자의 신속한 대체가능성 등을 통해 조직의 목표를 달성하려는 것이다. 테일러(Taylor)가 중심이 된 과학적 관리기법하에서의 과업설계는 바로 이러한 관점에서 이루어진 것이다.

이러한 직무설계방식은 1900년대에 시작된 이래 지배적인 방식이 되었고, 1950년대와 1960년대의 자동화 그리고 최근의 사이버네틱스(cybernetics)와 정교한 컴퓨터 시스템으로까지 연결된다. 테일러의 직무설계방식은 제조업체에서 광범위하게 채택되었으며, 특히 조립라인을 갖고 있는 업체의 경우가 그러했다. 1950년대에 조립라인의 근로자들을 대상으로 한 대규모 연구에 나타난 제조업체의 조직특성은 다음과 같다.[4)]

(가) 기계적인 속도(mechanical pacing) 종업원의 작업속도가 종업원의 자연적인 리듬이나 자발성에 근거한 것이 아니라 컨베이어 라인(conveyor line)의 속도에 의해 결정된다.

(나) 반복성(repetitiveness) 개별 근로자들은 작업시간 동안 아주 짧은 사이클의 똑같은 업무를 계속 반복해서 수행한다.

(다) 낮은 숙련도(low skill requirements) 훈련비용을 최소화하기 위해 직무는 배우기 쉽도록 설계되어 있고, 개인을 직무에 할당할 때에는 최대한의 융통성이 허용된다.

(라) 제품의 부분에 대한 강조(concentration on only a fraction of the product) 각각의 직무는 제품을 완성하는 데 필요한 수백 가지, 수천 가지의 업무로 분할되어 구성되어 있다.

(마) 제한된 사회적 상호작용(limited social interaction) 움직이는 조립라인을 따라 작업이 이루어지고 소음과 같은 작업환경 때문에 다른 근로자들과

---

4) *Ibid.*, p. 152.

의미 있는 인간관계를 형성하기가 매우 어렵다.

(바) 도구 및 기법의 사전결정(predetermination of tools and techniques) 근로자의 직무수행방법이 스탭전문가(staff specialists)들에 의해 결정되며, 개별 근로자들이 이들 전문가들에게 영향을 미칠 수가 없다.

이와 같은 과학적 관리원칙은 거의 대부분의 산업국가에서 광범위하게 실천되고 있는데 조립라인이 가장 잘 알려진 적용의 예이다. 그러나 이 원칙은 다른 많은 작업형태에서도 사용되고 있으며, 특히 직무가 관리가능한 단위로 분할되어 있고 능률을 위해 전문화되어 있으면 더욱 적용가능하다.

그러나 이러한 전문화나 분업, 직무의 세분화는 능률의 증대나 비용의 감소를 가져왔을지는 모르나 조직구성원들에게 단조로움과 불만을 가져다 주어 잠재적인 능력이 제대로 발휘되지 못하게 하는 결과를 초래하였다. 뿐만 아니라 피로와 긴장으로 인한 이직률이나 지각률의 증가와 같은 많은 부작용을 유발하게 되었다. 다시 말해서 작업활동의 구조적 요인이 직무담당자의 태도에 영향을 미쳐서 직무에 대한 불만족과 낮은 모티베이션, 낮은 성과를 가져왔던 것이다.

2. 과학적 관리의 장점과 단점

과학적 관리에 의해 제기된 직무설계의 틀은 현대 경영학적 사고에 있어서 가장 중요한 요인 중의 하나이다. 이와 같은 접근방법의 적용으로부터 기대되는 장점은 다음과 같다. 첫째, 과학적 검토를 통해서 근로자가 가장 효율적으로 일을 할 수 있도록 최대한의 단순화, 전문화를 이용하여 직무설계가 이루어질 수 있다. 둘째, 만약 직무가 가장 전문화된 단위로 나누어진다면 이러한 직무에 대해 항상 동원가능하고 값싼 노동력을 가진 낮은 숙련도의 근로자로 채워질 것이므로 경제적인 편익도 있을 것이다. 셋째, 낮은 숙련도로 인해 교육 및 훈련비용의 절감을 가져올 수 있다. 마지막으로, 과학적 관리는 작업의 질과 양에 대해 고도의 통제가 가능하다.

그 이유는 첫째, 고도의 기계화를 통해 근로자로 하여금 작업을 수행하는 동안 신체적으로 피로하게 될 기회를 최소화시켜 주며, 따라서 산출물의 질·량 모든 면에서 비교적 안정적인 수준을 예견할 수 있다. 둘째, 표준화의 전문화를 통해 근로자에 대한 감독자의 통제가 용이해지기 때문이다. 요컨대 이 방법은 생산능률의 개선을 강조할 수 있는 기회를 경영층에게 제공해줌으로써 직무의 많은 불확실성(uncertainties)을 확인하고 통제할 수 있다는 것이다.

그러나 이 직무설계방법은 장점만 있는 것이 아니라 다음과 같은 단점도 있다. 이 방법은 과업성취를 강조하고 있으며, 종업원의 지지 여부에 대해서는 최소한의 관심밖에 없다. 지나친 직무의 전문화는 작업의 계획 및 스케쥴링(scheduling)에 대해서는 편익을 제공해 주지만, 한편으로는 직무를 너무 단순화하고 지루하게 하여 결국에는 종업원으로 하여금 불만족스럽게 하거나 이직, 전직, 지각 등을 가져오게 한다.

이는 조립라인 자체가 나쁘다는 것은 아니다. 물론 이와 같은 문제에 직면하지 않거나 문제를 감소시켜서 문제의 심각성을 느끼지 않는 제조업체도 얼마든지 있다. 핵심은 어떤 직무설계방식의 효과성은 반드시 과업성취요인과 동시에 종업원의 지지를 고려해야 한다는 것이다. 과업성취요인과 종업원의 지지를 동시에 반영한 직무설계방법, 즉 직무순환(job rotation)과 직무확대(job enlargement)에 대해서 살펴보고자 한다.

제 3 절 직무순환과 직무확대

제 2 차 세계대전 이후 경영자들과 행동과학자들간에 직무설계에 관한 새로운 방법이 대두되었는데, 이를 우리는 종업원반응접근법(employee response approaches)이라고도 한다. 직무설계에 대한 과학적 관리법이 여러 가지 문제를 야기시키고 약점을 노출시키자 이에 대한 경영자들의 최초의 대응은 직무순환과 직무확대화방법에 의한 직무설계였다.

1. 직무순환(job rotation)

직무순환이 가능하려면 근로자가 수행하는 과업끼리 상호 교환가능해야 하고 작업흐름에 있어서 커다란 작업중단 없이 과업간의 교대가 전제되어야 한다. [그림 12-3]은 직무순환과정을 잘 보여주고 있다. 예를 들어 자동차 조립라인에서 과업 1은 카페트를 까는 일, 과업 2는 의자를 설치하는 일, 그리고 과업 3은 자동차의 계기판을 다는 일이라고 하자, 이 때 첫 번째 기간(time Ⅰ)

그림 12-3 직무순환

첫째 기간(time Ⅰ)

김씨 → 과업 1, 이씨 → 과업 2, 박씨 → 과업 3

원자재 → 과업 1 → 과업 2 → 과업 3 → 제 품

둘째 기간(time Ⅱ)

박씨 → 과업 1, 김씨 → 과업 2, 이씨 → 과업 3

원자재 → 과업 1 → 과업 2 → 과업 3 → 제 품

에서 김씨는 과업 1을, 이씨가 과업 2를, 그리고 박씨가 과업 3을 수행했으나 둘째 기간(time Ⅱ)에서는 서로의 과업을 바꾸어서 박씨가 과업 1을, 김씨가 과업 2를, 이씨가 과업 3을 수행하게 하는 방식이다.[5]

실제로 이와 같은 방법은 현재 우리나라에서도 널리 이용되고 있다. 특히 각 기업체나 은행과 같은 사무직 사원에게 많이 적용되고 있는데, 예를 들면 은행의 경우 특정부서에 신입사원을 배치시켜 놓고 어느 정도 일에 대해서 완전히 익숙해질 무렵이면 새로운 부서로 옮겨서 업무를 담당케 한다. 이와 같은 경우 신입사원은 대리나 계장으로 승진하기 전에 회사 내의 중요한 업무를 두루 익히게 되어 전사적(全社的)인 차원에서 업무를 파악할 수 있고, 특정업무에 너무 오래 매달리다 보면 빠지기 쉬운 여러 가지 부작용으로부터 사원을 보호할 수도 있다.

이 방법에 의하면 근로자의 실제 직무에 있어서 어떤 커다란 변화란 전혀 없으며, 단지 서로 하던 과업만 바꾸어서 수행하는 것이다. 그러나 이 방법의 장점은 서로 다른 직무에로 종업원을 순환시킴으로써 근로자에게 다른 기술을 개발할 수 있는 기회를 제공해 주고 생산공정을 전체적인 관점에서 이해를 하도록 해 주기 때문에 지루함과 업무의 단조로움을 극복할 수 있다는 점이다. 물론 직무순환은 조직에 간접적인 유익을 가져다 주기도 한다. 종업원들이 광범한 기술을 갖게 되면 관리자들이 작업의 일정계획을 수립하고 변화에 적응하고 결원을 보충하는 데 그만큼 더 융통성을 갖게 되기 때문이다.

5) A. D. Szilagyi, Jr. and M. J. Wallace, Jr., *op. cit.*, pp. 153~155.

그러나 직무순환의 단점은 비용문제를 유발시키고, 작업진행의 방해요인이 된다는 점, 직무상의 의미감(job meaningfulness)을 제고시키는 데 제한적인 영향을 미칠 뿐이라는 점이다. 즉, 종업원을 이 직무, 저 직무로 순환근무토록 하는 데는 비용의 문제가 수반된다. 동일수준의 기술을 가정한다고 하더라도, 단기간에 있어서의 생산성은 당분간 떨어지게 마련이다. 한 직무에서 장기간 근무한 경험에서 오는 능률이 실제적으로 매우 중요한데, 직무순환의 결과로 그 같은 능률의 많은 부분이 손실되기 때문이다. 또한 직무순환은 작업진행의 방해요인이 될 수 있다. 작업집단의 구성원들은 신입종업원에 적응하지 않으면 안 된다. 그리고 감독자도 최근에 교대되어 들어온 신입작업자의 질문에 일일이 응답해 주어야 하고 그를 감독하는 데 더 많은 시간을 소비해야 하기 때문이다. 마지막으로 직무순환은 동기유발 잠재력점수가 낮은 직무의 해결책으로는 약하다는 점이다. 직무순환은 본질적으로 직무 자체를 바꾸는 것이 아니고 단지 직무-구성원간의 결합(the job-employee mix)을 바꾸는 것이기 때문에, 1년에 한 가지 일 대신에 네 가지의 지루한 일을 수행한다고 해서 구성원들이 더 큰 의미감을 경험하지는 않는다.

따라서 직무순환은 일시적으로 작업의 단조로움과 지루함은 경감될 수 있으나 여전히 일상성(routiness)의 문제가 남아 있다. 직무순환이란 단지 일련의 단조롭고 지루한 직무를 바꿔 하는 것 이상은 아니기 때문이다.

2. 직무확대(job enlargement)

직무확대는 직무가 보다 다양하고 흥미 있도록 하기 위해 하나의 직무에다 또 다른 직무를 수평적으로 추가시킨 것이다.[6)]

[그림 12-4]에서 보는 것처럼 자동차 조립라인에서 카페트 까는 일, 시트를 설치하는 일, 앞면유리를 끼우는 일, 라디오를 부착하는 일 등 과업 1에서 과업 4까지의 업무가 있다고 가정하자. 이 때 직무확대란 지금까지 이와 같은 일들을 김씨, 이씨, 박씨가 각각 담당하였으나 직무확대 이후에는 김씨가 카페트 까는 일과 시트 설치, 이씨가 시트 설치와 앞면유리 끼우기, 그리고 박씨가 앞면유리 끼우는 일과 라디오 부착을 모두 책임지게 한다는 것이다. 대개

6) R. H. Guest, "Job Enlargement-A Revolution in Job Design," *Personnel Administration*(Jan. 1957), pp. 9~16.

그림 12-4 직무확대

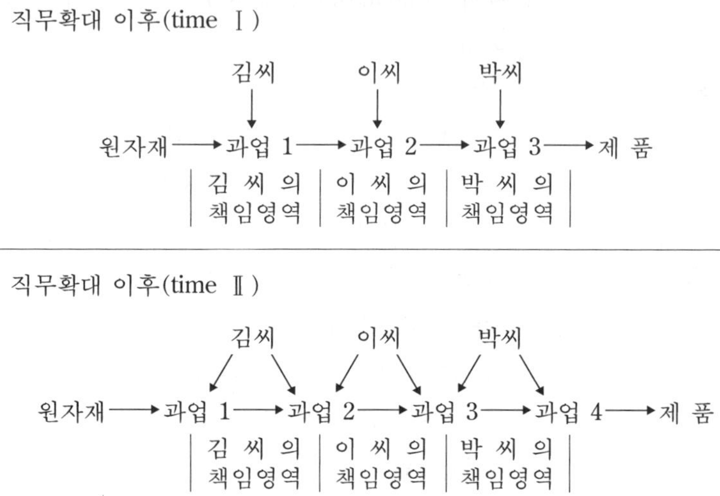

직무가 확대되면 원래는 다른 근로자가 하던 일을 떠맡게 되는 것이다.

직무확대에서 요구되는 기술과 작업의 수를 늘림으로써 작업의 단순성과 지루함을 극복하여 높은 수준의 직무만족으로 이끌어갈 것을 기대하고 있다. 그러나 직무확대란 경영층이 생산성을 증대시키고 노동력을 감소시키기 위한 또 하나의 도구에 불과하다는 비판이 있다. 비판자들에 의하면 직무의 본질적인 성격은 그대로 남아 있으며, 단지 근로자들이 해야 할 일거리만 늘었다고 주장한다. 만약 더 적은 근로자에 의해 같은 일을 수행할 수 있다면 경영자들은 불필요한 근로자를 해고하기 위한 방편으로 이 방법을 채택할 것이라고도 한다.

한 사람의 종업원이 전체과업 사이클(entire task cycle)을 수행하도록 직무가 확대될 때 조립라인의 조립작업자들이 완전한 작업단위를 독립적으로 조립하는 경우와 마찬가지로 직무확대는 작업성과 증진에 기여할 수도 있다. 그러나 직무확대도 직무순환과 마찬가지로 본래부터 의미감이 없는 작업설계이기 때문에 종업원의 반응이 긍정적이지 않다. 어떤 작업자의 말을 인용하면, "나는 전에도 불결한 직무를 수행하였다. 그런데 이제는 직무확대란 명목으로 세 가지의 불결한 직무를 수행하고 있다"고 말하고 있다.[7] 따라서 필요한 것은

7) S. P. Robbins, *Oranizational Behavior*: 9th ed., (Prentice-Hall, 2001), p. 460.

직무를 수직적으로 확대하여 종업원에게 자기가 하고 있는 직무에 대해 보다 많은 발언권과 통제가 가능하도록 직무가 재설계되어야 한다는 것이다. 그 같은 직무설계가 직무충실화(job enrichment)이다.

제 4 절 현대적인 접근방법 : 직무충실화와 직무특성모형

가장 현대적인 직무설계방법으로서는 직무충실화와 직무특성모형에 의한 접근방법이 있다. 먼저 직무충실화에 의한 접근방법부터 살펴보기로 하자.

1. 직무충실화

직무충실화(job enrichment)는 전통적인 직무설계방법과는 달리 직무성과가 직무 수행에 따른 경제적 보상보다도 개인의 심리적 만족에 달려 있다는 전제하에 직무수행을 통하여 개인의 동기를 유발시키고 개인에게 자아실현의 기회를 부여하도록 직무내용과 환경을 재설계하는 방법이다. 다시 말해서 직무의 기술적 요소뿐만 아니라, 직무와 연결된 모든 사회 · 심리적 요소들을 종합하여 개인에게 보람 있는 직무를 설계하려고 하는 것이 직무충실화이다. 이러한 직무충실화는 특히 다양한 작업내용이 포함되고 보다 높은 수준의 지식과 기술을 요구하며, 작업자에게 자신의 성과를 계획 · 지휘 · 통제할 수 있는 자주성과 책임을 보다 많이 부여하고, 개인적 성장과 의미 있는 작업경험에 대한 기회를 제공할 수 있도록 직무의 내용을 재편성한다는 것을 의미한다. 흔히 직무확대는 직무를 수평적으로 부과한다는 점에서 수평적 직무확대(horizontal job enlargement)라 하고, 반면에 직무충실화는 직무를 수직적으로 부과한다고 하여 수직적 직무확대(vertical job enlargement)라고 부르기도 한다.

직무충실화의 이론적 근거는 앞에서 이미 설명한 바 있는 매슬로우(A. Maslow)의 욕구계층이론, 허즈버그(F. Herzberg)의 2 요인이론, 그리고 맥클레란드(McClelland)의 성취동기이론이다.[8] 직무충실화는 특히 다음과 같은 두 가지 측면에서 고려되어 있다.

---

8) F. Herzberg, "Job Enrichment Pays Off," *Harvard Business Review*, vol. 47, No. 2 (March-April 1969), pp. 61~78.

(가) 수평적 측면 직무를 구성하는 과업의 수와 종류에 관한 것으로서 과업의 수와 종류가 제한되어 있을수록 직무는 전문화되고 반복성이 많으며, 특히 기술수준이 낮은 경우에 개인은 흔히 직무에 지루함을 느끼게 된다. 그 반면에 직무에 포함된 과업의 수와 종류가 많을수록 직무는 확대(job enlargement)되고 동시에 직무충실화에 기여하게 된다.

(나) 수직적 측면 이는 직무내용이 얼마나 계획(planning)과 통제(controling) 그리고 팀 참여(team participation) 등 보람 있는 과업내용으로 구성되어 있느냐에 관한 것으로서 이들 과업요소의 구성비율이 낮을수록 직무의 기술수준과 중요성은 낮아진다. 반면에 이들 과업요소들의 비중이 높을수록 직무의 기술수준과 중요성은 높아지고 직무는 충실화(job enrichment)된다.

좀더 명확한 이해를 돕기 위하여 제네랄 모터스(General Motors)사의 뷰익(Buick) 자동차사업부에서 실시하였던 직무충실화의 사례를 살펴보기로 하자.[9)]

1970년대 초에 뷰익 자동차사업부의 제품 엔지니어링 그룹(product engineering group)은 직무충실화를 위해 조립작업자의 직무를 분석하기로 결정하였다. 조립작업자는 시간제임금을 받는 숙련된 직공이었고, 설계기사(design engineer)의 지시대로 스포츠카 생산작업의 실험적인 변환을 책임지고 있었으며, 그리고 스포츠카의 작동상태를 최고로 유지하도록 노력하였다. 그리하여 제품 엔지니어링 그룹은 45명의 조립공을 채용하였다.

조립작업자들의 일상적인 과업내용은 재구성되었으나 직무기술서 자체는 변화하지 않았다. 조립작업자가 해야 할 직무 내용에는 다음과 같은 것들이 포함되어 있었다.

* 어떤 결함이든지 발견되면 스스로 수정조치를 취하고 작업일지에 그 내용을 기록한다.
* 자신의 과업(work assignment)은 스스로 선택한다.
* 자신의 작업을 스스로 검사한다.
* 자신의 작업완성일자와 작업공정일정을 스스로 설정한다.

직무재구성(job restructuring)에 관한 공식적인 제안설명은 부서장, 설계기사 및 노조를 대상으로 하여 행해졌고, 이 프로그램을 조립작업자들에게 소개

9) S. P. Robbins, *Organizational Behavior : Concepts, Crontroversies and Applications,* 2nd ed., (Prenitce-Hall, 1983), pp. 410~411.

그림 12-5 직무충실화

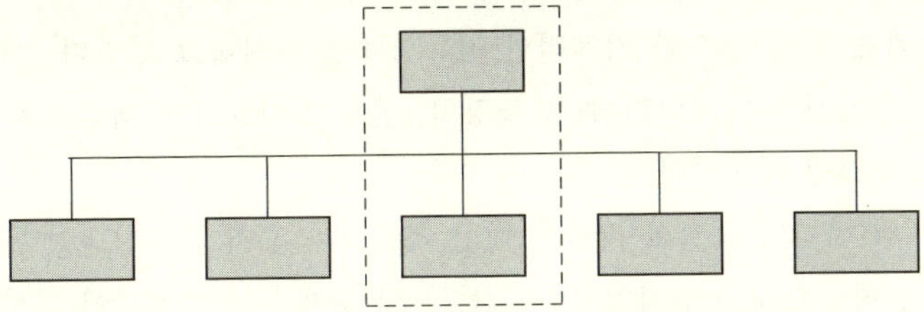

하는 데는 비공식적인 방법이 사용되었다. 이 같은 직무충실화 프로그램을 조립작업자들에게 소개하는 일의 실행은 각 감독자들이 가장 좋다고 판단되는 방법에 따라 종업원에게 접근하여 비공식적인 방법으로 소개 · 설명하도록 하였다. 그래서 각 감독자가 자신의 작업집단의 분위기를 판단하여 종업원에게 접근하였는데, 대부분의 경우 1대 1로 대면하여 직무 내용을 조립작업자들에게 소개하였다. 그리하여 직무충실화 프로그램은 조립작업자들 자신들에 의해 추진되었고 그들 스스로가 비공식적인 토론을 통해 그 프로그램을 서로 선전하고 있었다.

각 감독자가 직무충실화 프로그램의 진행을 감독하는 하나의 방법으로 조립작업자들의 반응을 기록하도록 하였다. 어떤 경우에는 직무변형 내용의 실행과정이 빨라서 다음과 같은 부정적인 피드백이 나타나기도 하였다. "왜 우리가 이 같은 기록사무를 처리해야 하는가?"와 같은 반응이었다.

이 같은 직무충실화 프로그램의 초기단계에서는 몇 명의 설계기사들도 재구성된 직무에 대하여 반대의사를 나타냈다. 그러나 조립작업자들과 설계기사들간의 의사소통이 개선되어감에 따라, 그리고 직무재구성의 다음 단계가 진행됨에 따라 대부분의 어려운 문제들이 대면적인 토의를 통하여 해결되고 있었다.

이 같은 1대 1의 대인간의 접촉을 통한 프로그램의 실시방법은 관리자 지시적인 실시를 지양하도록 하였고, 관리자에 대한 신뢰와 종업원들에 대한 프로젝트의 수용을 초래하였다. 그리하여 직무충실화 프로그램이 실행되기 시작한 이래 제품엔지니어링 부서의 관리자는 다음과 같은 변화를 관찰할 수 있었다.

* 생산성이 거의 13%가 증가되었다(매월 각 조립공의 작업전표의 증가치로 측정

한 것임).

* 사소한 고충처리 신청은 실제적으로 거의 없어지고 있었다.
* 스포츠카는 보다 우수한 기계적인 작동상태를 유지하고 있었다. 이는 조립작업자들이 솔선하여 덜거덕거림, 핸들장치, 엔진 스타트의 문제점들을 발견하여 개선하고 있었기 때문이다.
* 부서 내의 사기가 오르고 작업에 대한 자부심과 흥미가 증진되었다.
* 조립작업자들간에 조립작업자와 감독자 및 설계기사 상호간에 의사소통과 인간관계가 증진되었다.

이와 같은 직무충실화 프로그램은 특히 직장생활의 질(quality of work life)과 관련하여 품질향상과 사기향상 그리고 이직률 및 사고율의 감소와 간접비의 절감 등 실질적인 성과를 많이 거두고 있다. 그러나 직무내용의 개선은 과업 특성에 따라서 직무충실화의 적용에 제한이 있을 뿐만 아니라 구성원의 동기유발 여하에 따라 직무충실화에 대한 구성원의 관심과 참여행동도 크게 영향을 받게 된다. 따라서 이러한 상황적 요소들이 직무충실화과정에서 실질적인 문제로 제기되고 있으며, 이에 대한 적절한 상황적 여건조성과 변화담당자의 개입역할이 매우 중요하다.

2. 직무특성모형

직무충실화가 안고 있는 문제점을 보완하기 위해 어떠한 직무특성이 조직구성원의 동기유발이나 직무만족에 관련을 갖게 되는가 하는 데 관심을 집중한 결과 나온 이론이 바로 직무특성 접근방법(job characteristics approach)이다.[10] 이 모형은 5가지 직무특성을 확인하여 그들간의 상호관계성과 그것들이 종업원의 생산성, 동기유발 및 만족에 미치는 영향관계를 설명하고 있다. 직무특성모형은 직무를 5가지의 핵심적인 직무차원(five core job dimensions)에 의해 설명한다. 이 같은 다섯 가지의 핵심적인 직무차원의 명칭과 정의는 다음과 같다.

(가) 기능다양성(skill variety)　　작업자가 다양하고 상이한 기술이나 재능을 활용할 수 있도록 직무가 다양하고 상이한 활동을 요구하는 정도.

(나) 과업정체성(task identity)　　작업자가 자기의 작업 흔적을 확인할 수 있는 정도, 즉 작업자의 작업범위를 확인할 수 있는 정도.

(다) 과업중요성(task significance)　　직무가 다른 사람의 작업이나 생활에 실질적인 영향을 미칠 수 있는 정도.

(라) 자율성(autonomy)　　작업자들이 직무수행에 필요한 작업의 일정계획과 작업방법 및 작업절차를 결정 선택하는 데 있어서 작업자 개인에게 부여되어 있는 자유, 독립성 및 재량권의 정도.

(마) 피드백(feedback)　　직무가 요구하는 활동의 수행결과에 관하여 작업자가 그 효과성 여부에 대하여 직접적이고 명확한 정보를 얻을 수 있는 정도.

[그림 12-6]은 직무특성모형을 나타낸다. 처음 3가지 차원들—기술다양성, 과업정체성, 과업중요성—이 어떻게 결합하여 의미 있는 직업을 구성하는지를 주목하자. 3가지 특성이 직무에 존재하게 되면 그 작업자는 자기의 직무를 중요하고 가치 있고 보람 있게 생각한다고 예측할 수 있다. 그리고 자율성이 있는 직무는 직무담당자에게 작업결과에 대한 책임감을 갖게 하고, 직무수행결과에 대한 피드백이 작업자에게 제공되면 종업원이 그의 직무수행이 어느 정도로 효과적인가를 알 수 있게 될 것이다. 직무특성 모형에서 중요 심리상태는 매개변수로서 역할하고 있다. 다시 말해서 핵심직무차원이 만족된다고 해도 종업원이 성과를 낼 수 있는 것이 아니고, 종업원이 작업의 의미충만감, 작업결과에 대한 책임, 작업 결과에 대한 안정감의 중요 심리상태를 지각해야 성과를 올릴 수 있다는 것이다.

또한 핵심적 직무차원들과 결과와의 연결은 작업자 개개인의 성장욕구의 강도(strength of the individual's growth need)에 의해 조절 내지는 조정되고 있다. 여기에서의 성장욕구의 강도란 종업원의 자존욕구와 자아실현욕구에 대한 열망의 정도를 말한다. 이 같은 성장욕구의 강도에 의해 직무차원들과 작업결과간의 연결이 조절되고 있다는 것은, 즉 직무가 충실화될 때 높은 성장욕구를 가진 종업원들은 낮은 성장욕구를 가진 종업원들보다 중요심리적 상태를 더 경험하게 될 가능성이 높고, 그 같은 중요 심리적 상태에 대하여 낮은 성장욕구를 가진 종업원들보다 더 정적으로 반응하게 된다는 것을 의미한다.

직무의 동기유발 잠재력을 측정하기 위해 핵심적 직무차원들을 분석 · 결합하여 [그림 12-7]처럼 단일지수(single index)로 나타낼 수 있다.

동기유발 잠재력이 높은 직무는 직무상에서 의미와 보람을 경험하게 하는

---

10) J. R. Hackman and G. R. Oldham, "Development of the Job Diagnostic Survey," *Journal of Applied Psychology* (April 1975), pp. 159~170.

그림 12-6 직무특성 모형

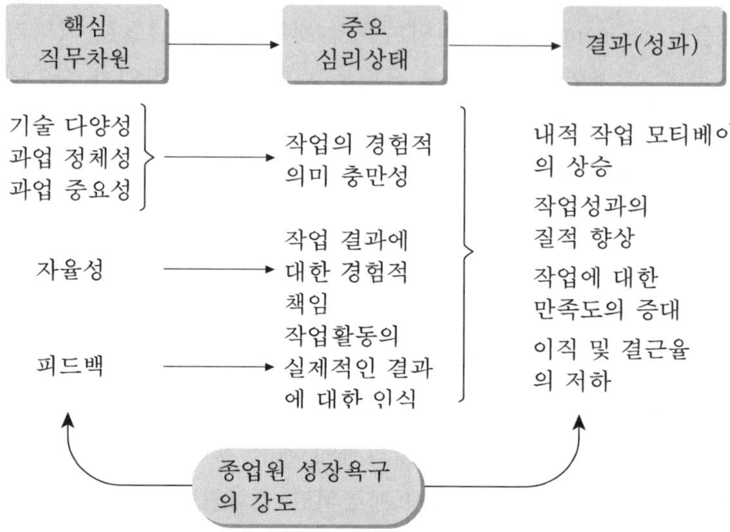

자료 : J. Richard Hackman, "Work Design," in J.R. Hackman and J.L Suttle, eds., *Improving Life at Work* (Santa Monica, Calif.: Scott, Foresman and Company, 1977), p. 129

세 가지 요인들 중에서 적어도 한 가지 요인은 높은 점수를 받아야 하고 동시에 자율성과 피드백 점수가 모두 높아야 한다. 따라서 만약 그 직무의 동기유발 잠재력의 점수가 높다면 동기유발, 직무성과 및 직무만족이 정적으로 영향을 받게 되고 결근이나 이직률이 감소될 것이라고 예측할 수 있다.

직무특성모형은 검증단계에 있지만 초기의 연구결과들은 이 모형을 입증하고 있으며, 특히 다음과 같은 사실이 연구결과로 나타나고 있다.

(가) 핵심적 직무차원의 점수가 높은 직무를 수행하고 있는 사람들은 그렇지 않은 사람들보다 더 동기유발되고 더 만족해 하며 더 생산적이다.

(나) 보다 강한 성장욕구를 가진 사람들은 보다 약한 성장욕구를 가진 사람들보다 동기유발 잠재력이 높은 직무에 대하여 정적으로 반응한다.

(다) 핵심적 직무차원들은 결과변수에 대하여 직접적으로 영향을 미치지 않고 중요 심리적 상태를 매개로 하여 영향을 미친다.[11]

---

11) Hackman, "Work Design" in *Improving at Work* (Santa Monica. California: Scott, Foresman. 1970), pp. 132~133.

그림 12-7 동기유발 잠재력점수의 계산

$$\text{동기유발 잠재력점수 (motivating potential score)} = \left(\frac{\text{기술 다양성} + \text{과업 정체성} + \text{과업 중요성}}{3} \right) \times \text{자율성} \times \text{피드백}$$

제 5 절 기타 직무설계의 대안들

우리는 지금까지 전통적인 전문화 원리에 근거한 직무설계와 직무순환 및 직무확대, 그리고 가장 최근의 직무충실화 및 직무특성 모형에 의한 접근방법에 대해 살펴보았다. 이 밖에도 직무설계의 대안으로 통합적 작업팀(integrated work teams), 자율적 작업팀(autonomous work teams), 제품관리분임조(quality circle), 4-40프로그램(4-40 program) 및 자유출퇴근시간제(flex-time) 등의 직무재설계를 위한 방법이 거론되고 있다. 만약 우리가 직무설계의 관리에 관심을 갖고 있다면 이와 같은 대안들을 살펴보고 평가해 볼 필요가 있다. 이들 하나하나에 대해 차례로 살펴보기로 하자.[12)]

1. 통합적인 작업팀

통합적인 작업팀은 집단수준의 직무확대로 어떤 집단이 단일과업을 수행하는 대신에 다수의 과업을 수행하는 것이다. 이 경우 그 집단에서는 다시 구성원들에게 구체적인 과업할당을 하고, 집단은 과업의 성질에 따라 구성원들 간에 직무를 교대하여 수행하도록 할 수 있다. 물론 작업팀에는 집단의 활동을 감독하는 감독자가 있다.

건물유지 및 건설공사에서 통합적인 작업팀을 수시로 활용하고 있음을 보게 된다. 대형 건물의 각 사무실을 청소할 때 건물유지관리자는 완성해야 할 여러 개의 과업을 파악, 확인하여 건물유지관리 작업자들에게 하나의 작업팀으로 과업의 배분 및 할당을 결정하도록 하고 있다.

12) S. P. Robbins, *op. cit.*, pp. 412~418.

그림 12-8 자율적 작업팀

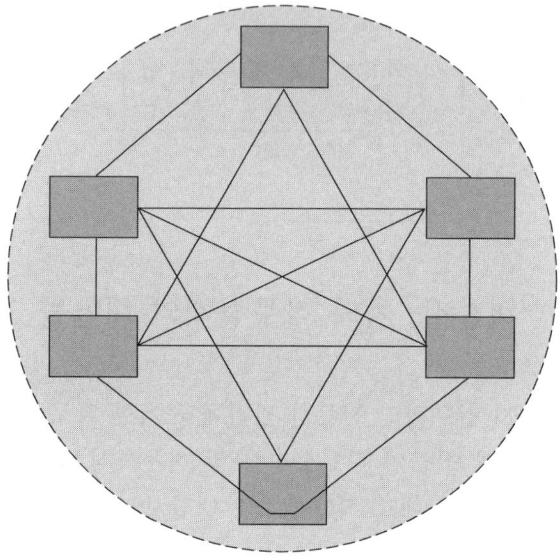

2. 자율적인 작업팀

자율적 작업팀(autonomous work teams)은 직무충실화 프로그램이 집단수준에서 실시되고 있는 경우이다. 다시 말해서 팀이 수행하고 있는 작업을 수직적 통합을 통해서 심화시키는 방법이다. 작업팀에게 달성해야 할 목표가 부여되고 작업할당, 휴식시간, 검사절차 등을 자유로이 결정하여 처리하도록 집단에 일임한다. 자율적인 작업팀은 자신들의 작업팀의 구성원이 될 사람을 스스로 선발하며, 각 구성원들은 서로의 성과를 서로간에 평가하기도 한다. 그 결과로 감독직책의 중요성이 감소되며 감독직책이 없어지는 경우까지 있다([그림 12-8] 참고). 이 같은 자율적 작업팀의 개념이 캔사스주 토페카(Topeka)시에 소재하고 있는 제네랄 푸드(General Food)사의 애완동물용 식품공장에 적용되어 오고 있으며, 또 건강 분말식품 및 환제식품을 제조하고 있는 오크라호마주의 노만(Noman)시 소재의 샤크리(Shaklee)사에서도 실시되고 있다.

토페카 애완동물용 식품공장은 1971년에 준공되었으며, 특별히 자율적 작업팀 개념을 수용하고 있는 회사이다.[13] 작업팀들은 7명 내지 14명의 구성원

13) R. E. Walton, "From Hawthorne to Topeka and Kalmar," in *Man and Work in Society*, ed., E.

으로 구성되어 있으며, 생산공정의 세분된 여러 공정들에 대하여 집단 책임을 지고 있다. 작업팀의 책임은 공장 내의 전통적인 기능별 부서의 책임을 모두 포함하고 있었다. 예를 들어 팀들은 자기 팀의 결원을 유자격자로 보충하고 또 자기들의 팀에 적합한 인재를 채용하기 위해서 구성원들이 스스로 지원자들을 골라 선발하고 있었다. 작업자 자신들이 직무할당을 하고 중간휴식시간을 결정하고 팀 구성원들의 임금 인상 여부도 결정한다.

토페카 공장의 독특한 특징은 직무분류가 없다는 점이다. 모든 작업자들이 단일직무 범주에 속해 직무수행능력 향상 여부에 따라 임금 인상이 이루어지고 있었다. 높은 수준의 임금계층에 몇 명의 팀 구성원이 포함된다는 식의 제한이 없었기 때문에 그 같은 정책에 고무되어 종업원들은 서로간에 그들의 작업방법을 가르쳐 주고 있었다.

이 같은 실험이 시작되었을 당시에는 팀 개발과 의사결정을 촉진하기 위해 팀 리이더(team leaders)가 임명되었다. 몇 년이 지난 후에 그 자율적 작업팀들은 매우 효과적으로 스스로를 관리 · 통제하고 있었으므로 팀 리이더들의 직책은 없어졌다.

이 같은 작업환경이 종업원들의 직무성과와 공장의 성과에 어떤 영향을 미쳤는가? 자율적 작업팀의 개념이 도입된 지 몇 년 후에 종업원들은 그들이 향유하고 있는 작업활동의 다양성과 인간의 존엄성, 그리고 영향력을 높이 평가하고 있었고, 팀 정신(team spirit), 개방적 의사소통, 다양한 직무기술의 숙달을 확대할 수 있는 기회를 즐거워하고 있었다. 이 같은 실험의 실시에 대한 비난자가 없었던 것은 아니지만, 일반적으로 전체로서의 작업시스템은 그들이 알고 있는 어떤 작업시스템보다 우수하다고 생각하고 있었다. 관리측면에서 보아도 전통적인 관리시스템하에서 조직화된 유사한 공장에 비하여 35%나 적은 종업원으로 공장이 운영되고 있었다. 더욱이 자율적 작업팀의 실험은 산출의 향상, 낭비율의 저하, 중단 없는 조업, 결근 및 이직률의 저하를 초래하였다.

샤크리(Shaklee)사도 1979년에 영양제품, 비타민, 그 밖의 환약제를 생산하고 있는 오크라호마주의 노만(Norman)공장에서 이와 유사한 직무설계를 시도하였다.[14] 이 공장의 생산직 종업원 190여명이 3명 내지 15명으로 구성된 작업팀으로 조직화되었다. 위의 토페카 공장의 경우와 마찬가지로 작업팀의

L. Cass and F. G. Zimmer (N.Y.: Van Nostrand Reinhold, 1975), pp. 118~119.

14) "The New Industrial Relations," *Business Week* (May 11, 1981), p.96.

구성원들은 자신들의 생산일정계획을 스스로 수립하였고, 몇 시간을 작업할 것인가도 결정하였으며, 인사관리부서가 인정한 지원자들 중에서 자신들의 팀 구성원이 될 사람을 스스로 선택하고 필요한 경우 해고까지 주도하고 있었다.

이 같은 자율적 작업팀의 성과는 괄목할 만한 것이었다. 그 회사의 보고에 의하면 단위노동시간당 생산단위가 다른 공장에 비해 거의 200%를 상회하고 있었고, 그 같은 성과 중의 3분의 2는 그 원인을 자율적 작업팀의 도입에 귀인시키고 있었다. 공장의 관리자들은 오크라호마 공장은 전통적인 작업체제에서 운영되고 있는 다른 공장의 40% 정도의 노무비로 동일한 성과를 올리고 있다고 주장한다.

3. 품질관리분임조

가장 최근에 추가되고 있는 직무재설계의 대안은 품질관리분임조(quality circle)이다. 원래 미국에서 시작되어 1950년대에 일본에 수출된 것으로서 최근에는 다시 미국으로 역수출되고 있다.[15] 사실 품질관리분임조는 일본 기업들이 활용하고 있는 기법으로서 미국보다 저렴한 원가로 보다 고품질의 제품을 생산해 내는 기법 중의 하나로 언급되고 있다.

품질관리분임조란 작업자들, 즉 본래 정규적인 작업반에서 책임의 각 영역을 분담하고 있는 작업반원들의 자발적인 집단[16]으로, 품질관리분임조는 매주 근무시간에 회사의 구내에서 그들의 품질문제를 토의하기 위해 회집되어 문제의 원인을 조사하고 해결책을 권고하고, 수정조치를 취하기 위해 토의한다. 품질관리분임조는 품질문제를 해결할 책임을 지고 있으며, 문제의 해결책을 고안해 내고 그 결과를 평가하기도 한다. 물론 종업원들이 본래부터 그 같은 능력을 소유하고 있다고 생각할 수 없으므로 품질관리분임조의 개념에는 분임조에 참가하고 있는 종업원들에게 집단의사소통기술, 다양한 품질전략, 품질의 측정 및 문제분석기법 등을 교육시키는 일도 포함된다. [그림 12-9]은 전형적인 품질관리분임조의 활동과정을 나타낸 것이다.

---

15) *Ibid.*, p. 86.

16) Ed. Yager, "Quality Circle: A Tool for the 80's," *Training and Development Journal* (Aug. 1980). p. 62.

그림 12-9 품질관리분임조

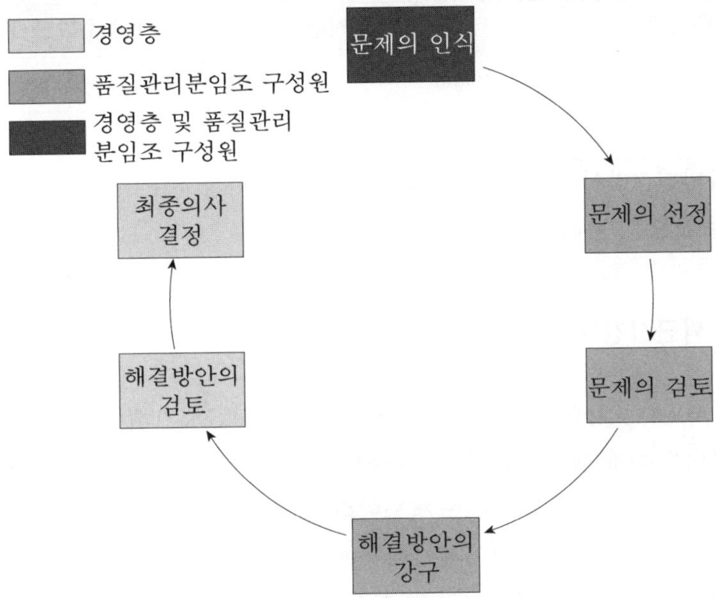

4. 4-40 프로그램(4-40 program)

미국에서는 많은 기업체들이 오래전부터 주 5일 근무제를 실시해오고 있다. 그러나 점차 하루 8시간씩 5일 근무할 것이 아니라 하루 10시간씩 4일만 근무하자고 하는 방안이 실험되고 있다. 이와 같은 방안을 4-40 프로그램(four-day, forty hour program)이라고 한다.

이와 같은 4-40 프로그램은 많은 근로자들에게 보다 많은 여가시간과 쇼핑시간을 허용해줄 뿐만 아니라 교통이 덜 복잡한 시간에 출퇴근할 수 있게 해 준다. 원래 이 프로그램은 종업원의 열의와 사기를 진작시키고 조직전념도와 생산성을 증대시키며, 이직률 · 결근율 · 잔업 등에 따른 비용을 감소시키고, 또한 구인난의 시기에도 종업원을 쉽게 고용할 수 있으리라는 생각에서 제안되었다. 4-40 프로그램의 몇몇 실험결과에 의하면 이 프로그램의 장점과 단점이 혼합되어 나타나고 있다. 예를 들면 13개월에 걸친 한 연구에 의하면 4-40 프로그램을 실시한 집단이 그렇지 않은 집단보다 개인적인 면이나 사회교제, 직무안정, 임금 등의 측면에서 만족하고 있으며 스트레스도 덜 받는 것

그림 12-10 자유출퇴근시간제

자유출퇴근시간대	공통근무시간대		자유출퇴근시간대
6 a.m	9 a.m.	3 p.m.	6 p.m.

으로 나타났다. 다시 말해서 전통적인 주 5일근무를 하는 통제집단보다 생산성이 높은 것으로 나타났다.

5. 자유출퇴근시간제

지난 10여년 동안 구미 각국에서는 자유출퇴근시간제(flexible-time)가 소개되자 광범위하게 실험되었다. 자유출퇴근시간제란 쉽게 말해서 자유롭게 출퇴근시간을 정해 놓고 근무하는 제도이다. 보통 하루의 일과가 9시에 시작되어 6시에 끝나지만 자유출퇴근시간제하에서는 [그림 12-10]에서 보는 것처럼 일정한 제약조건하에서 일과시간을 자유롭게 조정할 수 있다. 일정한 제약조건이란 일과중 꼭 사무실에 있어야만 하는 핵심시간(core time), 즉 공통근무시간대를 정해 놓고 이 시간을 전후로 해서 하루의 일과시간에 맞게 일찍 출근하거나 늦게 퇴근할 수 있는 제도이다. 보통 오전 9시와 오후 3시 사이의 6시간을 핵심시간으로 정해 놓고 이 시간만큼은 꼭 자리를 지켜야 하지만 나머지 2시간은 융통성 있게 근무하도록 하는 것이다.[17)]

이 제도의 장점은 결근율과 잔업시간비용을 감소시키고 생산성을 증대시키며 경영층에 대한 적대감을 없애고 작업장의 복잡함을 제거시키며 지체율을 낮추고 종업원의 자율성과 책임감을 증대시킬 수 있다는 것이다. 그 이유는 개인의 욕구에 맞춰 작업시간을 조절할 수 있기 때문이다. 즉 사람마다 능률이 오르는 시간대가 다르므로 '아침체질'인 사람은 일찍 출근하여 일하고, '밤 체질'인 사람은 늦게 출근하여 일하다가 늦게 퇴근하면 되기 때문이다. 이 제도의 약점은 4-40프로그램의 단점과 비슷하다. 그러나 이 방법의 단점은 조

17) S. D. Nollen, "Does Flex-time Improve Productivity?" *Harvard Business Review* (Sept.-Oct. 1979), pp. 12~22: R. T. Golembiewski and Carl W. Proehl, Jr., "A Survey of the Empirical Literature on Flexible Workhours: Character and Consequencies of a Major Innovation," *Academy of Management* (Oct. 1978), pp. 837~853.

직과 경영자에 대한 부정적인 영향력이다. 즉 이 제도는 핵심시간 이외에는 부하를 통제하기가 어려우며, 작업교대에 따른 혼란과 작업의 계획 및 통제가 어렵고 비용이 많이 들며, 단 한 사람만이 특정기술이나 지식을 갖고 있을 때 어려움이 발생할 수 있다.

내용 요약

지금까지 우리는 직무설계방식이 과학적 관리시기로부터 직무확대, 직무충실화를 거쳐 오늘에 이르기까지 직무설계의 대안들을 살펴보았다. [표 12-1]은 우리가 지금까지 논의한 직무설계의 대안들을 요약하고 있다. [표 12-1]에서도 볼 수 있는 바와 같이 직무설계를 위한 각 대안들이 '직무특성모형' (job characteristics model)에서 말한 직무의 다섯 가지 핵심차원의 기준을 충족시킬 수 있는 능력이 있는가의 여부에 맞춰 요약을 해 보았다.

모든 직무재설계 대안들은 기능다양성(skill variety)을 증진시키고 있다. 이들 대안들이 과업중요성(task significance)을 증진시켜 주고 있느냐의 여부는 직무내용을 더 알아보지 않고는 대답하기가 곤란한 문제이다.

[표 12-1]이 나타내고 있는 바와 같이 직무충실화, 자율적 작업팀, 품질관리분임조 등은 직무특성모형의 측면에서 보아 여타의 직무재설계 대안들보다 우수한 것으로 보인다. 물론 관리자들이 직무재설계를 할 때

[표 12-1] 직무설계방법의 비교

직무설계방법	기능다양성	과업정체성	과업중요성	자율성	피드백
직무순환	×		?		
직무확대	×		?		
직무충실화	×	×	?	×	×
통합작업팀	×	×	?		×
자율적 제작팀	×		?	×	
품질관리분임조	×	×	?		
4-40 프로그램			?		
자유출퇴근시간제			?	×	

직무상의 동기유발 잠재력(motivation potential)을 증진시키기 위한 목적 외에도 다른 이유 때문에 직무재설계를 할 수도 있다. 그리고 [표 11-1]의 어떤 대안도 '비용편익'(cost-benefit)에 대한 고려를 하지 않고 있다. 앞에서 제시한 다양한 직무재설계대안들은 실무적으로 실행하는 데 따른 비용에서 차이가 있다. 분명히 자율적 작업팀은 그것을 실천에 옮기는 데 드는 비용, 시간, 노력 등을 정당화시킬 수만 있다면 직무순환보다 훨씬 더 좋은 성과를 거둘 수 있을 것이다.

연구 과제

1. 최근 조직행동에서 직무설계가 왜 중요하게 다루어지고 있는지를 설명하라.
2. 직무설계방법을 논하라.
3. 직무특성모형에 대해 논하라.
4. 다음 직무설계대안들의 구체적인 적용례를 우리나라에서 찾아보라.
   (1) 통합적인 작업팀
   (2) 자율적 작업팀
   (3) 품질관리분임조
   (4) 4-40 프로그램
   (5) 자유출퇴근시간제

제13장

조직문화

우리들 주위에는 각종의 많은 조직체가 존재하고 있으며, 이들 조직체는 모두 각기의 독특한 특성을 지니고 있다. 즉 조직체에는 기업체, 은행, 학교, 정부기관, 군대, 의료기관, 교회 등과 같이 다양한 종류가 있을 뿐만 아니라 똑같은 종류의 조직체들도 모두가 각기 다른 성격을 가지고 있다. 이러한 조직체의 성격은 오랜 기간을 거쳐 조직체의 내적 · 외적 환경요인으로부터 영향을 받아 형성된 것으로서 일단 형성된 조직의 가치관이나 문화는 쉽게 변하지 않으며 지속적으로 유지되어가는 것을 볼 수 있다. 뿐만 아니라 특정의 조직문화는 조직구성원들의 행동과 가치관 형성에 중요한 영향을 끼치며, 또한 조직구성원의 행동과 사고방식은 조직문화를 형성하는 데 중요한 요인이 되므로 양자간에는 상호 밀접한 관계가 있다고 하겠다.

제1절 조직문화의 개념

문화란 사회를 구성하고 있는 모든 사람들이 공동으로 소유하고 있는 가치관과 신념, 이념과 관습, 그리고 지식과 기술을 포함한 거시적이고 종합적인 개념이다. 다시 말해서 문화란 사회구성원의 행동과 사회체계를 형성하고 이들을 연결하고 조정하는 종합요소라고도 할 수 있다. 이와 같은 문화개념은 전통적으로 거시적인 사회체계를 분석단위로 삼고 있는 인류학이나 사회학에서 중점적으로 연구되어 왔다. 이러한 거시적인 문화개념을 사회체계를 구성하는 미시적인 조직체계 수준에 적용한 것이 기업문화 내지는 조직문화 개념이다.

1. 조직문화의 정의

사회문화적 관점에서 볼 때 조직문화(organizational culture, corporate culture)란 한 조직체의 구성원들이 모두 공유하고 있는 가치관, 신념, 이념과 관습, 규범과 전통, 그리고 지식과 기술 등을 포함한 종합적인 개념으로서 조직구성원과 조직체 전체의 행동에 영향을 주는 기본요소라고 할 수 있다.[1] 엄격한 의미에서 이러한 신념과 가치, 이념 등은 조직문화가 아니라 조직문화의 표현이라고 주장하는 학자도 있지만,[2] 이와 같이 조직구성원들이 공유하고 있는 가치 · 신념 · 이념 등은 그 구성원들이 외부환경에 대해서 어떤 감각을 가지며, 어떤 행동을 취해야 하는지를 제시해 준다. 다시 말해서 조직문화란 조직구성원들이 공통적으로 생각하는 방법, 느끼는 방향 또는 행동하는 패턴의 체계를 말한다.

구체적으로 우리나라 기업의 경우를 예로 들어 설명하기로 하자. 우리나라의 기업문화를 거론할 때 흔히 삼성그룹과 현대그룹이 비교의 대상이 된다. 현대그룹의 진취적인 기상과 창조적 의지 그리고 검소한 기풍은 세계적인 기업으로서 현대의 조직문화적 특징이다. 이에 비해 삼성그룹은 우월성에 입각한 제일주의와 완벽한 관리시스템 그리고 깨끗하고 분명한 상인정신과 행동은 역시 세계적인 기업으로 성장한 삼성의 조직문화적 특징이다.

이와 같은 삼성과 현대의 조직문화적 특징은 조직구성원의 용모에도 나타날 정도이다. 즉 현대의 사람들은 작업복과 단발차림, 검소하고 뚝심 있는 스타일이 그들의 전형적인 스타일인 데 비해, 삼성의 사람들은 정장과 단정한 머리, 세련되고 영리한 모습이 그들의 전형적인 스타일이다. 특히 현대의 "하면 된다"라는 의지는 외국인들이 우리를 "CAN DO CULTURE"라고 할 정도로 만들었다.

2. 조직문화와 조직분위기의 차이점

흔히 조직문화는 조직풍토, 조직분위기 또는 사풍(社風)이라는 용어와 유

1) 이학종, 「기업문화와 조직개발 : 이론과 기술」(법문사, 1986), p. 134.

2) S. M. Davis, *Managing Corporate Culture* (Cambridge, Mass.: Ballinger Publishing, 1984), p. 12.

사한 개념으로 쓰이고 있으나, 이러한 것보다는 더욱 창조적이고 동태적인 의미를 포함하고 있다. 특히 조직문화와 조직분위기는 그 개념과 관점, 그리고 연구접근상에 차이가 있다. 즉 조직문화는 조직구성원과 전체조직체 행동에 영향을 미치는 기본 가치와 전제를 강조한 반면에, 조직분위기는 조직구성원이 감지하는 조직체에 대한 인상을 강조하고 있다. 나아가서 조직분위기에 비해 조직문화는 조직체성과를 위한 조직구성원행동과 전체조직체행동의 개발을 강조하고 있다. 이와 같이 조직문화는 조직분위기에 비하여 보다 포괄적이고 조직행동과 개발을 강조한 개념으로서 조직문화연구는 오랫동안 조직분위기 연구에 의하여 그 기초가 형성되어 온 것이 사실이다. 즉 조직분위기에 대한 연구는 1960년대에 시작되어 과거에 많은 연구와 이론을 축적하여 왔고, 그 과정에서 조직행동은 물론 조직문화연구에도 이론적 기반을 형성하는 데 도움을 주었다. 그러나 조직문화에 대한 체계적인 연구는 1970년대 말에 시작되어 1980년대에 들어와서 활발히 전개되고 있다.

3. 조직문화연구의 중요성

조직문화가 이와 같이 중요시되고 있는 이유는 조직문화는 조직구성원들의 인지도(cognitive map)를 마련해 주고, 이를 통해서 조직에서의 행동을 이해하게 해 주기 때문이다. 뿐만 아니라 조직구성원들이 행하는 바에 대하여 정당성을 부여함으로써 결국 조직을 더욱 결속시켜 주고 협동체제를 강화시켜 주기 때문이다. 즉 조직문화는 구성원들에게 조직에서의 기대되는 행동패턴 및 조직이 지향하는 바를 암시하여 구성원들의 행동을 정당화시켜 주므로 강한 조직문화에서는 구성원들의 전념도가 더욱 더 높아지게 됨으로써 조직의 결속을 더욱 두텁게 해 준다. 한편, 조직구성원의 입장에서 보면 조직문화는 행동의 지침을 마련해 준다. 즉 조직구성원에게 기대하는 것이 무엇인가, 어떤 행동이 보상을 받게 되는가, 조직 속에서 해야 할 것과 하지 말아야 할 것은 무엇인가 하는 등의 질문에 대한 해답을 제공해 준다.

제 2 절 조직문화의 배경 및 접근방법

조직문화연구의 중요성에 비추어 볼 때 최근 조직문화가 선진국에서 중요한 연구의 대상이 되고 있는 배경과 조직문화연구에 대한 중요한 몇 가지 학문적 접근방법을 살펴보는 것은 상당히 의미 있는 작업일 것으로 생각된다.

1. 조직문화연구의 배경

최근 조직문화연구에 대한 관심이 증대되는 원인은 순수이론적 측면과 실증적측면에서 파악할 수 있다. 순수이론적 측면에서는 조직현상을 합리적인 현상으로 파악하는 구조기능주의적 패러다임의 한계에 대한 인식이 해석적 패러다임의 추세를 낳게 한 것이다. 즉 조직에 있어서 중요한 것은 구조나 기술뿐만 아니라, 공유된 이해 · 규범 · 가치 등의 새로운 분석관점(metaphor)이 필요하다는 인식이 뒷받침되고 있다. 그리하여 조직에 대한 문화적 관점에 대한 연구가 활발히 이루어져 조직행동 자체를 하나의 상징적 활동으로 파악하려는 추세가 있는가 하면 조직의 상징성 · 전설 · 일화 · 의례 · 예식이 미치는 강한 영향력을 연구하려는 흐름도 있다. 폰디와 미트로프(Pondy and Mittroff)는 조직이론이 종래의 개방시스템 모형에서 탈피하여 언어나 의미창조와 같은 인간행위의 정신적 기능을 갖는 문화적 모형(cultural model)으로 이행해 갈 것이라고 주장하고 있다. 즉 문화적 분석관점이 조직에 대한 분석체계로서 개방체계라는 분석관점을 대신하게 될 것이라고 주장하고 있다.[3)]

한편 실무적인 면에서의 조직문화연구에 대한 요청은 상당히 현실적인 데서 기인한다. 조직문화연구에 대한 업계의 요청은 미국과 일본에서 상당히 많이 일어나고 있는데 그 배경은 서로 다르다. 미국의 경우 관리자들이 조직문화에 관심을 가지게 된 것은 미국 경영의 퇴조에 직면하여 그에 대한 해결책이 혹자의 주장대로 일본식 경영관리에 있는 것도 아니고, 그렇다고 계량적 기법의 과학적인 관리방식에 있는 것도 아니라는 자각에 기준하고 있다. 미국 기업을 살릴 수 있는 길은 철저히 미국적인 것일 터이고, 따라서 미국의 우수

3) L. R. Pondy and I.I. Mittroff, "Beyond Open System Models of Organization," *Research in Organizational Behavior*, Vol. 1 (Greenwich, C.T.: JAI Press, 1979), pp. 3~39.

한 기업을 탄생시켰던 원래의 이념과 아이디어가 무엇인가를 다시 발굴하고, 그 때와 같은 강한 조직문화를 생성시키는 것만이 현재의 난국을 해결하고 지속적인 성장을 보장한다는 주장이 그 배경이 되고 있다. 그리하여 미국의 관리자들이 우수한 기업의 조직문화를 살펴서 그 장점을 본받으려는 시도의 과정에서 조직문화에 대한 활발한 논의가 이루어지게 된 것이다. 일본의 경우는 조직문화가 사풍이라는 형태로 이해되고 있는데, 그 관심의 증대 이유는 일본이 저성장시기에 접어들면서 부딪히게 되는 근로의욕의 저하, 충성심의 결여 등의 문제가 그 배경이 되고 있다. 이와 같은 문제의 해결을 위해 관리자들은 조직 전체의 활성화방안 또는 조직 내부의 유대를 제강화하려는 노력의 일환으로 사풍에 대한 관심이 고조되고 있는 것이다.

2. 조직문화연구의 접근방법

조직문화에 대한 이러한 관심의 증대에도 불구하고 아직까지 정확한 개념이 정립되어 있지 못하고 있는데, 아마도 그 이유는 조직이라는 현상 자체가 쉽게 파악하기 힘든 데다가 여기에 문화라는 복잡한 개념이 첨가되어 성격파악을 더욱 어렵게 만들고 있기 때문이다. 그러나 이들 서로 다른 조직문화에 대한 접근방법을 연구 분석함으로써 조직문화를 이해하는 데 많은 도움을 얻을 것으로 생각되어진다. 따라서 조직문화연구에 적용되고 있는 몇 가지 중요한 연구 및 접근방법을 요약하면 다음과 같다.[4)]

(1) 비교경영학적 접근방법

비교경영학적 접근방법(comparative management approach)은 문화를 배경변수, 설명변수 또는 사람들의 신념을 강화시켜 주는 틀(framework)로 이해하고 있다. 즉 문화는 조직을 구성하는 구성원들의 태도와 행동을 지배한다는 관점하에 사회문화와 경영이념, 가치관, 신념, 제도, 방침 등과의 관계를 분석하여 사회문화적 특성을 중심으로 조직구성원의 태도와 행동, 그리고 전체 조직체행동을 연구하는 것이다. 따라서 여러 나라의 문화와 조직행동 및 경영체계에서 나타나는 패턴을 연구하고, 바람직한 조직행동과 경영체계를 추구하는

4) L. Smircich, "Concepts of Culture and Organizational Analysis," *Administrative Science Quarterly*, Vol. 28 (Sept. 1983), pp. 343~353.

것이 이 접근방법의 특징이다. 하비슨과 마이어스(Harbison & Myers), 잉글랜드(Engleland), 그리고 최근의 파스칼과 에이토스(R.T. Pascale and A.G. Athos), 그리고 오우치(W. Ouchi)의 연구가 이러한 접근방법의 대표적인 예이다.[5)]

(2) 기업문화적 접근방법

기업문화적 접근방법(corporate culture approach)은 조직 그 자체가 문화를 창출하는 모체라는 관점에서 조직체 내부의 사회문화적 요소를 집중적으로 연구하는 것이 이 접근방법의 특징이다. 즉 조직은 재화와 서비스를 창출함과 동시에 그 부산물로서 예식 전설 의식과 같은 독특한 문화적 가공물(artifacts)을 창출해 낸다는 것이다.[6)]

이러한 접근방법에 속하는 연구들은 일반적으로 시스템이론의 틀에 기초하고 있다. 따라서 이러한 접근방법은 조직의 생존에 영향을 미치는 변수들과 조직간의 상황적 관계의 패턴을 밝혀 내려고 한다. 그러므로 이러한 연구에서 고려되는 전형적인 변수들은 구조, 규모, 기술, 리더십 패턴 등이다.

바람직한 조직문화를 모색하는 데 있어서 이러한 접근방법은 조직구성원들을 통합시킬 수 있는 사회적 · 규범적 요소로 보고, 구성원들간의 공통적인 가치와 신념, 상징과 전설, 언어 등을 연구 · 분석하고, 이를 개발하는 데 노력을 기울이고 있다. 이러한 접근방법의 맥락에서 보면, 조직문화는 조직행동과 전략적 경영(strategic management)간의 가교를 놓아 줄 뿐만 아니라, 미시적 분석과 거시적 분석을 연결시켜 주고 있다. 즉 조직문화는 어느 정도 주관적인 내부변수를 도입하여 조직의 문화와 조직의 성과를 연관시켜 이해하려는 것이다.

---

5) F. H. Harbison and C. A. Myers, *Management in the Industrial World: An International Analysis* (New York: McGraw-Hill Book Co., 1959): G.W. Engleland, *The Manager and His Values: An International Perspective from the United States, Japan, Korea, India, and Australia* (Cambridge, Mass.: Ballinger Pub. Co., 1975): W. Ouchi, *Theory Z* (Readings, Mass: Addison-Wesley Pub. Co., 1981); 박내회 역, Z이론(우아당, 1982): R. T. Pascale and A. G. Athos, *The Art of Japanese Management* (New York: Warner Books Inc., 1981).

6) T. E. Deal and A. A. Kennedy, *Corporate Cultures: The Rites and Rituals of Corporate Life* (Readings, Mass.: Addison-Wesley Pub. Co., 1982): N. M. Tichy, "Managing Change Strategically: The Technical and Cultural Keys," *Organizational Dynamics* (Autumn 1982), pp. 59~80.

(3) 인지적 접근방법

인지적 접근방법(cognitive approach)을 취하는 연구자들은 문화가 물질적 현상 · 사물 · 사건 · 행위 정서를 지각하고 조직하기 위한 독특한 체계라고 간주하고, 개인의 지각에 영향을 주는 무의식적인 규칙과 논리에 연구 초점을 맞추고 있다.[7] 다시 말해서 조직은 구성원들이 공유하는 주관적 의미나 공유된 준거체계로 인식되는데, 이것이 외부관찰자들에게는 규칙이나 문법과 같이 보이는 것이다. 따라서 이 방면의 연구자들의 관심은 조직의 현상을 진단하고 개입하기 위해 구성원들이 조정된 행동을 성취해가는 규칙을 알아 내려는 데 있다.

(4) 상징적 접근방법

상징적 접근방법(symbolic approach)을 취하는 학자들은 사회나 문화를 공유된 상징이나 의미체계로 보고 있는데, 이들은 활동의 저변에 내재하는 의미체계를 설명하기 위하여 상징들이 의미 있는 관계로 결합하는 방식을 보여 주고, 이들이 한 상황에서 사람들의 활동과 어떻게 연관되는가를 밝히려 한다.

이러한 관심 때문에 조직을 분석할 때에는 개인들이 자신들의 경험을 어떻게 해석하고 이해하는냐 하는 것과 이러한 해석과 이해가 행동과 어떠한 관계를 맺는가를 밝혀 내려고 한다. 따라서 이러한 연구의 주제들은 상징적 행동을 통한 조직의 창설과 유대를 증명하는 것으로 모아진다.

(5) 구조 · 심리역학적 접근방법

구조 · 심리역학적 접근방법(structural-psychodynamic approach)하에서는 문화가 무의식적인 심리과정의 표현으로 간주되고 있는데, 이러한 관점하에서는 조직의 형태와 관행이 무의식과정의 투사(投射)로서 이해되고, 무의식과정과 그것의 무의식적 표현과의 상호작용의 관점에서 분석된다. 따라서 이러한 접근방법을 취하는 연구자들은 조직의 형태와 관행이 무의식적인 과정을 표출해내는 방식을 이해하려고 노력하며, 외양과 경험의 표면적 수준을 관통해서 무의식적인 마음의 작용을 드러내려고 의도하고 있다.

---

7) Michael H. Agar, "Whatever Happened to Cognitive Anthropology: Partial Review," *Human Organization*, Vol. 41 (Spring 1982), pp. 82~86.

[표 13-1] 조직문화연구의 제접근방법

인류학에서의 '문화' 개념	조직과 경영학연구에서의 주제	조직이론에서의 '조직' 개념
문화는 인간의 생리적 · 심리적 욕구에 봉사하는 도구이다. 예) Malinowski의 기능주의	비교경영학	조직은 과업달성의 사회적 도구이다. 예) 고전적 관리이론
문화는 적응적 · 규제적 메카니즘이다. 이는 개인을 사회구조로 통합시키는 역할을 한다. 예) Radiciffe-Brown의 구조기능주의	기업문화	조직은 환경과의 교환과정에 의해 존재하는 적응적 유기체이다. 예) 컨틴젠시 이론
문화는 공유된 인지의 체계이다. 인간의 마음이 일정한 수의 규칙에 의해 문화를 만들어낸다. 예) Goodenough의 민족과학	조직적 인지	조직은 지식의 체계이다. 조직은 조직구성원들이 공유하는 주관적 의미의 네트워크 속에 존재하고 규칙과 같은 방식으로 기능하는 것처럼 보인다. 예) 인지적 조직이론
문화는 공유된 상징과 의미의 체계이다. 상징적 행동이 이해되기 위해서는 해석되고 읽혀져야 하고 풀이되어야 한다. 예) Geertz의 상징적 인류학	조직적 상징	조직은 상징의 패턴이다. 조직은 공통의 의미와 현실을 촉진하는 언어와 같은 상징적 양식을 통해 유지된다. 예) 상징적 조직이론
문화는 마음의 보편적인 무의식구조의 투사(投射)이다. 예) Levi-Strauss의 구조주의	조직과 무의식적 과정	조직형태와 실무는 무의식과정의 표현이다. 예) 변환적 조직이론

자료 : Linda Smircich, "Concepts of Culture and Organizational Analysis," *Administrative Science Quarterly*, Vol. 28, No.3 (September 1983), p.342.

3. 조직문화연구의 비교분석

지금까지 설명한 다섯 가지의 접근방법을 요약하면 [표 13-1]과 같다. 즉 지금까지 살펴본 조직문화에 대한 연구 및 접근방법은 다시 크게 두 부류로 나누어질 수 있다. 비교경영학적 접근방법과 기업문화적 접근방법은 조직이 문화를 보유하고 있는 것으로 보는 관점을 취하고 있으나, 인지적 접근방법 ·

상징적 접근방법 · 구조-심리역학적 접근방법에서는 조직현상을 문화 그 자체로 파악하고 있다. 첫 번째의 연구흐름은 조직이 성취하는 것 또는 성취대상에 관심을 두고 있기 때문에 예측 · 일반성 · 인과성 · 통제의 원리들에 우선적인 가치를 두고 있다. 따라서 문화는 여기에서 독립변수나 종속변수 또는 조직의 외부변수나 내부변수가 된다. 반면 나머지 세 접근방법들은 조직현상을 가능케 하는 의미와 과정에 근본적인 관심을 두어 조직 자체가 어떻게 이룩되고, 그것의 의미가 무엇인가에 연구의 초점이 놓여지게 된다. 이 경우에는 문화는 단순히 하나의 변수가 아니며, 조직이라는 현상에 대한 근본적 은유(root metaphor)라고 이해되어 조직 그 자체를 문화로서 파악하는 것이다.

이러한 접근방법들 중 어떠한 것이 바람직한가를 밝히기는 어렵다. 조직문화라는 복잡한 개념을 명확히 이해하기 위해서는 앞서 말한 모든 접근방법을 전부 원용하는 것이 필요하다. 그러나 이러한 접근방법들을 전부 사용하여 조직문화를 분석 · 연구한다면, 상이한 접근방법끼리의 대립으로 말미암아 조직문화에 대한 이해보다는 오히려 혼란만 가중시킬지도 모른다는 우려를 낳게 한다.

제3절 조직문화의 구성요소

앞에서 살펴본 것처럼 조직문화는 조직구성원의 행위와 전체 조직체의 행동을 지배하는 중요개념으로서 가치관과 신념, 규범과 관습 등 여러 가지의 요소로 구성되어 있다. 그러나 이와 같은 조직문화의 구체적인 구성요소에 대한 견해는 학자마다 서로 다르다.

1. 샤인의 견해

조직문화의 구성체계를 분석하는 데 있어 샤인(E.H. Schein)은 조직문화에 대한 조직구성원의 일반적인 인식수준을 중심으로 [그림 13-1]과 같은 구성요소를 열거하고 있다.[8)]

8) E. H. Schein, "Coming to a New Awareness of Organizational Culture," *Sloan Management Review* (Winter 1984), pp. 3~7.

그림 13-1 샤인의 조직문화의 구성요소

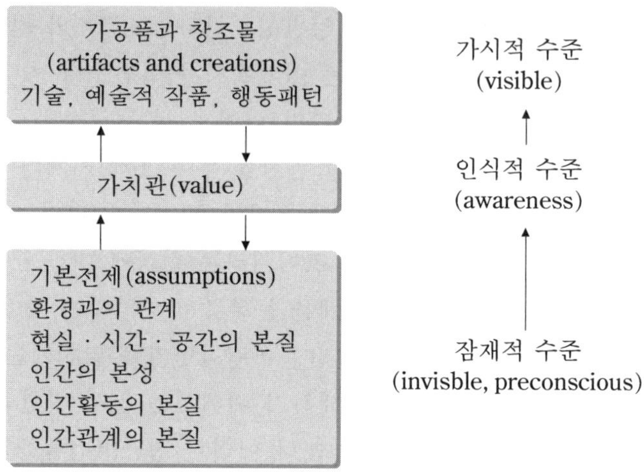

자료 : Edgar H. Schein, "Coming to New Awareness of Organizational Culture," *Sloan Management Review* (Winter 1984), p.4.

가공품과 창조물(artifacts and creations)이란 기술과 제품, 기구와 도구, 방침과 규율, 서류와 문서, 전통과 일화, 구성원 및 집단의 의례 · 의식과 행동패턴 등 표면적으로 나타나고 눈으로 볼 수 있는 물질적 · 상징적, 그리고 행동적 인공창조물을 포함한다. 가치(values)란 조직구성원들이 일반적으로 인식하고 있는 행동의 지침으로서 위에서 설명한 인위적 창조를 지배하는 요소들이다. 기본전제(basic assumption)는 가치와 밀접한 관계에 있는 개념으로서 일반적으로 조직구성원들이 인식하고 있지 않는 선의식적 가치(preconscious value)라고도 할 수 있다. 즉 기본전제란 "기업체는 이익을 많이 내야 한다"와 같은 당연하고도 엄연한 사실들을 말한다. 이와 같이 조직구성원들이 너무도 자연스럽게 받아들이는 가정이기 때문에 구성원들 사이에 아무런 논의가 필요하지 않으며, 이것이 기본전제와 가치가 서로 다른 점이다.

조직문화의 구성요소로서 기본전제는 조직체와 환경간의 상호관계와 현실 시간 공간의 본질, 인간의 본성, 인간활동의 본질과 인간관계의 본질 등 몇 가지 측면에서 적용된다. 첫째로, 조직체와 환경간의 관계란 조직체가 환경에 얼마나 영향을 줄 수 있는지에 대한 기본전제이다. 둘째로, 현실과 사실, 그리고 시간과 공간에 있어서는 조직체가 근본적으로 이를 결정하는 위치에 있는

지 또는 사후에 발견하는 위치에 있는지, 그렇지 않으면 자연히 알게 되는 수동적 위치에 있는지에 대한 기본전제가 적용된다. 셋째로, 인간의 본성에 대해서는 맥그리거(McGregor)의 X이론-Y이론과 같은 기본전제가 적용되고, 인간의 활동에 있어서도 무엇이 올바른 행동이고 무엇이 그릇된 행동인지 이에 대한 기본전제가 적용된다. 마지막으로, 인간관계에 있어서는 조직구성원 상호간의 권력관계와 영향관계, 그리고 협조적 또는 경쟁관계를 중심으로 역시 올바르고 그릇된 관계에 대한 기본전제가 적용된다.

2. 파스케일과 피터스의 견해

샤인의 개념 중에서 가치와 전제의 차이가 다소 애매한 점이 없지는 않지만 그는 기본전제를 강조하고 있는 반면에 파스케일과 피터스 등은 조직문화의 구성요소로서 7S의 공유가치를 강조하고 있다. 즉 파스케일과 에이토스(Pascale and Athos), 그리고 피터스와 워터만(Peters and Waterman)의 연구[9]는 조직문화의 중요요소와 이들간의 상호관계를 개념화하여 조직문화연구에 많은 도움을 주고 있다. 파스케일과 피터스 등은 조직문화의 구성요소로서 [그림 13-2]에서 보는 것처럼 공유가치(shared values), 전략(strategy), 구조(structure), 제도(system), 구성원(staff), 관리기술(skill), 그리고 행동 관리 스타일(style)을 들고 있다. 그들은 조직문화 형성에 공유가치가 가장 중요한 역할을 한다고 밝히고 있다. 이러한 구성요소 하나 하나에 대해 간단히 설명하면 다음과 같다.

(가) 공유가치(shared values) 7S 중에서 가장 중요한 요소로서 조직이 전통적으로 가장 중요시해 왔고, 구성원들에게 주입시켜 온 가치관, 개념, 전통가치, 기본목적 등을 포함한다. 조직체의 전략목적 설정과 조직구성원의 행동경향 등 다른 요소에 영향을 줌으로써 조직문화 형식에 가장 중요한 위치를 차지하고 있다.

(나) 전략(strategy) 조직체의 목적달성을 위한 조직체의 장기계획과 조직체의 자원배분패턴을 포함한다. 조직체의 장기방향과 조직체의 기본성격

9) R.T. Pascale and Athos, *The Art of Japanese Management* (New York: Penguin Books, 1981), pp. 78~84; T. J. peters and R. H. Waterman, Jr., *In Search of Excellence* (New York: Harpers and Row Publishers, 1982), pp. 8~13.

그림 13-2 파스케일과 피터스의 조직문화의 구성요소

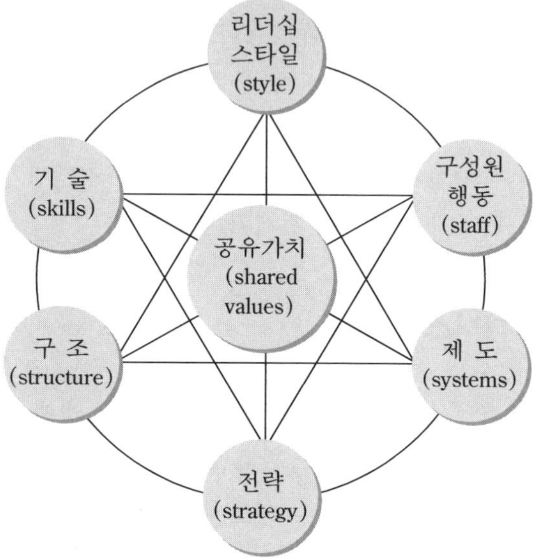

자료 : Richard T. Pascale and Anthony G. Athos, *The Art of Japanese Management* (New York: Penguin Books, 1981), p. 202; Thomas J. Peters and Robert H. Waterman, Jr., *In Search of Excellence* (New Rork: Harper & Row Pub. Co., 1982), p. 10.

을 지배하는 중요요소로서 조직체의 중심가치 또는 상위목적을 중심으로 이를 달성하기 위한 조직체 운영에 장기적인 틀을 제공함으로써 다른 요소들에게 많은 영향을 주게 된다.

(다) 구조(structure) 조직체의 전략을 수행하는 데에 필요한 조직구조와 직무설계, 권한관계와 방침규정, 그리고 상호 연관관계 및 조직구성원행동에 영향을 주는 공식요소들을 포함한다.

(라) 시스템(system) 일상적 조직체운영과 경영과정에 관련된 모든 제도를 의미한다. 커뮤니케이션제도, 의사결정제도, 경영정보시스템, 보상제도, 인센티브, 목표설정제도 등 주어진 조직구조하에서 조직체 목적과 전략을 실제로 달성하는 데에 적용되는 모든 제도와 시스템을 포함한다.

(마) 구성원(staff) 조직체의 인적자원요소로서 인력의 구성과 능력, 전문성, 가치관과 신념, 욕구와 동기, 그리고 지각과 태도 등을 포함한다.

(바) 리더십 스타일(style) 조직구성원들의 행동방향과 행동패턴을 말하며, 특히 리더십행동스타일을 포함한다. 조직구성원간의 상호관계, 집단간

의 관계, 그리고 리더와 부하간의 상호관계에 있어서 기본성격을 지배하는 요소로서 조직문화와 조직분위기에 직접적인 영향을 주고 있다.

(사) 기술(skill) 조직구성원들이 지니고 있는 그리고 조직체운영에 실제로 적용하고 있는 경영관리상의 능력요소로서 동기부여, 강화, 통제, 통합조정, 갈등관리, 변화관리 그리고 과업수행상의 구체적인 기술과 방법을 포함한다.

이들 제요소들은 상호간에 밀접한 관계를 맺고 있고, 조직체는 이들 요소간에 상호 일관성이 있는 통합(fit)관계를 유지함으로써 조직체 목적을 달성하는 데 종합적인 전체효과를 극대화시키도록 노력하고 있다. 그리고 그 과정에서 조직문화가 형성되고, 조직체가 지향하는 공유가치에 따라서 이에 적합한 전략목표와 조직구조, 제도와 기술 그리고 구성원행동과 리더쉽행동을 개발해 나가게 된다.

3. 딜과 케네디의 견해

한편 딜과 케네디(Deal and Kennedy)[10]는 또 다른 관점에서 조직문화형성에 작용하는 중요 요소로서 환경, 기본가치, 중심인물, 의례와 의식, 그리고 문화의 네트워크를 들고 있다. 이들 각 구성요소에 대해 간단히 설명하면 다음과 같다.

(가) 기업환경(environment) 조직문화에 가장 많은 영향을 미치는 외적요소가 기업환경이다. 각 기업이 시장에서 직면하는 상황은 제품, 경쟁회사, 고객, 기술, 정부의 영향력 등에 따라 조직체는 이에 적합한 조직문화를 형성해 나간다. 그리하여 어느 기업체에서는 타사 제품과 그다지 차이가 없는 제품의 판매능력에 기업의 성패가 달려 있을 경우 판매부분의 정력적인 활동을 촉진시키는 경향이 있으며, 어느 조직체에서는 기술개발이 중요하고, 또 어느 조직체에서는 능률과 원가통제가 중요해진다.

(나) 기본가치(values) 기본가치란 조직의 기본적인 사고방식이나 신념으로서 기업문화의 핵심을 이루고 있다. 이는 구성원행동의 기본전제와 전체 조직체행동에 직접적인 영향을 주는 것으로서 파스케일과 피터스 등이 말하는 공유가치에 해당되는 것이다. 강한 문화를 가진 기업에서는 그 구성원들에게

10) Deal and Kennedy, *loc. cit.*

이러한 가치를 서로 나누어 갖고 있으며, 이러한 기업의 최고경영자는 이런 신념들을 당당하게 망설이는 일 없이 강조하고 기업의 기준으로부터 이탈하는 것을 허용치 않는다. 예컨대 IBM 사의 고객 서비스, 휼렛 패커드사의 기술개발, 프록트 앤드 갬블사의 품질, 3 M 사의 창의성, 마쓰시다사의 마쓰시다 정신 등은 세계적으로 널리 알려진 그들의 기본가치이다.

(다) 영웅(heroes)　조직체의 기본가치를 확립하는 데에는 오랜 기간을 통하여 이에 중심적 역할을 해 온 인물들이 있다. 이들은 주로 그 기업체의 창업자나 전문경영자들인데, 그들은 자신의 행동을 통하여 조직구성원들에게 눈에 보이는 형태로 종업원들의 본보기가 되는 역할을 한다. 예컨대 제네랄 일렉트릭(GE)의 영웅으로 발명가 토마스 에디슨(T. Edison), IBM사의 와트슨(T. Watson)부자, 마쓰시타의 창업주 마쓰시타 고노쓰케 등을 들 수가 있다. 이러한 성공적인 사람들의 신화는 그 회사에서 몇 개월 이상 근무한 사원이면 누구나 알게 되어 있다.

(라) 의례와 의식(rites and rituals)　이는 기업 내의 일상생활에서 체계적으로 또는 행사로서 행해지는 관례이다. 즉 업무를 수행하는 데 있어서 모든 구성원들이 규칙적으로 지켜 나가는 관습 또는 행동을 말한다. 조회와 회의 진행절차, 보고방식, 상하간의 관계, 과업처리방식 등은 구체적으로 눈으로 볼 수 있는 표준행동들이다. 따라서 이와 같은 의례와 의식은 조직체의 가치를 행동에 옮기고 이를 강화시키는 요소가 된다.

(마) 문화의 네트워크(cultural network) 문화의 네트워크는 조직 내에서 중요한(그러나 비공식적인) 통신수단으로서 기업의 가치와 영웅신화의 전달매체로서의 역할을 수행한다. 문화의 네트워크는 영웅의 친근자나 그들을 추종하는 조직구성원들로 구성되며, 이러한 네트워크를 효과적으로 잘 이용할 때 조직문화의 형성에 유리하게 작용할 것이다.

이상 조직문화의 구성요소를 샤인, 파스케일과 피터스, 그리고 딜과 케네디 등의 견해를 중심으로 살펴보았다. 이와 같이 조직문화의 구성요소는 학자마다 약간의 차이를 보이고 있으나 조직구성원과 전체 조직체의 행동에 영향을 미치는 기본전제와 기본가치는 모두 학자들이 한결같이 강조하는 핵심요소인 것을 알 수 있다.

그림 13-3 기업문화의 개발전략모형

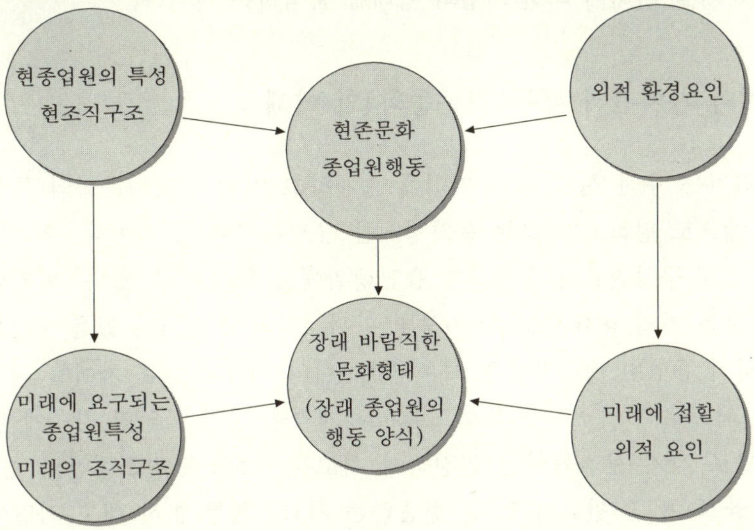

제4절 조직문화의 개발전략

조직문화를 변화시킨다는 것은 사전에 세밀한 전략의 수립을 필요로 한다. 전략이란 조직 내부에 있어 조직의 목표, 능력 그리고 상호간의 책임관계를 규명하여 주고 외부 환경요인을 철저히 고려하는 것이다. 과거에는 문화란 하나의 주어진 것으로 여겨져 왔으며, 감히 주어진 문화를 변화시킨다는 것은 염두에 두지도 못하였다. 그러나 오늘날 기업문화는 전략적으로 변화시킬 수 있으며, 그것은 기업의 최고경영자의 책임이다. 최고경영자가 가지고 있는 가치관의 수준이 중간 또는 하위관리자들이 가지고 있는 것과 다르면 상호간에 갈등이 생기기 마련이다. 그러므로 관리계층의 모든 구성원들이 다함께 참여하여 공통의 문화수준을 유지하여야 한다.

일반적으로 새로운 조직문화를 계획 실행하기 위해서는 적어도 6개 부문에 대한 분석을 하여야 한다. [그림 13-3]에서 보는 것처럼 ① 현종업원의 특성과 조직구조, ② 현존문화, ③ 외적 환경요인, ④ 미래에 요구되는 종업원의 특성 및 조직 구조, ⑤ 장래 바람직한 문화형태, ⑥ 미래에 접할 외적 환경요인 등에 대한 분석이 선행되어야 한다. 처음 3개 분야는 기업이 현재 처하고 있는 상황과 과거에 시행해 왔던 형태를 분석하는 것이고, 다음 3개 분야는 앞으로 다가올 미래에 대한 기업의 형태를 분석하는 것이다.[11)]

1. 현재의 가치관과 행동(현존문화)의 이해

관리자는 우선 현재 자기 기업에 존재하고 있는 현조직문화의 특성을 인식하고 앞으로 원하고자 하는 문화형태를 규정지어야 할 것이다. 현존의 기업문화는 조직 구성원들의 총체적인 습관행위에서 찾아볼 수 있다. 이러한 행동양식은 같은 기업 내에서도 각 기능별 단위조직간에 차이가 있을 수 있다. 즉 영업부서의 종업원 행동양식은 재무회계부서의 행동과는 큰 차이를 나타낼 수 있다. 그러므로 전체조직을 대상으로 조직개혁을 하지 못하면 경우에 따라 단위조직별로 각기 문화특성을 인정하여 최고경영층이 단위조직간의 상호적절한 조정을 하여 줄 필요가 있다. 현존하는 기업문화를 밝혀 내고 기업이 원하는 바람직한 문화형태를 찾아내기 위해 다음과 같은 관리형태에 대한 요인분석이 철저하게 행하여져야 할 것이다.

첫째, 관리형태가 목표지향적인지 또는 임기응변식의 관리방식인가를 판별하여야 한다. 즉 조직구성원들이 조직의 궁극적인 목표를 이해하고 그러한 목표가 일반사회에 대하여 중대한 기여를 하고 있는 것인가를 찾아내는 것이다. 그리고 관리자들의 직무수행 자체가 기업의 궁극적인 목적에 부합되는 것인지 또는 임기응변식의 방편에 불과한 것인가를 판단하는 것이다.

둘째, 조직내 의사결정 자체가 합의적인 것인지 또는 일방적인 지시명령에 의한 것인지 알아보아야 한다. 즉 관리자들이 조직 내에서 행해지는 일들이 합의적인 것인지 또는 일방적인 지시인지를 정확히 알 수 있는 환경이 마련되어 있으며, 한편 주요 업무를 합의적으로 시행되는 경우가 얼마나 되는 것인가를 찾아보는 것이다. 그리고 이렇게 합의적인 결정을 하기 위해서는 과연 조직구성원들의 능력이 충분히 있는지를 알아 보아야 할 것이다.

셋째, 일반 종업원들이 직무를 수행하는 과정에 있어서 언제나 제일주의 또는 완벽주의적 사고방식을 가지고 있는지, 그렇지 않으면 적당주의적이고 안일주의적인 사고방식으로 행하는지를 판단하여야 한다. 즉 종업원들이나 관

11) 박내회, "기업문화의 개발과 유지방안"〈경상논총〉 제 12집, 서강대학교 경영대학원(1986, 9), pp. 67~74.

리자들이 계속적으로 자기계발이나 자기발전에 관심을 가지고 꾸준히 자기평가를 하면서 환경변화적응에 대한 책임의식을 느끼고 있는 것인가를 알아본다. 또는 그렇지 않고 종업원들이 직무수행의 현상유지에 안주하면서 현실에 대한 불평불만에 급급하는가를 점검한다.

넷째, 종업원들의 관심도가 전체적인가 또는 편협적이고 일방적인가를 알아보아야 한다. 만일 한 단위조직이 우수한 직무성과를 달성했을 때 그 성과에 대한 보상을 당해 조직에서만 주는 것인지 또는 타 관련부서에까지 주는 것인지를 살펴보며, 모든 종업원들이 자기의 개인목표를 달성하는 것이 곧 전체 목표를 달성하는 데 기여하는 것이라고 느끼고 있는지를 알아본다.

다섯째, 기업의 보상제도가 직무성과에 의한 것인지 또는 단순한 권한체계와 능력에 의한 보상을 하는 것인지를 살펴보아야 한다. 다시 말하여 기업의 주된 동기부여방법으로서 종업원들의 직무성과에 대해 적절하게 보상하고 있는지 또는 능력서열에 의해 지급하고 있는지를 알아보고, 만일 승진이나 승급이 됐을 때 명확히 직무성과와 관련하여 그 이유를 분명히 밝힐 수 있는 계기를 마련할 수 있는 제도적 방법이 있는지를 규명해야 한다.

여섯째, 기업이 종업원들에 대하여 어떠한 태도를 가지고 있는지, 즉 조직이 개인들의 성장발전에 대하여 깊은 배려와 정책적인 측면에서 지원하고 있는지, 그리고 인격적인 측면에서도 존중하고 있는지를 알아본다. 또한 상사들이 부하들에 대해서도 적절한 후생복지를 배려해 주면서 욕구충족에 부응할 수 있도록 노력하고 부하들에게 부정적인 보상(위협과 벌)보다 긍정적인 보상(칭찬과 인정)에 더 많은 신경을 쓰는지를 가려낸다.

일곱째, 관리자들의 행동 자체가 성실성 위주인지 또는 주어진 상황을 모면하기 위한 임기응변식인지를 살펴보아야 한다. 즉 기업이 종업원들에게나 고객들에게 장기적인 관점에서 서비스나 복지에 관심을 가지고 직무수행을 하고 관리자들의 의사전달이 진정한 의미에서 솔직하게 행하여지는 것인가를 알아본다. 한편 관리자들이 종업원들에게 거리낌 없이 친밀감을 느끼면서 이야기할 수 있는 풍토인지를 알아보아야 한다.

그 밖에 현존하고 있는 기업행동이 고객지향적인지 제품지향적인가를 판별하며 관리자들의 안목 자체가 장기적인 전망을 가지고 있는지, 단기성에 귀착하고 있는지를 분석 · 고찰하여야 할 것이다.

위에서 기술한 문화적 특성요인들은 특정기업이 현재 어떠한 위치에 있는가를 알아보는 계기가 될 것이며, 앞으로 어떠한 기업풍토를 추구할 것인가에 대한 기본적인 평가요인이 될 것이다. 미래의 기업문화를 계획하는 과정에서 현존의 가치수준을 이해하지 못하면 계획의 실효성이 없을 것이다.

2. 기업문화의 영향요인에 대한 분석

기업문화에 영향을 미치는 요인으로서 기업의 내적 · 외적 요인들을 들 수 있다. 일반적으로 내적 요인들은 어느 정도 관리층에서 통제가능한 것들이며, 외적 요인들은 그 통제의 가능성이 없거나 매우 약한 것이다. 그러므로 기업은 자체문화를 개혁하는 시점에서 현존의 환경요인을 가능한 최대한으로 분석하여 기업의 위치를 확인함과 동시에 앞으로 원하는 문화형태를 적절하게 계획하여야 할 것이다.

(1) 내적 환경요인분석

내적 환경요인으로서는 종업원들의 특성과 조직구조 및 경영의 전통적인 가치관 등을 들 수 있다. 흔히 문화의 주체적인 요인은 인간 자체라고 말한다. 즉 조직 내의 인간이 기업문화를 창조하는 것이다. 예컨대 건설업에 종사하는 사람들은 첨단산업에 종사하는 사람들과는 그 행위나 태도가 다를 것이며, 또한 이들이 이루고 있는 조직풍토나 분위기도 다를 것이다. 그렇기 때문에 다음과 같은 점이 현 조직문화의 특성을 나타내는 주요 결정요인이 된다.

첫째, 상동적인 태도(stereotypes)이다. 기업이 특정 전문직을 가지고 있는 집단으로 구성되어 있을 때 그들의 직업의식 때문에 생기는 상동적인 태도가 기업문화를 결정하는 경우가 많다. 그러므로 앞으로 원하고자 하는 조직문화를 개발하기 위해서는 어떤 집단을 형성해야 할 것인가를 결정하여야 한다.

둘째, 종업원들의 연령과 성의 분포이다. 조직을 구성하고 있는 종업원들의 연령계층에 따라 직장의 분위기가 차이를 보일 것이며, 또한 성분포에 따라서도 다를 것이다. 그러므로 앞으로 사업계획에 따라 연령과 성의 분포를 어떻게 조정할 것인가를 결정해야 한다.

셋째, 종업원들의 교육과 지식의 정도로서 이는 직무수행의 척도가 될 수 있다. 그러므로 바람직한 기업활동을 수행하기 위해 어떤 수준의 지식과 능력이 필요한가를 분석하고 여기에 따른 교육훈련이 어떤 측면에서 보강되어야 하는가를 결정한다.

넷째, 조직의 구조 역시 인간행동에 대하여 많은 영향을 미치고 있다. 즉 중소기업에 근무하고 비교적 작은 조직에서 활동하는 사람들의 태도는 좀더 개인적인 측면에서 활동적이고 그 성과가 빨리 나타날 수 있지만, 대기업에서 근무하는 사람은 오히려 공식적인 규범 내에서 행동하는 경우가 많다. 그러므로 기업문화의 개혁계층에 있어서는 현재 자기 기업형태가 집권적 관리형태인지, 분권적인 관리형태인지를 분석하고, 현재의 시스템이 관리통제에 있어서나 직무수행에 있어서 중복된 면이 있는지 검토하여야 할 것이다. 또한 이러한 중복요인이 과연 종업원들의 행동에 얼마나 영향을 주며 활동에 제약을 가하는지 파악하여야 한다.

조직구조형태에 있어서 다른 중요한 요인은 다계층의 조직인지 또는 단계층의 조직인지를 분석하는 것이다. 자기 경쟁기업과 비교하여 최고경영층으로부터 얼마나 많은 계층이 존재하는 것인가를 검토하고 이러한 계층이 의사전달이나 직무수행에 어떠한 영향을 가져오는 것인가를 확인한다.

(2) 외적 환경요인분석

기업을 둘러싸고 있는 외부환경요인은 기업문화의 주축인 종업원들의 행동에 많은 영향을 주고 있다. 성공적인 기업은 앞으로 다가올 변화에 대응하기 위해 미리 그에 대한 예측과 함께 적절한 대응책을 마련하고 있다. 다음에 기술하고 있는 환경요인은 조직문화에 영향을 미칠 수 있는 중대한 외적 요인으로 가름지워지고 있다.

첫째, 기업이 제조 판매하고 있는 제품이나 서비스는 종업원들의 행동에 큰 영향을 미치고 있으며, 이러한 제품을 구매하는 고객들의 요구와 기대 역시 종업원들에게 많은 영향을 준다. 그러므로 기업은 앞날의 제품계획에 있어서 생산하고자 하는 제품이나 서비스에 대한 세심한 고찰을 필요로 한다.

둘째, 시장환경의 변화는 종업원들의 생활여건을 바꾸어 놓을 수 있다. 즉 급격한 시장여건의 변화는 종업원들로 하여금 작업시간이나 직무시간을 조정하게 하며, 직무 스트레스를 발생시킬 수 있는 계기를 마련하여 개인생활을 희생하게 하는 경우도 있다. 그러므로 현재 기업이 점하고 있는 시장과 고객의 취향변화 정도를 분석하고 종업원들이 이러한 변화에 얼마나 민감하게 적응할 수 있으며, 앞으로 얼마나 빨리 시장변화가 예측되는가를 예견하여야 한다.

셋째, 제품의 수명주기 역시 종업원행동에 영향을 주고 있다. 기술의 급격한 발전에 의하여 오늘날 기업들의 주종제품들의 수명주기가 점점 짧아지고 있다. 이들 제품의 수명주기가 단축됨에 따라서 종업원들이 어떠한 반응을 일으키며 새로운 기술을 충분히 습득하여 신제품개발에 창의력을 발휘하는지 알아야 할 것이다. 기업은 자기 주종제품의 변화를 보기 위해 적어도 과거 5년간의 자기평가와 함께 시장의 변화를 분석하고, 향후 5년간 어떠한 기술의 변화가 자사제품에 영향을 줄 것인가를 분석해야 한다. 이러한 변화에 대응하여 조직구조의 변화는 물론 종업원들의 의식구조와 가치관의 정립에 적절한 조치가 있어야 할 것이다.

넷째, 정부규제의 통제와 완화조치는 기업풍토에 많은 영향을 준다. 정부가 강력한 산업규제정책을 사용하면 기존의 기업들은 어느 정도 외부경쟁요인에 있어서 안정을 가져올 수 있으며, 가격조성면에 있어서나 고객유치경쟁 또는 제품혁신면에 있어서 어느 정도 안정을 기할 수 있다. 그러나 근래에 수입개방정책과 함께 기업간의 자유경쟁체제를 유도하는 과정에서 각 기업들은 환경에 민감하게 반응하여야 하며, 고객지향적이며 혁신지향적인 기업풍토를 갖게 하여야 할 것이다.

다섯째, 자원의 조달가능성은 기업행동에 큰 영향을 준다. 즉 특정자원을 활용하고 있는 기업이 이러한 자원이 부족하여 조달이 어렵게 될 경우 기업목표, 전략 또는 경영방침을 수정하게 될 것이다. 예컨대 유류파동이 일어났을 때 에너지 절약 방법을 동원하여 종업원들의 의식을 고취시키고 오늘날과 같이 유가가 하락하는 경우 각기 산업환경이 변화되는 것을 볼 수 있다. 그러므로 기업은 기업활동에 필요한 자원의 조달 가능성을 분석함과 동시에 앞으로 다가올 변화와 거기에 따른 대체가능성에 대해서도 연구하여야 한다.

이러한 환경요인 이외에도 경제적인 요인으로서 인플레이션, 세제, 금리, GNP 성장률 등이 있으며, 정치적인 요인으로서 국내적 · 국제적인 변수가 있을 것이다. 기업문화의 개혁을 주도하는 관리팀은 이러한 요인을 분석하고 어떤 요인이 자기 기업에 가장 큰 영향을 주는가를 밝혀 내면서 계속 수정 보완을 하여야 한다.

3. 전략의 실행계획

새로운 기업문화를 수립하기 위한 전략이 일단 세워졌으면 이러한 전략을 수행으로 옮길 수 있는 실천계획이 이루어져야 한다. 주어진 모든 자원을 동원하여 원하는 문화를 구축하기 위해 기업은 적절한 조치를 취하여야 하며, 이러한 조치는 종업원들로 하여금 바람직한 행동을 오랜 기간 동안 지속적으로 유지 강화시켜 줄 수 있는 것이어야 한다.

일반적으로 기업문화를 변화시킬 수 있는 효과적인 방법으로서 최고경영자의 강한 리더십, 조직 내의 원활한 의사소통, 계획성 있는 변화유도, 그리고 교육훈련방법 등이다.

(1) 최고경영층의 리더십

조직의 변화를 가져오기 위해서는 무엇보다 리더십이 요청되고 있다. 흔히 종업원들이 자기들이 현재 가지고 있는 가치관이나 행동을 그대로 유지하려고 하는 경향이 많으며 외부환경변화에는 저항하려는 경향이 있다. 그러므로 이들에게 행동변화를 일으킬 수 있는 자극은 강한 리더십에서 찾아 볼 수 있다. 흔히 최고경영자들도 이러한 리더십이 조직의 어느 계층으로부터 창출되어야 하는가에 대해 많은 논란과 이의를 가지고 있다. 경우에 따라서 이러한 리더십이 교육훈련부서나 인사관리부서로부터 나와야 한다고 하지만 조직의 핵심요인이며 실제 권한이 있는 최고경영층으로부터 기인하여야 하며 이것이 가장 바람직한 것이다.

흔히 최고경영층이 변화의 주도자로서의 역할을 행할 때 직접 자기의 실제행위와 주장하는 바람직한 행위와는 경우에 따라 상호 상반되는 사례가 나타날지 모른다. 그러나 이러한 변화가 바람직하다는 방향에서 추진될 때에는 장기적인 안목에서 과감히 실천해야 한다. 그리고 최고경영층은 조직의 구성원들에게 자기가 가지고 있는 비젼이나 경영이념이 무엇이라는 것을 항상 기회 있을 때마다 주지시키면서 될 수 있으면 관리자들로 하여금 기업의 목표와 정책의 수립에 참여할 수 있는 계기를 마련해 주는 것이 중요하다. 이러한 과정이 기업이념을 구성원들에게 인식시켜 줄 뿐만 아니라 각자의 가치관 정립에 기본이 되는 것이다.

(2) 조직 내의 원활한 의사소통

조직 내 상하 · 수평간의 충분하고 원활한 의사소통의 분위기와 방법이 존재하여야 한다. 최고경영층에 의하여 바람직한 가치관이 세워지면 그 내용을 각 임원진에 있는 사람들이나 관리자들에게 솔직하게 말해 주어야 할 것이다. 즉 최고경영자는 자기의 경영이념이나 경영철학을 일단 정립하면 이것을 광범위하게 전파시킨다. 물론 이러한 이념들이 모든 종업원들에게 일괄적으로 전파되어 수용될 것으로 기대해서는 안 된다. 경우에 따라서는 종업원들의 입장에서 일단 이의를 제기한다든가 또는 받아들이길 거부하는 경우가 있을 것이며, 또는 그 시행에 대하여 의문을 제기하는 사람도 있을 것이다.

그러나 최고경영자의 입장에서 과감하게 개방적인 태도로서 의견을 수렴하여 나아가면 상호간에 마찰과 갈등이 있을지 모르지만 궁극적으로는 바람직한 방향으로 조직문화가 점차 개선되어 나아갈 것이다. 새로운 문화를 창조하고 인간의 관습적인 습관행위를 변화시킨다는 것은 단기간에 될 수도 없으며 그렇게 기대해서도 안 된다. 이러한 과정은 당사자간에 상호이해에서만 가능한 것이다.

건설적인 측면에서 건강한 조직이란 언제나 내부의 동태적인 면이 존재하는 것이며, 구성원들간에 항상 솔직하고 개방된 태도가 견지되고 있다. 바람직한 의견이 서로간에 전달되고 이해되어 공통의 가치관을 형성할 때 새로운 기업문화가 정착된다. 특히 종업원들은 자기들의 관심사와 직결된 요인이 발견되면 언제나 민감하게 반응을 보이며 그것을 중요시한다. 그러므로 최고관리층은 자기들의 철학이나 이념을 홍보하면서 종업원들이 긍정적인 행동을 보였을 때는 언제나 적극적인 보상을 해 주어야 한다. 종업원들이 피상적인 측면에서 받아들이면 직접 행동양식에는 아무런 영향도 미치지 못한다.

(3) 계획적인 변화유도

일단 기업이 원하고자 하는 문화의 특성을 결정한 다음에는 이러한 변화를 가져오게 할 수 있는 실행계획에 진입해야 한다. 본 계획의 첫단계에서는 비공식적 측면에서 추진할 수 있다. 본 단계에서는 다른 기업들의 문화특성이 어떠한가를 조사할 수도 있고 자사에서 누가 문화개혁을 주도할 것인가를 결정한다. 흔히 최고경영자가 혁신의 주도자를 지명하거나 임명하게 된다.

본 단계에서 가장 바람직한 것은 외부의 전문가를 참여시켜 내부 요원과 함께 적절한 계획 모델을 작성하는 것이다. 여기에서는 내적 환경요인을 분석하여 현재의 문화형태를 평가하고 앞으로 나아가야 할 문화형태를 명확히 한다. 이것이 하나의 행동 모델의 골격이 되어 지침이 될 수 있다. 외부 전문가의 주역할은 내부 요원의 창의적인 아이디어를 정연하게 정리하여주고 자체평가를 할 수 있게 지원해 주는 것이다. 그러나 계획단계에서 너무 많은 시간을 보내는 것은 바람직하지 못하다. 물론 모든 주요 요인들에 대한 분석과 평가는 중요하지만 본 과정이 길어지면 실무관리층에서 열성과 호기심을 잃어버리게 된다. 흔히 계획기간은 4개월을 넘지 말아야 한다. 그리고 이러한 계획수행은 구성원들의 자발적이고 합의적인 경우에만 효과적으로 시행될 수 있으며, 최고경영자들 역시 전략적인 목표가 효과적으로 달성될 수 있도록 최대한 지원해 주어야 할 것이다.

(4) 교육훈련방법

변화를 일으킬 수 있는 가장 주된 방법은 교육 · 훈련이다. 장기간에 걸쳐 나타나고 있는 기업문화의 변화는 지속적인 교육에 의하여 시행될 수 있다.

교육훈련의 효과를 높이기 위해 다음과 같은 점을 유의하여야 한다.

첫째, 교육이 시작되기 전에 참여자들에게 목표를 정확히 인식시켜야 하며, 교육이 끝난 후에 어떠한 행동과 행위가 소망스러운가를 이해시킨다. 관리자들이 교육받기 전에 그들의 기대목표가 무엇인가를 분명히 알 수 있을 때 능동적인 수강태도를 갖게 될 것이다.

둘째, 관리자교육은 풍토개선을 꾀하는 목표집단에 대해 전체적으로 실시하는 것이 바람직하다. 집단심리학적 측면에서 볼 때 흔히 개인이 노력하여 전체집단을 상대로 행동변화를 시도할 때 많은 어려움이 따르며, 경우에 따라서는 좌절감마저 생기게 된다. 즉 자기 개인행동이 집단행동규범과 갈등을 일으킬 때에는 개인의 변화노력을 포기해버리고 만다. 그러므로 집단계층간의 공통가치관을 추구하기 위해서는 2~3 계층의 관리자들이 같은 교육을 받는 것도 바람직하다.

셋째, 교육은 너무 단기효과를 겨냥하여 서두르는 것보다는 서서히 지속적으로 시행해야 한다. 흔히 짧은 시간에 집중적으로 교육을 행하는 경우가 많으나 일시에 많은 교육자료를 소화하여 이해하는 것도 어려우며 행동의 강화도 어려운 것이다. 그러므로 주 단위 월별 단위로 적정한 시간을 배정하여 계속적인 교육시행으로써 행동의 강화(reinforcement)를 가져오게 한다.

넷째, 교육의 결과를 실천에 옮길 수 있는 계기를 마련하여야 한다. 각 관리자들은 각기 자기가 실제 변화를 가져올 수 있는 요인들을 이해하고, 교육과정에서 체험한 것을 직접 적용함과 동시에 단계별 문화를 시도하여 실제로 활용하여야 한다. 관리자들이 교육에서 배운 것으로만 끝나면 실제행동에 대한 변화는 전혀 나타나질 않을 것이다.

제 5 절 조직문화의 유지방안

새로운 행동이나 가치관의 주입은 교육이나 훈련을 통하여 어느 정도 달성할 수 있다고 생각되지만 그보다 더 중요한 것은 실제 업무수행을 통하여 바람직한 행동이 유지될 수 있도록 보장해 주는 방법이다. 다음은 일단 정립된 종업원들의 가치관이나 행동규범을 장기간 동안 유지시키는 방법들이다.

1. 팀 관리에 의한 방법

자주적 팀 관리를 통한 문제해결방안을 들 수 있다. 다음은 한 예를 들어 시행시기 및 절차를 본다. 우선 처음 4개월에서 6개월에 걸쳐 주 1회에 두 시간씩 각 종업원들로 하여금 회의에 참여케 한다. 여기서는 실행계획(action plan)을 개인별로 수립하여 종업원 각자가 자기 업무를 수행하면서 어떤 것을 수정 · 보완했으면 좋겠다는 자기계획을 수립하여 상사와 토의하게 한다. 본 과정에서는 개인 스스로가 결정한 것을 상사나 동료가 주시하는 가운데 행하기 때문에 책임감도 느낀다. 실행계획과정에서는 어떻게 하면 특정행위를 개선하고 문제를 해결하며 정보의 피드백 방법 및 행동을 강화할 수 있는가를 다룬다.

4, 5개월째에는 팀 위주의 회의를 한다. 1주일에 한 번씩 열리는 회의에서는 팀 관리체제를 두어 부 단위의 모든 사람들이 참여할 기회를 주며, 계층별 각 팀장이 있어 계층간에 연결될 수 있는 시스템을 갖춘다. 이렇게 함으로써 최고경영층으로부터 생산직에 이르기까지 시스템을 이룬다. 주간회의에서

다루어지는 주제는 다음과 같다. 전주에 행했던 팀의 성과의 평가, 다음 주 팀 계획의 목표, 팀의 최고·최저직의 목표달성, 업무개선책에 대한 토의, 우수 팀과 개인에 대한 보상책과 행동강화책이다.

6개월에서 8개월째에 이르는 기간에는 QC 서클형태, 관리능력에 필요한 특정주제, 그리고 자주적 팀 관리형태를 개발한다. 여기에서는 역시 생산직에 근무하는 종업원들까지도 자주적 팀 관리나 문제해결방법 등에 참여시켜 태도 개선에 기여케 한다.

2. 코 칭

행동을 유지시키기 위한 다음 방법은 코칭(coaching)이다. 실행계획에서 상호간에 합의된 사항에 대하여 구체적으로 효과를 거두기 위하여 무엇보다 적절한 코칭이 필요하다. 관리자들은 과거 수십년간에 걸쳐 자기가 특별한 스타일로 관리해 온 상태를 갑자기 바꾼다는 것은 매우 어렵고 힘들다. 이러한 상황에서는 집단회의 같은 방식에 의하여 동료들이나 상사가 상대방의 특정행위에 대하여 피드백을 해 주고 바람직한 행동방향을 제시해 주는 것이 좋다. 즉 부하들에게 칭찬 인정을 하여 주는 것, 또는 성과달성을 못했을 때 자기반성을 할 수 있는 기회의 제공, 격려 등의 방법들은 행동변화에 효과적인 것이다.

코칭은 부하들에게만 하는 것이 아니고 최고경영자들에게도 하여야 한다. 흔히 최고경영자들에게 감히 행동의 변화를 요구하면서 직접적인 직언은 하기를 주저한다. 그러나 조직 내 변화를 가져오기 위해서는 무엇보다 최고경영층의 행동변화가 전체가 원하는 방향으로 이끌어져야 한다. 물론 최고경영자의 행동 자체가 잘못되어 고쳐야 된다는 것보다 그들의 행동이 전체조직에 영향을 미치는 힘이 크기 때문이다. 대부분의 최고경영자는 자수성가한 사람들이 많기 때문에 모든 면에서 자기가 완전하다고 생각하는 경우가 많다. 그러나 기업의 환경이 변화하는 오늘날 과거의 리더십 형태가 부적당할 경우가 많다. 그러므로 솔직하고 정직하게 최고경영자에게 말할 수 있는 계기가 마련되어야 하며, 최고경영자 역시 개방적인 마음가짐으로써 아랫사람들의 말에 귀를 기울여야 할 것이다. 이러한 코칭은 외부의 전문문가에 의하여 행하여질 수도 있지만 내부관리자들의 솔직한 의사전달이 무엇보다 중요하다.

3. 보상시스템과 지위체계

보상시스템과 지위체계(status system)을 이용하는 방법이 있다.[12] 인간에 있어서 가장 보람된 순간은 자기 능력을 발휘하여 상사와 동료로부터 진정한 인정을 받았을 때이다. 계층에 따라 주 · 월 · 분기 · 연간별로 평가시기를 두어 탁월한 업무성과에 대해서는 반드시 인정을 할 수 있는 계기를 마련해야 한다. 이러한 인정과 보상의 형태는 금전적으로나 인준서 또는 승진 등의 각기 대상에 대하여 적절한 방법을 강구할 수 있다. 마찬가지로 조직의 지위체계를 통해서도 기업문화를 유지 · 발전시킬 수 있다. 예를 들면 좋은 사무실을 배정한다든가 카피트를 깔아 준다든가 또는 개인비서나 전용주차장을 배당한다든가 하는 것을 통해 조직 내에서 가장 가치 있는 역할과 행동을 할 수 있도록 도와 준다.

4. 인력선발과정

인력의 선발과정(recruitment process)을 통해 그 문화에 적합한 또는 적응할 수 있는 인물을 선정하며, 승진을 원하는 종업원의 경우 "특정의 직무에 왜 그 사람을 배치시켰는가" 하는 기준에 따라 강화될 수 있다. 이와 같이 인사문제를 결정하는 기준은 그 조직 전체에 쉽게 전달되어 알려지며, 이것이 현존 문화를 유지 · 발전시키는 데 공헌을 하게 된다.

내용요약

조직문화란 같은 조직 내의 구성원들이 모두 공유하고 있는 가치관, 신념과 관습, 규범과 전통 그리고 지식과 기술 등을 포함한 종합적인 개념으로서 최근 이 분야에 대한 연구가 활기를 띠고 있다. 흔히 조직문화는 조직풍토, 조직분위기 또는 사풍이라는 용어와 유사한 개념으로 쓰이고 있으나, 조직문화의 개념은 이러한 용어보다는 더욱 창조적이고 동태적인 의미를 포함하고 있다. 특히 조직문화는 그 개념과 관점 그리고 연

12) D. Hellriegel, John W. Slocum, and R. W. Woodman, *Organizational Behavior* (N.Y.: West Publishing Co., 1986), pp. 346~348.

구접근상의 차이를 보이고 있다.

조직문화연구는 순수한 이론적인 측면과 실증적인 측면에서 파악할 수 있다. 좀더 구체적으로 설명하면, 조직문화연구의 접근방법에는 비교경영학적 접근방법, 기업문화적 접근방법, 인지적 접근방법, 상징적 접근방법, 그리고 구조 심리역학적 접근방법이 있다.

구체적인 조직문화의 구성요소에 대한 견해는 학자마다 서로 상이한데, 파스케일과 피터스는 그들의 7S 모델을 중심으로 공유가치, 전략, 구조, 시스템, 구성원, 리더십 스타일, 기술을 열거하고 있고, 딜과 케네디는 기업환경, 기본가치, 영웅, 의례와 의식 그리고 문화의 네트워크를 열거한다.

기업문화를 개발하려면 먼저 현존기업의 가치관과 문화에 대한 이해가 선행되어야 하며, 기업문화에 대한 내적·외적 환경요인을 분석하고 전략의 실행계획을 수립하게 된다. 전략의 실행계획을 효과적으로 수립하려면 최고경영층의 강력한 리더십, 조직 내의 원활한 의사소통, 계획성 있는 변화유도 및 교육훈련이 뒷받침되어야 한다.

새로운 기업문화가 형성되면 팀 관리에 의한 방법, 코칭, 보상시스템과 지위체계, 그리고 인력선발 과정 등을 통하여 조직문화를 유지하기 위한 노력이 있어야 한다.

연구과제

1. 조직문화의 개념을 설명하고 최근 이 분야의 연구가 활발하게 된 이유를 논하라.
2. 조직문화연구에 대한 접근방법을 분류하고 설명하라.
3. 피터스 등의 7S 모델을 중심으로 조직문화의 구성요소를 설명하라.
4. 전략적 관점에서 조직문화의 개발과 유지방안을 논하라.
5. 조직문화적 관점에서 우리나라 기업문화의 특징을 설명하라.

제 4 부 Theory Application

이론의 적용

사례 연구 **case studies**

4-1 관료제의 미래

어느 대학의 김 교수는 조직행동 및 조직론 수업시간에 "관료제가 미래의 생존할 수 있겠는가?" 라는 연구조사 주제를 주었다. 여기서 수강반(class)은 두 그룹으로 나뉘었는데, 그 중 하나는 관료제가 생존할 수 없을 것이라고 보고 가능한 많은 증거를 찾아내도록 하였으며, 다른 그룹은 관료제가 미래에도 지속적으로 계속될 것이라고 보이는 가능성을 지지하는 증거를 찾아내도록 하였다.

그런 뒤에 정규 수업과정이 끝나갈 무렵에 상반된 양측 그룹에서 구성원들이 직접 선출한 대표자로 하여금 찾아 낸 증거를 통한 사례를 발표토록 하는 스케줄을 잡아 놓았다. 토론은 관료제의 생존에 대해 반대하는 사례를 발표하는 허영식 군과 관료제의 생존에 대해 지지하는 발표를 한 김우택 군 등 서로 반대되는 의견들로 인해 발생하였다.

허 군은 관료제조직이 계속해서 생존할 것이라 보는 견해에 반대된 많은 주장들로서 책임감 회피, 책임전가(spreading responsibility), 권한비축(hoarding authority), 의사결정의 지연, 형식주의(formalism), 의례주의(ritualism), 관료적 태업 등을 들었다. 그는 또한 가까운 미래에 관료제가 종식될 것을 예측한 워런 베니스(Warren Bennis) 같은 유명한 학자들의 말을 인용했다. 그리고 끝에 가서 그는 결론적으로 자신이 몸소 경험한 작업경험의 예를 들고서 말을 맺었다. "여러분 중에 많은 분이 알고 있다시피 저는 엔지니어로서 정밀한 전기통신 설비를 설계하고 제작하는 사람입니다. 우리는 대부분의 시간을 많고 많은 새로운 프로젝트를 연구 조사하는 데 보내고 있습니다. 한편 우리의 고객들은 정부만이 아니고 다른 업종의 개인기업들도 있습니다. 한편 우리의 고객들은 정부만이 아니고 다른 업종의 개인기업들도 있습니다. 저는 이 같은 고전적인 관료제의 특성들과 문제점들을 고찰하고 난 뒤에 우리의 기업은 너무나도 역동적이며 예측할 수 없을 정도로 변화무쌍한 환경 속에서는 더 이상 생존할 수 없을 것임을 확신했습니다. 우리는 어떤 형태의 문제든 새로운 프로젝트 팀을 통해 조직에 전적으로 몰입된 상태에서 대부분의 작업을 수행해 나갑니다. 우리는 이 새로운 형태의 문제가 누구의 수중으로 떨어지는 가에 대해 걱정할 겨를이 없습니다. 어떤 문제든 그것은 곧 모두의 문제인 것입니다. 만약 어떤 다른 방식으로 작업을 수행하려 시도했다면 우리는 결코 정확하게 스케줄대로 맞추지 못했을 겁니다." 관료제의 앞날에 대한 생존의 가치를 방어하기 위해 김 군은 베버와 그 밖의 사람들이 이미 제시한 많은 이점들을 인용했다. 그는 관료제를 방어하는 이 시점에서도 단점이 있다는 것을 인정하면서 전자의 예와 같이 자신의 경험담을 이끌어냈다. "허 군처럼 저도 학생일 뿐만 아니라 하루 종일 일에 몸바치는 회사원입니다. 우리 회사는 조직 형태상 관료제로 분류될 수 있습니다. 저의 기업은 부서와 사업부간에 노동의 분화(분업)와 전문화에 심하게 의존하고 있으며 상당히 안정적이고 상호의존적인 조직입니다. 우리 고객들과 종업원들은 이 사실을 잘 알고 있습니다. 그리고 사업부와 부서 본부(department center)는 정해진 많은 규정들을 따르고 있습니다만 이것은 국가나 시가 정해 놓은 규정들이 효용을 가져다 주는 것 때문에 필요하며, 또한 모든 고객들에게 적절한 서비스를 확실하게 보장해 주는 도움 차원이 되기 때문에 필요한 것입니다. 설사 각 사업부가 주로 자신의 문제 자체에만 관심을 집중시킨다 하더라도 기업은 최고경영층에 의해 아주 능숙하게 잘 통합되어집니다. 솔직히 말해서 저는 허군 이 말한 바와 같은 식으로 관리되어질 기업이란 할 수 없으리라 봅니다."

[문 제]

1. 관료제에 관해 허 군과 김 군이 주장하는 바를 분석하고 당신이 생각하기에 어느 쪽이 더 설득적이었다고 생각하는지를 말하시오. 그 이유는?
2. 김 교수가 나중에 말해 주기를 "양측의 주장 모두가 부분적으로 일리가 있다." 고 덧붙였다. 그것이 의미하는 바가 무엇인지를 설명하라?
3. 관료제의 앞날에 대한 당신 자신의 입장을 표명해 보시오. 단 당신의 관점은 충분히 방어적인 것이 되도록 하시오.

4-2 교전중인 노동조합

델타 제품제조회사의 노동관계 역사는 수년에 걸쳐 상대적으로 평온함을 유지해 왔었다.

그러나 1953년에 조합을 대표할 종업원들을 처음으로 선출한 이래로 여태까지 없던 파업이 일어났으며, 그것은 24시간 계속해서 지속되었다. 그러므로 새로운 계약협상(contract negotiation)이 다루어졌을 때 경영층은 과거와 같이 파업 없이도 새로운 협약(agreement)에 달할 수 있을 것이라는 낙관적인 생각을 하였다.

그러나 앞으로 있을 협상에서 조합 리더의 의향에 대하여 몇 가지 의문점을 제기시킨 경고의 사인이 경영층에까지 이르게 되었다. 조합지부장은 市에서 보내는 뉴스매체를 통해 격한 분노 섞인 말을 해댔는데, 그것은 델타를 최저임금을 받고 있는 종업원들로부터 마지막 한푼이라도 더 우려내려는 착취적이고 무책임한 회사로서 낙인찍히는 결과를 가져다 주게 하는 꼴이 되었다. 그러한 말과 연관시켜 달리 생각해 본다면 그것은 임금과 후생복리가 최저 20% 이상 인상될 때까지 무기한 동안 파업을 하겠다는 하나의 위협이었다. 조합의 구성원들은 리더를 뒤따라 결속하였으며, 20%의 인상이나 파업을 외치기 시작했고 보통 숫자보다도 더 많은 인원이 조합 회의에 참석하였다.

조합의 리더들과 고성원들 모두의 행동에 놀라 당황한 델타의 사장 왓슨은 노동관계의 지도자인 존 바크로프트에게 설명을 요구했다. 바크로프트는 말하기를 "저는 도대체 그 이유가 무엇인지 확실히 알지 못합니다. 당신이 알다싶이 조합임원들은 항상 온건하고 분별 있는 행동을 해 왔었습니다. 따라서 이처럼 행하는 것은 예전의 그들과 같지 않습니다. 그리고 그들이 요구하고 있는 20% 이상 인상에 관하여는 그들이 정말로 신중한 자세가 아니라고 봅니다. 우리 기업의 임금은 이미 산업 전체와 지역사회 공동체가 지급하고 있는 임금수준을 웃돌고 있습니다."라고 하였다.

이에 대해 왓슨이 말하기를 "그와 같은 행동들은 우리에게 전혀 도움이 안 되는 것입니다. 이 같은 행위 이면에 어떤 것이 있을 거라고 생각해 본 것이라도 있습니까?", "제가 알고 있기로는 조합 내부에서 계속되는 내부 투쟁이 있어 왔던 것으로 알고 있습니다. 경쟁적인 파벌은 조합의 리더십을 행사하고 있는 현 임원들에게 이의를 제기하여 왔었습니다. 조합의 임원들은 자신에게 지워져 있는 경영관리 책임을 예전에 하던 부드러운 식으로 계속해서 일관되게 유지해 왔습니다. 그리고 최근까지 조합분쟁에 있어서 구성원들 사이의 이해관계는 급속도로 흩어지고 있었습니다. 하지만 이러한 조합 내부의 싸움이 어떻게 해서 회사로 그 화살을 돌려 그와 같은 교섭태도를 갖도록 영향을 미치게 되었는지는 확실치 않습니다." "그럼에도 불구하고 이와 같은 것들은 우리에게 몇 가지 실마리를 안겨다 주는 것입니다. 그러니 앞으로 있을 협상을 앞두고 우리가 세울 전략을 위해 좋은 제안이 있으면 저에게 귀띔 해 주십시오. 저는 조합과의 갈등이 아닌 조합과의 협력을 간절히 원하고 있다는 것에 우리는 이미 동의를 한 바 있다고 생각합니다. 물론 우리가 임금과 후생복리에 있어서 종업원들이 요구하는 20% 이상 인상요구를 충족시킬 수는 없지만 말입니다."

[문 제]

1. 조직간 행동, 조직 내 행동에 대해 당신이 갖고 있는 지식을 이용하여 조합 리더십의 교전적인 교섭자세 이면에 숨어 있는 가능한 이유를 설명하라.

2. 노동관계 지도자로서 임금과 후생복리면의 20% 이상 인상요구를 충족시키지 않고도 왓슨씨가 목표로 하는 협력증진을 달성키 위한 교섭전략을 세워보시오.

4-3 목동대학교(牧洞大學校)*

목동대학교는 1883년 4년제 인문분야의 교육기관으로 설립되어, 작은 규모이지만 처음부터 대단히 우수한 교수진과 학생들로 구성되었었다. 목동대학교는 또한 대학의 주요한 목적이 목회자의 양성이라고 생각하는 어느 기독교단체로부터 많은 재정적 지원도 받고 있었다. 역대 총장의 명단에는 대학교육에 있어서 최고의 지도자로 불리는 명사도 포함되어 있다. 의도적으로 학과수업은 작은 규모로 이루어져서 사람들은 목동대학하면 학부로서는 최고의 대학으로 인정하기에 이르렀다.

1950년대 말과 1960년대 전체에 걸쳐 대학교육에 대한 수요의 증대는 이 대학에서도 나타났다. 재정지원기관에서도 이러한 변화를 감지하고 보다 많은 학생들에게 대학의 문호를 개방하기로 결정하고 "현실에 보다 잘 적응할 수 있고 수요에 부응하여 비즈니스와 같은 접근(businesslike approach)를 시도할 수 있는 사람"으로 총장을 임명하였다.

1964년에는 등록학생수가 7,500명에 달하였고 4개의 단과대학이 생겼으며, 대학원에도 8개 분야가 추가되었다. 이러한 변화에 발맞추어 학교명칭도 목동대학교(The Mokdong University)로 변경하였다.

오늘날 목동대학교의 재학생수는 11,000여 명에 이르고 있으며, 수업은 대단위로 이루어져 비 개별적(impersonal)이며 교수진도 학과별 교수부(disciplinary speciality)와 교양과정 연구부(ideological camps)로 구분되며, 대부분의 사람들은 목동대학교를 그저 보통 정도의 대학으로 인정하기에 이르렀다. 재정지원 기관에서도 학교의 소유권을 양도할 수 있는지의 여부를 주 정부의 대학교육국과 협의중에 있다. 대학의 담당자에 의하면 그 이유를 "이제는 더 이상 목동대학교의 독특성(distinctiveness)이 없어졌다. 아마도 주 정부에서 학교를 인수할 것 같다."고 밝혔다.

대부분의 원로 교수들은 교육의 질이 교육비용보다도 훨씬 중요시되었고 대학 교수의 이름이 항상 최우선적으로 거론되던 시절을 그리워하고 있다. 가끔씩 찾아오는 졸업생들도 대단히 규모가 커진 학교에 대해 일체감을 거의 못 느끼고 있으며, 동문들

* 이 사례는 W. Jack Duncan, *Organizational Behavior*, 2nd ed. (Boston, M. A. Houghton Mifflin Co., 1981), pp. 294~295에 게재된 것을 우리말로 번역한 것이다.

의 학교와의 접촉이라고는 컴퓨터 코드화된 정기간행물과 기부금의 요청이 전부이다.

이러한 변화에 대해 이야기할 때마다 대부분의 사람들은 비개별성(impersonality), 학교의 규모 및 이와 관련된 사항에 대해 불평을 하곤 한다. 그러나 어느 누구도 이미 일어난 학교의 엄청난 성장, 충족시켜 주어야 할 여러 계층의 요구, 그리고 캠퍼스 내에 도래한 '새 시대'(new era)를 부정할 수는 없게 되었다.

[문 제]

1. 새로운 대학행정 책임자의 입장에서 조직설계전략의 구조적 · 행동적 · 상황적 측면을 분류하고 이를 설명하라.
2. 목동대학교의 현행 설계전략의 장점과 단점은 무엇이라고 생각하나?
3. 장기적으로 볼 때 현행전략이 성공할 것이라고 보는가? 그 이유는?

연 습 Exercises

4-1 조직화과정의 이해

목 적 : 조직화과정은 불확실한 환경에 대한 어떤 통제력을 습득하는 한 방법이다. 환경으로부터 우리는 조직의 투입물, 예를 들면 원자재, 인적자원, 물적자원을 공급받는다. 제품이나 서비스를 창출하기 위해서는 기술이 필요하며, 산출물은 고객에게 팔려나간다. 조직의 복잡성은 환경이나 기술의 복잡성에 따라 결정된다.

본 연습의 목적은 조직구조의 중요성에 대한 학생들의 인식을 제고하는 데 있으며, 특히 본 연습은 사업의 조직화과정에서 관리의 중요성에 초점을 맞추고 있다.

소요시간 : 30~1시간

인 원 : 제한 없음

준 비 물 : 없 음

진행방법 :

(1) 먼저 다음 3가지 상황 중에서 하나만 선택하라. 그리고 나서 배경설명을 읽고 물음에 답하라.

① 대학에서 수강등록과정

② 새로운 햄버거 가게(상점)

③ 해변가의 별장 임대업

(2) 아래의 1~7 단계에 대한 응답은 과제로 하며, 학생들은 자신의 경험 또는 논리적 추론에 의해 응답하도록 한다.

진행방법 :

(1) 조직의 목적 또는 목표를 몇 개의 문장으로 요약하라.

(2) 특정의 목적을 당성하기 위한 구체적인 업무를 쓰라.

(3) 구체적인 업무를 담당할 인물을 배정하기 위해 조직도(organizational chart)를 작성하라.

(4) 조직도의 각 직위에 대한 임무를 부여하라(직무기술서의 작성).
(5) 각 직위에 배치할 인물들을 어떻게 선발할 것인가?
(6) 각 직위에 요구되는 기술 및 능력의 정도는 어느 수준인가?
(7) 당신이 조직을 설계하고 계획할 때 해야만 하는 의사결정의 목록을 만들어라. 또한 조직을 가동시킨 직후에 해야만 하는 또 하나의 의사결정 목록을 작성하라.

4-2 직무재설계 방안

목 적 : 미국 노동부에 의하면 향후 15~20 년 간은 ① 용역관리직(수위, 건물관리), ② 서기, 비서직, ③ 음식 서비스 업종이 가장 빠른 속도로 확산될 것이라고 보고하고 있다. 비서직의 업무는 컴퓨터 워드 프로세서에 의해 처리될 것이고, 전화받기, 고객접대보다는 타이핑 실력이 강조될 것이다.

특히 용역직은 지금까지 천하고 급료도 낮으며 별 볼일 없는 직업으로 생각해 왔다. 따라서 이러한 직업의 직무재설계를 통하여 사람들로 하여금 보다 매력적인 직업으로 인식하도록 만들 필요가 있다.

참가자로 하여금 통상 명성이 낮고 천하게 보이는 직무의 재 설계기회를 제공하는데 그 목적이 있다. 참가구성원은 직무의 핵심차원 및 직무확대에 대한 개념을 이해하고 있어야 하며, 잠재적 동기유발점수(MPS)에 대해 이해하고 있다면 더욱 좋다.

소요시간 : 1시간

인 원 : 제한 없음

준비물 : 없 음

진행방법 :

먼저 아래 열거된 3가지 직업 중에서 하나를 선택하고, 현재 그 직업에서 이루어지고 있는 일들을 기술하고, 보다 매력적인 직업이 될 수 있도록 직무재설계를 하라(계획단계에서 자금을 쓸 필요는 없다).

(1) 다음 직업 중에서 하나를 선택하라.

① 수위직(경비직)

② 워드 프로세싱／비서직
③ 즉석식품 서비스요원

(2) 현행 직무의 내용을 기술하라.
① 현행 직무에서 발생하는 동기유발의 문제점은 무엇인가?
② 현행 직무의 좋은 점은?
③ 현재처럼 직무가 처리되는 이유는?

(3) 직무재설계를 하라.
① 변화시키고자 하는 핵심차원은 무엇인가?
② 새로운 직무설계를 통해 기대되는 결과는?
③ 직무 설계시 고려한 종업원에 대한 가정은 무엇인가?
④ 당신이 설계한 직무를 활용한다면 효과적으로, 능률적으로 조직이 운영될 수 있을까?

4-3 품질관리분임조의 설계

목 적 : 교실에서 활용하기에 적절한 실험적인 품질관리분임조를 설계하는 데 개입하는 경험을 제공하고자 함에 목적이 있다. 참가자는 품질관리분임조(Quality Control circle)에 대한 기본적인 개념을 이해하고 있어야 하며 필요하다면 성공적인 분임조의 계획을 하는 데 적절한 책자를 공부하는 것도 좋다.

소요시간 : 1 시간

인 원 : 제한 없음

준 비 물 : 없음

진행방법 : 당신의 그룹을 위해 강의실에서 앞으로 활용하기 위한 하나의 실험적인 품질관리분임조에 대한 이해의 바탕을 튼튼히 하고자 한다. 품질관리분임조를 성공적으로 운영하기 위해서는 무엇보다도 계획단계가 가장 중요하다. 따라서 품질관리분임조에 대해 이해가 안 되는 부분이 있으면 담당 교수님께 질문하고 보다 상세히 알기 위한 참고문헌을 소개받도록 한다.

품질 관리분임조에 대한 교실에서의 토론을 준비하면서 다음 질문에 응답하라.

(1) 다음 각각의 입장에서 실험적인 품질관리분임조의 성공을 위한 전제조건은 무엇인가?
  ① 담당 교수
  ② 학 생
  ③ 학과(혹은 대학)

(2) 분임조의 구성원들은 어떻게 선발하며, 참가자들의 적극적인 개입을 위해 어떤 요인이 가장 중요한가?

(3) 품질관리분임조를 위해 구체적이고 상세한 훈련계획을 수립하라.

(4) 강의실에서 발표할 만한 내용으로 품질관리분임조의 잠재적인 문제점을 열거하라.

(5) 이와 같은 전체과정이 만약 이익을 추구하는 기업이라면 무엇이 다르겠는가?

Organizational Behavior

제 5 부

조직과정의 연구

제14장

의 사 결 정

의사결정(decision making)이란 경영자가 수행하는 가장 중요한 직무 중의 하나이다. 경영자의 활동 중 대부분은 계획, 조직화, 조정, 문제의 해결, 부하의 선발, 임금의 결정, 직무할당 등과 같은 의사결정이 차지하고 있다. 전략적 계획 및 정책수립과정에서 의사결정은 최고경영자가 수행하는 가장 중요한 업무이다. 경영자는 자기 혼자 단독적으로 또는 다른 사람과 협의하여 공동으로 의사결정을 하게 된다. 의사결정과정에서 경영자가 부하나 동료 또는 상위자를 참여시키는 것은 흔히 있는 일이다. 의사결정에의 참여의 정도가 어느 정도이어야 바람직스러운 것인지, 언제 사용해야 하는지에 대한 중요한 연구가 많이 있다. 본 장에서는 이들 중요한 이론 및 연구결과를 검토하려고 한다.

제1절 의사결정의 책임자

같은 조직 내에서도 어떤 경영자는 다른 경영자에 비해 의사결정에 대한 권한을 많이 가지고 있는 경우가 흔히 있다. 조직계층에서 권한이 높은 경영자일수록 중요한 의사결정과 함께 그에 대한 책임도 더 커진다. 상위직의 경영자는 주로 조직목표의 설정, 전략목표의 수립, 전반적인 정책의 수립, 조직구조의 설계, 자원의 할당 등과 같은 가장 중요한 의사결정을 담당하고 있다. 조직계층 구조상 하위직으로 내려갈수록 의사결정은 보다 구체적이고 업무지향적이 된다. 경영조직에서 최하위직인 일선감독자에게는 의사결정권한이 거의 없는 것이 보통이다. 규칙이나 절차의 공식화 정도가 높은 조직 또는 직무할당, 스케줄, 임금률 등에 관한 단체협약이 노동조합과 체결되어 있는 조직에서는 실질적으로 일선감독자에게 과업의사결정이나 개인의사결정시 자유재량권이 전혀 없다. 또한 하위경영자들의 자유재량권은 인재선발, 작업절차설계, 품질관리, 작업스케줄링, 교육훈련 및 임금관리 등과 같은 한 때 경영자에 의해 수행되었던 활동들이 이러한 일을 전담하는 전문스탭의 도입으로 인해 훨씬 줄어들었다.

조직 내 의사결정과정에는 여러 계층의 경영자들이 개입된다. 의사결정의 행동을 주관하는 사람이 반드시 여러 행동대안 중에서 최종안을 선택하는 결정권자는 아니다. 예를 들면 어느 과장이 그의 상사인 부장에게 의사결정의 필요성을 지적할 수는 있다. 과장이 여러 행동대안을 제안할 수도 있고 안 할 수도 있으며, 부장 역시 그러한 제안을 하도록 요청할 수도 있고 안 할 수도 있다. 부장은 의사결정을 내리기 전에 자기의 상사(공장장) 또는 영향력이 있는 다른 부서의 부장과 협의할 수도 있다. 공장장은 다시 그의 상사와 협의하지 않고서도 부장의 의사결정을 검토하여 승인, 거절 또는 수정조치시킬 수 있다.

블란켄십과 마일즈(Blankenship and Miles)는 8개 회사를 대상으로 서로 다른 계층의 경영자들의 의사결정에 대해 연구한 바 있다.[1)] 기대했던 대로 상위계층의 경영자들에게는 보다 많은 자율권과 의사결정권한이 존재하고 있음이 밝혀졌다. 그들은 최종적인 의사결정을 내리기 전에 다른 부서의 경영자나 자기의 상사와 협의하는 경우가 극히 적었으며, 반대로 상위계층의 경영자들은 하위경영자 또는 중간경영자에 비해 의사결정행동을 주도하지는 않으며, 오히려 의사결정행동의 주도는 부하에게 의존하고 있었다. 하위경영자들은 상위자인 중간경영자들이 자기들을 위한 의사 결정을 주도해 주길 원하는 경향이 있으며, 의사결정을 내리기 전에 상사와 협의할 것을 요구하고 있다(표 14-1 참조).

최종적인 의사결정을 내리기 전에 동료나 부하 또는 상사와 협의할 것을 강요하지 않는다 하더라도 경영자는 여전히 그렇게 하는 것을 선호한다. 왜냐하면 상사와의 협의를 통해 자기보다 경험이 더 풍부한 상사의 전문적 의견을 이용할 수 있기 때문이다. 뿐만 아니라 자기의 상사가 문제를 어떻게 인식하고 자기가 제안한 해결방안에 대해 어떻게 반응하는지를 알아내는 데 도움이 된다. 그러나 상사와의 협의에 지나치게 의존하는 것은 자신감의 결여 또는 부하의 주도권의 결여로 나타나는 현상임을 유의해야 할 것이다. 최종 의사결

1) L. V. Blankenship and R. E. Miles, "Organizational Structure and Managerial Decision Behavior," *Administrative Science Quarterly*, Vol. 13, 1968, pp. 106~120.

[표 14-1] 조직계층별 의사결정권한

조직계층	표본수 (N)	최종결정권	지각된 영향력	자율권	부하의존도	개인적 주도형
최고경영층	54명	80%	67%	85%	70%	32%
중간경영층	93명	40%	51%	39%	49%	49%
하위경영층	43명	41%	29%	20%	34%	38%

자료 : L. Vaughn Blankenship and Raymond E. Miles, "Organizational Structure and Managerial Decision Behavior," *Administrative Science Quarterly*, Vol. 13, No. 1 (June 1968), pp. 106~120.

정권을 가진 경영자는 의사결정시에 자기의 상사에게 너무 의존하지 않는 것이 현명하다.

동료가 자기의 의사결정에 의해 많은 영향을 받거나 관련된 정보를 많이 알고 있을 때 동료와 협의를 하는 것이 매우 유용하다. 의사결정의 실행에 대한 이해와 수용을 증진시키는 것도 좋은 방법이다. 대각적 협의(lateral consultation)는 서로 다른 조직의 경영자와 상호 의존적인 과업간의 협력 및 조정을 용이하게 해 준다. 그러나 불필요한 만남을 통해 시간낭비를 하지 않기 위해서라도 이와 같은 협의는 적절한 의사결정에만 국한시켜야 한다.

제2절 의사결정참여의 제방법

경영자가 의사결정을 할 때 부하가 개입하는 것을 보통 '참여'(participation)라고 부른다. 이 때 참여라는 용어는 학자에 따라서 여러 가지 말로 부르는데, 일반적으로 협의(consultation), 공동의사결정(joint decision making), 권력분담(power sharing), 분권화(decentralization), 민주적 경영관리(democratic management) 등과 거의 같은 뜻으로 쓰고 있다. 참여란 경영관리 스타일을 가리키는 말로 보통 부하에게 경영자의 의사결정에 대해 어느 정도의 영향력을 허용하느냐 하는 정도를 말한다. 그러나 유럽의 경우 참여란 그 의미가 약간 다르게 사용된다.[2)] 즉 유럽에서의 참여란 '산업민주주의'(industrial democracy)

2) G. Strauss, "Managerial Practices," in J. R. Hackman and J. L. Suttle(eds.), *Improving Life at Work* (Santa Monica, Cal.: Goodyear Publishing Co., 1977).

의 실천을 의미한다. 그래서 작업자들에 의해 선출된 종업원 대표가 조직경영에 관한 의사결정에 영향을 미치게 된다. 본 장에서는 참여란 상사의 의사결정에 대한 부하의 참여라는 의미로만 한정지어 사용하려고 한다.

의사결정에의 참여란 그 성질상 양자택일의 과정이 아니고 경영자가 사용하는 결정방식 및 결정절차의 참여를 의미하며, 거기에는 다양한 참여방법이 존재한다. 즉 부하의 영향력이 전혀 없는 것부터 시작해서 부하의 영향력이 거의 절대적인 것 까지의 말하자면 하나의 연속체(continuum)선상에 의사결정참여의 제방법이 존재한다 하겠다. 불행하게도 아직까지 어느 정도의 참여, 즉 최선의 참여유형이 무엇인가에 대하여 아직도 의견일치를 보지 못하고 있다. 그러나 일반적인 관점에서 다음과 같이 4가지의 유형으로 나누어볼 수 있다.[3)]

(가) 독재적 의사결정(autocratic decision) 경영자가 부하의 의견이나 제안은 들어보지도 않고 독단적으로 의사결정을 한다. 부하는 상사에 대해 전혀 영향력이 없다.

(나) 협의적 의사결정(consultation) 경영자가 부하의 의견이나 제안은 물어보지만 의사결정은 경영자가 한다. 부하의 영향력이 제한적이나마 존재한다.

(다) 공동의사결정(joint decision) 경영자는 부하들과 집단으로 만나서 문제에 대한 해결방안을 토의하고 함께 의사결정을 내린다. 경영자는 최종결정에 대하여 부하들보다 영향력이 더 많은 게 아니다.

(라) 의사결정의 위양(delegation) 경영자가 부하에게 의사결정에 관한 권한과 책임을 넘겨준다. 보통 위양의 정도에 대해 구체화되어 있고, 의사결정의 실행 전에 상사의 승인이 필요한지도 알려 준다.

이와 같은 의사결정과정에의 참여를 중심으로 한 이론 중에서 탄넨바움과 슈미트의 참여유형(participation typology)에 관한 연구와 브룸과 예톤의 의사결정참여 모델을 대표적인 것으로 들 수 있다. 먼저 탄넨바움과 슈미트의 연구부터 살펴보기로 하자.

1. 탄넨바움과 슈미트의 유형론

의사결정과정에 부하를 어느 정도 참여시킬 것인가를 중심으로 한 연구 가운데 가장 잘 알려진 연구는 아마도 탄넨바움과 슈미트(Tannenbaum and

3) G. A. Yukl, *Leadership in Organization* (Engle wood Cliffs, N. J.: Prentice-Hall, 1982), p. 204.

그림 14-1 의사결정참여절차에 관한 연속체

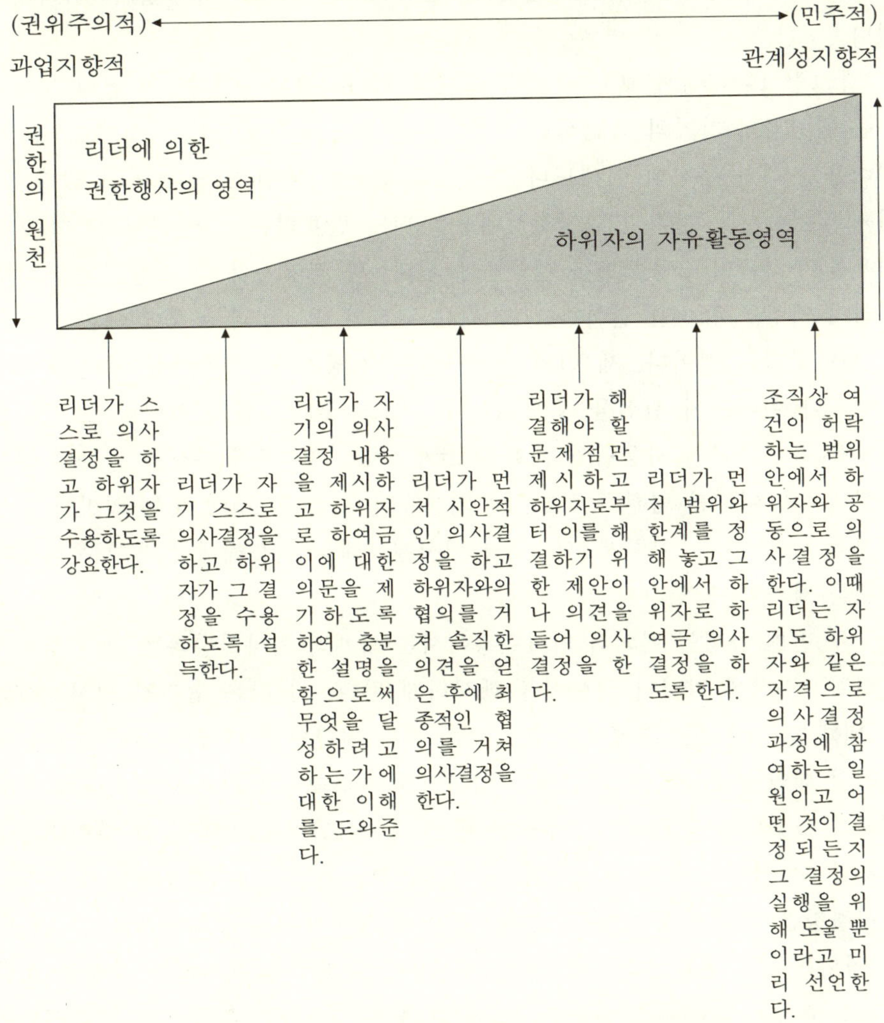

자료 : R. Tannenbaum and W. H. Schmidt, "How to Choose a Leadership Pattern," *Harvard Business Review* (May-June 1973) : 김남현 역, 「조직행동의 관리」(경문사, 1984), p. 137.

Schmidt)의 의사결정절차의 유형론(typology of decision procedures)일 것이다.[4] 이를 도시하면 [그림 14-1]과 같다. 그림에서 볼 때 왼쪽부터 세 가지 절차는 독재적 의사결정(autocratic decision making)을 표시하고, 그 다음 두 가지 절차

4) R. Tannenbaum and W. H. Schmidt, "How to Choose a Leadership Pattern," *Harvard Business Review*, Vol. 36 (March-April 1958), pp. 95~101.

는 협의적 의사결정(consultative decision making)을 나타내며, 마지막 두 가지 절차는 공동의사결정 내지는 집단의사결정(group decision making)을 나타내고 있다.

[그림 14-1]에서 보는 것처럼 독재적 의사결정의 유형인 첫 번째 절차에서는 경영자가 자기의 독단적인 결정내용을 부하에게 발표하는 식이고, 그 결정내용에 대한 부하의 이해도나 수용도를 높이기 위한 노력이 거의 없다. 두 번째 절차에서는 자기의 의사결정내용을 단지 발표하는 것이 아니라, 그 결정내용을 부하들이 수용하도록 설득하게 된다. 즉 경영자가 그 결정내용에 대한 부하의 저항 가능성을 인식하고 그 같은 결정의 필요성과 부하에 대한 유용성을 설명하려는 것이다. 세 번째 절차에서는 경영자가 그 결정에 대한 부하의 수용도나 이해도에 관심을 갖게 된 나머지 그 결정내용을 설명하고, 부하의 질문을 유도하여 질의응답의 기회를 갖게 하고, 질의응답과정을 통하여 의사결정내용의 이해를 명확히 하고, 그 의사결정이 직무수행에 주는 의미가 무엇인가를 알게 한다. 이렇게 함으로써 의사결정내용의 오해에서 생기는 의심과 공포를 제거할 수 있다.

두 번째 유형인 협의적 의사결정에서는 독재적 의사결정과는 달리 부하가 의사결정과정에 약간의 영향력을 행사하게 된다. 이 같은 협의적 의사결정의 첫 번째 절차에서는 경영자가 문제점을 찾아 진단하고 해결의 대안을 만들어 최적의 대안을 선정하여 시안적인 의사결정을 하고, 그 내용을 부하들에게 제시하여 그들의 반응을 본다. 부하의 반응이나 비판이 심각하면 그 결정내용을 변경할 수 있다는 유연성을 갖게 된다. 그러나 이와 같은 경우에도 최종적인 의사결정은 경영자에게 달려 있다. 두 번째 절차에서는 부하에게 약간 더 많은 영향력이 허용되는데, 경영자가 부하에게 문제점을 제시하고 부하로 하여금 그 문제에 대하여 진단하고, 그에 대한 해결방안을 강구하여 제안하도록 한다. 따라서 부하가 문제해결을 위한 여러 개의 대안을 제시하면 경영자가 그 중 하나를 최종적으로 선택하게 된다.

마지막 유형인 공동의사결정의 첫 번째 절차에서는 경영자가 문제점을 찾아 확정하고 일정한 한계를 설정하여 그 같은 한계 내에서 집단으로 하여금 문제의 해결방안을 강구하여 평가하고 집단 스스로 최종적인 결정을 내리도록 한다. 이 경우 경영자는 집단의사결정에서 원만한 토의의 조정자일 뿐이지 최종결정에 대한 영향력은 다른 구성원과 동일하다. 공동의사결정의 두 번째 절차에서는 부하의 영향력이 최고조에 이르게 되는데, 경영자가 집단으로 하여금 문제점을 확인하고 진단케 함은 물론, 그 문제점에 대한 해결방안을 스스로 찾아 최종결정을 하도록 허용한다. 이 경우 경영자는 토의과정에 참여할 수도 있고 않을 수도 있으며, 참여할 경우에는 토의의 조정자역할만 할 뿐이다. 이같은 의사결정의 절차는 공식조직에서 흔하게 찾아볼 수 없는 집단참가의 극단적인 예이다.

의사결정절차의 유형론이 매우 유용한 것이기는 하지만 의사결정의 절차와 실제적인 영향력의 패턴은 서로 구별하는 것이 중요하다고 스트라우스(G. Strauss)는 우리에게 경고해 준다.[5] 왜냐하면 참여가 단지 하나의 가식적인 것일 경우가 있기 때문이다. 예를 들면 의사결정을 위해 집단회합을 갖는 경우, 경영자의 속셈이 부하들로부터 아이디어와 조언을 얻어 의사결정의 질을 높이는 데 있지 않고, 자신이 결정한 의사결정내용의 집단적 승인을 얻는 데 있을 수 있기 때문이다. 따라서 이는 의사결정을 할 때 부하의 실제적인 영향력을 성취하기 위한 참여적 절차의 사용 그 이상을 의미한다.

스트라우스는 또한 공식적인 회합이나 공식적인 위양을 통해서뿐만 아니라, 비공식적인 접촉(informal contacts)을 통해서도 참여가 가능하다고 이야기해준다. 예를 들면 경영자는 점심시간이나 휴식시간 또는 파티석상에서 부하와 문제를 의논하고 조언을 구할 수도 있기 때문이다.

2. 브룸과 예톤의 의사결정참여모형

탄넨바움과 슈미트는 그들의 의사결정절차의 유형론에서 경영자가 어느 하나의 의사결정절차를 선택하여 사용할 경우 거기에는 경영자의 힘과 부하의 힘, 그리고 상황의 힘이 반영되어야 한다고 말하였다.[6] 뿐만 아니라 메이어(Maier)도 경영자가 특정한 의사결정절차를 선택하기 전 수용할 가능성을 고려해야 한다고 말함으로써 상황적 변수의 중요성을 인정하였다.[7] 이러한 점을

5) G. Strauss, "Managerial Practices," in J. R. Hackman & J. L. Shuttle (eds.), *Improving Life at Work* (Santa Monica, Cal.: Goodyear Publishing Co., 1977).

6) V. H. Vroom and P. W. Yetton, *Leadership and Decision Making* (Pittsburgh: University of Pittsburgh Press, 1973).

7) N. R. F. Maier, *Problem Solving Discussions and Conferences: Leadership Methods and Skills* (New York: McGraw-Hill, 1963).

구체적으로 전개시킨 것이 바로 브룸과 예톤(Vroom & Yetton)의 의사결정참여 모형이다.

(1) 의사결정의 수용과 의사결정의 질

브룸과 예톤의 모형은 경영자의 의사결정행동이 의사결정의 질과 부하의 수용에 어떠한 영향을 미치는가에 대한 분석에 그 이론적 근거를 두고 있다. 이러한 의사결정의 질과 부하의 수용은 매개변수로서 집단의 성과에 영향을 미치게 된다.

부하의 수용(subordinate acceptance)이란 부하가 의사결정을 효과적으로 실천하기 위해 나타내 보이는 충성의 정도를 가리키는 말이다. 그리고 의사결정의 질은 부하의 수용에 의한 영향 이외에 집단의 성과에 영향을 미치는 결정의 합리적 측면을 가리키는 것으로서 질이 높은 의사결정이란 여러 가지 대안 중에서 가장 적절하고 유용한 대안을 선택하는 결정이다. 이 같은 의사결정의 질은 여러 가지 대안들이 가능성이 많을 때 특히 중요하며, 또 의사결정의 질은 집단의 성과에 중대한 영향을 미친다. 예를 들면 과업목표의 설정, 우선순위의 결정, 능력에 따른 과업할당, 작업절차의 결정, 전략계획의 입안, 작업상 기술적 문제의 해결을 위한 방법의 결정 등에 있어서의 의사결정의 질은 집단의 성과에 매우 중대한 영향을 미친다. 그리고 이같이 문제의 성질상 의사결정의 질이 중요하고 경영자가 가지고 있지 않은 유용한 정보를 부하가 가지고 있을 경우에는 부하가 그 의사결정에 참여함으로써 더 질 좋은 의사결정을 할 수 있게 될 것이다.

(2) 의사결정절차

브룸과 예톤은 경영자의 직속부하를 개입시켜 의사결정을 할 때 활용가능한 다섯 개의 의사결정절차를 개발하였다. 이 모형에는 독재적 의사결정절차가 2가지(AⅠ과 AⅡ), 협의적 의사결정절차가 2가지(CⅠ과 CⅡ), 그리고 경영자와 부하의 공동의사결정절차가 1가지(GⅡ)가 포함되어 있다. 각 의사결정절차의 내용을 살펴보면 다음과 같다.[8)]

AⅠ : 현재의 시점에서 활용가능한 정보를 이용하여 경영자 자신이 혼자서 의사결정을 한다.

8) V. H. Vroom and P. W. Yetton, *op. cit.*, p. 13.

AⅡ:부하들로부터 필요한 정보를 수집하여 경영자가 혼자서 문제의 해결방안을 결정한다. 이 경우 경영자는 부하들로부터 필요한 정보를 얻어내는 과정에서 부하들에게 문제점이 무엇인가를 말할 수도 있고 말하지 않을 수도 있다. 여기에서 의사결정시 부하들의 역할이란 필요한 정보를 경영자에게 제공해 주는 것이지 문제해결의 대안을 입안한다든지 평가하는 것은 아니다.

CⅠ : 문제점에 대해 부하와 개별적으로(집단이 아님)의견을 교환하고 좋은 아이디어나 제안을 얻은 다음 경영자가 의사결정을 한다. 이 때 경영자는 부하들의 아이디어나 제안을 자기의 의사결정에 반영할 수도 있고 반영하지 않을 수도 있다.

CⅡ : 문제점에 대해 부하들과 집단적으로 의견을 교환하고 그들의 집단적인 아이디어와 제안을 받아보고 나서 경영자가 의사결정을 한다. 이 경우에도 집단의 아이디어나 제안이 경영자의 의사결정에 반영될 수도 있고 반영되지 않을 수도 있다.

GⅡ : 문제점에 대해 부하들과 집단적으로 의견을 교환하고 집단이 다함께 참여하여 대안을 입안하고 평가한다. 그리고 해결방안에 대한 의견의 일치, 즉 합일점에 도달하게 된다. 이 때 경영자의 역할은 의장(chairman)의 역할이며, 경영자 자신이 제안한 해결방안을 집단이 채택하도록 영향력을 행사하지 않는다. 그리고 전체집단이 지지하는 어떤 해결방안이라도 기꺼이 받아들여 실행에 옮기겠다는 입장을 취한다.

(3) 최적의사결정절차의 선정을 위한 규칙

브룸과 예톤의 모형에 따르면 의사결정절차의 유효성은 상황의 여러 가지 측면에 달려 있다고 한다. 여기에는 의사결정의 질 및 수용의 중요성, 경영자와 부하가 소유한 관련정보의 양, 부하가 독재적 의사결정을 수용할 가능성, 참여가 가능하다면 의사결정에 대한 부하의 협력가능성, 그들이 선호하는 대안에 대한 부하간의 의견대립의 가능성 정도 등을 포함한다. 또한 이 모형에는 주어진 상황에서 경영자가 피해야만 할 의사결정절차를 결정하는 규칙이 포함되어 있다. 이러한 규칙은 [표 14-2]에 예시되어 있다.

또한 브룸과 예톤은 규칙의 적용을 단순화하기 위해 의사결정과정 흐름도를 개발하였다. 이 흐름도는 [그림 14-2]에서처럼 수형도로 나타나는데, 이 흐름도를 사용하려면 맨 먼저 좌측의 질문으로 출발하여야 하며, 질문 A를

[표 14-2] 브룸과 예톤의 모형에 포함된 제규칙

의사결정의 질을 보장하는 규칙
1. 리더의 정보규칙(leader information rule) 만약 의사결정의 질이 중요하고 리더가 문제해결을 위해 필요한 충분한 정보나 전문적 식견을 가지고 있지 못하다면 AⅠ은 배제되어야 한다.
2. 목표일치의 규칙(goal congruence rule) 만약 의사결정의 질이 중요하고 부하들이 문제해결을 위한 노력을 할 때 조직의 목표를 따르지 않을 것 같다면 GⅡ는 배제되어야 한다.
3. 비구조화 문제의 규칙(unstructured problem rule) 의사결정의 질이 중요하고 리더가 혼자서 그 문제를 해결하는 데 필요한 정보나 전문적 식견을 가지고 있지 못하고 또 문제가 비구조화되어 있다면, 그 문제에 대한 충분한 지식을 가지고 있는 하위자들간에 상호작용하도록 하는 방법이 유용하다. 이 경우 AⅠ, AⅡ, CⅠ은 배제되어야 한다.
의사결정의 수용성을 보장하는 규칙
4. 수용규칙(acceptance rule) 만약 그 의사결정에 대한 하위자들의 수용 여부가 의사결정의 효과적인 실행에 중요한 작용을 하고, 리더의 단독적인 의사결정이 그 같은 하위자들의 수용을 얻을 수 있을 것이라는 것이 확실하지 않을 때에는 AⅠ, AⅡ는 배제되어야 한다.
5. 갈등규칙(conflict rule) 만약 의사결정에 대한 하위자들의 수용 여부가 매우 중요하고 독재적인 의사결정이 수용된다는 것이 확실하지 않으며, 무엇이 보다 나은 해결책인가에 대하여 하위자들간에 갈등이나 의견의 불일치가 있을 가능성이 있으면 AⅠ, AⅡ, CⅠ는 배제되어야 한다. 이 경우, 문제의 해결방법은 서로 갈등하거나 의견의 불일치 속에 있는 사람들로 하여금 그 문제에 대한 충분한 지식을 갖도록 하여 의견의 차이를 해소하도록 하는 것이어야 하므로 상호작용이 있을 수 없는 AⅠ, AⅡ, CⅠ은 당연히 배제되어야 할 것이다. 갈등을 겪고 있는 사람들에게 의견의 차이를 해소할 수 있는 기회가 주어지지 않으면 최종결정의 실행에 대한 전념도(comitment)가 줄어들기 때문이다.
6. 공정성규칙(fairness rule) 만약 의사결정의 질이 중요하지 않고, 의사결정의 수용은 매우 중요하지만 독재적인 의사결정이 수용될 수 없을 경우에 AⅠ, AⅡ, CⅠ, 그리고 CⅡ는 배제되어야 한다.
7. 수용우선순위규칙(acceptance priority rule) 의사결정의 수용이 매우 중요하고 독재적인 의사결정이 그 같은 수용을 확보할 수가 없을 때, 그리고 하위자들이 조직적 관점에서 문제해결방안을 찾을 것이라는 것을 의심하지 않을 수 없는 경우 AⅠ, AⅡ, CⅠ 그리고 CⅡ는 배제되어야 한다. 의사결정과정에 하위자들은 동등한 입장에서 참여하도록 하면 의사결정의 질을 저하시키지 않고도 하위자의 수용을 확보할 수 있으며, 이 경우에 GⅡ 이외의 방법을 사용하게 되면 의사결정이 충분히 수용될 수 없을 뿐만 아니라 하위자측의 전념도가 약화될 수 있다.

자료 : V. H. Vroom and A. G. Jago, "On the Validity of the Vroom-Yetton Model," *Journal of Applied Psychology*, Vol. 63, 1978, pp. 151~162.

그림 14-2 브룸과 예톤의 의사결정과정 흐름도

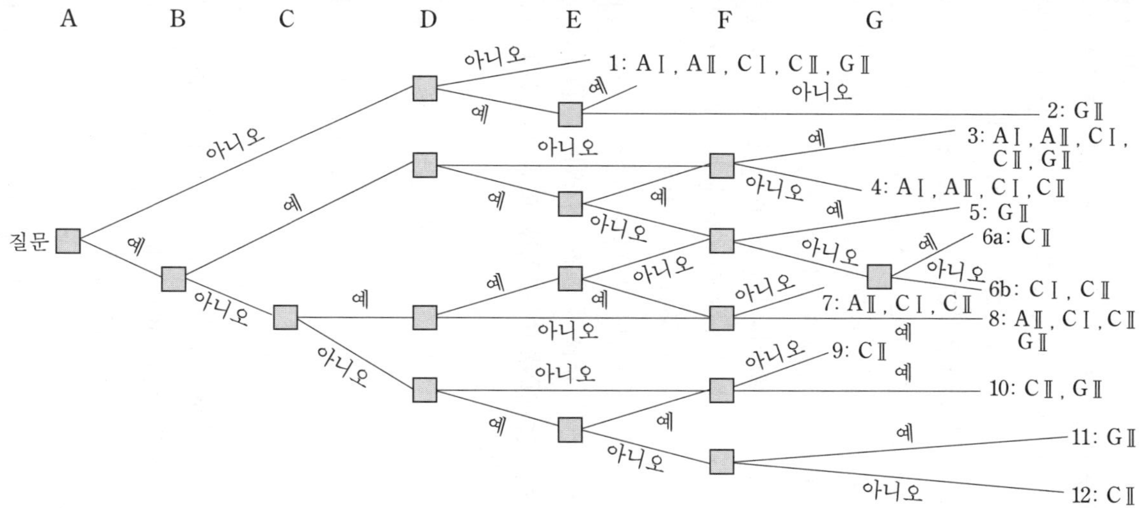

A. 그 문제가 의사결정의 질을 요구하고 있는가?

B. 합리적이고 우수한 의사결정을 위해 나는 충분한 정보를 가지고 있는가?

C. 해결해야 할 문제가 구조화되어 있는가?

D. 의사결정의 결과에 대한 하위자들의 수용 여부가 그 의사결정의 효과적인 실천에 중요한 역할을 하는가?

E. 만약 나 혼자서 단독으로 의사결정을 한다면, 그 결정이 부하들에 의해 수용되리라고 확신할 수 있는가?

F. 이 같은 문제해결을 통해 달성될 수 있는 조직목표가 무엇이라는 것을 부하들도 알 고 있는가?(부하들이 조직목표달성을 우선적으로 생각하는 입장에서 문제를 해결하려고 하는가?)

G. 무엇이 보다 나은 해결책인가에 대하여 부하들간에 갈등이나 의견의 불일치가 있을 가능성이 있는가?

자료 : V. H. Vroom, "Can Leaders Learn to Lead?" *Organizational Dynamics* (Winter 1976), p. 19.

읽어보라. 만약 이에 대한 답이 '아니오'(no)라면 질문 D로 넘어가고, 만약 '예'(yes)라면 질문 B로 넘어가면 된다. 그렇게 해서 마지막 지점에 다다르게 되면 그것이 바로 질문에 의한 당신의 답변에 의해 서술된 의사결정상황에 가장 적합한 의사결정절차인 것이다.

어떤 의사결정상황하에서는 모델 내에 한 가지 의사결정절차가 아닌 여러 개의 의사결정절차를 제시하였다. 이와 같은 경우 의사결정절차의 선택은 시간적인 압박, 부하의 개발, 경영자의 선호도 등에 달려 있다. 브룸과 예톤은 몇몇 부하의 참여와 시간적인 압박을 받는 상황에서는 최소한의 의사결정참여절차를 활용하라고 제안한 바 있다. 이 같은 지침은 협의적 의사결정보다 독재적 의사결정이, 집단의사결정보다는 협의적 의사결정이 시간이 적게 걸린다는 결과에 근거한 것이다.

(4) 모형의 타당성 검증

브룸과 예톤의 모형은 이론상 매우 발전적인 것으로 보인다. 그러나 이 모델의 규칙이나 제반 설명은 선행연구의 결과에 근거하고 있음에 주목해야 한다. 하지만 아직도 이 모형을 전반적으로 검증하기 위한 새로운 연구가 미진하여, 다만 브룸과 야고(Vroom and Jago)가 발표한 타당성 연구가 있을 뿐이다.[9] 이들의 연구결과는 이 모델을 실증적으로 뒷받침하고 있다. 이 연구에서 그들은 관리자들에게 과거의 의사결정 가운데 성공적이었던 것과 성공적이지 못했던 것을 골라 각각 하나씩 기술하도록 하였다. 그렇게 해서 이 같은 의사결정과 관련된 상황을 분석함으로써 각 의사결정의 문제유형을 확인하였다. 그리하여 관리자가 사용하였던 의사결정절차와 이 모델에서 추천하고 있는 의사결정절차를 비교한 결과 성공적이었다고 판단된 의사결정의 68%가 이 모델의 의사결정절차와 일치하였고, 성공적이 아니었다고 판단된 의사결정의 22%만이 이 모델이 추천한 의사결정절차와 일치하였다. 따라서 미래의 타당성검증연구들이 이 모델의 기본적 논리를 부정하게 되지는 않을 것으로 기대되지만, 이 모델도 역시 계속적인 타당성검증연구에 의해 변형 내지는 수정이 가해질 것이다.

---

9) V. H. Vroom and A. G. Jago, "On the Validity of the Vroom-Yetton Model," *Journal of Applied Psychology*, Vol. 63, 1978, pp. 151~162.

제3절 의사결정의 위양

권한의 위양(delegation of authority)이란 권한을 보유하고 있는 상위자가 하위자에게 수행하는 직무뿐만 아니라, 그 직무를 수행하는 데 필요한 권한을 부여하는 것이다. 그러므로 직무를 위양하는 것만으로는 권한위양이 이루어졌다고 볼 수 없고, 그 직무에 관한 권한이 위양될 때 비로소 권한의 위양이라고 할 수 있다.

이 경우에 있어서 위양의 중심이 되는 권한은 의사결정권한이다. 직무를 위양했다 하더라도 그 직무를 수행하기 위해서 일일이 상위자의 결재와 동의를 얻지 않으면 안 된다고 한다면 그 직무를 효과적으로 수행할 수 없기 때문이다. 그러므로 권한을 위양한다는 것은 그 직무를 수행할 때 일일이 상위자의 결재와 동의를 받지 않고 자기의 결정과 판단에 의해서 행할 수 있게 하는 것이다.

이러한 권한의 위양은 1차적으로 일상적이고 반복적인 성질의 작업에 관한 결정권한으로부터 경영관리에 관한 일정한 권한까지의 모든 위양을 포함한다.

1. 위양을 해야 하는 이유

의사결정의 위양에 대해서는 보통 참여적인 기법과 구분하여 다루고 있다. 위양은 의사결정의 질과 의사결정의 수용을 증진시키는 방법으로 사용되고 있지만 그 목적은 협의적 의사결정이나 공동의사결정과는 다르다.[10)]

위양의 가장 중요한 목적은 보다 효과적인 노동의 분업(division of labor)을 이룩하는 것이다. 경영자의 업무가 과중하고 의사결정에 주의를 집중하기가 곤란할 때 의사결정의 권한은 위양될 수 있다. 만약 부하의 직무가 변화하는 환경에 빨리 대응해야 하고 상황에 가까이 접하여 민첩하게 대처하기가 어려울 때 의사결정의 위양이 필요하다. 왜냐하면 부하가 경영자보다 행동구심점과 정보에 밀착되어 있기 때문에 짧은 시간 내에 부하는 적절한 의사결정을 수행할 수 있기 때문이다.

10) 자세한 것은 박내회, "조직 내에서의 책임과 권한,"「중소기업기술경영정보」, #85-11, 중소기업진흥공단, 1985, pp. 1~10을 참고할 것.

의사결정의 위양은 경영자개발방법으로서도 효과적이다. 즉 부하를 상위직인 경영자의 직무 또는 그와 유사한 직위로 승진시키기 위해 교육훈련이 필요할 때 부하가 친숙해질 필요가 있는 활동에 대해 보다 많은 책임을 위양시킬 수 있다. 상사가 자기 직무의 일부를 부하에게 위양함으로써 부하는 일단 고도의 직무에 길들일 수 있는 기능을 갖게 되어 후계자로 성장하게 된다. 경영관리자의 육성은 그 성격상 직장내 교육 · 훈련(on-the-job training)에 의존하지 않을 수 없는데, 이 위양에 의한 방법은 이러한 뜻에서 볼 때 가장 효과적인 인재육성방법이다. 필요한 지식 · 기술 · 경험은 일을 통한 과정에서 학습하는 경우가 많다. 원활한 조직운영을 위해 중요한 역할을 하는 경영관리자의 육성은 그들 각 상사들의 임무이다. 후계자를 육성해 둠으로써 상사 자신도 승진할 수 있는 기회를 갖게 된다. 후계자를 갖지 못한 경영관리자는 승진의 길을 스스로 막고 있는 결과가 된다.

위양은 경영자개발방법으로서도 유용할 뿐만 아니라 직무충실화의 한 형태이다. 부하에게 권한과 책임을 보다 많이 위양한다는 것은 직무를 보다 흥미롭고 도전할만한 의미 있는 일로서 만들어 주기 때문이다. 부하는 상위자 직무의 일부를 위양받음으로써 일단 고도의 직무수행이 자기에게 기대되고 있다는 만족감을 갖게 된다. 금전적 자극이나 신분상의 자극과 마찬가지로 직무에 대한 만족감과 인정받고 있다는 만족감은 매우 큰 자극이 되어 사기를 고양시킨다.

경영관리자는 부하의 동기를 유발하는 일이 중요한 역할의 하나인데, 위양을 잘 함으로써 이를 성취할 수 있다. 위양은 조직 내에서 상위직으로 승진이 제한되어 있을 때 능력 있는 부하를 붙잡아 두기 위해서 직무를 흥미롭게 해 주는 데에도 필요하다. 즉 청년중역들(junior executives)에게 보다 많은 권한과 책임을 위양하여 능력 있는 경영자에 대한 스카웃 경쟁이 심할 때 다른 회사로 빠져 나갈 가능성을 줄여 주는 것이 필요하다.

2. 위양에 대한 부하의 반응과 위양의 실패

대부분의 부하들이 권한위양을 환영하고 거기에서 만족감을 얻지만 반드시 모든 부하들이 위양에 대해 호의적으로 반응하는 것은 아니다.[11] 사람 중

11) A. R. Solem, "An Evaluation of Two Attitudinal Approaches to Delegation," *Journal of*

에는 자기가 의사결정을 하기보다는 명령에 따르기를 더 선호하는 사람도 있다. 즉 자신감이 결여되어 있거나 실패에 대한 두려움, 낮은 성취욕구, 의존적인 성격을 갖고 있는 사람은 위양에 대해 호의적으로 반응하지 않을 것이다. 또한 부하의 업무가 이미 많이 쌓여 있고 추가적인 업무를 수행하기엔 시간 · 자원 · 정보가 부족할 때 권한의 위양에 대해 거부적인 반응을 보일 수도 있다.[12)]

상황과 경영자에 따라 그 경영자에게 적절한 권한위양의 양은 차이가 있다. 의사결정의 권한을 대폭 위양해야만 하는 상황에서 경영자가 이것을 기피한다면 이는 심각한 문제를 가져올 수도 있다. 경영자들이 위양을 기피하는 몇 가지 이유를 살펴보기로 하자.[13)]

첫째 이유는 부하에 대한 신뢰감의 결여이다. "일을 제대로 하려면, 당신이 직접 하라" (If you want it done right, do it yourself)는 옛 말은 지금이라고 다를 게 없다. 어떤 경영자는 효과적인 의사결정은 자기 혼자해야 이루어진다고 믿고 있기 때문에 위양을 기피한다. 어떤 경우엔 부하의 잘못으로 자기가 비난을 받을까봐 두려워서 위양을 꺼릴 수도 있다. 그러나 권한의 위양이란 절대적인 것이 아니며, 경영자는 부하의 행동에 대해 계속적인 책임을 져야 하는 것이다. 심각한 잘못을 범하는 위험을 회피하기 위해서 경영자는 전체 부하에게가 아니라 신뢰할 만한 부하에게만 권한을 위양을 할 수도 있다. 이러한 자신감의 결여는 자성예언(self-fulfilling prophecy)이 될 수도 있다. 만약 과도한 통제로 부하의 성장을 막는다면 부하는 점점 잘못되어가게 된다.

둘째 이유는 경영자가 자기 업무부서 전반에 걸쳐 절대적인 통제를 계속 유지하고자 하는 욕망 때문이다. 즉 모든 부하가 작업절차, 작업할당, 작업스케줄, 과업목표, 과업표준, 자원할당 등과 같은 모든 의사결정시 경영자에게 종속적일 때 경영자는 자기가 없어서는 안 될 존재라는 의식과 권력의 형태로 인한 기쁨을 누릴 수 있기 때문이다.

세 번째 이유는 조정문제의 발생과 표준의 사용을 배제하기 때문이다.[14)]

Applied Psychology, Vol. 42, 1958, pp. 36~39.

12) W. H. Newman, "Overcoming, Obstacles to Effective Delegation," *Management Review* (January 1956), pp. 36~41.

13) G. R. Terry, *Principles of Management* (Homewood, Ill.: Richard D. Irwin, 1972).

14) G. Strauss and L. R. Sayles, *Personnel: The Human Problems of Management*, 3rd ed. (Englewood Cliffs, N. J.: Prentice-Hall, 1972).

만약 부하가 상호의존적인 과업에 종사할 때 그들은 서로 공통된 문제에 대해 분리해서 의사결정을 할 수 없다. 이러한 경우에는 경영자가 단독으로 또는 협의해서 의사결정하는 방법과 집단의사결정방법을 선택하는 것이 더 낫다. 부하가 서로 상호의존적이 아닐 경우에는 경영자는 부하에게 독자적인 권리를 허용하는 것보다 집권적 의사결정의 표준화(standardization with centralized decisions)를 설정해 두는 것이 훨씬 낫다.

3. 효과적인 위양의 방법

수많은 학자들이 효과적인 권한의 위양방법에 대해 여러 가지 지침을 제공해 주고 있다. 그 중 중요한 점만 몇 가지 골라서 살펴보면 다음과 같다.[15)]

㈎ 얼마 만큼의 권한을 위양해야 되는지를 결정할 것　　부하에게 특정활동에 대한 책임을 할당한 후, 경영자는 반드시 부하가 이러한 책임을 완수하는 데 얼마만큼의 권한이 필요한지를 결정해야만 한다.

㈏ 부하에게 역할과 책임을 완전히 이해시켜 줄 것　　위양시 경영자는 반드시 부하에게 그의 책임과 역할에 대해 명확히 이해시켜 주어야 한다. 부하에게 새로운 직무에 대해 설명해 주고 책임의 범위 · 자유재량권의 한계를 명확히 해 주며, 목표와 목적을 분명히 할 수 있는 충분한 시간을 주어야 한다.

㈐ 부하의 동의를 얻을 것　　경영자는 반드시 부하가 자기의 새로운 책임과 권한을 수락하는 데 대한 동의를 명백히 받아 두어야 한다. 위양과정에서 MBO(management by objectives) 프로그램을 병행해서 실시하는 것도 유용하다.

㈑ 부하의 행동과정을 관찰할 것　　경영자는 반드시 정기적인 모임과 보고를 통해 부하에게 위양된 과업성과를 점검해야 한다. 처음에는 자주 체크해야 되지만 부하의 능력과 신뢰성이 인정되면 차츰 그 회수를 줄여나갈 수 있다.

㈒ 정신적인 지원과 물질적인 원조를 제공할 것　　경영자는 반드시 자원 · 기술정보 · 조언 · 정신적인 지원(칭찬, 신뢰, 격려)과 같은 원조를 계속 제공해 주어야 한다. 또한 보고와 회합, 관찰을 통해 어느 정도 지원해야 할 것인가를 결정하는 게 좋다. 보통 처음에는 부하가 잘못을 저질렀을지라도 지원

15) Yukl, *op. cit.*, pp. 229~230.

적인 행동을 취하는 것이 좋다. 또한 경영자는 부하가 직면하게 될 문제점에 대해 항상 민감하게 대처해야 한다.

(바) 부하의 과도한 의존성을 피할 것 어떤 부하는 경영자에게 계속적으로 자기의 결정에 대해 물어봄으로써 자기 업무에 대한 불안과 걱정을 감소시키려는 경우가 있다. 이 때 경영자는 부하가 지나치게 자기에게 의존하는 관계를 피하는 것이 좋다. 필요하다면 부하로 하여금 독단으로 의사결정할 수 있도록 도와 주어야 한다.

제 4 절 집단의사결정의 요소

문제해결에 필요한 정보를 여러 사람들이 나누어 갖고 있는 경우에는 집단의사결정이 더욱 유리하다. 그러나 정보를 효율적으로 활용하고 그 잠재력을 모두 동원하기란 여간 어렵지 않다. 하지만 집단의사결정에 의한 문제해결 방법은 의사결정의 각 단계에서 발생하는 여러 과정을 집단 내부에만 의존하게 되는 개인적 의사결정보다 우월한 것임에 틀림 없다. 집단의사결정의 질에 영향을 미치는 것으로 정보나 아이디어를 제공하는 사람, 의사전달의 명료성, 예측이나 판단의 정확성, 일정기간의 토의과정, 반대를 없애기 위한 방법 등이 있으며, 또한 집단의 구성과 그 규모, 구성원의 지식과 성격, 주변환경, 경영자의 기술과 행동 등이 영향을 미친다.[16] 집단의사결정에 영향을 미치는 이들 요소들을 좀더 자세히 살펴보면 다음과 같다.

1. 집단의 규모

의사결정집단의 규모는 몇 가지 면에서 집단과정에 영향을 미치게 되는데 구성원의 수가 증가함에 따라 의사전달이 어렵게 되며, 각 개인에게 주어지는 시간도 한정된다. 따라서 규모가 큰 집단에서는 대개 말이 많거나 주도적인 몇몇 사람들이 모임을 이끌어가고 나머지는 참여에 대한 의지가 감소하며 불만족과 어떤 위협까지도 느끼게 된다. 집단이 비대해짐에 따라 서로간의 마찰과 충돌이 빈번해지고 갈등이 심화되면 모임에 시간이 더 많이 필요하게 되고

16) *Ibid.*, p. 234.

결정을 위한 동의를 얻기가 어려워진다. 반면에 집단이 커짐으로써 얻을 수 있는 유익은 좀더 많은 지식과 문제를 여러 시각으로 바라 볼 수 있다는 점이다. 집단규모의 증가에 따른 손익은 주어진 상황에 얼마나 적절하게 집단의 규모를 결정하느냐에 달려 있다.

만일 경영자가 특정 모임에 참여할 사람을 선택할 수 있다면 필요한 지식을 갖고 있으며 의사결정에 효과적인 암시를 줄 수 있는 사람을 선택해야 한다. 집단규모가 3명 이상으로 증가하면 증원되는 사람의 잠재적인 공헌과 증원으로 말미암아 야기되는 효과적인 모임을 진행하는 데 어려움 간의 비중을 잘 따져 보아야 한다. 따라서 꼭 필요한 사람이 아니라면 과감히 배제시켜야 하며, 만일 큰 집단의 필요가 절대적이라면 경영자는 그 밑에 소집단이나 소위원회의 설치를 고려해 보아야 한다.[17]

2. 집단응집력과 집단사고

집단응집력(group cohesiveness)은 집단구성원간의 상호 애착의 정도이며, 이는 집단의 한 특성이지만 그 구성원 각자의 특성과 연결되어 있다. 따라서 한 집단의 구성원이 비슷한 가치관이나 태도·문화적 배경을 갖고 있으며, 그 집단은 높은 응집력을 보이게 된다.

집단응집력이 높다는 것은 하나의 행운이라 할 수 있다. 응집력이 높은 집단은 의사결정과정에서 동의를 얻어 내기가 쉽다. 그러나 그 구성원들이 객관적인 평가나 대안의 충분한 검토도 없이 너무 빨리 결정해버리는 경향을 보이기도 하며, 또한 이들은 소수의 의견으로서 다수의 질책을 받거나 사회적 거부 등에 회피하려 하므로 의사결정과정에서 아이디어를 공정하게 평가하지 못하고 문제해결에서 창의성을 발휘할 수 없게 된다.

응집력이 높은 집단은 '집단사고'(group think)의 경향을 보이는데, 이는 효과적인 의사결정에 개입하는 환상이나 고정관념(stereotype)의 특별한 모습으로 나타난다.[18] 즉 구성원들은 외부의 바람직스럽지 못한 고정관념에 대응하는 어떤 불가침의 환상을 비축하게 되는데, 예를 들어 비판에 대해서 빈정대거나 상대방이나 경쟁자를 과소평가하는 등이 그것이다. 결국 집단은 자신

17) L. P. Bradford, *Making Meetings Work* (La Jolla, California: University Associaters, 1976).
18) I. L. Janis, *Victims of Groupthink* (Boston: Houghton Mifflin, 1972).

들이 참여하고 있는 행동과정과 목표에 대한 가능성을 과대평가하게 되고 집단회의에서도 선호하는 문제들만 취급하며 다른 구성원에 대해서 묵시적인 압력을 가하는 등의 '자기단속'(self-censorship)에 의해 위험스런 대안들을 저지하려 한다.

또 집단은 동의하지 않는 것들을 공개적으로 표현하지 않음으로써 내적인 조화의 환상을 유지하고 있다. 즉 그들이 선호하는 대안을 뒷받침해 주지 못하는 정보라면 모임에서 토의되는 것을 피하거나 합리화과정을 통해서 삭제시키게 된다. 의사결정에 윤리적인 문제가 포함되어 있다면 도덕적 우월감의 집단환상이 그 문제를 주의깊게 검토해 보지 않고 행동을 정당화시킴으로써 결정을 쉽게 해버리기도 한다. 반면에 집단사고의 긍정적인 효과는 경영자가 집단의사결정과정에서 각 대안의 비판적 평가를 증가시키기 위해 관여하며 잠재적인 문제에 대해서까지도 고려해 볼 수 있다는 점이다.

3. 지위의 차이

집단에서 지위의 차이가 클수록 정보를 교환하고 아이디어를 올바르게 평가하는 데 어려움을 겪게 된다. 낮은 지위의 구성원들은 높은 지위의 사람들에 대해서 반대하거나 비판하기를 꺼려하며, 이들의 의견이나 아이디어가 문제해결과정에 아무런 관련이 없는 것이라 해도 더 영향받고 높이 평가하는 경향이 있다.[19] 그러나 집단 내의 각 구성원이 적절한 지식을 갖고 있으며, 그 중 아무도 아이디어를 독점하고 있지 않다면 집단의사결정에 있어서 지위의 차이를 줄이는 데 효과적이다.

4. 구성원의 특성

각 구성원은 나름대로의 욕구, 태도, 가치관, 지식, 경험 등을 지니고 있다. 구성원의 이러한 특성이 집단과정에 크게 영향을 미치게 되는데, 이들의 정보나 지식의 의사결정의 질을 높이거나 낮게 만드는 중요한 요소임을 이미 보아 왔다. 또 다른 요소로는 구성원의 목표지향성(goal orientation)이 있다. 조

19) J. Berger, B. P. Cohen, and M. Zelditch, "Status Characteristics and Social Interaction," *American Sociological Review*, Vol. 37, 1972, pp. 241~255.

직구성원의 개인적 목표가 경영자의 과업목표와 조화를 이루지 못하면 집단의사결정에 어려움을 겪게 되고 모임이 점점 냉엄하게 되며, 따라서 의사결정이 계속 지연되거나 보류되기도 한다.

집단구성원의 개인습성이 집단의사결정과정에 영향을 미치기도 한다. 어떤 사람은 경쟁을 싫어하며 불신과 분리를 초래하는 경우도 있다. 리들과 슬로컴(W.W. Liddle & J.W. Slocum, Jr.)[20]의 연구에 의하면 집단구성원이 경쟁적일수록 생산적이라는 결과를 얻었으며, 특히 시간적 제약을 받고 있는 상황하에서의 의사결정시는 더 효과가 있다고 하였다. 또한 개인의 공헌도 등을 평가하게 될 때 구성원의 공격적 · 경쟁적 성격이 드러나게 되는데, 예를 들어 승진을 위해서 서로 경쟁하고 있는 구성원들간에는 자신의 지식과 설득력을 과시하기 위해서 토론의 주도권을 잡으려 한다고 한다.

성숙의 정도와 감정적 안정도 중요한 성격특성인데, 미성숙하고 신경질적인 구성원이 많은 집단은 그들이 개인지향적 행동에 더 관심을 두고 있으므로 집단의 유효성을 감소시킨다. 따라서 경영자는 이러한 행동을 잘 관찰하여 억제시키거나 아니면 행동의 패턴을 변화시키도록 하여 집단유효성의 부정적 기능을 제거하도록 해야 한다.

5. 물리적 환경

집단은 심리적 풍토나 집단화과정에서 영향을 받아 생기는 물리적 환경(physical environment)에도 영향을 받는다. 좌석의 배열은 중요한 물리적 요소인데 배치가 잘못되면 경영자와 구성원간의 심리적 분리마저 가져오며, 결과적으로 경직된 풍토를 초래한다. 실제로 경영자가 교단이나 책상의 뒤쪽 긴 테이블의 끝에 위치하는 경우가 많은데, 긴 테이블은 지위의 차이에 대한 하나의 상징처럼 여겨지며, 구성원들간의 대화에 있어서도 지위의 차이에 대한 하나의 상징처럼 여겨지며, 구성원들간의 대화에 있어서도 자신의 몸을 앞으로 기울이거나 의자를 뒤로 제쳐야 서로 볼 수 있으므로 이런 자리배열은 삼가해야 한다.[21]

---

20) W. W. Liddle & J. W. Slocum, Jr., "The Effect of Individual Role Compatibility upon Group Performance: An Extension of Schultz' s FIRO Theory," *Academy of Management Journal*, Vol. 19, 1976, pp. 413~426.

21) R. A. Golde, "Are Your Meetings Like This One?" *Harvard Business Review* (January-Febru-

의자를 둥글게 배열하거나 도형 테이블이 회합이나 비공식적 모임에 도움을 주는 것으로 잘 이용된다. 그 밖에 삼각형 테이블이나 U자형 배열 등이 있는데, U자형 배열은 경영자가 자리가 없는 부분에 괘도를 두고 사용할 때 좋은 배치가 된다.

또 다른 물리적 환경으로는 주위의 산만한 정도이다. 밖에서의 시끄러운 소리, 전화벨, 경영자의 간섭 등이 주의를 아주 산만하게 만드는데, 경영자는 계획을 세워서 모임을 갖도록 하고 급하지 않으면 간섭을 삼가해야 하며 불필요한 방문자를 없애야 한다.

6. 리더십의 질(quality)

모임에 참여하고 있는 사람들이 문제해결에 필요한 지식을 갖고 있다면 모임의 성공 여부는 바로 리더십의 질에 달려 있다. 보통 리더십의 역할이 분담되어 있지만 대개 의사결정집단은 경영자 스스로 리더십의 주요기능을 수행하기를 바라며 이런 경영자는 집단을 보다 만족스럽고 생산적으로 이끈다. 반면에 경영자가 체계적인 방법으로보다는 개인적인 생각으로 모임을 주재하려하면, 그 집단은 불만이 쌓이고 비생산적이 된다. 또 경영자가 수동적이거나 너무 주도적이면 집단의 유효성이 줄어든다. 따라서 이 두 극단 사이에서 조화를 이룩하는 경영자의 기술이 필요하다.

제5절 집단의사결정기법

창조적인 생각은 문제해결을 위해 매우 중요한 요소이다. 또한 대안적 문제를 정의하는 것과 함께 그 문제에 대한 잠재적인 해결방안을 찾는 것이 중요하다. 앞에서 설명했듯이 집단의 생각은 여러 가지로 제약받고 있는데, 어떤 특정인이 모임을 주도하고 있거나 구성원들이 제시한 의견에 대한 좋지 못한 평가를 두려워하기 때문이다. 따라서 집단에서 아이디어의 창출을 촉진하기 위한 방법이 필요하며, 이런 방법은 문제의 진단과 해결에 잘 활용될 수 있다.

---

ary 1972), pp. 68~77.

1. 브레인 스토밍

브레인 스토밍(brainstorming)은 집단구성원 모두가 모임에서 자신의 생각을 기탄 없이 발표하도록 하는 것이다. 발표된 아이디어는 칠판이나 챠트에 기록하고 그 아이디어에 대해 인상을 쓰거나 한숨을 쉬고 어떤 몸짓을 하는 등의 긍정적 또는 부정적 평가를 하는 것이 금지되어 왔다. 또 아이디어의 제공은 순전히 자발적으로 행해지며, 모두가 자신의 생각을 표현할 수 있도록 허용되어 있다.

브레인 스토밍은 아이디어를 창출하고 그 제약을 줄이기 위해서 고안된 방법으로서, 아이디어의 평가를 미룸으로써 발표에 주저함을 줄이고, 모두에게 간략하게 발표하게 함으로써 특정개인이 모임을 주도하는 것을 방지하며, 이상하거나 다른 생각을 수용할 수 있는 풍토를 조성하고, 서로의 아이디어를 촉진하여 창의력을 높일 수 있다.

일반적으로 브레인 스토밍-기법을 사용할 때에 지켜야 할 규칙은 다음과 같다.

(1) 제시된 아이디어에 대한 비판이나 판정은 회의의 맨끝으로 미룬다.
(2) 자유로운 토론과 의견제시를 권장한다.
(3) 제시된 아이디어의 수는 많으면 많을수록 좋다.
(4) 앞에서 제시된 아이디어의 수정이나 개선안도 괜찮다.

2. 명목집단기법

명목집단기법(nominal group technique)은 상호작용하는 집단 내에서 함께 작업하는 사람들보다는 다른 작업을 하는 사람들(명목집단)로부터 더 많고 좋은 아이디어를 얻을 수 있다는 연구결과를 토대로 하고 있다.[22)]

명목집단의 조건은 모두를 하나의 집단구성원으로 가정하고 그들에게 서로간에 아무런 토의 없이 아이디어를 종이에 쓰게 한다. 아이디어를 기록하는데 5~15분의 시간을 주며 그 동안에 경영자는 아무런 이야기도 하지 않는다.

---

22) A. Van de Ven & A. L. Delbecq, "Nominal versus Interacting Group Processes for Committee Decision Making Effectiveness," *Academy of Management Journal*, Vol. 14, 1971, pp. 203~212

다음 단계는 사발통문식(round-robin contribution) 제안의 방법으로서 각자 차례대로 자신의 아이디어를 발표하고 이를 리더는 칠판이나 챠트에 기록한다. 이 과정에서 누구의 생각도 토의되거나 평가되는 것은 금지되어 있다. 이 방법이 진행됨에 따라 이미 제시된 문제에 관해 이견이 없는 사람은 그대로 넘어가고, 첫 번째의 생각과 다른 사람은 다시 제안할 수 있으며, 누구든지 자신의 생각을 덧붙일 수 있다. 아이디언의 수집이 끝나면 경영자는 문제를 명확히 해야 할 필요가 있거나 아이디어와 관련해서 동의를 구해야 하는가 등의 질문을 받는다. 이 방법은 집단의 규모가 9명 정도이며 활용하기 좋으며 그 이상의 큰 집단에서는 다시 소집단으로 나누어 각 소집단에서의 토의과정이 끝난 후에 아이디어의 종합이 이루어져야 한다.

명목집단의 또 다른 방법은 구성원들의 아이디어를 단순화해서 경영자가 이를 동시에 제시하는 것이다. 이는 시간절약을 위해서 하나의 큰 종이에 모든 의견을 기록하여 회의실 벽에 붙일 수도 있으며, 아이디어가 모두 수집된 후 이에 대해 토의하고 추가적인 의견제시를 하게 된다. 위의 방법과 비교해서 이 방법의 장점은 아이디어가 중요한 것이든 하찮은 것이든, 또는 주제가 다르거나 아이디어가 괴상하여 다른 이들로부터 좋지 못한 판단을 받지나 않을까 하는 두려움으로부터 오랫동안 익명성(anonymity)이 보장된다는 점이다. 반면에 이 방법의 단점은 비슷한 의견이 많이 발생하는데, 경영자가 이를 수집하는 방법과 수집이 끝난 후 이를 선별하고 단순화하는 데 얼마간의 시간을 소비해야 한다는 점이다.

3. 시네틱스 기법

시네틱스 기법(synectics techniques)은 창의력을 증대시키고 문제에 대한 새로운 시각을 제공하는 데 유용하다. 이 기법은 개인적으로 문제를 해결하려할 때 사용되기도 하나 의식 있는 정신활동의 상호 격려와 촉진을 이용하려는 집단에서 훨씬 효과적으로 사용될 수 있다. 시네틱스 기법의 첫 번째 목표는 사고나 지각의 공식적 · 합리적인 방식들의 결과로 나타난 내적인 제약을 극복하여 창조성을 자극하는 데 있다. 창조적 생각을 가로막는 두 번째 장애요인이 집단과정에서 발생하는 제언자들의 방해이다. 브레인 스토밍이나 명목집단 기법이 이런 원인을 줄이기 위한 훈련에 함께 사용될 수 있다.

프린스(G.M. Prince)[23]는 문제해결을 위한 모임을 다음과 같은 단계로 진행할 것을 제안하였다. 첫째, 경영자는 문제에 대해서 간략한 설명을 한다. 그리고 특정문제에 관해 전문적 지식을 소유한 사람들에게 좀더 자세한 설명을 하도록 하고 질문에 응답하도록 한다. 그 다음에는 모두에게 그들이 이해하고 있는 문제에 대해 다시 진술을 하도록 한다. 이 재진술과정에서 모두 희망하는 목표에 대해 실현 가능성과는 관계 없이 마음대로 생각하고 상상하도록 허용한다. 재진술의 단계가 끝나면 경영자는 그 중의 하나를 선택해서 거기에 집중하게 되는데, 문제에 대한 단 하나의 정의에 이르도록 해서는 안 된다. 왜냐하면 문제는 보통 고도로 복합적인 성격을 띠고 있으므로 이를 무시하고 단 하나의 생각을 고집하는 것은 불가능할 뿐만 아니라 바람직스럽지도 못하다. 구성원들이 서로 다르게 이해하는 것은 당연하며 이런 차이가 일단 공식화되면 그들은 그 차이에 아량을 보이며 모두가 받아들일 만한 해결방안을 계속 찾게 된다.

다음 단계는 소위 '주제이탈'(excursion)인데, 집단구성원으로 하여금 잠시 그 문제를 잊게 하는 것이다. 그러나 이는 동시에 독창적인 해결의 자료로서 다른 주제에 관한 지식이나 상상력을 발휘케 하는 것이다. 주제이탈의 첫째 형태는 경영자가 구성원들에게 자연과학분야에서 여러 가지 이미지를 골라내어 집단 모임에서 그 이미지의 예가 되는 것들을 찾아보도록 하는 것이다. 두 번째는 여러 가지 단어의 짝을 예시해 주고 그 중에서 서로 관련된 두 단어를 찾도록 하는 것이며, 세 번째는 개인적 유추(personal analogy)로서 물리적 객체(예 : 나무, 벽, 구름 등)에 대해 어떻게 느끼는지에 관해 이야기하도록 하는 것이다. 다음에 경영자는 구성원들에게 자신들이 처음에 말했던 내용과는 관계 없이 자신들의 비유적 이미지나 개인적 유추를 재진술된 문제에 적용시켜 보도록 한다. 이 강제적용이 성공하게 되면 여러 가지 가능한 해결방법이 고려될 수 있다.

제6절 집단의사결정의 문제점과 해결방안

집단의사결정은 몇 가지 면에서 집단효과를 감소시키는 과정상의 여러 가

23) G. M. Prince, *The Practice of Creativity* (New York: Harper & Row, 1970).

지 문제들을 야기시키는데, 예를 들면 성급한 의사결정, 불완전한 참여, 양극화 현상, 피상적 행동계획 등이 그것이다.[24] 이와 같은 집단의사결정상의 문제점을 극복하고 해결하기 위한 방안도 함께 살펴보기로 하자.

1. 성급한 의사결정

성급한 의사결정(hasty decision)은 가능한 대안들을 적절하게 평가하지 못하기 때문에 생긴다. 앞에서 강한 응집력을 가진 집단이 대안을 검토하거나 다른 사람에게 반대를 표시하는 것을 꺼려하여 쉽게 동의해 버리는 경우를 살펴 보았다. 비록 집단 내에서 비판이나 반대가 금지되어 있지 않다고 해도 문제의 약점이나 보충해야 할 것에 대한 설명의 기회도 주지 않고 다수의 연합된 힘으로 재빨리 의사결정을 해버리는 경우가 있다.

성급한 의사결정의 원인의 하나가 시간적 압박이다. 이는 모임이 종반에 이르거나 구성원이 의사결정을 보류하려 하지 않을 때 자주 발생한다. 대안을 자세히 검토하지 않으면 결과적으로 의사결정의 질이 저하된다. 따라서 대안이 선택되었을 때 발생할지도 모르는 역기능을 해소하기 위해서 각 대안을 활용할 때 생겨날 결과의 가능성에 대한 주의 깊은 검토가 필요하다. 또 가끔씩 문제해결을 위해 선택된 행동이 처음의 것보다 문제를 더 악화시키는 경우도 있으며, 대안이 가져올 손익을 고려해 보지 않고 해결책을 선택하게 되면 이익보다 더 큰 손해가 생길 수도 있다.

리더가 성급하게 의사결정을 하지 않고 대안의 평가에 신중을 기하기 위해서는 각 대안의 예상되는 결과와 함축된 의미를 자세하게 검토할 충분한 시간을 갖고 모임을 계획해야 한다. 그리고 가능한 대안의 충분한 검토가 끝나기 전에 중요한 의사결정을 내리고 모임을 마쳐야 한다면 차라리 리더는 다음 모임까지 결정을 연기하는 게 좋다. 즉각적인 의사결정이 필요하지 않고 더 많은 정보의 필요를 느끼면 리더는 모임이나 필요한 정보의 종합을 미룰 수도 있다. 또한 처음 대안을 검토할 때 아무런 비판 없이 받아들여졌다면 리더는 결정을 다음으로 미루고 구성원에게 대안의 약점에 관해 좀더 검토하도록 하여야 할 것이다.[25]

24) Yukl, *op. cit.*, p. 257.
25) Janis, *loc. cit.*

의사결정의 각 과정에서 대안의 긍정 혹은 부정적인 측면들을 자세히 고려해 보아야 할 필요가 있으며, 응집력이 강한 집단이나 성급한 성격의 집단에서는 더욱 그렇다. 양적인 자료 분석방법인 수학적 모델이나 선형계획법과 같이 복잡한 방법이 아닌 간단하게 사용할 수 있는 방법을 소개하면 다음과 같다.

(가) 장단점 기록법 이 방법은 해결방안이 여러 가지가 있고 각 대안이 긍정적인 면과 부정적인 면을 모두 포함하고 있을 때 유용한 방법이다. 예를 들어 사용한 대안이 네 개 있다면 리더는 대안을 칠판이나 차트에 쓰고 각 대안 밑에다가 '장점'과 '단점' 난을 설정하고 구성원들에게 각 대안의 장단점을 이야기하도록 하여 각 해당란에 기록한다. 여기서 주의해야 할 것은 발표된 장단점이 모두가 동의하는 것이어야 하며, 각 개인이 자기가 좋아하는 대안에만 관심을 보이는 경향을 피하도록 해야 한다. 대안의 장단점이 모두 지적되면 리더는 각 대안을 집단에서 다시 검토하도록 하고 별 관련성이 없는 것들은 빼버리게 한다.

(나) 손익분석법 이 방법은 각 대안의 가능한 결과들의 손실과 이익의 평가가 가능한 경우에 적합한 방법으로서 비용분석이나 다른 양적 분석기법을 이용하여 일정기간의 손익을 분석하는 방법이다. 여기서 리더는 분석이 객관적이라는 확신을 주도록 해야 하고 체계적인 방법을 시행하여 특정대안을 지지하기 위한 분석이라는 편견을 없애야 한다. 손익분석을 끝마치면 집단으로 하여금 가장 경제적인 대안을 선택하게 한다.

2. 불완전한 참여

문제해결과정에서 집단구성원들이 제약을 받는 것과 마찬가지로 문제를 평가하고 선택하는 과정에서도 그들의 지식과 의견을 내놓는 데 방해를 받는다. 이러한 불완전한 참여(incomplete participation)는 의견일치의 실패를 가져오기도 하며, 몇 사람이 특정한 대안을 강력하게 지지하게 되면 나머지는 의견을 제시하지 않고 침묵하게 되며 따라서 이는 묵시적인 동의로 간주되는데, 사실 침묵은 동의보다는 반대에 가깝다. 특히 몇 사람에 의해서 모임이 주도되면 다른 구성원이 문제에 관한 중요한 정보를 갖고 있더라도 이것의 표현을 금지하여 의사결정의 질을 저하시키게 된다. 또 이런 불일치는 침묵하는 다수(silent majority)에게 받아들여질 수 있도록 의사결정의 수준을 낮추기도 한다.

리더는 이런 적당하지 못한 문지기 행동(gatekeeping behavior)에 개입함으로써 완전한 참여를 촉진시킬 수 있다. 즉 모든 구성원을 해결책의 평가에 기여하도록 격려하고 반대하는 사람에 대해 여러 가지 위협이나 감정을 상하게 하는 말을 사용하지 못하도록 금지시키고 충분한 시간을 가지고 토의하도록 해야 한다.

모는 집단구성원의 참여를 유발하여 최적의 대안을 선택하는 데 활용할 수 있는 방법을 소개하면 다음과 같다.

㈎ 투표(voting) 이 방법은 대안들 중에서 각 구성원의 의사를 거수하거나 비밀투표에 의해 결정하는 방법이다. 비밀투표는 자신이 좋아하는 것을 표현하기를 꺼려하는 경우에 적합하다. 투표는 단지 몇 개의 대안이 있을 때는 쉽게 활용될 수 있지만, 그 수가 많아지면 각 대안에 대한 찬성의 정도가 분산되어 효과가 감소한다. 따라서 대안의 수가 많을 때는 투표하기 전에 대안의 수를 줄여야 하며, 그 방법은 구성원에게 대안을 2～3개씩 선택하도록 하고 리더가 이를 종합하여 분석한다. 대안의 수가 적은 경우에 리더는 단순히 다수가 동의한 것을 선택하기보다는 모두의 의견이 일치되도록 해야 한다. 만장일치는 집단 모두가 특정대안을 받아들일 만하다고 여겨야 가능하며, 그러한 대안은 모두가 처음부터 일치상태에 이른 것은 아니며, 처음에는 반대했더라도 나중에 이를 받아들이고 집단의사결정에 따르게 된다. 만장일치는 다수에 의한 의사결정에서보다는 훨씬 몰입된 상태에서 가능하며 더 많은 시간이 필요하다. 그러나 집단의 다수가 동의하고 소수만이 반대하는 경우 시간을 더 들여 논의함으로써 보는 손해와 다수결로 처리함으로써 얻게 되는 이익을 잘 따져보아야 한다. 대안을 검토할 때 시간이 적당하게 주어졌다고 생각되면 두세 명의 반대자를 설득하기 위해서 시간을 끄는 것은 쓸모 없는 일이다. 이런 경우에 리더는 집단의사결정이 종료되었음을 확실하게 밝혀야 한다.

㈏ 서열과 등급(ranking and rating) 이 방법은 의사결정의 명목집단기법을 응용한 것으로, 각 대안의 결과에 대해서 집단에서 논의하지만 그들이 공개적으로 대안 중에서 좋은 것을 선택하게 하지는 않으며 개별적으로 결정하게 한다. 서열(ranking)을 정하는 방법은 다음과 같다.[26]

① 리더는 각 대안을 공개하고 코드번호를 부여한다.

---

26) A. L. Delbecq, A. H. Van, and D. H. Gustafson, *Group Techniques for Program Planning: A Guide to Nominal and Delphi Process* (Glenview, Illinois: Scott, Foresman, 1975).

② 각 구성원은 자신이 선호하는 대안 5개를 선택하여 코드번호를 하나씩 카드에 적는다.

③ 각 구성원은 자신이 적은 카드를 좋아하는 순서로 서열을 정해서 기록한다.(예 : 세번째 대안-1, 일곱 번째 대안-5)

④ 리더는 칠판에 각 서열의 점수를 기록한다.

⑤ 집단이 어느 정도 동의하면 가장 높은 점수를 얻은 대안을 최종적으로 결정한다.

⑥ 실질적인 반대가 있으면 집단은 선호의 차이에 대한 원인과 이유들에 관해 토의한다. 토의중에 몇 사람은 마음이 변할 수도 있고 동의하는 쪽으로 이끌어갈 수 있다.

⑦ 필요하면 최종안을 결정하기 위해서 투표방법을 택할 수도 있다.

서열(ranking)을 사용하지 않고 등급(rating)을 사용하게 되면 구성원들에게 각 대안에 0점(가장 싫어하는 대안)에서 10점(가장 좋아하는 대안)까지의 점수를 부여하고 나머지 과정은 서열방법과 같이 하면 된다.

3. 양극화 현상

집단구성원이 둘로 나누어지게 되면 선호하는 대안도 심각한 대립을 보이게 된다. 이러한 양극화(polarization)현상이 발생하면 상대방의 장점에 대해 무지하게 되고 논쟁의 핵심이 양쪽이 차이를 보이도록 하는 데 초점을 맞추게 된다. 따라서 상대방의 약점을 공격하고 객관적 분석 · 검토보다는 감정적 대립을 앞세우게 되며, 자기편에 유리한 사실만을 수집하고 토의과정에서 상대방의 말을 들으려 하지 않고 전혀 이해하려 들지도 않는다.

양극화가 심화되면 최종의사결정에 도달하는 데 너무 오랜 시간이 소요되고, 조금이라도 강력한 힘을 가진 쪽에서 자신들의 선택을 상대방에게 강요하게 된다. 이렇게 되면 약한 쪽에서도 이를 저지하기 위한 파괴적 방법을 모색하게 된다. 때로는 양쪽이 의사결정을 타협하는 경우가 있는데 이 때 양측이 최대한 양보하는 선에서 의사결정이 이루어진다.[27)]

그렇지만 양극화는 그 초기의 징후에 민감한 리더에 의해 저지될 수 있

27) E. Schein, *Process Consultation: Its Role in Management Development* (Readings, Massachusetts: Addison-Wesley, 1969).

다. 리더는 감정을 상하게 하는 발언을 삼가게 하고, 동의를 강요하지 못하게 하며, 회의를 방해하는 언동을 막는 것 등을 통해 양극화 현상을 해결할 수 있다.

경쟁적 대안이 있고 집단의 의사가 양분되어 결정하기 힘든 경우 다음과 같은 방법을 통해서 양분화를 막고 문제를 해결할 수 있다.

(가) 장점제시방법 경쟁적인 두 대안의 장점만을 제시하는 방법으로서 이 과정에서는 비판을 미루고 대안의 긍정적인 측면만을 고려해 보도록 하는 것이다. 이 방법은 토의를 비인격화하게 함으로써 긴장과 적대감을 줄이고 대안들에 대한 이해와 관용을 가져오게 한다. 그러나 이 과정의 성패는 리이더의 능력에 달려 있으며, 리이더의 역할은 구성원들에게 각 대안을 위한 지원에 활발히 참여하도록 하며, 대안의 긍정적인 면과 부정적인 면에 대해서 편협된 판정을 하지 않도록 유도하는 것이다.

(나) 문제해결의 통합 이 방법은 대안들의 차이점과 공통점을 찾아내는 것이다. 이렇게 비교함으로써 경쟁적 대안에 대해 좀더 이해할 수 있게 되며, 특히 집단 전체가 그 문제에 활발히 관여하고 있을 때 더 효과적이다. 이 때 리더는 참여적으로 회의를 격려하기보다는 분석적으로 진행하여 대안들의 유사점과 차이점을 요약해서 제시하는 것이 필요하다. 그러나 구성원들의 목표가 다르고 각 대안에 대한 중요성의 정도가 다르므로 만족할 만한 하나의 해결책을 찾기 위해서 양쪽에서 조금씩 양보해야 한다. 통합적 해결방안을 찾거나 최소한의 양보를 얻어내면 각 대안을 평가하고 목표의 중요성에 등급을 정하는 것을 촉진할 수 있으며, 그 결과를 제시함으로써 집단이 어느 정도 합의에 이르고 있는가를 알 수 있다.

(다) 실 험 경쟁적 대안에 대해 집단 내에서 강하게 양극화되어 있으면 대안의 결과를 평가하기 위해 제한된 실험을 행할 수 있다. 이 실험은 시간의 압박, 실험비용, 한정된 지시의 가능성, 대안의 변화가능성 등에 의해 영향을 받으며, 실험결과에 관한 정확한 정보를 얻을 수 있고, 그 결과에 대한 평가의 차이가 대안을 선호하는 차이에서 온 것일 경우 효과적으로 사용될 수 있다.

(라) 리더의 결정 집단구성원의 선호도와 생각을 충분히 검토한 후에 리더가 최종결정을 내리는 것이다. 사실 이것은 집단에 의한 의사결정이 아니라 리더가 단지 집단의 자문을 받는 형태로의 환원을 뜻한다. 몇몇 리더는 집

단에서 주어진 기간 동안 합의에 이르지 못하면 리더가 결정할 것을 강조하기도 하는데, 물론 의사결정이 빨리 이루어질 필요가 있거가 해결방법들이 방해를 받아서 리더에 의한 결정이 필요한 때도 있다.

4. 피상적 행동계획

의사결정시에 어떻게 의사결정을 실행할 것인가를 계획해 두어야 한다. 여기에서 각 행동의 자세한 부분까지도 언급하고 각 의사결정과정에서 지시되어야 할 것까지도 결정해야 한다. 아무리 좋은 의사결정이라 해도 활동계획을 수립하는 데 게을리 하게 되면 실패할 수도 있다. 이와 같은 피상적 행동계획을 피할 수 있는 방법은 다음과 같은 두 가지 방법이 있다.

첫 번째 해결방안은 잠재적인 문제분석(potential problem analysis) 방법이 있다.[28] 이 방법은 선택된 대안이 잘못된 것을 예견하거나 좋지 못한 문제를 어떻게 피하는가 하는 계획, 불가피한 사건으로 인한 피해를 최소화하기 위한 계획 등을 수립하기 위해서 사용될 수 있다.

두 번째 해결방안은 결정사항을 실행하는 데 포함되어 있는 다른 과업들에 대한 책임을 명시하는 것이다. 집단이 결정사항을 실행하려면 어떤 과업을 누가 책임지는가를 결정해야 한다. 리더는 과업을 선택하고 거기에 맞는 사람을 자신이 선택하고 싶어한다. 만일에 의사결정에 참여하지 않은 사람에 의해서 행동이 이루어지면 의사결정이 이루어졌는지 이해하지도 못하고 열성적으로 하지도 않게 된다. 이런 잠재적 문제를 피하는 최선의 방법은 의사결정에 참여했던 사람을 책임자로 활용하는 것이며, 그것이 어려우면 내용을 자세히 아는 사람에게 맡기는 것이다.

내용요약

경영자가 수행하는 직무 가운데 가장 중요한 것이 의사결정(decision making)이다. 경영자는 대부분이 계획, 조직, 조정, 문제의 해결, 부하의 선발, 임금의 결정, 직무할당 등과 같은 크고 작은 의사결정을 행한다. 이

28) C. H. Kepner and B. B. Tregoe, *Executive Problem Analysis and Decision Making* (Princeton, N. J.: Kepner-Tregoe, 1973).

와 같은 경영자의 의사결정에 부하는 참여(participation) 또는 위양(delegation)을 통해서 개입하게 되는데, 의사결정 참여의 정도에 따라 독재적 의사결정, 협의적 의사결정, 공동의사결정, 의사결정의 완전한 위양 등으로 구분된다.

의사결정과정에 부하를 어느 정도 참여시킬 것인가 하는 연구로서는 탄넨바움과 슈미트의 유형론, 그리고 브룸과 예톤의 의사결정참여모형이 유명하다. 또한 의사결정에서 중요하게 다루고 있는 부분 중의 하나가 의사결정의 위양문제이다. 의사결정의 위양은 참여적인 방법과는 보통 구분해서 다루는데, 위양을 통해서 효과적인 노동의 분업, 경영과 개발 및 인재육성, 부하의 사기 및 직무만족의 증대, 부하의 동기유발 등의 효과를 가져올 수 있다. 그러나 위양에 대한 부하의 반응과 효과적인 위양의 방법을 제대로 이해하지 못하면 위양의 실패를 가져올 수 있다.

의사결정에서 개인의사결정보다 집단의사결정은 몇 가지 면에서 우월성을 가지고 있다. 그러나 개인의사결정과는 달리 집단의사결정은 집단의 규모, 집단의 응집력, 지위의 차이, 구성원의 특성, 물리적 환경, 그리고 리더십의 질에 따라서 영향을 받으므로 유의해야 하며, 특히 집단의사결정시 나타나는 문제로서는 성급한 의사결정, 불완전한 참여, 양극화현상, 피상적 행동계획 등이 있다. 구체적인 집단의사결정의 기법으로서는 브레인스토밍방법, 명목집단기법, 시네틱스기법, 델파이기법 등이 있다.

연구과제

1. 브룸과 예톤의 의사결정참여모형을 설명하라.
2. 의사결정위양의 중요성과 효과적인 위양의 방법을 논하라.
3. 집단의사결정과 개인의사결정을 비교·설명하고 구체적인 의사결정기법을 예를 들어 설명하라.
4. 집단의사결정에서 발생하는 문제점과 그 해결방안을 논하라.

제15장 커뮤니케이션

인간은 삶의 대부분을 다른 사람들과 접촉하면서 보낸다. 가정에서, 학교에서, 직장에서 어디에서든지 다른 사람들과 끊임 없는 상호작용이 이루어진다. 이러한 상호작용의 가장 근본적인 수단이 바로 커뮤니케이션이다. 우리는 깨어 있는 시간중 거의 70%에 달하는 시간을 읽고 쓰고 말하고 듣는 일, 즉 커뮤니케이션을 하는 데 할애한다. 대부분의 사람들은 일생의 3분의 2에 달하는 시간을 어떠한 형태로든 조직과 관련을 맺고 살아간다. 이러한 점들을 고려할 때 커뮤니케이션이 하나의 인격체로서의 개인과 조직구성원으로서 개인에게 미치는 영향은 지대하다고 할 수 있다.

제1절 커뮤니케이션의 중요성과 기능

커뮤니케이션(communication)은 조직행동이 다루는 영역에서 가장 빈번히 논의되는 주제 중 하나인데, 그것이 논의되는 정도에 비하여 충분히 이해되지 못하고 있는 것 같다. 조직의 목적을 달성하는 데 있어서 효과적인 커뮤니케이션이 필수불가결한 요소라는 사실을 대부분의 관리자들이 알고는 있지만, 실제로 조직을 관리하다보면 커뮤니케이션의 잘못으로 인해 여러 가지 난관에 봉착하는 경우가 상당히 많다. 예컨대 상위자의 지시사항을 부하직원이 잘못 이해하는 경우라든가, 별다른 악의 없는 사소한 농담을 던졌는데 상대방이 격노하는 경우 또는 최고경영자가 사석에서 지나가는 말로 이야기한 것이 상부에서 지시한 내용인양 하위자에게 왜곡되어 전달되는 경우 등은 우리 주변에서 찾아 볼 수 있는 일이며, 때로는 자칫 심각한 문제를 발생시키기도 한다.

1. 커뮤니케이션의 중요성

관리자가 수행하는 업무를 살펴 볼 때 커뮤니케이션과 관계되지 않는 일을 찾아보기란 거의 불가능하다. 코터(J.P. Kotter)[1]는 15명의 일반관리자(general managers)를 대상으로 관찰연구(observational study)를 한 뒤, 일반관리자들이 수행하는 업무는 다른 사람들로부터 협조를 얻을 수 있는 네트워크를 구축하여 그로부터 의제(agendas)를 마련하는 한편 그러한 협조네트워크를 통하여 의제를 시행하거나 달성하는 것임을 밝혀 냈으며, 그는 업무의 본질이 커뮤니케이션이라고 결론지었다. 또한 기능부문관리자(functional managers)[2]들을 대상으로 한 웨버(R.A. Weber)의 연구[3]에서도 커뮤니케이션이 이들 기능부문관리자들에게 있어서 가장 중요한 역할임이 밝혀졌는데, 기능부문관리자들은 일반관리자에 비해 기업 내의 여러 부서와 더 많은 접촉을 갖는 것으로 나타났다. 이러한 연구결과를 고려해 볼 때 커뮤니케이션은 조직관리에 있어서 근본요소가 된다는 사실을 알 수 있다.

커뮤니케이션이 없이는 집단이나 조직은 존재할 수 없다. 사람들이 서로간에 갖고 있는 정보와 생각을 전하는 일은 어떠한 의미(meaning)를 상대방에게 전달할 때 가능해진다. 그러나 어떠한 의미를 전달한다고 해서 커뮤니케이션이 이루어지는 것이 아니다. 커뮤니케이션이 제대로 이루어지려면 어떠한 의미가 전달되는 것과 더불어 그 의미가 이해되어야만 한다. 예컨대 어느 집단에서 한 사람만이 영어를 할 수 있다고 할 때 그 사람이 영어로 어떠한 의미를 전달한다면 아무도 그 의미를 이해하지 못할 것이며 — 물론 몸짓을 써가며 열심히 설명하면 조금은 이해하겠지만 — 이에 따라 커뮤니케이션은 제대로 이루어지지 못할 것이다. 이와 마찬가지로 관리자들이 구성원들에게 조직의 목적을 달성하는 데 필요한 일이 무엇인가를 전달하고 이해시키는 데 실패한다면 커뮤니케이션은 제대로 이루어지지 못할 것이며, 그렇게 된다면 조직의 생존은 심각한 위협을 받게 될 것이다.

1) J. P. Kotter, *The General Managers* (New York: The Free Press, 1982).
2) 일반관리자들이 여러 기능부문에 대해 보다 광범위하게 책임을 지고 있는 데 반해 기능부문관리자들은 특정한 부서—예를 들어 생산, 판매, 인사, 회계부서 등—를 관리하는 사람들을 가리킨다.
3) R. A. Weber, *Time and Management* (New York: Van Nostrnad Reinhold, 1972).

2. 커뮤니케이션의 기능

커뮤니케이션이 조직을 관리하는 데 매우 중요한 요소로 작용한다면 그 구체적인 기능을 살펴볼 필요가 있다. 일반적으로 커뮤니케이션은 다음과 같은 네 가지 기능을 하는 것으로 알려져 있다.[4)]

첫째, 커뮤니케이션은 조직구성원의 행동을 통제하는 기능을 한다. 조직에는 구성원들이 추종해야만 하는 권한계층과 공식적인 지침이 존재한다. 이러한 것들은 구성원들의 행동이 특정한 방향으로 움직이도록 통제를 해 준다. 예컨대 구성원들은 자신의 업무상 문제가 발생하면 직속상관에게 먼저 알려야 하고 또한 자신에게 할당된 직무를 수행해야 하며, 조직에서 시행하는 방침을 따라야 한다는 것을 알고 있다. 구성원들은 공식적인 커뮤니케이션을 통하여 자신이 속한 비공식집단 내의 커뮤니케이션에 의해서도 구성원들의 행동이 통제되는 경우도 많은데, 구성원에게 전달되어서 이해된 집단의 규범이 그들의 행동을 통제하는 것이다.

둘째, 커뮤니케이션은 구성원들의 동기유발을 촉진시키는 작용을 한다. 커뮤니케이션은 구성원들이 해야 할 일이 무엇이고, 과연 자신이 일을 잘 하고 있는지를 알려 줄 뿐만 아니라 자신의 직무성과를 개선하기 위해서는 어떻게 해야만 하는지 등을 구체적으로 알려 주는 매개체 역할을 하는 것이다. 구성원들에게 구체적이고 명료한 목표를 설정해 주고, 그러한 목표달성의 진척상황을 피이드백 해 주면서 바람직한 행동을 계속적으로 강화(reinforce)시키는 것은 동기 부여의 기본적인 과정이라고 볼 수 있는데, 이러한 과정상에서 커뮤니케이션은 촉매제 역할을 하게 된다.

셋째, 커뮤니케이션은 구성원들이 감정을 표현하고 사회적인 욕구(social needs)를 충족시키는 돌파구 역할을 한다. 상당수의 조직구성원들은 자신이 일하는 작업집단이 다른 사람들과 친교하는 기본배경이 되기도 한다. 이 경우 사람들은 자신이 속한 집단 내에서 이루어지는 커뮤니케이션을 통하여 자신의 고충이나 기쁨, 만족감 등을 토로하게 된다. 즉 커뮤니케이션을 통하여 자신의 감정을 표출하고 다른 사람들과의 교류를 넓혀 나가는 것이다.

마지막으로 커뮤니케이션은 개인과 집단에 정보를 전달해 주는 기능을 함

4) W. G. Scott and T.R. Mitchell, *Organization Theory: A Structural and Behavioral Analysis* (Homewood, Ill: Irwin. 1976).

으로써 의사결정의 촉매제 역할을 한다. 다시 말하면 커뮤니케이션은 선택의 가치가 있는 여러 가지 대안을 파악하고 평가하는 데 필요한 자료를 제공해 줌으로써 의사결정이 원활히 이루어지게 해 준다.

이와 같은 네 가지 기능 중 어떠한 것이 더 중요한가를 판단하기는 어렵다. 조직의 유효성을 높이기 위해서는 어느 정도 구성원들을 통제하기도 해야 하고 구성원들이 높은 성과를 낼 수 있도록 동기를 부여하기도 해야 할 것이지만, 이와 아울러 구성원들이 자신의 감정을 표출할 수 있는 계기도 마련해 주어야 할 것이며, 올바른 의사결정을 하는 데 필요한 정보도 전달해 주어야 할 것이다. 커뮤니케이션의 이러한 근본기능을 관리자가 확실히 이해할 때 비로소 효과적인 커뮤니케이션의 관리가 이루어질 수 있을 것이다.

제2절 커뮤니케이션 과정

20세기에 들어 커뮤니케이션과 정보전달이 기술면에서 놀라운 진보를 했음에도 불구하고 조직내의 구성원들간의 커뮤니케이션은 그다지 개선되지 못한 것 같다. 그 이유는 사람들간에 이루어지는 커뮤니케이션의 유효성은 기술에 의해서 좌우되기보다는 사람들 내적인 요인과 환경요소에 의해서 결정되기 때문이다. 그러므로 관리자들은 커뮤니케이션이 인간의 내부에서 이루어지는 하나의 '과정' 임을 명심해야 한다.

1. 커뮤니케이션 과정 및 구성요소

커뮤니케이션에 대한 학자들의 일반적인 견해는 자신의 생각을 전달하는 발신자와 수신자 사이에 공통적인 이해가 존재할 때 효과적이라는 데 모아지고 있다. "communication"이라는 말은 '공통' 을 의미하는 라틴어인 "communis"에서 유래된 말로서 우리말로는 의사소통 또는 의사전달 등으로 표현한다. 발신자는 수신자와 어떠한 공통된 것을 형성하고자 노력한다고 본다. 따라서 우리는 커뮤니케이션을 "사람들 상호간의 공통적인 상징체계(symbols)를 이용하여 정보를 전달하고 이해하는 것"이라고 정의할 수 있다.

[그림 15-1]은 사람들간에 이루어지는 커뮤니케이션과정을 모형화하여

그림 15-1 커뮤니케이션의 과정

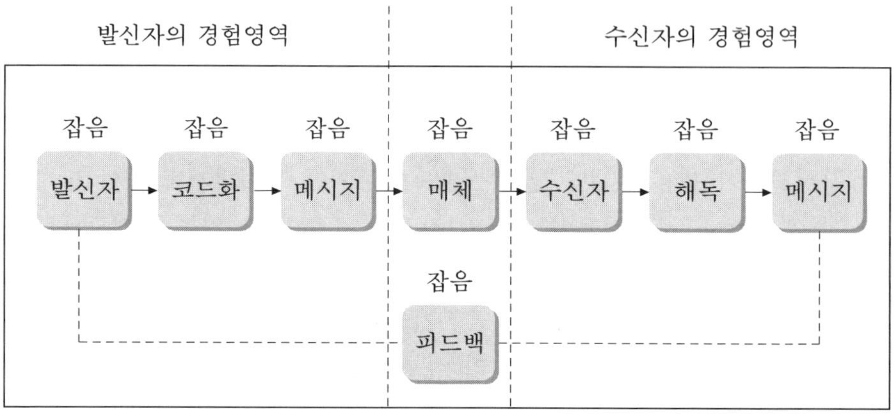

도시한 것이다. 이 그림은 발신자와 수신자 오직 두 사람간의 커뮤니케이션 과정을 그 구성요소별로 분리하여 나타낸 것이다. 이 모형은 발신자, 코드화, 메시지, 매체, 수신자, 해독, 피드백, 잡음 등의 여덟 가지 요소를 포함하고 있다. 지금부터 이러한 요소를 각각에 대해 살펴보기로 한다.

(1) 발신자(senders)

상대방에게 자신이 갖고 있는 생각이나 의향, 정보 등을 전달하고자 하는 목적을 갖고 있는 사람을 가리킨다. 발신자의 특성은 커뮤니케이션 과정에 큰 영향을 미친다. 예컨대 그가 지니고 있는 태도나 신뢰감 등의 여러 가지 특성에 따라 자신이 전달하고자 하는 대상에 대한 지각과 이해가 달라질 것이며, 또한 발신자의 성격면에서 볼 때 다른 사람을 예민하게 파악하는 발신자는 커뮤니케이션 과정을 수신자의 입장을 고려하여 이끌어 나갈 것이지만, 다른 사람을 파악하는 데 무딘 사람은 수신자는 고려하지 않고 자신의 욕구에만 얽매인 커뮤니케이션을 할 것이다.

(2) 코드화(encoding)

발신자가 전달하고자 하는 생각이나 감정·정보 등을 언어나 몸짓, 기호 등 특정 형태의 체계화된 메시지로 변환시키는 과정을 말한다. 그런데 코드화 과정은 발신자의 사고과정을 거치면서 이루어지는 것이기 때문에 발신자가 전달하려는 목적과 그를 전달하는 데 사용되는 메시지가 간접적으로 연결된다는 점을 유의해야 한다. 발신자가 자신이 전달하고자 하는 바를 인식하고 정리하여 이해하는 과정상에서 코드화를 잘못하여 오류를 범하는 경우가 종종 있다.

(3) 메시지(message)

코드화 과정의 결과로 나타나는 것이 메시지인데, 이것은 언어적인 것과 비언어적인 것이 있다. 언어적인 메시지(verbal message)는 조직생활에서 가장 빈번히 활용되고 있으며, 이는 다시 구두 메시지(oral message)와 문서화된 메시지(written message)로 나뉜다. 구두 메시지란 직접적인 말을 이용한 것이며, 문서화된 메시지란 서류, 보고서, 편지 등 문서의 형태로 나타낸 것이다. 한편 비언어적인 메시지는 구두 또는 문서화된 언어를 사용하지 않는 메시지를 가리키는데, 예를 들면 표정, 자세, 음성의 고저, 눈짓, 몸짓 등을 들 수 있다. 비언어적 메시지는 경우에 따라서 언어적 메시지를 보다 효과적인 것으로 만들어 주기도 하지만, 때로는 원 뜻을 왜곡시켜버리기도 한다. 메시지는 발신자가 수신자에게 전달되기를 바라고 있는 내용으로서 메시지의 형태는 그것을 전달하는 데 이용되는 매체에 따라서 크게 달라진다.

(4) 매체(medium)

매체란 메시지를 전달하는 수단을 말한다. 메시지를 전달하기 위해 채택될 수 있는 수단은 직접대면대화, 전화통화, 집단 토의, 서류, 도표, 메모 등 매우 다양하다. 여러 가지 매체 중 어떠한 것을 선택할 것인가는 커뮤니케이션의 목적에 따라 결정된다. 예컨대 직접대면대화나 전화통화 등은 비공식적이거나 사적인 일 혹은 비밀스러운 일에 적합하며, 집단토의는 의견을 교환하거나 집단의사결정을 하는 데 적합하다. 또한 문서화된 매체는 격식을 요하는 일이나 필기자료를 남겨야 할 경우에 좋다.

(5) 수신자(receivers)

수신자란 메시지를 받는 사람을 지칭한다. 수신자가 메시지에 대해 갖고 있는 지식, 발신자와 맺고 있는 관계, 성격 등 수신자 자신의 여러 가지 특성에 따라 메시지를 받아들이고 해석하는 방향이 크게 달라진다. 만일 발신자가 보낸 메시지를 수신자가 이해하지 못하거나 공감대를 갖지 못한다면 수신자는 그 메시지를 발신자가 의도한 대로 해독하기가 어렵다. 예컨대 수신자가 발신자와 우호적인 관계를 맺고 있다면 전자는 후자가 보낸 메시지가 긍정적인 의미를 갖고 있는 것으로 해석하기 쉽다. 또한 신중한 수신자의 경우 그렇지 못한 사람들보다 발신자의 메시지를 더욱 주의깊게 대하는 경향이 있다.

(6) 해독(decoding)

이는 자신에게 전달된 메시지를 수신자가 어떠한 개념이나 생각, 감정 등으로 변환시키는 사고과정을 말한다. 메시지를 전달받으면 수신자는 마음 속에서 그 메시지를 자신에게 어떠한 의미를 주는 것으로 변환하게 되는데, 이때 수신자는 자신의 과거경험과 준거의 틀(frame of reference)에 비추어 메시지를 해석하게 된다. 수신자가 메시지를 얼마나 잘 이해하느냐, 발신자와 얼마나 우호적인 관계를 맺고 있느냐에 따라서 메시지를 유효적절하게 해독했는지 여부가 결정된다. 수신자가 메시지를 발신자의 의도에 가깝게 해독하면 할수록 커뮤니케이션은 보다 효과적으로 이루어진다. 그러므로 발신자는 항시 수신자의 입장을 고려한 수신자지향적인 커뮤니케이션(receiver-oriented communication)을 하도록 노력해야 할 것이다.

(7) 피드백(feedback)

수신자가 메시지에 대해 응답하는 것을 말한다. 즉 피드백은 수신자가 메시지를 정확히 전달받아 적절하게 해석했는지 여부를 발신자가 알 수 있게 해준다. 일반적으로 일방적 커뮤니케이션(one-way communication)보다는 쌍방적 커뮤니케이션(two-way communication)이 좀더 정확한 메시지 교환을 보장해 준다고 한다.[5] 또한 커뮤니케이션 과정에서 피드백을 하는 것이 하지 않는 것보다 더욱 바람직하다고 한다.[6] 일방적 커뮤니케이션에서는 수신자로부터 발신자 방향으로 피드백이 이루어지지 않으므로 발신자가 의도한 메시지와 수신자가 받는 메시지간에 왜곡이 발생할 소지가 크다. 반면 쌍방적 커뮤니케이션은 수신자가 발신자에게 응답해 주는 피드백 과정을 포함하고 있으므로 발신자로 하여금 수신자가 메시지를 제대로 받았는지, 그리고 정확하게 해석했는지 여

5) W.V. Haney, "A Comparative Study of Unilateral and Bilateral Communication," *Academy of Management Journal* (June 1964), pp. 128~136.

6) S. Ashford, "Feedback-Seeking in Individual Adaptation: A Resource Perspective," *Academy of Management Journal* (September 1986), pp. 456~487.

부 등을 판단할 수 있도록 해 준다. 관리자들은 여러 가지 방법을 통하여 커뮤니케이션이 제대로 이루어지고 있는지 여부를 피드백받을 수 있다. 예컨대 서로 얼굴을 마주 대하고 커뮤니케이션을 할 때에는 대화내용뿐만 아니라 불만스런 표정이나 이해를 못하겠다는 표정 등을 통하여 직접적인 피드백을 받을 수 있을 것이며, 생산성감소, 품질하락, 결근율 및 이직률 증가, 부문간의 협조부족 등의 일이 발생하면 커뮤니케이션 과정상에 어딘가 잘못되어 있다는 사실을 간접적으로 피드백받을 수 있다.

(**8**) 잡음(noise)

커뮤니케이션 과정상에서 메시지가 의도하는 바를 왜곡시킬 수 있는 요인 모두 잡음이라고 한다. 이러한 잡음은 커뮤니케이션 과정 전체에 걸쳐서 발생할 수 있다. 예를 들면 발신자가 갖고 있는 태도나 전제, 인식 등은 코드화 과정에 바람직하지 못한 영향을 미칠 수 있으며, 수신자가 발신자와 매체에 대해 갖고 있는 태도 또한 해독과정을 왜곡시키기도 한다. 매체에 있어서도 잡음이 생겨날 수 있는데, 주위환경이 시끄럽다든가 하는 장애요소가 있으면 커뮤니케이션이 효과적으로 이루어지지 못한다. 어떠한 의미에서 보면 커뮤니케이션의 질은 이러한 잡음을 얼마나 잘 통제할 수 있느냐에 따라 결정된다고 할 수 있다.

지금까지 살펴본 요소들은 모든 커뮤니케이션 과정에서 필수불가결한 것이다. 이러한 요소들은 개별적으로 커뮤니케이션의 질에 영향을 미치기도 하지만 복합적으로 영향을 미치는 경우가 많다. 지금까지 여러 가지 요소들을 설명의 편의를 위해서 분리하여 살펴 보았으나, 사실상 커뮤니케이션 과정은 그러한 요소들이 한데 뭉쳐서 이루어지는 것이다. 따라서 우리들이 커뮤니케이션 과정을 다룰 때에는 이러한 요소들을 별개로 생각하지 말고 종합적으로 고려해야만 할 것이다.

2. 커뮤니케이션 네트워크

조직 내의 커뮤니케이션은 [그림 15-1]에 나타난 것처럼 발신자와 수신자를 직접적으로 연결하는 경우도 있지만, 조직이나 집단에서 이루어지는 커뮤니케이션은 여러 개의 중계점을 갖고 있는 커뮤니케이션 네트워크(communication network)를 구성하는 경우가 많다. 또한 발신자가 보낸 정보가 수신자에게 전달되기까지는 여러 개의 커뮤니케이션 네트워크가 종횡으로 연결된 복잡한 경로를 거쳐야 하는 경우도 있다. 이제부터는 가장 일반적인 커뮤니케이션 네트워크의 유형과 그 특징을 살펴보기로 한다.

조직 또는 집단 내의 커뮤니케이션 네트워크에 관한 연구는 비교적 많은 학자들에 의해서 이루어졌다.[7] 그러나 이러한 연구들은 대부분이 실험실적 상황(laboratory situation)에서 여러 가지 매개변수들을 통제한 가운데 이루어진 것이므로 실제상황에 그대로 적용시키기는 데에는 한계가 따른다는 사실을 염두에 두어야 한다.

(1) 커뮤니케이션 네트워크의 형태

비록 실험실상황에서 파악된 것이기는 하지만 집단 내의 커뮤니케이션 네트워크는 [그림 15-2]에 나타난 것과 같은 다섯 가지 형태가 보편적으로 존재함이 밝혀졌다. 이 그림에서 직접적인 커뮤니케이션은 서로 인접하고 있는—선으로 연결되어 있는—연속점 사이에서만 이루어진다는 사실을 유념해야 한다. 또한 [그림 15-2]는 조직 또는 집단의 구성원이 다섯 명이라고 가정하고 그려진 것임을 알아야 한다. 각 네트워크별 특징은 다음과 같다.

(가) 원형(circle) 이는 집단구성원들간에 서열이나 지위가 뚜렷이 드러나지 않고 거의 동등한 입장에서 의사소통을 하는 경우에 형성되는 네트워크이다. 예컨대 위원회나 태스크 포스(task force) 조직에는 공식적인 리이더가 존재하긴 하지만 보통의 조직에 비해 분위기가 자유스럽고 구성원들의 상호작용도 한 쪽에 편중되지 않으므로 원형의 커뮤니케이션 네트워크가 형성되기 쉽다.

(나) 바퀴형(wheel) 집단 내에 중심적인 인물 또는 리이더가 존재하여 구성원들간의 정보전달이 한 사람에게 집중되고 있는 형태를 가리킨다. 공장의

7) A. Bavelas, "Communication Patterns in Task-Oriented Groups," *Journal of Acoustical Society of America*, Vol. 22, 1950, pp. 725~730; A. Bavelas and D. Barrett, "An Experimental Approach to Organizational Communication," *Personnel*, Vol. 27, No. 5, 1951, pp. 366~370; H. Guetzkow and H.A. Simon, "The Impacts of certain Communication Nets upon Organization and Performance in Task-Oriented Groups," *Management Science*, Vol. 1, 1955, pp. 233~250; H.L. Leavitt, "Some effects of Certain Communication Patterns on Group Performance," *Journal of Abnormal and Social Psychology*, Vol. 46, 1951, pp. 38~50; M.E. Shaw, "Some Effects of Unequal Distribution of Information upon Group Performance in Various Communication Nets," *Journal of Abnormal and Social Psychology*, Vol. 49, 1954, pp. 547~553.

그림 15-2 커뮤니케이션 네트워크의 형태

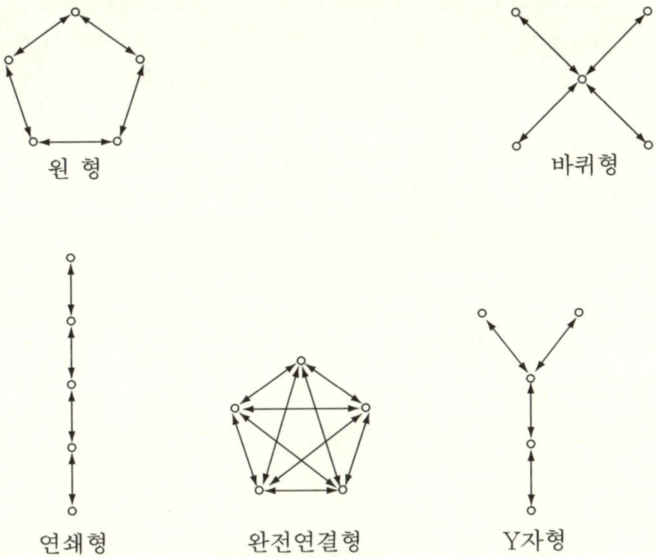

작업원들이 한 사람의 감독에게 보고를 하는 형태가 좋은 예라고 할 수 있다.

(다) 연쇄형(chain) 이는 집단 내에 서열이나 지위가 비슷한 사람들간에는 커뮤니케이션이 이루어지지 않고, 오직 윗사람 또는 아랫사람과 의사소통이 이루어지는 경우를 나타낸다. 즉 조직에 공식적인 명령 및 권한체계가 명확히 정해져 있어서 수직적인 계층을 통해서만 커뮤니케이션이 이루어지도록 되어 있는 네트워크인 것이다. 예를 들어 사원은 과장에게, 과장은 부장에게, 부장은 담당 전무에게, 전무는 사장에게 순차적인 보고를 하게 되는 것이다.

(라) 완전연결형(all channel) 이는 모든 구성원들이 다른 모든 구성원들과 자유롭게 정보를 교환하고 의사소통을 하는 네트워크를 말한다. 즉 집단 내에 리더나 중심적인 인물이 따로 존재하지 않아 구성원들 중 누구라도 커뮤니케이션을 주도 할 수 있는 형태이다.

(마) Y자형 이는 집단 내에서 확고한 위치를 점하고 있는 리더나 중심적인 인물이 존재하지는 않지만 비교적 다수의 구성원들을 대표할 수 있는 인물이 있는 경우에 나타나는 형태이다. 만일 Y자형을 거꾸로 뒤집어 놓고 본다면 두 명의 부하직원이 한 명의 관리자에게 보고하고, 그 관리자는 자신의 직속상관에게 보고하는 식의 커뮤니케이션 네트워크이다. [그림 15-2]에 나타난

[표 15-1] 커뮤니케이션 네트워크의 평가

평가의 기준	커뮤니케이션 네트워크의 형태				
	연쇄형	Y자형	바퀴형	원 형	완전연결형
의사소통의 신속성	중간	중간	빠름	느림	빠름
의사소통의 정확성	높음	높음	높음	낮음	중간
리더의 출현확률	중간	중간	높음	전혀 없음	전혀 없음
구성원들의 만족감	중간	중간	낮음	높음	높음

자료 : A. Bavelas & D. Barrett, "An Experimental Approach to Organizational Communication," *Personnel*, Vol. 27, No. 5, 1951, p.370.

Y자형 네트워크는 4개의 계층을 통해서 의사소통이 이루어지는 것을 보여주고 있다.

(2) 커뮤니케이션 네트워크의 유효성 평가

이제까지 살펴본 다섯 가지 형태의 커뮤니케이션 네트워크 중 어떤 유형이 조직에 유용할 것인가? 이는 평가기준을 어디에 두느냐에 따라서 달라진다. 베이브래스와 베릿(A. Bavels & D. Barrett)은 커뮤니케이션 네트워크를 커뮤니케이션의 신속성, 커뮤니케이션의 정확성, 리더가 자연발생적으로 나타날 확률, 집단구성원의 만족감 등의 네 가지 기준을 이용하여 평가하였다.[8] 그 평가결과가 [표 15-1]에 요약되어 있다.

[표 15-1]을 볼 때 알 수 있는 사실을 모든 경우에 대하여 전부 적합한 커뮤니케이션 네트워크는 존재하지 않는다는 점이다. 의사소통을 신속하게 하는 것이 중요한 때에는 바퀴형과 완전연결형이 가장 바람직할 것이다. 한편 연쇄형과 Y자형, 그리고 바퀴형의 네트워크에서는 커뮤니케이션의 정확성을 확보할 수 있다. 집단 내의 커뮤니케이션 네트워크가 바퀴형으로 형성된 경우는 집단을 이끌어갈 리더의 등장을 촉진시킨다. 만일 관리자가 종업원들의 만족감에 가장 큰 관심을 가지고 있다면 도형과 완전연결형의 커뮤니케이션 네트워크가 제일 적합할 것이다.

8) A. Bavelas & D. Barrett, "An Experimental Approach to Organizational Communication," *Personnel*, Vol. 27, No. 5, 1951, p. 370.

제3절 커뮤니케이션의 유형

우리는 앞서 커뮤니케이션 과정을 구성하는 요소와 커뮤니케이션 네트워크를 살펴 보았다. 이제는 조직 내에서 이루어지는 커뮤니케이션의 구체적인 유형을 알아보기로 한다.

조직 내의 커뮤니케이션을 연구하는 학자들은 여러 가지 방법을 통하여 그 유형을 분류해 왔는데,[9] 가장 일반적으로 활용되고 있는 분류방법은 커뮤니케이션의 공식성 또는 비공식성을 기준으로 한 방법과 커뮤니케이션이 이루어지는 방향을 기준으로 한 방법이다.

조직행동을 연구하는 사람들은 조직 내에서 이루어지는 여러 가지 활동과 과정을 공식적인 겻과 비공식적인 것으로 구분하여 연구하는 경향이 있다. 요컨대 조직 내의 집단 또는 개인의 역할, 지위 및 권력, 그리고 의사결정 등 조직 내의 여러 가지 변수와 과정을 공식적인 것과 비공식적인 것으로 양분하는 경향이 있는 것이다. 커뮤니케이션도 예외는 아니어서 공식적 커뮤니케이션과 비공식적 커뮤니케이션으로 구분한다.

1. 공식적 커뮤니케이션

공식적 커뮤니케이션이란 조직이 공식적으로 규정하는 바에 따라 이루어지는 커뮤니케이션이다. 조직은 그 목적을 효과적으로 달성하기 위하여 커뮤니케이션의 경로와, 방법, 절차 그리고 기본적인 내용 등을 설계하여 규범적으로 정해 놓는다. 커뮤니케이션에 관해 이러한 공식적 규범을 정해 놓지 않는다면 커뮤니케이션 과정상에 혼란이 와서 조직의 질서를 유지할 수 없게 된다. 이 때문에 공식적인 커뮤니케이션의 경로, 방법, 절차 등의 규정은 조직에 필수불가결한 것이다. 일반적으로 우리들이 조직 내의 커뮤니케이션이라고 말하는 것은 이러한 공식적 커뮤니케이션을 지칭하는 경우가 많다.

조직 내에서 이루어지는 커뮤니케이션은 그것이 이루어지는 방향에 따라

9) 커뮤니케이션의 유형분류기준 중 중요한 것으로는 공식성 또는 비공식성, 커뮤니케이션이 이루어지는 방향, 발신자와 수진자의 수, 커뮤니케이션의 매체 또는 수단, 커뮤니케이션 네트워크의 형태 등을 들 수 있다.

그림 15-3 동기유발의 과정

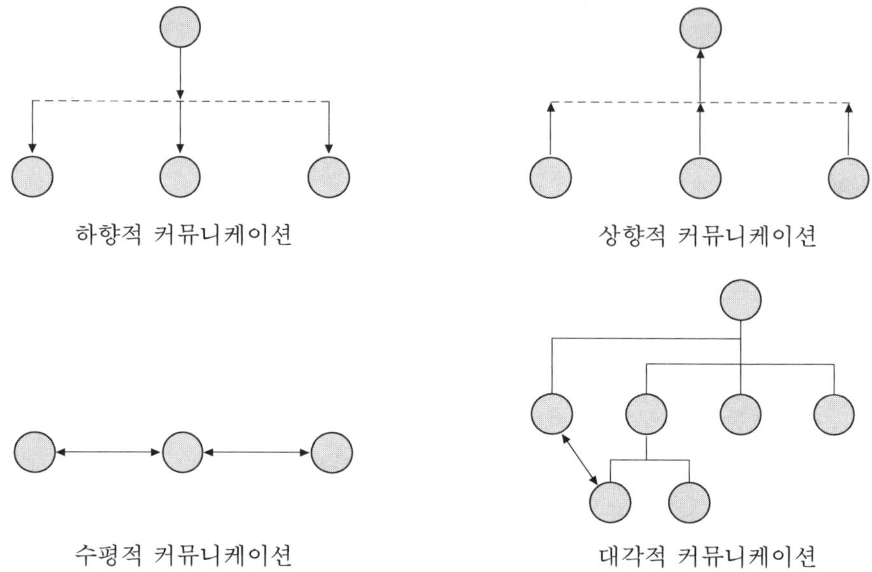

자료 : T. Haimann, W.G. Scott, and E. Connor, *Managing the Modern Organizations*, 3rd ed. (Boston, Mass.: Houghton Mifflin, 1978), p. 525.

하향적 커뮤니케이션(downward communication), 상향적 커뮤니케이션(upward communication), 수평적 커뮤니케이션(lateral communication), 대상적 커뮤니케이션(diagonal communication) 등으로 분류된다. 조직구조상에서 살펴 본 커뮤니케이션의 유형이 [그림 15-3]에 제시되어 있다.

[그림 15-3]에 나타나는 커뮤니케이션의 방향은 조직 내에서 이루어지는 커뮤니케이션의 틀(framework)을 구성해 준다. 따라서 어떠한 의미에서 볼 때 방향에 따른 커뮤니케이션의 범주 내에서 이루어지는 것이라고 할 수 있다. 커뮤니케이션의 방향에 대해 잘 이해하면 다음 절에서 살펴 볼 커뮤니케이션의 장애요인과 그에 따른 대처방안을 보다 잘 감지할 수 있다. 이제 각 방향의 커뮤니케이션을 간단히 설명하겠다.

(1) 하향적 커뮤니케이션

하향적 커뮤니케이션은 조직의 계층상으로 볼 때 상위계층에서 하위계층으로 커뮤니케이션이 흘러 내려가는 형태를 말한다. 이러한 유형의 커뮤니케이션은 하위계층에 있는 종업원들에게 그들의 직무에 관련된 정보를 전달해 주는 것을 주목적으로 한다. 하향적 커뮤니케이션의 주요내용은 다음과 같다.[10]

(가) 조직과 해당부서의 목적과 전략 및 구체적인 목표 하위자들에게 조직 전체의 목적 및 전략과 더불어 근무하고 있는 부서의 목적 및 전략에 관한 정보를 제공하여 하위자 개인이 해야 할 일의 방향을 구체적으로 제시한다.

(나) 업무지시(job instruction)와 업무의 근본적 성격 설명 하위자들에게 그들의 업무상 수행해야 할 구체적인 과업 및 그들의 업무가 조직 내의 다른 업무와 맺고 있는 관계 등을 이해시킨다.

(다) 조직의 방침, 업무처리절차, 관행 및 규정 조직의 성격을 공식적으로 규정하고 있는 규정집, 방침목록, 인사편력, 직무기술서, 조직도표 등의 정보를 제공하여 하위자들에게 조직 내의 제과정을 이해시킨다.

(라) 직무성과에 대한 평가 및 피드백 하위자들에게 그들이 맡은 직무를 정확히 그리고 잘 수행하고 있는지 여부를 평가하여 피드백해 줌으로써 잘못된 점을 수정하여 보다 나은 성과를 올리게 한다.

(마) 이념주입(indoctrination) 하위자들로 하여금 조직의 문화, 가치관, 중요행사 및 양식을 알려 몸에 배이게 한다.

하향적 커뮤니케이션은 다계층 대규모 조직에서는 메시지가 왜곡되고 잘못 이해될 공산이 크다. 조직의 상위계층에서 아래로 내려 보낸 메시지가 여러 계층을 통과하여 하위계층에 도착했을 때에는 그 메시지가 정확히 전달되었다고 누구도 보장할 수 없다. 실제로 한 연구에 따르면 최고경영층에서 내려 보낸 메시지가 여러 계층을 통하고 일선의 현장작업자에게 전달되었을 때 발생한 정보의 손실은 80%에 이르러 원래 최고경영자가 전달하고자 했던 바를 20% 밖에 이해하지 못했다고 한다.[11] 이러한 사실에 비추어볼 때 관리자들은 중요한 정보를 전달할 때에는 여러 차례 반복을 해야 할 것이며, 또한 다양한 경로를 이용해야 한다.

---

10) D. Katz and R.L. Kahn, *The Social Psychology of Organizations*, 2nd ed. (New York: John Wiley and Sons, 1978), pp. 440~444.

11) R.G. Nichols, "Listening to Good Business," *Management of Personnel Quarterly*, Vol. 1, No. 2, 1962, pp. 2~10.

(2) 상향적 커뮤니케이션

상향적 커뮤니케이션은 하위계층에 있는 사람이 자신의 상위자에게 의사를 전달하는 것을 말한다. 조직이 효과적으로 관리되기 위해서는 하향적 커뮤니케이션과 더불어 상향적 커뮤니케이션이 활발하게 이루어져야 한다. 조직구성원들이 자신보다 높은 계층에 있는 사람들에게 의사전달하는 내용은 대개 다음과 같은 범주에 해당된다.[12)]

㈎ 문제점과 이례적인 일 자신이 처리하기 어려운 문제나 일상의 업무와는 다른 일이 생겨났을 때 하위자들은 자신의 어려움을 상위자가 헤아려 해결에 필요한 조언을 해주길 바라면서 의사를 전달한다.

㈏ 성과보고 자신의 업무 또는 부서에 관련된 성가나 실적을 상부에 보고하는 것으로 대개 정기적으로 이루어진다.

㈐ 고충(grievance)처리 및 분쟁조정의 의뢰 구성원은 자신에게 고충이 있거나 부서간의 갈등이 발생했을 때는 상층부에 해결을 의뢰한다.

관리자들이 조직구성원들의 활동과 성과를 알아내기 위해서는 하위자들이 다양한 경로를 통하여 상향적 커뮤니케이션을 하도록 유도해야 한다. 예컨대 문호개방정책(open-door policy), 집단회합(group meeting), 제안제도(suggestion boxes), 고충처리절차(grievance procedures), 전화, 메모 등 여러 가지 매체를 통해 하위자들이 상부에 자기의 의사를 전달할 수 있는 제도적 장치를 마련해줄 수 있을 것이다.

하향적 커뮤니케이션과 마찬가지로 상향적 커뮤니케이션도 의사전달의 정확성 문제가 존재한다. 상향적 커뮤니케이션의 내용은 하위자가 상위자에 대해서 갖고 있는 신뢰정도와 상위자가 듣기 좋아하는 말이 무엇인가에 대한 하위자 나름대로의 생각 등에 따라서 크게 달라진다. 조직생활에서는 흔히 자신의 체면을 유지하고 유능하다는 인정을 받기 위해서 커뮤니케이션을 왜곡시키는 사람들이 있다. 또한 일부의 관리자들은 상향적 커뮤니케이션을 여과시켜 자신에게 유리한 메시지를 강조하거나 과장하고, 불리한 메시지는 축소시키거나 누락시켜 버리기도 한다. 일반적으로 하위자가 상위자를 신뢰하면 할수록 상향적 커뮤니케이션에서 전달되는 메시지의 내용은 정확성이 높다. 이

---

12) W.H. Read, "Upward Communication in Industrial Hierarchies," *Human Relations* (February 1962), pp. 3~15.

와는 반대로 상사와 부하간의 신뢰도가 낮거나 부하직원이 생각할 때 자신의 상사가 인사고과에 큰 영향을 미친다고 느낀다면 상향적 커뮤니케이션에서 전달되는 정보는 왜곡되기 쉽다. 그러므로 관리자들의 상향적 커뮤니케이션을 장려하고자 할 때에는 먼저 상위자들과 신뢰의 분위기부터 조성하는 것이 급선무이다.

(3) 수평적 커뮤니케이션

수평적 커뮤니케이션이란 동료들간이나 업무상 협조를 필요로 하는 사람들 및 부서간에 이루어지는 커뮤니케이션을 말한다. 수평적 커뮤니케이션은 조직 전체의 목적을 달성하기 위하여 여러 조직구성원들과 부서들의 기능을 조정(coordination)하는 데 의의가 있다. 그 주요유형은 다음과 같다.[13)]

㈎ 부서 내 커뮤니케이션　동일부서의 구성원들끼리의 부서의 목표달성에 관련된 과업을 수행하면서 서로의 업무기능을 조정하기 위하여 의사소통하는 것을 말한다.

㈏ 부서간 커뮤니케이션　둘 이상의 부서간의 공동활동을 필요로 하는 프로젝트나 과업을 수행하기 위하여 의사소통을 하는 것을 말한다. 기업의 설계부서에서 생산부서가 도입하려고 하는 기계장비의 사양(specificatons)개발을 돕는 과정에서 이루어지는 커뮤니케이션이 하나의 좋은 예이다.

㈐ 라인(line)에 대한 스텝(staff)의 조언　연구부서 등의 스탭부서는 프로젝트를 수행하여 라인부서에서 필요로 하는 자료를 제공해 주며, 또한 스탭부서는 자신의 업무와 관련된 사항을 라인부서 관리자들에게 자주 문의하는데, 이러한 과정에서 이루어지는 의사소통은 수평적 커뮤니케이션의 상당부분을 차지한다.

대부분의 사람들은 자신의 상사보다는 동료들과 커뮤니케이션할 때 보다 개방적이고 자유롭게 의사를 전달하는 경향이 있고,[14)] 또한 같은 부서 내에서 근무하는 동료들도 대부분 비슷한 근거의 틀(frame of reference)을 지니고 있기 때문에 동료간의 수평적 커뮤니케이션에서 전달되는 정보는 상향적 커뮤니케이션에서 전달되는 정보보다 왜곡의 소지가 적다. 한편, 부서간에 이루어지는

---

13) E.M. Rogers and R.A. Rogers, *Communication in Organizations* (New York: Free Press, 1976), pp. 96~99.

14) A. Downs, *Inside Bureaucracy* (Boston, Mass: Little, Brown, 1907), p. 110.

커뮤니케이션은 부서간에 경계가 존재함으로 말미암아 종업원들이 자기 부서의 이익만을 생각한 나머지 타부서와 경쟁의식을 가져 정보를 제공하기를 꺼리는 사태가 발생할 수 있다. 그러나 여러 부서의 활동을 조정 통합해야 할 때, 특히 환경변화 등에 조직이 신속히 대응해야 될 때에는 수평적 커뮤니케이션이 원활히 이루어져야만 한다. 그러므로 조직은 구성원이 부서의 경계를 넘어 업무수행과 관련된 정보를 교환할 수 있는 여건을 마련해 주어야 한다.

(4) 대응적 커뮤니케이션

대응적 커뮤니케이션이란 조직 내의 여러 가지 기능과 계층을 가로질러 이루어지는 의사소통을 말한다. 즉 구성원들이 자신의 기능적 권한(functional authority) 이외의 각 계층의 구성원들과 의사를 소통하는 것을 말한다. 이는 조직구성원들이 하향적·상향적·수평적 커뮤니케이션 경로 중 어떠한 것도 이용하는 것이 용이하지 않거나 그러한 경로들을 이용하면 커뮤니케이션의 유효성이 떨어질 경우에 사용된다.

대각적 의사소통의 한 가지 예를 들어서 기업의 회계감사부(comptroller)에서 유통비분석을 실시한다고 가정하자. 이 경우 필요한 자료를 판매원들로부터 직접 보고받는 것이 마케팅 부서에 마련되어 있는 기존의 커뮤니케이션 경로를 통해 보고받는 것보다 훨씬 더 신속하고 정확하다. 이처럼 조직에서 여러 가지 일을 처리하다 보면 기존의 하향·상향·수평적 커뮤니케이션 경로를 이용하는 것보다 대각적 커뮤니케이션을 이용하는 것이 시간과 비용을 절감시킨다. 대각적 커뮤니케이션망은 공식적인 조직도상에 나타나지 않는 것이 보통이지만, 대기업에서는 구성원들간에 대각적 접촉이 상당히 많이 이루어지므로,[15] 관리자들은 가장 경제적이면서도 정확한 커뮤니케이션 방법을 모색할 때 대응적 커뮤니케이션도 고려해야 할 것이다.

2. 비공식적 커뮤니케이션 — 그레이프바인

조직 내에는 조직에서 규정한 공식집단과 아울러 자생적으로 형성되는 비공식집단이 존재하는 것과 마찬가지로 커뮤니케이션도 공식적인 경로와 절차

15) A.K. Wickesberg, "Communication Networks in the Business Organization Structure," *Academy of Management Journal* (September 1968), pp. 253~262.

에 따라 이루어지는 공식적 커뮤니케이션과 더불어 인간의 욕구에 근거하여 자생적으로 이루어지는 비공식적 커뮤니케이션이 존재한다. 조직구성원들은 조직에서 규정한 커뮤니케이션 경로에만 의존하여 의사소통하는 데 만족하지 않는다. 그들은 자신들의 다양한 욕구를 충족시키기 위하여 조직도표(organizational charts)에 규정된 관계 외에도 여러 사람들과 대화를 나누고 인간적인 유대를 맺으려고 한다. 즉 앞서 커뮤니케이션의 기능에서 설명했던 것처럼 조직구성원들은 커뮤니케이션을 통하여 자신의 감정을 표출하고 다른 사람들과 교류를 넓혀가기 위하여 자신이 직무상 직접적으로 관계를 맺고 있는 사람들 외에 계층이나 직종을 초월하여 의사소통을 하려고 노력하는 것이다. 이 때문에 조직구성원들이 행하는 커뮤니케이션의 상당부분을 비공식적 커뮤니케이션이 차지한다.

비공식적 커뮤니케이션의 체계(informal communication system)를 지칭하는 말로서 '그레이프바인'(grapevine)이라는 용어가 흔히 사용된다. 그레이프바인은 우리말로 포도덩굴이라는 뜻이로, 이는 미국의 남북전쟁 당시 전신선이 나무들 사이에 마치 포도덩굴과 같이 널려 있었다는 데에서 유래된 말이다. 남북전쟁 당시의 전신체계는 엉망이어서 메시지가 오전되는 경우가 많았는데, 이로 인하여 사실과 다른 정보나 풍문이 나돌면 사람들은 그것이 그레이프바인(포도덩굴)에서 나온 것이라고 비꼬아 말했던 것이다.[16] 이처럼 부정적인 의미를 함축하고 있는 것으로 사용된 그레이프바인은 오늘날에 와서도 그 부정적인 의미를 떨쳐버리지 못하고 있다. 실제로 사람들은 그레이프바인을 소문(rumors), 그것도 근거 없는 헛소문과 같은 의미로 해석한다. 일반적으로 근거 없는 뜬소문은 좋지 않은 것으로 여겨진다. 따라서 관리자들은 다음과 같은 논리로 비공식적 체계를 생각하는 경향이 있다. ①비공식적 커뮤니케이션 체계를 지칭하는 말로서 그레이프바인이 사용된다. ②그레이프바인은 근거 없는 헛소문과 똑같은 뜻으로 사용된다. ③한편 헛소문은 일반적으로 바람직하지 못하다고 인식된다. 이러한 논리전개로 볼 때 그 다음에 당연히 귀착되는 결론은 비공식적 커뮤니케이션 체계가 조직에 바람직한 결과를 가져다 주지 못한다는 것이다. 비공식적 커뮤니케이션 체계는 오용될 가능성이 상존하며 자칫 조직을 위험에 처하게 할 소지가 크다는 사실을 인정하기는 하지만 조직행동을 연구하는 많은 학자들은 비공식적 커뮤니케이션 체계가 조직에서 여러

16) K. Davis, *Human Behavior at Work*, 5th ed. (New York : McGraw-Hill, 1977), p. 278.

가지 긍정적인 기능을 한다는 사실에 동의하고 있다.[17)]

비공식적 커뮤니케이션 체계는 그것을 사용하는 사람의 목적에 따라서 조직의 순기능을 하기도 하고 역기능을 하기도 한다. 비공식적 커뮤니케이션 체계가 조직에 순기능을 하는가 역기능을 하는가 여부는 그것이 조직의 목적달성에 도움을 주는가 못주는가 여하에 따라 판단해야 할 것이다. 조직구성원 개인의 목적과 조직의 목적은 일치할 수도 있고 그렇지 못할 수도 있다. 비공식적 커뮤니케이션 체계, 즉 그레이프바인이 조직의 목적달성에 바람직한 것인가 아니면 그렇지 못한가 여부는 비공식적인 의사소통을 하는 구성원 개인의 목적과 조직의 목적간의 양립가능성(compatibility) 정도에 의해서 결정된다. 즉 그레이프바인을 이용하여 의사소통을 하는 사람의 목적과 조직이 부합될 때에는 그레이프바인이 조직의 목적달성에 필요한 관계정보를 지속히 파급시켜 공식적인 커뮤니케이션 체계나 경로를 보완해 주는 순기능을 하지만, 개인의 목적이 조직의 목적에 바할 때에는 그레이프바인은 조직의 목적달성에 장애를 주는 헛소문만을 퍼뜨려 역기능을 초래한다.

비공식적 커뮤니케이션 체계의 역기능을 강조하는 사람들은 조직의 목적달성을 위한 수단으로서 그레이프바인을 활용하는 데 회의를 갖고 있다. 어떤 사람은 소문이란 조직의 목적달성에 도움을 주기는커녕 사실과 다른 정보를 퍼뜨려 구성원들 사이에 불화만을 조장시킨다고 거세게 비판하기도 한다.[18)] 그러나 그레이프바인에 관한 몇몇의 실증연구[19)]에서 밝혀진 사실은 이러한 견해와 상당한 차이를 보이고 있다. 6개 기업에 떠돌고 있는 30개 소문의 정확도를 조사한 연구에서 밝혀진 바에 따르면 30개 소문 중 16개는 근거 없는 낭설이었고, 9개는 아주 정확했으며, 5개는 부분적으로 정확했다고 한다. 또한 미해군 병기시험소(ordnance test station)와 주요 공익사업체를 대상으로 실시된 연구[20)]에서는 그레이프바인을 통한 소문의 정확도가 82%에 이르는 것으로 나타났다. 이러한 연구결과에 비추어 보면 비공식적 커뮤니케이션 체계 내에서 유통되는 정보나 풍문을 근거 없는 낭설로만 여기는 것은 잘못된 일이라고 하겠다. 스코트(W.G. Scott)는 그레이프바인에 대해 좀더 타당성 있게 비판

---

17) F. Luthans, *Organizational Behavior*, 4th ed. (New York : McGraw-Hill, 1985), p. 380.

18) J. B. Miner, *Personnel Psychology* (New York: Macmillan, 1969), p. 259.

19) R. Hesshey, "The Grapevine-Here to Stay but Not Beyond Control," *Personnel* (January-February 1966), p. 64.

20) E. Waltonh, "How Efficient Is the Grapevine," *Personnel* (March-April 1961), pp. 45~49.

했는데, 그는 그레이프바인에서는 정보의 출처와 흐르는 방향을 정확하게 집어내기 힘들어서 거짓 정보나 구성원의 사기를 저하시키는 소문의 책임소재를 밝히기 어렵고, 그레이프바인이 정보를 확산시키는 속도는 빠르므로 근거 없는 정보를 통제하기 어렵다는 점 등이 약점으로 지적된다고 말했다.[21] 그런데 그레이프바인의 정보확산속도가 빠르다는 특성은 조직에 도움을 주기도 한다. 그레이프바인은 일반적으로 공식적인 커뮤니케이션 경로를 통한 것보다 정보의 흐름속도가 훨씬 더 빠르므로 조직구성원들의 신속한 반응행동을 요하는 정보는 비공식적 의사소통경로를 통해서 전달되는 것이 공식적 의사소통경로를 통해 전달하는 것보다 효과적인 경우도 많다.

비공식적 커뮤니케이션은 어느 정도 예측가능한 패턴에 따라 이루어진다는 사실이 연구를 통해 밝혀졌다. 그 몇가지 예를 들면 다음과 같다.[22]

(가) 사람들은 어떠한 사실이 새로운 것일 때 가장 말을 많이 한다.

(나) 사람들은 자신의 업무에 영향을 미치는 일에 대해 이야기한다.

(다) 사람들은 자신이 잘 아는 사람에 대해 이야기한다.

(라) 서로 가까이서 일하는 사람들은 동일한 그레이프바인에 속하기 쉽다.

(마) 업무의 처리절차상 서로 접촉하는 사람들은 동일한 그레이프바인에 속하기 쉽다.

조직 내에 비공식집단의 존재가 불가피한 것처럼 비공식적 커뮤니케이션 체계도 불가피하다는 사실을 관리자들은 분명히 인식해야 한다. 또한 관리자들은 그레이프바인을 근거 없는 낭설과 같은 의미로 보는 좁은 견해에서 탈피하고, 그레이프바인은 빠르고 정확할 수 있으므로 조직 내의 공식적 커뮤니케이션체계를 보완하는 데 필요한 많은 정보를 전달해 줄 수 있다는 사실을 항시 염두에 두어야 한다. 아울러 관리자들은 조직의 목적달성에 도움을 주는 방향으로 비공식적 커뮤니케이션 체계를 활용하고 관리하려는 노력을 아끼지 말아야 할 것이다.

---

21) W. G. Scott, *Organization Theory* (Homewood, Ill.: Irwin, 1967), p. 172.

22) K. Davis, "Communication within Management," *Personnel* (November 1954), p. 217.

제4절 커뮤니케이션 장애요인과 개선방안

사람들은 흔히 이건 커뮤니케이션상에 문제가 있는거야 또는 도무지 의사소통이 되어야 말이지! 하는 등의 말을 자주 한다. 사람들이 의사소통을 제대로 하지 못하는 것은 다음과 같은 이유 때문이다. 첫째, 어떤 경우에는 발신자가 메시지를 제대로 전달하지 못해서 수신자가 메시지를 이해하지 못하기 때문이다. 둘째, 수신자에게 메시지가 정확하게 전달되기는 하였지만 수신자측에서 발신자가 기대하고 있는 반응을 보여주지 않기 때문인 것이다. 여기에서 첫 번째 경우보다 두 번째 경우가 대응하기 힘들다. 왜냐하면 두 번째 경우에는 커뮤니케이션상의 문제점과 더불어 대인관계상의 문제점도 내포되어 있기 때문이다. 그러므로 효과저인 커뮤니케이션을 위해서는 의사소통상의 문제점을 파악하고 적절한 조치를 취해야 할 뿐만 아니라 대인관계를 원활히 하려는 노력도 요청된다.

1. 효과적인 커뮤니케이션

우리는 지금까지 효과적인 커뮤니케이션라는 말을 자주 사용해 왔다. 여기에서 다음과 같은 문제를 한번 정리해 보고 넘어가자. 효과적인 커뮤니케이션(effective communication)이라는 말과 좋은 커뮤니케이션 (good communication)이라는 말은 같은 뜻인가, 다른 뜻인가? 결론부터 말하면 이는 다른 뜻으로 보아야 한다. 좋은 커뮤니케이션이란 발신자가 보낸 메시지를 수신자가 정확하게 이해하는 경우를 말한다. 그러나 커뮤니케이션이 효과적으로 이루어진다는 말은 발신자 자신이 기대했던 반응을 수신자로부터 얻어냈을 경우를 말한다. 그러므로 커뮤니케이션이 효과적으로 이루어지려면 의사소통이 잘 되어야만 할 것이지만, 의사소통이 잘 된다고 해서 반드시 효과적인 커뮤니케이션이 확보되지는 않는다. 예컨대 관리자가 종업원에게 생산성을 10% 증가시키라고 말하여 종업원이 그 말을 완전히 이해했다고 하자. 그런데 일정 기간이 지난 후에도 생산성 증가가 전혀 없었다면, 이 경우 커뮤니케이션이 잘 이루어지기는 했지만 효과적으로 이루어졌다고 볼 수 없는 것이다.

커뮤니케이션이 잘 이루어진다는 것과 효과적인 커뮤니케이션을 구분짓는 일은 매우 중요하다. 왜냐하면 의사소통을 잘 하는 것이 비교적 용이하지만, 효과적으로 하는 데에는 동기 부여, 리더십, 설득력, 권력 등 여러 가지 요소가 요구되기 때문이다. 커뮤니케이션 과정상 발생하는 문제점 중 상당수는 대인관계의 문제점에서 기인하는 경우가 많다. 조직 내에 정치적 및 권력투쟁(political infighting and power struggles), 개인의 성격에 의한 갈등(personalty conflict), 그리고 상충하는 목적(conflicting goals) 등이 존재할 때에는 그러한 상황에 놓인 당사자들은 서로 상대방의 의향을 잘 알고 있으면서도 그러한 의도에 잘 따라 주지 않는 경향이 있다.[23)]

의사소통을 하는 사람이 대인관계상에 심각한 문제점을 갖고 있지 않은 경우에도 커뮤니케이션에 문제가 발생할 수 있다. 이 경우는 발신자와 수신자의 태도나 지각이 달라서 발신자가 보낸 메시지의 의미를 수신자가 이해하지 못할 때이다. 아래의 사례는 발신자 사이의 지각 및 태도 차이가 커뮤니케이션에 어떠한 문제점을 초래하는가를 보여 준다.

S전자회사의 판매부에 근무하고 있는 김 차장은 능력을 인정받고 있는 사람이었다. 그는 입사초부터 판매부에 근무해 오면서 탁월한 업무처리 능력을 보여 현재의 직위에 올랐고, 주위 사람들은 다음 번 판매부장은 김 차장이 틀림 없다고 입을 모으곤 했다. 판매담당 임원인 유 이사도 김 차장의 능력을 높이 사고 있었다.

그러던 어느날 유 이사에게 영업담당 임원인 최 이사가 찾아와서 영업지원부의 부장이 회사를 그만두게 되었는데 그 후임자로 마땅한 사람이 있는지 물색해 달라고 부탁하였다. 영업지원부는 직원만도 200명이 넘는 부서로서 판매활동에 여러 가지 업무를 지원해 주어 판매부와 긴밀한 협조를 갖는 부서였다. 그러나 최근에 이르러 영업지원부는 관리의 소홀로 말미암아 판매부에 적절한 지원을 해 주지 못하고 제기능을 발휘하지 못하여 불평을 사고 있었다.

또한 영업지원부는 판매부에서 능력을 인정받지 못하는 사람들이 쫓겨가는 소위 '귀양지'라는 인식이 사내에 팽배해 있었다. 이 때문에 영업담당 임원인 최 이사는 이번 기회에 판매부의 업무에도 밝고 능력도 있는 사람을 부장으로 선발하여 영업지원부의 체질을 개선시켜 제기능을 다 하게 할 생각으로 유 이사에게 추천을 부탁한 것이었다.

유 이사는 최 이사와 한참 동안 상의한 뒤 판매부의 업무에도 밝고 업무처리

---

23) A.G. Athos and J.J. Gabarro, *Interpersonal Behavior* (Englewood Cliffs, N.J.: Prentice-Hall, 1978), p. 51.

능력이 있는 사람이라면 판매부의 김 차장이 어떻겠느냐고 제안했다. 유 이사는 영업지원부의 기능이 제대로 이루어진다면 판매부에도 매우 유리할 것으로 생각했기 때문에 자신이 아끼고 있는 김 차장을 쾌히 추천하였다. 최 이사도 이러한 의견에 동의하여 김 차장의 의사를 타진해 달라는 부탁을 하고 돌아갔다.

최 이사가 돌아간 뒤 유 이사는 김 차장을 자기 방으로 불러 사정이야기를 하고, 김차장은 이제 판매업무에 대해 알만큼 알았으니 새로운 업무를 맡아 보는 게 어떻겠느냐고 제안했다. 이와 아울러 김 차장이 영업지원부로 옮기게 되면 부장으로 승진하게 되며 훗날을 위해서도 여러 업무를 두루 거치는 것이 김 차장에게 유리할 것이라고 권고했다. 유 이사는 김 차장이 그러한 제안을 흔쾌히 수락하리라고 생각했으나 그 예상은 완전히 빗나갔다. 김 차장은 그러한 권유를 사양했다. 설사 부장승진일지라도 영업지원부로 옮기고 싶은 생각이 전혀 없다는 것이었다. 유 이사는 김 차장에게 좀더 시간을 갖고 생각해 보라고 한 뒤 돌려 보냈다. 그 일이 있은 후에도 여러 번 유 이사는 김 차장을 설득하려고 노력했으나 허사였다. 유 이사가 끈질기게 설득하자 김 차장은 그를 슬슬 피하기조차 했다. 어느 정도 기간이 지난 후 유 이사는 김 차장이 사표를 제출한 사실을 알고 깜짝 놀랐다. 유 이사를 비롯한 여러 사람들의 설득에도 불구하고 김 차장은 회사를 떠났다. 얼마 후 유 이사는 김 차장이 경쟁업체인 D전자회사로 자리를 옮겼다는 사실을 알게 되었다. 유 이사는 그제서야 김 차장이 S전자를 떠난 이유를 확실히 깨달았다. 사내에서 귀양지로까지 낙인찍힌 부서로 옮길 것을 권유받은 김 차장은 그것이 비록 승진하는 것이었을지라도 S전자에서의 자신의 직장생명은 끝이라고 느꼈던 것이다.

이 사례에서 우리가 알 수 있는 사실은 발신자의 의도가 긍정적인 것이라고 할지라도 수신자가 그것을 적절하게 해석하지 못하면 긍정적인 결과가 기대될 수 없다는 점이다. 이 사례에서 유 이사는 김 차장의 능력을 인정해서 권유했던 제안을 김 차장은 자신이 무능력자로 낙인찍혔다고 잘못 해석하였고 급기야는 회사를 떠나기에 이르렀다. 그 결과 김 차장은 정들었던 직장을 떠나게 되었고 S전자회사는 유능한 인재를 잃게 되었다. 이와 같이 불행한 사태를 미연에 방지하려면 관리자들은 효과적인 커뮤니케이션을 어렵게 하는 장애요인과 그에 대한 대처방안을 명확히 이해해야만 할 것이다.

2. 효과적인 커뮤니케이션의 장애요인

효과적인 조직 내 커뮤니케이션의 장애가 되는 요인은, 여러 가지가 있는데, 이들은 발신자와 관련된 요인과 수시자와 관련된 요인 그리고 상황과 관련된 요인 등 크게 세 가지 범주로 나누어진다(〔그림 15-4〕 참조).[24] 이제 이러한 범주에 따라서 커뮤니케이션의 장애요인을 살펴보기로 한다.

그림 15-4 커뮤니케이션의 장애요인과 해결전략

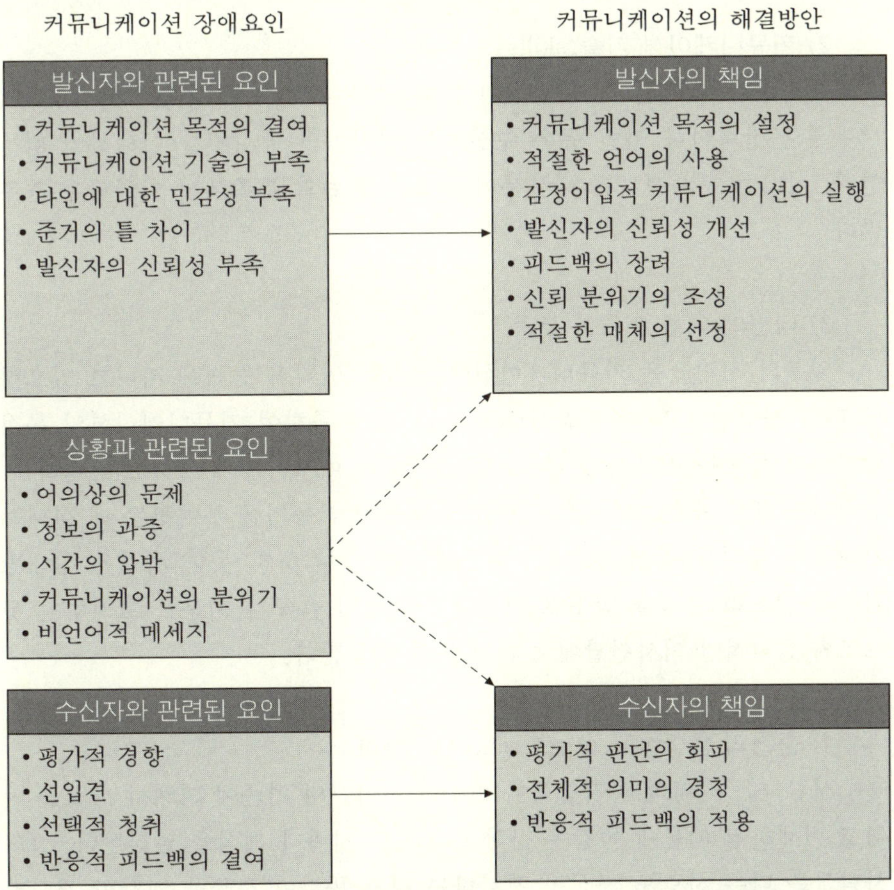

자료 : K.H. Chung and L.C. Megginson, *Organizational Behavior* (New York : Harper and Row, 1981), p. 199.

24) K.H. Chung and L.C. Megginson, *Organizational Behavior: Developing Managerial Skills* (New York: Harper and Row, 1981), pp. 199~203.

(1) 발신자와 관련된 장애요인

1) 커뮤니케이션에 대한 목적의식 부족

사람들이 의사를 전달할 때에는 어떠한 목적이나 목표를 가지고 커뮤니케이션에 임해야 한다. 발신자가 커뮤니케이션을 뚜렷한 목적의식을 갖고 할 때 비로소 수신자에게 전달할 적절한 메시지를 마련할 수 있다. 발신자가 목적의식을 갖지 않고 커뮤니케이션에 임하면 수신자에게 일관성 없는 메시지를 전달하게 된다.

2) 커뮤니케이션 기술(skills)의 부족

부적절한 단어선택, 문법상의 오류, 서투른 메시지 전달, 철자의 오기, 서투른 문장력이나 언변 등은 수신자가 발신자의 메시지를 이해하기 힘들게 한다. 이러한 문제점들은 대부분이 교육과 훈련의 부족에서 기인하는 경우가 많다.

3) 타인에 대한 민감성 부족

일부의 사람들은 커뮤니케이션에 필요한 언어적 능력을 지니고 있으면서도 다른 사람들에 대한 민감성(sensitivity)이 부족하여 커뮤니케이션의 목적을 달성하지 못하는 경우가 있다. 그런 사람들은 메시지를 분명하고 정확하게 전달한다고 해도 수신자가 긍정적으로 반응하게끔 동기를 부여하는 데 실패하여 기대하는 결과를 얻지 못한다. 타인에 대해 민감하지 못한 사람은 상대방의 감정을 건드리는 말을 함부로 하거나 상대방의 욕구나 기분을 고려하지 못함으로써 효과적인 의사전달에 실패하는 경우가 많다.

4) 준거의 틀(frame of reference)의 차이

사람들은 각자의 과거경험에 비추어 저마다의 기준에 의해서 사물을 인식하고 이해하기 때문에 똑같은 상황을 놓고도 저마다 해석을 달리한다. 그러나 사람들은 다른 사람도 자신이 지각하는 것과 똑같이 사물을 지각할 것이라고 가정하는 경향이 있다. 상대방이 갖고 있는 준거의 틀을 파악하지 못하는 것은 효과적인 커뮤니케이션을 방해하는 가장 일반적인 요인이 된다. 발신자와 수신자가 서로 다른 준거의 틀에 기준하고 의사소통을 할 때에는 커뮤니케이션상의 '공통점'(commonness)이 없어져 상호이해를 공유할 수 없는 것이다.

5) 발신자의 신뢰성(sender credibillity) 부족

발신자의 신뢰성이란 수신자가 갖는 발신자의 메시지에 대한 믿음이나 확신 및 신의 등의 태도를 말한다. 발신자가 지니고 있는 전문지식, 신용, 의향, 온화함, 행동적인 특성, 그리고 일반적인 평판 등은 발신자의 신뢰성에 영향을 미친다.[25] 그러므로 수신자가 발신자의 메시지에 대해 갖는 신뢰는 수신자가 발신자를 어떻게 평가하고 있느냐에 따라 달라진다. 수신자가 정보의 제공원을 깊이 신속하게 할수록 그는 발신자의 메시지에 더욱 더 귀기울일 것이다.

(**2**) 수신자와 관련된 장애요인

1) 평가적 경향(evaluative tendency)

평가적 경향이란 수신자가 발신자로부터 메시지를 전부 다 전달받기 이전에 메시지의 전반적인 가치를 평가해버리는 경향을 말한다. 이러한 평가는 수신자가 발신자에 대해 내린 판단이나 발신자에게 겪은 과거경험 또는 메시지로부터 기대되는 의미 등에 근거하고 있다. 수신자가 발신자 개인과 그가 보낸 메시지에 대해서 미리 평가하고 판단하면, 메시지가 갖는 실제 의미는 왜곡되어 버리며, 이에 따라 메시지를 객관적으로 받아들일 수 없게 된다. 수신자가 일단 "저 사람 말은 도무지 믿을 수가 없단 말이야"라는 식의 생각을 한다면 그 다음부터는 메시지가 제대로 들리지 않게 된다.

2) 선입관(preconceived ideas)

수신자가 어떠한 개념이나 생각에 대해서 갖고 있는 선입관은 메시지의 해석, 다시 말하면 해독과정(decoding process)에 영향을 미친다. 수신자가 선입관에 사로잡혀 있을 때는 상대방이 하는 말을 건성으로 듣고 성급한 판단을 하기 쉽다. 수신자가 지니고 있는 선입관은 준거의 틀을 형성하는데, 수신자는 이를 통하여 메시지를 받아들이고 구성하여 해석한다. 메시지가 해석될 때에는 발신자의 입장은 거의 고려되지 않고 수신자의 입장만이 고려되므로 메시지가 의도하는 바는 완전히 상실될 가능성도 있다.

25) D. W. Johnson, *Reaching Out* (Englewood Cliffs, N.J.: Prentice-Hall, 1972), p. 292.

3) 선택적 청취(selective listening)

사람들은 자신들이 듣기 원하는 바는 듣고 듣기 싫은 말은 귀기울이지 않는 경향이 있다. 즉 새로운 정보가 개인이 현재 믿고 있는 사실과 모순이 될 때 그 정보를 차단시키려고 하는 선택적 지각(selective perception)과 마찬가지로 사람들은 자신들의 욕구를 충족시키거나 자신들의 신념과 일치하는 메시지는 받아들이고, 자신에게 위협을 가하거나 기존의 신념과 갈등을 일으키는 메시지는 부정하거나 왜곡하고 귀기울이지 않는 경향이 있다.

4) 반응적 피드백(responsive feedback)의 부족

발신자가 메시지를 보냈는데도 수신자가 아무런 반응을 보이지 않거나 부적절한 반응을 하면 발신자를 낙심시키는 결과가 초래된다. 발신자의 의사전달에 수신자가 아무런 반응을 보이지 않는 것은 곧 수신자가 발신자의 의사전달에 아무런 관심도 갖고 있지 않다는 것을 의미하므로 커뮤니케이션이 제대로 이루어질 수 없다. 또한 수신자가 발신자측에서 전혀 예상하지 못한 엉뚱한 반응이나 부적절한 반응을 해도 커뮤니케이션은 어려움에 처한다. 예컨대 시간을 물어보는 사람에게 웬만하면 시계 하나 장만하라고 반응한다면 의사소통은 중단될 수박에 없다.

(3) 상황과 관련된 장애요인

1) 어의상의 문제

앞에서 우리는 커뮤니케이션을 사람들 상호간에 공통적인 상징체계를 이용하여 정보를 전달하고 이해하는 것이라고 정의했다. 사람들은 대개 공통적인 상징체계로서 언어를 사용한다. 그러나 불행히도 동일한 단어가 서로 다른 사람들에게 아주 다른 의미를 가질 수 있다. 왜냐하면 어떠한 단어의 의미는 단어 그 자체에 있는 것이 아니라 우리들 자신 내부에 존재하는 것이기 때문이다.[26] 발신자와 수신자가 사용하는 단어가 동일하게 이해되고 해석되지 않는 한 효과적인 커뮤니케이션은 이루어질 수 없다. 특히 발신자가 매우 추상적인 용어나 고도의 전문용어를 막연한 의미로 사용할 경우에 수신자가 그 말

26) S.I. Hayakawa, *Language in Thought and Action* (New York: Harcourt Brace Jovanovich 1949), p. 292.

의 뜻을 알고 있지 못하면 의사소통은 이루어질 수 없다. 사람들은 년령이나 교육수준, 문화적 배경 등 여러 가지 변수에 영향을 받아서 저마다 어휘구사와 용어에 대한 정의를 달리한다. 그러나 발신자는 자신이 사용하는 단어나 용어의 의미를 수신자가 동일하게 이해할 것이라고 가정하는 경향이 있고, 또한 수신자도 발신자가 전달하는 메시지를 자기 나름대로의 의미로 해석하는 경향 때문에 커뮤니케이션상에 문제점이 초래되는 경우가 많다.

2) 정보의 과중

전달되는 정보가 너무 많아도 커뮤니케이션상에 문제가 발생한다. 수신자에게 그가 수용할 수 있는 이상의 과중한 메시지가 전달되면 의사소통의 유효성이 감소된다. 현대를 '정보의 시대'라고들 한다. 날로 복잡다단해져가는 환경 속에서 우리는 다양한 내용의 수많은 정보와 자료의 홍수 속에 파묻히게 되었다. 그 결과 사람들이 자신에게 전달된 모든 메시지를 완전히 소화하여 그에 대한 적절한 반응을 보이기 어렵게 되었다. 이와 마찬가지로 조직 내 커뮤니케이션에서도 특정한 수신자에 대해 너무 많은 메시지를 전달하면 그는 그러한 메시지에 적절한 반응을 보이지 못할 것이다. 커뮤니케이션에서 전달되는 정보의 양을 말할 때 다다익선이라는 말은 별로 적합하지 못한 말이다.

3) 시간의 압박

시간적 압박 또한 효과적인 커뮤니케이션의 장애요인으로 작용한다. 대부분의 관리자들은 모든 부하직원들과 자주 대화를 나눌 시간적 여유가 없다. 그들은 수많은 사람들과 접촉을 하면서 업무를 처리하기 때문에 자신이 접촉하는 모든 사람에게 상세한 정보를 제공할 만큼 충분한 시간이 없다. 이 때문에 관리자들이 구성원들과 나누는 대화는 피상적인 것이 되어버리는 경우가 종종 있는데, 이러한 의사소통의 피상성은 대인관계를 악화시켜 커뮤니케이션에 지장을 초래하곤 한다.

4) 커뮤니케이션의 분위기(communication climate)

커뮤니케이션이 이루어지는 분위기도 의사소통의 유효성에 영향을 미친다. 만일 신뢰와 개방의 분위기가 감도는 조직에서 커뮤니케이션이 이루어진다면 수신자가 발신자의 메시지에 긍정적으로 반응할 가능성이 높아서, 메시지가 불충분한 것일지라도 수신자는 호의적인 태도로 부족한 부분을 메워 해석할 가능성이 크다. 이와는 반대로 반목과 불신의 분위기가 팽배된 조직에서 커뮤니케이션이 이루어질 때에는 그 의도가 바람직한 메시지라고 할지라도 부정적으로 왜곡되어 해석되기 쉽다. 예컨대 관리자가 경비지출을 줄이기 위하여 비용절감 프로그램을 실시하겠다고 말했을 때 종업원들이 그것을 인원감축이나 부서폐쇄를 하겠다는 말로 곡해하는 경우가 해당된다.

5) 비언어적 메시지(nonverbal messages)의 오용

비언어적 메시지를 잘못 활용하면 커뮤니케이션이 지장을 받는다. 대면의사소통(face-to-face communication)에서 우리는 언어적 메시지와 비언어적 메시지를 함께 사용한다. 커뮤니케이션의 구성요소를 살펴볼 때 지적했던 것처럼 비언어적 메시지는 경우에 따라서 언어적 메시지를 보다 효과적인 것으로 만들어 주기도 하지만 왜곡시켜버리기도 한다. 언어적 메시지와 비언어적 메시지가 일치할 때에는 커뮤니케이션의 유효성이 향상되지만 둘 사이에 모순이 있을 때에는 유효성이 감소된다. 예컨대 시간에 구애받지 말고 충분히 이야기하자고 말을 해 놓고 자꾸 시계를 들여다 본다거나, 잔뜩 찡그린 얼굴로 기분이 좋다고 말하는 것 따위는 언어적 메시지와 비언어적 메시지가 일치하지 않는 것으로서 효과적인 의사소통이라고 할 수 없다.

지금까지 살펴 본 커뮤니케이션의 장애요인은 효과적인 조직 내 의사소통을 방해하는 모든 요인들을 전부 망라한 것은 아니다. 하지만 여기에서 살펴본 요인들은 대부분의 조직에 어느 정도 공통적으로 존재하는 것이다. 이러한 요인들은 그것의 존재를 인식하고 메시지를 왜곡시키는 심리적 요소들을 극복함으로써 제거될 수 있을 것이다.

3. 커뮤니케이션의 개선방안

앞서 살펴 본 커뮤니케이션의 장애요인은 대부분의 조직에서 흔히 찾아볼 수 있는 것들이다. 이러한 장애요인들을 정확히 파악함으로써 관리자들은 조직 내 커뮤니케이션 개선에 필요한 올바른 조치를 취할 수 있다. 커뮤니케이션의 유효성을 개선하는 책임은 발신자뿐만 아니라 수신자에게도 있다고 보아야 한다. 다음에 제시하는 방안은 대인관계의 개선과 아울러 커뮤니케이션의

개선에도 많은 도움이 될 것이다.

(1) 메시지의 효과적인 전달

발신자는 수신자가 메시지를 보다 정확히 이해하도록 다음과 같은 조치를 취해야 한다.

1) 커뮤니케이션 목적의 설정

커뮤니케이션에 임하기 전에 발신자는 의사소통을 통하여 무엇을 전달하려고 하는지를 결정해야만 한다. 즉 발신자는 커뮤니케이션의 목적이 단순히 정보를 파급시키거나 획득하는 데 있는가 아니면 다른 사람의 태도를 변화시키는 데 있는가 등을 확실히 결정한 뒤 의사소통에 임해야 한다. 커뮤니케이션의 목적 여하에 따라서 의사소통의 양태는 달라진다. 예컨대 커뮤니케이션의 목적이 정보를 단순히 파급시키는 데 있다면 말을 조리 있게 하거나 글로 잘 써서 메시지를 전달하면 되겠지만, 만일 목적이 다른 사람의 태도를 변화시키는 데 있다면 보다 능숙한 커뮤니케이션 솜씨와 감정이입적 의사소통이 요구된다고 하겠다.

2) 적절한 언어의 활용

발신자는 자신이 전달하고자 하는 생각을 명확히 정리하여 적절한 메시지—구어, 문체, 몸짓 등—로 변환시켜야 한다. 여기서 적절한 언어란 간단하고 명료한 말을 뜻한다기보다 수신자가 쉽게 파악하고 이해할 수 있는 말이나 몸짓 또는 상징체계를 뜻한다. 그러므로 발신자는 수신자가 가장 잘 이해할 수 있는 언어가 무엇인지를 정확히 파악하여 가장 적절한 방법을 사용해야 할 것이다. 또한 발신자는 언어적 메시지와 비언어적 메시지를 일치시켜 사용해야 하며 중요한 사항은 몇 번씩 강조해야 할 것이다.

3) 감정이입적 커뮤니케이션

발신자는 수신자가 메시지를 받아들여 해석하는 준거의 틀(가정, 태도, 신념 등)을 이해해야만 한다. 이러한 형태의 의사소통을 감정이입적 커뮤니케이션이라고 한다. 감정이입적 커뮤니케이션을 하려면 발신자와 수신자가 자기 자신을 서로 상대방의 준거의 틀에 위치시켜야 한다. 감정이입적 커뮤니케이션은 여러 가지 의사소통 문제점을 해결해 준다. 감정이입적 커뮤니케이션의 능력을 배양하기 위해서는 의사소통의 당사자들이 상대방의 견해를 잘 알고 있다고 안심하지 말고 상대방의 견해를 완전히 이해할 때까지는 성급한 판단을 피해야 할 것이다.

4) 발신자의 신뢰성개선

논의되고 있는 주제에 대해서 발신자가 전문지식을 가지고 있거나 구체적인 정보를 가지고 있다면 그의 신뢰성은 증가된다. 또한 발신자의 행동 역시 신뢰성에 영향을 미친다. 우리는 주위에서 자신의 선거공약을 지키지 않아 신뢰성을 손실하는 경우를 자주 본다. 언행이 일치하지 않는 사람이 다른 사람에게 신뢰를 주지 못한다는 것은 너무도 당연한 사실이다.

5) 피드백의 장려

효과적인 커뮤니케이션은 발신자가 수신자로부터 적합한 피드백을 받을 때에만 가능하다. 피드백은 수신자에게 메시지가 의도했던 대로 전달되었는지 여부를 발신자가 알게 해 준다. 쌍방적 커뮤니케이션과 비언어적 메시지에 대한 민감성은 피드백이 활발히 이루어지게끔 한다. 그러나 수신자가 생각할 때 자신이 보낸 피이드백을 발신자가 진심으로 받아들이지 않거나 존중하지 않는다고 느낀다면 피드백은 아무 쓸모도 없다.

6) 신뢰분위기의 조성

커뮤니케이션의 당사자들이 서로를 신뢰하지 않는다면 의사소통은 효과적으로 이루어지지 못한다. 만일 당사자들이 상대편에서 자신이 제공해 준 정보를 오용하거나 남용할까 두려워한다면, 정보제공을 망설이거나 피드백을 유보할 것이다. 그러므로 커뮤니케이션이 실제로 이루어지기 전에 미리 신뢰의 분위기부터 조성해야만 한다. 의사소통이 효과적으로 이루어지지 않는 이유가 신뢰의 분위기 부족 때문이라면 그것은 커뮤니케이션상의 문제라기보다는 대인관계상의 문제인 것이다.

7) 적절한 매체의 선정

관리자들은 정보를 교환하기 위하여 다양한 매체에 의존한다. 매체의 선정은 커뮤니케이션의 목적에 따라서 달라진다. 레벨(D. Level)은 관리자들의 커뮤니케이션 방법을 조사한 뒤, 커뮤니케이션 매체를 선정하는 데 활용할 수 있는 지침을 다음과 같이 제시했다.[27)]

(가) 구두매체(oral messages)만 사용해야 하는 경우 업무의 진척이 늦거나 업무처리 내용이 불충분할 때 또는 구성원들간에 불화가 발생했을 때 등, 종업원들에 관련된 문제가 생겼을 때에는 구두매체만을 사용하는 것이 좋다. 그러나 조직의 지침이나 공시사항, 정책변경 등 일반적으로 널리 알려야 하는 성격을 띤 내용을 전달할 때 구두매체만을 사용하는 것은 바람직하지 않다.

(나) 서면매체(written messages)만을 사용해야 하는 경우 구성원들에게 널리 알려야 할 성격의 정보나 일정기간이 흐른 후에 행동에 옮겨야 할 일에 관련된 정보를 전달할 때에는 서면매체를 사용하는 것이 바람직하다., 서면매체는 즉각적인 행동을 요하는 일에 관한 정보의 전달, 다른 사람과 상의가 필요한 일, 대인관계상의 문제해결 등에는 적합하지 않다.

(다) 구두매체부터 사용한 뒤 서면매체를 사용해야 하는 경우 이는 대부분의 상황에서 유효한데, 특히 즉각적인 행동을 요하는 일이나 업무관련 지시사항조직의 정책변경, 조직의 지침 등의 전달에 바람직하다.

(라) 서면매체부터 사용한 뒤 구두매체를 사용해야 하는 경우 기업의 관리자들은 이러한 방법을 좀처럼 사용하지 않는 것으로 밝혀졌다.

(2) 메시지에 대한 경청

수신자도 발신자의 메시지를 주의깊게 경청함으로써 커뮤니케이션의 유효성을 제고시킬 수 있다. 수신자가 발신자의 말에 어떻게 귀기울이고 반응하느냐에 따라서 커뮤니케이션의 유효성은 크게 달라진다. 로저스와 파슨(C.R. Rogers and R.E. Farson)은 의사소통시 경청하는 태도를 기르는 방안으로서 다음과 같은 세 가지 방법을 제시하였다.[28)]

---

27) D. Level, "Commnication Effectiveness: Method and Situation," *Journal of Business Communication* (Fall 1972), pp. 19~25.

28) C. Rogers and R.E. Farson, "Active listening," In D.A. Kolb, I.M. Rubin and J.M. Mckntyre(Eds), *Organizational psychology* (Englewood Cliffs, NJ.: Prentice-Hall, 1979), pp. 168~180.

1) 평가적 판단(evaluative judgement)의 회피

발신자가 메시지를 완전히 다 전달하기도 전에 수신자가 그 내용을 성급히 판단하면 발신자의 메시지를 제대로 이해할 수도 없을 뿐더러 발신자를 방어적인 태도로 돌변하게 만들 수도 있다. 사람들은 다른 사람과 대화를 나눌 때, 상대방이 자기를 평가하고 있다는 사실을 알아차리면 그 사람의 호감을 사려고 최선을 다하는 경향이 있다. 그러므로 종업원들은 자신의 업무성과가 시원치 않을 때에는 관리자들과 대화하는 것을 꺼린다. 발신자에 대해서 긍정적인 평가를 성급히 하는 것도 부정적인 평가를 성급히 하는 것만큼이나 좋지 않은 결과를 초래한다. 왜냐하면 이러한 것은 다분히 피상적인 반응으로 여겨질 수 있기 때문이다.

그러므로 수신자는 수용과 신뢰 그리고 이해를 촉진시키는 분위기를 조성하는 노력을 해야만 한다.

2) 전체적 의미(total meaning)의 경청

수신자는 발신자가 전달하는 메시지의 전체적인 의미를 능동적이고 주의깊게 경청함으로써 신뢰와 이해의 분위기를 조성할 수 있다. 메시지에는 그것이 직접적으로 전달하고자 하는 내용(content)과 감정(feeling)이 포함되어 있는데, 수신자가 메시지의 의미를 완전히 이해하려면 이 두가지 요소를 조화시켜 받아들여야 한다. 많은 경우에 메시지의 기저에 깔려 있는 감정이 메시지의 내용보다 중요할 때가 많다. 예컨대 매우 짧은 시간 내에 어떠한 업무를 처리하라고 갑작스럽게 제시받은 종업원이 관리자에게 "다음부터는 좀 미리 얘기해 주세요"라고 말했다면, 그 메시지의 내용은 그 일을 처리하는 데 시간이 필요하다는 것이지만, 실제로 그 말에 내재되어 있는 감정은 사전에 아무런 말도 않다가 짧은 시간 내에 업무를 처리하라고 지시하는 데 대해 화를 내는 것일 수도 있다. 수신자는 발신자가 전달하는 메시지에서 그러한 감정의 요소를 잘 파악해야만 메시지의 전체적인 의미를 이해할 수 있다. 메시지의 감정요소는 대개 음성의 고저, 표정, 자세 등 비언어적 표현(nonverbal expressions)에서 나타나는데, 수신자는 발신자의 메시지에 경청하면서 이러한 비언어적 메시지도 감지해야만 메시지의 전체적인 의미를 완전히 이해할 수 있다.

3) 반응적 피드백(responsive feedback)의 활용

반응적 피드백이란 발신자가 말하는 바가 무엇이고 발신자가 특정한 문제에 대해서 어떻게 느끼고 있으며 또한 그 문제에 어떻게 반응하는가 등을 수신자가 이해하고 있다는 사실을 발신자에게 일깨워 주는 반응을 말한다.[29] 예컨대 어떤 종업원이 관리자에게 "승진심사를 할 때 직무성과가 연공서열보다 중요하다고 생각하지 않으세요?"라고 물었을 때, 그 질문을 이해한 관리자라면 "자네는 이번 승진심사를 할 때 직무성과가 고려되지 않았다고 생각하는 모양이지?"라고 반응할지도 모른다. 이러한 반응은 그 종업원을 만족시킬 만한 답변이 되지 않았을지도 모르지만, "자네가 이번 승진심사에서 탈락된 것이 내가 자네 직무성과를 고려하지 않아서라고 탓하고 있는건가?" 또는 "이번 승진심사에서는 직무성과를 고려하지 않았다네!"라는 식의 답변보다는 훨씬 바람직한 것이다. 반응적 피드백을 하는 목적은 방어적 분위기가 감돌지 않는 건설적인 대화를 통하여 의사소통에 요구되는 공통적인 이해기반을 구축하는 데 있다고 할 것이다.

보다 능동적인 경청방법은 한 개인으로서의 발신자와 발신자가 느끼고 말하는 사실 등에 청취자가 관심을 갖고 있다는 반응을 보여 주는 것이다. 이러한 반응은 발신자에 대해서 청취자(수신자)가 갖고 있는 관심이나 감정을 매우 효과적으로 전달해 준다. 이러한 경청태도는 상대방으로 하여금 그와 유사한 태도를 보이게 한다. 수신자는 발신자가 말한 내용을 자신이 되풀이하여 진술(restatement)해 주거나 부연(paraphrase)해 줌으로써 경청능력을 배양하는 계기를 마련할 수 있을 것이다.

내용요약

커뮤니케이션은 효과적인 조직관리를 위해서 매우 중요할 뿐만 아니라 커뮤니케이션이 없이는 어떤 집단이나 조직도 존재할 수 없다. 커뮤니케이션 과정을 간단히 모형화하면 발신자, 코드화, 메시지, 전달매체, 수신자, 해독, 피드백, 잡음의 8개 요소로 구성된다. 이 때 발신자가 코드화하거나 수신자가 해독하는 과정에서 여러 가지 잡음 등으로 인한 오류가 발생할 수 있다.

29) D.W. Johnson, *op, cit.*, pp. 124~125.

커뮤니케이션의 네트워크는 그 유형에 따라 원형, 마퀴형, 연쇄형, 완전연결형, Y자형 등으로 구분하지만 모든 경우에 전부 적합한 커뮤니케이션 네트워크는 존재하지 않는다. 다만 완전연결형이 가장 개방적이고 민주적이며, 의사소통이 활발한 커뮤니케이션 네트워크이다.

커뮤니케이션은 공식성을 기준으로 공식적 커뮤니케이션과 비공식적 커뮤니케이션으로 구분하며, 공식적 커뮤니케이션에는 상향적 커뮤니케이션, 하향적 커뮤니케이션, 수평적 커뮤니케이션, 대각적 커뮤니케이션이 포함되어 있으며, 비공식적 커뮤니케이션이란 각종 소문 등과 같은 그레이프바인을 말한다.

효과적인 커뮤니케이션의 장애요인으로 발신자의 커뮤니케이션의 목적의식의 부족, 기술의 부족, 민감성 부족, 준거의 틀 차이, 신뢰성 부족 등과 수신자의 평가적 경향, 선입견, 선택적 청취, 반응적 피드백 결핍 등, 그리고 어의상의 문제, 정보의 과중, 시간의 압박, 조직분위기, 비언어적 메시지의 오용 등의 상황적 요인을 들 수 있다. 이러한 장애요인을 극복하기 위해서는 메시지를 효과적으로 전달하기 위한 발신자의 노력과 메시지의 경청에 수신자의 노력이 병행되어야 할 것이다.

연구과제

1. 커뮤니케이션의 의의와 기능을 설명하라.
2. 커뮤니케이션의 과정을 모델을 중심으로 설명하라.
3. 커뮤니케이션의 네트워크를 유형별로 구분하여 설명하라.
4. 효과적인 커뮤니케이션의 장애요인과 해결방안을 논하라.

제16장 조직개발

현대 산업사회가 고도로 발달할수록 환경의 변화가 매우 심해짐에 따라 이러한 환경변화에 대응하기 위한 조직의 변화와 조직체행동의 개발을 위한 요구가 증대되기에 이르렀다. 이와 같은 요구에 부응하기 위한 기법이 조직개발(organizational development)이다. 본 장에서는 조직개발이 무엇인지 그 특징과 내용을 중심으로 설명하고자 한다.

제1절 조직개발의 필요성 및 성격

모든 조직은 환경과 끊임 없이 투입과 산출을 교환하며 생존해가고 있다. 이러한 환경변화에 적절히 대응하지 못하면 그 조직은 생존할 수 없다. 따라서 기업이 환경변화에 생존하려면 전략적인 조직개발(strategic organizational development)을 하지 않으면 안 된다. 여기에서 '전략적'이라 함은 조직의 전략적인 경영을 의미한다. 전략적 경영이란 하나의 유기체로서의 조직이 주어진 환경변화에 적응하거나 환경 자체를 창출함으로써 상대적인 경쟁력을 확보하려는 미래지향적인 동태적 행동체계를 말한다. 다시 말해서 전략적 경영은 기업의 구조(structure)와 과정(process)의 조화를 유지하면서 환경변화에 탄력적으로 대응하여 기업의 비전을 효과적으로 달성함에 있어서 경쟁우위적인 전략을 수립하고 집행해나가는 경영체계를 말한다.

기업을 둘러싸고 있는 환경을 일반적으로 사회적 환경(social environment)과 과업환경(task environment)으로 구분한다. 사회적 환경이란 거시적 환경으로서 정치적 · 경제적 · 사회문화적 환경 및 기술적 환경을 포함한 개념으로 이해할 수 있으며, 과업환경이란 미시적 환경으로서 공급업자, 주주, 고객, 정부, 채권자, 종업원, 노동조합 등을 말한다. 결국 조직은 이와 같은 구체적인 환경과 끊임 없는 상호작용의 결과로 생존한다고 볼 수 있다.

따라서 본고에서는 환경변화에 적응하기 위한 조직개발에 대해 살펴보기로 한다.

조직개발(organizational development)이란 행동과학의 지식을 활용하여 조직구성원 개인의 욕망과 욕구를 조직체의 목적과 통합시켜 전체 조직체의 유효성을 증대시키는 과정이다. 따라서 조직체 전체의 변화를 목적으로 하는 조직개발 개념에 포함되어 있는 몇 가지 중요한 특징들을 살펴보면 다음과 같다.

첫째, 조직개발은 지속적이고 상호작용적인 과정(ongoing interactive process)으로 이해하여야 한다. 여기에서 지속적이라 함은 조직개발은 1회적인 대처방안이 아니라 일련의 계속적인 개입행동을 통하여 점차 효과적인 성과를 얻으려 한다는 뜻이다. 개인의 행동을 변화시키거나 조직의 방침을 바꾸는 정도는 1회적인 대처행동으로 가능하다. 그러나 조직개발에서 다루고 있는 조직문화 등은 장기적이고 지속적인 개입행동을 통해서만 변화가 가능하다. 또한 상호작용적이라 함은 일련의 행동(action)과 그에 대한 반응행동(reaction)을 일방적인 인과관계가 아닌 서로 상호작용하여 나가는 관계로서 파악하여야 한다는 말이다. 이렇게 파악함으로써 조직개발의 동태적인 과정을 보다 더 잘 파악할 수 있게 된다. 뿐만 아니라 조직개발은 하나의 과정이다. 즉 조직개발을 통해서 어떤 변화를 성취하는 것도 중요하지만 어떻게 해서 이런 변화를 이룩하는가 하는 것도 대단히 중요하다는 뜻이다.

둘째, 조직개발은 규범적인 재교육변화전략(normative reeducative strategy of changing)이다. 조직개발담당자는 조직구성원의 가치관이나 규범을 변화시키는 데 관심을 가지고 있다. 친과 벤(Chin and Benne)에 의하면 인간이 자기가 살고 있는 조직이나 사회를 변화시키고자 할 때 사용하는 전략은 3가지가 있다고 한다.[1)] 즉 ① 경험적 · 합리적 전략(empirical-rational strategy)으로서 인간을 합리적이고 이성적인 존재이므로 합리적인 자기이해(self-interest)에 따라 변화하리라는 전략이다. ② 규범적 재교육전략(normative reeducative strategy)으로서 행동의 원천으로서 규범을 중시하며 조직이 지닌 종래의 규범을 제거

1) R. Chin and K. Benne, "General Strategies for Effecting Changes in Human Systems," in W.G. Bennis, K.D. Benne, R. Chin, and K.E. Corey, eds., *The Planning of Change*, 3rd ed. (New York: Holt, Rinehart and Winston, 1976), pp. 22~45.

하고 새로운 규범으로 대체함으로써 변화를 가져오려는 전략이다. ③ 권력에 근거한 강제전략(power-coercive strategy)으로서 이는 힘이 강한 자가 힘이 약한 자를 순응케 함으로써 변화를 이룩하고자 하는 전략이다. 이러한 3가지 변화전략 중에서 조직개발은 규범적인 재교육변화전략을 취하며, 변화를 위해서는 행동을 하기 위한 지식이나 정보, 이론적 정당성만으로는 중요하지 않고 조직구성원의 규범의 변화, 즉 태도, 가치관, 기능(skill) 등의 변화가 있어야 한다고 본다.

셋째, 조직개발은 계획된 변화에 대한 자료에 근거한 접근방법(data-based approach to planned change)을 취한다. 조직개발의 방법은 자료를 만들어내거나 자료에 근거하여 행동변화를 계획한다. 즉 ① 조직개발전략에서는 다른 종류의 어느 변화방법보다도 자료의 중요성이 강조된다. 이 결과로 조직구성원들은 문제해결을 위하여 직접 자료를 수집하고 처리하고 이용하는 방법을 배운다. ② 조직개발에서는 조직의 인간과정(human process)이나 사회과정(social process)에 관한 자료가 기술적인 자료나 재무에 관한 자료, 또 시장상황에 대한 자료를 보다 중요시한다. ③ 자료는 그것을 만들어 낸 사람에게 속하게 되고 만들어 낸 사람이 그 자료를 직접 이용한다는 특징이 있다. 이를테면 태도조사의 경우 조사의 결과는 최고경영자가 이용하기 위한 자료도 제시되는 것이 아니라 자료를 만들어 낸 구성원들이 직접 자료를 이용하여 행동계획을 한다. ④ 조직개발에서의 자료는 구성원을 어떤 행동을 강제하기 위해서가 아니라 문제해결을 돕기 위해서 사용된다.

넷째, 조직개발은 작업팀(work team)을 강조한다. 조직개발의 근본적인 신념의 하나는 조직이 실제로 일을 하는 방법을 여러 가지 다양한 팀을 통해서 한다는 것이며, 따라서 이러한 팀 내에서 작업수행의 방법, 관계, 문화를 변화시킴으로써 조직의 향상을 가져올 수 있다고 본다. 이를테면 개인행동의 상당부분이 작업집단의 사회문화적인 규범과 가치에 그 근원을 두고 있어 만일 작업집단의 규범과 가치를 변화시킬 수 있다면, 그러한 규범과 가치는 조직구성원에게 보다 영구적인 영향을 미치게 된다. 따라서 많은 조직개발의 개입방법이 작업팀의 관계, 작업과정과 작업수행방법을 개선하려고 한다.

다섯째, 조직개발은 조직을 시스템적 접근방법의 관점에서 파악한다. 시스템적 접근방법의 관점에서 파악한다는 것은 조직현상을 바라볼 때에 현상 사이의 상호관련성, 상호연결성, 상호작용적인 면에서 파악하는 것을 강조한다. 이것을 좀더 설명하면, ① 어떤 사건이나 문제이든 그것을 개별적이고 고립적인 현상으로 보지 않는다. 한 현상을 고립적으로 보고 다른 현상과의 관계를 보지 않으면 그 현상을 반밖에 이해하지 못한다. ② 한 사건을 분석할 때에 하나의 원인에 의해서 파악하는 것이 아니라 여러 가지 원인에 의해서 파악하려고 한다. ③ 그 영향도 하나에만 미치는 것이 아니라 여러 가지 영향을 미친다고 본다. ④ 조직을 변화시키고자 할 때에 그 구성부분만의 변화만으로는 변화가 이룩되지 않는다고 본다. 이를테면 한 조직을 변화시키기 위해서 그 구성원을 변화시키는 것만으로는 충분하지 않고 조직의 문화가 바뀌어지지 않으면 변화가 이룩되지 않을 것이다. 즉 조직개발의 대상은 개인으로서의 구성원이 아니라 전체(system)로서의 조직이다.

여섯째, 조직개발은 경험에 근거(experience based)하고 있다. 조직개발의 개입방법들은 추상적인 문제가 아니라 구체적이고 실제적인 행동을 중심으로 하여 문제를 해결하려고 하며, 경험으로부터 일반적인 이론을 끌어내려고 한다. 즉 조직개발에 참여한 사람은 어떤 행동을 통해 경험을 하고 그 경험으로부터 일반이론을 도출하려고 한다. 예를 들면 커뮤니케이션 기술을 개선하려고 할 경우에 조직개발에 참가한 사람들이 의사소통을 실제로 연출해 보고 나서 왜 의사소통이 잘 안 되는지, 어떻게 하면 의사소통을 개선시킬 수 있는지, 또 그런 경험으로부터 무엇을 배울 수 있는지를 토의하는 경우이다.

일곱째, 조직개발은 목표설정과 계획(goal setting and planning)을 강조한다. 즉 조직개발이 조직의 유효성을 향상시키는 한 가지 방법은 목표설정과 계획행동을 강조하고, 목표설정기술과 계획기술을 향상시키는 것이다. 목표설정이 성과에 미치는 영향에 관해서는 로크(Edwin Locke)의 목표설정이론(goal setting theory)이 강조하고 있다. 이 이론에 따르면 구체적인 목표를 개인이 받아들이는 경우 성과에 큰 영향을 미친다고 한다. 한편 계획과정에 많은 구성원이 참여하는 경우 그 계획이 보다 현실적이 될 뿐만 아니라 계획의 실천에 구성원들로부터 실질적인 협조를 확보할 수 있다.

목표설정과 계획에 대한 개입활동은 ① 목표와 목적을 설정하는 것을 배우는 것, ② 목표를 성취할 수 있도록 행동과 절차를 설정하는 것을 배우는 것, ③ 목표를 성취하기 위해서 계획을 세우고 의사결정을 하는 것을 배우는 것과 같은 활동에 집중한다.

그림 16-1 조직변화에 소요되는 시간과 곤란도

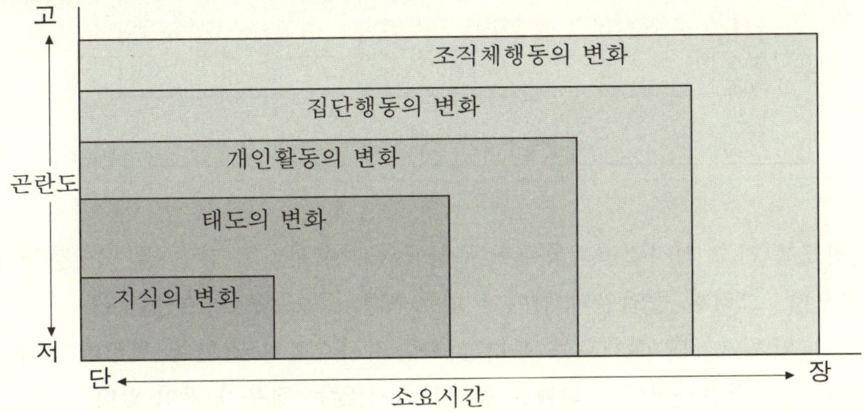

제2절 조직개발과정

인간에게 있어서의 변화란 ① 지식의 변화, ② 태도의 변화, ③ 개인행동의 변화, ④ 집단행동의 변화의 네 가지 단계로 구분하고 있다. 여기에다 한 가지를 덧붙인다면 ⑤ 조직체행동의 변화를 들 수 있다. 이렇게 다섯 가지의 단계 중에서 지식을 변화시키는 일이 가장 쉽고, 그 다음으로 쉬운 것이 태도를 변화시키는 일이다. 아마도 집단행동이나 조직 전체의 행동을 변화시키는 일은 가장 어렵고 시간이 많이 걸리는 일이 될 것이다. 이들 다섯 가지 단계의 변화에 소요되는 시간과 그 상대적 곤난도를 그림으로 나타내면 [그림 16-1]과 같다.[2)]

지식의 변화는 책이나 기사를 읽는다든지 아니면 존경하는 사람으로부터 새로운 것을 듣게 되면 그 결과로 일어날 수도 있다. 그리고 태도가 호의적이든 비호의적이든 거기에는 감정이 포함되어 있다는 점에서 지식과는 다르다. 따라서 감정이 개입되면 지식을 바꾸는 것보다 태도를 바꾸는 것이 더 어려워지게 된다.

개인행동의 변화는 앞서의 두 단계의 변화보다 훨씬 더 어렵고 시간이 많이 걸린다. 예를 들면 관리자들이 부하들로 하여금 자기들의 일에 보다 많이

2) 김남현 역, 「조직행동의 관리」(경문사, 1984), p. 17.

그림 16-2 행동변화의 과정

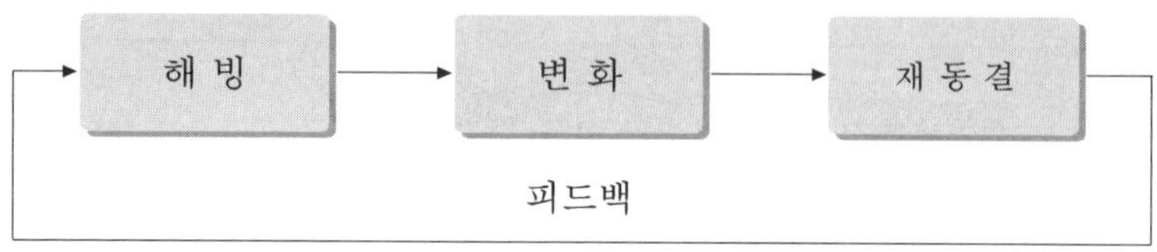

개입하도록 하고 의사결정과정에도 부하들을 참여시키는 것이 좋다는 것을 알고 있으며, 그러한 종업원의 참여가 업무수행의 능률을 제고시킨다는 사실을 잘 알고 있으면서도 실제로는 부하들에게 의사결정의 권한을 위양하지 않고 있으며, 의사결정과정에 부하들을 참여시키지 않는 경우가 많이 있다.

개인행동의 변화가 매우 어려운 것이기는 하지만 집단행동 내지 조직체행동의 변화단계에 이르게 되면 문제는 훨씬 더 복잡해지고 어려워지게 된다. 한두 사람의 관리자가 그들의 리더십 유형을 효과적으로 바꾸어간다 해도 조직 전체에 걸쳐 종업원의 참여수준을 변화시키는 일은 시간이 대단히 많이 소요되는 과정이다. 이 단계에서는 여러 해 동안에 걸쳐 형성된 습관, 풍습 및 전통을 변화시키려는 것이기 때문에 매우 복잡하고 시간이 많이 걸리는 변화과정이 될 수밖에 없다.

1. 행동변화의 과정

레빈(Lewin)에 의하면 변화의 과정에는 다음과 같은 3단계가 있다고 한다. 그는 변화를 검토하는 중에 변화의 과정에는 해빙(unfreezing), 변화(changing), 재동결(refreezing)의 3단계가 있음을 확인하였다.[3]

(1) 해빙(unfreezing)

해빙의 목적은 우선 동기를 유발시키고 개인 또는 집단이 변화를 위한 준비를 갖출 수 있게 하기 위한 것이다. 변화의 필요를 강조하기 위해 개인에게 작용하고 있는 힘을 재편성하는 과정, 즉 얼음이 녹아 차차 풀리듯이 태도나

3) Kurt Lewin, "Frontiers in Group Dynamics: Concept, Method, and Reality in Social Science: Social Equilibrium and Social Change," *Human Relations*, Vol. I, No, 1(June 1947), pp. 5~41.

감정을 차차 누그러지게 하는 과정이다. 간단히 말해서 이 해빙과정에서는 개인의 몸에 배어 있는 관습, 풍습 및 전통, 즉 일을 처리하는 낡은 방식을 무너뜨리고 새로운 행동양식을 받아들이기 위한 준비를 하는 과정인 것이다. 힘의 장에 대한 분석의 관점에서 보면 해빙은 추진력이 증대하든가 아니면 변화에 저항하는 억제력이 감소하는 경우에 일어나게 된다.

(2) 변화(changing)

일단 개인이 변화에 대한 동기부여가 되어지면 새로운 행동의 패턴을 받아들일 준비가 갖추어지게 된다. 이 과정은 다음의 두 가지 메카니즘, 즉 동일시(identification)와 내면화(internalization) 중 어느 한 쪽에 의해 일어날 가능성이 높다.[5] 동일시는 개인의 환경 내에 하나 또는 그 이상의 모델이 제공되고, 그 개인이 자기를 그 모델처럼 되려고 노력하면서 새로운 행동양식을 배울 때에 일어난다. 내면화는 개인이 어떤 상황에 처해 있을 경우, 그 상황에서 성공적으로 대처해 나가기 위해서는 새로운 행동이 요구되고 있을 때에 일어난다. 이 때 그 개인이 새로운 행동양식을 배우게 되는 것은 생존에 필요하다는 이유에서뿐만 아니라 대처행동(coping behavior)에 의해 새로이 유발된 높은 강도의 욕구 때문에도 그 새로운 행동양식을 배우게 된다. 그러나 동일시와 내면화는 양자택일하는 식으로 어느 하나를 선택하는 것이 좋은 것이 아니고, 효과적인 변화를 위해서 이 둘을 변화전략에 적절하게 결합시켜야만 좋은 결과, 즉 효과적인 변화를 가져오게 된다.

(3) 재동결(refreezing)

새로이 획득된 행동이 그 개인의 퍼스낼리티 및 지속성이 있는 중요한 정서관계 속에 정형화된 행동으로 굳어지는 과정을 재동결이라 한다. 샤인(Schein)이 주장한 바와 같이 새로운 행동이 학습에 의해 내면화되면 "그것이 개인의 퍼스낼리티에 자연적으로 잘 적합되어지기 때문에 재동결은 자동적으로 촉진된다. 그러나 그 새로운 행동이 동일시를 통해 학습된 경우에는 새로운 대체모델이 발견되든가 혹은 그 새로운 행동(태도)에 대한 사회적인 지시나 강화가 없는 한, 그 새로운 행동은 오래 지속하지 않고 원래의 영향모델

4) H.C. Kelman, "Compliance, Identification, and Internalization: Three Processes of Attitude Change," *Conflict Resolution II*, 1958, pp. 51~60.

(original influence model)"과의 관계가 지속되는 동안밖에 지속하지 않는다.[5]

이것이 바람직한 변화를 항상 강화하는 환경에 있는 것이 변화과정에 있는 개인에게 있어서 얼마나 중요한 것인가를 말해 주고 있는 것이다. 많은 훈련프로그램의 효과가 오래 지속되지 못하고 단명하게 되는 이유는 훈련과정을 이수하고 원래의 직장으로 돌아왔을 때 새로이 학습한 행동양식에 대하여 강화가 없고 더욱 나쁜 경우에는 적의를 갖고 그 새로운 행동양식을 무시하는 경우가 많기 때문이다. 뿐만 아니라 재동결과정에서 잊지 말아야 할 것은 그 새로운 행동이 시간이 경과해도 소거되어 버리지 않게끔 하는 것이다. 소거가 일어나는 것을 방지하기 위해서는 강화가 효과적인 방법으로 계획되어야 한다.

2. 계획적 변화과정

조직개발의 프로그램을 실천하자면 다음과 같은 3가지 단계를 거치게 된다. 즉 첫째는 진단으로서 조직의 여러 측면에 대한 자료를 수집하는 단계이

그림 16-3 조직개발의 본질

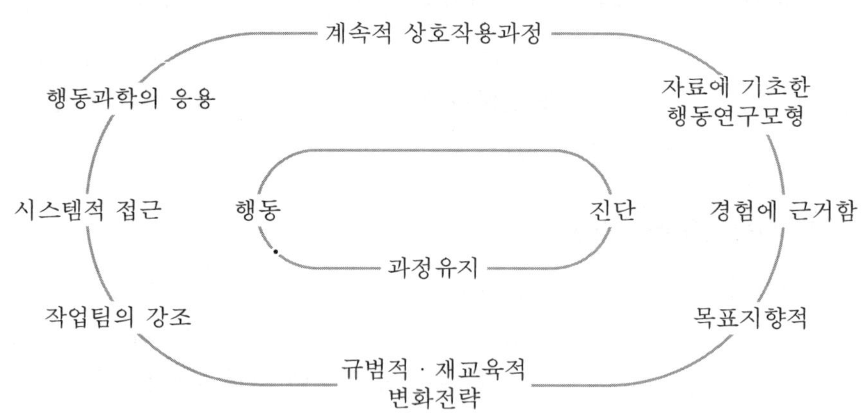

※ 외부의 타원은 조직개발의 성격을 나타내고, 내부의 타원은 조직개발과정의 단계별 요소를 나타낸다.

자료 : Wendell L. French and Cecil Bell, *Organization Development*, 3rd ed. (Englewood Cliffs, N.J.: Prentice-Hall, Inc., 1984), p. 64.

5) Edgar H. Schein, "Management Development as a Process of Influence," in David R. Hampton, *Behavioral Concept in Management* (Belmont, Cal.: Dickinson Pub. Co., Inc., 1968), p. 112.

고, 둘째는 조직의 기능을 향상시키기 위해서 컨설턴트와 조직구성원이 계획한 프로그램을 실행하는 단계이며, 셋째는 조직개발과정 자체를 관리하고 유지하기 위한 과정유지단계이다.[6] 조직개발의 기본적인 성격과 조직개발과정을 간단히 요약하면 [그림 16-3]과 같다.

(1) 진단(diagnosis)

조직개발이란 조직의 현상태, 즉 조직이 직면하고 있는 제반문제에 관하여 유효한 정보를 토대로 한 일종의 행동계획이므로 조직개발의 첫 단계는 진단이다. 조직개발을 위하여 조직진단을 하고자 할 때 조직의 여러 구조적인 측면을 대상으로 한 진단과 조직의 여러 과정적인 측면을 대상으로 한 진단으로 크게 구분할 수 있다.

조직의 여러 구조적인 측면에는 전체조직, 이를 구성하는 하위조직, 서로 다른 하위조직간의 관계, 상사와 부하와의 관계와 같은 두 구성원간의 관계, 구성원의 역할 등이 포함된다. 이 때 조직변화담당자는 전체조직 또는 부분조직을 대상으로 하여 질문지법, 면접법, 관찰법 등을 이용하여 진단한다.

조직의 여러 과정적인 측면에서는 의사소통의 패턴이나 스타일, 목표설정과정, 의사결정, 문제해결 및 행동계획과정, 갈등의 해결과 관리, 두 집단 상호간의 관계, 상사와 부하간의 관계, 기술시스템, 전략적인 경영 및 장기계획 등에 대해서 진단하게 된다.

(2) 개입행동(intervention)

진단을 통하여 조직의 문제점이 드러나게 되면 이러한 문제점을 시정하는 절차를 밟게 되는데, 이와 같은 행동절차를 구조화된 개입행동이라고 한다. 구체적인 개입행동의 여러 가지 종류 및 내용에 대해서는 제4절 이하에서 상세히 설명하려고 한다. 효과적인 개입행동을 하기 위해서는 미리 효과적인 전략을 수립하여야 한다. 이러한 전략에는 다음과 같은 내용이 포함되어야 할 것이다. 즉 전반적인 변화의 목표는 무엇인가? 조직의 어느 부서에서 조직개발계획에 대하여 수용적인 태세가 되어 있는가? 조직에서 가장 핵심적인 개인

6) Wendell L. French and Cecil H. Bell Jr., *Organizational Development: Behavioral Science Interventions for Organization Improvement*, 3rd ed. (Englewood Cliffs, N.J.: Prentice-Hall Inc., 1978), p. 64.

이나 집단은? 조직의 가장 심각한 문제는 무엇인가? 조직의 에너지나 시간면에서 어떠한 자원을 보유하고 있는가? 하는 것 등이다.

(3) 조직개발과정의 유지(maintenance)

조직개발 담당자는 대상이 되는 조직뿐만 아니라 자신들이 일하는 과정 자체에도 행동과학의 이론을 적용하여 효과적인 조직개발과정이 되게 하여야 한다. 조직개발과정 자체를 효과적으로 관리하기 위해서는 다음과 같은 문제들을 검토한다.

(가) 개입행동의 시기가 적절하고 문제해결과 관련성이 있는가?

(나) 개입행동이 의도했던 결과를 가져왔는가? 그렇지 않다면 그 이유는?

(다) 대상기업의 구성원들이 조직개발 프로그램을 자신의 일처럼 받아들이고 있는가?

(라) 조직개발을 담당하는 집단의 문화는 무엇인가? 그 문화가 바뀌어야 할 필요성은 없는가? 변화담당자들이 문제를 효과적으로 해결하고 있는가? 분명한 목표를 세워놓고 관리하고 있는가? 변화담당자는 조직에서 바람직하다고 생각하는 인간관계의 모범대로 행동하고 있는가?

조직개발과정의 성공과 실패의 분기점이 이 마지막의 과정에 크게 의존한다. 특히 조직에서 바람직하다고 보는 이론대로 조직개발담당자 자신들이 먼저 모범을 보이느냐(practicing-what-you-preach)하는 것이 보다 확실한 변화를 가져오는 매우 중요한 요소이다.

3. 조직개발방법의 분류

조직개발은 연구의 관점에 따라 여러 가지로 분류할 수 있다. 즉 조직개발에서 적용되는 기법은 변화목적, 변화대상, 변화방법에 따라 여러 가지로 분류된다. 예를 들면 조직개발에 소요되는 시간의 정도에 따라 분류할 수 있다. 즉 간단한 설문지 방법일 경우 단지 몇 분만에 해결할 수 있지만, 역할분석기법(role analysis technique)과 같은 경우에는 한 사람의 직무담당자에 대해 적어도 두 시간 이상이 소요된다. 또한 팀 구축(team building)의 경우에는 적어도 1~3일 정도 혹은 그 이상의 시간이 소요된다. 본 절에서는 ① 조직개발의 분석깊이에 의한 분류와 ② 변화대상에 의한 분류방법을 소개하고자 한다.

(1) 개입행동의 깊이에 의한 분류

첫째로 조직개발을 개입행동의 깊이의 정도(심도)에 따라 분류할 수 있는데, 여기에서 깊이(depth)란 어느 정도 자아(self) 또는 성격(personality)의 핵심부분이 변화의 대상이 되는가 하는가에 따른 분류이다.[7] 즉 개인 또는 개인간의 관계가 깊고 사적이며 중심적인 면을 변화시키는 방법이 깊은 개입활동이고, 반면에 개인의 외부적인 면 또는 공식적이고 공적인 행동에 관계된다면 얕은 개입행동이다([표 16-1] 참고).

몇 가지 개입방법을 이 분류방식에 따라 분류한다면, 예를 들어 OR과 같은 개입방법은 가장 표면 쪽에 위치한 얕은 수준의 개입방법이다. 즉 이는 조직 내의 여러 가지 역할과 기능에 대해서 분석을 하지만 그 역할을 담당하고 개인의 특성을 전혀 고려하지 않는다. 그 다음으로 깊이 있는 개입방법은 구성원의 업무수행 정도를 평가하고 그것에 직접적으로 영향을 주는 개입방법으로서 목표관리(MBO)가 좋은 예이다. 목표에 의한 관리에서는 서로간의 의사소통을 공적이고 관찰 가능한 업무수행에 관한 자료에 한정하고 부하의 개인적인 특징에 관한 의사소통을 되도록 피하려 한다. 좀더 깊은 수준의 개입방법은 업무수행의 결과뿐만 아니라 그것을 수행하는 방법도 문제 삼는다. 이를테면 한 구성원이 어떤 식으로 일을 하고 그 업무수행 스타일이 다른 사람에게 어떤 영향을 미치는가를 본다.

아주 깊은 개입방법은 조직구성원이 다른 구성원에 대해 가지는 감정, 지각, 태도에 초점을 맞추는 개입방법으로서 구성원 상호간의 인간관계, 상호간의 수용과 거부, 사랑과 미움, 신뢰와 불신을 대상으로 하며, 예를 들면 감수성훈련이 이 수준에서 많이 쓰이는 개입방법이다.

가장 심층부에 있는 깊이 있는 개입방법은 개인의 동질성(identity)과 생애의 중요한 사람에 대한 깊고 강한 감정에 초점을 맞춘 개입방법으로서 이 때 변화담당자는 개인이 스스로의 기능과 동일성, 존재에 대한 깊은 태도, 가치와 갈등을 드러내기 위하여 여러 가지 방법을 동원하게 된다. 이와 같은 개입방법의 깊이에 따라 조직구성원에게 미치는 영향이 다르다. 이를테면 개입방

7) Roger Harrison, "Choosing the Depth of Organizational Intervention," in W. L. French, C. H. Bell, and R. A. Zawacki, eds., *Organization Development* (Dallas, Texas: Business Publications, Inc., 1978), pp. 327~336.

[표 16-1] 개입방법의 깊이에 의한 분류

개입의 깊이	개입대상	조직에 관련된 개입방법: 직무충실화	목표에 의한 관리	역할분석기법	태도조사와 피드백	그룹간 문제해결모임	팀 구축	교육적 개입방법/요법적 개입방법: 과정훈련(T그룹)	대인관계기술 또는 그룹 엔카운트그룹 등	개인성장훈련	집단 심리요법
보다 덜 개인적임 (접근의 용이) 소	**공식조직**										
	목 표		←		←	←	←				
	절 차				←	←	←				
	조직구조	←				←	←				
	과 업	←	←	←		←	←				
	규 칙				←	←	←				
	인사방침				←	←	←				
	기술과 능력						←				
	의사소통		←	←	←	←	←				
	집단, 집단간 비공식조직										
	역할기대		←	←		←	←				
	상호작용			←		←	←				
	감정, 태도			←	←	←	←	←	←	←	←
	집단규범과 가치						←	←	←	←	←
	집단과정기술						←	←	←	←	←
	자아, 다른 구성원과의 관계							←		←	
	'여기에 바로 지금'의 인간관계							←	←	←	←
	라이프스타일(life style)								←	←	←
	가까운 과거								←	←	←
	개인의 과거								←	←	←
대 매우 개인적임 (접근의 어려움)	무의식 또는 억압된 면										←

그림 16-4 동기유발의 과정

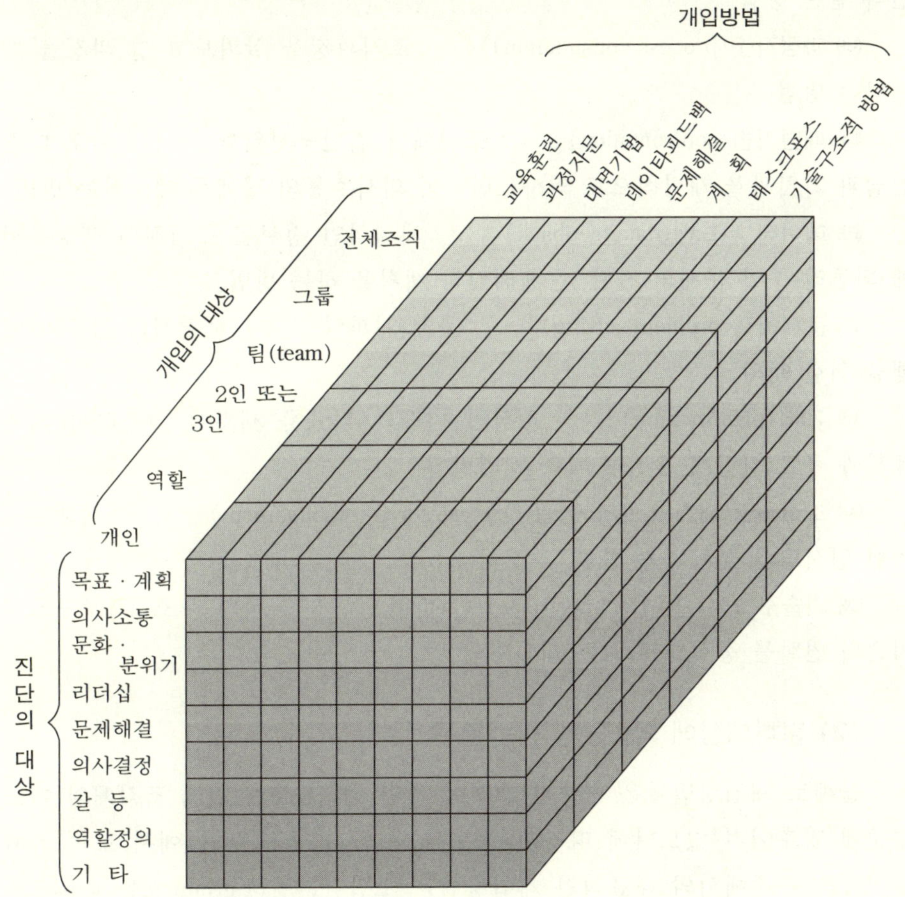

법의 깊이가 깊으면 깊을수록 더욱 더 변화담당자(change agent)의 전문성과 유능성에 의존하게 된다.

한편 프렌치와 벨(French and Bell)은 여러 가지 개입방법분석의 깊이에 따라 [그림 16-4]와 같이 분류하였다. 즉 진단의 대상이 되는 문제, 개입의 대상과 개입방법에 따라 분류하였다. 진단의 대상이 되는 문제로는 목표설정이나 계획과정, 의사소통, 조직문화나 분위기, 리더십, 문제해결, 의사결정, 갈등 · 협력의 문제, 역할정의 등이다. 또한 개입의 대상이 되는 단위로는 전체조직, 둘 또는 그 이상의 집단간, 팀과 소집단, 두 사람 또는 세 사람의 기본단위, 역할, 개인으로 나누어 볼 수 있다. 그리고 개입방법은 다음과 같은 것이 있다.

(가) 훈련과 교육(training & education) 이를테면 강의, 연습, 감수성 훈련과 같은 방법.

(나) 과정자문(process consultation) 조직과정을 살펴보고 그 과정을 개선하는 방법.

(다) 대면기법(confrontation) 조직체나 집단구성원들 사이에 서로 다른 신념과 가치관을 개방적으로 의사표현하여 의사소통의 장애를 해소하는 방법.

(라) 데이터 피드백(data feedback) 체계적인 정보를 수집하여 해당부서에 되돌려 주어 문제의 진단, 문제해결과 계획을 하는 방법.

(마) 문제해결(problem solving) 문제의 파악, 진단, 해결책의 강구와 이행을 위한 회의.

(바) 계획(plan making) 조직의 미래의 좌표를 새로이 설정하기 위한 계획과 목표 설정에 초점을 맞춘 개입방법.

(사) 조직개발 태스크 포스 설립(OD task force establishment) 문제해결을 위한 임시팀을 설립하는 방법.

(아) 기술구조적 활동(technostructural activity) 조직의 구조, 직무구조와 기술의 변화를 중심으로 하는 개입방법.

(2) 변화대상에 의한 개입방법분류

둘째로 개입방법들은 변화의 초점이 개인, 집단 또는 전체 조직체의 어느 수준에 맞추어져 있느냐에 따라서 분류될 수 있다. [표 16-2]에서 보는 바와 같이 개인수준에서의 대표적인 개입방법은 소집단훈련(T-group 또는 sensitivity training)과 역할분석 그리고 생애 · 경력계획과 개인 중심의 지식, 기술, 문제해결 등의 교육훈련방법이 포함되고, 2인(dyads) 또는 3인(triads) 수준에서의 대표적인 개입방법은 과정자문과 제3자조정법(third party peace-making) 등이 포함된다.

팀과 집단수준에서의 대표적인 개입방법은 팀구축과 가족집단훈련 그리고 집단의사결정과 문제해결 및 집단목표설정 등이 포함되고, 집단간의 관계수준에서의 대표적인 개입방법은 집단관계개선과 과정자문 그리고 집단수준에서의 제3자조정법 등이 포함된다. 그리고 전체 조직체수준에서의 대표적인 개입방법은 대면기법과 기술 · 구조적 개선 그리고 시스템 4조직개발과 전략계획활동 등을 포함한다. 그리고 조직개발은 그 단계에 따라서 역시 개인(단계

[표 16-2] 변화대상에 의한 개입방법분류

	개 입 방 법	
개 입 방 법 개 발	생애 · 경력계획 소집단(감수성)훈련 상담지도 그리드 조직개발 1단계	역할분석 교육훈련:기술, 지식 인간관계, 의사결정 문제해결, 목표설정 등
2인~3인관계 행 동 개 발	과정자문 그리드 조직개발 1, 2단계	제3자 조정법
팀 과 집 단 행 동 개 발	팀 구축 가족소집단훈련 과정자문 역할분석	설문조사피드백 교육훈련:의사결정, 문제해결 기획 · 목표설정 등 시스템 4조직개발
집 단 관 계 행 동 개 발	집단관계훈련 집단대면 과정자문 기술 · 구조 변화개입 그리드 조직개발 3단계	설문조사 피드백 제3자 조정법 조직체 '거울' (organizational mirror) 시스템 4조직개발
전 체 조 직 체 행 동 개 발	관리자대면 기술 · 구조변화개입 그리드 조직개발 4, 5, 6단계	설문조사 피드백 전략계획활동 시스템 4조직개발

자료 : French and Bell, *op. cit.*, p. 131.

1, 2)과 집단관계(단계 3) 그리고 전체 조직체(단계 4, 5, 6) 수준에 해당된다(표 15-2 참고).

본 장에서는 두 번째의 변화대상에 의한 분류에 따라 조직개발의 여러 가지 개입행동의 구체적인 기법들을 설명하고자 한다.

제3절 개인행동수준의 개입방법

조직구성원의 행동은 구성원 자신의 행동뿐만 아니라 집단구성원의 행동과 전체 조직체행동에 의해 영향을 받기 때문에 개인수준의 행동개발은 집단 및 조직체 전체 수준의 행동개발과 함께 연결해서 고려하여야 한다. 그러나 편의상 개인수준의 행동개발방법과 집단 및 조직체 수준의 조직개발방법과 비교하여 볼 때, 개인수준의 행동개발방법으로서는 전통적인 교육훈련방법이 대부분 여기에 속한다. 예를 들면 강의(lecture), 사례연구(case study), 역할연기(role playing), 프로그램에 의한 교육(programmed instruction), 회의 · 토의방법(conference-discussion), 모의교육(game/simulation), 시청각교육(audio-visual) 등이 있다. 개인이 바람직한 새로운 행동을 형성하려면 기본적인 사고방식과 가치의식의 개선은 물론 새로운 행동형성에 필요한 실제적인 지식과 기술 및 접근방법이 습득되어야 한다. 이와 같은 지식교육, 기술교육, 문제해결교육은 여러 가지 형태의 사내외교육을 통해 제공될 수 있다.[8)]

1. 강 의

강의(lecture)는 특수하고 실질적인 문제에 대해서 가치 있는 훈련도구가 된다. 강의는 보통 대규모 집단에서 사용되는데, 토의나 다른 방법보다 짧은 시간에 보다 많은 정보를 얻을 수 있으며, 강의에 궤도나 영화, 슬라이드 등이 함께 동원되면 더 큰 효과를 기대할 수도 있다.

강의방법의 장점은 강사의 지식과 경험이 하나로 응결되어 학습됨으로써 학습과정이 바르게 진행될 수 있으며, 토의에서 쓸데없이 길어지고 산만해지는 것을 피할 수 있다. 그리고 다른 훈련방법에서 놓치기 쉬운 생각들의 분석이 가능하다. 반면에 이 방법의 한계는 실제 활동과 조화를 이루지 못할 수도 있고, 구성원들의 지식 · 경험 · 동기 등에 관계 없이 강의가 일률적으로 행해지므로 강의의 내용이 필요 없는 것일 수도 있으며, 그리고 강의가 이해나 숙달이 아닌 단순한 지식의 나열이나 이론의 전달에 그치는 경우도 많이 있다. 따라서 강의에 의한 훈련방법의 성공 여부는 강연자가 그 내용을 충분히 전달시키는 능력과 듣는 자의 소화능력에 달려 있다.

2. 사례연구

사례연구(case study)는 교육과정에서 사용이 증가하고 있는데, 이 방법은 대화를 이끌어내기 위해서 특정훈련에 필요한 사례를 토의하도록 하는 것이

---

8) Howard W. Johnson, "Where Management Development Belongs," *Nations's Business*, Vol. 45, No. 6 (June 1957), p. 37.

다. 훈련받는 사람들은 서술된 형태(보고서, 기록, 영화, 슬라이드 등)로 제시된 상황을 검토한다. 그리고 이 진행은 사례연구에 경험이 있는 사람으로 하여금 도입단계에서 참여자들과 문제를 일치시키고 개인에게 제안하도록 하며, 문제해결에 대해서 다각적인 개입을 하도록 한다. 사례연구의 가치는 접근하는 특정문제의 해결에 항상 직접적으로 관련되어 있는 것이 아니라 구성원들이 해결점에 접근하는 행동에서 얻을 수 있다.

사례연구는 사례문제형(case problem type)과 사례연구형(case study type)의 두 가지로 나누어 볼 수 있는데, 조금씩 다른 상황에서 사용될 수 있다. 사례문제형은 올바른 해결책을 찾을 때 쉽게 문제를 인식할 수 있는 단순한 사례에서 주로 사용되며, 리더는 모임을 이미 제시되어 있는 원칙의 방향으로 이끌어가게 된다. 한편 사례연구형은 하바드 경영대학원(Harvard Business School)에서 사용되었던 것으로 문제가 복잡하고 모호하며 리더가 일정한 방향으로 이끌어가지 않는다. 이 형태는 특별히 인간관계를 위한 경영자훈련에 적합하며, 훈련하는 개인에게 문제를 파악하고 분석하는 데 좋은 방법으로 사례의 문제가 단순하지 않고 일반적인 고려의 정도를 넘어서기 때문이다. 사례를 선정할 때 판단력과 상식이 중요한 역할을 하는데, 사례는 훈련 프로그램의 목표에 적합한 것을 선정하여야 한다.

3. 역할연기

역할연기(role playing)는 사무실을 하나의 드라마 세트로 설정하여 모든 참가자에게 역할을 맡겨서 서로를 관찰하고 건설적인 비판을 하도록 하는 방법이다. 역할연기에서는 조직에서 실제로 생길 수 있는 상황을 설정하여 인간관계적 기술을 향상시키는 데 1차적인 목적을 두고 있다.[9)]

역할연기는 참여하는 자신들의 행동을 고려해 보게 되므로 통찰력을 얻을 수 있고, 타인들의 관점에서 생략하게 되므로 조직 내의 여러 가지 상황을 이해하게 되며, 각자의 장단점을 받아줄 수 있는 아량을 배우게 된다. 또 리더는 이를 통하여 행동함으로써 배우고, 말로만 하는 인간관계(talking desirable human relation)를 피할 수 있다.

9) Carlos A. Efferson and Earl G. Planty, "Developing Leadership for Tomorrow' s Tasks," *Dun' s Review and Modern Industry* (February, 1952), p. 81.

역할연기기법이 효과를 거두기 위해서는 능숙한 리더십이 요구된다. 왜냐하면 역할연기에 참여하는 사람들이 여러 가지 다른 성격을 가지고 있을 뿐만 아니라, 대개는 비판적이거나 방관적인 태도를 가지고 있기 때문에 역할연기의 상황이 인위적이 되는 경우가 많다. 따라서 훈련의 기술과 재치가 필요하며, 이러한 리더가 역할연기기법을 잘 수행할 수 있다.

4. 감수성 훈련

감수성 훈련(sensitivity training)은 제 2 차 세계대전 직후에 레빈(Lewin)이 중심이 되어 미국 국립훈련연구소(National Training Laboratory)의 조직구조를 이용하여 사회지도자들의 교육훈련방법으로 사회지도자들 자신의 사회경험을 서로 토의하고 상호피드백한 것이 첫 시작이었다. 사회지도자들간의 상호피드백이 자신들의 자아인식과 기타 교육에 큰 도움이 된 것을 계기로 하여 이러한 방법이 점차적으로 개인행동개발을 위한 감수성 훈련으로 발전하였고, 미국 국립훈련연구소도 미국의 감수성 훈련의 대표적인 기관으로 성장하게 된 것이다.[10] 감수성 훈련의 목적은 다음과 같다.

(가) 개인으로 하여금 자기자신의 행동과 자기행동이 타인에게 주는 영향에 대한 이해를 증진시킴으로써 자기 자신에 대한 자아인식을 높이고,

(나) 개인으로 하여금 타인의 행동과 집단행동, 그리고 집단 사이의 상호작용에 대한 이해를 증진시키며,

(다) 대인관계나 집단관계에서 당면하는 상황과 문제에 대한 진단기능(diagnostic skill)을 증진시키고,

(라) 개인으로 하여금 자신의 학습결과를 자신의 실제행동으로 전환시킬 수 있는 능력을 개발하고,

(마) 개인으로 하여금 대인관계에서 자기 자신의 행동을 분석하여 자신의 행동을 개선할 수 있는 능력을 길러주는 것이다.

감수성 훈련의 내용은 훈련의 강요와 시기에 따라서 각각 다르지만 일반적으로 다음과 같은 내용을 포함하고 있다.

(가) 참가자들간의 상호소개와 친밀한 관계의 유도

10) Edgar Huse, *Organization Development and Change* (St. Paul, Min.: West Publishing W.S., 1975), p. 25.

[표 16-3] 행동모형화의 구성요소

구성 요소	교육 내용	교육 효과
1. 모형화(modeling)	모범행동, 연기 또는 상영 (필름, 비디오 등)	새로운 기술이나 행동에 대한 이해
2. 역할연기(role playing)	연수생 연기 및 비디오 촬영	참여, 연습
3. 강화작용 (social reinforcement)	연수생 연기에 대한 교육담당자와 연수생들의 토의와 피드백	피드백 강화
4. 학습의 이전 (transfer of learning)	새로운 행동이나 연기에 대한 조장	새로운 행동 → 성과 (transfer of learning)

자료 : French and Bell, *op. cit.*, p. 131.

(나) 개인행동과 집단행동에 관한 행동과학이론의 교육

(다) 문제해결과제를 통하여 참가자들간의 실제 상호작용의 유도

(라) 상호작용에서 나타난 행동에 대한 참가자들간의 토의와 자신들간의 상호피드백 교환

(마) 이론교육, 상호작용, 경험, 토의, 피드백 교환의 반복 및 정리

이상의 교육내용 중에서 가장 중요한 부분은 참가자들간의 실제 상호작용과 참가자 행동에 관한 상호간의 개방적인 토의와 피드백이다. 이 과정에서 참가자들은 자신의 행동에 대한 이해는 물론 자신의 행동이 타인에게 어떠한 영향을 주고 있는지를 직접 알게 됨으로써 자신의 행동을 지배하고 있는 가치관과 의식구조를 알게 되고, 따라서 자기 자신의 행동을 분석하는 능력을 갖게 된다. 감수성 훈련의 장점은 다음과 같다.

(가) 자기 자신 및 자신이 남들에게 주는 영향에 대해서 배울 수 있다.

(나) 자신의 감정이 남들에 대한 자신의 행동에 어떻게 영향을 주는가를 이해 할 수 있다.

(다) 사람들이 서로 의사소통하는 데 더 민감해진다.

(라) 사람들과 집단이 어떻게 영향을 주고 받는가에 대해 배울 수 있다.

(마) 다른 사람들과의 대면적 상황에서 보다 책임 있는 행동을 할 수 있다.

(바) 집단기능에 보다 효과적으로 기여하는 방법을 배울 수 있다.[11]

11) Robert Tannenbaum, Irving R. Weschler, and Fred Massarik, *Leadership and Organization* (New York: McGraw-Hill Book Co., 1961), pp. 120~121.

5. 행동모형화

행동모형화(behavior modeling)는 강의, 시청각 교육 그리고 역할연기방법에 피드백 강화법칙을 적용하여 개인의 기술향상이나 행동개선을 가져오게 하는 훈련기법이다. 이 방법은 먼저 강의를 통하여 기본적인 개념을 숙달시키고 영화나 슬라이드로 보여 준 다음, 참여자 자신의 실제의 역할연기 내용을 촬영하여 보여 주고 교육 담당자와 참여자들이 실제연기에 대한 피드백을 함으로써 학습효과가 실제행동의 개선이나 기술향상으로 이전되도록 하는 방법이다.

행동모형화방법의 실제효과에 대한 실증적 연구가 아직 많이 제시되지 않았지만 일반적으로 그 효과가 좋은 것으로 인정되고 있으며, 조직체에서도 면접방법, 판매행동브리핑방법, 회의진행방법 등 여러 가지 행동개발훈련에 점점 많이 이용되고 있다.[12)]

6. 행동수정

행동수정(behavior modification)은 작동적 조건화(operant conditioning)법칙과 적극적 강화(positive reinforcement)법칙을 적용하여 개인의 바람직한 행동을 유도하는 행동개발방법으로서 다음과 같은 단계를 포함한다(그림 16-5 참고).

(가) 측정치의 설정　　직무성과를 측정할 수 있는 수치를 설정한다. 생산성이나 품질 등 개량적 수치 뿐만 아니라 협조·신뢰성 등 주관적 성과도 이에 포함한다.

(나) 목표설정　　생특성 증대, 품질향상 등 조직구성원이 일정기간 동안에 달성

(다) 결과피드백　　구성원은 자신의 성과를 주기적으로 기록하여 자신의 피드백을 통하여 성과의 결과와 패턴을 인식하게 된다.

(라) 강화작용　　기말에 관리자는 구성원이 달성한 성과를 초기에 설정한 목표와 비교·평가하여 보상을 제공함으로써 구성원으로 하여금 바람직한 행동과 성과를 반복하도록 이들을 유도한다. 강화요인으로는 주로 칭찬이나

12) J. Komaki, K.D. Barwick, and L.R. Scott, "A Behavioral Approach to Occupational Safety," *Journal of Applied Psychology* (1978), pp. 934~945.

그림 16-5 행동 수정

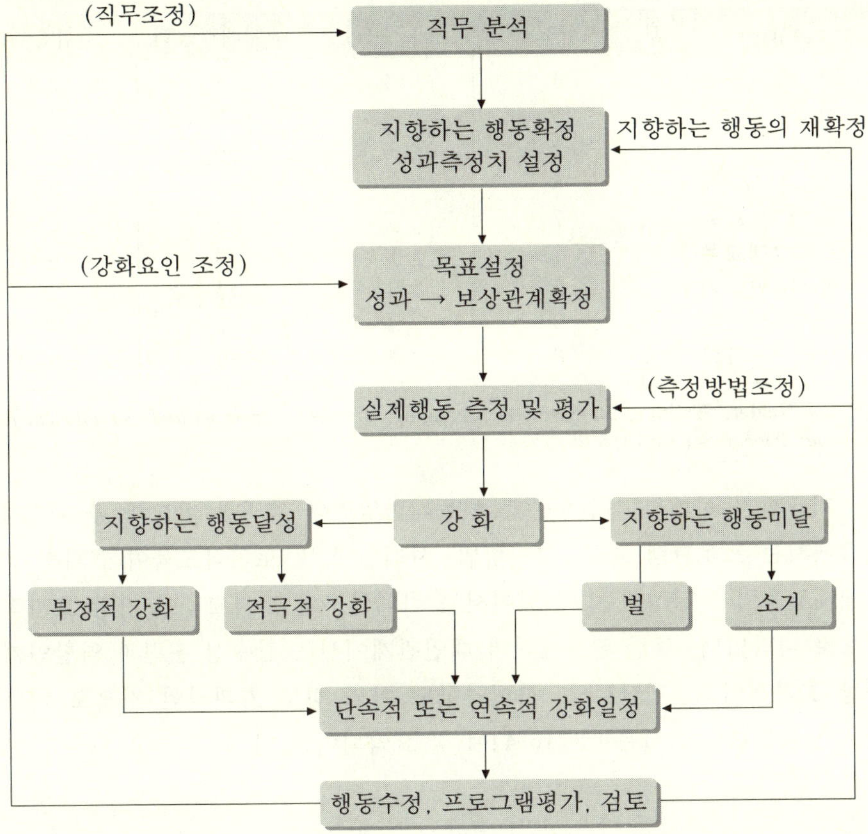

자료 : Andrew D. Szilagyi, Jr, and Marc J. Wallace, Jr., *Organizational Behavior and Performance*, 3rd ed. (Glenview, Illinois: Scott, Foresman and Co., 1983), p. 111.

격려 등이 사용된다.

일반적으로 행동수정은 행동과학전문가나 변화담당자들의 개입 또는 지원하에 실무관리자에 의하여 실행된다. 행동수정은 목표설정을 비롯하여 강화방법과 강화일정 등 작동적 조건화의 이론적 적용은 물론, 구성원의 바람직한 행동개발을 위한 관리자의 꾸준한 노력이 요구된다. 이러한 요건하에서 행동수정은 많은 조직체에서 생산성과 품질의 향상, 결근율과 사고율의 감소 등 실제로 좋은 성과를 많이 거두고 있다.[13)]

13) *Ibid.*, pp. 12~14.

[표 16-4] 교육훈련방법의 효과 비교

교육훈련방법 \ 효과분석	지식교육	태도변화	문제해결능력	종합순위
사례연구	4	4	1	3
회의토의	3	3	3	1
강의	2	6	5	4
모의교육	8	5	2	5
시청각교육	7	7	8	8
프로그램교육	1	9	6	6
역할연기	5	1	4	2
감수성훈련	9	1	7	7
텔레비전강의	6	8	9	9

자료 : N. Neider, "Training Effectiveness: Changing Attitudes", *Training and Development Journal* (December 1981.), p. 25.

지금까지 설명한 개인수준의 행동개발방법의 효과를 비교해 볼 때, 지식교육에서는 프로그램 교육, 강의방법, 사례연구 및 토의식교육이 효과적이며, 문제해결능력을 달성하는 데 있어서는 사례연구와 토의교육이 가장 효과적인 것으로 나타났다. 또한 행동개선과 대인관계에서는 감수성 훈련과 역할연기가 가장 효과적이고, 집단토의, 사례연구도 어느 정도 효과적인 것으로 나타났다.[14] 이와 같은 사실은 [표 16-4]에 잘 요약되어 있다.

제 4 절 집단행동수준의 조직개발방법

집단수준의 행동개발방법으로서는 ① 팀 구축(team building), ② 집단대면기법(group confrontation), ③ 제 3 자조정법(third party peace-making), ④ 과정자문법(process consultation), ⑤ 설문조사 피드백(survey feedback) 등이 있다. 이하에서는 이러한 방법에 대해 차례대로 설명하고자 한다.

1. 팀 구축

팀 구축(team building)법이란 조직에서 존재하는 다양한 팀들을 개선하고

14) 이학종, 「조직문화와 조직개발」(법문사, 1986), p. 236.

그 유효성을 증대시킬 것을 목적으로 하는 조직개발방법으로서 집단행동개발에 있어서 가장 중요한 방법이다. 팀 구축법은 앞서 설명한 레빈(K. Lewin)이 주장한 태도의 변화과정인 해수 · 변화 · 재동결의 단계를 거쳐 이루어진다.

팀 구축법의 첫째 형태는 집단의 문제를 진단하는 것(diagnostic meeting)으로, 이 방법의 목적은 집단의 성과에 대한 공개토의와 비평을 하기 위한 것으로 토의를 통해 집단의 성과를 저해하는 문제점을 찾아내는 데 있다. 이 방법은 먼저 집단구성원들에게 문제를 공동으로 토의할 것을 제의함으로써 시작되어 집단구성원들이 동의를 하면 문제진단을 위한 집단회의가 소집되어 개방적인 의사소통을 통하여 문제의 원인을 밝히고 이를 제거하기 위한 구체적인 실천계획을 작성하게 된다. 이 방법의 장점은 집단으로 하여금 문제를 조심성 있게 다루도록 해 주고 특히 시간이 많이 걸리지 않는다는 점을 들 수 있다.

팀 구축법의 두 번째 형태는 가족팀구축회의(family team building meeting)로서, 이는 동일한 작업부서의 구성원으로 하여금 자기 집단의 문제점을 파악하고 해결하기에 익숙케 하기 위해서 시도되는 방법이다. 컨설턴트는 작업집단의 구성원들을 개인적으로 면접하고 간단한 설문지도 작성하여 집단행동과 구성원들 상호관계에 대한 설계자료를 수집한다. 면담결과와 설문자료분석을 중심으로 컨설턴트는 구성원들간의 개방적인 토의와 의견교환을 유도하고 설문자료의 분석결과도 피드백해 주면서 구성원으로 하여금 자신들의 근본문제를 인식하고 이의 구체적인 해결방법을 모색하도록 한다.

팀 구축법의 세 번째 형태는 역할분석팀구축(role-analysis team building)으로서 이는 팀 구성원들에게 기대되는 역할과 책임을 명백히 하기 위하여 시도되는 방법이다. 집단구성원의 역할을 둘러싸고 각자의 역할기대와 실제의 역할행동간의 차이로 말미암아 구성원들간에 갈등과 스트레스가 발생할 수 있다. 따라서 구성원 각자의 역할을 명백히 하고 역할에 대한 구성원들 상호간에 공통된 이해를 조성하는 것이 역할분석팀구축의 근본목적이다.

2. 집단대면기법

많은 조직이나 기업에서 부서 또는 팀으로 분할되어 있는 경우 어느 정도의 집단간의 갈등은 불가피한 것으로서 리더는 상호 관련부서와 구분된 집단간의 역기능적인 갈등에 대비해야만 한다.[15] 집단대면기법(group confrontation)은 이러한 대비책의 일환으로 고안된 행동개발기법으로서 집단 사이의 상호협조적이고 지원적인 관계를 조성하기 위하여 변화담당자가 중심이 되고 상호이해를 증진시키고, 잠재되어 있는 문제를 인식시켜 이의 해결책을 모색하는 것이 이 기법의 근본목적이다.[16]

집단대면기법은 여러 가지의 단계를 거치게 되는데, 먼저 예비회의에서 변화담당자는 우선 문제집단의 관리자와 문제의 증상을 토의하고, 문제집단들 사이의 관계를 개선할 필요성과 접근방법을 협의한다. 집단대면의 목적과 방법에 대하여 합의가 되면 대면과정이 시작된다. 그 후 문제집단은 각각 별도로 모임을 갖고 자기집단과 상대집단에 대한 의견을 종합 · 정리하여 서로 대면하게 된다.

첫 번째의 대면에서는 자기집단의 생각을 상대집단에 전달하고 다시 각 집단의 별도 모임에서 상대집단에 대한 의견을 토의하여 자신과 상대집단에 대하여 새로운 인식을 갖도록 유도하며, 상대집단과의 관계에 있어서 기본문제와 개선되어야 할 점을 토의하여 문제해결방안을 작성한다.

두 번째의 대면에서 문제집단들은 각기의 문제집단결과와 해결방안을 제시하고 토의한다. 이 공동토의를 통하여 문제집단들은 상호갈등의 원인을 정리하고 문제해결을 위한 통일된 구체적인 방안을 수립하게 된다. 문제해결에 착수한 후에는 그 경과와 효과분석이 뒤따르게 되고, 새로운 문제점과 문제해결을 수정사항 등을 토의한다.

3. 과정자문법

과정자문법(process consultation)은 외부 컨설턴트의 도움을 받아 한 집단이나 집단간에 발생하는 과정을 개선하려 하는 기법이다. 즉 각 집단의 리더들을 대상으로 개인행동이나 인간관계 등 조직운영과정에서 당면하는 제반 문제에 대한 분석능력 및 해결능력을 향상시켜 주는 조직개발기법이다.[17]

---

15) R.E. Walton, *Interpersonal Peacemaking: Confrontations and Third-Party Consultation* (Reading, mass.: Addison-Wesley Pub. Co., 1969), pp. 148~150.

16) J.L. Gibson, J.M. Ivancevich, and J.H. Donnelly, Jr., *Organizations: Behavior, Structure, Process* (Plano, Texas: Business Publications, Inc., 1982), p. 209.

17) 이학종, *op. cit.*, pp. 244~245.

과정자문법의 목적은 조직구성원으로 하여금 조직체 및 집단의 구성원으로서 조직체나 집단에서 일어나고 있는 조직운영 및 인간관계상의 과정사건(process events)들을 인식시키고 자기 자신에게 바람직한 변화를 가져올 수 있는 자신의 능력을 개발하도록 도움을 주는 데 있다. 일반적인 자문을 조직구성원에게 컨설턴트의 지식이 이전되는 데 비하여 과정자문법에서는 컨설턴트의 가치관(value)과 기술(skill)이 주입되고 있다는 점이 다르다.[18)]

변화담당자인 컨설턴트는 의사소통과 역할분석, 집단의사결정과 문제해결, 집단규범과 집단행동의 향상, 리더십과 권한관계, 집단관계와의 협조 등 다양한 방면에서 자문할 수 있다. 그러나 일반적으로 자문과정에 변화담당자가 개입역할을 수행할 수 있는 부문은 ① 조직경영과 인간관계상의 문제와 과정분석(process analysis)과 문제해결절차에 대한 자문, ② 과정분석과 개인 · 집단과정에 관한 피드백과 자문, ③ 조직구성원에 대한 상담(counseling), ④ 집단의 구성, 커뮤니케이션과 상호작용 패턴, 직무 · 책임 · 권한의 배정 등 조직구조 · 설계에 대한 자문 등이다.

이 기법의 장점은 오늘날 조직이 당면하고 있는 중요한 개인적 · 집단적 문제해결을 목표로 하고 있으며, 비록 외부의 컨설턴트의 도움을 받기는 하나 조직 스스로가 문제해결을 모색하는 데 있다. 반면에 단점으로는 다른 조직개발기법처럼 그렇게 집중적으로 이 방법에 관여하지 않는다는 것과 오랫동안의 지속적인 개입이 필요하기 때문에 많은 비용과 노력이 필요한 점이다.

4. 제 3 자조정법

제 3 자조정법(the third party peacemaking)은 과정자문법의 특수한 형태로서 개인간 · 집단간의 갈등해결을 근본목표로 삼고 있다. 이 기법은 과정자문법과 마찬가지로 관련과정을 검토하여 갈등의 이유를 진단하고, 제 3 자의 컨설턴트를 통하여 갈등에 대한 건설적인 대책과 해결을 촉진하고자 노력한다.

조직구성원간의 갈등을 해소하기 위해서는 갈등에 작용하는 문제를 진단하는 것이 가장 근본적인 과제이다. 제 3 자, 즉 변화담당자는 문제의 진단과정에서 몇 가지의 초점을 설정해야 하는데, 첫째는 갈등의 근본적인 원천이 무

18) E. H. Shein, *Process Consultation: Its Role in Organizational Development* (Reading, Mass. Addison Wesley Pub. Co., 1969), p. 9.

엇인지를 분석하는 것이고, 둘째는 갈등의 배경을 분석하는 것이다. 그리고 셋째는 갈등을 촉진시키는 요소를 알아내는 것이고, 넷째는 갈등으로 인한 역기능적인 결과를 알아내는 것이다. 다시 말해서 변화담당자는 조직구성원간의 갈등의 원인과 증상, 그리고 그 결과를 분리하여 문제를 진단해야 한다.

조직구성원간의 갈등문제의 해결은 주로 그들간의 대면과 개방적인 의사소통을 통하여 실현될 수 있다. 조정을 효과적으로 하기 위해서 변화담당자는 문제구성원들간의 갈등을 제거하려는 적극적인 동기를 조성하고, 그들간의 균형 있는 권력의 조정과 상호간의 건설적 대면을 조성하고, 개방적 의사소통의 적절한 관계를 조성하며, 상호간의 이해를 유도하고 증진하도록 해야 한다.[19] 그 밖에도 변화담당자는 제3자로서 사전에 문제구성원들을 개별적으로 면담하여 문제의 성격을 파악하여 효과적인 조정과정을 계획하고 진행하도록 해야 한다.

제3자에 의한 조정은 근본적으로 구성원들 자신에 의해서 갈등을 해소하는 것을 목적으로 하고 있으므로 문제구성원들 자신이 문제해결에 관심을 갖고 이에 적극적인 태도를 보여야 한다. 문제구성원들간의 갈등은 때때로 매우 복잡한 성격을 띠므로 변화담당자의 조정기술이 매우 중요하다. 이 기법의 장점이라면 역기능적인 갈등해결의 체계적인 기법이라는 점을 들 수 있으나, 이 방법이 실패했을 경우 오히려 갈등이 악화될 수도 있다는 약점을 동시에 지니고 있음을 기억해야 한다.

5. 설문조사 피드백

이 설문조사 피드백(survey feedback) 방법은 미시건 대학의 조사연구소(Survey Research Center)에서 처음 개발하여 보편화시킨 연구조사방법으로서,[20] 설문지를 사용하여 집단이나 조직문제에 대한 구성원들로부터의 설문조사결과를 중심으로 이것을 피드백 자료로 활용하여 구성원들로 하여금 자기의 집단과 조직문제를 해결하도록 하는 행동개발방법이다. 즉 변화담당자의 개입하에 문제집단이나 조직체의 구성원으로부터 설문자료를 직접 수집하여 워크샵(workshop)이나 집단회의에서 이들에게 그 결과를 알려 주고, 이들

19) *Ibid.*, p. 135.
20) R.E. Walton, *op. cit.*, pp. 37~115.

의 참여를 통하여 문제를 진단하고, 문제해결을 모색하는 것이 이 방법의 기본성격이다.

이 방법이 전통적인 태도조사와 같은 일반설문방법과 다른 점은 모든 단계에 걸쳐 팀(team)의 적극 참여에 있다. 그러나 팀만이 적극 참여한다고 이 방법이 성공하는 것은 아니다. 이 설문조사 피드백 기법이 기업조직 내에서 계속적인 피드백 과정을 거치면서 발전하기 위해서는 전과정에 걸친 최고경영층의 지원과 관심이 있어야 하고, 이 기법의 활용기술이 뛰어나야 하며, 조사 피드백이 중요요소에 미친 영향의 여부에 관해 엄격한 기준을 적용하여야 한다.[21]

이상에서 집단행동수준의 조직개발방법에 대해 언급하였는데, 이 밖에도 그리드 기법과 시스템 Ⅳ이론 등이 있다. 이들 방법은 집단행동뿐만 아니라 개인행동과 조직체행동개발에도 적용되는 기법으로서 이들에 대해서는 전체 조직체행동기법과 관련하여 설명하려고 한다.

제5절 전체 조직체 수준의 조직개발방법

전체 조직체 수준의 조직개발방법으로서는 ① 그리드 기법, ② 관리자대면기법, ③ 시스템 Ⅳ기법, ④ 목표관리 등이 있다. 이들 기법에 대해 차례대로 설명하기로 하자.

1. 그리드 기법

이 기법은 블레이크와 모우튼(Blake and Mouton)이 개발한 매니지리얼 그리드(managerial grid) 이론에 근거를 둔 것으로,[22] 여섯 단계의 개발과정을 통하여 장기간 진행되는 동안 개인수준의 행동개발로부터 전체 조직체 수준의 행동개발에 이르기까지 '이상적인 리더'의 실현을 목적으로 다양한 능력측정 도구와 개인과 집단의 자기평가, 그리고 지식 · 기술 · 행동의 여러 가지 개발

21) W.G. Bennis, K.D. Benne, R. Chin, and K.E. Wrey, *The Planning of change*(New York:Holf, Reinhard and winstox 1961), PP. 605~613.

22) A.D. Szilagyi, Jr., and M.J. Wallace,Jr., *Organizational Behavior and Performance* (Glenview, Ill.: Scott, Foresman & Company, 1983), p. 572.

방법을 활용한다. 다시 말해서 블레이크와 모우튼의 리더십 이론에서 제기한 생산에 대한 관심(product concern)과 인간에 대한 관심(people concern)이 다같이 높은 리더를 개발시키기 위한 기법으로서 보통 다음과 같은 6가지의 단계를 거치게 된다.[23)]

[단계 1] 그리드 세미나(grid seminar) 이 세미나에서 교육참가자들은 리더십행동유형에 대하여 배우고, 5~10명 정도의 소집단을 구성하여 각자의 리더십행동유형을 그리드 설문지에 의해 실제로 측정하고, 문제해결실습을 통하여 자신의 행동경향에 대한 인식을 증대시킨다. 동시에 교육집단구성원과의 문제해결, 그리고 상호간의 피드백 교환을 통하여 개방적인 커뮤니케이션과 피드백 행동을 조성한다.

[단계 2] 팀의 개발(team development) 앞의 [단계 1]에서 얻은 경험을 실무환경에 적용하고 작업집단의 동료들과 같이 자기의 리더행동유형을 토의한다. 상사와 부하간의 관계에 있어서도 생산과 인간에 대한 관심도를 중심으로 상호간의 행동을 토의함으로써 그리드 조직적인 사고방식을 기르고 자신의 행동에 대한 인식을 높인다. 그리고 그리드 개념을 실제 작업집단에 적용하여 집단구성원간의 상호관계를 개선하고, 집단 및 조직체의 제문해결능력을 기른다.

[단계 3] 집단간 행동개발(intergroup development) 집단간의 갈등과 스트레스의 원인을 분석하고 집단간의 관계를 경쟁적이고 승패(win-lose)적인 관계로 보는 관점에서 모두 승자(win-win)가 될 수 있다는 관점으로 전환시킴으로써 집단간에 상호 협조적인 태도와 행동을 유도한다.

[단계 4] 이상적 모형의 개발(developing an ideal model) 이 단계에서는 교육참가자들로 하여금 '이상적'인 조직체를 구성하게 하고, 전체조직체의 목적을 설정하도록 하는 등 전체 조직적인 사고와 행동을 개발한다.

[단계 5] 모형의 실천(implementing the model) 이 단계에서는 이상의 단계적 개발을 통하여 조직에 대한 리더의 조직전념도가 높아졌다는 가정하에서 이것을 토대로 조직체의 계속적인 행동개선을 개발해 나간다.

[단계 6] 이상적인 모형의 정착(monitoring the ideal model) 이상의 제단계에서 개발된 새로운 행동을 정착시키는 단계로서, 약 1년 동안에 걸쳐서 지금까지의 실제효과를 측정 · 평가하고 안정시킨다.

23) 이학종, 전게서, pp. 254~259.

지금까지 살펴본 것처럼 그리드 기법은 관리자의 리더쉽행동으로부터 시작하여 여러 단계를 거치면서 전체조직체의 적응능력을 순서적으로 개발해 나가는 방법이다.

2. 관리자대면기법

관리자대면기법(manager confrontation)[24)]은 경영층의 자체진단과 대책강구의 필요성에 대한 최고경영자의 기조강연으로부터 시작된다. 이 때 최고경영자는 관리자대면의 목적과 필요성을 강조하고, 경영관리자 모두에게 관리자대면에 적극적인 협조와 개방적인 문제분석을 당부한다. 그런 다음 관리자들을 7~8명의 소집단으로 구성하여 동기의 장애요인과 효율적인 조직운영의 장애요인이 무엇인지를 분석하고 이들 요인을 제거하기 위한 방안을 모색한다.

관리자소집단의 토의결과는 관리자 전체회의에 보고된다. 보고된 내용은 소집단관리자들에 의하여 커뮤니케이션이나 최고경영층과의 관계 등 몇 가지 문제로 요약 · 정리된다.

임원들은 종합 · 정리된 소집단의 토의결과와 분야별 관리자집단의 행동계획을 중심으로 최고경영층에서 행동계획을 토의 · 작성하고, 이를 수일 내에 모든 관리자에게 전달한다. 4~6주일 후에는 전체관리자회의를 소집하여 관리자대면 실시 이후의 경과를 토의하고 평가한다.

이 기법은 1일 동안에 완성할 수 있는 비교적 간단한 방법으로서 잘만 계획된다면 짧은 시간 내에 좋은 성과를 거둘 수 있다는 장점을 지니고 있다. 그러나 이 기법이 좋은 성과를 거두려면 문제해결에 대한 관리자들의 관심과 조직에 대한 전념도(organizational commitment)가 전제되어야 한다.[25)]

3. 시스템 Ⅳ기법

이 기법은 리커트의 시스템 Ⅳ이론에 근거를 두고 있다.리커트는 리더십과 동기부여, 의사소통과 상호작용, 의사결정과 목표설정, 그리고 관리통제

24) R.R. Blake, J.S. Mouton, L.B. Barnes, and L.E. Greiner, "Breakthrough in Organizational Development," *Harvard Business Review* (Nov.-Dec. 1964), pp. 137~138.

25) Richard Bechard, "The Confrontation Meeting," *Harvard Business Review* Vol. 45, No. 2 (Mar.-Apr. 1967), pp. 154~155.

등의 조직분위기 요소를 중심으로 조직체를 다음의 4가지 유형으로 분류하고 조직체의 성과와 유효성을 비교 · 분석하였다.[26] 리커트의 연구결과에 의하면 시스템 Ⅳ의조직이 가장 이상적인 것이라고 한다.

따라서 시스템 Ⅳ기법은 시스템 10조직이론을 토대로 하여 조직체에 대한 조직 구성원들의 반응을 중심으로 조직행동과 조직분위기를 개선해 나가는 것으로서 관리자의 집단중심적인 리더십행동과 참여적 의사결정을 통하여 조직체의 성과를 올리려는 기법이다. 즉 조직구성원의 행동은 관리자의 리더십행동과 경영성과에 의하여 많은 영향을 받고 있으므로, 관리행동의 개선과 시스템상의 개선을 통하여 조직구성원의 행동개선도 유도할 수 있다는 것이 시스템 Ⅳ기법의 기본전제이다.[27]

4. 목표관리

목표관리(management by objectives)의 기본개념은 원래 1950년대에 드러커(P. Drucker)에 의하여 제시된 이후,[28] 여러 학자들에 의하여 수정되어 구체화되었고,[29] 특히 조직개발전문가들에 의하여 행동개발측면에서 많이 보완되어 옴으로써 현대조직의 매우 중요한 경영기법으로 발전해 왔다. 목표관리는 표면상으로는 간단한 개념인 것같이 보인다. 그러나 실제 적용에 있어서 성공적인 효과를 거두려면 높은 수준의 관리행동과 조직구성원행동이 요구된다. 따라서 조직체 내부에 많은 변화가 필요하게 되고, 관리자와 조직구성원의 행동개발을 위한 개입활동이 매우 중요한 역할을 하게 되므로, 목표관리에서 조직개발이 차지하는 부분이 점차적으로 증가해 왔다. 목표관리를 구성하고 있는 중요과정을 요약하면 [그림 16-6]과 같다.[30]

목표관리가 성공하려면 목표관리에 대한 구성원들의 인식은 물론, 조직구

26) *Ibid.*, p. 150.

27) R. Likert, *The Human Organization: Its Management and Value* (New York: McGrw-Hill Book Co., 1967).

28) Peter Drucker, *The Practice of Management* (New York: Harper and Brothers, 1954), pp. 128~129.

29) George Odiorne, *Management By Objectives* (New York: Pitman Publishing Company, 1965), p. 26: Henry L. Tosi, "Effective and Ineffective MBO," *Management By Objectives*, Vol. 4, No. 3(1975). pp. 7~14.

30) MBO 모형에 대한 상세한 내용은 이학종, *op, cit.*, pp. 262~269를 참고할 것.

그림 16-6 목표관리(MBO) 모형

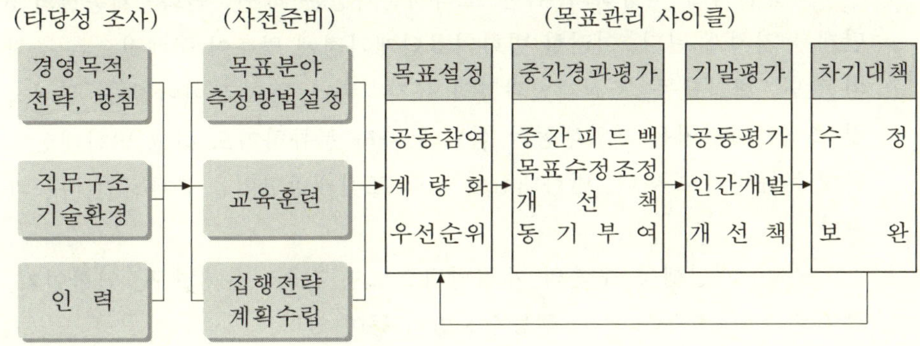

자료 : 이학종, 「조직문화와 조직개발」(법문사, 1986), p. 263.

성원간의 신뢰적인 분위기와 이들의 개방적인 태도가 중요하다. 이러한 여건은 단기간에 형성될 수 없으므로 최고경영층의 장기간에 걸친 끊임 없는 노력이 요구된다. 그러므로 변화담당자는 목표관리 초기에 조직체 각층에서의 기초교육을 비롯하여 목표설정방법, 커뮤니케이션 교육, 관리자의 상담훈련, 신뢰적이고 개방적인 분위기를 위한 개인행동 및 집단행동개발 등 여러 가지 조직개발활동을 단계적으로 전개해 나가게 된다. 목표관리가 집행된 후에도 성과 여하에 따라서 관리자와 구성원의 행동강화교육이 계속적으로 제공된다.

내용요약

현대 산업사회가 점차 발달됨에 따라 환경의 변화가 심해지고, 이러한 환경변화에 대응하려는 기업의 노력이 바로 조직변화와 조직개발이다.

해방 이후 우리나라는 경제적 여건이 엄청나게 변화하였고, 기술수준 · 시장경쟁 · 노동시장 · 노동조합의 변화가 심각했으며, 정부는 각종 법규를 내세워 직접 · 간접으로 깊숙이 기업활동에 개입해 왔다. 이러한 환경변화에 대응하기 위한 기업의 전략은 크게 3가지로 나눌 수 있다. 첫째, 조직이 환경변화에 적절히 적응하거나(적응전략), 둘째 가능하면 기업에 불리한 환경을 회피하는 방법(회피전략), 셋째 기업의 외적 환경을 통제하는 방법(통제전략)이 있다. 그러나 조직이 항상 불리한 환경을 회피하거나 통제할 수 있는 것은 아니며, 대부분의 경우 환경변화에 적응하지 않으면 안 된다.

환경변화에 적응하기 위한 조직개발과정은 해빙, 변화, 재동결의 3단계를 거치게 된다. 이러한 변화의 3단계과정에 맞추어 구체적으로 조직의 진단, 개입활동, 조직개발과정의 유지 · 관리 등으로 이어진다. 구체적인 조직개발방법은 개입행동의 심도에 따라 분류하기도 하고 변화대상에 의해 분류하기도 한다. 변화대상에 따라 조직개발방법을 분류하면 다음과 같다.

첫째, 개인행동 수준의 개입방법으로서 강의, 사례연구, 역할연기, 감수성 훈련, 행동모형화, 행동수정방법 등이 있다.

둘째, 집단행동 수준의 조직개발방법으로서는 팀구축법, 집단대면기법, 제3자 조정법, 과정자문법, 설문조사피드백방법 등이 있다.

셋째, 조직전체수준의 조직개발방법으로서는 그리드 기법, 관리자대면법, 시스템 Ⅳ기법, 목표에 의한 관리 등이 있다.

연구과제

1. 1970년대 이후 우리나라 환경변화를 구체적인 요인을 중심으로 설명하라.
2. 조직개발의 필요성과 특징을 설명하라.
3. 레빈의 변화과정에 맞추어 구체적인 계획적 변화의 과정을 설명하라.
4. 개인행동 수준의 개입방법을 열거하고 설명하라.
5. 집단행동 수준의 개발방법을 설명하라.
6. 전체조직수준의 조직개발방법을 열거하고 예를 들어 설명하라.

제 17 장 지식경영과 학습조직

제1절 지식 중심의 경영패러다임

기업 간의 경쟁이 첨예화되고 생산양식이 고도화되면서 경영과 경제의 패러다임이 변화하고 있다. 세계경제가 자본, 인력, 자원의 물적중심 생산에서 점차 지식에 기반을 둔 생산으로 옮아가고 있다. 이는 경제 전체적으로 지식중심의 경제가, 기업차원에서는 지식을 체계적으로 관리하는 지식경영이 요구되고 있음을 의미한다. 1980년대 이후 선진 OECD 국가들의 생산구조를 살펴보면 첨단기술과 지식을 요구하는 소위 지식기반 산업의 부가가치 생산이 기존의 제조업에 비해 빠른 속도로 증가하고 있다. 1990년 중반 이러한 지식기반 산업으로 분류되는 우주항공, 의약품, 컴퓨터, 소프트웨어, 금융, 보험 등의 부가가치 생산은 OECD 국가가 창출하는 총부가가치의 32%를 상회하고 있다. 또한 제조업 내에서 첨단기술산업 제품의 수출비중이 1970년대 초 15% 수준에서 1990년대 26% 수준까지 증가하고 이에 따라 인력수요도 숙련근로자들을 보다 필요로 하게 되었다.[1] 생산요소로서 지식이 가지는 중요성이 증가하면서 기업들도 지식의 창출과 활용을 체계적으로 관리해야 할 필요성을 강조하고 있다. 지식은 공장이나 조립라인과 같은 유형의 생산시설과는 달리 무형의 자산이며 가치평가가 용이하지 않은 점이 있다. 그러나 지식이나 기술 등의 무형자산도 유형자산과 같이 기업의 가치를 높이고 경우에 따라 보다 높은 수익률을 가능하게 한다. 이를테면 소프트웨어 업체인 마이크로소프트사의 주식은 장부가액이 1995년 주당 평균 7달러밖에 되지 않았지만, 주식시장에서 거래되는 가격은 평균 70달러선이었다. 이는 마이크로소프트사의 주식이

1) OECD, *Technology, Productivity, and Job Creation : Best Policy Practices*, (Paris : OECD, 1998.)

유형자산의 가치보다 63달러나 높은 가격으로 거래되고 있음을 의미한다. 마이크로소프트사의 수익률은 당해년도에 30퍼센트에 가까운 높은 수준을 기록하였고, 이러한 수익률은 근본적으로 유형자산보다 소프트웨어와 관련된 지식과 기술에서 발생한 것으로 볼 수 있다.[2)]

시장가치가 높은 무형자산을 소유한 기업은 단지 정보 통신이나 컴퓨터 산업에 국한되지 않으며 의약산업, 일반유통 서비스산업, 은행과 금융산업, 경영컨설팅 등 다양한 산업에 분포되어 있다. 반면 전통적인 제조업인 자동차나 철강산업은 기업 내의 유형자산 비중이 큼에도 불구하고 수익률은 상대적으로 낮은 수준에 머물러 있다. 따라서 최근 기업들은 기술이라는 무형자산의 중요성을 강조하게 되었으며, 무형자산의 체계적인 관리에 관심을 기울여 소위 지식경영이라는 새로운 경영패러다임을 실천에 옮기고 있다.

이 장에서는 이러한 지식경영의 개념과 과정 등을 살펴보고 지식경영을 촉진하는 방법으로 학습조직(learning organization)에 관하여 알아본다.

학습조직은 조직이 개인학습의 결과를 조직 전체적으로 공유하게 하고 이로부터 지식의 축적과 교환이 촉진되도록 하는 조직구조 및 내부환경을 가리킨다. 학습조직은 기업이 필요한 지식을 보다 신속히 그리고 풍부하게 축적, 활용할 수 있고 나아가 지식경영을 실제적으로 수행하는 환경을 제공한다는 점에서 지식경영과 함께 논의하고자 한다.

1. 지식경영의 개념

지식경영을 개념적으로 이해하기 위해서 먼저 지식(knowledge)이라는 용어의 의미를 정확하게 파악하여야 할 것이다. 지식은 우리가 통상적으로 사용하는 사실(fact)이나 자료(data), 정보(information) 등의 용어와 밀접하게 연관되어 있다. 그러나 이들은 서로 구별되는 개념으로 보아야 한다. 먼저 사실(fact)이란 객관적으로 실재하는 것이며, 자료(data)는 이러한 사실이 언어나 의사소통이 가능한 기호 등의 형식으로 표현된 것이다. 우리 주변에서 일어나는 사건들과 우리들의 경험은 실재하는 것이며, 이것이 언어로 타인에게 전달될 수 있을 때 자료가 된다. 정보는 다시 자료가 특정한 용도와 목적을 가지고

2) Karl Erik Sveiby, 정선종 · 김용구 역, 『지식자산의 측정과 관리』, (서울 : 미래경영개발연구원, 1999), p. 17~18.

[표 17-1] 정보와 지식의 차이

정보(information)	지식(knowledge)
단편적 사고	종합적 사고
수동적(외부에서 수용)	능동적(주체적으로 사고, 가공, 판단)
지식창출의 매개자료	사고의 경험을 통해 정보를 체계화
가치판단 및 정보체계	의사결정 및 행동을 통한 가치판단

자료 : 노나카 이쿠지로, 『지식창조의 기업』, (21세기북스, 1995), pp. 82~112.

수집, 분류, 전환된 것이다.[3] 따라서 정보는 사실과 자료로 이루어졌으나 특정 목적을 위하여 체계적으로 정리된 것이다. 예로서 신문에 있는 주식시세는 초등학생에게는 이용되지 않는 하나의 자료에 불과하지만 주식투자에 관심 있는 사람에게는 정보가 된다. 기업의 관리자들도 의사결정을 위하여 보고서, 신문, 관련서적 등 많은 자료를 책상 위에 쌓아놓고 있다. 하지만 이것이 특정한 목적을 위하여 의사결정에 사용된다는 전제하에서 정보로서의 의미를 갖게 된다. 따라서 정보란 "정보 사용자에게 새로운 의미를 제공해 주거나 기존에 알고 있는 것을 바꾸게 하는 자료"라고 할 수 있다.[4]

지식과 정보는 아마 가장 흔하게 혼용되는 용어이기 때문에 양자간의 구분이 그만큼 확연하지 않은 경우가 많다. 그러나 일반적으로 지식(knowledge)이란 정보를 조합하고 분석하여 보다 가치 있는 것으로 변형한 것이라 할 수 있다. 지식은 결과 지향적이며 효과적인 행동을 유발하는 작용을 하는 것으로[5] 객관적인 정보를 단순히 처리하는 것 이상으로 조직이 유용하게 이용할 수 있는 검증된 정보를 말한다. 노나카(Nonaka)는 정보와 지식의 차이를 지적하면서 지식을 보다 일반적으로 정의하였다. [표 17-1]에 요약된 바와 같이 지식은 종합적 사고를 통하여 정보가 체계화되고 의사결정과 행동의 가치판단 기준이 되는 것이라 볼 수 있다.

이에 비해 정보는 단편적이고 수동적으로 외부에서 주어지는 경우이며 개인에 의하여 충분히 활용되기 이전의 상태이다. 이 점에서 정보는 지식으로

3) 김인수, 『거시조직이론』, (서울 : 무역경영사, 1999), p. 247.
4) 한재민, 『경영정보시스템』, (서울 : 학현사, 1995), p. 41.
5) Peter F. Drucker, *Post-Capital Society,* (New York : Harper Business, 1993), p. 46.

승화되면서 비로소 가치를 갖게 된다. 경영자가 알고싶어 하는 것은 정보 그 자체가 아니며, 그 정보가 의사결정에 유용하게 이용될 수 있는 '살아 있는 정보' 혹은 지식이다. 이를테면 주식시장에서 기록된 주가 자체는 투자자에게 하나의 정보이지만 투자자가 이를 통하여 향후 주가변동을 예측할 수 있는 메커니즘을 발견하였다면 이는 하나의 지식이 될 것이다. 또한 정보가 조각그림 맞추기의 퍼즐조각이라면 지식은 완성된 형태의 그림이라고 할 수 있겠다. 이러한 논의들을 분석하여 보면 지식이란 정보, 자료, 사실에 기반을 둔 것이지만 보다 종합적인 사고를 거쳐 개인이나 조직에 가치창출의 원천을 제공하는 것이라 볼 수 있다. 지식의 가치창출 기능은 결국 기업의 입장에서 경쟁력을 증대시킬 수 있는 핵심역량을 구축할 수 있도록 한다.

이제 지식의 개념을 정보와 구별하여 명확하게 규정할 수 있다면 우리는 지식을 여러 유형으로 분류할 수도 있을 것이다. 지식의 유형은 학자들마다 다양하지만 먼저 노나카의 지식분류를 살펴보자.[6)]

노나카에 의하면 지식의 창출은 항상 개인으로부터 시작된다. 이를테면 우수한 연구원이 새로운 특허기술을 발명할 수 있는 통찰력을 지니고 있다든지, 어떤 중간관리자가 시장추세에 적합한 신제품 컨셉을 가지고 있다든지, 혹은 현장 작업자가 작업기계를 개선할 수 있는 방법을 알고 있는 경우 등이 있다. 이렇게 개인이 소유한 지식은 개인지(personal knowlegde)라 할 수 있으며, 이것이 기업에 가치 있는 지식으로 전달 공유되면 조직지(organizational knowledge)로 변환된다. 즉 연구원의 통찰력과 중간관리자의 신제품 컨셉, 그리고 작업기계의 개선방법이 조직에 알려져 가치 있는 지식으로 공유되면 조직지가 형성된다.

또한 지식의 유형은 특정 개인에게 체화되고 쉽게 전달될 수 없는 암묵지(tacit knowledge)와 과학공식이나 컴퓨터 프로그램과 같이 공식적이며 명확하게 전달가능한 형식지(explicit knowlege)로 나누어 볼 수 있다. 당신도 당신만이 알고 있는 직업상의 노하우가 있을 것이며 이는 암묵지에 속한다고 볼 수 있다. 암묵지는 다년간 경험을 쌓은 장인의 손끝에서 발휘되는 전문성 같은 것이며 과학적인 원리로 명확하게 설명하기 힘들다. 또한 암묵지는 행동에 기반을 두고 있으며 우리 자신에게 깊이 뿌리박혀 당연시 여길 때가 많다. 반면

6) Ikujiro Nonaka, "The Knowledge Creating Company", *Harvard Business Review*, (November-December, 1991), p. 96~104.

[표 17-2] 형식지와 암묵지의 차이

구 분	형 식 지	암 묵 지
정 의	언어로 표현 가능한 객관적인 지식	언어로 표현하기 힘든 주관적 지식
획 득	언어를 통해 습득된 지식	경험을 통해 몸에 밴 지식
축적과 전달	언어를 통하여 다른 사람에게 전수하는 것이 상대적으로 쉬움	은유와 같은 간접적인 표현을 통하여 내용이 전달되며 다른 사람에게 전수가 어려움.

자료 : Ikujiro Nonaka, The Knowledge-Creating Company , *Harvard Business Review*, November-December, 1991, p.96~104.

형식지는 조직의 구성원들이 서로 공유할 수 있도록 표현되어 있기 때문에 암묵지에 비하여 우리가 쉽게 접할 수 있는 지식이다. 이를테면 업무수행 절차 및 규정, 특허, 혹은 설계도면 등이 형식지로 볼 수 있는 것들이다.

일본 마쓰시다 전기의 제빵기 개발과정을 예로 살펴보면 암묵지와 형식지 간의 차이를 이해하는 데 도움이 될 것이다.[7] 1985년 마쓰시다 전기의 가전사업부는 가정용 제빵기를 개발하는 데 심혈을 기울이고 있었다. 그러나 제빵기는 기계적으로 밀가루 반죽을 제대로 못 해냈고 빵의 속이 익지 않은 채 겉만 타버리는 문제를 가지고 있었다. 개발프로젝트 팀원들은 이 문제를 분석하기 위하여 밀가루 반죽을 X-레이로 촬영하여 비교해 보기도 하였으나 의미 있는 자료를 발견하지 못하였다.

프로젝트에 참여하고 있던 팀원 중 한 사람인 다나카 이쿠코는 이러한 문제를 해결할 수 있는 방법을 하나 제안하였다. 그것은 오사카 시내에서 가장 맛 있는 빵을 만드는 것으로 평이 나 있던 오사카 인터내셔널 호텔의 제빵기술을 참고하자는 것이었다. 그는 인터내셔널 호텔의 수석 제빵사의 독특한 반죽기술을 관찰하고 1년 동안 프로젝트 엔지니어들과의 협력과 실험을 거듭하였다. 그 결과 마쓰시다만의 독특한 기술인 '트위스트 밀가루 반죽기술(twist dough)'이 탄생하였고 이는 제빵기 내부에 일종의 날개장치를 부착함으로써 가능하였다. 이 제품은 제빵사의 기술이 기계적으로 재현된 것으로 공학적인 제품규격으로 명확하게 설계되어 생산되게 되었다. 그 결과 마쓰시다 전기의

7) *Ibid.*, pp. 98~99.

제빵기는 시판 첫해에 주방용 신제품 분야에서 매출 1위를 기록하였다.

이러한 예에서 우리는 두 가지 유형의 지식이 결부되어 있음을 알 수 있다. 첫째는 오사카 인터내셔널의 수석제빵사가 체화하고 있는 반죽기술이라는 암묵적 지식이고, 다른 하나는 이것이 기계적인 제품규격으로 명확하게 변환된 형식지이다. 암묵지는 제빵사의 노하우로 쉽게 체득되지 않으며 더욱이 말로서 전달될 수 없는 것이다. 이러한 암묵지는 제빵기계의 기계적 설계도면으로 전환될 때 명확하게 전달되어 반복적인 재현이 가능해지기 때문에 형식지가 된다. 제빵기의 경우와 같이 가치 있는 암묵지를 기업의 내외부에서 발견하여 이를 형식지로 변환 공유하게 되면 기업의 경쟁력을 높일 수 있는 원천이 된다. 따라서 조직이 실재로 다양한 형태의 지식을 변환하고 재창출하게 되면 상당한 부가가치를 만들어낼 수 있다는 점을 알 수 있다.

지식을 이와 같이 여러 유형으로 구분해 보는 것은 지식에 기반을 둔 지식경영의 방식을 이해하는 데도 도움이 된다. 지식의 유형을 이용하여 지식경영의 개념을 살펴보자. 지식경영(knowledge management)은 그 개념상 학자들에 따라 다양한 정의가 제시되어 왔다. 먼저 노나카(Nonaka)는 지식경영을 '암묵적 지식을 공유 승화하여 형식화하고 이로부터 새롭게 또 다른 암묵지를 창출함으로써 지식의 순환이 이루어지고 결국 조직이 경쟁력을 확보하게 되는 경영활동' 이라고 정의하였다. 앞서의 예에서 제빵사의 반죽기술이라는 암묵지가 제빵기계의 설계라는 형식지가 되었고 이로부터 보다 개선된 제빵기계의 모델이 가능하다면 암묵지와 형식지 간의 계속적인 순환이 이루어지는 것이며 해당 가전기업의 제품경쟁력은 강화되게 된다는 의미이다.

지식경영에 대한 다른 정의로서 프루삭(Prusak)은 지식경영을 단순히 자료와 정보를 저장하고 처리하는 것이 아닌, '개인에게 내재되어 있는 자산인 지식을 인식하고 이를 조직구성원이 의사결정에 이용할 수 있도록 자산화하는 것' 이라고 하였다.[8] 또한 스베이비(Sveiby)는 지식경영을 '무형의 자산을 최대한 활용하여 새로운 가치를 창출하는 것' 이라고 정의하였다[9]. 이러한 지식경영의 개념들을 요약하여 보면 지식경영이란 지식 혹은 지적자산을 지속적으로 창출, 축적, 전달, 공유하여 기업의 경쟁력을 높이고 부가가치를 창출하는

8) Laurence Prusak, "Knowledge Management in Practice", *Knowledge Online*(http://www.knowledge org.uk), 1997.

9) K. E. Sveiby, "What is Knowledge Management",(http://www.sveiby.com).

그림 17-1 지식변환의 네 가지 창

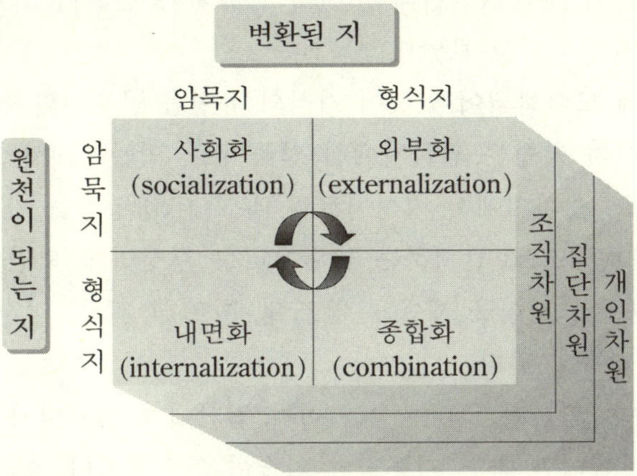

자료 : 노나카 이쿠지로, 『지식경영』, (서울 : 21세기북스, 1998), p. 104.

경영활동이나 과정을 의미하는 것으로 볼 수 있다.

2. 지식경영의 과정

기업들은 경쟁에서 비교우위를 점하기 위하여 기업을 차별화할 수 있는 핵심역량을 구축할 필요가 있다. 이러한 핵심역량은 우수한 제품과 서비스를 가능하게 하는 기업의 독자적인 능력의 총합을 의미하며 경쟁사에 의하여 쉽게 모방될 수 없는 능력이다. 지식경영은 기업의 지식자원을 원활하게 변환하고 재창출하는 과정을 거쳐서 이러한 기업의 핵심역량을 유지하고 발전시키는데 그 목적이 있다. 따라서 지식경영의 과정은 바로 지식의 변환과 창출과정을 의미한다. 지식경영의 과정은 또한 개인이 가진 지식을 조직과 공유하고 발전시켜 조직 고유의 지식을 창조하는 과정이며 또한 암묵지와 형식지의 상호순환을 통하여 지식이 양적 · 질적으로 발전하는 과정이다.

지식경영의 과정에서 개인지와 조직지, 암묵지와 형식지는 하나의 사회적 프로세스를 통하여 전환되는데, 집단이라는 장(場)에서 개인들의 상호작용을 전제로 한다. 즉 집단 내의 각 개인들이 서로 대화와 의논을 통하여 사회적으로 지식을 전달, 창조, 변환하게 되는 것이다. 개인의 지식은 이러한 사회적 프로세스를 통하여 전달되고 동시에 집단의 지식으로 공유되면서 새로운 기술과 제품이 만들어지고 결국 기업들이 경쟁우위를 발휘하는 기초가 된다. 노나카는 기업 내에서 이루어지는 이러한 지식의 교환과 변환이 크게 네 가지의 방향성을 가지고 발생한다고 보았다.

[그림 17-1]에 도식화되어 있듯이 지식의 유형을 암묵지와 형식지로 양분해 볼 때 지식변환의 방향은 암묵지에서 암묵지로, 암묵지에서 형식지로, 형식지에서 암묵지로, 형식지에서 형식지로의 네 가지 방향성을 가진다. 이러한 지식의 변환은 계속적으로 발생하는 순환고리를 형성하게 되면 개인, 집단, 조직 전체의 차원에서 지식을 새롭게 창조할 수 있게 된다. 각각의 지식변환 과정을 살펴보면 다음과 같다.

첫째는, 기존의 암묵지가 다른 개인이나 집단에게 암묵지의 형태로 전달되는 경우이다. 이를테면 숙련 기능공의 기술이 전수되거나 영업사원이 고객과 접촉하는 중에 그들의 니즈를 파악하게 되는 경우 등이 그러하다. 또한 관리자가 사내를 돌아다니며 부서의 분위기와 사원들의 근무태도 등을 파악하는 소위 '배회경영 (management by walking around)' 도 공식보고서에서 파악할 수 없는 사항들을 점검한다는 점에서 암묵지가 전달되는 한 방법이다. 즉 말로 표현하기 힘든 지식과 노하우가 한 기능공에서 다른 기능공으로, 고객에서 영업사원으로, 혹은 사원에서 관리자로 사회적 접촉과 행동을 통하여 간접적으로 전달되게 된다. 이러한 과정을 가리켜 사회화(socialization)라 하며 암묵지가 전달되는 주요한 방법이 된다.

둘째는, 기존의 암묵지가 형식지로 변환되어 공유되는 경우이며 이를 외부화(externalization)라 한다. 예로서 최고경영자의 생각을 언어화하여 회사의 비전을 작성하는 것, 숙련된 노하우를 문서화하는 것, 제품개발을 위한 제품 컨셉을 규정하는 것 등이 기존의 암묵지를 전달가능한 형식지의 형태로 전환하는 경우이다. 암묵지는 언어적 표현이 어려운 경우가 많기 때문에 형식지로 전환되는 과정에서 간접적 표현형식인 비유나 은유(metaphor) 혹은 상징(symbol) 등이 이용되는 경우가 흔하다.

은유가 암묵적 지식을 형식화시킨 경우로서 노나카는 혼다자동차의 신차 개발 과정을 예로 들고 있다.[10] 1978년 혼다의 최고경영자는 새로운 개념의 차를 개발하도록 신차개발팀에 과제를 부과하였다. 이는 기존의 혼다 시빅

10) Nonaka(1991), *op cit.*, pp. 100~101.

(Honda Civic)이나 어코드(Accord) 모델이 너무 눈에 익숙해지고 있으며, 전후 세대의 새로운 소비자 취향이 중요해졌다는 소비자 환경의 변화로 회사가 일종의 위기의식을 느꼈기 때문이다. 신차개발의 프로젝트 팀장인 와타나베는 팀의 도전의식을 일깨우고 신차개발의 방향을 정하기 위하여 하나의 구호를 만들었다. 그것은 바로 '자동차 진화론'이라는 것이다. 이 문구는 "자동차가 하나의 생명체라면 어떠한 형태로 진화해야 하는가?" 하는 질문을 던지기 위한 것이다. 이러한 질문은 결국 또 다른 구호인 '인간 극대, 기계 최소'(man-maximum, machine-minimum)라는 새로운 구호로 그 해답을 찾게 되었다. 이는 인간에게 가장 편한, 반대로 기계가 주는 불편함이 최소화된 자동차이어야 한다는 뜻을 내포하고 있다. 최종적으로 개발팀이 고안한 진화된 차는 길이가 짧고 천정이 높은 마치 공 모양의 자동차였다. 공 모양의 차는 최대의 내부공간을 제공해 주며, 엔진과 여타기계가 차지하는 공간을 최소화시켜 준다는 면에서 앞서 개발팀이 정한 제품컨셉을 구현한 것이다. 이러한 자동차는 혼다의 독특한 도시형 승용차로서 '혼다시티'라는 이름으로 출시되었다.

혼다시티의 사례는 제품개발 프로젝트팀의 구성원들이 그들의 머리 속에 맴도는 새로운 자동차의 컨셉을 어떻게 서로 전달하고 공유하였는지를 잘 보여주고 있다. 즉 '자동차 진화론'이나 '인간 극대, 기계 최소'라는 구호 혹은 은유적 표현은 신차의 개념을 간접적으로 표현한 것이며, 결국 이것이 팀원들 사이에 공유되고 구체적인 신차설계로 이어졌다는 것이다. 암묵지가 전달 혹은 공유되어 가치 있는 형식지가 되는 과정은 형식지가 상호간에 전달되는 것에 비하면 구성원간에 보다 미묘한 과정을 거쳐야 함을 알 수 있다.

셋째는, 기존의 형식지가 암묵지로 변환되는 과정이며 이를 내면화(internalization)라 한다. 내면화는 작업 매뉴얼이나 역할실습, 시뮬레이션 등을 통하여 개별 사원들에게 숙지되고 체험적으로 이해되는 경우에 일어난다. 또한 기업 내의 문서화된 성공사례가 부서간에 전달되어 시행착오와 실험을 통하여 전파되는 경우도 형식지가 암묵지로 변환되는 과정이라고 할 수 있다. 특히 서비스업의 경우 내면화를 가치창조 프로세스의 뿌리로 삼고 있는 경우가 있다. 이를테면 맥도널드의 '햄버거 대학'이 햄버거의 제조과정을 연구하고 그 결과를 종업원에게 실습을 통하여 체득시키는 역할을 수행함으로써 형식지의 내면화 과정을 담당하는 경우가 그러하다.

넷째는, 기존의 형식지가 형식지로 변환되는 과정이며 이를 종합화

그림 17-2 지식변환 능력과 경쟁우위 모델

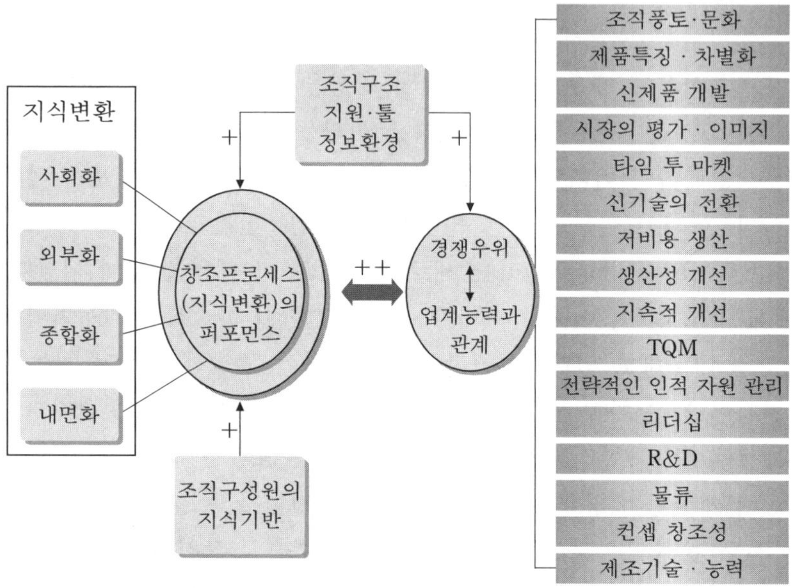

자료 : 노나카, 『지식경영』, (서울 : 21세기북스, 1998), p.129.

(combination)라 한다. 이를테면 문서, 설계도, 데이터베이스 등의 기존지식을 컴퓨터와 전자메일과 같은 매개를 이용하여 조합, 편집, 가공함으로써 지식을 창조하는 경우가 여기에 해당된다. 형식지를 형식지로 전달하기 위해서는 프리젠테이션, 회의, 상호간의 조정을 촉진할 수 있는 커뮤니케이션의 수단이 풍부하게 제공되어야 한다. 구체적으로 보잉이나 록히드사와 같은 항공우주산업에서는 제품개발 프로세스가 철저하게 형식화되고 이를 종합하여 새로운 제품을 만들어 나가는 경우가 많으며 이는 형식지를 잘 관리하는 형태로 볼 수 있다.[11)]

이상에서 살펴본 지식의 네 가지 변환과정은 기업 내에서 서로 독립적으로 발생하기보다 서로 상호 병렬적으로 작용하여 순환적인 상승발전을 하게 되면 지식의 축적과 활용을 촉진하게 된다. 즉 개인의 적극적인 참여가 있을 때 지식은 암묵지와 형식지, 개인지와 조직지의 형태로 계속 순환하면서 지식의 양과 질을 향상시키게 되며, 이는 기업이 경쟁력을 배양할 수 있는 원천을

11) 노나카 (1998), *op cit.*, p. 107.

제공하게 된다.

[그림 17-2]에서와 같이 지식의 창출과 활용은 사회화, 외부화, 종합화 그리고 내면화를 통하여 이루어지며, 이는 기존의 조직구성원들이 소유하고 있는 지식기반을 더욱 풍요롭게 한다. 나아가 조직은 지식관리를 체계적으로 할 수 있게 하는 정보인프라와 조직구조상의 지원이 있을 경우 경쟁우위를 점할 수 있는 제반활동을 촉진하게 된다. 즉 신제품의 개발, 신기술의 전환, 생산성 개선, 제조기술 등 여러 영역에서 필요한 지식이 필요한 시기에 활용될 수 있게 된다. 따라서 지식경영의 가치창출 영역은 광범위하고 다양한 형태를 가지고 있다.

다음에 소개하는 LG정밀의 사례는 지식경영을 도입한 한 기업의 경우를 보여주고 있다.

사례 **LG정밀의 지식경영[12)]**

LG정밀은 군사용 통신시설, 전자전 장비 등 방위산업용 첨단제품과 전자제품용 모터 튜너 등의 전자부품을 생산하는 기업이다. 이 회사가 지식경영에 관심을 갖게 된 이유는 대부분 중장기적으로 진행되는 제품의 개발설계와 생산과정에서 개별 종업원이 보유한 지식자산이 매우 중요한 역할을 하기 때문이다. 따라서 제품개발과 생산과정에 참여한 종업원이 중도에 이직하거나 개인적인 사유로 떠나게 되면 전체 사업이 받는 타격은 클 수밖에 없었다. 이런 문제점을 해결하고 기술과 생산효율을 개선하기 위하여 LG정밀은 1999년부터 지식경영을 실천하고 있다.

LG정밀은 지식경영의 일환으로 먼저 종업원들이 보유하고 있는 지식을 한데 모아둘 수 있는 지식창고를 만들었다. 이를 위하여 1996년부터 사용하고 있는 사내 인트라넷인 '오피스 메일'에 지식경영 폴더를 마련하였다. 이곳에 개별 종업원들이 갖고 있는 지식을 전자우편을 통해 게시하도록 하고 회사는 그것을 전사원이 쉽게 공유할 수 있도록 유형별로 구분하였다. 이러한 지식창고는 계속 확대되어 현장관련 지식을 저장하는 공장기술 공유시스템(KSS)과 사내 연구개발 종업원들의 지식창고인 기술정보시스템(TIS)으로 구분되었다. 공장기술 공유시스템은 직접 생산과정에 참여하는 공장근로자들이 자신들의 문제해결 경험, 노하우, 애프터 서비스 사례 등을 쉽게 기록할 수 있도록 하는 정보시스템이다. 또한 전체 근로자의 30%를 차지하는 연구원들도 자신들의 연구경력, 연구와 관련된 각종 논문, 연구주제와 과정 등을

12) 본 사례는 매일경제 1999년 1월 25일자에 게재된 LG정밀의 사례를 일부 수정편집한 것임.

기술정보시스템에 저장하고 있다. 이러한 지식 공유의 마당은 작업자나 연구원들 상호간의 지식의 축적과 교환을 촉진하는 역할을 하고 있다.

LG정밀은 또한 지식공유를 활성화하기 위하여 보상제도를 마련하였다. 즉 종업원들은 자신이 창출한 지식을 다른 직원들에게 제공할 경우 보상을 받을 수 있는 지식마일리지 제도를 도입하였다. 이는 직원들이 지식창고에 제공한 지식을 내용 및 업무활용도에 따라 세 종류로 구분하고 각각의 등급에 따라 점수를 차등부여하는 방식이다. 누적된 점수는 금액으로 환산되어 외부강의 수강, 세미나 참석 등 개인능력을 개발하는 데 사용할 수 있도록 하고 있으며, 앞으로 직원들의 인사평가에도 반영할 계획이다. 그러나 이러한 지식마일리지 제도는 직원들 사이에 아직 충분히 활성화되지 못하고 있는 것 같아 앞으로 많은 보완이 필요한 실정이다.

지식경영이 성공하기 위해서는 최고경영자의 적극적인 지원과 실천의지가 무엇보다 중요하다. LG정밀의 경우도 K상무의 적극적인 추진의지와 LG그룹 회장의 지식화 선언이 지식경영의 도입과 실천에 큰 도움이 되었던 것이 사실이다. LG정밀은 1999년을 지식경영 체제와 지식경영 문화를 정착시키는 해로 정하고 지식경영을 보다 적극적으로 추진할 계획을 세우고 있다. 먼저 지식마일리지 제도와 관련된 보상제도를 획기적으로 보완하고 지식경영을 추진하기 위한 지식경영위원회의 설립도 계획 중에 있다. 또한 개별 종업원들의 보유지식을 공개적으로 선보이는 지식올림픽도 개최한다는 구상이다.

이러한 LG정밀의 지식경영 도입이 앞으로 어떠한 가시적인 결과를 보일지는 아직 알 수 없으나 지식경영의 관리방식은 지식의 네 가지 변환과정을 촉진하게 되리라 기대할 수 있다.

제 2 절 학습조직

1. 학습조직의 개념과 필요성

전통적 조직은 유형자산인 기계설비와 생산원료 등을 보다 효율적으로 사용할 수 있는 생산방식으로 대량생산 기술을 채택하고 이를 뒷받침할 수 있는 조직구조와 인력활용에 집중하였다. 또한 전통적 조직구조는 중앙집권적이고 의사결정은 최고경영층으로부터 일선작업자까지 하향적으로 이루어지는 경향이 강하다. 이러한 조직구조와 기술하에서는 조직의 구성원들이 개인적인 창의력을 발휘하고 개인의 작업관련 지식을 조직과 공유하기가 어렵게 된다. 작업내용은 표준화, 전문화되고 개별작업자들은 작업매뉴얼과 일선감독에 따라 획일적으로 행해지는 경향이 있기 때문이다.

학습조직의 개념은 이러한 전통적 조직이 동반하는 지식창출과 활용의 경직성에서 벗어나 조직의 구성원들이 계속적으로 학습하고 이를 통하여 조직의 문제를 창의적으로 풀어나갈 수 있는 능력을 배양하도록 촉진하는 조직을 말한다. 전통적 조직이 주로 물적자원의 생산성과 효율성 제고에 치중한 반면 학습조직은 지식에 기반을 둔 종업원들의 문제해결 능력에 초점을 맞추고 있다. 이는 경영적 사고의 일대 전환을 가리키며 이 점에서 경영패러다임의 혁신이라 할 수 있다. 새로운 패러다임하에서 경영자의 책임은 조직의 학습능력을 제고하는 것이고 조직이 신속한 학습을 통하여 경쟁기업보다 효과적으로 불확실한 환경에 적응할 수 있는 능력을 갖추게 하는 데 있다. 따라서 기업들은 조직을 재설계하고 내부경영 방식을 개선하여 소위 학습조직을 구축할 필요가 있다.

조직의 학습능력은 학교에서 가르치는 회계나 마케팅 원리 등의 공식적인 학습 이상의 것을 의미한다.[13] 조직의 학습능력은 본질적으로 종래에는 할 수 없었던 것을 할 수 있는 능력을 말하며, 이는 교과서나 과거의 경험으로부터 배운 지식 이상으로, 새로운 것을 지속적으로 학습하는 행위를 포함한다. 학습능력은 또한 명확하게 저장된 형태의 지식뿐만 아니라, 마치 노하우와 같이 경험에 의하여 체화된 지식에서 나오는 능력까지도 포함하는 개념이다. 또한 학습조직은 종래의 전통적인 조직에서 의사결정과 조직의 전략이 주로 상층부의 경영자에 의하여 결정되던 것과는 달리 조직 하부의 구성원들에게 보다 많은 재량권과 영향력을 허용하고 있다. 따라서 학습조직에 있어서 경직적인 조직의 계층보다는 모든 조직 구성원간의 유기적인 상호작용을 통하여 조직의 전략과 비전이 입안되고 이의 실행에 있어서 특히 하부계층 구성원들의 역할이 강조되고 있다.

또한 조직환경의 변화에 따라 학습조직의 구성원들은 무엇이 가장 중요한 문제인지를 계속적으로 파악하고 이를 해결할 수 있는 방법을 시행착오와 실험을 통하여 찾아나간다. 예컨대 학습조직의 구성원들은 소비자의 새로운 욕

---

13) R. L. Daft, *Organization Theory and Design*, 6th ed. (Cincinnati, Ohio: South-Western College Publishing, 1998), p. 562.

구가 무엇인지, 이를 충족하기 위하여 모든 조직구성원들이 어떠한 활동을 하여야 하는지 계속적으로 탐색하고 연구하는 태도를 견지하여야 한다. 따라서 학습조직에서의 학습이란 문제의 인식과 문제해결의 과정을 통한 능력의 제고를 의미한다.

조직의 학습능력이 무엇을 의미하는지 이해되었다면 이제 이러한 학습조직의 개념을 보다 엄밀하게 정의한 여러 학자들의 경우를 살펴보자[14]. 먼저 가빈(Garvin)은 학습조직을 선행적으로 지식을 창조하고, 습득하고, 변환시키며, 이렇게 얻어진 새로운 지식과 통찰력을 바탕으로 조직의 행동을 변화시켜 나가는 조직이라고 정의하였다.[15] 또한 생게(Senge)는 학습조직을 조직구성원들이 진실로 원하는 성과를 달성할 수 있도록 지속적으로 능력을 확대시키고, 새롭고 포괄적인 사고력을 함양하며, 집단적 열망을 자유롭게 표출하고, 공유하는 학습방법을 끊임없이 배우는 조직이라고 정의하였다.[16]

이러한 정의에서 강조되고 있는 것은 학습조직이 지식의 창조와 습득, 변환을 촉진하는 조직이라는 점이며, 이 점에서 학습조직은 지식경영의 패러다임과 일관된 조직이다.[17]

이러한 학습조직 혹은 기업의 학습능력이 중요한 이유는 그것이 기업의 경쟁력을 높이는 근본적인 원천이기 때문이다. 기업이 경쟁우위를 확보하는 원천은 주로 세 가지라고 생각된다. 첫째는 투자결정을 합리적으로 하여 투자수익률을 개선하고 결과적으로 기업이 건전한 재무상태를 유지하도록 하는 것이며, 둘째는 마케팅 능력으로 소비자들이 원하는 제품과 서비스를 창출하고, 고

---

14) 학습조직에 관한 정의로서 뒤에 소개되는 가빈(Garvin)과 생게(Senge)의 정의는 손태원 · 전상길, "Senge의 학습조직 모형에 대한 실증적 연구 : A Taxonomic Approach", 『한국기업의 변화와 혁신』, 한국인사조직학회 편저, (서울 : 다산출판사, 1997)의 정리를 재인용하였음.

15) D. A. Garvin, "Building a Learning Organization," *Harvard Business Review*, (July-August, 1993), pp. 78~91.

16) P. M. Senge, *The Fifth Discipline: The art and Practice of Building Learning Organization* (New York: Doubleday, 1990).

17) 학습조직(Learning Organization)과 유사한 개념으로 조직학습(Organizational Learning)의 개념이 있는데, 그 의미상에 차이가 있음에도 불구하고 서로 혼용되는 경우가 있다. 조직학습은 개인학습과 상대되는 개념으로 주로 조직수준에서의 학습이 이루어지는 현상 그 자체, 즉 조직수준 학습의 내용, 과정, 결과 등을 의미한다. 반면에 학습조직은 조직학습이 잘 이루어지는 조직구조와 환경을 가리키며 따라서 학습조직에 대한 연구는 어떠한 조직이 학습을 촉진하는지를 조직의 구조, 사고방식, 비전, 문화 등의 특성면에서 다루고 있다. 보다 상세한 사항은 권석균, "조직학습의 이론적 조망", 『인사-조직연구』, (제 3 권 제 1 호), 1995, p. 122 참조.

그림 17-3 경쟁우위의 창출과 조직학습 능력

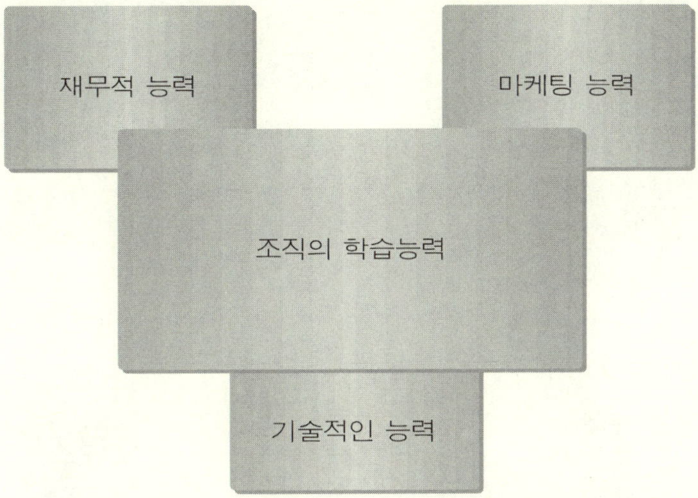

자료 : Dave Ulrich & Dale Lake, Organizational Capability: Creating Competitive Advantage, *Academy of Management Executive*, Vol. 5, No.1, 1991, p. 77.

객과 긴밀한 관계를 유지하는 것이다. 셋째는 기업은 기술적인 능력을 배양하고 경쟁적 제품을 통하여 우위를 획득할 수 있다. 이를테면 신제품을 개발하고 R&D 투자를 늘리며 생산기술을 혁신하는 활동이 그러한 경우이다.

기업의 경쟁력 측면에서 학습조직은 [그림 17-3]에서와 같이 기업의 재무, 마케팅, 기술적 차원의 경쟁적 우위를 한 차원 높일 수 있는 문제해결 능력을 갖추게 한다. 즉 조직의 학습능력이 개선될수록 조직은 이러한 세 가지 차원에서의 경쟁적 우위를 계속적으로 유지할 수 있게 되고 환경변화에 보다 신속하고 효과적으로 적응할 수 있다.

2. 학습조직의 특성

대프트(Daft)는 학습조직의 주요 특성으로서 사려 깊은 리더십(mindful leadership), 종업원의 권한강화(empowdered employees), 전방향적인 전략수립(emergent strategy), 강한 기업문화 (strong culture), 정보의 공유(shared information) 그리고 수평적 조직구조(horizontal structure)의 여섯 가지를 들고

그림 17-4 경쟁우위의 창출과 조직학습 능력

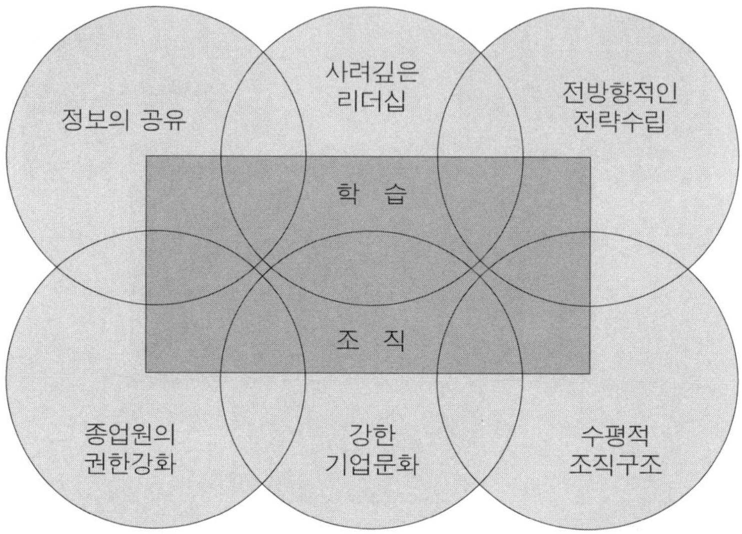

자료 : R. L. Daft, *Organization Theory and Design*, 6th ed. (Cincinnati, Ohio: South-Western College Publishing, 1998), p.565.

있다.[18] [그림 17-4]는 학습조직의 이러한 특성을 보여주고 있다.

(1) 사려 깊은 리더십

먼저 학습조직은 최고경영자의 마음에서부터 시작된다. 학습조직에서의 관리자들은 리더로서 크게 세 가지의 역할을 수행하여야 한다. 첫째는 조직의 관리자들은 조직의 목적과 비젼을 명확히 하고 조직구성원의 학습을 지원할 수 있는 새로운 경영방침과 전략 그리고 조직의 구조를 정비해야 한다.[19] 둘째는 모든 구성원들이 조직의 장래 비젼을 공감하고 마음에 새길 수 있도록 도와야 한다. 비젼은 조직이 장기적으로 추구하는 미래의 모습이기 때문에 일상의 조직문제를 해결하는 조직구성원들의 노력이 결국 이러한 비젼을 성취하는 데 기여하여야 할 것이다. 만약 조직이 강력하고 공유된 비젼이 없다면 구성원의 개별적인 학습이나 문제해결, 그리고 노력들이 분산되어 어떤 구심점

18) R. L. Daft, *op cit.*, pp. 564~570.

19) P. M. Senge, "The Leader's New Work : Building Learning Organization," *Sloan Management Review* (Fall, 1990,) pp. 7~23.

을 갖지 못할 것이다. 셋째는 학습조직의 관리자들이 봉사적인 리더십(servant leadership)을 발휘하여야 한다는 것이다.[20] 조직의 의사결정을 독단적으로 행하는 리더는 학습조직에 적합하지 못하다. 오히려 조직과 다른 구성원들을 위하여 헌신하는 리더들이 필요하다. 이를테면 "나는 상사이기보다는 기업 최고의 봉사자이다"는 리더십이야말로 조직 구성원의 학습동기와 계속적인 학습을 촉진할 수 있다.

(2) 종업원의 권한 강화

학습조직에서의 종업원 권한은 전통적인 조직에 비하여 강화되는(empowered) 특징을 가지고 있다. 이를테면 학습조직에서 부서간의 통합팀을 구성하여 팀원들이 함께 주요 경영의사 결정을 하도록 허용하는 것은 종래 지시위주 관리방식에서 종업원이 가지는 업무권한를 훨씬 확장시킨 것이다. 학습조직에서 리더들은 종업원들이 인간으로서 타고난 호기심을 가지고 있고 또한 학습에서 즐거움을 느끼는 존재라는 것을 인정하여야 한다. 리더들은 조직구성원의 이러한 학습을 촉진하였을 때 결국 업무성과를 높일 수 있음을 알아야 한다. 미국의 기업들 중에 기업 내의 작업팀 운영을 통하여 일선 종업원들이 직접 인력의 채용과 물품구매, 업무할당을 담당함으로써 기업의 생산성과 수익률을 개선한 경우가 적지 않다.

예로서 미국의 AES사와 같은 회사는 종업원의 권한을 강화하여 기업에 대한 주인의식과 사내의 신뢰적 분위기를 정착시킨 회사 중의 하나이다[21]. AES사의 종업원들은 팀으로 작업하고 있으며, 관리상 의사결정의 상당부분을 직접 담당하고 있다. 또한 일부 팀들은 시설투자나 생산원료의 구매에 필요한 결정도 스스로 하고 있는 실정이다. 학습조직은 이와 같이 조직구성원들의 권한을 강화시키고 이를 통하여 보다 책임감 있게 일할 수 있는 여건을 조성한다.

학습조직은 또한 종업원의 의사결정 능력을 배양시키기 위하여 교육훈련에 적극적인 투자를 하며, 이는 구성원들에게 학습의 기회를 풍부하게 제공하게 된다. 기업의 운영방식을 교육하여 종업원들이 의사결정에 필요한 지식을 습득하게 되면 종업원들이 확대된 권한을 합리적으로 수행할 수 있는 능력이 배양된다.

---

20) *Ibid.*

21) R. L. Daft, *op cit.*, p. 566.

(3) 전방향적인 전략수립

학습조직에서의 전략수립은 전방향적(from anywhere)이라고 할 수 있다. 경영전략의 수립은 일반적으로 최고경영층으로부터 시작되지만 한편 일선 종업원으로의 참여가 중요해지고 있다. 일선의 종업원들은 고객이나 하청업자, 새로운 기술들을 직접 접촉하고 따라서 시장의 필요와 그것을 충족시킬 수 있는 방법에 대하여 구체적인 아이디어를 가지게 된다. 수많은 종업원들은 실제로 외부의 수요와 기술상의 변화를 인지하고 기업의 새로운 전략적 사업방향에 대한 입안과 실행에 도움을 줄 수 있는 지식을 가지게 되므로 조직은 전략수립에 이러한 지식을 이용하여야 한다.

또한 전략설정은 하청업체나 제휴기업 혹은 경쟁관계에 있는 기업들로부터의 정보와 지식을 이용하기도 한다. 최근 기업들은 법적으로 서로 연대관계를 통하여 정보와 필요한 기술을 공유하는 정도가 증가되고 있으며, 이는 합작이나 전략적 제휴, 혹은 전자적 연계(electronic linkage)를 통하여 다양한 방식으로 이루어지고 있다. 기업들이 최고의 경영관리 사례(best practices)를 서로 교환하고 배우는 노력을 하고 있으며, 이는 학습조직에서의 전략수립이 종래의 톱 다운(top-down) 방식에 지나치게 치중하기보다는 상향적이고 수평적인 방식도 채택하고 있음을 의미한다.

(4) 강한 기업문화

학습조직은 기업문화의 측면에서도 독특한 특징을 가지고 있고 이러한 문화가 조직구성원의 학습능력을 촉진하는 기능을 수행하고 있다. 학습조직은 다음의 기업문화적 가치를 강조한다.

① 전체는 부분보다 중요하며 조직 내의 경계구분은 최소화시킨다.[22] 학습조직은 기업을 하나의 시스템으로 강조한다. 따라서 모든 부분적인 활동들이 기업 전체의 비전에 기여하여야 하며 부분적 활동의 효과성도 그것이 전체 시스템을 개선시켰는가에 따라 평가된다. 조직이 전체적인 비전에서 운영되기 위해서는 조직 내부의 과나 부서, 사업부간에, 나아가 외부기업과 조직간의 장벽과 경계가 낮아 서로 정보교환이나 협조적인 관계가 촉진될 수 있어야 한

22) M. A. Devanna & N. Tichy, "Creating the Competitive Organization of the 21_{st} Century: The Boundaryless Corporation," *Human Resource Management*, Vol. 29, 1990, pp. 455~471.

다. 제너럴 일렉트릭의 회장인 웰치(Welch)는 이러한 기업문화를 가리켜 경계가 없는 문화(boundarylessness)라고 하였다. 경계가 낮은 혹은 없는 문화가 중요한 이유는 이로 인하여 사람과 아이디어, 정보가 조직 내에서 자유롭게 교환되고 따라서 조직의 활동이 전체적인 입장에서 조정될 수 있기 때문이다. 또한 기업은 외부환경과의 교환과 접촉이 증가되어 환경변화에 보다 신속하게 대처할 수 있게 된다.

② 조직구성원 모두가 하나의 공동체라는 의식과 구성원 서로가 상대를 돕고 보살피는 정신을 강조한다. 사람들은 본질적으로 어떤 조직에 소속되기를 원하며 이 점에서 학습조직은 인간관계를 형성하고 서로가 하나의 공동체 내에서 능력을 개발할 수 있는 장소와 기회를 제공한다. 학습조직에서의 구성원들은 팀의 일원이거나 큰 공동체의 한 부분으로서 학습을 하게 된다. 미국의 인텔사는 모든 직원들이 사용할 수 있는 작은 회의장들을 항상 개방하고 직원들이 서로 모여 회의하고 협력할 사항을 토의할 수 있도록 고무하고 있다. 이는 학습조직들이 집단 간의 상호작용과 협력을 촉진하고 이를 가치 있게 여김을 보여주는 사례이다.

학습조직은 또한 조직 내의 신분상의 상징물들을 과감히 제거하기도 한다. 이를테면 중역의 넓은 사무실이나 전용주차장과 같은 것은 조직구성원 간의 경계의식을 높이게 되기 때문이다.

(5) 정보의 공유

학습조직은 조직 내의 정보가 원활히 제공되고 교환되도록 촉진하여야 한다. 조직구성원이 문제를 인식하고 이를 해결하기 위해서는 필요한 정보를 용이하게 얻을 수 있어야 하기 때문이다. 기업의 예산, 수익상태, 부서의 비용지출 현황 등 기업 내의 공식적인 정보가 구성원에게 필요에 따라 제공되어야 하는데, 이는 자동차의 연료와 같은 역할을 하게 된다. 종래 기업은 재무상태에 관한 정보를 경영자만이 접근할 수 있는 것으로 간주하여 왔다. 그러나 최근 기업들은 이를 평사원들에게도 공개하고 재무정보를 이해할 수 있도록 교육함으로써 기업구성원의 책임감을 고무시키고 있다.[23] 물론 이러한 재무적 정보의 공개가 일시에 이루어지긴 어렵겠지만, 기업들은 점진적인 계획에 따

23) John F. Case, *Open-Book Management: The Coming Business Revolution*, (New York : Harper Business, 1996).

라 주의 깊게 재무정보를 종업원들에게 공개하는 노력을 기울이고 있으며, 이로부터 긍정적인 효과를 보고 있다.

일부 기업들은 조직 내의 정보와 상호간의 의사소통을 이메일을 이용하여 보다 신속하게 하기도 한다. 또한 학습조직은 공식적인 정보 이외의 암묵적인 지식도 가능한 한 조직구성원들이 공유하여 이용할 수 있도록 계속적인 지식관리를 행하여야 한다.

(6) 수평적 조직구조

학습조직에 있어서 조직의 수직적 계층은 그 역할이 최소화된다. 학습조직은 전통적인 조직에 비하여 조직계층의 수와 감독자의 수가 상대적으로 적다. 따라서 상사는 모든 의사결정을 독점하기보다는 팀제와 같은 제도를 도입하여 팀원들에게 구매, 인력의 채용, 작업스케줄, 교육 · 훈련 등 이전에 상사가 담당하였던 의사결정을 위임하는 경향이 높다. 또한 학습조직은 부서간 경계도 낮아지도록 방해가 되는 관행과 관료주의를 제거하고 부서간의 조정을 원활하게 한다.

이를 위하여 보상시스템도 개인의 성과뿐만 아니라 집단의 성과를 반영하도록 수정되고 새로운 보상시스템은 팀의 성과나 사업부서의 성과에 따라 급여를 조정한다. 결과적으로 학습조직은 계층적인 역할이 감소하면서 수평적인 조정과 협동을 강조하는 조직구조와 의식을 강조하고 있다.

다음의 채퍼럴 스틸의 사례는 이러한 학습조직의 특성들을 보다 구체적으로 이해하는 데 도움이 될 것이다.

사례 **채퍼럴 스틸의 사례**[24]

채퍼럴 스틸(Chaparral Steel)은 미국 철강제조업체 중 10번째의 위치를 점하고 있으며 제품의 품질과 생산성 면에서 세계적인 주목을 받고 있는 회사이다. 채퍼럴의 종업원들은 일인당 매년 1,100 톤의 철강을 생산하고 있으며, 이는 미국 철강회사의 평균 일인당 생산량이 350 톤임을 고려할 때 매우 높은 수준이다. 채퍼럴은 이미 20 년 전부터 학습조직의 경영방침을 다각도에서 실험하고 실행해 오고 있다. 무엇이 채퍼럴을 이러한 경쟁적 우위에 올려 놓은 것일까?

---

24) D. Leonard-Barton, "The Factory as a Learning Laboratory," *Sloan Management Review*, (Fall, 1992), pp.23~38.

채퍼럴의 경영자와 종업원들은 무엇보다 기업의 비젼을 확실히 공유하고 있다. 채퍼럴의 비젼은 생산상의 작업안전을 유지하면서 저비용으로 높은 품질의 철강을 생산하는 것이다. 또한 종업원들은 서로를 존중하고 돕는 기업문화를 형성하고 있다. 이러한 문화와 비젼의 공유로 채퍼럴에서는 기계의 고장시 모든 관련 종업원들이 문제해결에 나선다. 이를테면 냉각호스가 파열된 사고가 있었을 때 호스를 조작했던 직원뿐만 아니라 용접공, 감독, 호스의 구매부서 직원까지 별도의 지시 없이도 모두 문제해결을 도왔으며, 이는 평소 상호간의 협력을 중요시하는 기업문화 때문에 가능하였다. 채퍼럴은 경쟁기업보다 적은 수의 감독을 고용하고 있으며, 조직구조는 최고경영자와 철강 작업장의 종업원 사이에 단지 두 계층만을 가지고 있는 매우 수평적인 조직이다.

종업원들은 새로운 기술을 습득하거나 성과개선시에 적절한 보상을 받게 된다. 현장의 종업원들은 모두 시간급이 아닌 월급형태의 급여를 받으며 기업의 이익에 비례하여 경비원과 비서를 포함하여 전직원에게 보너스가 지급된다. 종업원들은 이러한 급여시스템으로 인하여 기술습득에 적극적이며, 회사 전체의 성과개선에 함께 노력하려는 의욕이 높다. 종업원들은 한 사람이 다양한 직무를 수행할 수 있도록 하는데, 이를테면 경비원도 야간작업조 동안에 자료입력 업무를 담당할 수 있다.

연구개발 부서도 따로 없으며 현장의 작업자들의 아이디어를 이용하여 작업의 개선을 계속적으로 수행하고 있다.

이 밖에도 채퍼럴은 종업원의 학습을 촉진하기 위하여 종업원들이 공식적인 교육기관에 출석하도록 고무하며, 회사 내에서도 자체 교육프로그램을 만들어 종업원들이 서로 가르치고 배울 수 있는 기회를 제공하고 있다.

채퍼럴은 실험정신을 강조한다. 따라서 '만약 당신이 좋은 아이디어가 있다면 이를 시도해 보라'는 식의 문화를 가지고 있다.

제일선의 관리자들은 종업원들의 실험적 시도를 도울 수 있도록 수천 달러 정도의 비용을 재량으로 이용할 수 있는 권한이 주어져 있다.

채퍼럴은 또한 외부조직과의 네트워크를 형성하고 있다. 팀조직의 팀원들은 관련 신기술의 발표회에 참석할 수 있도록 지원을 받으며, 경쟁기업들이 공장을 방문하는 것을 환영하고 있다. 그러나 채퍼럴의 경쟁적 우위는 리더십, 기업의 문화, 종업원의 권한강화 등 경쟁기업들이 쉽게 따라 할 수 없는 무형의 요소들에 있다. 그것은 학습조직으로서의 경쟁력이며 종업원들의 학습능력에 기초한 것이다.

내용요약

기업의 경쟁원천이 기업의 물적 자산에서 점차 기술과 조직학습 능력과 같은 무형자산으로 변화되면서 지식은 새로운 생산요소로서의 중요성을 더해가고 있다. 이러한 추세는 경제 내의 다양한 현상에서 갈수록 가속화되고 있는 것처럼 보인다. 지식경영은 최근 이러한 환경변화에 조직들이 적응하는 과정에서 발생한 경영관리의 한 방식이며 광의로 해석하면 새로운 경영패러다임이라고 할 수 있다. 지식경영은 학자간의 합의된 정의와 의미가 아직 확립되어 있지는 않으나 다양한 정의를 종합하여 보면, 지식경영은 조직이 지식 혹은 지적 자산을 창출, 축척, 전달, 공유하여 기업의 경쟁력을 높이고 부가가치를 창출하는 경영활동이나 과정을 가리킨다. 지식경영의 필요성은 무엇보다 지식이 창출하는 부가가치가 크다는 데 있으며 또한 조직의 핵심역량을 극대화하여 경쟁에서 우위를 차지할 수 있는 가능성을 높인다는 데 있다.

지식경영의 과정은 지식이 창출, 전달, 변환, 재창출되는 과정을 말하며, 노나카는 이를 암묵지와 형식지간의 계속적인 선순환 과정으로 이해하였다. 노나카의 지식창조의 과정은 사회화, 외부화, 종합화, 내면화의 네 가지 변환과정으로 구성되어 있으며 이를 통하여 조직의 다양한 활동들이 촉진된다. 이를테면 신제품의 개발, 저비용 생산, 리더십 등의 활동들이 새로운 지식의 축척과 공유활동으로 조직에 경쟁력을 불어넣어 주게 된다.

최근 기업들은 지식경영을 보다 구체적으로 실천할 수 있는 방법과 조직환경에 많은 관심을 가지고 있다. 학습조직이란 조직 내의 구성원들이 계속적으로 학습하고 이를 통하여 조직의 문제를 창의적으로 해결할 수 있는 능력을 촉진할 수 있는 조직구조와 환경을 말한다. 학습조직은 사려 깊은 리더십, 종업원의 권한강화, 전방향적인 전략수립, 강한 기업문화, 정보의 공유, 수평적 조직구조로 특징화될 수 있으며, 학자들에 따라 학습조직의 구성요소는 다양하게 제시되고 있다.

학습조직에서의 리더들은 조직구성원의 활동들을 하나로 조화시킬 수 있는 조직의 비전을 제시하고 이를 공유하도록 고무하여야 한다. 또한 봉사적인 리더십을 통하여 조직의 구성원들이 서로 하나의 공동체 내에 있음을 인식하도록 하고 이를 통하여 학습동기를 촉진할 수 있어야 한다.

또한 학습조직에서의 구성원들은 전통적인 조직에서 보다 높은 작업 권한이 부여되는 경우가 흔하고 구성원들의 경영활동에의 참여가 활성화된 조직이다. 학습조직은 특히 교육과 훈련을 강조하며 이는 조직구성원이 부여받은 높은 권한을 효과적으로 사용할 수 있도록 기술과 능력을 향상시키기 위함이다.

학습조직에서의 전략수립의 과정은 전방위적이다. 이는 경영전략이 상위경영자들의 임무라는 전통적인 사고방식에서 탈피하여 조직 내의 모든 구성원들의 지식과 경험이 전략입안 과정에 반영되어야 함을 의미한다. 기업문화의 측면에서 학습조직은 부서간의 경계의식이 적고 협조적 공동체 의식이 강조되는 특징을 가지고 있다. 이러한 문화는 조직 내에서의 지식의 전달과 공유과정을 촉진하고 결과적으로 학습의 강화에 도움이 된다.

또한 학습조직은 정보를 쉽고 효율적으로 공유할 수 있는 정보시스템과 정보마인드를 조성하고 조직의 구조도 수평적이다. 여기서 수평적이라 함은 조직의 수직적 계층의 수가 적다는 구조적인 특징 이외에도 의사결정이 신속하게 이루어지며, 관료적 경직성이 적다는 의미도 함께 내포하고 있다.

지식경영과 학습조직은 모두 무형의 지적자산을 축적하여 부가가치를 창출하고 그 결과 기업의 경쟁적 우위를 생성하기 위한 경영관리의 방식으로서 그 중요성이 높아지고 있다.

연구 과제

1. 사실, 자료, 정보, 지식의 개념을 구별하여 설명하라.
2. 암묵지와 형식지의 차이를 설명하고 지식경영의 과정을 논하라.
3. 암묵지가 형식지로 변환되는 과정을 예를 들어 설명하라.
4. 학습조직의 특성을 전통적인 조직과 대비하여 논하라.

제 5 부 Theory Application

이론의 적용

사례연구(Case Studies)

5-1 중소도시의 종합병원

5-2 새로 부임한 공장장

연습(Exercises)

5-1 루머 클리닉(rumor clinic)

5-2 일방적 커뮤니케이션과 쌍방적 커뮤니케이션

5-3 달나라에서 생긴 일

5-4 합병게임(acquisition game)

사례 연구 case studies

5-1 중소도시의 종합병원

40년 동안 작은 중소규모의 지방 시에 있는 종합병원(community hospital)은 시내의 한 중심가에 건물을 두고 운영되어 왔었다. 그러나 시가 점차 규모가 팽창해 감에 따라 주민들의 생활 중심지는 병원이 위치해 있는 곳으로부터 멀어져 갔다. 그 결과로서 의사들과 환자, 병원에서 근무하는 간부들이 병원까지 가는 데 많은 시간을 소비하게끔 하였다. 더구나 40년 된 건물은 허물어질 정도로 낡아지게 되었고, 어떤 한 의사의 말을 빌리면 한마디로 아주 초라해 보이는 건물이 되어 갔다.

따라서 2년 전에 더욱 중심지로 새로운 병원을 건립할 비용을 조달하기 위해 조달자금을 보증할 사람을 선정하려고 했었다. 약 6주가 지나서 새로운 건물이 완성단계에 있었고 환자와 간호담당 간부는 이전할 준비가 갖춰지게 되었다. 그리고 옛날에 쓰던 대부분의 설비들은 그대로 남겨 두도록 했으며, 새로운 병원이 가장 최신의 설비를 갖추고 나게 되면 팔아버리기로 하였다.

그러나 간부, 특히 간호원들이 이동에 대해 보이는 반작용은 가지각색이었다. 많은 사람들이 기존의 환경을 더욱 편안한 것으로 느꼈다. 더구나 새로운 설비는 기존에 있던 많은 간호원들에게 몇 가지 재훈련을 필요케 했다. 그러나 병원 관리자인 조씨는 조만간 적당한 시기에 적절한 오리엔테이션이 있어야 할 것이라고만 말할 뿐 어떻게 훈련을 시켜야 할지, 그리고 언제 그 훈련을 실시해야 할지에 대해서 막연하기만 했다. 그런데 이와 같은 몇 주 전에 이뤄진 언질은 많은 간호원들에게 불안감만을 고조시키는 작용을 했다.

최근 새로운 시설물들을 한번 둘러 본 후에 조씨는 넌지시 비서에게 말하기를 "새로운 시설물들을 이용함에 따라 이전보다도 더 효율적이어야 할 것이요. 예를 들어 간호원 한 명이 두 사람 몫을 해낼 수 있도록 말이요"라고 하였다. 아침에 잠깐 커피 마시는 시간에 관리인의 비서가 간부로 있는 친구에게 관리인의 말을 조금 변화시켜 반복하기를 "조씨가 오늘 아침에 말하기를, 한 간호원이 새로운 병원에서 두 가지의 일을 수행할 능력이 있을 거라고 말했단다"라고 하였다.

3일 후에 대부분의 간부들이 모이는 비상회의가 소집되었고, 그들 모두는 조씨에게 보내는 진정서에 서명을 했다. 그 진정서 내용을 보면 간호원들이 조씨가 계획한 간부의 50% 인원 삭감에 저항하고 있다는 것이었고, 더구나 단체교섭을 통해서 자신들의 이해관계를 표명하는 전문직업인 협회에 참여하려 한다는 간호원들의 의향을 밝혔다.

조씨는 그 진정서를 받아보고 굉장한 충격을 받으며 말하기를 "저는 노동인원을 삭감하려는 어떤 계획도 절대로 해 본 적이 없습니다. 다만 2주 정도 지난 뒤에 전간부들을 훈련시킬 오리엔테이션 프로그램을 계획하고 있었을 뿐입니다. 그리고 그 때에 오히려 25% 정도의 간호원 인력을 증가시키려 한다는 계획을 알리려고 했습니다."

[문 제]

1. 조씨가 비서에게 원래 말했던 것이 어떻게 왜곡되어질 수 있었는지를 설명하시오.
2. 조씨가 간부에게 저지른 커뮤니케이션 실수는 무엇인가? 어떻게 하면 그 실수들을 피할 수 있었겠는가?

5-2 새로 부임한 공장장

몇 년 전에 연속적인 공정설비를 갖춘 회사에 새로운 공장장이 부임해 왔다. 그는 공장을 둘러보고 공장에 대해 다음과 사실을 파악했다. 즉 공장에는 2,000명의 종업원이 있으며 생산, 유지, 연구, 구매 등 기능별·부서별로 나뉘어져 여러 계층으로 구성되어 있으며, 공장의 생산성과 수익성은 매우 좋았다. 전임자는 매우 정력적이고 독재적인 인물로 공장의 모든 운영 및 관리적 결정을 독단적으로 처리했다. 나머지 중간 및 상위관리자는 감독이라고 불리워졌는데, 그들이 하는 일은 자기 영역을 감독하고 공장장에게 각종 보고를 하고 그날 그날 부서별로 할 일에 대해서 지시를 받았다.

새로 온 경영자는 다른 경영철학과 리더십 스타일을 가지고 있었다. 즉 그는 부하에게 가급적 책임을 위양하는 것이 좋다고 믿고 있으며, 종업원에게 중요한 영향을 미치는 결정에는 대폭적인 종업원의 직접 참여가 중요하다고 생각하며, 담당관리자가 자기 일로서 깊이 관계할 때 더 나은 의사결정이 이루어진다고 생각하고, 그의 부하들이 더 높은 위치와 책임을 맡도록 부하들을 개발하고자 했다.

새로 온 경영자는 튼튼한 관리자들과 효과적인 관리팀이 필요하며, 공장의 관리문화와 분위기를 변화시키는 것이 필요하다는 것을 알았다. 또한 이런 변화를 위해서는 훈련이 필요하고 10년 이상 쌓여 온 습관이 지시만으로는 바꿀 수 없다는 것을 알았다. 그래서 그는 여러 컨설턴트들을 불러서 자기의 생각을 이야기하고 도움을 청하였다.

일이 진행됨에 따라 변화계획이 6가지 목표로 설정되었다.

① 개별관리자의 능력과 기술향상, ② 효과적인 최고경영자 층의 형성, ③ 튼튼한 각 부서별 팀의 형성, ④ 갈 부서간의 관계를 개선하여 서로간의 중복을 줄임, ⑤ 한 사람이 모든 결정을 내리는 풍토에서 관련된 모든 관리자들이 의사결정에 직접 참여하는 풍토로의 전환, ⑥ 모든 계층의 관리자의 장기 경영계획과 의사결정 능력의 향상, 이러한 개선목표와 생각, 그리고 컨설턴트와 조직개발 프로그램에 대한 내용이 회사 내에 공개되었다. 새로 온 경영자인 공장장 팀을 중심으로 팀 구축회의가 열렸다. 유사한 회의가 각 부서장과 그 부하들을 중심으로 열렸다. 마지막으로 여러 공통관련 부서들의 대표들 회의가 열렸다. 이러한 여러 종류의 회의에는 외부의 컨설턴트와 내부의 조직개발 담당자들이 참석하였는데, 컨설턴트가 전형적으로 하는 일은 회사의 구성원들이 스스로 문제를 파악하고 해결하는 것을 돕는 것이었다.

이 조직개발 프로그램은 4년 동안 계속되었다. 제 1 차년도의 개발프로그램은 상관과 주요 부하로 구성된 작업집단을 대상으로 하였다. 이 집단들은 해당 집단의 과업과 관련한 문제해결 방법과 집단의 문화를 모색하는 회의를 가졌다. 처음에는 최고경영자 집단에서 시작하여 점차 부서별 집단으로 옮겨갔다. 이런 여러 모임을 통해서 리더십 스타일, 팀의 집단 상호작용 과정과 일상 업무의 문제를 해결할 수 있는 새로운 방법들이 제기되었다.

제 2 차년도에도 이상의 팀 구축회의는 계속하면서 공동과업을 가지는 부서를 대상으로 하여 공동회의(interface meeting)를 가졌다. 또한 제 2 차 연도에 내부에 조직개발 태스크 포스를 형성하여 공장의 효과적 운영방향에 관한 여러 가지를 모색하였다. 이를테면 이 태스크포스 팀은 산업안전문제, 노사관계문제 등을 해결하였다.

제 3 차년도에는 최고경영자 팀은 장기 전략계획 모델을 개발하는 데 주력하였다.

제 4 차년도에는 공장의 현장을 중심으로 조직개발이 진행되었다. 한 컨설턴트는 현장 종업원과 가깝게 되었고, 이 컨설턴트가 작업과정을 관찰하고 작업개선방법, 작업에 대한 만족도, 감독과 회사에 대한 현장 종업원들의 의견 등을 모았다. 또한 말단 현장 종업원과 작업반장과의 회의를 주선하여 작업방법과 작업 개선방법에 대한 여러 가지 제안을 검토하였다.

제 4 차년도가 지나고 나서 최고경영자와 컨설턴트는 조직개발 프로그램을 끝내기로 결정하였으며 당초에 설정한 목표가 달성되었다. 또한 여러 가지 조직개발 활동, 이를테면 문제해결을 위한 태스크포스, 집단 상호간의 회의, 전략경영계획 등과 같은 활동이 공장의 문화와 조직과정의 필요 불가결한 부분이 되었다.

[문 제]

1. 사례에서 나타난 조직개발의 구체적인 적용을 논의해 보라.

연 습 Exercises

5-1 루머 클리닉(rumer clinic)

목 적 : 한 사람의 원래의 발설자로부터 최종 수신자에게 정보가 전달되기까지 정보의 왜곡현상을 보여주기 위한 것임.

소요시간 : 대략 30분 정도

인 원 : 제한 없음, 그러나 적어도 8명 이상은 되어야 한다.

준 비 물 : 없음

진행방법 :

(1) 먼저 진행자는 실험에 참가할 6명의 지원자를 선발한다(나머지는 방청객으로 남는다).

(2) 6명 중 다섯 명은 다른 방이나 혹은 복도에 잠깐 나가 있게 하고 1명은 진행자와 함께 교실에 남아 있는다.

(3) 진행자는 루머 클리닉 관찰용지를 모든 학생에게 나누어 주어 전달과정을 기록하게 한다.

(4) 진행자는 교실에 남아 있는 지원자 중 한 사람에게는 루머 클리닉 용지를 주지 않고 다만 전체 앞에서 큰 소리로 읽어 준다.

(5) 진행자는 바깥에 있는 나머지 지원자들은 한 사람씩 차례대로 방으로 들어오게 한다.

(6) 첫 번째 지원자(즉 교실의 지원자)로 하여금 진행자로부터 자기가 들은 내용을 다음 사람에게 존달하도록 한다. 여기에서 중요한 것은 지원자들이 다른 사람의 도움 없이 혼자 전달할 수 있도록 나머지는 모두 조용히 해야 한다.

(7) 6번째 지원자까지 전달되도록 위의 과정을 반복한다.

(8) 마지막 6번째 지원자에게는 경찰관의 역할을 부여하고 5번째 지원자의 내용을 듣도록 한 다음, 들은 내용을 정리하여 칠판에 기록하게 한다.

(9) 진행자는 학생들과 함께 경찰관의 진술과 원래의 내용을 비교 · 검토한다.

(10) 학생들로 하여금 지원자들이 더하거나 뺀 내용을 지적하게 하고, 지원자들은 자기의 경험을 이야기하도록 한다. 진행자가 이와 같은 논의를 주도한다.

루머 클리닉 관찰용지

"교차로에서 북쪽을 향한 스포츠 카(sports car)가 막 좌회전을 하려고 할 때, 남쪽을 향하여 용달차(delivery truck)가 우회전을 하고 있었다. 그들이 서로 같은 도로로 회전함을 알았을 때 서로 경적을 울렸으나 전혀 속도를 늦추지 않고 회전했다. 이 상황에서 실제로는 스포츠 카가 충돌하기 직전에 가속했던 것 같다."

지 원 자	보 탠 내 용	뺀 내 용	왜곡시킨 내용
1.			
2.			
3.			
4.			
5.			
6. (경찰관)			

5-2 일방적 커뮤니케이션과 쌍방적 커뮤니케이션

목 적 : 참가학습을 통해 쌍방적 커뮤니케이션의 우월성을 보여주고 여러 집단에 대해 커뮤니케이션의 적용을 검토하기 위해.

소요시간 : 대략 45분

인 원 : 제한 없음.

준 비 물 : [그림 1], [그림 2]

진행방법 :

(1) 진행자는 먼저 커뮤니케이션에 대한 이론적 배경을 강의를 통하여 설명해 준다.

(2) 진행자는 한 사람을 시연자(demonstrator)로 선정하고 나머지 학생들은 연필로 종이에 따라 그리게 한다.

(3) 진행자는 학생들에게 시연자가 설명하는 대로 [그림 1]을 따라 그리게 하고 질문은 전혀 할 수 없다고 미리 말해 준다([그림 1]은 시연자에게만 보여 주고 말로 설명하게 한다).

(4) 진행자는 다음 표 1, 2, 3을 칠판에 미리 준비해 둔다.

[표 1] 그림 1에 대한 반응

정답수	예 상	실 제
5.		
4.		
3.		
2.		
1.		
0.		

[표 2] 그림 2에 대한 반응

정답수	예 상	실 제
5.		
4.		
3.		
2.		
1.		
0.		

[표 3] 종합정리

	그림 1	그림 2
소요시간		
예상평균		
실제평균		

(5) 이 때 소요되는 시간은 [표 3]에다 기록한다.

(6) 정확하게 그린 네모의 수를 [표 1]에 기록하도록 한다.

(7) 위의 과정이 끝나면 [그림 2]에 대해서도 반복 실행한다. 다만 이번에는 자유롭게 질문이 허용되고 시연자는 적절히 대답해 주도록 한다.

(8) 진행자는 [표 1]과 [표 2]를 종합정리하여 [표 3]을 완성하고 정확성, 소요시간, 실제수준의 관점에서 양자를 비교해 본다.

[그림 1] 일방적 커뮤니케이션

지시문 : 아래 사각으로 구성된 그림을 살펴보고 청중들로부터 돌아서서 그들이 따라 그릴 수 있도록 말로 설명해 주어라. 그림의 위에서부터 아래로 계속해서 설명해 주고 질문에 답해서는 안 된다.

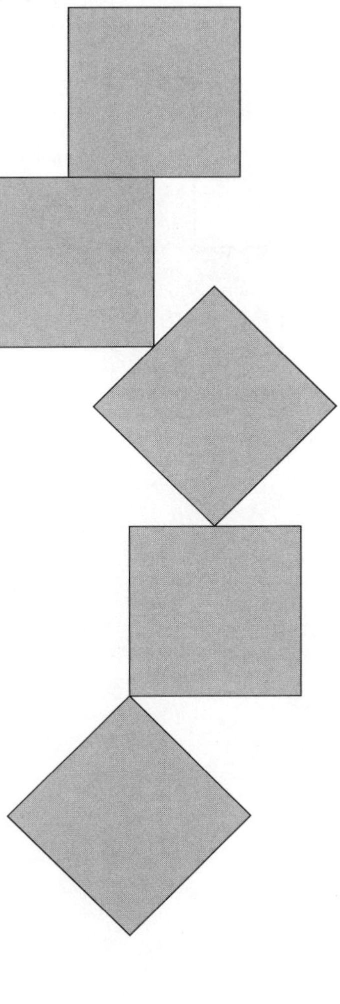

[그림 2] 쌍방적 커뮤니케이션

지시문 : 아래 일련의 사각형으로 구성된 그림을 살펴보고 청중을 향하여 마주보고 서서 그들이 따라 그릴 수 있도록 말로 설명해 주어라. 필요하다면 질문을 받고 응답해도 좋다.

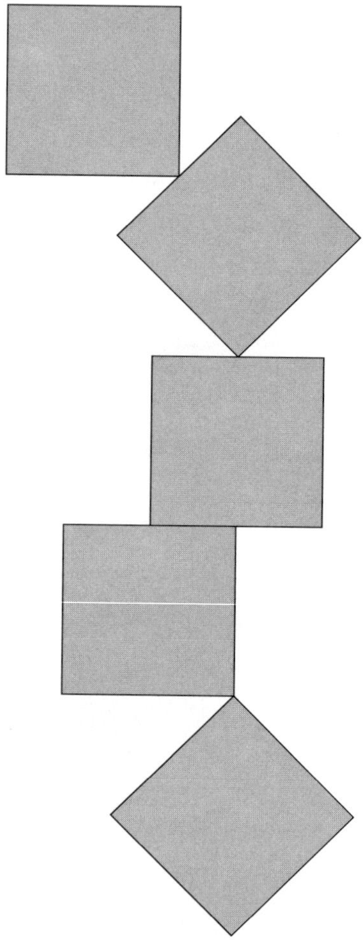

5-3 달나라에서 생긴 일

목 적 : 위기 상황하의 의사결정을 모의실험하여 실제상황에 대비할 수 있도록 하기 위함.

소요시간 : 3분

인 원 : 제한 없음.

준 비 물 : 설문지

진행방법 :

(1) 우선 먼저 주어진 내용을 읽게 하고 응답케 한다.

(2) NASA의 정확한 순위는 1위가 산소통 2개, 2위가 5갈론의 식수, 3위가 우주지도이다. 정확한 순위를 위에서부터 아래로 정리하면 15, 4, 6, 8, 13, 11, 12, 1, 3, 9, 14, 2, 10, 7, 5이다. 성냥이 왜 15위인가? 우주에서는 산소가 없기 때문에 성냥은 무용지물이다.

당신이 타고 있는 우주선이 방금 달나라에 불시착하였다. 원래는 달 표면으로부터 200마일 떨어진 모선과 만나도록 계획되어 있었다. 그러나 불시착으로 인해 당신의 우주선마저 부서지고 모든 설비가 망가져서 다음에 열거한 15개 품목을 제외하고는 쓸만한 것이 없었다.

당신 승무원들의 생명은 모선(母船)에 어떻게 도달하느냐에 달려 있기 때문에, 200마일 정도를 여행하는 데 필요한 아주 중요한 물건을 선택해야만 한다. 따라서 생존에 꼭 필요하다고 생각하는 순서대로 다음 15개 항목의 순위를 매겨라. 가장 중요한 것에 1, 그 다음 중요한 것에 2, 이렇게 하여 가장 덜 중요하다고 생각하는 것에 15를 써라.

항 목	① NASA의 순위	② 당신의 순 위	③ 에 러 점 수	④ 집단의 순 위	⑤ 에 러 점 수
성냥	______	______	______	______	______
농축된 우주식품	______	______	______	______	______
50피트 길이의 나일론 로프	______	______	______	______	______
실크 낙하산(양산)	______	______	______	______	______
휴대용 난로	______	______	______	______	______
45구경 권총 2정	______	______	______	______	______
탈지분유 1통	______	______	______	______	______
100파운드 무게의 산소통 2개	______	______	______	______	______
우주지도	______	______	______	______	______
구명정	______	______	______	______	______
나침판	______	______	______	______	______
5갈론의 식수	______	______	______	______	______
신호탄	______	______	______	______	______
응급치료 장비	______	______	______	______	______
FM수신기	______	______	______	______	______
총 에러 점수	개인 __________		집단 __________		

5-4 합병 게임(acquisition game)

목 적 : 이 연습은 회사가 합병할 때 발생하는 조직과정 중 일부를 모의 실험하도록 설계되어 있다. 연습을 하는 동안 집단은 두 회사, 즉 우주선을 제조하는 엔터프라이스 주식회사와 지금 막 엔터프라이스 주식회사를 사들인 합병회사인 머져(Merger) 주식회사로 나뉘게 된다. 연습은 머져 주식회사로부터 경영자문 팀이 엔터프라이스 주식회사의 생산설비를 둘러보기 위해 방문하는 데에 초점을 맞춘다. 그 두 회사는 머져 회사가 엔터프라이스사를 방문해서 그 회사의 생산공정을 관찰하고, 엔터프라이스사로 하여금 새로운 경영시스템과 생산시스템을 도입함으로써 그것의 운영을 개선할 수 있도록 도와준다는 것에 동의했다.

소요시간 : 2시간

인 원 : 제한 없음

준 비 물 : 시간표, 우주선 재료(종이)

진행방법 :

(1) 게임 진행자를 선출한다. 집단은 게임 조정자의 역할을 맡은 사람을 선출해야 한다. 그는 연습의 리더이며 시간을 재는 사람이고, 또한 엔터프라이스사의 제품을 검사하는 정부관리이며 구입자가 되고, 또한 게임이 끝난 후 토의를 주도하는 리더가 된다(교수가 보통 이 역할을 담당한다).

(2) 엔터프라이스사와 머져사를 설립한다. 집단은 대략 같은 크기로 둘로 나뉘어져 두 회사를 형성한다(전체 집단의 구성원의 수가 20명이 넘으면 집단은 다시 나뉘어져 두 명의 게임 조정자를 두고 동시에 두 게임이 운영될 수 있도록, 즉 두 개의 머져회사, 두 개의 엔터프라이스사가 되도록 하는 것이 용이할 것이다). 게임 진행자는 동전을 던져서 어느 집단이 엔터프라이스사가 될 것인지를 정한다(다음에 나오는 머져사와 엔터프라이스사에 대한 지시문을 보아라).

(3) 게임절차의 시간표와 개관 : 연습을 함에 있어 절차단계가 [표 1]에 요약되어 있다. 게임 진행자는 그 절차를 모든 사람이 볼 수 있도록 칠판 위에 이 요약표를 적어 놓는 것이 좋겠다.

(4) 게임 진행자에 대한 지시 : 두 회사는 첫 생산기에 대한 준비를 하고 있는 동안 당신은 전체 단위에 대한 지시문을 읽어 주도록 한다. 당신의 가장 중요한 과업은;

① [표 1]에 서술된 시간계획을 지키는 일

② 생산 1기 및 2기 동안에 엔터프라이스사에 원료를 판매하는 일

③ 생산 1기 및 2기 동안에 엔터프라이스사로부터 생산된 물건을 검사하고 구입하는 일(품질관리점을 보라)

④ 분석측정표상에 나타난 각 팀의 대답을 기록하고 평균을 내어서 다음 토의를 지도하는 일 등이다.

【표 1】 게임에 대한 시간표

단 계	행 위		시 간
1	절차 개관을 읽는다. 게임 조정자를 선출한다. 회사를 설립한다		10분
2	머져주식회사 -엔터프라이스사가 발전할 수 있도록 돕기 위한 계획을 작성한다. -엔터프라이스사의 경영과 생산과정을 관찰한다.	엔터프라이스주식회사 -경영과 생산과정을 조직한다 -우주선 실물 크기 모형을 만든다. -재료를 사들인다. -생산준비를 한다.	20분
3	관찰을 계속한다.	우주선을 생산한다.	5분
4	조정자는 평가하고 구입하고 이익을 계산한다.		2.5분
5	머져회사는 새로운 경영/생산시스템을 실시한다.		30분
6	머져사는 관찰한다.	엔터프라이스사 생산 2기	5분
7	조정자는 평가하고, 구입하고 이익을 계산한다.		2.5분
8	게임 조정자는 변화과정의 분석을 지도한다—토의		45분
	총 시간		120분

1. 엔터프라이스사에 대한 지시

우주산업에서 당신네 회사가 전에 성공적으로 일을 해 왔기 때문에, 당신네 회사는 앞으로 두 달 동안(이 연습에서는 두 개의 5분 생산기간으로 표시되고 있음) 당신네 생산설비가 허용하는 한도까지 엔터프라이스 우주선을 만들어 내는 대로 구입한다는 계약을 정부와 맺게 되었다. 정부는 품질관리점뿐 아니라 우주선에 관한 청사진을 당신네 회사에 전달했다. 당신은 [표 2]에 나타나 있는 가격표에 의해 정해진 대로 게임 조정자로부터 재료를 구입해야 한다. 당신네 회사의 이익은 정부에 판 우주선의 가격 5,000,000 달러에서 재료값을 뺀 것(간접비나 재료, 소모 등과 같은 다른 요소는 복잡을 피하기 위해 제외한다)에다 정부에 판 우주선의 숫자를 곱해서 정한다. 품질검사에 통과한 완제품만이 구입되어진다. 어떠한 재료도 반납되지는 않는다.

20분간의 준비기간 동안 당신들은 구입을 하고 생산결정을 하기 위해 당신네들이 원하는 어떠한 방식으로든지 구성원들을 조직할 수 있다. 이 시간 동안 회사는 생산기술과 측정시간을 정하기 위해 회사가 원하는 대로 각자당 두 세트씩의 재료를 무료로 사용할 수 있도록 허용된다. 이 시간 동안 그 이상으로 사용되는 원료는 전액을 다 주고 구입되어야 한다. 이 재료는 생산기간 동안에는 사용될 수 없다.

【표 2】 엔터프라이스 우주선의 원료비

구입된 세트의 수	한 세트의 원가
0～4	$4,500,000
5～9	4,400,000
10～14	4,300,000
15～19	4,200,000
20～24	4,100,000
25～29	4,000,000
30～34	3,900,000
35～39	3,800,000
40～44	3,750,000
45～49	3,700,000
50～100	3,650,000
101이상	3,600,000

당신네 회사와 머져회사간에 가결된 동의만은 이 시간 동안 당신들의 행위를 관찰할 수 있으나 어떠한 형태로는 간여하여서는 안 된다고 되어 있다.

당신네들이 생산하고 싶은 개수를 정했으면, 게임 조정자에게 구입할 세트의 수를 이야기 하고 그 정보를 엔터프라이스사 회계양식에 기록하도록 하라.

2. 머져회사에 대한 지시

처음 20분 동안에 당신이 할 일은 엔터프라이스사가 생산 2기 동안에 그들의 이익을 증진시키도록 돕기 위한 첫 생산기간 후에 엔터프라이스사를 다루기 위해 얼마만한 노력을 기울여야 하는지를 결정하는 것이다. 당신들은 이것을 하기 위해 당신들이 원하는 어떠한 방식으로든지 자신의 회사를 조직할 수가 있다(즉, 당신네들은 자문위원의 역할을 담당하는 한 명 또는 두 명의 구성원을 선출해서 그들에게 정보나 생각들을 제공해 줄 수 있다. 또는 엔터프라이스사의 사원들과 1 대 1로 작업할 수도 있다. 또는 당신이 선택한 어떤 다른 모델을 써도 좋을 것이다).

생산 2기가 시작하기 전 30분 동안, 당신 생각에 적합하다고 생각되는 방식대로 엔터프라이스주식회사를 도와라. 그러나 일단 제 2 생산주기가 시작되면 머져회사는 단지 관찰만이 허용될 뿐이다. 제 2 주기 동안 엔터프라이스사는 그들이 제 1 주기에서 고용하고 있던 사람의 수보다 더 많은 사람을 고용할 수 없다. 그러나 이동은 가능하다. 다시 말해서 제 2 기 동안 엔터프라이스사에 있는 사람의 총 인원수는 같아야만 하지만, 엔터프라이스사에 있는 사람 대신에 머져주식회사에서 어떤 특정 인물이 옮아갈 수도 있다는 말이다.

엔터프라이스주식회사 회계양식

	구입된 재료세트	한 세트당 원가	단가 500,000 달러에 팔린 단위의 수	이익 또는 손실
생산 1 기				
생산 2 기				

3. 변화과정의 분석

머져주식회사가 우주선을 생산하는 방법의 개선을 시도하고 있다. 전반적으로 당신은 그들이 얼마나 성공적이었다고 생각하는가? 당신의 의견을 가장 잘 표현하는 숫자에 ○표를 하라.

1 2 3 4 5 6 7

완전히 실패 ... 완전히 성공

(게임 조정자는 토의를 하기에 앞서 양 회사의 점수를 기록하고 평균을 낸다.)

연습에 대해 토의를 시작하기 전에, 다음의 질문에 대해 짤막하게 응답하는 데 몇 분만 할애해 주기 바란다. 이것을 다 한 다음에는 게임 조정자가 기재된 응답들에 대해 서로 의견을 교환하는 토의를 이끌어 줄 것이다.

1. 정 찰
   ① 머져사는 어떻게 엔터프라이스사를 정찰해 갔는가?
   ② 그것은 얼마나 효과적이었나? 구체적으로 적어라.
2. 기 재
   ① 심리적 계약은 분명하였는가?
   ② 협동하려는 정신이 마련되었었는가? 어떻게?
3. 진 단
   ① 문제는 정확하게 정의되었는가?
   ② 대략적인 목표는 정해졌었는가?
   ③ 자원들은 식별되고 사용되었는가?
   ④ 엔터프라이스사는 집단과정에 얼마나 연관되었었는가?
4. 계 획
   ① 정확한 하위시스템이 식별되었는가?
   ② 어떠한 하위시스템(들)이 작용되었고, 그 결과는?
5. 행 동
   ① 반발은 어디에서 일어났는가? 그것을 야기시킨 것은 무엇 같았는가?
   ② 그것은 어떻게 다루어졌는가?

6. 평 가

① 머져회사의 목표는 달성되었는가? ______________________

____

② 평가질문이 있었는가? (즉, 이것이 당신한테 도움이 되는가?)

____

7. 재도화(및 탄력성)

① 만약 생산 3 기가 있다면 엔터프라이스사의 실적은 올라가겠는가?

____

② 지속적인 개선을 확보하기 위해 무슨 일이 행하여졌는가?

____

우주선 엔터프라이스호를 만드는 방법

아래 우주선을 만드는 방법이 있다. 각 단계 후에는 만드는 방법과 그것이 어떻게 보여야 하는지를 말해 주는 그림이 있다. 다음 단계로 가기 전에 이것을 꼭 확인하도록 하라. 여기에는 11단계가 있다.

1. 당신은 한 면은 비어 있고, 또 다른 한 면은 이와 같이 생간 종이를 하나씩 갖는다.

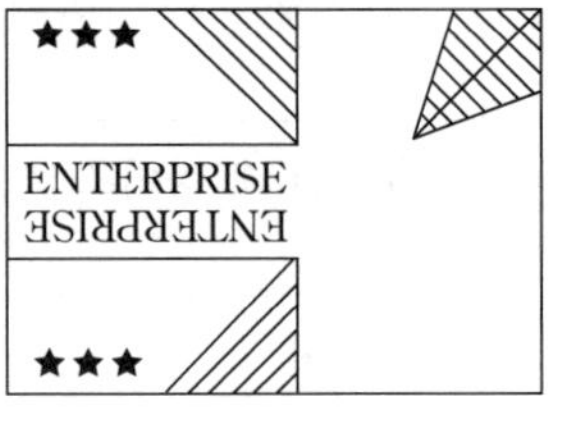

2. 종이를 뒤집어서 빈 쪽이 위쪽으로 오게 하고 밑면 왼쪽에 ENTERPRISE라는 철자가 오게 한다.

그러면 이렇게 보일 것이다.

"ENTERPRISE"라고 쓴 것이 이쪽에 온다.

3. 종이의 아래쪽 B점에 A점을 접는다.

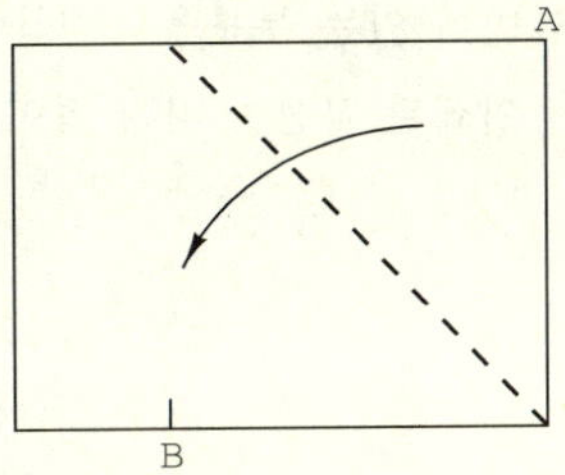

그러면 이렇게 보일 것이다.

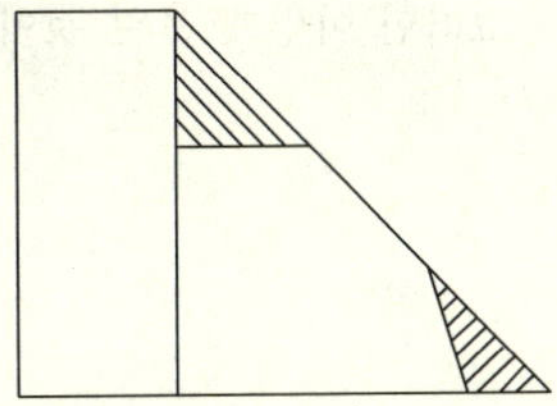

4. 구석점 C를 D점으로 접는다.

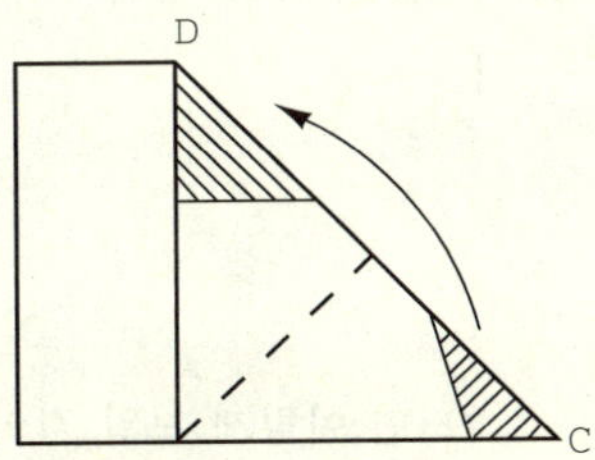

그러면 이렇게 보일 것이다.

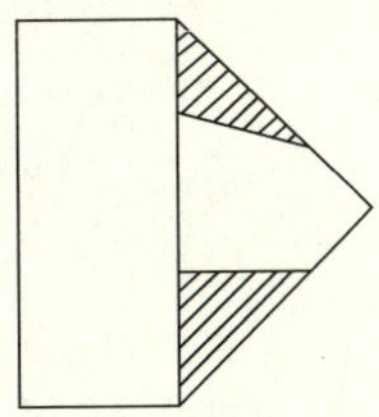

5. E점을 F점으로 접는다.

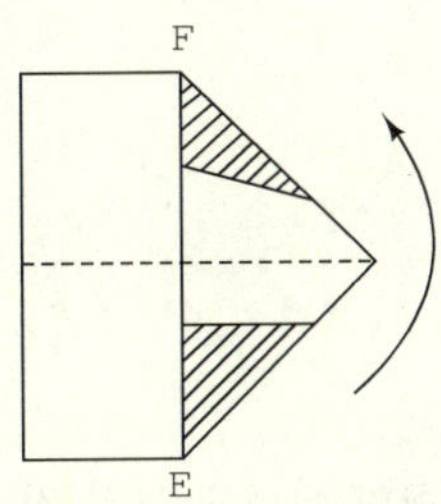

그러면 이렇게 보일 것이다.

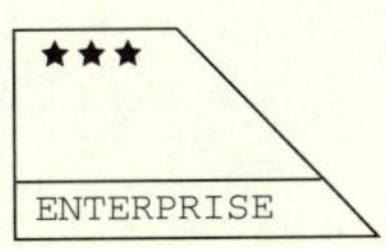

6. 별이 있는 부분을 선 GH 위로 오게 해서 아래쪽으로 접어 인쇄된 직선을 따라 접어 누른다.

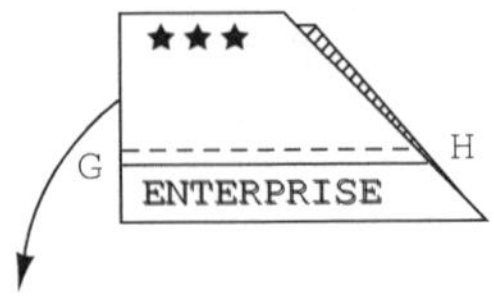

그러면 이렇게 보일 것이다.

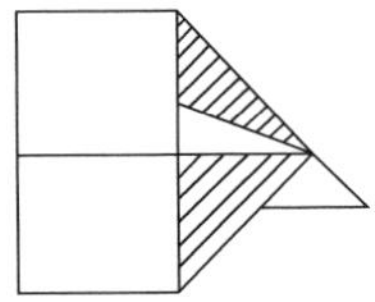

7. 선 JK를 따라 아래쪽에서 1인치 정도를 (위쪽으로) 접는다.

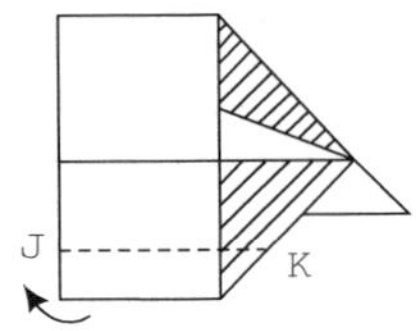

그러면 이렇게 보일 것이다.

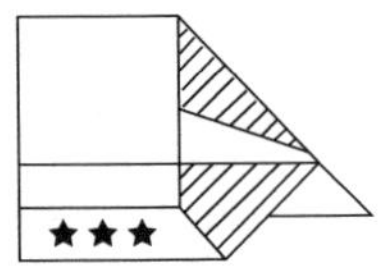

8. 우주선을 뒤집어서 L이 왼쪽으로 오도록 한다.

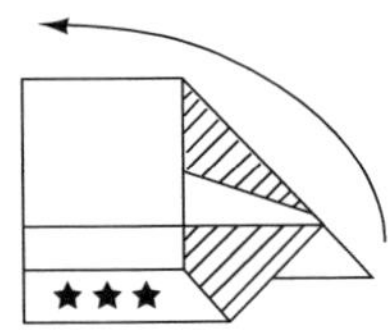

그러면 이렇게 보일 것이다.

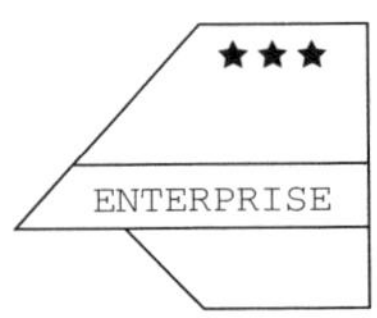

9. 별이 있는 부분을 선 MN 위로 오게 해서 아래쪽으로 접어 인쇄된 직선을 따라 접어 누른다. 종이가 2중으로 되어 있는데 당신은 위에 있는 것만 접도록 한다.

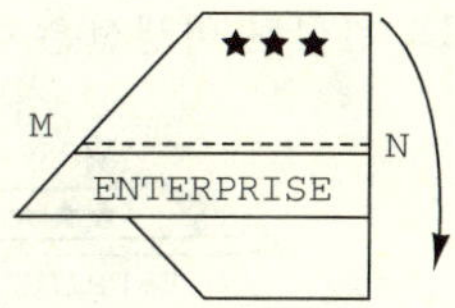

그러면 이렇게 보일 것이다.

<u>이 튀어나온 부분이 가운데 오도록 한다.</u>

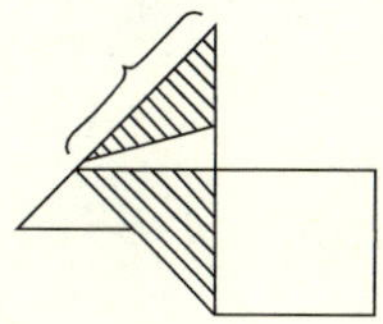

10. 아래쪽에서 1인치쯤 위로 선 OP를 따라 접어 올린다.

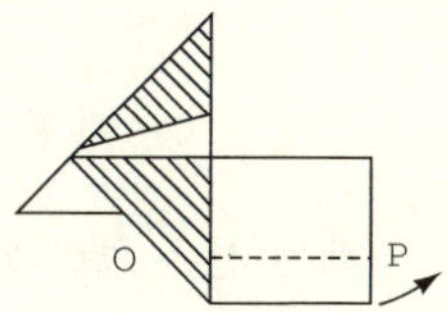

그러면 이렇게 보일 것이다.

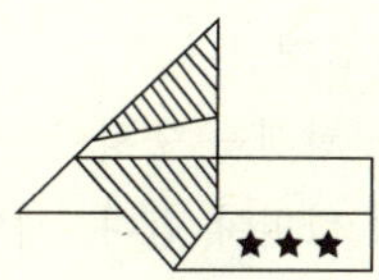

11. 단계 모두를 읽고 되돌아가서 부분부분 해 본다.

① 우주선을 손으로 잡는다.

② Q를 손가락으로 펴서 중심점 R이 비행기의 중앙부분으로 오게 하여 줄쳐진 부분을 편평하게 한다.

③ 그 부분이 편평해지도록 하면서 ST선을 따라 접는다.

④ 비행기가 날 수 있도록 날개를 수평으로 한다.

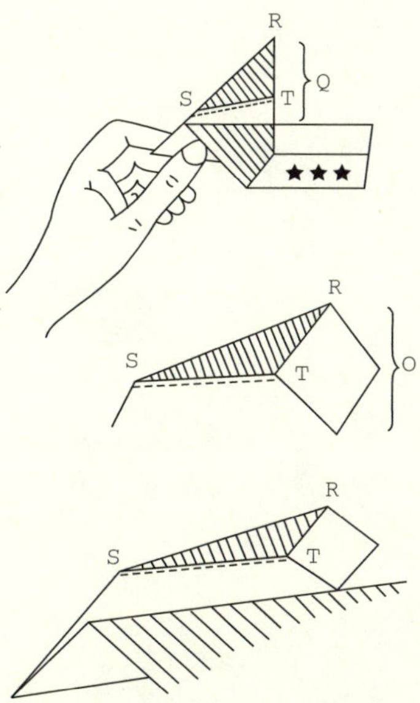

12. 완성된 비행선은 이렇게 될 것이다.

측면도

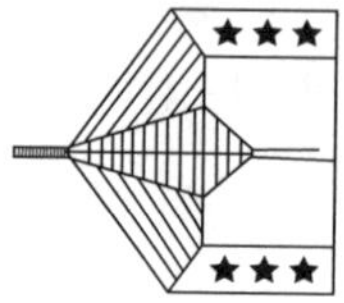

상면도

후면도

우주선 엔터프라이스호에 대한 품질관리 검사점

1. 인쇄된 선은 그림에서 보이고 있는 위치에 있어야 한다.
2. 날개 끝은 별이 보일 수 있을 정도로 올라가 있어야 한다.
3. "비행사 선실"(단계 11)은 충분히 부풀어 있어야 한다. 납작한 선실은 비행사들이 갑갑해진다.
4. 두 날개는 수평이어야 하고 서로 같아야 한다—즉, 전체 날개 표면은 같은 수평선상에 있어야 한다. 게임 조정자는 위에서 말한 품질 관리점에 합당한 우주선만을 사야 할 것이다.

ENTERPRISE

ENTERPRISE

인 명 색 인

사항색인

著者略歷

高麗大學校 商科大學 卒業
조지와싱톤大學校 經營學碩士
아메리칸大學校 經營學博士
메릴랜드大學校 經營學科 講師
南加州大學校 經營學科 講師
財務部 · 勞動部 · 産業銀行 · 全國經濟人聯合會 諮問委員
한국노사관계학회 회장
西江大學校 經商大學 經營學科 敎授
세종재단 감사
보스턴컨설팅그룹 고문
西江大學校 經營大學院長
한국고객만족경영학회 회장
現 숙명여자대학교 경영전문대학원 원장

著 · 譯書 및 論文

인사관리(박영사, 1997)
現代리더십論(法文社, 1987)
Z理論(우아당, 1982)
M型社會(우아당, 1985)
BCG의 경영전략(博英社, 1999)
「效果的 管理시스템을 위한 企業文化開發」
「Z理論의 韓國經營風土에의 適用研究」
「從業員 職務態度改善을 위한 民主的 資本主義」
「經營意思決定시스템의 模型開發研究」
「韓國企業 賃金體系의 現況과 改善方案」

新訂版
組織行動論

1989年 3月 10日 初版發行
2002年 2月 20日 新訂版發行
2007年 8月 10日 重版發行

著 者 朴 乃 會
發行人 安 鍾 萬
發行處 (株)博 英 社
서울特別市 鍾路區 平洞 13-31番地
電話 (733)6771 FAX (736)4818
登錄 1959. 3. 11. 제300-1959-1호(倫)

www.pakyoungsa.co.kr e-mail : pys@pakyoungsa.co.kr

定 價 32,000원 ISBN 89-7189-337-0